DIE AVANTGARDE-KÜCHE SPANIENS

DIE AVANTGARDE-KÜCHE SPANIENS

Text **Lourdes Plana und José Carlos Capel**

Fotos **Javier Peñas**

Text-Koordination **Miguel Ángel Rincón**

Rezept-Koordination **Ana García-Lomas Drake**

Christian Verlag

Vorwort der deutschen Ausgabe

Es ist nicht mehr zu übersehen: Die spanische Spitzenküche hat die französische als wichtigste kreative Inspiration abgelöst. Selbstbewusst empfangen die spanischen Kochstars Köche, Medienvertreter und Gäste aus aller Welt, und während sich die Konkurrenz grübelnd den Kopf zerbricht, breitet sich hier eine neue Szene aus, die nachhaltig beweisen kann, dass Ferran Adrià keine Einzelerscheinung ist. Aber es gibt nicht nur die ungebrochene Kreativität des Superstars oder bemerkenswert frische »Altmeister« der ersten Generation wie den unermüdlich forschenden Juan Mari Arzak, den immer feinsinniger werdenden Martín Berasategui oder die neue Drei-Sterne-Köchin Carme Ruscalleda zu bewundern. In diesem längst überfälligen Buch wird endlich der Blick auf das tatsächliche Ausmaß an Kreativität und die enorme Entwicklung im Lande gerichtet. Man hat in Spanien verstanden, dass Adrià nicht nur einige neue Techniken entwickelt hat, deren ganzer kulinarischer Nutzen noch kaum erkannt ist, sondern dass er vor allem Kreativität vorgelebt und gezeigt hat, dass es eine neue Unendlichkeit der Perspektiven für die kreative Küche gibt. Die zweite und dritte Generation besteht eben nicht aus Nachahmern, sondern aus unglaublich dynamischen Köchen, die jeder auf seine Weise den Weg zu neuen Ufern eingeschlagen haben. Trotz aller Forschung im Detail, trotz neuer Wege zur Verwendung von Kräutern bei Andoni Luis Aduriz, weiterentwickelter Garmethoden (Vakuumgarung) bei Joan und Jordi Roca oder ausgefeilter Arbeit mit flüssigem Stickstoff bei Dani García findet sich die wahre Weiterentwicklung aber da, wo sie bei jeder Küche der Welt liegen sollte: in einem bisher ungekannten Zugewinn an Subtilität in der Zubereitung und im Aufbau der Gerichte. In Spanien entsteht eine Küche für wache Gourmets der neuen Art, die bereit und in der Lage sind, sich mit einem Essen zu befassen, das mehr als je zuvor im Einklang mit den sensorischen Fähigkeiten des Menschen entsteht.

Mönchengladbach, im Juli 2006
Jürgen Dollase

Menü**folge**

Als Juan Mari Arzak mit einer Gruppe von Gleichgesinnten 1997 die neue baskische Küche ins Leben rief, löste er eine rasante Entwicklung in der spanischen Gastronomie aus. Zum Zeitpunkt der Veröffentlichung dieses Buchs sind nun schon fast 30 Jahre unaufhaltsamer Veränderungen und Umwälzungen vergangen, Jahre, die von Ehrgeiz, Leistungswillen, harter Arbeit, Wissbegierde, systematischer Forschung und launischen Moden geprägt waren. Diese ereignisreiche jüngste Geschichte hat die spanische Küche inzwischen an die Spitze der kreativen und kochtechnisch weit fortgeschrittenen Avantgarde katapultiert. Und nach all der Zeit sind die Urheber dieser Revolution, die sich in ganz Spanien wie ein Lauffeuer ausbreitete, noch lange nicht in Vergessenheit geraten: Subijana, Arguiñano, Roteta, Fombellida, Zapiraín, Quintana, Idiáquez, Castillo und Irízar, allesamt hervorragende Spitzenköche.

Nach den ersten Gehversuchen, bei denen sie bewundernd nach Frankreich schauten und sich insbesondere die Arbeit von Paul Bocuse, Michel Guérard und der Brüder Troisgros zum Vorbild nahmen, begannen die Wegbereiter des Wandels, sich mit größtem Respekt vor den geschmacklichen Traditionen ihrer Heimat weiterzuentwickeln. Als Mitte der 80er-Jahre ein weiterer Baske von sich reden machte – der große Hilario Arbelaitz, der eine klug aktualisierte klassische Küche verkörpert –, waren die Prinzipien der Nouvelle Cuisine unter den spanischen Avantgarde-Köchen praktisch schon zur Routine geworden. Man darf nicht vergessen, dass Paul Bocuse höchstselbst schon 1982 den Tod dieser Erneuerungstendenz angekündigt hatte. »La nouvelle cuisine est morte« (die Nouvelle Cuisine ist tot), erklärte der Papst der französischen Küche ohne Umschweife und gab damit zu verstehen, dass in Zukunft eine unaufhörliche Folge von Veränderungen zu erwarten war.

Damals waren die spanischen Köche auf ihrem eigenen Weg schon so weit gekommen, dass es kein Zurück mehr gab. In keinem anderen Land Europas war eine so große Dynamik wie hier zu verspüren. Der nächste Entwicklungsschritt führte zur »Küche der Aromen«, einem stark mediterran gefärbten Trend, der eine faszinierende Reise in das Reich der nach Gewürzen duftenden und parfümierten Gerichte sowie eine Wiederentdeckung der Küchenkräuter darstellte. Damals triumphierte in Spanien auch eine konkrete Spielart der geometrischen Küche, von Gastronomiekritiker García Santos »Terrinen-Manie« getauft, die pompös und gekünstelt alles Essbare zu Terrinen und Pasteten verarbeitete. Auch kamen in jenen Jahren verringerte Garzeiten, nicht durchgebratenes Fleisch, saftiger Fisch und »al dente« gegartes Gemüse – die in Anlehnung an Picassos »rosa Phase« so genannte »rosa Küche« – als ernährungswissenschaftlich fundierte Philosophie des Genusses in Mode. Unterdessen hielten Dinge wie das kunstvolle Anrichten der Speisen, leichte Saucen und die Suche nach neuen Farbeffekten mit orientalischer Inspiration Einzug in den Alltag der so genannten »Autorenküche«. Auf Schritt und Tritt begegnete man neuen kulinarischen Kreationen, bei denen es zuweilen am Sinn für das richtige Gleichgewicht fehlte. Es ging darum, originell zu sein, was allerdings oft mit der großen Gefahr einherging, dass lächerlich wirkende Mischungen entstanden. Aber das machte nichts; der Fortschritt war trotz Fehlern nicht zu bremsen.

Ab dem Jahr 1986 nahm man langsam Abschied von den langen, substanzlosen, komplizierten und unkoordinierten Degustationsmenüs, die sich die kulinarischen Erneuerer fünf Jahre lang auf ihr Banner geschrieben hatten. Nach und nach wandte man sich in den Nobelrestaurants wieder Gerichten mit saurer Note zu, und gleichzeitig gab es ein Comeback der frischen Teigwaren. Diese Trends und Moden wurden in Spanien von Juan Mari Arzak und den Vertretern der neuen baskischen Küche eingeführt. Sie waren alle nur vorübergehende Erscheinungen, dienten aber zumindest dazu, die Neugier und Experimentierfreude zu nähren. Gerichte mit Fischrogen, Gemüsekrokant, Aspikvariationen, Saucen aus Ei und Früchten – es war eine ununterbrochene Folge kulinarischer Erfindungen, die künftigen Innovationen Tür und Tor öffneten.

Mitte der 80er-Jahre waren die in Vitoria veranstalteten Wettbewerbe für Haute Cuisine bereits eine Institution geworden. Auf Initiative von García Santos und gesponsert vom Restaurant Zaldiarán verwandelte sich die Hauptstadt des Baskenlands Jahr für Jahr einige Tage lang in eine gastronomische Hochburg. Zum großen Vergnügen der Einheimischen und Besucher wurde das Zaldiarán zur Bühne, auf der das aromatische Potenzial der Küche von Michel Guérard, die Theorie der knusprigen Lebensmittel von Michel Tramá, die barocken und gewagt gewürzten Kompositionen von Didier Oudil, die kulinarische Intellektualität von Michel Bras und die kompromisslos mediterrane Küche von Alain Ducasse vorgeführt wurden. Genauso große Beachtung fanden dort die Eleganz des Hilario Arbelaitz, die Feinfühligkeit des Fermín Arrambide und die kreative Genialität des Ferran Adrià, der damals schon bewies, wie viel Fantasie und Erfindungsgabe er besitzt.

Mit Spaniens wirtschaftlichem Aufschwung in der zweiten Hälfte der 80er-Jahre wurde die Haute Cuisine von einem derartigen Erneuerungsfieber ergriffen, dass viele Köche bisweilen den Kontakt zu den traditionellen Rezepten verloren. Die gute alte Küche Spaniens wurde zumindest teilweise auf dem Altar einer angeblichen Modernität geopfert. Im gastronomischen Dreieck Spaniens – Baskenland, Madrid und Katalonien – machten sich viele Eliterestaurants die neuen, fast immer französisch inspirierten Doktrinen zu Eigen, was die altbekannten, schmackhaften Gerichte zu einem Schattendasein verdammte. Es herrschte jetzt allgemeiner Wohlstand, und die zahlreichen Einladungen ins Restaurant und Geschäftsessen ließen die Gewinne der boomenden Lokale anschwellen. Millionen wurden in luxuriöse Inneneinrichtung investiert, und etliche Restaurants begannen, ihre Küchen derart umzumodeln, dass sie sich von einem Tag auf den anderen in laborähnliche Einrichtungen verwandelten.

Zwischen 1985 und 1990 war das goldene Zeitalter der spanischen Küche. 1987 bekam das Madrider Restaurant Zalacaín die ersehnten drei Michelin-Sterne; erst zwei Jahre später wurde Arzak mit zwei Sternen belohnt. Fast alle feinen Lokale nutzten die allgemeine Euphorie, um ihr Einkommen kräftig zu verbessern: In den spanischen Restaurants setzte eine regelrechte Preistreiberei ein, die dazu führte, dass Restaurantbesuche für Privatpersonen praktisch unerschwinglich wurden. Die Haute Cuisine war in Spanien einfach zu teuer geworden. Ein Essen in einem exquisiten Lokal war nur noch wenigen Privilegierten vorbehalten. Das Schlimmste daran war, dass in vielen Fällen weder die Qualität der Speisen noch der Service solche Preise rechtfertigte.

Langsam, aber sicher manövrierte sich das spanische Gastgewerbe mit seinem übertriebenen Narzissmus in die Krise. Weil man unbedingt als modern gelten wollte, präsentierte man zum Beispiel neue Produkte als Nonplusultra der Eleganz. Die süße Sahne, fett und alles geschmacklich vereinheitlichend, übte weiterhin ihre Tyrannei bei der Herstellung vieler Saucen aus; der schwere Lachs aus nördlichen Gefilden tauchte auf den Speisekarten vieler Lokale mit schöner Regelmäßigkeit auf; Ente (Leber und Brüstchen) und »Piquillo«-Paprikaschoten wurden zu einer öden Leier, und die Kiwis, schön, aber fad, schmückten süße und salzige Speisen. Trotz allem gab es Tag für Tag Fortschritte. Als die Fisch-Carpaccios aus Lachs, Wolfsbarsch und Seeteufel, das Dampfgaren und die Saucen aus Gemüse in Spanien aufkamen, bewiesen die hiesigen Köche erneut, dass ihnen beim Zubereiten von Fisch in Europa niemand das Wasser reicht.

Doch obwohl die spanischen Gastbetriebe jetzt im Eiltempo versuchten, seriöser zu werden, konnten sie unzählige Mängel nicht verdecken, unter anderem die fehlende Professionalität im Umgang mit dem Gast. Das galt fast durchgehend als unwichtig, als überflüssig, denn die Autorenküche wollte ja mit Luxus und modernem Ambiente locken. Die obligatorische Runde durch den Gastraum, bei der die Spitzenköche jeden Tisch besuchten, wurde zum vielfach nachgeahmten Spektakel. Leider konnte in den »glücklichen 80ern« keiner ahnen, dass eine Trendwende bevorstand. Erst als sich Anfang der 90er-Jahre die Wirtschaftskrise bemerkbar machte, erwachte die Haute Cuisine aus ihren süßen Träumen. Den Gerüchten über Bankrotte, Zahlungseinstellungen und Schließungen, die im Frühjahr 1991 kursierten, war ein schwaches Geschäftsjahr vorausgegangen. In der Öffentlichkeit machte sich allgemeiner Unmut über die maßlos ausgeuferten Preise des Gastgewerbes breit. Als die Proteste im Sommer 1992 unüberhörbar wurden, fingen die Restaurants an, als Reaktion auf die Wirtschaftskrise ihre Gerichte abzuändern und die Speisekarten umzugestalten. Wie zuvor schon in Frankreich geschehen, griff man jetzt vermehrt auf Innereien und andere preiswerte Rohmaterialien zurück. Einige Lokale machten zaghafte Versuche, das anderswo in Europa geläufige Modell der Festpreismenüs einzuführen, und gleichzeitig ging man daran, den Personalüberschuss abzubauen. Kurzum, nach einer Zeit der guten Konjunktur war die spanische Gourmetküche nun wohl oder übel zum Umdenken gezwungen.

Anfang der 90er-Jahre verlor man das Interesse an Neuheiten, Farbeffekten und originellen Kombinationen. Die besten Köche suchten in der regionalen und traditionellen Küche nach attraktiven Rezepten, um sie an aktuelle Ansprüche anzupassen. Alles schien darauf hinzudeuten, dass die altbekannten Rezepte einen Aufschwung erleben würden. Parallel dazu zeichnete sich immer deutlicher ab, dass die Küche der Zukunft nicht umhinkommen würde, ernährungswissenschaftliche Erkenntnisse zu berücksichtigen. Auf den Märkten tauchten hie und da biologisch-dynamische Lebensmittel auf, und nicht wenige Berufsköche zeigten eine deutliche Vorliebe für die leichte Küche, bei der Anfang der 80er-Jahre der Franzose Michel Guérard Geburtshilfe geleistet hatte.

In der ersten Hälfte der 90er-Jahre erregten zwei große Köche, Martín Berasategui und Ferran Adrià, im kulinarischen Panorama Spaniens immer mehr Aufmerksamkeit. Berasategui mit seinem Restaurant in Lasarte (Provinz Guipúzcoa, Baskenland) beeindruckte mit seinem außergewöhnlichen Arbeitsvermögen und einer selten anzutreffenden Großzügigkeit. Seine Küche, die mit ähnlicher technischer Präzision arbeitete wie die großen Konditoren, war voll brodelnder Begeisterung und Kreativität. Dutzende von Jungköchen kamen zu ihm, um sich ausbilden zu lassen. Der Zweite im Bunde, Ferran Adrià, hatte seinem untypischen Restaurant elBulli, versteckt in einer wunderschönen Bucht der Costa Brava gelegen, bereits einen soliden Ruf verschafft und begann jetzt dank seinem hohen technischen Niveau und der Fähigkeit zu überraschen eine steile Karriere. Aber niemand, nicht einmal er selbst, hätte damals voraussagen können, welch große weltweite Bedeutung seine Arbeit einmal haben würde. Nicht weniger relevant war die Arbeit von Santi Santamaría, dessen verfeinerte klassische Eleganz auf katalanischer Grundlage mit Fug und Recht als vorbildlich galt. Von den dreien war er der Erste, der 1994 die drei Michelin-Sterne bekam; es folgten Ferran Adrià im Jahr 1997 und Berasategui 2001.

Ende der 90er-Jahre gelang der spanischen Haute Cuisine im Zuge der Technifizierung der Durchbruch. Nicht nur, weil mehr oder weniger raffinierte Küchen- und Laborgeräte zu gewohnten Arbeitsmitteln geworden waren, sondern auch, weil die Köche viele organische Reaktionen einer genauen Analyse unterzogen. Dies war unzweifelhaft der Beginn der technischen Küche, die es als solche zu dem Zeitpunkt noch nicht gab. Die Spitzenköche wurden sich bewusst, dass die Technik der Motor der Avantgarde-Küche sein würde. Mit dem ihm eigenen Scharfblick behauptete Adrià, der Fortschritt der Kochkunst werde an dem Tag beginnen, an dem Wissenschaftler und Köche Hand in Hand arbeiteten.

1997 weihte er seine berühmte »Werkstatt« (*taller*) für Versuche und Forschungen ein, um die kreative Arbeit im elBulli von den täglichen Aufgaben des Restaurantbetriebs zu trennen. Untergebracht war die Werkstatt zunächst in den Küchen, die sein Cateringbetrieb Bullicatering im Aquarium von Barcelona besaß; 1999 kam der Umzug in die Portaferrisa-Straße unweit der Ramblas von Barcelona. In einem Zeitraum von sechs Monaten – während der Winterpause des Restaurants – entstanden dort einige der Ideen und Küchentechniken, die die Köche in aller Welt am meisten beeinflusst haben. Ein Beleg dafür sind seine Kugelgebilde, seine Gelier- und Emulgierprozesse und viele weitere Arbeitsmethoden, die direkt in die Texturen der Lebensmittel eingreifen. Zum Beispiel stellte Adrià Melonenkaviar aus Alginat und Kalziumchloridlösung her. Von Anfang an spielte in Adriàs Arbeitsteam Oriol Castro eine herausragende Rolle, ebenso wie Albert Adrià, der sich im Schatten seines Bruders zum besten unbekannten Koch der Welt entwickelte.

Beim ersten »Forum Gastronomic de Vic« (gastronomisches Forum von Vic), das im Februar 1999 stattfand, führten Michel Bras, Pierre Gagnaire und Ferran Adrià eine tiefschürfende Debatte über die Dichothomie von Technologie und Kreativität. Fortschritt sei nur möglich, darin waren sie sich einig, wenn man die richtige physikalische und chemische Erklärung für jedes beliebige kochtechnische Verfahren finde.

1988 begründete der französische Physiker und Chemiker Hervé This die molekulare Gastronomie, eine wissenschaftliche Fachrichtung, die er gemeinsam mit dem Physiker Nicolás Kurti, Professor in Oxford, schuf. Hierbei sollen mithilfe der Technik kulinarische Reaktionen erklärt werden. Kein Wunder, dass die Bücher von This, als sie ins Spanische übersetzt wurden, bei den hiesigen jungen Köchen Furore machten. Im November 1999, also kurz nach dem Forum von Vic, verschlug es den Teilnehmern des in San Sebastián veranstalteten Kongresses »Lo Mejor de la Gastronomía« (Das Beste der Gastronomie) die Sprache, als Adrià die enormen Möglichkeiten des »Pacojet« vorführte, eine Art Sorbetmaschine mit Messern aus Titan, mit der man in Sekundenschnelle geeiste Cremes und Pürees mit bislang unbekannten Konsistenzen zubereiten konnte. So begann die Ära der neuen Geräte, die in Spanien erfunden oder von dort aus bekannt gemacht wurden. Später kam der »Roner«, ein Wasserbad mit Thermostat, eigentlich eine Küvette, wie sie im Labor zum Sterilisieren verwendet wurde. Der geniale Koch Joan Roca bewies, dass sich damit ungeahnte Möglichkeiten für das Vakuumgaren bei niedrigen Temperaturen eröffneten. Dann folgte der Gastrovac, ein Schnellkochtopf, mit dem man beim Garen mit niedriger Temperatur wahre Wunder vollbringt. Er war das Ergebnis eines Projekts, das Sergio Torres (Restaurant El Rodat/Jávea/Alicante) zusammen mit Javier Andrés (Restaurant La Sucursal/Valencia) und der Technischen Hochschule Valencia durchgeführt hatte. Schließlich wurden im Januar 2006 auf dem Kongress »Madrid Fusión« drei neue Apparate erstmalig vorgestellt: der von Jordi Herrera erfundene Grill Fakircook, auf dem man Filets in 30 Sekunden zubereiten kann; der von der Stiftung »Fundación ALICIA« und dem Koch Joan Roca entwickelte Rotovapor, mit dem Erde und andere feste Stoffe destilliert werden können, und der Apparat zur Mikrosiebung von Flüssigkeiten, präsentiert vom Koch Carmelo Bosque aus Aragonien und gesponsert von ALCOTEC. Ohne diese wissenschaftliche Unterstützung hätte die Kreativität nicht so große Sprünge machen können. ALCOTEC, abgekürzt für »Alta cocina y tecnología« (Haute Cuisine und Technologie), war ein Projekt, das die Regierung Aragoniens (Ministerium für Wissenschaft, Technologie, Industrie, Handel und Tourismus) im Jahr 2000 initiiert hatte und in Allianz mit der Universität Zaragoza verwirklichte. Die Zielsetzung: Wissenschaft und Forschung auf das Gebiet der Küche anzuwenden. Die genannte »Fundación ALICIA« (ALICIA steht für »Alimentación y Ciencia«, Ernährung und Wissenschaft) entstand 2004 mit dem Vorsatz, Lösungen für die Herausforderungen und Bedürfnisse zu finden, die im Ernährungsbereich zu Beginn des 21. Jahrhunderts auftreten. Die Stiftung, die sich sowohl der Öffentlichkeitsarbeit als auch wissenschaftlichen Forschungen widmet, wird von der Sparkasse Caixa de Manresa und der Regierung Kataloniens unterstützt, und wie zu erwarten leistet auch Ferran Adrià seinen Beistand. Abgesehen von diesem großen Koch und seinem Mitarbeiterteam hatte sich Anfang 2000 eine Gruppe von Spitzenköchen der zweiten und dritten Generation der spanischen Avantgarde – Joan Roca, Andoni Aduriz, Dani García, Quique Dacosta, Joseán Martínez Alija – ebenfalls konsolidiert, denn mit ihren Arbeitsmethoden schufen sie neue Moden und Trends. Ihre revolutionären Techniken verändern auch weiterhin das Verständnis der Kochkunst, werden in anderen Ländern imitiert und üben einen erheblichen Einfluss in allen westlichen Industrieländern aus.

Was könnte der passendste Name für diese kulinarische Revolution sein, die nach der Nouvelle Cuisine der 70er-Jahre das international bedeutendste Ereignis in der kulinarischen Welt gewesen ist? In einem im August 2003 in der New York Times erschienenen Artikel über die spanische Avantgarde-Küche bezeichnete der Journalist Arthur Lubow diese Bewegung als »neue Nouvelle Cuisine«; der katalanische Journalist Pau Arenós wählte in einem 2006 in El Periódico de Cataluña veröffentlichten Beitrag den Ausdruck »techno-emotionale Küche«; seinem Kollegen Juan Manuel Bellver, Gastronomie-Fachjournalist der Zeitung El Mundo, gefällt die Bezeichnung »techno-logische Küche« besser, während der nicht weniger intuitive Toní Monné, ein katalanischer Journalist, beharrlich am Begriff »Revolution der Schäume« festhält, ein Tribut an die unleugbare Bedeutung der ersten Kreationen Ferran Adriàs mit dem Siphon von iSi und an das entscheidende Aufeinandertreffen von Kreativität und Technik, das die Einführung dieses Geräts in die Haute Cuisine herbeiführte.

Wie dem auch sei, die Arbeiten von Quique Dacosta mit Aloe vera, die von Dani García mit flüssigem Stickstoff – seine *criococina* (Tieftemperaturküche) –, die erstaunlichen Destillationen bei niedriger Temperatur von Joan Roca, das vom Andalusier Angel León erdachte System zum Entfetten von Brühen mithilfe von Algen und zahllose andere innovative Küchentechniken, die ab 1995 in Spanien entwickelt worden sind, verdienen wirklich einen Namen. Fest steht jedenfalls, dass wir im beginnenden dritten Millenium die ersten Schritte einer stark techniklastigen Küche miterleben, die in Zukunft zu einer Verbesserung des Geschmacks und der Beschaffenheit der Nahrungsmittel beitragen wird. In der spanischen kreativen Küche gibt es Profis, die sich neue Rezepte ausdenken, und andere, die sich in die Techniken vertiefen, um die Behandlung der Rohmaterialien zu perfektionieren. Rezepte, auch wenn sie noch so genial sind, kommen aus der Mode. Genau das Gegenteil passiert mit den Techniken: Wenn sie wertvoll sind, werden sie gültig bleiben und Raum für völlig neue Formeln schaffen. Dass die spanische Avantgarde-Küche im ausgehenden 20. Jahrhundert die Welt überraschen konnte, hat sie den Techniken zu verdanken, die einige Köche entwickelten, nachdem Ferran Adrià sie mit seinem Erneuerungsgeist angesteckt und seine Experimente bekannt gemacht hatte. Genauso wie früher die französischen Köche nachgeahmt wurde, werden gegenwärtig die spanischen Neuerungen von Berufsköchen in aller Welt imitiert. Und diese brillante, aus eigener Kraft geschaffene technische Küche (»cooking hightech«), die im Grunde nur den Geschmack intensivieren und die Beschaffenheit perfektionieren will, bereichert auch die zeitgenössische Küche Spaniens insgesamt.

30 Jahre neue Küche, lang genug, um drei Generationen von Spitzenköchen hervorzubringen, denen dieses Buch gewidmet ist. Die letzte Generation besteht aus einer Gruppe junger Kochtalente aus Andalusien, Navarra, Extremadura, Valencia, Madrid, Galicien, Katalonien und dem Baskenland. Es sind Köche um die 30, die, obwohl sie erst am Anfang ihrer Berufskarriere stehen, bereits ihr Können und Wissen bewiesen haben: Eneko Atxa (Restaurant Arzumendi), Darío Barrio (Restaurant Dassa Bassa), Iñigo Lavado (Restaurant Iñigo Lavado), Benito Gómez (Restaurant Tragabuches), Marcos Morán (Restaurant Casa Gerardo), Jordi Vilà (Restaurant Alkimia), Richard Alcayde (Restaurant Med), David Yarñoz (Restaurant El Molino de Urdaniz), Ramón Caso (Restaurant Altair), Jaime Renedo (Restaurant Asiana), Xosé Cannas (Restaurant Pepe Vieira), Joaquín Felipe (Restaurant Europa Decó), Pedro Martino (Restaurant L'Alezna), Oscar Velasco (Restaurant Santceloni) und Ricard Camarena (Restaurant Arrop). Natürlich ist dies eine zwangsläufig begrenzte Auswahl, die viele andere Jungköche nicht berücksichtigt, die in Spanien auch schon viel Erfolg einheimsen. Einige von ihnen haben sich ihrem konkreten Umfeld angepasst und bieten eine kosmopolitische Küche. Die meisten aber haben sich einer modernen, doch ihren Ursprüngen verhafteten Küche verschrieben, die den Aromen der jeweiligen Region treu bleibt. Und ganz offensichtlich folgen sie alle den Gedankengängen ihrer Vorgänger, ohne deren Unterweisungen sie niemals ihr heutiges Niveau erreicht hätten.

Ein weiteres Kapitel der Kochgeschichte, das gleichzeitig geschrieben wurde, ist die Entwicklung der süßen Küche in Spanien und dabei vor allem der Übergang von der Patisserie der Backstube zur Patisserie der Küche. Immer mehr Köche spezialisieren sich auf Desserts, und die Backwaren der Avantgarde sind oft eine pure süße Provokation. Desserts als Spielereien mit Konsistenzen und Farben; Kuchen, die wahre Skulpturen sind, Torten, die nicht wie Torten aussehen, und fantasievolle Gebilde aus Schokolade. Auch zieht die heutige süße Küche keine klare Grenze zwischen süß und salzig. Ebenso wie in der salzigen Küche gibt es auch in der Zuckerküche eine Hand voll junger Nonkonformisten, die unermüdlich ihre Konzepte überarbeiten, neue Techniken entwickeln und klassische Rezepte völlig umarbeiten. Unter dem wachsamen Auge von Altmeister Paco Torreblanca ist eine ganze Generation genialer Patissiers herangewachsen: Jacob Torreblanca, Albert Adrià, Jordi Butrón, Enric Rovira, Jordi Roca, Christian Escribá, Miguel Sierra und Julio Blanco. Spezialisten, die Parfüme in Desserts verwandeln oder aus Kakao ganze Landschaften zaubern, die Zuckerblasen, gefriergetrocknete Wunderwerke und Desserts mit minimalistischer Farbgebung schaffen. Jeder erschließt auf seine eigene Art ständig gastronomisches Neuland. Im Espai Sucre, dem einzigen Dessertrestaurant Europas, in dessen Kochschule extrem kreative Patissiers weitergebildet werden, präsentiert Jordi Butrón kühn ein von Anfang bis Ende süßes Menü. Oriol Balaguer setzt seine neuen ästhetischen Konzepte technisch beeindruckend um und geht wie ein Wissenschaftler der süßen Kochkunst vor. Christian Escribá, der Zuckerbäcker, lässt seiner Fantasie freien Lauf und fabriziert aus Isomalt (aus Rübenzucker gewonnen) seine »candy-glam rings«, die er in der ganzen Welt verkauft. Der sehr gesundheitsbewusste Asturier Miguel Sierra arbeitet mit Schokolade, mit einer alten Maissorte und mit probiotischen Lebensmitteln. Und Julio Blanco, ebenfalls Asturier, kreiert aus Schokolade kunstvolle Figuren.

Die Liste der Kochgrößen scheint unerschöpflich. Natürlich kann niemand voraussagen, wie lange die spanische Avantgarde-Küche ihre Spitzenposition behaupten wird. Sie hat viel auf der Habenseite: Sie hat alle Grenzen der Fantasie und der Ernährungswissenschaft gesprengt, sie setzt neue Geräte ein, geht mit dem Rohmaterial höchst respektvoll um und verwendet Aromen und Produkte aus aller Welt, mit denen sie sich zu einem internationalen Kulturmix bekennt. Spanien ist aber gerade auch durch die Betonung seiner eigenen Geschmackswelt – Fisch, Gemüse, Olivenöl – zum Mittelpunkt der neuen gastronomischen Tendenzen geworden, was sich nebenbei in einer umfangreichen Buchproduktion zu kulinarischen Themen niedergeschlagen hat. Unter dem Einfluss Spaniens kommen die besten Berufsköche der westlichen Welt zu einem neuen Verständnis ihrer Arbeit – nicht umsonst ist Adrià in den USA zu einer der 100 einflussreichsten Personen der Welt erklärt worden. In der Kochpraxis nordamerikanischer Avantgarde-Köche wie Charlie Trotter, Grant Achatz, Homaro Cantu, Wylie Dufresne oder Josh DeChellis hat die zeitgenössische spanische Küche deutliche Spuren hinterlassen. Bis vor Kurzem waren die Franzosen noch die großen Lehrmeister der Küche, heute schauen die kreativen Berufsköche nach Spanien, wo man an Etabliertem rüttelt und nicht stehen bleiben will. Von dieser Geisteshaltung zeugen auch drei bedeutende Kongresse, die in Spanien abgehalten werden: »Madrid Fusión«, »Lo Mejor de la Gastronomia« (das Beste der Gastronomie) und »Foro Gastronómic de Vic« (Gastronomieforum von Vic), alle drei obligater Treffpunkt der internationalen Kochelite. Wissensdrang, Talent, Forschung, neue Techniken und Leidenschaft für den Beruf waren die Hauptmerkmale und Antriebskräfte der spanischen Köche der letzten Jahrzehnte.

Aber das Beste kommt erst noch. Während man in den USA und den nordeuropäischen Ländern – allen voran Schweden und Holland – erste Anzeichen für das Entstehen kreativer Schulen beobachten kann, reift in Spanien schon eine großartige dritte Generation von Kochprofis heran, die besser ausgebildet ist als die vorhergegangene. Die Globalisierung im Nahrungsmittelbereich hat direkte Auswirkungen auf die Arbeit der spanischen Jungköche, denn sie eröffnet ihnen die Möglichkeit, ihren Rezepten mehr denn je eine ganz persönliche Note zu geben. Der schöpferische Akt besteht für sie nicht nur darin, Herangehensweisen kritisch zu überprüfen, sondern beinhaltet auch das unvoreingenommene Zugehen auf exotische Erzeugnisse oder neueste Techniken aus fernen Ländern. In den Rezepten dieser Jungköche findet man nicht selten Zubereitungen mit Zitronengras, Kardamom, Kokosmilch, Curry, Koriander und Vanille oder auch Gemüsesprossen, Sauerampfer, Eiskraut und Pfefferminze. Das sind Zeitzeichen, die für eine Moderne ohne Grenzen, ohne Lokalpatriotismus stehen. Ebenso wie in anderen europäischen Ländern identifiziert sich auch in Spanien die Avantgarde mit ihren großen Vertretern, mit den wirklich kreativen Spitzenköchen. Die Rezepte der jungen spanischen Talente sind weltoffen und wollen mit einem Hauch Leichtigkeit und Exotik verführen. Nie zuvor waren die Zukunftsaussichten der Avantgarde-Küche so vielversprechend. Wenn alles so weitergeht wie bisher, kann man wohl davon ausgehen, dass die Chronik der modernen Gastronomie noch lange Zeit in spanischer Sprache geschrieben wird.

Jose Carlos Capel

los**restaurantes**

dierestaurants

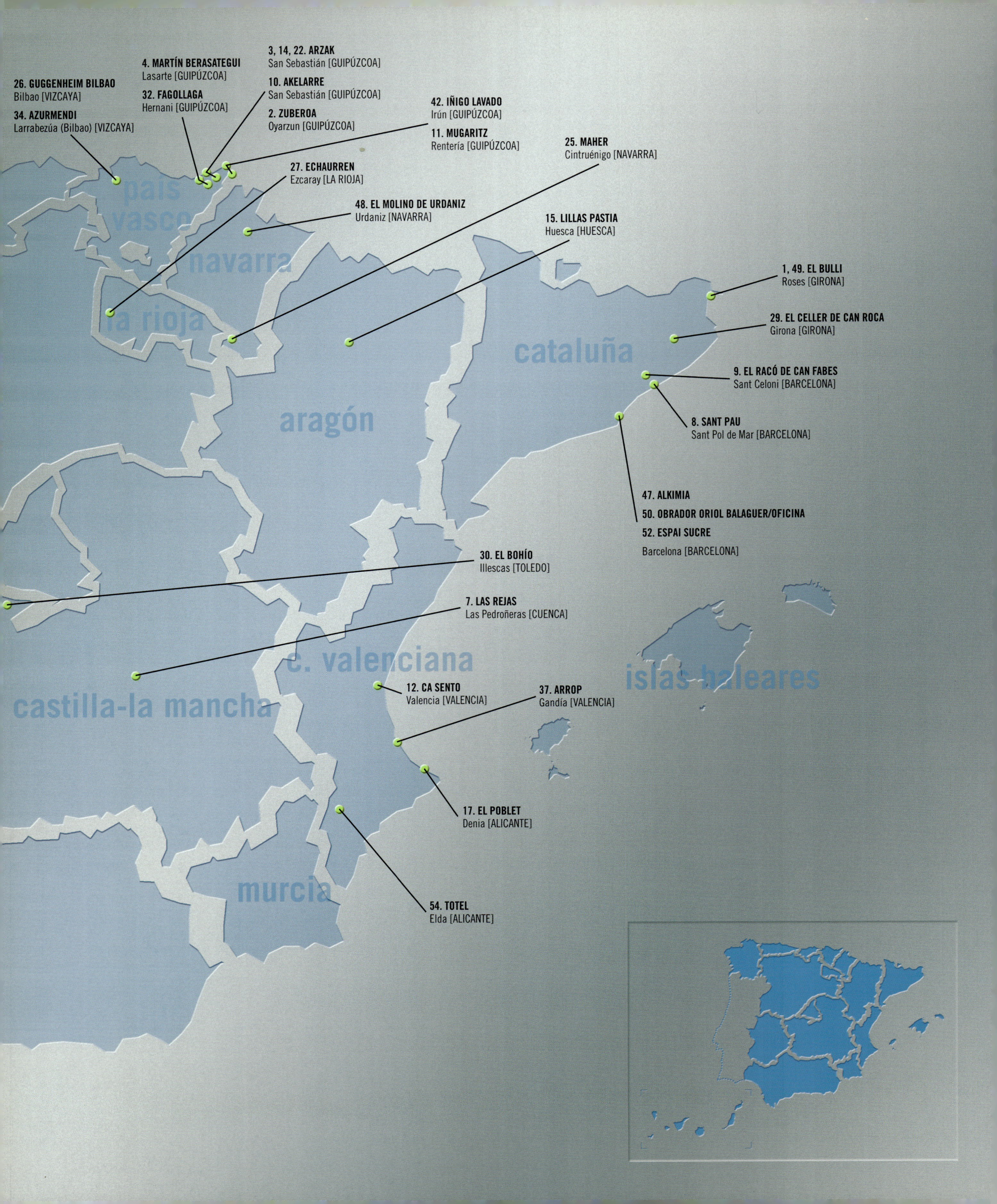
3, 14, 22. ARZAK
San Sebastián [GUIPÚZCOA]
4. MARTÍN BERASATEGUI
Lasarte [GUIPÚZCOA]
26. GUGGENHEIM BILBAO
Bilbao [VIZCAYA]
32. FAGOLLAGA
Hernani [GUIPÚZCOA]
10. AKELARRE
San Sebastián [GUIPÚZCOA]
34. AZURMENDI
Larrabezúa (Bilbao) [VIZCAYA]
2. ZUBEROA
Oyarzun [GUIPÚZCOA]
42. IÑIGO LAVADO
Irún [GUIPÚZCOA]
11. MUGARITZ
Rentería [GUIPÚZCOA]
25. MAHER
Cintruénigo [NAVARRA]
27. ECHAURREN
Ezcaray [LA RIOJA]
48. EL MOLINO DE URDANIZ
Urdaniz [NAVARRA]
15. LILLAS PASTIA
Huesca [HUESCA]
1, 49. EL BULLI
Roses [GIRONA]
29. EL CELLER DE CAN ROCA
Girona [GIRONA]
9. EL RACÓ DE CAN FABES
Sant Celoni [BARCELONA]
8. SANT PAU
Sant Pol de Mar [BARCELONA]
47. ALKIMIA
50. OBRADOR ORIOL BALAGUER/OFICINA
52. ESPAI SUCRE
Barcelona [BARCELONA]
30. EL BOHÍO
Illescas [TOLEDO]
7. LAS REJAS
Las Pedroñeras [CUENCA]
12. CA SENTO
Valencia [VALENCIA]
37. ARROP
Gandía [VALENCIA]
17. EL POBLET
Denia [ALICANTE]
54. TOTEL
Elda [ALICANTE]
país vasco
navarra
la rioja
aragón
cataluña
c. valenciana
islas baleares
castilla-la mancha
murcia

1. Adrià, Ferran
EL BULLI
Cala Montjoi Apto.30
17480-Roses (Girona)
972 15 04 57

2. Arbelaitz, Hilario
ZUBEROA
Barrio Iturrioz, 8
20180-Oyarzun (Guipúzcoa)
943 49 12 28

3. Arzak, Juan Mari
ARZAK
C/ Alto de Miracruz, 21
20015-San Sebastián (Guipúzcoa)
943 27 84 65

4. Berasategui, Martín
MARTÍN BERASATEGUI
C/ Loidi, 4
20160-Lasarte (Guipúzcoa)
943 36 64 71

5. Gallego, Salvador
EL CENADOR DE SALVADOR
Avda. España,30
28411-Moralzarzal (Madrid)
91 857 77 22

6. Morán Quirós, Pedro
CASA GERARDO
Ctra. AS 19, km. 9
33438-Prendes (Asturias)
985 88 77 97 / 985 88 77 98 (fax)

7. Osa, Manuel de la
LAS REJAS
C/ General Borrero, 49
16660-Las Pedroñeras (Cuenca)
969 16 10 89

8. Ruscalleda, Carme
SANT PAU
C/ Nou, 10
08395-Sant Pol de Mar (Barcelona)
93 760 06 68

9. Santamaría, Santi
EL RACÓ DE CAN FABES
C/ Sant Joan,6
08470-Sant Celoni (Barcelona)
93 867 28 51

SANTCELONI
Paseo de la Castellana, 57
28046
Madrid (Madrid)
91 210 88 40

10. Subijana, Pedro
AKELARRE
Paseo Padre Orcolaga, 56 (por Igueldo)
20008-San Sebastián (Guipúzcoa)
943 31 12 09 / 943 21 20 52

11. Aduriz, Andoni Luis
MUGARITZ
Otzazulueta Baserría Aldura Aldea, 20 ZK
20100-Rentería (Guipúzcoa)
943 522 455

12. Aleixandre, Raúl
CA SENTO
C/ Méndez Núñez, 17
46024-Valencia (Valencia)
963 30 17 75

13. Arola, Sergi
LA BROCHE
C/ Miguel Ángel, 29-31
28010-Madrid (Madrid)
91 399 34 37

14. Arzak, Elena
ARZAK
C/ Alto de Miracruz, 21
20015-San Sebastián (Guipúzcoa)
943 27 84 65

15. Bosque, Carmelo
LILLAS PASTIA
Plaza de Navarra, 4
22004-Huesca (Huesca)
974 21 16 91

16. Chicote, Alberto
NODO
C/ Velázquez, 150
28002-Madrid (Madrid)
91 564 40 44

17. Dacosta, Quique
EL POBLET
Urb. El Poblet. Las Marinas km 2
03700-Denia (Alicante)
965 78 41 79

18. Felipe, Juan Pablo
EL CHAFLÁN
Av. Pío XII, 34
28016-Madrid (Madrid)
91 350 61 93 (rest) / 91 345 10 23 (fax)

19. García, Abraham
VIRIDIANA
C/ Juan de Mena, 14
28014-Madrid (Madrid)
91 531 10 39 / 91 532 42 74 (fax)
91 523 44 78 / 91 531 52 22

20. García, Dani
CALIMA
Hotel Gran Meliá Don Pepe
Avda. José Meliá, s/n
29600-Marbella (Málaga)
952 76 42 52 (restaurante)

21. García, José Carlos
EL CAFÉ DE PARIS
C/ Vélez Málaga, s/n
29016-Málaga (Málaga)
952 22 50 43 / 952 603 864 (fax)

22. Gutiérrez, Xabi
ARZAK
C/ Alto de Miracruz, 21
20015-San Sebastián (Guipúzcoa)
943 27 84 65

23. Larumbe, Pedro
PEDRO LARUMBE
C.C. ABC SERRANO
C/ Serrano, 61
28006-Madrid (Madrid)
91 575 11 12

24. Manzano, Nacho
CASA MARCIAL
Ctra. Collía a La Salgar, 10
33549-Arriondas (Asturias)
985 840 991

25. Martínez, Enrique
MAHER
C/ Ribera, 19
31592-Cintruénigo (Navarra)
948 81 11 50 / 948 81 27 76 (fax)

26. Martínez Alija, Josean
GUGGENHEIM BILBAO
Av. Abandoibarra Etorbidea, 12
48001-Bilbao (Vizcaya)
944 23 93 33

27. Paniego, Francis
ECHAURREN
C/ Héroes del Alcázar, 2
26280-Ezcaray (La Rioja)
941 35 40 47

28. Pérez, Toño
ATRIO
Avda. España,30 - Bloque IV Bajo
10002-Cáceres (Cáceres)
927 24 29 28

29. Roca, Joan
Roca, Jordi
EL CELLER DE CAN ROCA
Crta. Taialà, 40
17007-Girona (Girona)
972 22 21 57

30. Rodríguez Rey, Pepe
EL BOHÍO
Av. Castilla La Mancha, 81
45200-Illescas (Toledo)
925 51 11 26 / 925 51 28 87 (fax)

31. Roncero, Paco
LA TERRAZA DEL CASINO
C/ Alcalá, 15
28014-Madrid (Madrid)
91 521 87 00

32. Salaberría, Isaac
FAGOLLAGA
C/ Ereñozu Auzoa, 68-69 (Barrio Fagollaga)
20120-Hernani (Guipúzcoa)
943 55 00 31

33. Tejedor, Marcelo
CASA MARCELO
C/ Rúa Hortas, 1
15705-Santiago de Compostela (A Coruña)
981 55 85 80

34. Atxa, Eneko
AZURMENDI
Barrio Leguina, s/n
48195-Larrabezúa / Bilbao (Vizcaya)
944 558 866 (rest.)

35. Alcayde, Richard
MED
C/ Las Mercedes,12-2º (Balcón de San Miguel)
29620-Torremolinos (Málaga)
952 05 88 30

36. Barrio, Darío
DASSA BASSA
C/ Villalar, 7
28001-Madrid (Madrid)
91 576 73 97

37. Camarena, Ricard
ARROP
Sant Joan de la Ribera, 20
46701-Gandía (Valencia)
96 295 07 68

38. Cannas, Xosé
PEPE VIEIRA
Plaza de la Constitución, 2 Bajo
36960-Sanxenxo (Pontevedra)
986 69 17 49

39. Caso, Ramón
ALTAIR
Av. José Fernández López s/n
06800-Mérida (Badajoz)
924 30 45 12

40. Felipe, Joaquín
EUROPA
Plaza de las Cortes, 10
28014-Madrid (Madrid)
91 420 37 67 / 620 83 43 03

41. Gómez, Benito
TRAGABUCHES
C/ José Aparicio, 1
29400-Ronda (Málaga)
952 19 02 91

42. Lavado, Iñigo
IÑIGO LAVADO
Av. de Iparralde, 43
20302-Irún (Guipúzcoa)
943 63 96 39 (restaurante)

43. Martino, Pedro
L'ALEZNA
C/ La Arrienda, 14
33174-Caces (Asturias)
985 79 83 55

44. Morán Suárez, Marcos
CASA GERARDO
Ctra. AS 19, km. 9
33438-Prendes (Asturias)
985 88 77 97 / 985 88 77 98 (fax)

45. Renedo, Jaime
ASIANA
Travesía de San Mateo, 4
28010-Madrid (Madrid)
91 310 40 20

46. Velasco, Óscar
SANTCELONI
Hotel Hesperia
Paseo de la Castellana, 57
28046-Madrid (Madrid)
91 210 88 40

47. Vilà, Jordi
ALKIMIA
C/ Industria, 79
08025-Barcelona (Barcelona)
93 207 61 15

48. Yarnoz, David
EL MOLINO DE URDANIZ
C/ San Miguel, s/n
31698-Urdaniz (Navarra)
948 30 41 09

49. Adrià, Albert
EL BULLI
Cala Montjoi Apto. 30
17480-Roses (Girona)
972 15 04 57

50. Balaguer, Oriol
OBRADOR ORIOL BALAGUER / OFICINA
C/ Morales, 21 - 27 Bajos B
08029-Barcelona (Barcelona)
93 363 22 98 / 93 363 22 99 (fax)

51. Blanco, Julio
POMME SUCRE
C/ Libertad, 26
33206-Gijón (Asturias)
985 35 41 93 (tlf y fax)

52. Butrón, Jordi
ESPAI SUCRE
C/ Princesa, 53
08003-Barcelona (Barcelona)
93 268 16 30

53. Sierra, Miguel
PALERMO DELICATESSEN
Av. General Primo de Rivera, 36
33740-Tapia de Casariego (Asturias)
985 62 83 19

54. Torreblanca, Paco
TOTEL
Av. José Martínez González, 103
03600-Elda (Alicante)
965 47 11 31 / 965 47 00 34 (fax)

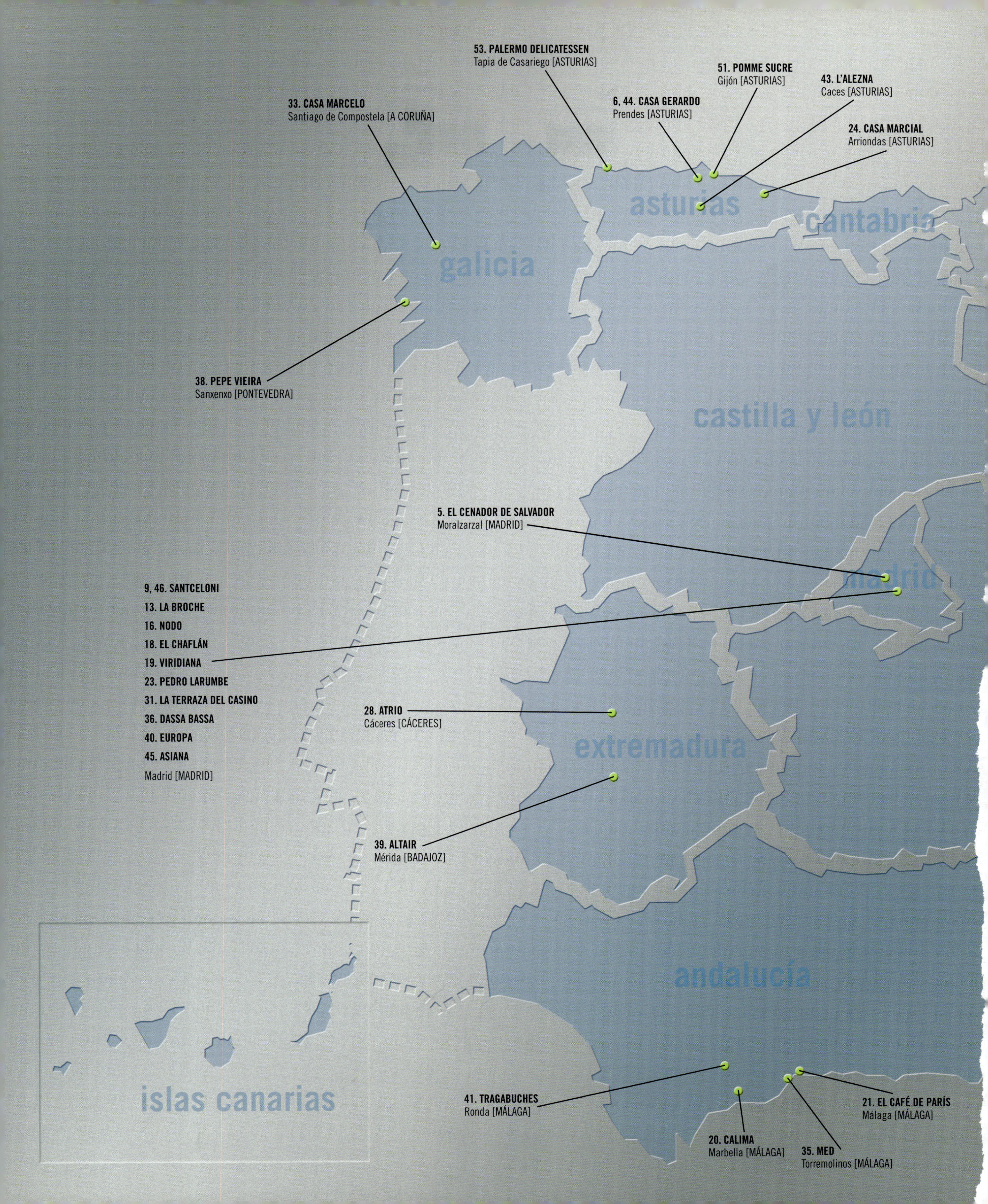
53. PALERMO DELICATESSEN
Tapia de Casariego [ASTURIAS]
51. POMME SUCRE
Gijón [ASTURIAS]
43. L'ALEZNA
Caces [ASTURIAS]
33. CASA MARCELO
Santiago de Compostela [A CORUÑA]
6, 44. CASA GERARDO
Prendes [ASTURIAS]
24. CASA MARCIAL
Arriondas [ASTURIAS]
asturias
cantabria
galicia
38. PEPE VIEIRA
Sanxenxo [PONTEVEDRA]
castilla y león
5. EL CENADOR DE SALVADOR
Moralzarzal [MADRID]
madrid
9, 46. SANTCELONI
13. LA BROCHE
16. NODO
18. EL CHAFLÁN
19. VIRIDIANA
23. PEDRO LARUMBE
31. LA TERRAZA DEL CASINO
36. DASSA BASSA
40. EUROPA
45. ASIANA
Madrid [MADRID]
28. ATRIO
Cáceres [CÁCERES]
extremadura
39. ALTAIR
Mérida [BADAJOZ]
andalucía
islas canarias
41. TRAGABUCHES
Ronda [MÁLAGA]
21. EL CAFÉ DE PARÍS
Málaga [MÁLAGA]
20. CALIMA
Marbella [MÁLAGA]
35. MED
Torremolinos [MÁLAGA]

Laut Brockhaus versteht man unter Generation die Gesamtheit der innerhalb eines bestimmten zeitlichen Spielraums geborenen Gesellschaftsmitglieder, die durch ähnliche kulturelle Orientierungen, soziale Einstellungen und Verhaltensweisen geprägt sind. Diese Begriffsbestimmung sei einem Werk vorausgeschickt, das dem Leser eine breite, doch gezwungenermaßen unvollständige Auswahl der brillantesten spanischen Köche der heutigen Zeit präsentieren möchte. Wir haben diese Köche in zwei Generationen aufgeteilt: die Generation der »neuen« und die der »neuesten« Köche, um es mit den Worten von Juan Mari Arzak zu sagen. Vorgestellt werden die beiden Generationen von ihren »Paten«, nämlich den anerkannten Größen der zeitgenössischen spanischen Küche, oder anders gesagt, von der ersten Kochgeneration, aus der die anderen beiden hervorgegangen sind.

Gestern Pioniere, heute Paten

Wie hat sich die spanische Gastronomie international zu einer der wichtigsten treibenden Kräfte für Innovation, Kreativität und kulinarische Trends entwickelt? Um diese Frage beantworten zu können, muss man bis in die 70er- und 80er-Jahre des letzten Jahrhunderts zurückgehen. Jede Kulturbewegung hat ihre Initiatoren, ihre Pioniere, Menschen, die sich der Aufgabe gestellt haben, den Weg für ihre Nachfolger zu ebnen. Für das vorliegende Buch haben wir unter den Köchen mit dieser entscheidenden Funktion zehn ausgewählt, die für das Verständnis der Entwicklung unerlässlich sind. Natürlich hätten wir noch viele weitere große Erneuerer unserer Küche berücksichtigen können, aber wir haben uns auf die wichtigsten Impulsgeber beschränkt, die nach wie vor in der kreativen spanischen Küche eine aktive Rolle spielen.

Ausschlaggebend war in der Tat, dass sie heute noch ihre kreative Tätigkeit ausüben, denn das ist die beste Voraussetzung für die symbolische Patenschaft, die sie hier für die Berufsköche der jüngeren Generation übernehmen. Die Realität der Avantgarde-Küche, den Alltag, in dem der zahlende Gast ein Anrecht auf Genuss hat, lernten diese jungen Köche oftmals an den Kochtöpfen der hier als Paten fungierenden »Altmeister« kennen, die sie an ihrer Erfahrung und ihrem Wissen teilhaben ließen.

Köche wie Arzak, Santamaría, Adrià oder Subijana sind die großen Vorbilder für diese Generationen, die sich ein paar Jahre später beruflich selbstständig gemacht haben. Sie sind ihre Mentoren und gleichzeitig Kameraden – das Metall, aus dem Herde, Töpfe und Pfannen sind, schweißt sie alle zusammen. Die Patenschaft haben die Älteren aufgrund ihrer längeren Erfahrung übernommen, aber sie bekunden damit auch ihre Bewunderung gegenüber jenen, die in ihre Fußstapfen getreten sind, und in vielen Fällen auch die Freundschaft, die sie verbindet. Martín Berasategui, Salvador Gallego oder Pedro Morán sind weitaus mehr als hervorragende Vertreter der zeitgenössischen spanischen Küche; sie sind Meister, die in der Hitze ihrer Küchen viele dieser jungen Leute heranwachsen sahen, deren Kreativität, gestützt auf eine respektvolle Behandlung der Produkte und auf moderne Technik, heute die Welt beeindruckt. Carme Ruscalleda, Hilario Arbelaitz und Manuel de la Osa sind nicht nur gute Beispiele für den hohen Stand, den das kulinarische Know-how fern der Hauptstadt Spaniens erreicht hat. Sie sind auch durch die jahrzehntelange meisterhafte Ausübung ihres Handwerks berufene Stimmen, um diejenigen bei ihrem Werdegang zu unterstützen, die heute mit derselben Kraft und Leidenschaft wie einst sie selbst darum kämpfen, sich mit ihrer eigenen gastronomischen Philosophie durchzusetzen.

Jeder Einzelne der genannten Köche, jeder Einzelne unserer zehn Altmeister, ist nicht nur ein Musterbeispiel für unermüdliche Arbeit. Sie alle sind Köche mit Leib und Seele, ihre Persönlichkeit und ihr Temperament prägen ihre Kochkunst. Wir porträtieren jeden von ihnen kurz, beschreiben die Meilensteine ihrer Karriere, ihre Ansichten über die Gastronomie, ihr Denken als Privatperson und als Koch, damit der Leser sich ein Bild von diesen Menschen machen kann, die heute zur Elite der spanischen und internationalen Gastronomie gehören. Sie alle sind sehr bekannte Köche, die mit Preisen aller Art ausgezeichnet wurden, Bücher veröffentlicht haben und für ihr Tun und ihren Erfolg viel Anerkennung geerntet haben. Es ist so viel über sie gesagt und geschrieben worden, dass wir es vorgezogen haben, sie einfach mit ihren umfangreichen beruflichen Biografien zu präsentieren. Die Köche der nachfolgenden Generationen hingegen, die zum Teil in der breiten Öffentlichkeit weitgehend unbekannt sind, zum Teil mit ihren Verdiensten so nah an die erste Generation heranrücken, dass sie nur noch der Altersunterschied trennt (beispielsweise Quique Dacosta, Joan Roca oder Andoni Luis Aduriz), teilen sich dem Leser auch über ihre Rezepte mit. In ihnen kommt ihr kulinarisches Denken zum Ausdruck, zeigt sich ihre Vorstellung vom vollendeten Werk, auch wenn wir hier nur Fotos und den im Rezept enthaltenen theoretischen Ansatz bieten können. Vielleicht ist es auch besser so; wer das eine oder andere Gericht besonders attraktiv findet, hat so einen guten Grund, das Original im Restaurant zu probieren. Dort kann man mit allen Sinnen das aufnehmen, was hier duft- und geschmacklos auf glattem Papier, aber farbenfroh, verführerisch und inhaltlich beeindruckend zu sehen ist.

Avantgarde in Spanie

Drei Generationen?

Wenn wir uns an die Lexikondefinition halten, gibt es tatsächlich diese drei Kochgenerationen. Bei genauerem Hinschauen und angesichts der prakti-

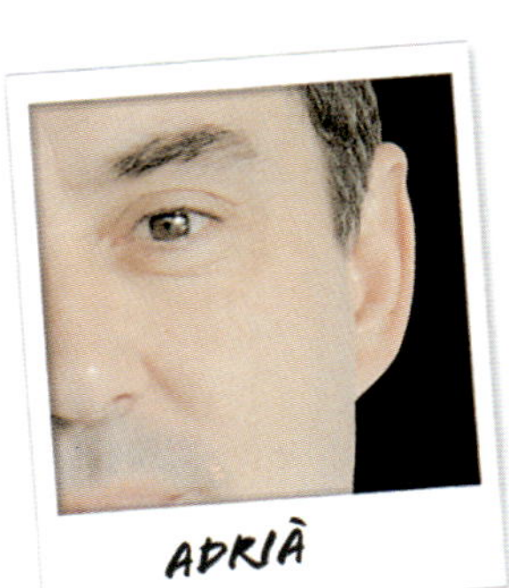

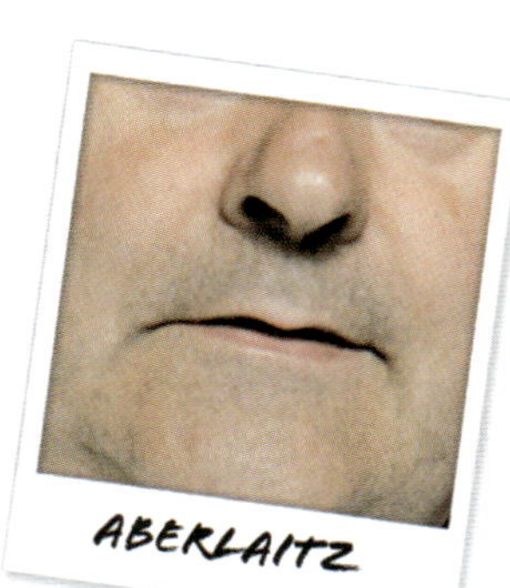

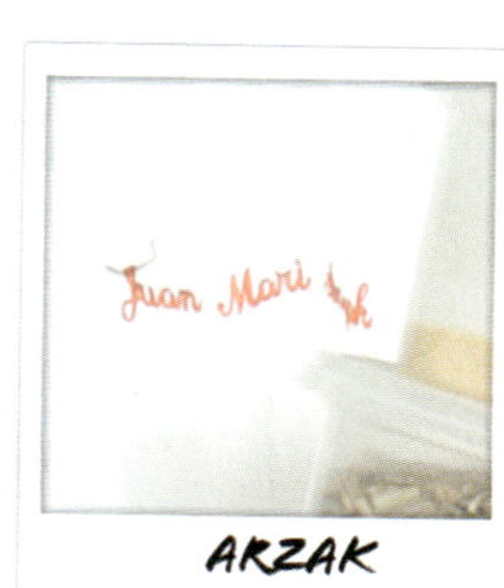

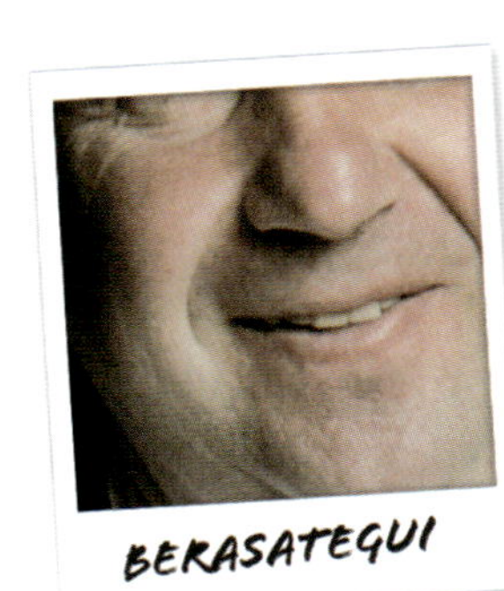

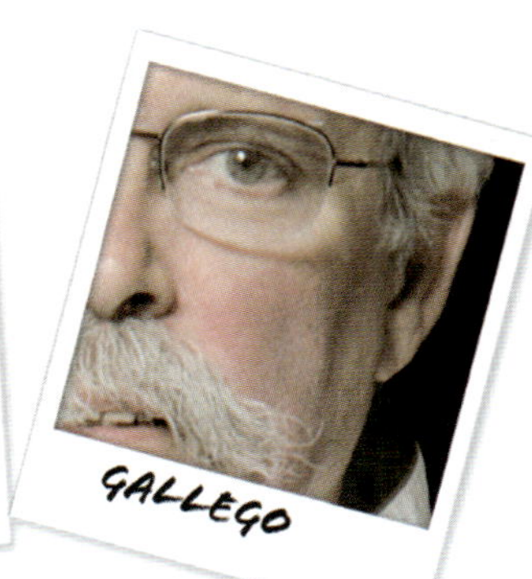

schen Resultate der letzten Jahre stellt man allerdings fest, dass es sich weniger um klar zu unterscheidende Generationen handelt, sondern eher um Wellen von Profiköchen, die auf einen gemeinsamen Raum schwappen: die kreative Avantgarde-Küche, die in Spanien hauptsächlich von den Köchen aus der Taufe gehoben wurde, die auf diesen Seiten die neuen Nachwuchstalente unter ihre Fittiche nehmen, unabhängig von deren Alter.

Die erste Generation schuf den Kontext für das berufliche Tun der beiden anderen. Sie führte neue Techniken und Ideen, die sie von den wichtigsten Köchen der französischen Nouvelle Cuisine übernommen hatte, in die eigene Kochpraxis ein. Und sie entwickelte ein Zugehörigkeitsgefühl zu einer Bewegung, die in der baskischen Küche ihren Ursprung hatte und sich dann auf die restlichen Regionalküchen Spaniens ausbreitete. Vor allem waren die Vertreter der »neuen baskischen Küche« der Überzeugung, dass man die jetzt erworbenen Kenntnisse verbreiten müsse und sich bemühen solle, auch die Berufseinsteiger damit vertraut zu machen. Auf diese Art und Weise könne man, so war die Ansicht dieser Köche, das Niveau der Kochkultur im Land generell heben und auch in die einzelnen Regionen tragen mit dem Nebeneffekt, dass der Gast im Restaurant künftig besser behandelt werde. Die Kochzutaten und die Küchentechnik verlangten die Aufmerksamkeit, die ihnen zustand. Spezialisierte Massenmedien begannen, über diese neue Bewegung zu berichten, und einige Fachjournalisten meinten, sie unterstützen zu müssen, allerdings aus einer kritischen Warte. Man war noch weit entfernt von dem Medienrummel, der im letzten Jahrzehnt die Starköche begleitet hat und ein Merkmal der zweiten und dritten Generation geworden ist. Doch damals war jede Unterstützung notwendig und willkommen. Es ging darum, der breiten Öffentlichkeit zu erklären, was da im Gange war, damit sie es verstehen und akzeptieren konnte. Heute ist die Situation völlig anders. Während die erste Generation darum kämpfen musste, Gehör zu finden, besteht jetzt die Schwierigkeit eher darin, unter den zahllosen Vorschlägen, die einem in Fachzeitschriften begegnen, diejenigen auszuwählen, die wirklich eine genauere Beschäftigung wert sind.

Drei Generation

Die Köche der neueren Generationen unterscheiden sich mehrheitlich von jenen, die hier als Paten amtieren, in einem wesentlichen Punkt: Die Pioniere standen, was die Ausbildung in modernen Küchentechniken betrifft, praktisch vor dem Nichts – wenn es überhaupt hie und da eine Gastgewerbeschule gab, zeichnete sie sich nicht gerade durch ihren Hang zum Innovativen aus, sondern lehrte Althergebrachtes; dagegen hatten die Köche der zweiten und dritten Generation das Glück, dass überall Fachschulen wie Pilze aus dem Boden schossen (einige von ihnen sind heute sehr renommiert, und es entstehen immer noch neue). Noch wichtiger war jedoch, worauf uns Martín Berasategui hingewiesen hat: Es gab eine ganze Reihe noch im Berufsleben stehender Spitzenköche, die bereit waren, die Jungköche in ihre Küchen aufzunehmen. Sie vermittelten ihnen all ihr Wissen und die Leidenschaft für den Beruf, ohne die sie keine großen Köche geworden wären, ließen sich aber auch gern von den frischen Ideen der Jugend überraschen.

Nicht weniger wichtig war und ist jedoch die herausragende Rolle, die ein so ungewöhnlicher Mensch wie Ferran Adrià spielt. Er konnte mit seinen revolutionären Vorschlägen nicht nur die gesamte Gourmet- und Gastronomiewelt Spaniens überzeugen, sondern hat auch bei vielen Jugendlichen, die ihm nacheifern wollen, das Interesse für den Kochberuf geweckt. Das ist ebenso leicht nachvollziehbar wie die Tatsache, dass jetzt, wo Fernando Alonso das Idol der Formel I ist, viele spanische Kinder Mitglieder in Kart-Clubs geworden sind. Gefahrlos ist das allerdings nicht: Wer das Auto von Alonso fahren will, ohne vorher in die Fahrschule gegangen zu sein, wird automatisch am nächstbesten Straßenbaum landen …

Dass wir in unserem Land den besten Koch der Welt haben, dass er den Neuen Mut macht und ihre Arbeit unterstützt, hat generationenübergreifend viel Leben in die spanische Gastronomie gebracht und sei es nur, dass man sich als Reaktion auf Adriàs enorme Bedeutung von seinem Verständnis der Küche abgrenzen will. Adrià hat mit seiner Medienwirksamkeit dafür gesorgt, dass die kreative Küche Spaniens insgesamt große Anerkennung genießt. Aber genauso wie in den Rittergeschichten nur Ritter mit reinem Herzen die versteckten Paläste der schönsten Jungfrauen betreten dürfen, öffnet sich in der heutigen spanischen Küche nur jenen das Tor zum Ruhm, die wissen, dass nicht Schaumschlägerei, sondern allein die Wahrhaftigkeit ihrer schöpferischen Philosophie der genialen Spielerei ihrer Gerichte Sinn verleiht.

Und zum Schluss: das Menü

Wir möchten vermeiden, dass so viel Modernität den Zugang zum Verständnis verbaut. Deswegen schlagen wir Ihnen zum Abschluss dieser einführenden Worte ein klassisches Menü vor, die Speisefolge, die wir zu Hause kennen gelernt haben und die in unserer westlichen Küche immer Gültigkeit haben wird. Wir empfehlen Ihnen, sich als Aperitif die berühmten Altmeister dieses Buchs genussvoll zu Gemüte zu führen. Dann sollten Sie in das Duft- und Geschmacksparadies eintauchen, das die auf dem Gipfel ihrer Kreativität angelangte zweite Generation als Vorspeise zubereitet hat. Lassen Sie sich danach mit einer Hauptspeise verwöhnen, die mit vielen Größen der spanischen Küche der Zukunft aufwartet. Und als letzte Köstlichkeit servieren wir Ihnen die Desserts mit Namen, die man sich langsam auf der Zunge zergehen lassen sollte.

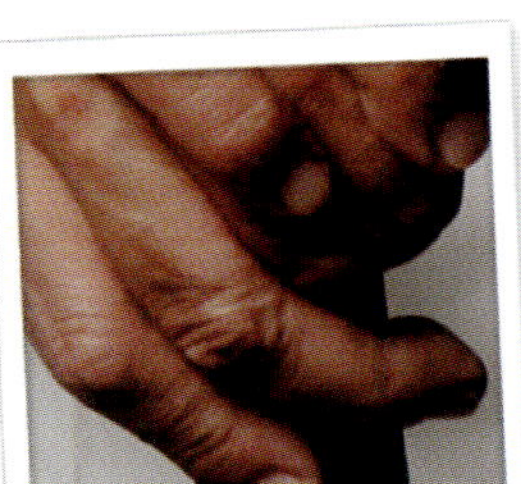
MORÁN

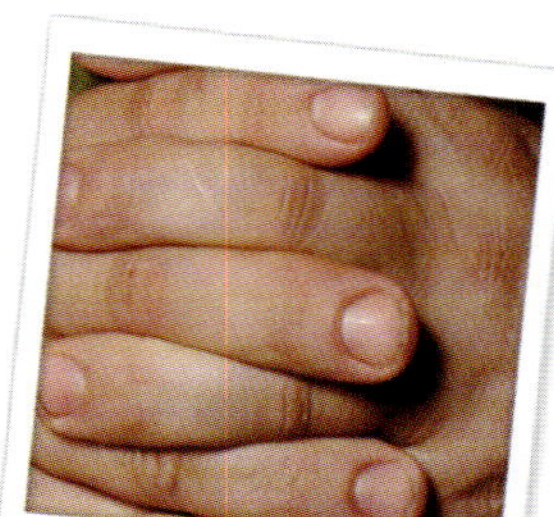
DE LA OSA

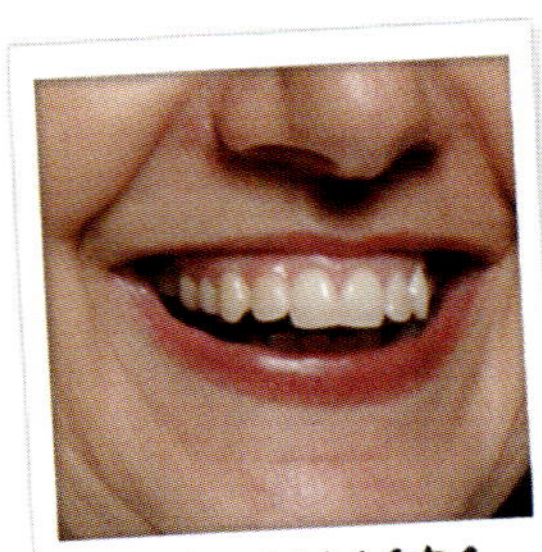
RUSCALLEDA

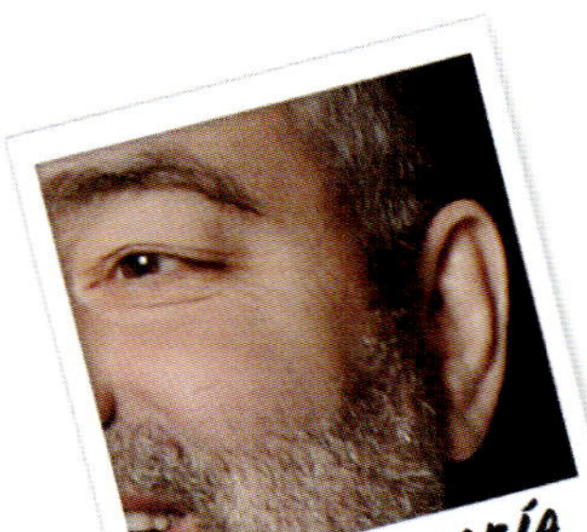
SANTAMARÍA

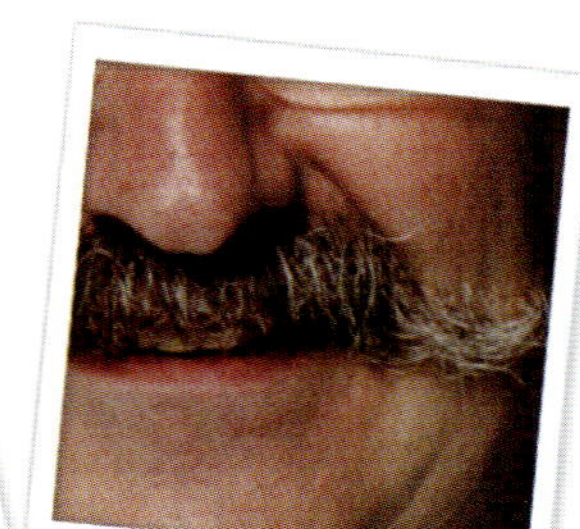
SUBIJANA

Ein Koch für das 21. Jahrhundert

Wenn irgendwann in der Zukunft einmal Historiker die Küche in den Jahren vor und nach dem Milleniumwechsel zu verstehen versuchen, werden sie bei ihren Nachforschungen überall auf den Namen Ferran Adrià stoßen. Aber nicht nur Bücher über die Geschichte der Küche oder Artikel von Berufsköchen und Gastronomiekritikern werden über ihn Auskunft geben. Er erscheint auch auf den ersten Seiten von Tageszeitungen wie The New York Times, Le Monde oder El País und auf den Titelblättern von Magazinen wie Time; es gibt Hunderte von Rundfunk- und Fernsehinterviews mit ihm; in zahlreichen von ihm veröffentlichten Büchern beschreibt er die Entwicklung seiner Arbeit; die Suchmaschine Google wartet derzeit mit mehr als 1.100.000 Einträgen zu ihm auf; und selbst die populäre Satire-Show des Senders Canal+, die den britischen »Spitting Images« nachempfunden ist, hat ihn als Puppe karikiert. Dies alles sind Hinweise auf seinen Stellenwert in der modernen Gastronomie und seine Bedeutung in der Medienwelt. Über 20 Jahre nach Beginn seiner beruflichen Karriere im Jahr 1983, als er zum elBulli-Team stieß und seinen heutigen Geschäftspartner Juli Soler kennen lernte, ist Ferran Adrià weit mehr als ein Koch: Er ist eine Ikone der Moderne in Spanien und in der ganzen Welt.

Seit jenen ersten Jahren hat sich die Berufskarriere Adriàs einzigartig steil entwickelt, dabei blieb sie stets verbunden mit elBulli – anfangs als Restaurant, heute als Marke für Catering, Hotels, Bücher und anderes mehr. Entscheidender Impuls für seine Berufswahl war seine Bewunderung für die großen französischen Meisterköche. Inspiriert durch sie fand er nach und nach seine eigene kulinarische Philosophie. Entscheidend für Adriàs Entwicklung war sicher sein Drang, immer wieder Neuland zu betreten, sein kreativer Wissensdurst und auch die Entdeckung, dass in einer Küche, die seit ewigen Zeiten an unverrückbaren Dogmen festgehalten hatte, noch lange nicht das letzte Wort gesprochen war.

Ferran Adrià ist der kreativste Koch der Gegenwart, elBulli das beste Restaurant der Welt – darin ist sich die internationale Kritik größtenteils einig. Das bestätigt auch zum zweiten Mal das britische Magazin Restaurant, das 2006 diese Bewertung als Ergebnis einer weltweiten Umfrage unter 560 Experten veröffentlichte. Welche Faktoren haben zu diesem Erfolg beigetragen? Sicherlich viele, aber einer dürfte entscheidend sein: Adriàs gesunde Neugier, die ihn ständig nach neuen Wegen suchen lässt. Ohne das Mediterrane abzulegen – schließlich liegt sein Restaurant an der Mittelmeerbucht Montjoi in wenigen Kilometern Entfernung von der Ortschaft Roses – ist es Ferran Adrià gelungen, ein anders geartetes Universum zu schaffen, in dem kalt und warm schon lange nicht mehr automatisch mit süß beziehungsweise salzig gleichgesetzt werden, ein Universum, in dem sich die Elemente der Landschaft in mögliche Zutaten verwandeln, die alle Sinneseindrücke so verstärken, wie man es nur von einer ganzheitlich verstandenen Gastronomie erwarten kann.

In der Welt seiner Kreationen tauschen die Produkte ihre Texturen aus. Wie bei einem Maskenball legen sie sich spielerisch eine andere Identität zu, verändern unsere vorgefassten Meinungen, um uns eine neue Facette ihres Charakters zu zeigen. Doch niemals vertuschen sie, dass es dabei um Essen geht, nur wird der Wortsinn erweitert um Begriffe wie Experiment, Überraschung, Spiel. So gelangt Adriàs Küche über neue Denkansätze, die in Techniken umgesetzt werden, zu Konzepten wie »kulinarische Dekonstruktion«, die Schäume und Lüfte produziert, Gefriergetrocknetes, Kugelgebilde …

In der diesjährigen Saison hat Adrià wie jedes Jahr im Frühling ähnlich einem Modeschöpfer seine neue Kollektion von Gerichten vorgestellt, von denen wir ein paar als Einführung und Beispiel für seine Genialität erwähnen wollen: Tauwetter (die gefrorenen Bestandteile zerschmelzen, um so genossen zu werden), marinierter Spargel; Miesmuschelkügelchen mit Kartoffel-Speck-Suppe; Kürbiskernrisotto mit Erdnüssen, Safrangelee und Curryluft sowie Austern mit geräuchertem Ibérico-Bauchspeck. Nicht alles sind Neuheiten, aber auch in der Mode wird in Paris oder Mailand der Rock nicht jedes Jahr neu erfunden.

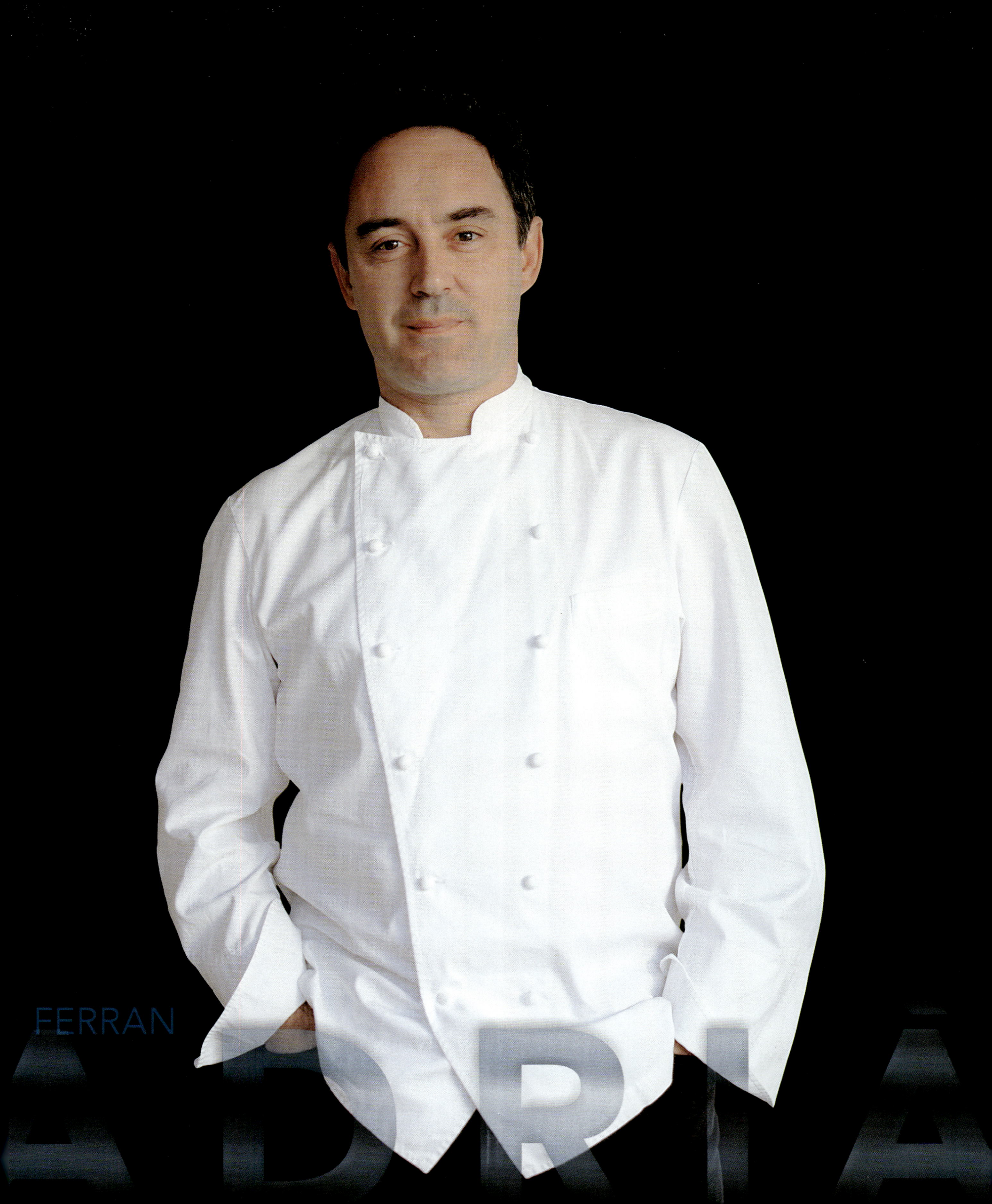
FERRAN
ADRIÀ

Der diskrete Weise aus dem Baskenland

Wir leben in einer Zeit, in der die Massenmedien Köche zur Prominenz erklärt haben, obwohl dies manchmal nicht viel über die Qualität ihrer Küche aussagt. Abseits des Medienrummels bleibt uns hie und da das Vergnügen, die ruhige, bedächtige Entwicklung einer großartigen Küche zu beobachten. Zum Beispiel die von Hilario Arbelaitz. Er steht kaum jemals im Rampenlicht, wird aber stets erwähnt, wenn sich Menschen unterhalten, für die die Gastronomie eine der großen Leidenschaften ihres Lebens ist.

Arbelaitz steht in der Tradition der baskischen Landküche und hat sie mit einer kulinarischen Poesie verändert, die man nur in einer von Zeiterscheinungen und Moden weitgehend unberührten Kochkunst findet. Er selbst erzählt seinen Werdegang und wie sich sein Verständnis des Kochens, das heute als beispielhaft gilt, entwickelt hat: »Es gibt Köche, deren Ausbildung sich vor allem auf die theoretischen Aspekte der Kochschulen stützt, und andere, die Autodidakten, die vor allem durch die Praxis gelernt haben. Ebenso wie ich verdanken sie ihre Kenntnisse den Beobachtungen und elementaren Erfahrungen in der heimischen Küche. Bodenständigkeit und Heimatverbundenheit haben, zumindest in meinem Fall, einen großen Teil ihres Wissens geprägt, denn, wie es richtig heißt, das Kochen beginnt nicht erst in der Küche, sondern schon vorher: im Gemüsegarten, auf den Feldern und Weiden, in den Wäldern, im nahe gelegenen Meer, in den Flüssen. Von dort stammt das Rohmaterial, dem wir mit Ehrfurcht begegnen und das wir umso mehr bewundern, je mehr wir uns darin vertiefen und es kennen lernen.

Ein interessantes Beispiel ist in diesem Zusammenhang das Gehöft mit dem Namen Garbuno im Dorf Oyarzun, wo sich das Restaurant unserer Familie, das Zuberoa, befindet. Ursprünglich war es ein Bauernhof mit Feldern und Vieh, aber in den 40er-Jahren des 20. Jahrhunderts begann man dort, wie auch in unzähligen anderen Bauernhöfen im Baskenland, eine *sidrería* (Schenke für Cidre) zu betreiben. Damals setzte in der Schenke der Familie ein handfester Lernprozess ein, in dessen Folge das Speiseangebot immer wichtiger wurde, und von uns selbst fast unbemerkt wuchs sich das Lokal zu einer Gaststätte aus. Ausgehend von der üblichen guten Hausmannskost, an die wir immer ehrgeizigere Maßstäbe anlegten, entstand schließlich ein richtiges Feinschmeckerrestaurant. Anfangs war es sehr klassisch und traditionell und arbeitete immer mit Saisonprodukten, die hauptsächlich von den Gemüsefeldern der Umgebung stammten. Grundlage unserer Küche war also die genaue Kenntnis unseres Umfelds. Die uns so gut bekannten Erzeugnisse verwandelten wir in immer komplexere Gerichte, die wir stets weiter verfeinerten. Sie sollten ganz einfach exquisit sein. Dieses im Lauf vieler Jahre gesammelte Wissen manifestiert sich nun als höchste Perfektion, bei der die Essenz jedes Gerichts, jedes Produkts, erhalten bleibt. Die ureigenen Geschmacksnoten unserer regionalen Gastronomie unterziehen wir einer persönlichen Interpretation, die immer höheren Ansprüchen genügen muss. Das Ergebnis ist eine Küche mit vielen Bezügen, die unablässig nach mehr Wissen und mehr Präzision strebt, aber auch eine gehörige Dosis Auflehnung gegen Etabliertes enthält.«

Wenn Hilario Arbelaitz die Entwicklung des Zuberoa beschreibt, enthüllt er in aller Einfachheit das Geheimnis seines Erfolgs. Arbelaitz, der das Zuberoa leitet, ist einer der Vorreiter der kulinarischen Revolution des Baskenlandes und gehört zu den renommiertesten Köchen der heutigen baskischen und spanischen Küche. Er ist ein Meister der Kochtechnik, der Effekthascherei hasst, aber keinesfalls auf Modernität verzichtet, im Sinne eines ebenso ehrlichen wie brillanten Umgangs mit den hervorragenden Rohmaterialien, die er einsetzt. Er hat Rezepte geschaffen, die zu Meilensteinen der zeitgenössischen Küche geworden sind. Beispiele für seine Meisterschaft, die er nicht an die große Glocke hängt, sind Gerichte wie die unvergleichliche Stopfleber mit Kichererbsenbrühe, die ihn berühmt gemacht hat, die Schweinsfüße mit Bohnencreme und Olivenpüree oder die Hühnerravioli mit Trüffelaroma. Den kleinen Tintenfischen (*txipirones* oder *chipirones*), die zu den Wahrzeichen der baskischen Küche gehören und die er wie kein anderer zubereitet, hat er ebenfalls exzellente Rezepte gewidmet, wie etwa die Tintenfischsuppe mit Hummer, der Tintenfisch im Zwiebelbett und das Tintenfischtörtchen. Man könnte auch ins Schwärmen kommen über seine *pinchos* (kleine Häppchen), die seidigen Saucen, den perfekt gegarten Fisch und vieles mehr. Wir empfehlen Ihnen, sich eine Reise nach Oyarzun zu gönnen, um schlemmend aus erster Hand die unvergängliche Küche des Hilario Arbelaitz kennen zu lernen.

HILARIO ARBELAITZ

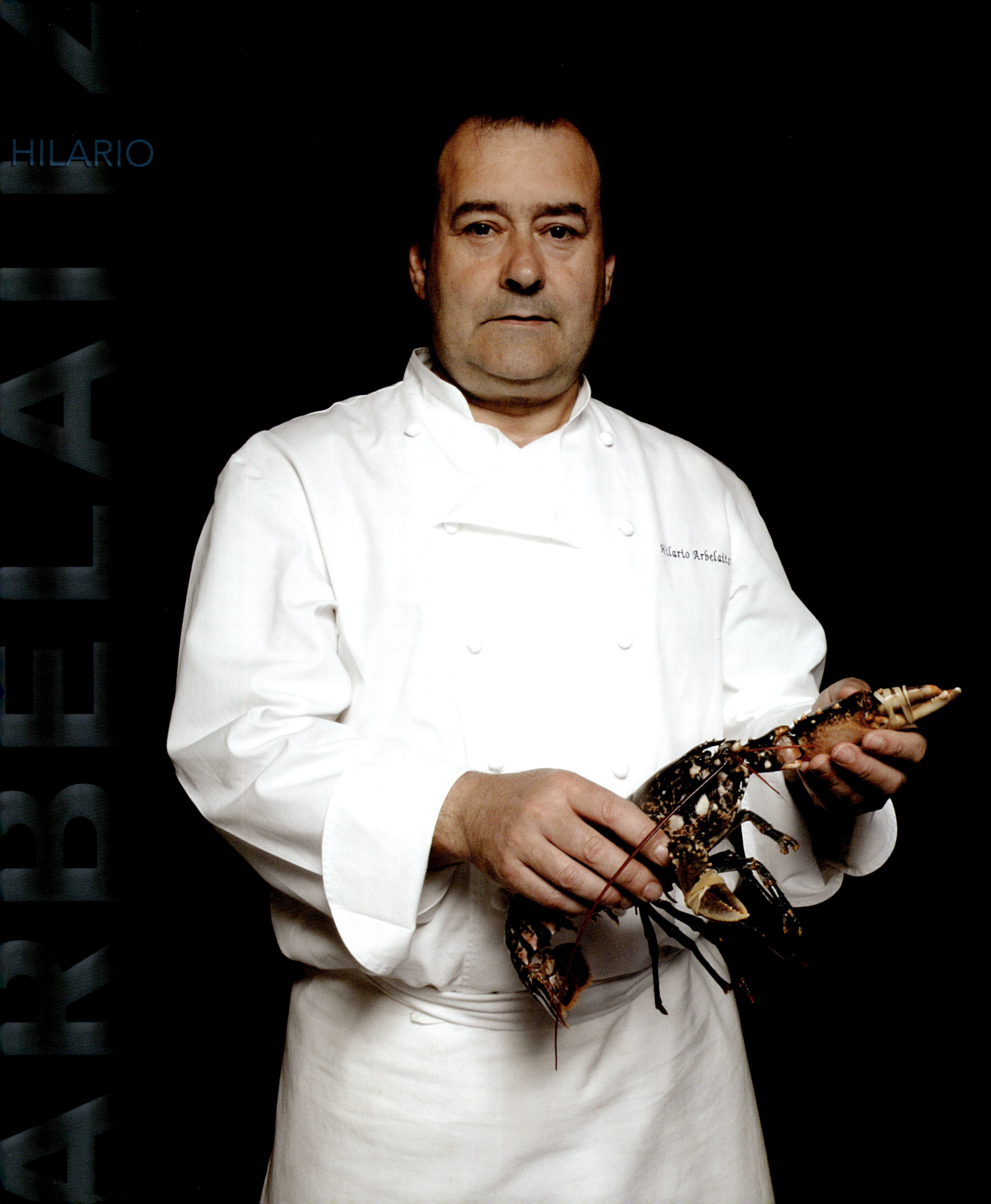

Juan Mari Arzak begann seinen Werdegang als Koch an dem Ort, wo seine Großeltern 1897 eine Taverne bauten und eröffneten. Arzaks Mutter, Francisca Arrabitel, machte dann aus dem Lokal im Stadtviertel Alto de Miracruz von San Sebastián eine beliebte Gastwirtschaft. Der junge Juan Mari, der für das auf dem Holzkohlegrill gebratene Fleisch zuständig war, lernte an der Seite seiner Mutter die Grundbegriffe des Kochens. In derselben Gaststätte legte er in den 70er-Jahren den Grundstein für eine andere Art von Küche. Den zündenden Funken für seine eigenen Ideen lieferten die Theorien und Techniken, mit denen er sich über den persönlichen Kontakt zu einigen französischen Köchen der Nouvelle Cuisine – Paul Bocuse, Alain Senderens oder Pierre Troisgros – vertraut gemacht hatte. So wurde die neue baskische Küche geboren, eine Richtung, deren Geschichte immer mit dem Namen Arzak verbunden bleiben wird, da er ihr Impulsgeber und Anführer war.

Genau genommen war es eine Wiedergeburt, eine Rückkehr zu den Ursprüngen, nämlich zu den geschmacklichen Ursprüngen, denen Arzak stets nahe bleiben wollte. Die Tradition wurde Grundlage seiner Arbeit, war aber gleichzeitig ein Weg, der ihn zu seinem eigenen Verständnis der Kochkunst hinführte. Als Proviant auf diesem Weg dienten ihm seine Neugier und sein Mut zu neuen Ideen, und der unerlässliche Wanderstock war sein enormes Talent.

Am Anfang war Arzak (aus der Bibel der neuen baskischen Küche)

Juan Mari Arzak ist mit allen nur denkbaren Preisen ausgezeichnet und von spanischen und ausländischen Kollegen als einer der besten Köche des 20. Jahrhunderts gepriesen worden. Erreicht hat er das mit konstanter Arbeit ohne Leistungseinbrüche, angetrieben von einem klugen beruflichen Ehrgeiz und gestützt auf die Fähigkeit, Trends aufzugreifen und zu aktualisieren, ohne je die Wurzeln seines Denkens zu vergessen. Zudem hat er ständig geforscht und experimentiert, um seiner Kreativität ein festes Fundament zu geben. Ausgerichtet hat er sich bei all dem an einer Prämisse, die man wohl als Grundlage seines Stils bezeichnen darf: eine Balance der vier Grundgeschmacksrichtungen zu finden. Fein abgestimmt begleiten sie die Hauptzutat, die ordnend im Mittelpunkt eines Gerichts steht und mit ihren charakteristischen Eigenschaften geschmackliche Schwerpunkte setzt.

Geniale Details erzielt Arzak mit einer unerwarteten Verwegenheit im Umgang mit Gewürzen, die den Geschmack eines Produkts unterstreichen, und mit ebenso beeindruckenden wie überraschenden Techniken bei der Umsetzung eines Rezepts. Dazu kommt, dass er bewusst im Kontext der baskischen Küche, ihrer Produkte, Aromen, Geschmacksnoten und kulinarischen Traditionen arbeitet. Selbst da, wo er ungeniert diesen Kontext verlässt, erinnert er den Gast bei jedem Bissen wieder daran. Wenn man all dies weiß, kann man sich eine ungefähre Vorstellung von Arzaks Küche machen.

Juan José Lapitz, einer der Gastronomiekritiker, die von sich sagen können, Arzak schon gekannt zu haben, als er noch am Holzkohlegrill stand, erinnerte sich jüngst an einige der Gerichte, die den Berufsweg des Kochs säumten: »Nach einigen Jahren konnten wir beobachten, dass er neben seinen *carabineros express* (Express-Geißelgarnelen) oder den *pompas de fresas* (Erdbeerblasen), die seinen neueren Forschungsarbeiten entsprangen, als prinzipientreuer Mensch mit seiner Küche auch bestimmte Produkte herausstellt: etwa die *begi ahundis* (baskisch für »große Augen«), große Tintenfische (manchmal sind sie mehr als handgroß), die beim Kunden weniger Prestige genießen als die ein Vermögen kostenden fingerhutgroßen Tintenfische. Gerade deshalb musste ihre gastronomische Qualität einmal bewiesen werden. Sein Rezept für die Pastete aus *krabarroka* (baskisches Wort für einen Fisch namens Meersau), dem ein Seehechtrezept vom Jahrhundertanfang zugrunde liegt, wurde sehr bald von zahllosen Köchen nachgeahmt. Er hat dem vorher kaum bekannten *mushu martin* (baskisch für Petersfisch) zu kulinarischem Status verholfen, und auch *mendreska* (baskisches Wort für den aufgeklappten Bauch von Weißem und Rotem Thun) kam erst durch ihn zu Ansehen.« Das sind nur ein paar Beispiele, das Ergebnis einer langjährigen, auch heute noch intensiven Tätigkeit. Juan Mari Arzak hat mit seinen Rezepten ein Gutteil der Bibel der neuen baskischen Küche geschrieben, und gemeinsam mit seiner Tochter Elena wird er noch etliche Evangelien verfassen.

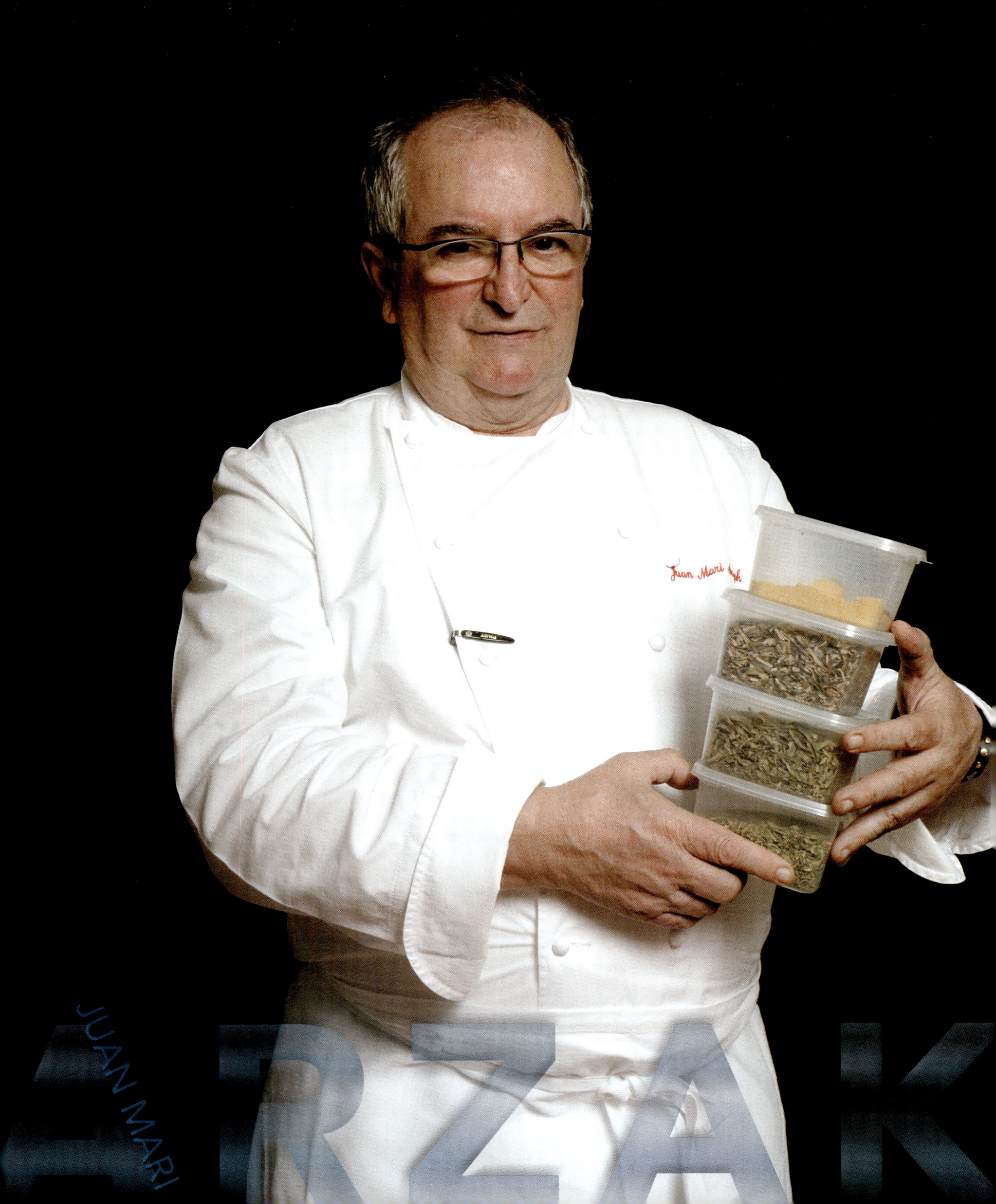
JUAN MARI
ARZAK

Sprinter und Langstreckenläufer

Martín Berasategui ist ein Kochgenie, in dessen Talent alle Welt vertraut. Aber er ist auch mit einem Langstreckenläufer vergleichbar, der gelegentlich einen unerwarteten Sprint hinlegt, wenn er wieder einmal einen Beweis seiner unerschöpflich scheinenden Arbeitskraft erbringt. Zu den vielen Auszeichnungen, die er im Laufe seiner 1973 begonnenen Kochkarriere angesammelt hat, gesellt sich nun noch eine unternehmerische Facette, denn sein Name ist das Aushängeschild einer der größten Gastronomieunternehmensgruppen Spaniens (sie verwaltet unter Berasateguis Namen Lokale wie das Guggenheim Bilbao, das Kongresszentrum namens Kursaal in San Sebastián, das Kukuarri im Hotel NH, ebenfalls San Sebastián, das Bodegón Alejandro, der Familienbetrieb, wo er sich zum großen Koch entwickelte, und das Martín Berasategui, sein eigenes Restaurant in Lasarte). Aber das ist noch nicht alles: Er bildet auch schon seit Längerem Jungköche aus, die dann in allen Teilen Spaniens in Restaurantküchen arbeiten.

All diesen Aktivitäten liegen bestimmte Charakterzüge zugrunde, die Berasategui zum eingefleischten Nonkonformisten machen, der nach wie vor davon überzeugt ist, dass seine besten Gerichte erst noch kommen werden. Daher ist sein Berufsweg eine ständige Weiterentwicklung, bei der Ehrlichkeit die Richtschnur für seine Arbeit bildet. Ehrlichkeit gegenüber dem Gast, der seine Restaurants stets zufrieden verlassen soll; Ehrlichkeit im Umgang mit dem Rohmaterial als Grundlage, auf der seine kulinarische Gestaltung aufbaut, denn dieses Rohmaterial soll dem Gericht dank seiner hervorragenden Qualität ganz besondere Eigenschaften verleihen. Im Gegenzug wird es entsprechend respektvoll behandelt, denn nur so kann ein Gericht – ausgehend von den Eigenschaften seiner Zutaten – seine volle Pracht vor dem Gast entfalten.

Dieses Verständnis des Rohmaterials als Essenz der Küche stand im Mittelpunkt der kulinarischen Entwicklung Berasateguis, die immer zwei Grundpfeiler hatte: die technische Versiertheit, die er sich in jahrelanger Ausbildung als Koch, Patissier und Charcutier in Spanien und Frankreich aneignete, und ein überwältigendes Talent, mit dem er jedes Produkt in einen Stern seines kreativen Universums verwandelt. Die Kochkunst von Martín Berasategui berührt uns heute genauso, wie sie es in jeder Etappe seiner Entwicklung getan hat, denn sie stellt das Bindeglied dar zwischen technischer Meisterschaft und Achtung vor dem Eigengeschmack der Naturprodukte. Beide »Zutaten« finden auf ganz natürliche und gleichzeitig überraschende Weise ihren Platz in Berasateguis Kreationen.

Für all dies ist der Meisterkoch vielfach prämiert worden, so zum Beispiel mit drei Michelin-Sternen oder mit der Einstufung als sechstbester Koch der Welt in der »Guida delle guide«. Dazu kommen zahlreiche Preise, um die er sich als Patissier verdient gemacht hat – mit Sicherheit würde Berasategui als einer der wichtigsten Kreativen der süßen Küche gelten, wenn seine Arbeit in diesem Bereich nicht von seinen brillanten salzigen Kreationen überschattet würde.

Schon seit Jahren vermittelt Berasategui jeden Tag von Neuem seine enorme Großzügigkeit und unermüdliche Schaffenskraft in der Küche an die zahllosen hervorragenden Nachwuchsköche, die er in den Restaurants seiner Unternehmensgruppe ausbildet. Seine Lehren haben deutliche Spuren in der Arbeit von Köchen wie Andoni Luis Aduriz, Dani García, Pepe Rodríguez Rey, Joseán Martínez, Iñigo Lavado und vielen anderen hinterlassen. Bei jedem von ihnen äußern sie sich in einer strengen professionellen Detailgenauigkeit, in hochmodernen Techniken, die jedoch nur da angewandt werden, wo sie logisch und angemessen sind, und vor allem in einem aufrichtigen Respekt vor den Zutaten für die Gerichte. Martín Berasategui ist mehr als ein großer Koch; er hat eine Schule geschaffen mit seiner Herangehensweise an das Kochhandwerk, die fast schon so etwas wie ein Weltverständnis aus der Sicht der Küche beinhaltet.

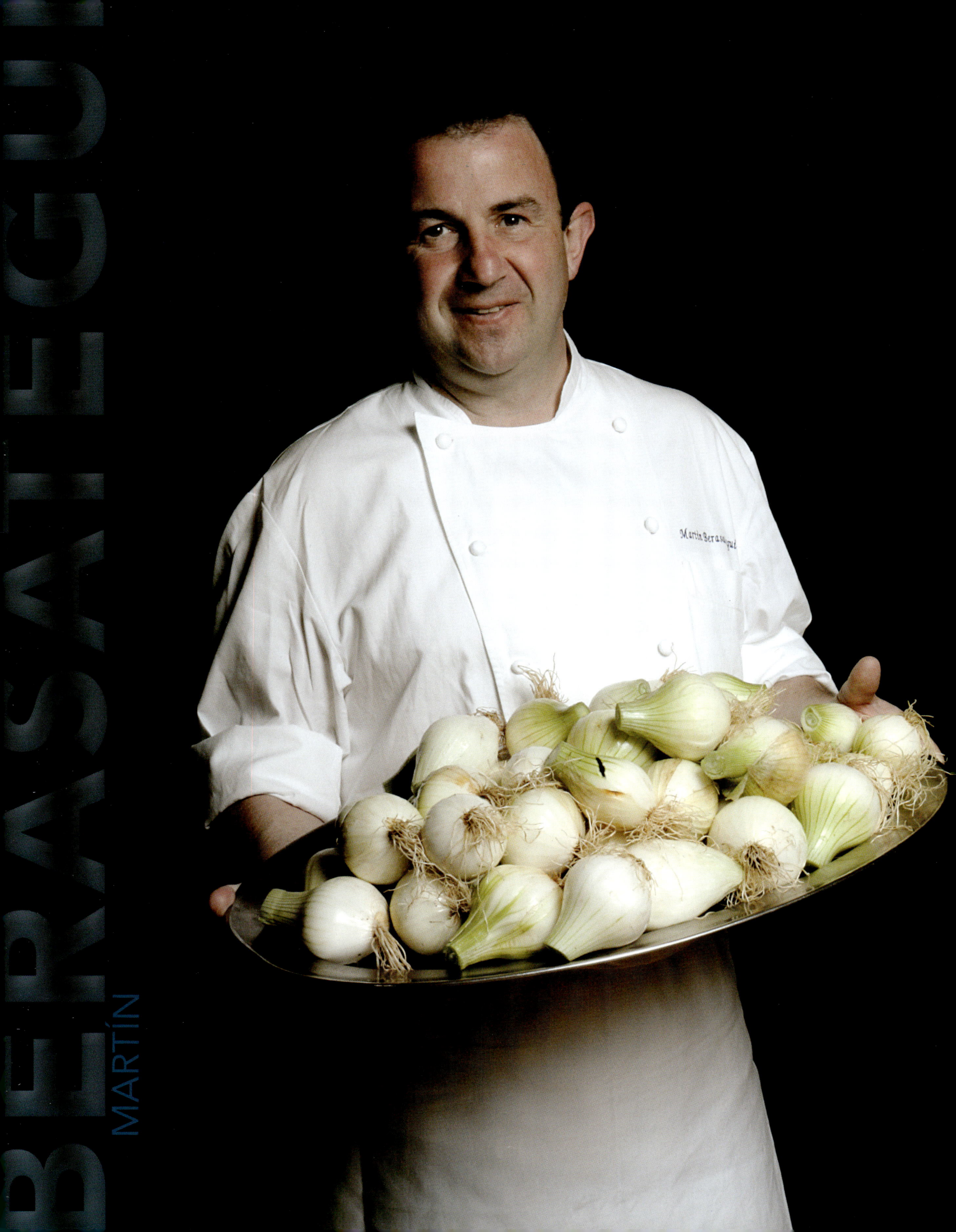
MARTÍN
BERASATEGUI

Salvador Gallego ist einer jener Köche, die leicht erklären können, woher ihre Kochleidenschaft kommt: Sie brauchen sich nur an die Gerüche und den Geschmack der Speisen ihrer Kindheit, an ihr Elternhaus, an die verinnerlichten Erfahrungen in der Küche der Famlie erinnern. Das war also der Ausgangspunkt für Gallegos berufliche Entwicklung, die ihn dann in die Ferne schweifen ließ: nach London, nach Biarritz und in seinen Jahren als Koch auf Luxuskreuzfahrten auch über das ganze Mittelmeer. Sein Lebensweg war geprägt von Erfahrungen, die mit der Küche zu tun hatten. So kochte er für das in Spanien sehr bekannte Herzogshaus Alba, und nicht weniger wichtig waren in seinem Leben die beiden Restaurants, die er in Madrid eröffnete, bevor er gemeinsam mit seiner Frau sein endgültiges Projekt, das El Cenador de Salvador, in Angriff nahm.

Was anfangs ein gemeinsamer Traum des Ehepaars war, nämlich in den Bergen Madrids ein kleines Restaurant mit gerade mal sechs Tischen, aber einem individuellen Kochstil aufzumachen, entwickelte sich mit der Zeit zu dem, was El Cenador heute ist – ein gemütliches, originell und geschmackvoll gestaltetes Restaurant mit einer gewissen familiären Atmosphäre, doch gleichzeitig sehr distinguiert. Der Gastbetrieb, der auch ein paar Zimmer anbietet, ist heute bei der internationalen Kette Relais & Châteaux eine wichtige Adresse in Spanien.

Das kulinarische Gedächtnis

Salvador Gallego hat sich im El Cenador einer traditionellen spanischen Küche verschrieben, die sich niemals von ihren Ursprüngen, den gemeinsamen gastronomischen Grundfesten, lossagt, aber dennoch in jedem Gericht nach einer aktuelleren, leichteren und ästhetischeren Interpretation ohne Verzicht auf den Geschmack sucht. Inspirieren lässt sich Gallego bei der Zubereitung seiner Gerichte direkt vom Markt, wo er sich täglich eindeckt. Je nach Saison entscheidet er, welche Vorschläge er dem Gast auf der Speisekarte machen will. Besondere Erwähnung verdienen unter diesen Saisonspeisen, für die er der große Spezialist ist, seine Geflügel- und Wildgerichte. Sie gehören zu den Schwerpunkten seines umfangreichen und vielfältigen Küchen-Know-hows.

Salvador Gallego ist eine der Hauptfiguren jener Entwicklung gewesen, die die spanische Küche ganz allgemein in den letzten Jahrzehnten durchlaufen hat, auch wenn er speziell in Madrid als Lehrmeister gewirkt hat. Und noch immer bringt er Jungköchen in seiner eigenen Gastgewerbeschule bei, wie man den Kochberuf als Berufung erlebt. Das Gedächtnis, das genaue Erinnern, ist zentral in seiner Auffassung des Berufs und als wichtigste Voraussetzungen nennt er: »Berufung, gesunder Menschenverstand, Vitalität, Überlegung, Geschicklichkeit, Sensibilität, unermüdlicher beruflicher Wettbewerb und vor allem Lust, einen anderen Menschen mit einem gut servierten Gericht glücklich zu machen.« »Die Küche«, betont er, »ist im Kochhandwerk eine große Hilfe. Unser Beruf schöpft aus Bezügen und Erinnerungen, das heißt, aus Geschmacksnuancen und Aromen, die im Gedächtnis des Geruchssinnes und des Geschmackssinnes verankert sind und uns helfen, die ganze Fülle eines Produkts zu erfassen und richtig damit umzugehen; er schöpft aus Rezepten, die sich irgendwo im kulinarischen Gewirr verheddert haben und nachher mit einer neuen Inspiration, die gewöhnlich auch aus der Erinnerung stammt, bereichert werden können; er schöpft aus ganz konkreten Werkzeugen und Verfahren, an die man sich präzise und im richtigen Augenblick erinnern muss. Doch es gibt da einen Aspekt, bei dem ich mehr denn je ein gutes Gedächtnis schätze: Wenn ich mich an meine beruflichen Vorbilder und Ratgeber erinnern will. Mit ihnen habe ich alles über technische Grundlagen und Rezepte, Methoden und Küchengeräte gelernt, aber in der Erinnerung bewahre ich vor allem ihre Einstellungen, ihre Meinungen und ihren menschlichen Ton – also ihre Persönlichkeit.«

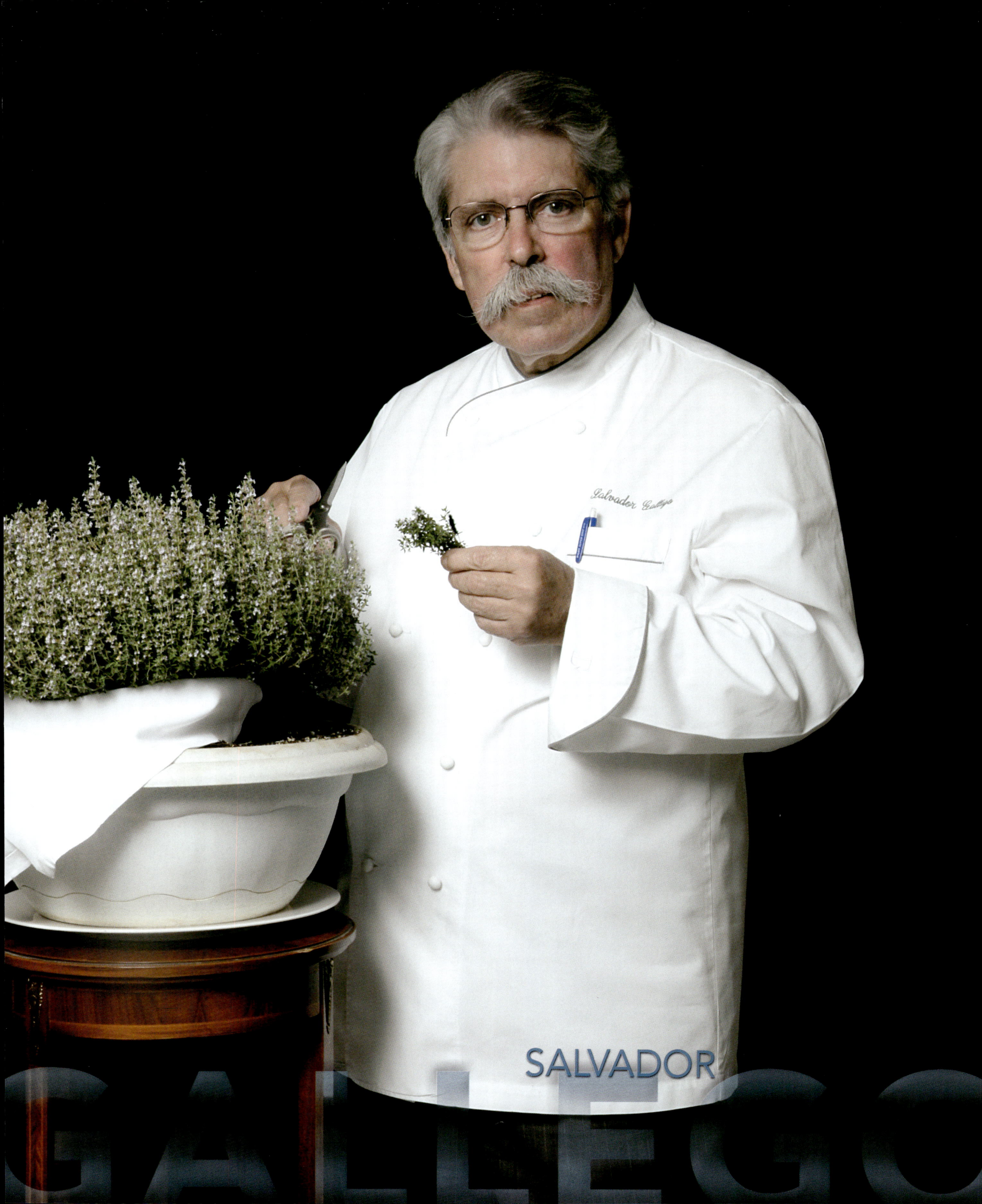

SALVADOR GALLEGO

Eigentlich hätten auch uns die drei Wörter im Titel zur Beschreibung der Küche Pedro Moráns einfallen können, doch er hat uns die Arbeit abgenommen. Sie stehen ganz am Anfang auf der Speisekarte seines Restaurants als eine Art Grundsatzerklärung, als ständige Erinnerung an die Vergangenheit und Richtschnur für alles Kommende.

Pedro Morán leitet die Küche der Casa Gerardo. Mit ihm ist dieses Restaurant bereits in der vierten Generation im Besitz der Familie. Es zeichnet sich sowohl durch seine Vergangenheit als auch durch seine gegenwärtige Bedeutung als eines der führenden Restaurants in der avantgardistischen Gastroszene Asturiens aus. Hier ein Gleichgewicht zu finden mag zweifelsohne schwierig sein. Doch Pedro Morán ist es gelungen, das Lokal in einen Anziehungspunkt mit Symbolcharakter für den Ort zu verwandeln. Diese neue Etappe begann, als er die Leitung des Restaurants von seiner Mutter Ángeles Quirós übernommen hatte, die vorher hier am Herd stand.

Die Übergabe des Zepters vollzog sich Anfang der 70er-Jahre des letzten Jahrhunderts, als sich im Baskenland die ersten Anzeichen einer Veränderung bemerkbar machten, die heute in ganz Spanien zu sehen ist. Damals bereits begann er, eine Speisekarte auszuarbeiten, die zu den besten der traditionellen Küche Asturiens zählt. Man denke nur an seine *fabada* (Bohneneintopf) und seinen Milchreis – damals wie heute unübertroffen in ganz Asturien. Gleichzeitig drängte ihn sein unerschütterlicher Wille zur Innovation dazu, sich den neuen Strömungen der Avantgardisten anzuschließen. Er führte in der Casa Gerardo neue kulinarische Konzepte ein, die es dort bis dahin nicht gab. Dazu gehören Kreativität, Fantasie und avantgardistische Techniken.

„Geschmack, asturische Tradition und Modernität“

Das Resultat ist eine Küche, die auf brillante Weise zeitgemäß ist, ohne dabei ihre asturischen Wurzeln auch nur im Mindesten zu leugnen. Eine wichtige Rolle hat hierbei Pedros Sohn Marcos Morán gespielt, der seit einigen Jahren zusammen mit seinem Vater die Menüs ausarbeitet. In den hier entstehenden Kreationen liegt die Quintessenz des kulinarischen Asturiens, entfalten sich die unverwechselbaren Geschmacksnoten der regionalen Produkte. Und es wird die Leidenschaft für eine Art des Kochens spürbar, die in jedem Gericht auf beispielhafte Weise den Unterschied zwischen Traditionsverbundenheit und Unbeweglichkeit deutlich macht.

Nach dem letzten Umbau der Casa Gerardo unterscheidet sich dieses Restaurant in dem kleinen Ort Prendes von allen anderen, die sich mit ihm messen wollen, durch zwei wesentliche Merkmale. Zum einen ist da die neue Dekoration. In Bildern wird die asturische Geschichte seit der Eröffnung dieses Lokals vor 125 Jahren nachgezeichnet und anhand von Porträts wird auf die historische Bedeutung hingewiesen, die sich dieses Haus als Protagonist in der gastronomischen Kultur der Region erworben hat.

Doch nicht nur der Gastraum hat ein neues Gesicht bekommen. Auch die Küche wurde erheblich umgestaltet. Durch eine effektivere Ausnutzung des vorhandenen Platzes in diesem Labor kulinarischer Köstlichkeiten haben die Spitzenköche heute viel mehr Bewegungsfreiheit, um ihre einzigartigen traditionellen Speisen zuzubereiten. Dazu gehören unter anderem die exquisiten *Compango*-Kroketten (aus Mehlschwitze mit Speck-, Paprikawurst- und Blutwurststückchen) oder die bereits erwähnte, köstliche asturische *fabada*. In einem speziellen Verfahren wird diesem Gericht ein Teil seines Fetts entzogen, was die besondere Qualität der weißen Bohnen (*fabes*) noch unterstreicht. Sein Angebot traditioneller Speisen ergänzt die Casa Gerardo mit hervorragenden avantgardistischen Schöpfungen, die mit den neuesten Techniken der kulinarischen Wissenschaft zubereitet werden. Eine davon ist der viel gelobte schwarz-weiße Klippfisch (*bacalao blanco y negro*) von Marcos Morán. Doch das ist noch lange nicht alles. Niemand, der in der Casa Gerardo einkehrt, sollte das Restaurant verlassen, ohne seine Meeresfrüchte probiert zu haben. Wenn schon schlemmen, dann richtig.

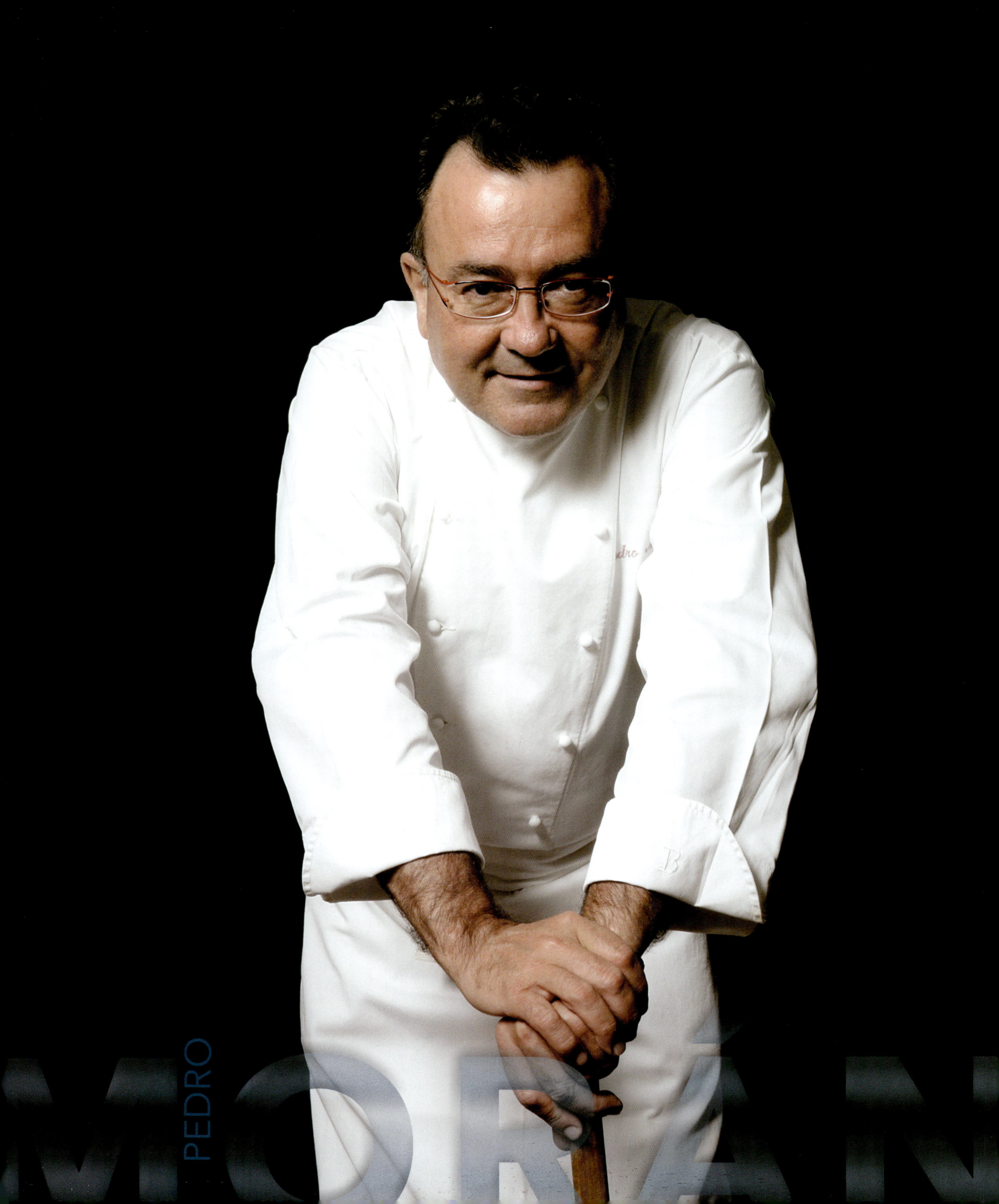
PEDRO
MORÁN

Der universelle Kastilier

Manuel de la Osa ist eine imposante Erscheinung und ein umgänglicher, sympathischer Mann. Ein Koch, dem man anmerkt, dass ihm sein Beruf Spaß macht, und der anerkanntermaßen die Avantgarde der kastilischen Küche verkörpert. Er war der Erste, dem es gelang, die Sprache einer jahrhundertelang unveränderten Gastronomie zur Ausdrucksform kulinarischer Konzepte hochmodernen Zuschnitts zu machen. Er ist ein Sonderfall unter den Spitzenköchen. De la Osa ist ein Autodidakt, der seine Liebe zur Küche über die typischen Speisen entdeckte, die in seiner Kindheit im kastilischen Gebiet La Mancha von den Frauen der Familie zubereitet wurden. In ihrer Gesellschaft wuchs er zwischen Knoblauch- und Safranaromen auf, lernte, den Geschmack und die jeweilige Konsistenz der Gemüse Kastiliens zu erkennen, ließ sich die Zubereitung von Wild erklären, erfuhr, welche Vorzüge ein fachgerecht gereifter Käse hat, und erforschte die Ursprünge traditioneller Gerichte wie Knoblauchsuppe, *morteruelo* (Fleisch- und Leberpastete), *gazpacho castellano* (kalte Brotsuppe mit Knoblauch) und *ajoarriero* (geschmorter Klippfisch mit Knoblauch).

Nachdem er in der Gastwirtschaft der Familie alles gelernt hatte, was ihm seine Mutter, seine Tanten und seine Großmutter beibringen konnten, reiste er nach Cuenca, wo er, statt die Schulbank zu drücken, die Nase in alle Kochtöpfe steckte. Danach fand er, es sei an der Zeit, sein eigenes Restaurant zu eröffnen. Er wählte dafür das an der ehemaligen Landstraße Madrid-Alicante gelegene kleine Dorf Las Pedroñeras in 80 Kilometern Entfernung von der heutigen Autobahn, die Madrid mit Valencia verbindet. Und dort fand er zu seinem eigenen Kochstil. Es gab gerade mal acht Tische in dem Lokal, was ihm durchaus recht war, denn so konnte er nach und nach eine zunehmend kreative Küche entwickeln, die sich stets an den lokalen Produkten orientierte. Das waren die Anfänge einer kleinen Revolution, die sich zunächst in den *cazuelitas* (Schälchen mit kleinen Portionen) abspielte, die er seinen Gästen servierte und die im Keim schon das enthielten, was De la Osa später zu einem völlig neuen Konzept der kastilischen Regionalküche ausbaute. Damals machte er viele Reisen, um seinen Horizont zu erweitern, um Techniken zu lernen und um sich mit jenem neuen kulinarischen Denken voll zu saugen, das in der spanischen Küche langsam spürbar wurde. Doch niemals verlor er Kastilien aus dem Blick, niemals entfernte er sich wirklich von Las Pedroñeras. Ganz im Gegenteil: Er importierte in seine Küche die erlernten Techniken und brachte sie in Einklang mit seiner großen Leidenschaft für die Erzeugnisse und Rezepte seiner Heimat. Die Küche, auf die er sich verstand, veränderte er nun mit seiner Fantasie und interpretierte sie neu. Das Ergebnis dieser intensiven Arbeit war – und ist immer wieder – eine Überraschung für den Gourmet, weil jede Geschmacksnuance das Bodenständige widerspiegelt und dennoch den Bruch mit Althergebrachtem so weit treibt, wie man es sich zumindest damals, als Manuel de la Osa noch nicht in der ganzen spanischen Gastronomieszene bekannt war, kaum vorstellen konnte.

Heute ist sein Restaurant Las Rejas ein Tempel, in dem hohe Gastronomie zelebriert wird und der trotz seiner Lage – fernab der üblichen Straßenverkehrsrouten Spaniens – zu den bevorzugten Adressen aller Feinschmecker gehört. In dem gemütlichen Lokal, wo man sich sofort wohl fühlt, zeigen sich Gerichte wie geschmortes Rebhuhn, Gazpacho, Knoblauchsuppe, Klippfisch und Lamm von einer ganz neuen Seite.

Die Küche von Manuel de la Osa ist »Autorenküche«, eine durch und durch persönlich geprägte Küche, deren konkretes Umfeld dennoch klar erkennbar bleibt. Sie ist auch Regionalküche in dem Sinne, dass man eine Region mit ganz bestimmten Geschmackselementen, Konsistenzen, Essenzen in Verbindung bringt, und gleichzeitig ist sie eine technisch extrem ausgefeilte Küche mit universeller Gültigkeit. De la Osas große Leistung ist es, nicht im Lokalen verhaftet zu bleiben, sondern dem internationalen Trend zu folgen, der die Vorzüge einer Gegend so hervorstreicht, dass sie in der universellsten aller Sprachen, dem Geschmack, verständlich werden.

Manuel de la Osa ist ein ebenso universeller Kastilier wie Cervantes, und er hat auch seinen Don Quijote geschrieben, nämlich das Rezept für die kalte Knoblauchsuppe. Wer diese Suppe nicht wenigstens ein Mal probiert hat, hat das Beste im Leben versäumt. Und sie ist nur ein Beweis unter vielen für die Genialität von De la Osa. Die Austern mit Kürbis, Zitrusfrüchten und Safran, das mit Milch, Zimt, Vanille und Rosmarin geschmorte Lamm oder die Blätterkohlsuppe mit Krake sind weitere Beispiele für eine Philosophie, die der Koch selbst passend beschreibt: »Das ist die Küche meiner Heimat. Es mag ein universales Konzept der Gastronomie geben, aber in La Mancha, zwischen Weinreben, Käse und *gachas* (deftiges Püree aus Mehl, Speck und Knoblauch), wäre es der reinste Unsinn, abzuschweifen und anderswo nach Inspirationen zu suchen. Auch wenn ich meine Gerichte noch so modern gestalte, soll doch alles an La Mancha erinnern; ich möchte, dass der Gast Anklänge der traditionellen Gerichte wahrnimmt und die Erzeugnisse genießen kann, die unsere schöne Region hervorbringt.«

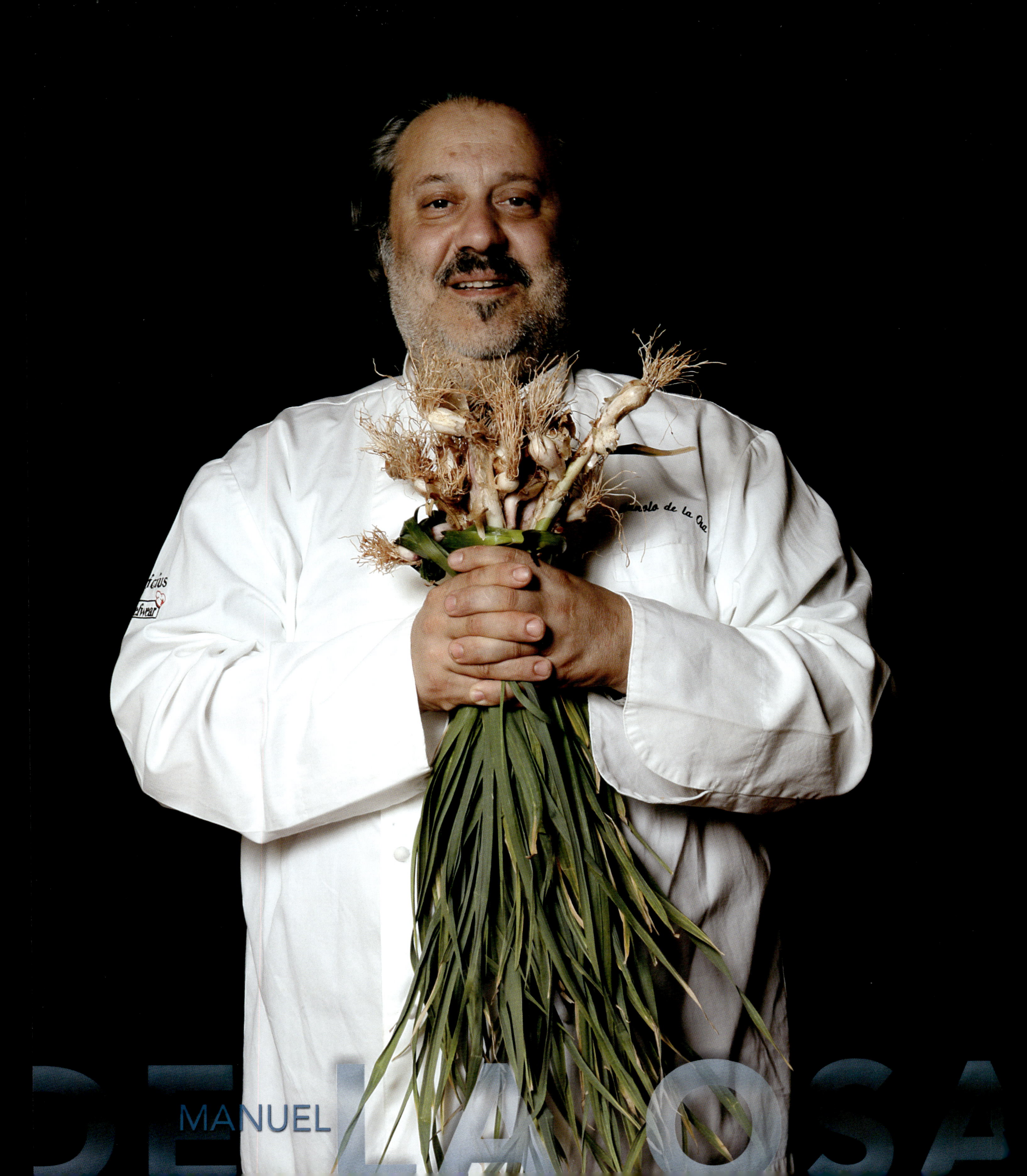
MANUEL
DE LA OSA

Das Restaurant Sant Pau von Carme Ruscalleda ist der letzte spanische Neuzugang in der Gruppe der auserwählten Lokale, die sich mit drei Sternen des Roten Michelin-Führers brüsten dürfen. Doch noch bedeutungsvoller ist das einmütige Lob der Gastronomiekritiker unseres Landes – sie sind nämlich in vielen Fällen mit der Bewertung des führenden Gastro-Guides Frankreichs überhaupt nicht einverstanden.

Vom Gastraum in Ruscalledas Restaurant hat man einen wunderschönen Blick auf das Mittelmeer und den Garten des Sant Pau. Auch die Küche stellt einen poetisch anmutenden Bezug zum Meer und zur Natur her. Seit vielen Jahren schon hat sie in Katalonien einen ausgezeichneten Ruf: Kochen heißt hier, eine geradezu intime Beziehung zum Geschmackscharakter der Lebensmittel aufzubauen, heißt, jeden Tag im nahe gelegenen Ort Pineda marktfrisches Gemüse zu kaufen, um es fast unverzüglich auf den Tisch zu bringen, und heißt auch, auf dem benachbarten Fischmarkt von Arenys die besten Mittelmeerfische auszusuchen, die man täglich in den Gerichten wiederfindet. Kurz, diese Küche hat eine Menge mit den eigenen geschmacklichen Erinnerungen Ruscalledas zu tun und der Welt, in der sie aufgewachsen ist und sich zu einer großartigen Köchin entwickelt hat. Ihre Ehrlichkeit und Unmittelbarkeit ist gepaart mit einer beeindruckenden schöpferischen Fantasie, einer meisterhaften Technik und einer ästhetischen Ausdruckskraft, die Ruscalleda nicht nur durch ihre Gerichte und die Gestaltung des Restaurants und seiner Umgebung zu vermitteln versteht, sondern auch durch die sinnliche Harmonie, die alles hier verbindet.

Die Stimme des Mittelmeers

Carme Ruscalleda ist eine vitale, leidenschaftliche Frau, für die das Kochen Teil ihres Lebens ist; sie liebt ihre Arbeit und hat es geschafft, mit ihren kulinarischen Kreationen ihre Weltsicht auszudrücken. Sie erzählt: »Beruflich bin ich in die Gourmet-Küche erst mit 37 Jahren eingestiegen. Den Anstoß und die Motivation dafür lieferte mir meine Tätigkeit in den Bereichen Ernährung, landwirtschaftliche Produktion und Fleisch- und Wurstwaren. Feine Metzgereiwaren bildeten für mich meine kleine, private Welt. Im Grunde bot mir die Metzgerei die Möglichkeit, meine kreative Kraft als Autodidaktin zu entwickeln. Begleitet wird diese Kraft jedoch immer von einer nonkonformistischen, selbstkritischen Geisteshaltung, die manchmal, glaube ich, an Paranoia grenzt.« So erarbeitete sie sich ein Verständnis ihres Berufs, bei dem die enge Verbindung zu den Aromen, die sie in die universelle Sprache der Sinne übersetzt, unverzichtbarer Bestandteil ist: »Nach wie vor arbeite ich hier auf dem Land, an der Mittelmeerküste, in der Gemarkung Maresme, wo sich parallel zum Meer und im Schutz der Montnegre-Berge Gemüsefelder erstrecken. An diesem Standort habe ich den Kontakt zur Natur und zur örtlichen Kultur, was für mich Differenzierung und interessantes Rohmaterial bedeutet.« Diese Vorstellung entspringt einer fast schon poetischen Auffassung der Kochtätigkeit, mit der Carme Ruscalleda sich identifiziert. Dennoch ist sie alles andere als naiv, sondern hat klare Vorstellungen und ein realistisches Berufsbild: »Man kann wohl sagen«, schreibt sie, »dass man zum Koch zwar geboren wird, aber dann unablässig daran arbeitet, ein Koch zu werden. Denn man gerät in den Bann einer beruflichen Anziehungskraft und wird dadurch ein Mensch voller Neugier, ein Künstler. Jeden Tag gibt es in einem Restaurant Entdeckungen, die das Ergebnis eines Arbeitsplans sind, der gut und straff organisiert sein muss. Ausdauer und Beharrlichkeit widerspiegeln muss; anhand dieses Arbeitsplans entwirft und gestaltet man ein Werk, ein kulinarisches Denken, das sich auf der Grundlage von geschmacklichen Ausdrucksformen, Aromen, Kontrasten, Erinnerungen und Neuheiten herausbildet. Hartnäckigkeit im Beruf entfesselt eine Naturkraft, die notwendig ist, um einen eigenen kulinarischen Diskurs, von dem man überzeugt sein muss, zu formulieren; dieser fußt auf Qualität und muss mit Ehrlichkeit und der Dosis Risiko, die man sich finanziell leisten kann, umgesetzt werden. Dies alles mit dem Ziel, den anspruchsvollen, gut informierten Kunden zu faszinieren, der letztendlich eine solch aufwendige Produktion bezahlt.«

Die optimistische, scharfsichtige Carme Ruscalleda, die völlig in der Arbeit aufgeht, die sie und ihre Mitarbeiter tagtäglich verrichten, hat sich mit kühlem Kopf auf das Wagnis eingelassen, in Tokio ein zweites Sant Pau zu eröffnen. Ihre kulinarische Philosophie, die sie nach Japan mitgenommen hat, ist so einzigartig, dass sie dort, am anderen Ende der Welt, leicht identifizierbar ist. Ob in Japan oder in Spanien – Ruscalleda ist mehr als eine beeindruckende Profiköchin: Sie ist das große Vorbild, wenn es um die Vermittlung poetischer Inhalte über den Geschmackssinn geht.

CARME

RUSCALLEDA

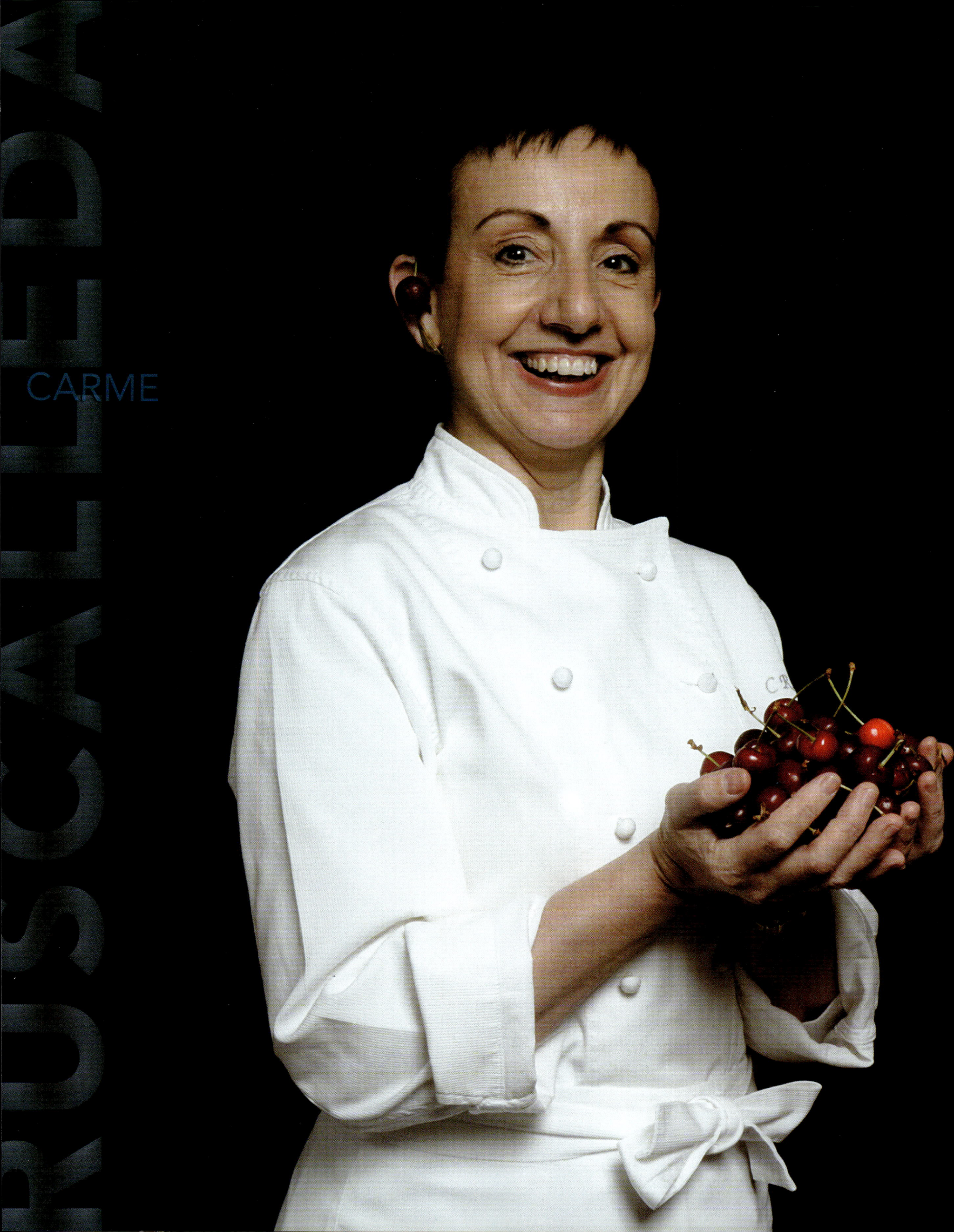

Epikur am Fuße der Montseny-Berge

Santi Santamaría hat in der spanischen Haute Cuisine seinen festen Platz als Vertreter einer Küche, die über ihre Prinzipien, ihre Ethik und ihre Ästhetik in ihrem konkreten Umfeld verankert ist. 1981 eröffnete Santamaría, der den Bleistift des Zeichners gegen den Kochlöffel ausgetauscht hatte, im Ort Sant Celoni (Provinz Gerona) in einem alten umgebauten Bauernhaus sein Restaurant Racó de Can Fabes. Von da an hat sich die Karriere des Kochs konstant entwickelt, ohne Verzicht auf die heimatlichen Wurzeln, die Erzeugnisse und kulinarischen Traditionen und im steten Bemühen um Spitzenleistungen, die einer gut durchdachten Einfachheit entspringen. Einfach ist hier das genaue Gegenteil von simpel.

Kreativität, Technik und minutiöse Auswahl des Rohmaterials für die Gerichte sind für Santi Santamaría beim Kochen nützliche Instrumente, um zum Konkreten, zum Wesentlichen zu kommen und auf diese Art und Weise solide Handwerksarbeit zu leisten anstatt Moden zu folgen. In seinem kleinen Winkel der Welt, dem Racó de Can Fabes am Fuße der Montseny-Berge, hat Santamaría so Großes geleistet, dass er die höchsten internationalen Auszeichnungen und Würdigungen bekommen hat. Man schätzt seine ununterbrochene kreative Tätigkeit; kreativ in einem praktischen Sinn, weil er mit seiner Kreativität die unverzichtbare Verbindung zwischen den Rohmaterialien seiner Umgebung (Trüffeln und Schnecken, Tomaten und Poularde, Safran und Kastanien, Morcheln und Taschenkrebse und sein neuester Fetisch, das Schwein) und der Vermittlung ihrer besten Eigenschaften an den Gast herstellt und dazu an das Gefühl, die Erinnerung und die Intuition appelliert. Vor Kurzem schrieb Santamaría Folgendes: »Eine der großen Herausforderungen der heutigen Köche besteht darin, zu vermeiden, dass der Medienrummel rund um unseren Beruf uns zu Hofnarren der Snobs macht. Deswegen müssen wir unseren Gerichten einen ethischen Inhalt verleihen, angefangen bei den Zutaten. Wir sollten alle technischen Fortschritte, die dem Wissen und der Vertiefung wissenschaftlicher Prozesse und Methoden zu verdanken sind, akzeptieren, sofern diese Prozesse und Methoden das grundlegende Recht auf den Unterschied zwischen Individuen und Kollektiven nicht verraten oder zerstören. Setzen wir uns also dafür ein, dass der Koch sich nicht gezwungen sieht, für irgendetwas oder irgendjemanden zu kochen, sondern nur dem Diktat seines Gewissens zu folgen braucht. Ein Künstler hat das Recht, Hungers zu sterben, bevor er seine Kunst prostituiert.«

Diese Anbindung des kulinarischen Schaffens an eine künstlerische Ausdrucksform, die konzeptuell der Romantik nahe steht, ist eine weitere Konstante im Denken Santi Santamarías. Er arbeitet nach Konzepten und stellt dabei ganz bewusst eine Verbindung zwischen Natur beziehungsweise Naturbelassenheit, Kulturerbe und Gedächtnis her – eine wechselseitige Beziehung, die ihn als Koch stets beschäftigt. Er hat immer an seinen Konzepten festgehalten, auch jetzt, wo er als erster katalanischer Koch vom einflussreichen Guide Michelin drei Sterne verliehen bekommen hat. Auch jetzt, auf dem Höhepunkt seiner Karriere, wo sich jüngst in dem von ihm geleiteten Santceloni in Madrid die Crème de la Crème der katalanischen und Madrider Gesellschaft zum fünften Jubiläum des Restaurants und seiner Erfolgsstory in Madrid eingefunden hat; auch jetzt, wo er die Welt mit seinem neuesten Projekt, dem Panoramarestaurant Evo in L'Hospitalet del Llobregat, in Erstaunen versetzt hat, bleibt dieser Künstler-Koch den Grundwerten seiner Arbeit treu. Nach wie vor kann er sich für seinen Beruf begeistern; nach wie vor sucht er fern der im Rampenlicht stehenden Trends der zeitgenössischen Küche nach einem Genuss, der sich auf das Solide, das Identifizierbare beschränkt.

Der Koch, Humanist und dickköpfige Querdenker Santi Santamaría lehnt Wissenschaftsgläubigkeit ab, holt sich aber aus dem kulinarischen Wissen alles, was er braucht, um Glanzleistungen zu vollbringen. Er verzichtet auf kurzsichtige Medienwirksamkeit, will lieber mit jedem Gericht etwas Wichtiges erreichen. Mit seinen Kreationen zielt er auf Genuss ab, weil dieser, wie er findet, seine Beziehung zu der Welt, die ihn umgibt, am ehrlichsten widerspiegelt. Wenn Epikur auferstehen würde, träfe er in Santamarías Küche jene Selbstgenügsamkeit und jenen Gleichmut an, die er damals im alten Athen als notwendige Voraussetzungen betrachtete, um über den Genuss zum Glück zu gelangen.

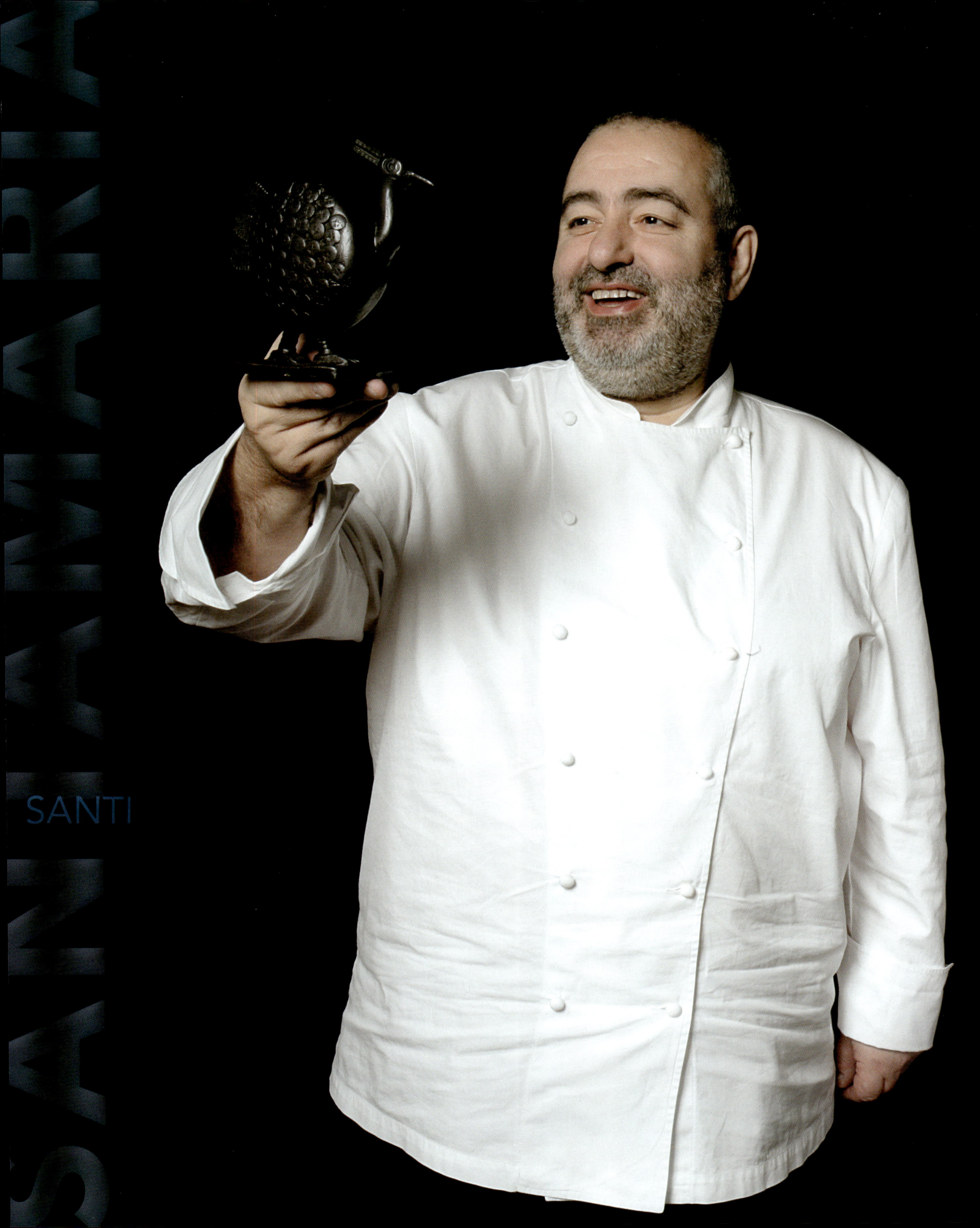
SANTI
SANTAMARIA

Pedro Subijana hat sich Schritt für Schritt bis zum Gipfel der hohen Kochkunst hochgearbeitet und hält dort seither eisern die Stellung. Seine Karriere begann, als er mit 17 Jahren zur großen Enttäuschung seiner Eltern beschloss, auf die Gastgewerbeschule zu gehen anstatt Medizin zu studieren. Die Erneuerung der baskischen Küche, die er die »weiße Revolution« getauft hat, probte damals noch ihre ersten Erfolge, und in der Gastronomie waren die guten Zukunftsaussichten erst ansatzweise erkennbar. Ein Koch hatte noch nicht denselben Status wie heute und alles war ein bisschen anders, erzählt er: »Zusammenarbeiten, teilen, lehren, um Rat fragen – das war ein in der Küche wenig bekanntes Vokabular, als ich anfing. Heute jedoch ist es für alle das Selbstverständlichste der Welt.«

Subijana machte seine Grundausbildung an der Madrider Gastgewerbeschule, wo er als Jahrgangsbester abschloss. Danach kehrte er in seine Heimatstadt San Sebastián zurück, um dort die Schule zu besuchen, die Luis Irizar gerade ins Leben gerufen hatte – Subijana war ihr erster Schüler und viele Jahre später einer der Lehrer. 1975 fing er im Restaurant Akelarre an, wo er heute noch den Kochlöffel schwingt. 31 Jahre ist das her – wirklich beachtlich! Zu jener Zeit köchelte in den Töpfen des Baskenlands die große Wende, bei der Pedro Subijana begeistert mitmischte, und für das, was sich da an neuer Küche zusammenbraute, war er einer der Hauptverantwortlichen. Das erste Degustationsmenü, das je ein spanischer Koch zubereitet hatte, stammte von ihm, um nur ein Beispiel zu nennen.

Alle baskischen Köche hegten den Wunsch, zu den Grundlagen der Küche ihrer Heimat zurückzukehren, aber gleichzeitig standen sie allem, was von draußen kam, und speziell den neuen Kochtechniken aus Frankreich, sehr aufgeschlossen und neugierig gegenüber. Später tauchten auch neue Produkte auf, die ebenfalls in das Repertoire von Möglichkeiten aufgenommen wurden, mit denen man die Grenzen der baskischen Küche weiter ziehen konnte, ohne den Charakter dieser Küche zu verfälschen.

Der unermüdliche Gipfelstürmer

Pedro Subijana, der noch die Prinzipien der klassischen Küche erlernt hatte und dadurch einer der technisch besten Köche Spaniens wurde, erkannte frühzeitig, wohin die Entwicklung führen musste: »Ich erinnere mich, wie ich in den 80er-Jahren jedes Mal, wenn ich auf einer Veranstaltung sprechen musste, betonte, dass wir Köche uns mit Wissenschaftlern, Ernährungsexperten, Physikern, Historikern, Chemikern und Biologen zusammenschließen müssten, um tiefere Einblicke in die Produkte und Techniken zu gewinnen. Das hielten die einen für einen unerreichbaren Wunschtraum und die anderen taten es als absurd ab. Im Lauf der Jahre hat sich herausgestellt, dass dies der richtige Weg war. Heute erfreuen wir uns einer solchen Zusammenarbeit und haben den Satz ›das wird so gemacht, weil es immer so gemacht worden ist‹ ein für alle Mal aus der Welt geschafft.«

Mit diesen Überzeugungen und einem Nonkonformismus, der sich mit dem Perfektionismus bei seiner kreativen Arbeit mehr oder weniger das Gleichgewicht hält, hat sich dieser Koch ein so solides Prestige erworben, wie es in Spanien nur wenige genießen. Und dennoch wollte er nie stehen bleiben, dachte stets weit voraus, nahm unablässig die Schritte vorweg, die ihm noch mehr Fortschritt in der Zukunft bringen sollten. Darum hat er in seinem Restaurant auch eine Forschungs- und Entwicklungsabteilung eingerichtet, die für dieses ständige Weitergehen zuständig ist, ohne das Ziel jemals aus den Augen zu verlieren: nicht Entwicklung als Selbstzweck, sondern immer perfektere Rezepte; Rezepte, die den geschmacklichen und materiellen Grundlagen von Subijanas Küche noch besser gerecht werden.

Es gibt einen Begriff, mit dem alle Gastronomiekritiker die Arbeit von Pedro Subijana definieren: *savoir faire* oder Know-how. Heute macht es keinen Sinn mehr, dass die Spanier dafür auf Fremdwörter zurückgreifen. Sie haben in ihrer eigenen Sprache Worte gefunden, um diese Professionalität zu bezeichnen, dieses unermüdliche Forschen nach Mitteln, um den Geschmack des Rohmaterials auf dem Teller hervorzuheben. Und aus all dem ist die Eleganz nicht wegzudenken, jener perfekte Sinn für Ästhetik im Reich der Geschmacksempfindungen, der den Schlüssel für die wahre gastronomische Kunst liefert: Kunst ist, wenn der Gast mit all seinen Sinnen den Verlockungen des Gerichts auf dem Teller erliegt. Pedro Subijana weiß, dass Kochen eine lebenslange Leidenschaft ist. Seine Gäste im Akelarre zufrieden zu stellen bedeutet für ihn ein Stück Glück.

PEDRO SUBIJANA

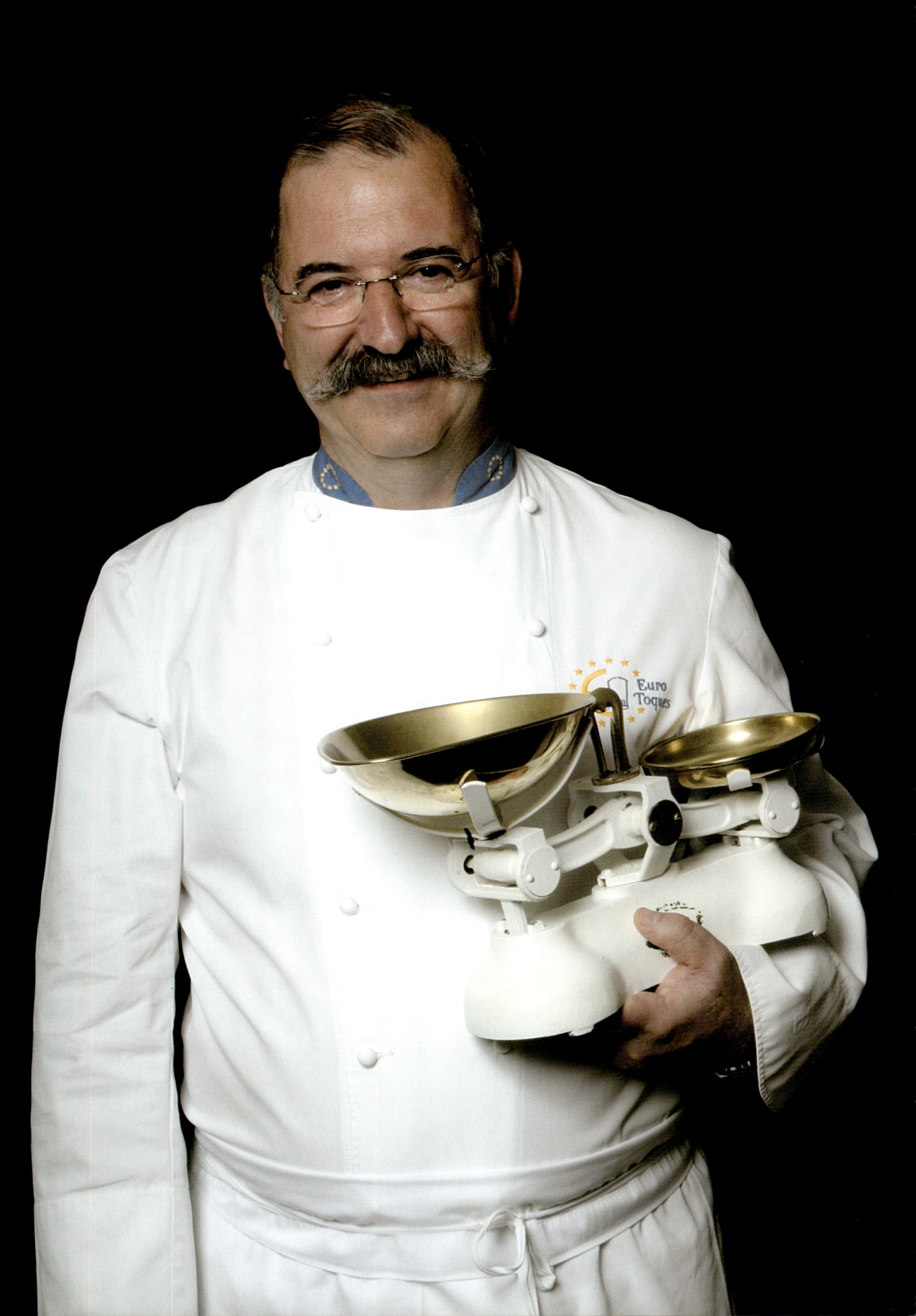

Die Küche als Essenz der Natur

Schon vor etlichen Jahren war im Gault Millau über die Arbeit von Andoni Luis Aduriz Folgendes zu lesen: »Eine neu entstandene Küche, die Technik und Poesie, Klassik und Kreativität verbindet.« In der Zwischenzeit hat dieser Koch die Grundprinzipien seiner Arbeit konstant weiterentwickelt. Sein Restaurant Mugaritz im Ort Rentería ist eine Art gastronomischer Wallfahrtsort geworden. Doch zu einem Besuch dort verlockt nicht nur die Küche: das Lokal ist wunderschön gelegen, zum Grundstück gehören eine uralte Eiche und ein herrlicher Küchengarten, und das umgebaute alte Bauernhaus ist eine gelungene Symbiose von örtlicher Tradition und universellem gutem Geschmack, die an jedem Detail erkennbar ist. Die Ästhetik der gesamten Anlage zusammen mit der Persönlichkeit von Aduriz und natürlich der Speisekarte vermitteln das Gefühl, dass dahinter eine solide, ästhetisch geprägte, »andere« kulinarische Philosophie steckt.

Es reicht nicht, auf Aduriz' beruflichen Werdegang zu verweisen, wenn man die Grundidee einer Küche wie der seinen erfassen will. Solide Ausbildung und technische Perfektion sind dabei die Voraussetzungen, um die natürliche Reinheit der Produkte, aus denen die Gerichte entstehen, voll und ganz zum Ausdruck zu bringen. Auf dieser Basis – der Grundzutat – schafft Aduriz eine kulinarische Komposition ohne falsche Töne, die Originalität versprüht und dabei ebenso aktuell wie ursprünglich, ebenso revolutionär wie augenscheinlich einfach ist. Seine Küche spielt mit der Essenz der Kräuter und Gemüse – beide im eigenen Garten angebaut –, der jungen Triebe und Wildblumen aus der näheren Umgebung, lässt aber auch den kulturellen Hintergrund der baskischen Speisen und den Hauch Universalität, der fester Bestandteil der Avantgarde ist, anklingen. Aus diesen Ingredienzien komponiert Aduriz Gerichte von einzigartiger geschmacklicher Subtilität.

Andoni Luis Aduriz beschreitet mit jeder einzelnen seiner Kreationen einen ganz eigenen Weg, den vor ihm in Spanien kein Koch betreten hat. Dieser Weg ist ein einziges Loblied auf die Natur, verkörpert durch die Nahrungsmittel, die sie uns liefert. Das zeigt sich an den von klassischen Konventionen befreiten Gerichten, die dank verschiedener Techniken auf ihre reinste Essenz gebracht werden und in neuer Gestalt auftreten. Seine Kreationen vermeiden jedes Blendwerk, das die wesentlichen Eigenschaften der Grundzutaten – des »Hauptthemas« der einzelnen Gerichte verdecken könnte. Indem Aduriz Aufgüsse und leichte Säfte von Blumen und Kräutern verwendet, kann er auf den traditionellen Einsatz von Beilagen und Saucen verzichten. Im Grunde erfindet er einen neuen Umgang mit allem, was die Hauptzutat eines Gerichts begleitet, und bekennt sich dabei zur überwiegend leichten Küche.

Die Gerichte auf seiner Karte sind nicht nach gewohnten Kategorien geordnet und es gibt auch keine klar gezogene Grenze zwischen süßen und salzigen Speisen. Vielmehr geht es hier um intellektuell verarbeitete Emotionen, die man im Laufe der Mahlzeit als genial-gewagtes Crescendo nachempfinden kann.

Es heißt von Andoni Luis Aduriz, er sei ein Philosoph der Küche und zugleich ein Poet, der die Erzeugnisse seines Gartens zu Strophen eines Gedichts formt. Es ist so viel über ihn gesagt worden, dass man hier einmal das betonen muss, was er vor allen Dingen ist: ein beeindruckender baskischer Koch, den seine Arbeit begeistert; ein Meister der Technik und ein Visionär mit scharfem Blick für alles, was die Natur seiner Küche bietet. Das gelungene Zusammenspiel dieser Fähigkeiten erlebt der Gast im Verlauf eines Essens im Mugaritz.

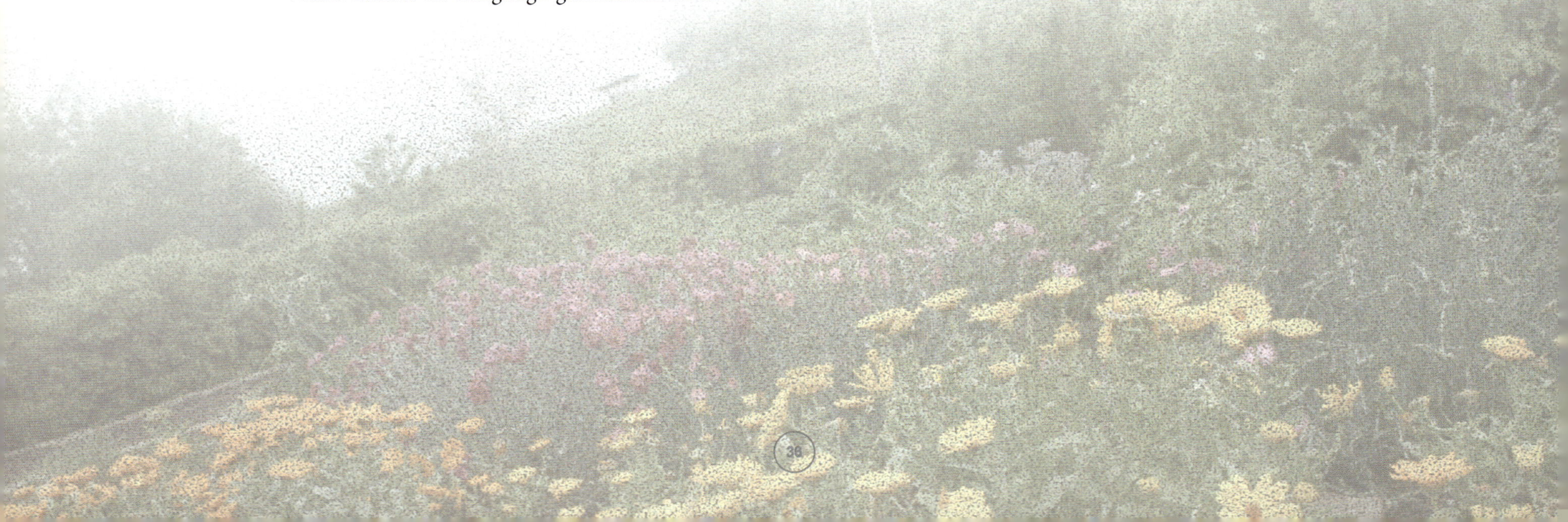

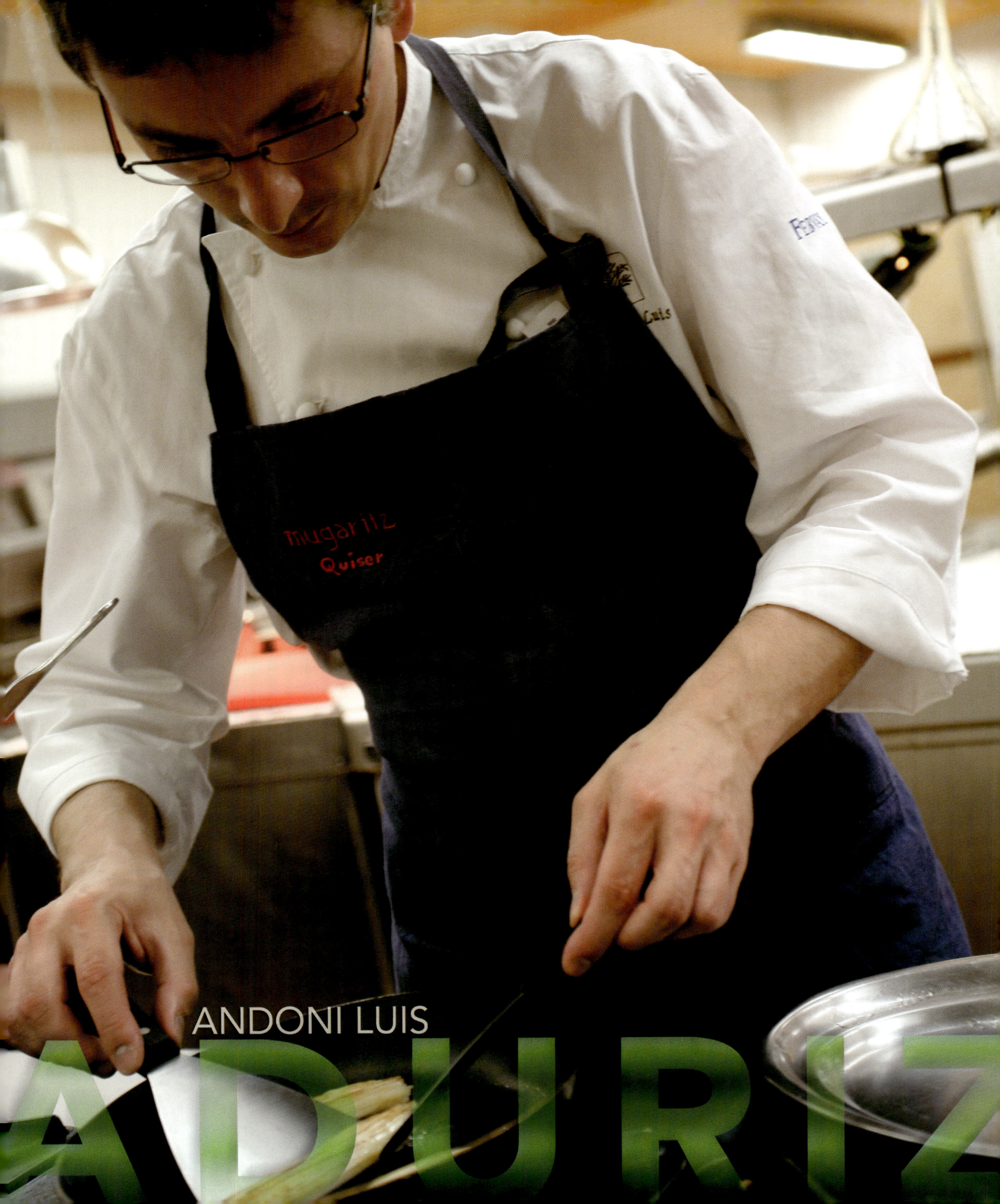

ANDONI LUIS ADURIZ

CHICHARRO EN CEVICHE DE TANINOS
ajos tostados y flores de liliáceas

STÖCKER in GERBSÄURE-CEVICHE*
mit geröstetem Knoblauch, Liliengewächsen und ihren Blüten

ZUTATEN

(4 Personen)

Aufguss mit Zitrusgeschmack: 700 ml Wasser, 60 g Zitronenmelissenblätter, 45 g Ingwer, 3 g Kaffernlimettenblätter, 0,7 g Galgant, 4 g Salz **Stöcker:** 2 Stöcker (jeder ca. 200 g schwer) **Öl mit geröstetem Knoblauch:** 5 g Knoblauch, 100 ml Olivenöl (0,4 % Fettsäure) **Gerbsäure-Ceviche:** 600 ml Aufguss mit Zitrusgeschmack (300 ml zum Waschen der Fische), 3 g Gerbsäurepulver (*Acidum tannicum*), 0,5 ml Weinessig **»Aquarellfarbe«:** 200 g Spinat, 2,5 ml Bockshornkleeöl, 5 g Tafelsalz **Konzentrierter Sud:** 1 kg Klippfischhäute, 1,5 l Wasser **Gemüsebrühe:** 3,5 l Wasser, 50 g Möhren, 50 g Lauch, 100 g Zwiebeln, 4 Knoblauchzehen, 500 g Kichererbsen, am Vortag eingeweicht, 1 Knochen, 200 g kollagenreiches Fleisch **Liliengewächse:** 50 g Schalotte, 40 g Frühlingszwiebel, 30 g Perlzwiebeln, 4 frische Minilauchstangen, 16 Schnittlauchspitzen, 1 l Gemüsebrühe, 150 g Klippfischsud, 1 Blatt und 4 Blüten von weißem Zimmerknoblauch *(Tulbaghia violacea)*, 4 Blüten von Chinesischem Schnittlauch, 32 Rasenspitzen

ZUBEREITUNG

Stöcker in Gerbsäure-Ceviche

Aufguss mit Zitronengeschmack für den Ceviche: Den zarten Teil der Zitronenmelissenblätter in vier Teile schneiden, im Mörser zermahlen und in einer Edelstahlschale aufbewahren. Den geschälten Ingwer und die von Hand gehäckselten Kaffernlimettenblätter hinzufügen. Salzwasser mit Galgant (zum Einfärben des Aufgusses) zum Kochen bringen und die Kräuter-Ingwer-Mischung dazugeben. Zugedeckt 30 Minuten ziehen lassen, abseihen, erkalten lassen und beiseite stellen. **Stöcker:** Vorsichtig waschen, Köpfe, Innereien und Haut entfernen, die Filets von den Gräten lösen und die Schwanzspitzen abschneiden. Jedes Filet längs halbieren und dann jedes Filetfleischstück in der Mitte durchschneiden, um 1,5 cm dicke Streifen zu bekommen. Diese Streifen wieder längs durchschneiden (5–6 cm lang). Beiseite stellen.

Öl mit geröstetem Knoblauch

Den Knoblauch fein hacken und mit dem Öl in einen Topf geben. Unter Rühren bei geringer Hitze anbraten. Den Topf im Wasserbad mit Eiswasser abkühlen und beiseite stellen.

Gerbsäure-Ceviche

Den Aufguss mit Zitronengeschmack (mit pH 6,5) durch Zufügen von Essig auf einen pH-Wert von 5 bringen. Die Gerbsäure hineinschütten und mit dem Schneebesen verrühren. Die Stöckerfilets in diese Marinade geben, Plastikfolie direkt darauflegen und 2 Stunden in der Kühlkammer aufbewahren. Danach das Stöckerfleisch herausnehmen und in 300 ml Aufguss mit Zitronengeschmack tauchen. Umrühren, um das Fleisch von überschüssiger Gerbsäure zu reinigen. Mit Küchenkrepp abtrocknen und mit Röstknoblauchöl von allen Seiten bepinseln.

»Aquarellfarbe«

Im Entsafter Spinatsaft herstellen. Erhitzen und bei Erreichen von 64 °C durch Filterpapier abseihen. 30 Minuten abtropfen lassen, dann das Spinatmark in eine Schale geben und mit dem Bockshornkleeöl und Tafelsalz gut vermischen. Mit Plastikfolie abdecken und beiseite stellen.

Fonds

Konzentrierter Sud – Das Wasser mit den gesäuberten und entsalzenen Klippfischhäuten aufkochen lassen und leise köchelnd auf ein Viertel der ursprünglichen Menge einkochen. Abseihen und beiseite stellen. **Gemüsebrühe** – Das geputzte Gemüse mit den übrigen Zutaten in kaltes Wasser geben, zum Kochen bringen und 5 Stunden köcheln lassen. Abfiltern und beiseite stellen.

Liliengewächse

Die beiden Fonds zusammengießen und zum Kochen bringen. Die Schalotten, Frühlingszwiebeln, Perlzwiebeln und Minilauchstangen nacheinander darin bissfest garen, um sie in Streifen schneiden zu können. Das Blatt vom Zimmerknoblauch vierteln. Die vier Zimmerknoblauch-Blüten mit den Blüten von Chinesischem Schnittlauch, den Schnittlauchspitzen und den Rasenspitzen auf feuchten Küchenkrepp legen.

DAS GERICHT FERTIG STELLEN

Mit der »Aquarellfarbe« Streifen auf einen flachen Teller malen und rundherum mit dem Röstknoblauchöl einen Kreis ziehen. Die Fischfiletstücke in derselben Richtung wie die »Aquarell«-Streifen leicht überlappend anordnen. Die gegarten Liliengewächse abwechselnd mit den Blüten, den Schnittlauch- und Rasenspitzen und den Blattstückchen vom Zimmerknoblauch daraufsetzen. Etwas Fleur de Sel darüberstreuen.

---

*Ceviche ist eine Marinade (gewöhnlich aus Zitrusfrüchten), in die man rohen Fisch einlegt, um ihn speisefertig zu machen.

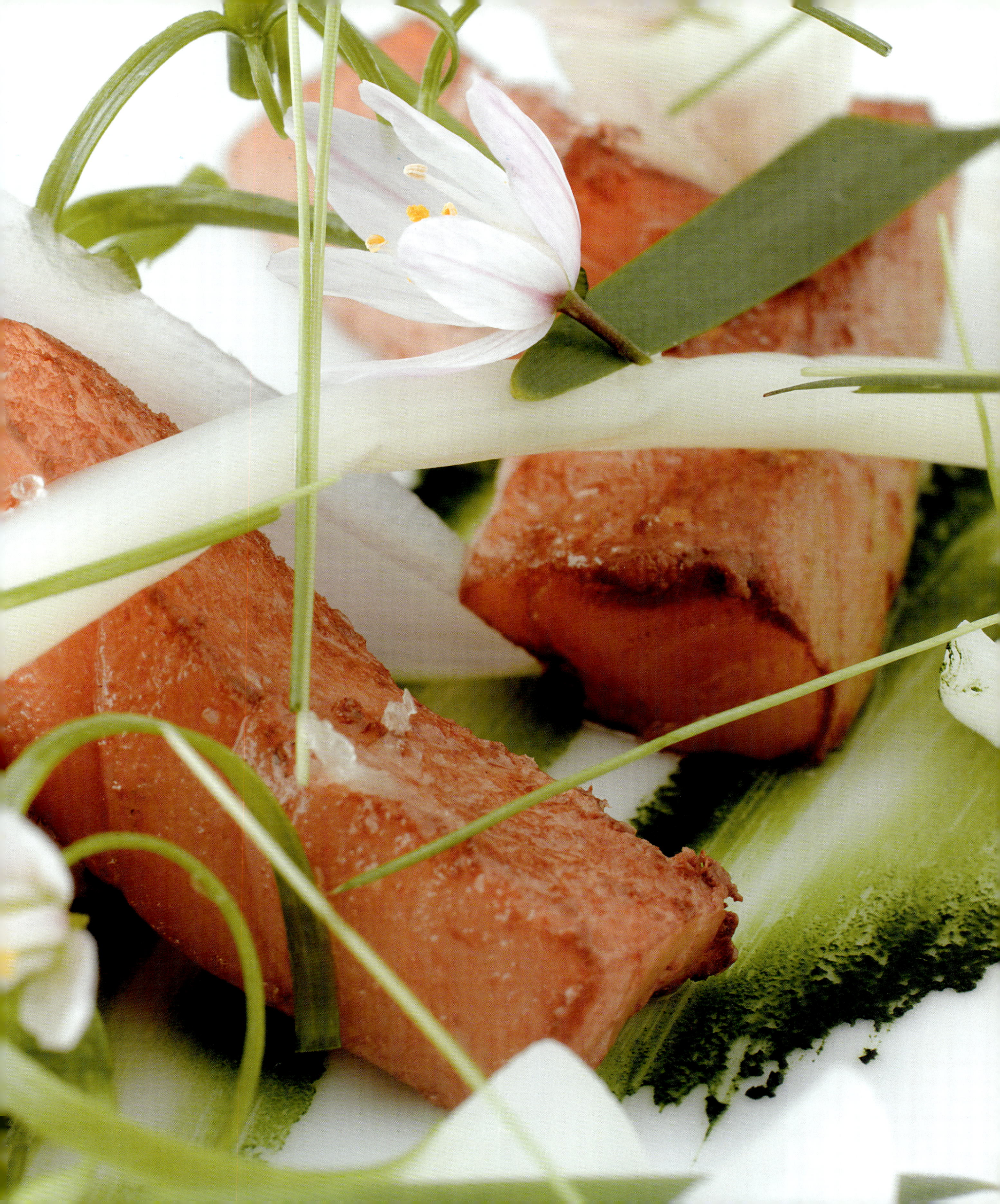

PATATAS APLASTADAS, HUEVOS ROTOS y CARBÓN VEGETAL con caseína de ajos

ZERDRÜCKTE KARTOFFELN, ZERBROCHENE EIER und HOLZKOHLE mit Knoblauchkasein

ZUTATEN

(4 Personen)

Hülsenfrüchtefond: 3 l Wasser, 50 g Möhren, 50 g Lauch, 100 g Zwiebeln, 4 Knoblauchzehen, 500 g Kichererbsen, am Vortag eingeweicht, 1 Knochen, 200 g kollagenreiches Fleisch **Holzkohle:** 400 g Maniok, 40 ml Tintenfischtinte, 1 l Hülsenfrüchtefond, 1 g Hefeextrakt, 5 g Tafelsalz, 300 g violetter Mais in Körnern **Knoblauchkasein:** 1 Knoblauchknolle, 50 ml Arbequina-Olivenöl **Eier:** 4 Hühnereier (je 35 g) **Kartoffeln:** 180 g Kartoffeln, 500 ml Wasser, 10 g Salz zum Kochen, 7 g Salz zum Abschmecken, 15 ml natives Olivenöl **Auberginenpulver:** 1 Aubergine

ZUBEREITUNG

Hülsenfrüchtefond

Das geputzte Gemüse mit den Kichererbsen, dem Knochen und dem Fleisch in kaltem Wasser zum Kochen bringen und 5 Stunden leise köcheln lassen. Filtern und den Fond beiseite stellen.

Holzkohle

Die Maniokknolle schälen, ein 3,5 cm langes Stück abschneiden und in 20 rechteckige, 5 mm dünne Scheibchen schneiden. Den restlichen Maniok in dicke Stücke (4,5 cm lang) schneiden und jedes Stück in 8–10 Keile schneiden. Beiseite stellen. Mit der Küchenmaschine die Tintenfischtinte mit dem Hülsenfrüchtefond, dem Salz und dem Hefeextrakt zu einer glatten Brühe verquirlen. Diese Mischung in zwei Töpfe verteilen: in den einen 650 ml Brühe sowie 200 g Mais und in den anderen 350 ml Brühe und 100 g Mais füllen. In den Topf mit der größeren Menge die 8–10 Maniok-Keile geben, aufkochen und 2 Stunden simmern lassen. Schnell abkühlen und die Maniok-Keile in der verbleibenden Kochbrühe aufbewahren. Die Maniok-Scheibchen in den anderen Topf geben und bei geringer Hitze 15–20 Minuten garen. Schnell abkühlen und die Scheibchen in der Kochbrühe aufbewahren.

Knoblauchkasein

Den Knoblauch sehr fein hacken und in dem Olivenöl bei mittlerer Hitze unter ständigem Rühren goldbraun braten. Im Wasserbad mit Wasser und Eis schnell abkühlen.

Eier

Die ganzen Eier auf einem gelöcherten Spezialblech im Ofen 33 Minuten bei 62 °C und 90 % Feuchtigkeit garen (die Löcher sorgen dafür, dass Wärme und Feuchtigkeit gleichmäßig auf die Eier einwirken). In einem auf 50 °C erwärmten Wasserbad aufbewahren.

Kartoffeln

Im Wasser mit 10 g Salz die Kartoffeln 8–10 Minuten halbfest garen. Schälen und mit einer Gabel zerdrücken. Mit dem Salz und Olivenöl vermischen und mit Alufolie abgedeckt bei Zimmertemperatur aufbewahren.

Auberginenpulver

Die Aubergine in Alufolie einwickeln, auf Kohleglut legen und völlig mit Glut zudecken. So lange backen, bis sie vollkommen dehydriert ist. Im Mixer zermahlen, das Pulver fein sieben und beiseite stellen.

DAS GERICHT FERTIG STELLEN

Die zerdrückten Kartoffeln im Wasserbad oder in der Mikrowelle aufwärmen und in eine warme Schale geben. Etwas Knoblauchkasein danebengeben und darüber das gepellte weiche Ei vorsichtig in zwei Hälften aufbrechen. Mit dem Knoblauchkasein einen Streifen auf jedem Teller ziehen und die zerdrückte Kartoffel und das zerbrochene Ei darauf anrichten. An den Seiten abwechselnd Maniok-Keile und Maniok-Scheibchen daranlehnen und auf eine Seite das Auberginenpulver streuen.

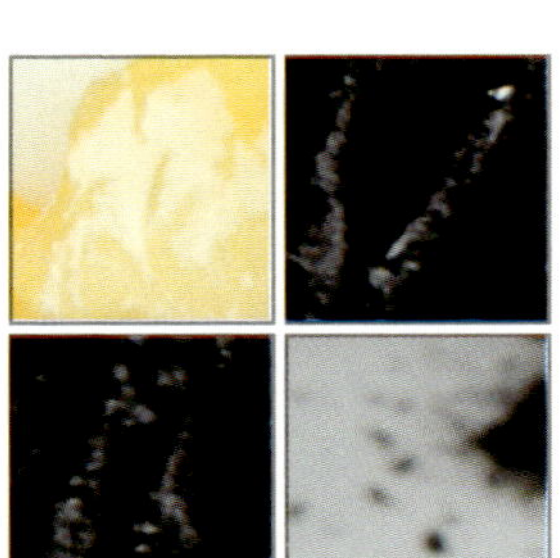

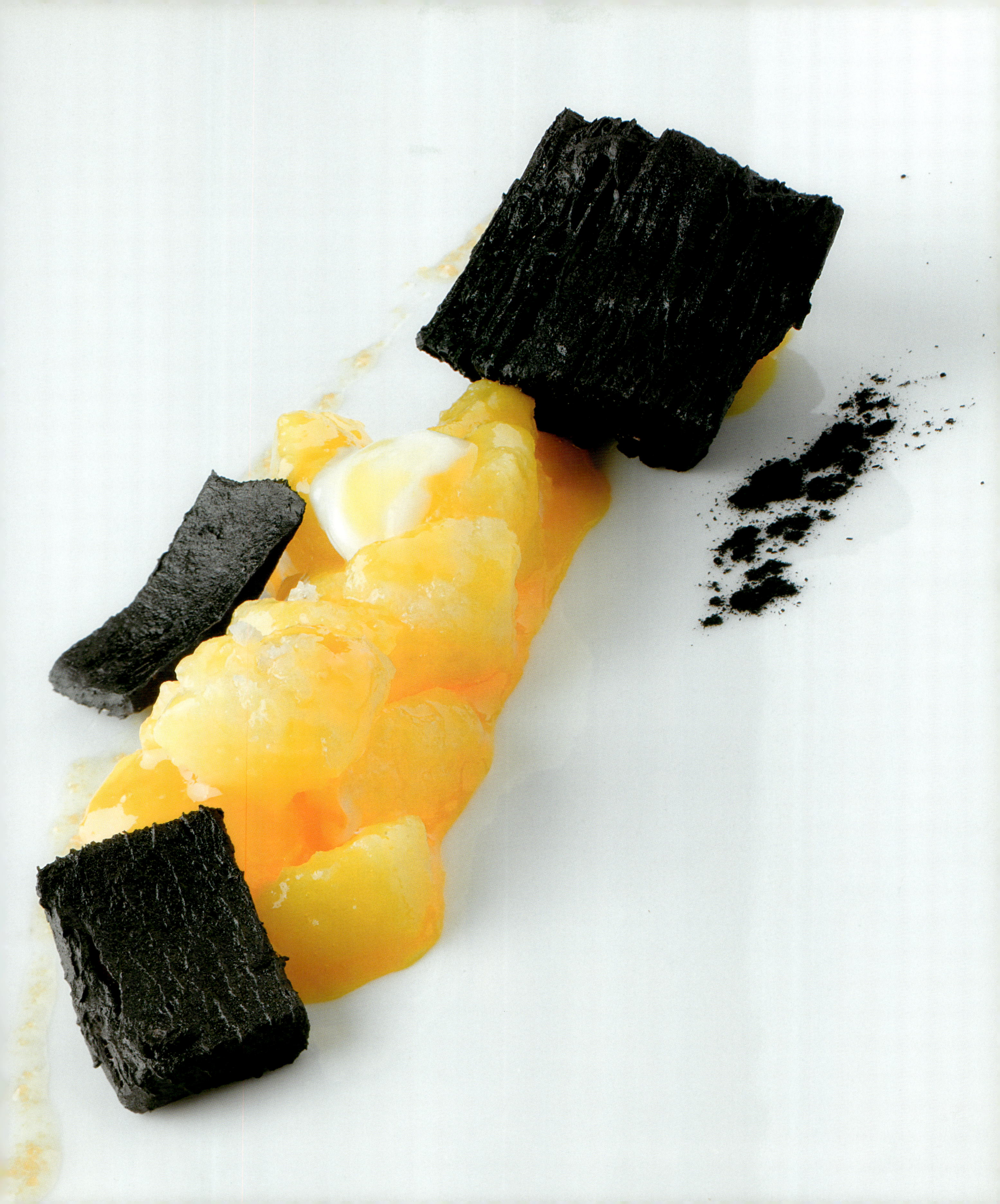

Der junge Mann und das Meer

Raúl Aleixandre übernahm das Ca Sento im Jahr 2005, nachdem er dort vor mehr als zehn Jahren an der Seite seiner Eltern seine ersten Kocherfahrungen gesammelt hatte. Das Ca Sento ist kein gewöhnliches Restaurant. Die ehemalige Hafentaverne mauserte sich unter Aleixandres Vater Vicente, Sento genannt, und seiner Mutter María zu einem der wichtigsten gastronomischen Bezugspunkte der Region Valencia. Sento kennt die valencianischen Groß- und Einzelhandelsmärkte in- und auswendig und hat es in den langen Jahren, in denen er bei seiner allmorgendlichen Runde die Einkäufe für sein Restaurant erledigte, wie kein anderer verstanden, ihnen das Beste zu entlocken. Bezeugen kann dies jeder, der im Ca Sento einmal rote Garnelen, Kaisergranat oder Seepocken gekostet hat, Gerichte, die mit dazu beigetragen haben, das Restaurant berühmt zu machen. Dazu kommt, dass María eine Meisterin der traditionellen Küche ist. Mit den Produkten, die jeden Tag in ihren Töpfen landen, zaubert sie eine ganze Reihe exquisiter Köstlichkeiten. Besonders die Reisgerichte sind ein kulinarischer Hochgenuss.

Die Küche des elterlichen Restaurants untersteht Raúl nun schon seit circa drei Jahren, 2005 übernahm er dann, wie gesagt, auch die Geschäftsleitung. Wer dachte, er würde den sicheren Weg wählen und sich darauf beschränken, die bewährt erfolgreiche Arbeitsweise seiner Eltern einfach fortzusetzen, musste seine Meinung revidieren. Revidieren mussten ihre Meinung jedoch auch diejenigen, die davon ausgingen, dass es einen Bruch geben würde. Es hat keinen Bruch gegeben. Vielmehr zeichnet sich die neue Phase des Ca Sento durch eine Weiterentwicklung hin zu einer kulinarisch ausgefeilteren Küche aus, ohne dass dabei Abstriche an den Rohprodukten gemacht würden, die nach wie vor von absoluter Spitzenqualität sind. Die drei Pfeiler – Produktküche, traditionelle Küche und Autorenküche –, auf denen das kulinarische Angebot des Ca Sento basierte, sind auch weiterhin gültig. Geändert hat sich vielleicht, dass der Aspekt »Autorenküche« unter dem neuen Chef stärker zum Tragen kommt, was angesichts des Werdegangs des jungen Kochs auch nicht weiter verwunderlich ist.

Raúl Aleixandre arbeitete zunächst im elterlichen Betrieb mit, bis er beschloss, sich auf eigene Füße zu stellen. Er machte sich auf die Suche nach einer Ausbildung, die als solide Grundlage für die Herausforderung dienen sollte, der er sich jetzt stellt. Den ersten Teil seiner Lehrzeit absolvierte er im Restaurant Schwanen in Deutschland, wo er ein Jahr lang arbeitete. Die zweite Phase durchlief er in der spanischen Provinz Gerona (Costa Brava), wo er in der Küche des elBulli die Zeit der Schäume miterlebte und sich danach im Celler de Can Roca der lautlosen Revolution der Gebrüder Roca anschloss. Den letzten Abschnitt seiner Lehrzeit verbrachte Aleixandre im Baskenland, wo er Gelegenheit hatte, wertvolle Erfahrungen bei Andoni Luis Aduriz im Restaurant Mugaritz und bei Martín Berasategui in Lasarte zu sammeln. Danach ging es zurück an den heimischen Herd.

Bei seiner Rückkehr nach Valencia war Aleixandre bereits ein Profi mit eigener Persönlichkeit. Vom ersten Augenblick dieses neuen Abschnitts seiner Laufbahn in der Küche des Ca Sento an hat er – ganz nach dem Motto »Der Apfel fällt nicht weit vom Stamm« – mit schlafwandlerischer Sicherheit für seine Gäste stets Topqualität ausgewählt, ob bei Fischen und Meeresfrüchten oder Produkten wie Schinken und Gemüse. Seine technische Meisterschaft zeigt sich vor allem bei den Gartechniken. Die Schätze, die in seiner Küche landen, verwandelt Aleixandre in Gerichte, in denen seine besondere Feinfühligkeit beim Kreieren neuer Geschmackskombinationen zum Ausdruck kommt. Schließlich hat die Präsentation der Gerichte unter dem neuen Patron einen deutlichen, lobenswerten Fortschritt verzeichnet; die kulinarischen Qualitäten entfalten sich vor den Augen des Gastes mit der ästhetischen Eleganz, die sie verdient haben.

Die spezielle Beziehung zum Meer, dank der allmorgendlich fangfrische Kostbarkeiten ihren Weg ins Ca Sento finden, hat Raúl Aleixandre von seinen Eltern geerbt. Sein Talent, seine technische Virtuosität und sein unausgesprochenes Prinzip sich weiterzuentwickeln, ohne auf die eigenen Wurzeln zu verzichten, lassen die berechtigte Hoffnung zu, dass diese Beziehung noch viele Jahre andauern wird.

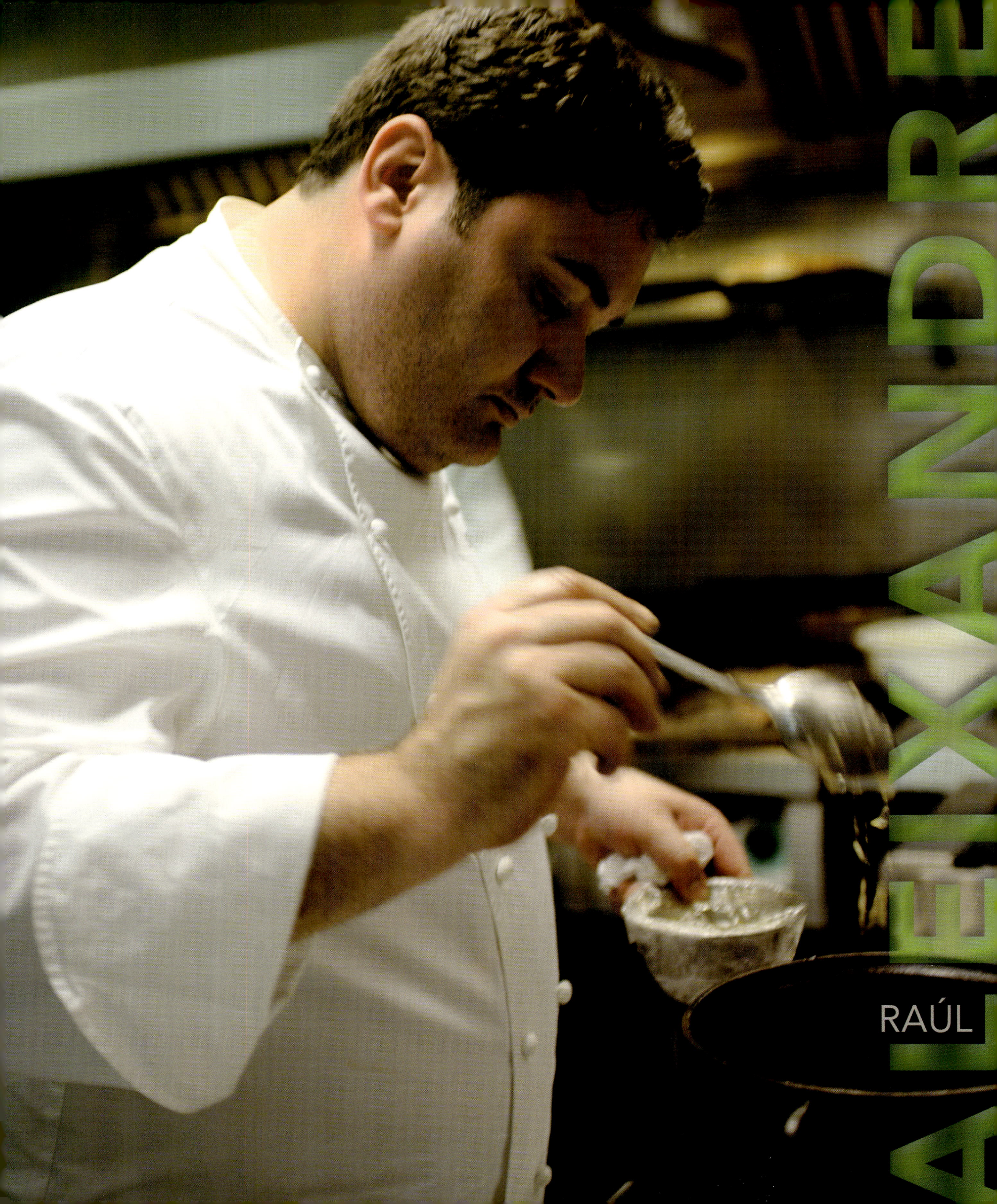
RAÚL
ALEXANDRE

CAVIAR IRANÍ
con mantequilla, huevo y jamón

IRANISCHER KAVIAR
mit Butter, Ei und Schinken

ZUTATEN

(6 Personen)

Butter-Eier-Creme: 8 Eigelbe, 100 g Butter, Saft einer halben Zitrone
Schinkenbrühe: 3 l Wasser, 200 g Knochen vom Serrano-Schinken, 100 g Kichererbsen, am Vortag eingeweicht, 1 Stange Lauch, 1 Möhre, 1 Zwiebel, 3 g Agar-Agar, 3 Blatt Gelatine **Weitere Zutaten**: 120 g iranischer Kaviar (20 g pro Person)

ZUBEREITUNG

Butter-Eier-Creme
Alle Zutaten in den Thermomix geben und bei 80 °C 20 Minuten emulgieren. Erkalten lassen.

Schinkenbrühe
Alle Zutaten zusammen zum Kochen bringen und köcheln lassen, um 500 ml Brühe zu erhalten. Mit Salz abschmecken und durch ein Stoffsieb abgießen. Das Agar-Agar und die Gelatine unterrühren. Auf ein Blech gießen und erkalten lassen.

DAS GERICHT FERTIG STELLEN

Auf einen tiefen Teller einen Esslöffel Butter-Eier-Creme geben und darauf den Kaviar löffeln. Mit einem runden Ausstechförmchen einen Kreis aus der gelierten Schinkenbrühe ausstechen und diesen wie ein Cape über den Kaviar legen. Im 180 °C heißen Backofen 2 Minuten erhitzen und herausnehmen.

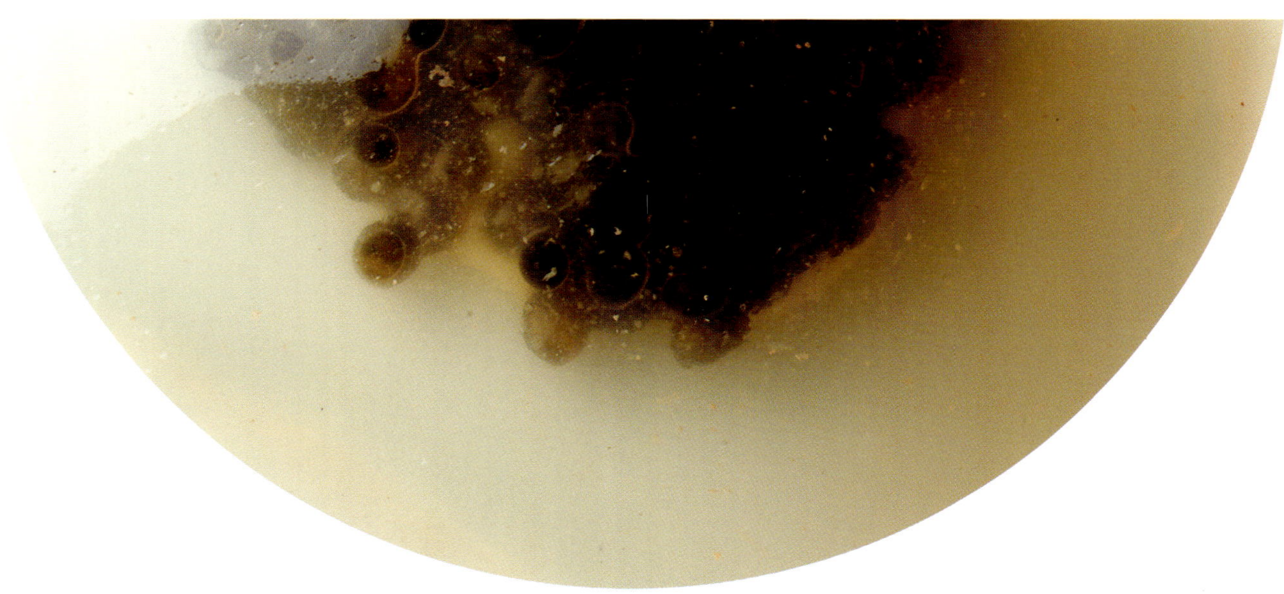

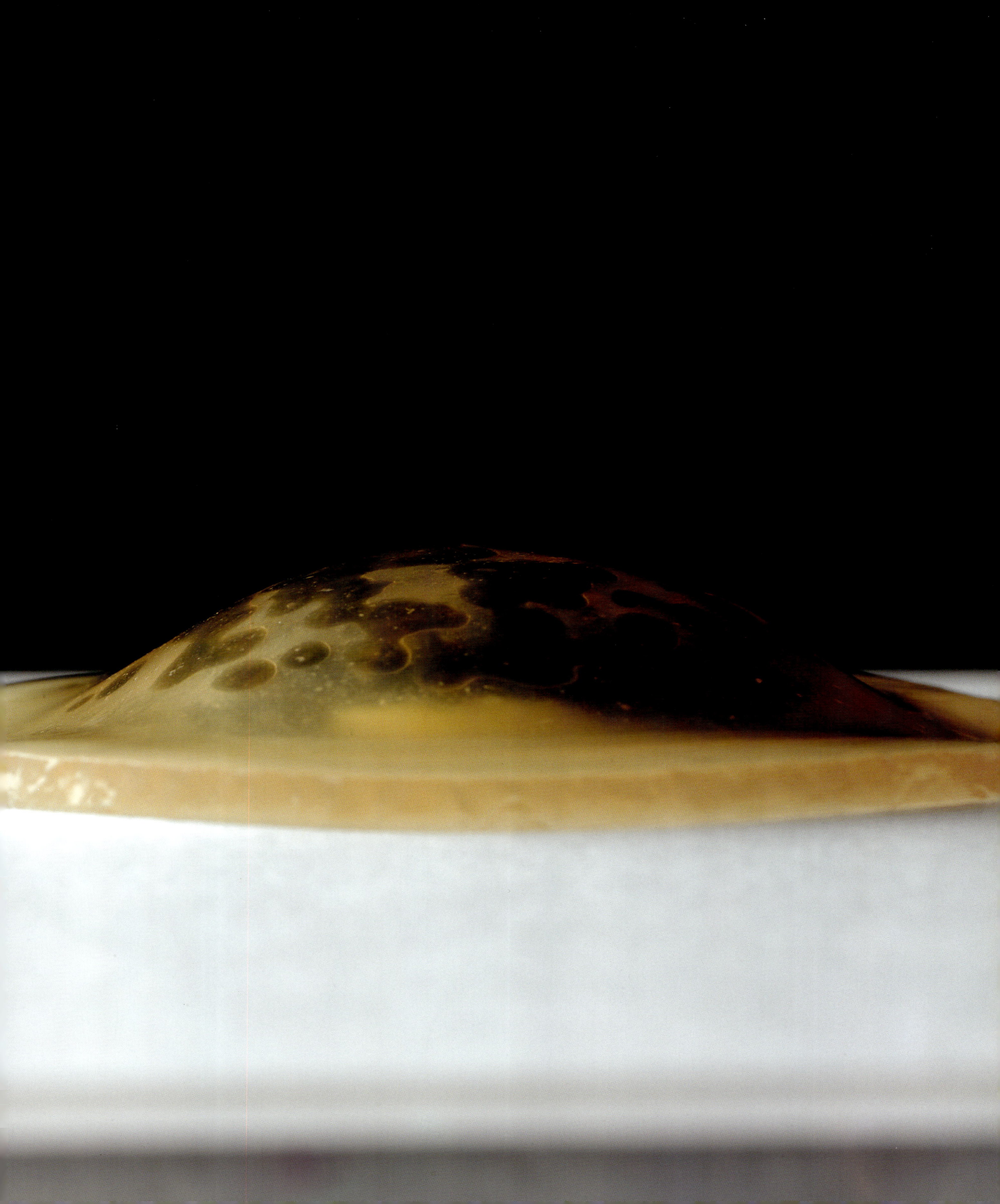

ORTIGAS DE MAR REBOZADAS con jugo de moluscos y pan de agua

MEERESBRENNNESSELN*
mit Mollusken-Jus und Wasserbrot

ZUTATEN

(5 Personen)

Ausbackteig: 200 g Mehl, 5 g Presshefe, 200 ml Bier, 100 ml Wasser **Wasserbrot:** trockenes Toastbrot, Menge nach Bedarf **Mollusken-Jus:** 1 Schuss Olivenöl, 1 Knolle Knoblauch, 400 g Herzmuscheln, 1 rechteckiges Stück Wasserbrot **Weitere Zutaten:** 10 zarte Brennnesseln, Olivenöl, etwas geriebene Limettenschale, Raukenblüten, Schnittlauchröllchen zum Verzieren, ein paar Tropfen Petersilienöl (zum Anmachen)

ZUBEREITUNG

Ausbackteig

Aus allen Zutaten einen Teig rühren und 20 Minuten ruhen lassen.

Wasserbrot

Das Toastbrot trocknen (um ihm das Wasser zu entziehen) und die Rinde abschneiden.

Mollusken-Jus

Einen Schuss Olivenöl in einen Topf geben, darin die ungeschälten Knoblauchzehen anbraten und dann die Herzmuscheln dazugeben. 20 Minuten köcheln lassen, damit die Jus einkocht und die Konsistenz von Meerwasser bekommt. Das trockene Toastbrot (Wasserbrot) in einen kleinen Topf geben und die Hälfte der Mollusken-Jus dazugießen. Das Brot in der warmen Mollusken-Jus tränken, aber nicht zum Kochen bringen.

DAS GERICHT FERTIG STELLEN

Die Brennnesseln durch den Ausbackteig ziehen und in reichlich Öl frittieren.
Das Wasserbrot in einen tiefen Teller geben und etwas Mollusken-Jus darübergießen. Darauf zwei frittierte Brennnesseln legen und etwas Limettenschale darüberreiben. Mit den Raukenblüten und dem Schnittlauch verzieren und ein paar Tropfen Petersilienöl darüberträufeln.

---

* Wortspiel mit »ortiga de mar« (Qualle) – »ortiga« allein ist die Brennnessel.

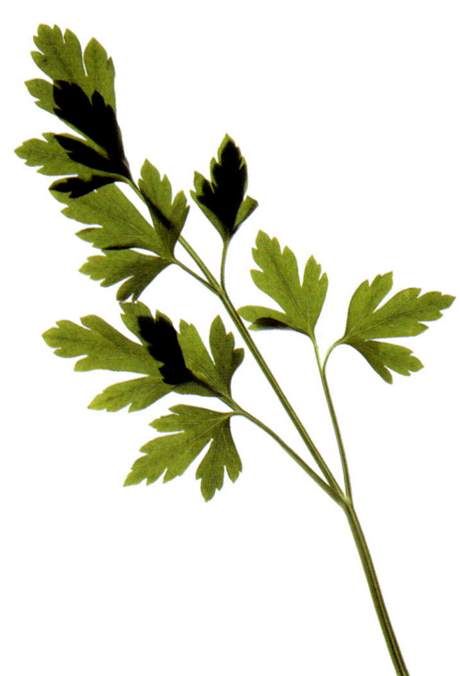

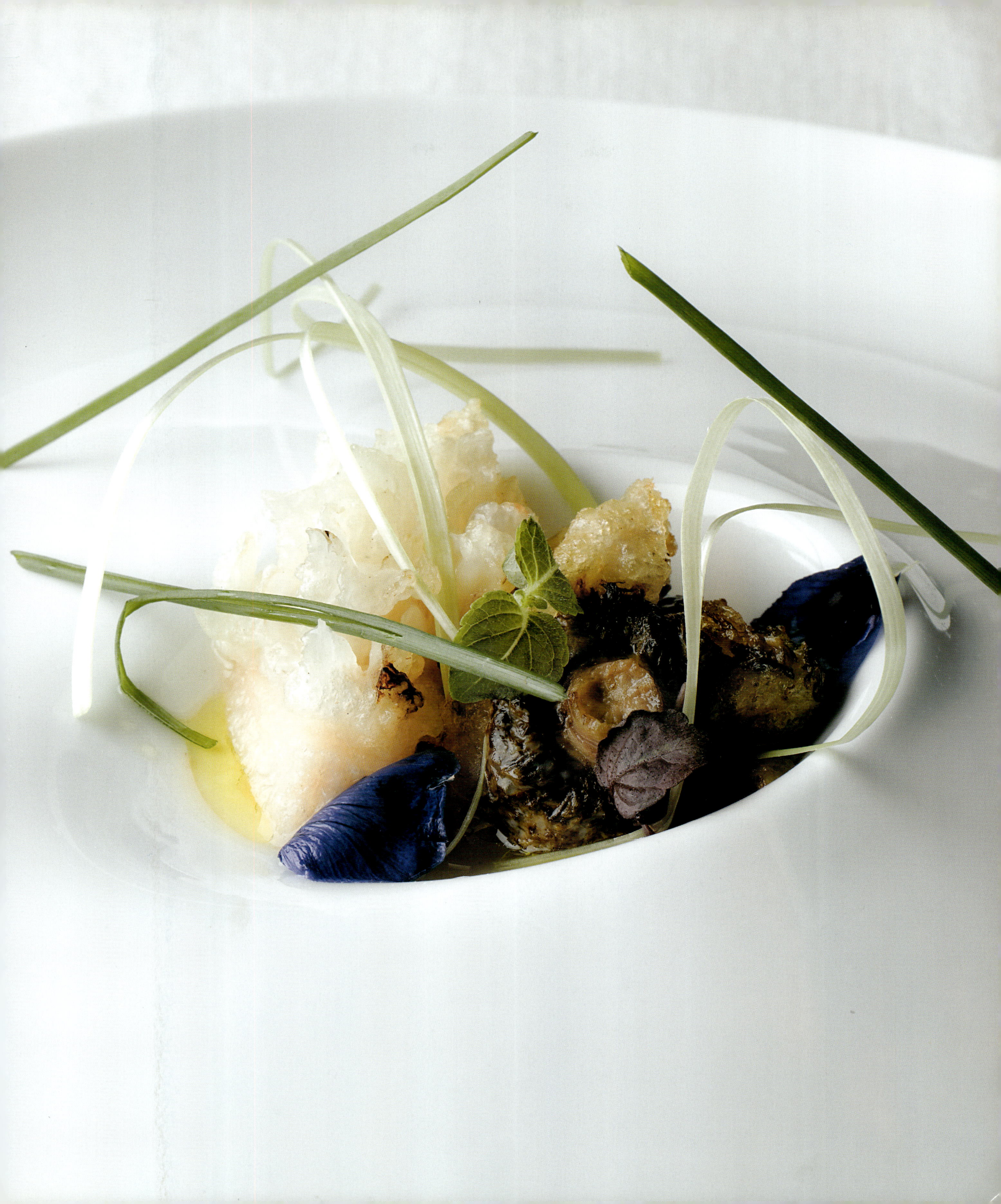

Sergi Arola ist wahrscheinlich einer der bekanntesten Vertreter der neuen spanischen Küche, und zwar nicht nur in der eigenen Gilde, wo er schon seit Langem hohes Ansehen genießt, sondern auch bei der Bevölkerung. Da man ihn häufig in den Massenmedien sieht, ist er längst ein vertrautes Gesicht geworden. Man assoziiert ihn mit der gastronomischen Bewegung, als deren Repräsentant er gemeinhin gilt.

Sergi Arola erhielt sein erstes Angebot, ein Restaurant in Madrid zu eröffnen, vor fast zehn Jahren, nämlich 1997. Mit gewissen Vorbehalten nahm er es an und war kurz darauf in der spanischen Hauptstadt. Dort verdiente er sich die erste große Anerkennung, einen Michelin-Stern, dem nach seinem Wechsel ins Restaurant La Broche im Madrider Hotel Miguel Ángel ein zweiter Stern folgte. Dies war die Bestätigung für seinen unaufhaltsamen Höhenflug und der Beweis, dass seine Entscheidung, Barcelona zu verlassen und nach Madrid zu gehen, richtig gewesen war, denn in Barcelona hätte der lange Schatten von Ferran Adrià möglicherweise seine Karriere gehemmt oder sie zumindest verlangsamt.

Der Repräsentant der neuen Küche

Die gewagte, detailgenaue, geradezu wissenschaftliche, ästhetische und eindeutig moderne Küche dieses Kochs, der einmal Rockstar werden wollte, hat einen Hintergrund, den man trotz der Oberflächlichkeit der Massenmedien, die alles zum Einheitsbrei verarbeiten, nicht vergessen darf. Seine Laufbahn als Koch begann mit der Grundausbildung an der Gastgewerbeschule von Barcelona. Eine lange berufliche Weiterbildung in Restaurants wie Cal Boter, L'Aram, La Xixonenca, Talaia Mar oder elBulli schloss sich an. ElBulli war nach eigener Aussage das Restaurant, das seine spätere Arbeit am meisten beeinflusst hat. Nach diesen Erfahrungen im eigenen Land reiste er nach Frankreich, um sich dort weiterzubilden. Mit neuem Wissen kehrte er zurück zum elBulli. Eine Zeit lang arbeitete er dort als erklärter Meisterschüler von Pierre Gagnaire, bis allmählich für ihn der Moment kam, sich auf das Abenteuer der Eigenständigkeit einzulassen.

Mit der Eröffnung des La Broche im Jahr 2000 an seinem heutigen Standort stieg Sergi Arola endgültig in die Garde der besten jungen Vertreter der spanischen Avantgarde-Küche auf. Er überzeugte mit Kreationen, bei denen er das unverfälschte, ausgesprochen elegant verarbeitete Produkt in den Vordergrund stellte, aber auch mit einem gastronomischen Konzept, in dem Aromen, Düfte und Texturen eine ebenso tragende Rolle spielen wie die ausgefeilte Ästhetik. Doch Arola begnügte sich nicht damit, dass sein Restaurant ein Symbol des modernen Madrid geworden war, sondern setzte seine persönliche und berufliche Entwicklung in weiteren Lokalen fort. So hat er in letzter Zeit das Arola im Hotel Arts in Barcelona und ein gleichnamiges Restaurant im Madrider Centro de Arte Reina Sofía (Kunstzentrum Reina Sofía) eröffnet.

Sergi Arola ist eine in ganz Spanien bekannte Erscheinung geworden, aber vor allem ist er ein hervorragender Koch, der seine Gerichte intuitiv und doch mit viel Überlegung konzipiert und Garant dafür ist, dass die augenblicklichen Glanzleistungen der spanischen Gastronomie von Dauer sein werden.

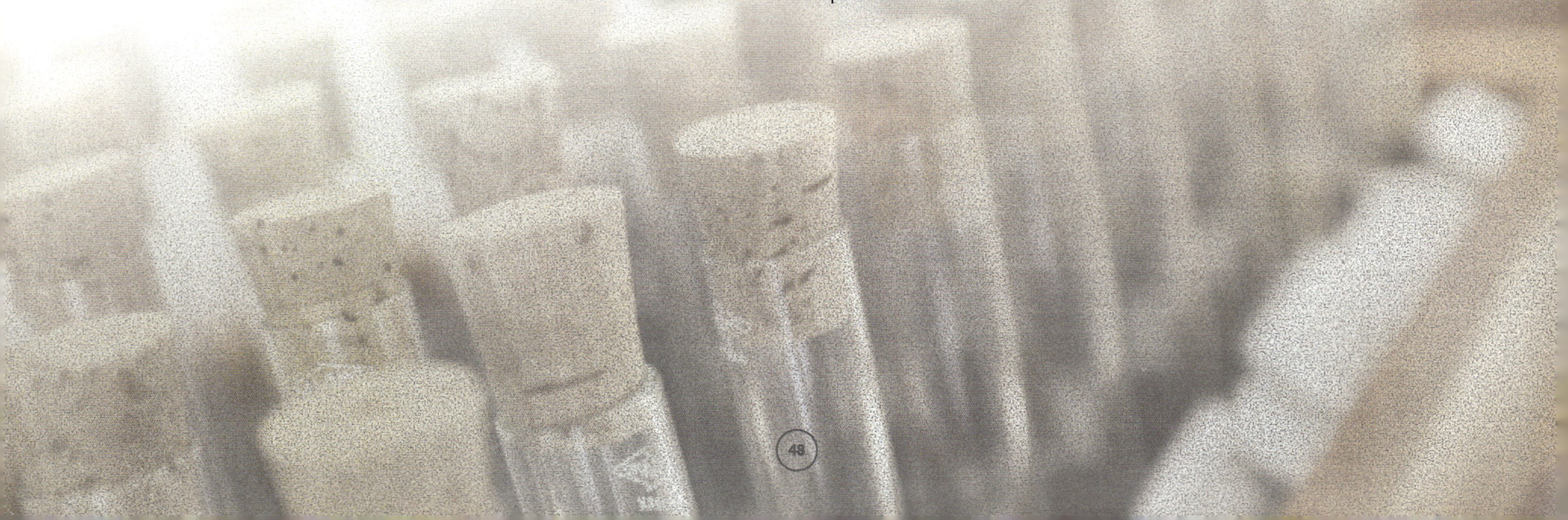

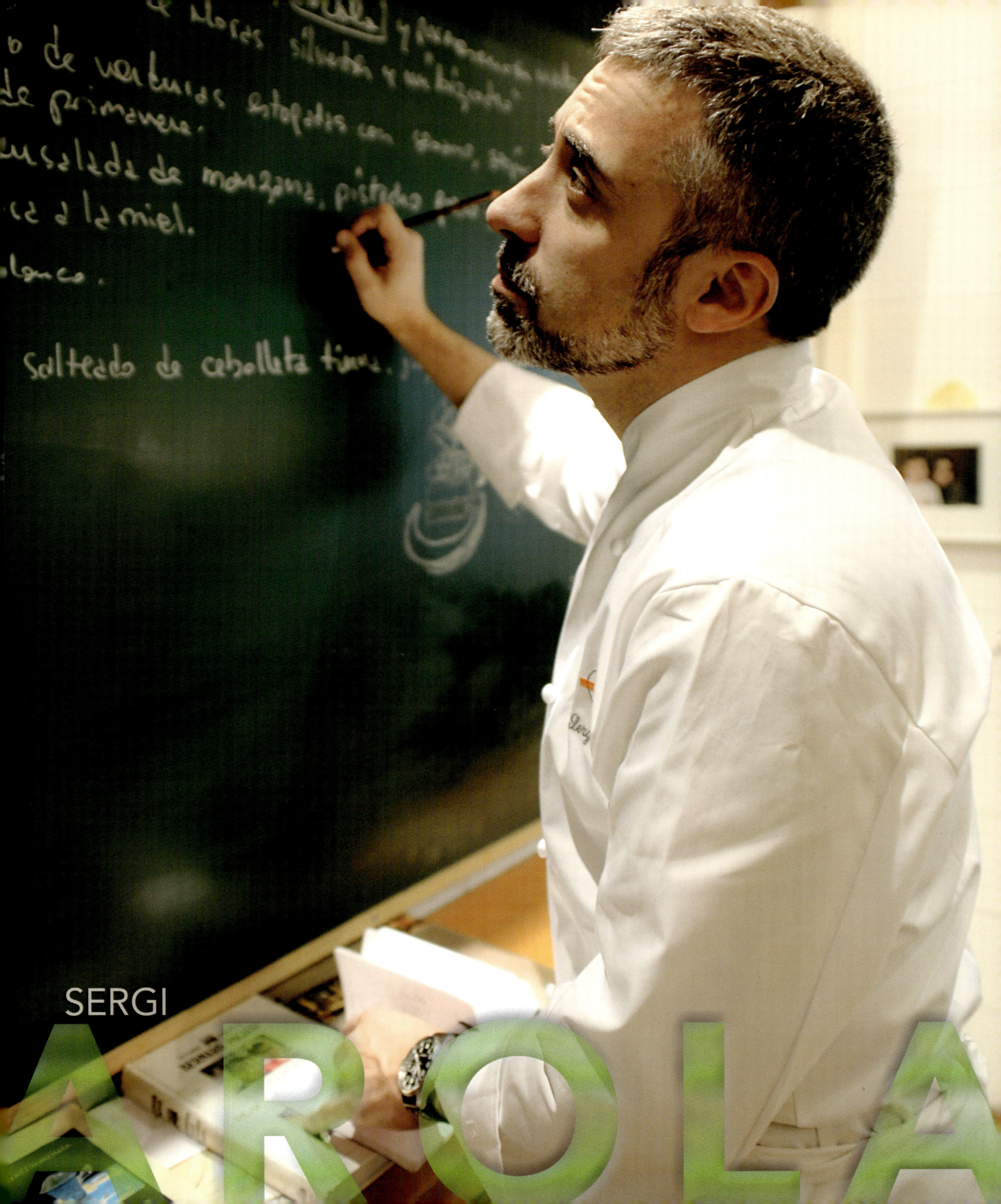

SERGI AROLA

CORDERO
con nísperos y queso de cabra

LAMM
mit Mispeln und Ziegenkäse

ZUTATEN

(4 Personen)

Käse-Sabayon: 500 ml süße Sahne (35 % Fettgehalt), 125 g flüssiges Eigelb, 200 g Ziegenfrischkäse, Salz und weißer Pfeffer, 2 Blatt Gelatine **Karamell:** 800 g Fondant, 350 g Glukose, 350 g Isomalt **Lamm:** 4 × 160 g Lammkotelettstück, 4 × 50 g Lammlende **Sauce:** 500 g Knochen, 1 Möhre, 2 Zwiebeln, 1 Stange Lauch, 500 ml Rotwein **Mispeln:** 100 g Mispeln, 5 g Butter, 5 ml Mispelsirup **Weitere Zutaten:** zarte grüne Shisoblätter

ZUBEREITUNG

Käse-Sabayon

Alle Zutaten bis auf die Gelatine mischen und langsam erwärmen. Unter ständigem Rühren eindicken lassen, bis eine Temperatur von 85 °C erreicht ist. Die zuvor eingeweichte Gelatine dazugeben, die Masse durch ein Sieb streichen und in der Kühlkammer erstarren lassen. Danach aufschlagen, bis die Konsistenz der von Schlagsahne ähnelt. In einen Spritzbeutel füllen und in der Kühlkammer aufbewahren.

Karamell

Alle Zutaten in einem Topf auf 170 °C erhitzen. Den Karamell auf ein silikonbeschichtetes Papier gießen und erkalten lassen. In der Küchenmaschine zermahlen. Das Karamellpulver mit einem Sieb auf eine 10 × 5 cm große Form streuen. 1 Minute bei 170 °C im Ofen erhitzen und dann den Karamell rund um einen Metallstab zu einem Rohr formen. Auf diese Weise vier Rohre formen. Beiseite stellen.

Lamm

Das Stielkotelettstück parieren. Dabei das Fleisch teilweise vom Knochen lösen und die Rippe damit umwickeln. Mit Küchengarn zusammenbinden und die Kotelettenden mit Alufolie umwickeln, damit sie nicht verbrennen. Das Fleisch ganz kurz auf der Backplatte wenden. In einem Vakuumbeutel im Roner (siehe Seite 10) bei 65 °C 24 Stunden garen. Danach kurz in den Backofen geben. Das Fett vom Lendenstück schneiden und das Fleisch zylinderförmig in Klarsichtfolie wickeln. 24 Stunden so aufbewahren und abschließend auf der Backplatte kurz anbraten.

Sauce

Die Knochen, die Fleischreste vom Stielkotelettstück und das Lendenstück im Backofen bräunen. Das Gemüse in einem Topf anbraten. Die gebräunten Knochen auf das Gemüse geben und mit dem Rotwein ablöschen. Einkochen lassen, durch ein Sieb gießen und die Sauce binden.

Mispeln

Die Mispeln schälen, entkernen und in Schnitze schneiden. In Butter anbraten und sobald sie Farbe annehmen, den Sirup dazugießen und am Schluss etwas Lammsauce dazugeben. Einkochen lassen.

DAS GERICHT FERTIG STELLEN

Auf der Tellermitte das mit Käse-Sabayon gefüllte Karamellrohr anrichten. Neben das Rohr die in Schnitzelchen aufgeschnittene Lammlende mit dem grünen Shiso und die karamellisierten Mispeln platzieren. Auf der entgegengesetzten Seite das Kotelettstück anrichten. Dazu ein Schälchen mit der Sauce reichen.

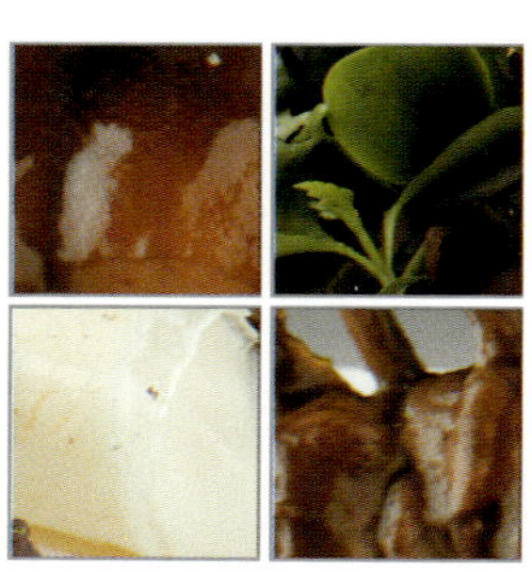

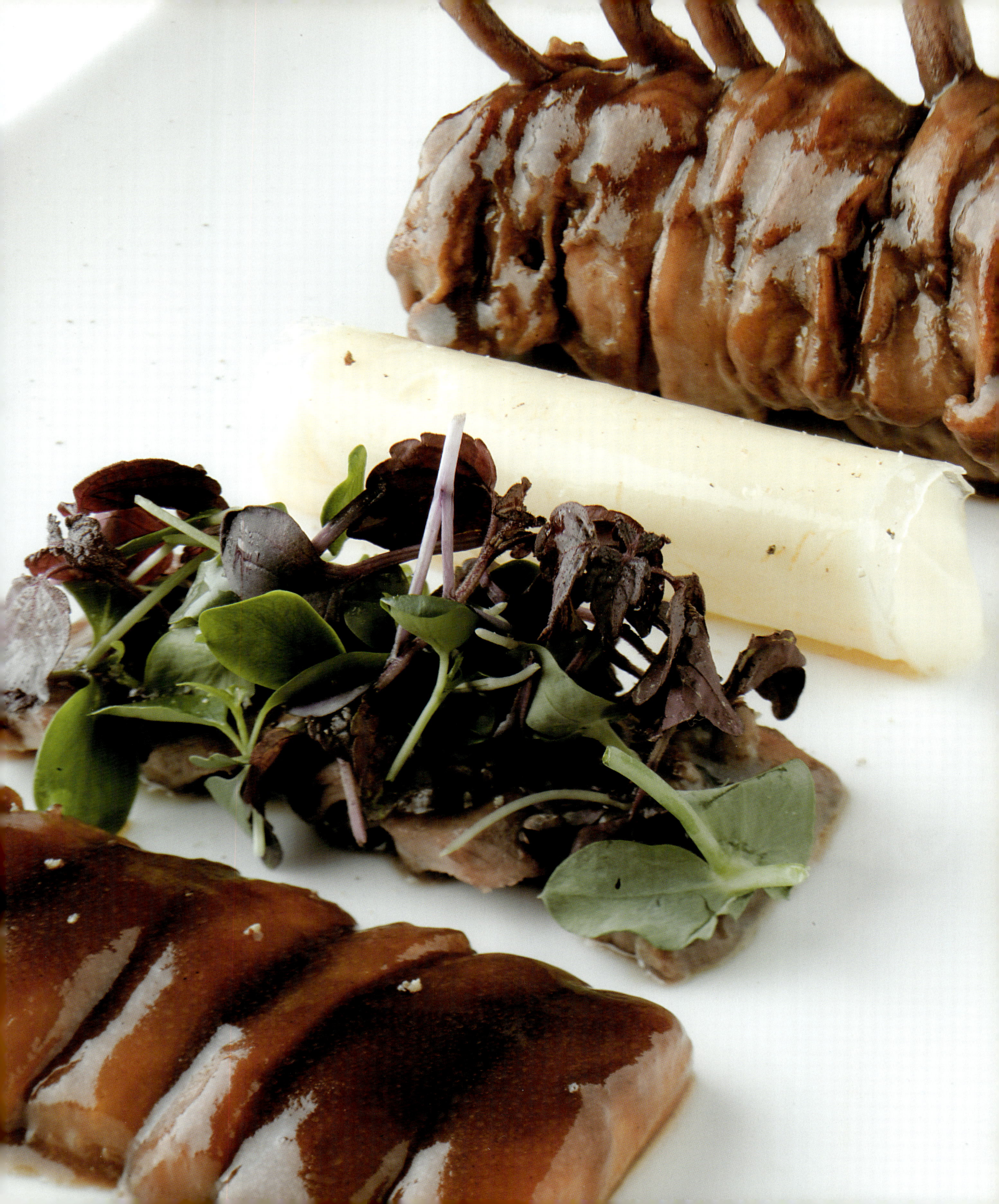

TAGLIOLINIS CON ESPARDEÑAS Y MORILLAS a la crema de parmesano

TAGLIOLINI mit KÖNIGSSEEGURKEN und MORCHELN auf Parmesansahne

ZUTATEN

(1 Person)

Pasta: 20 g Tagliolini, 200 ml Mineralwasser, 40 g Eis, Salz, Olivenöl **Knoblauchöl:** 1 Knoblauchknolle, 400 ml Olivenöl, (0,4 ° Säure) **Parmesansahne:** 20 g Parmesan in Stückchen, 40 ml Wasser, 30 ml süße Sahne **Morcheln:** 20 g Speisemorcheln, 10 ml Knoblauchöl, 30 ml Parmesansahne, Wasser, Salz **Seegurken:** 50 g Königsseegurken, Knoblauchöl **Weitere Zutaten:** Eigelb vom Ei einer jungen Henne

ZUBEREITUNG

Pasta

100 ml Mineralwasser zum Kochen bringen, die Tagliolini hineingeben und 2 Minuten garen. Die Tagliolini in ein Sieb gießen und sofort im restlichen Wasser mit Eis abkühlen. Beiseite stellen.

Knoblauchöl

Die Knoblauchzehen drei Mal blanchieren und im Thermomix mit dem Öl zu Knoblauchöl verarbeiten.

Parmesansahne

Die Parmesanstückchen in Wasser legen und einen Tag ins Wasserbad stellen. Durch ein Sieb gießen und die Sahne hinzufügen. Aufkochen lassen und dann beiseite stellen.

Morcheln

Die Speisemorcheln in 0,5 cm dicke Zylinder schneiden und 1 Stunde in Wasser legen. Dies noch zwei Mal wiederholen. Wenn sie sauber sind, in einem Topf mit etwas Knoblauchöl sautieren, die Parmesansahne dazugießen und einkochen lassen. Beiseite stellen.

Königsseegurken

Die frischen Seegurken separat einfrieren, damit man sie gut enthäuten kann. Danach die Haut mit der Messerspitze entfernen und die Fäden herausziehen. In Knoblauchöl sautieren und beiseite stellen.

DAS GERICHT FERTIG STELLEN

Auf den Tellerboden die sautierten Morcheln geben, darauf die sautierten Tagliolini vulkanförmig auftürmen und obenauf die sautierten Seegurken anrichten. Die Parmesansahne darübergießen und mit dem Eigelb abschließen.

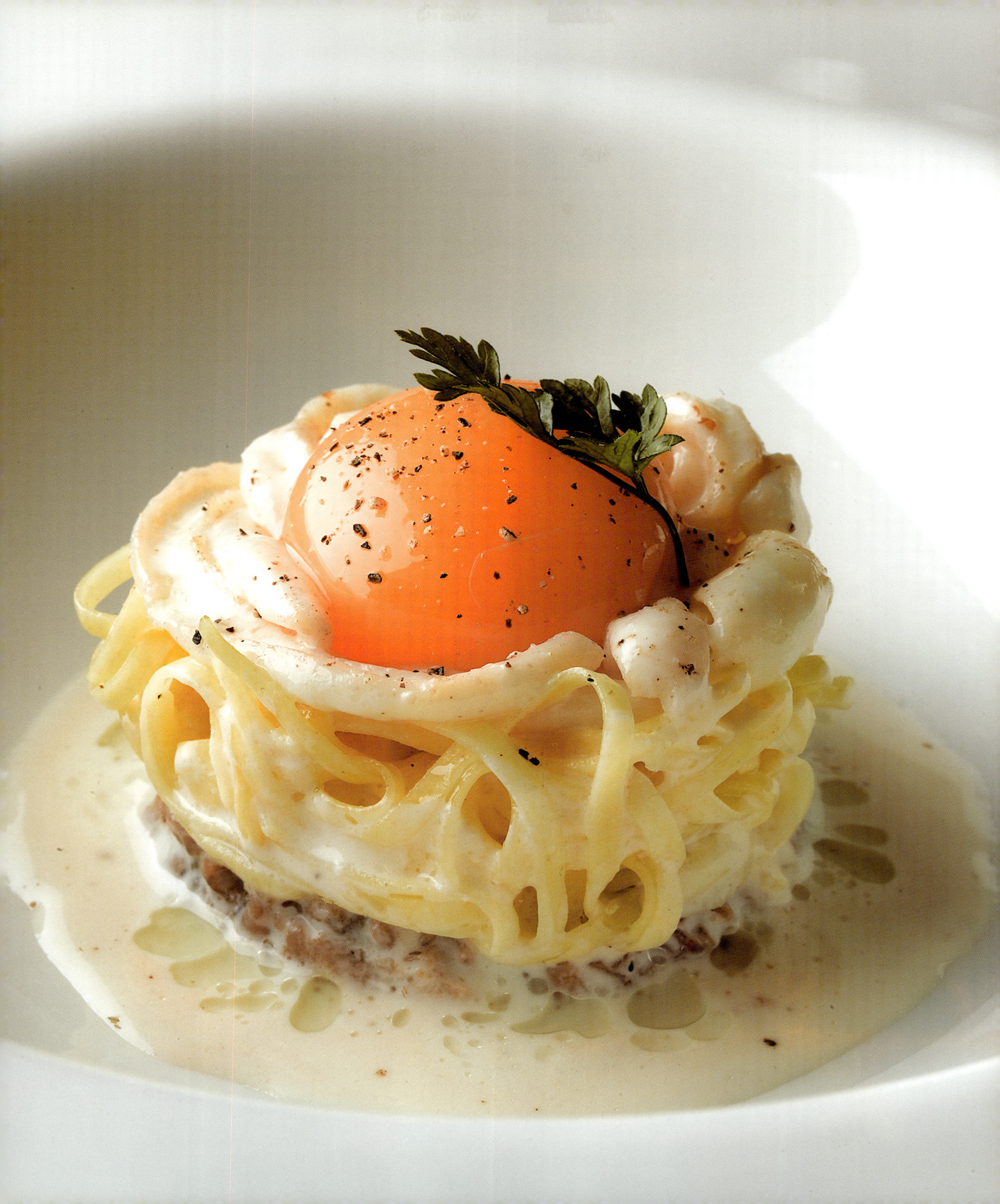

Elena Arzak gehört zu den größten Hoffnungsträgern der heutigen baskischen und spanischen Küche. Trotz ihres prestigereichen Namens – sie entstammt einer berühmten Gastronomenfamilie – hat sie nicht den einfachen Weg gewählt und sich nicht ins gemachte Nest gesetzt. Sie wollte nicht zu Hause darauf warten, bis das geerbte Talent seine Zauberwirkung entfaltete. Vielmehr stand für sie fest, dass sie eine lange, vielseitige Ausbildung brauchte, um die kulinarische Tradition der Familie fortführen zu können. Diese Ausbildung sichert auch in Zukunft den guten Ruf des Restaurants Arzak in San Sebastián, das sie heute mit Unterstützung ihres Vaters Juan Mari leitet, und macht sie zu einer wahren Gelehrten der Gastronomie, die darüber hinaus noch ausgesprochen talentiert ist.

Die Nachfolge ist sichergestellt

Beginnen wir mit ein paar Fakten: Als Elena Arzak das Abitur machte, hatte sie schon die Entscheidung getroffen, in die Fußstapfen ihres Vaters zu treten, der ihr von da an bei allen Schritten ihrer Karriere Rückendeckung gab, ohne ihr jemals seinen Willen aufzuzwingen. Er half ihr nach Kräften dabei, ihre Kochbegabung zu entwickeln, die sie zunächst daheim bei der Familie erprobte und dann in der Schweizerischen Hotelfachschule Luzern auf solide Grundlagen stellte. Ihren Aufenthalt in der Schweiz nutzte Elena Arzak auch, um im Hotel International in Zürich und im Hotel National in Luzern sechs Monate lang Praktika zu absolvieren. Das waren die ersten Schritte.

Darauf folgte ihre eigentliche kulinarische Lehre mit Wegstationen, die für jeden Gastronomieprofi, der etwas auf sich hält, Teil einer Traumreise wären: sechs Monate Praktikum im La Gavroche in London, fünf Monate im Hotel Château Gütsch in Luzern, drei Monate im Troisgros in Roanne, weitere sechs Monate im Carré des Feuillants in Paris und ebenfalls sechs Monate im Vivarois, wo sie noch unter Alain Dutournier arbeitete.

Damit betrachtete sie den Großteil ihrer Lehrzeit für abgeschlossen; danach blieben nur noch ein paar »Kinkerlitzchen«, zum Beispiel im Arzak Hand in Hand mit ihrem Vater zu arbeiten und zwischendurch kurze Praktika im Louis XV in Monte Carlo, im Antica Hosteria di Ponte in Lugano, im elBulli in Roses und im Pierre Gagnaire in Paris zu absolvieren. Wie gesagt, Kinkerlitzchen …

An diesem Werdegang wird deutlich, dass sie die wohl bestausgebildete Köchin Spaniens ist. Eine Frau, die fähig ist, die gesamte Verantwortung im Restaurant Arzak zu übernehmen, die für die kulinarischen Kreationen ebenso zuständig ist wie für die Führung des Restaurants. Eine Frau, die dafür sorgt, dass das gemeinsam mit ihrem Vater und einem professionellen Team betriebene Lokal unter ihrem Zepter das Wahrzeichen der baskischen Küche bleibt.

Elena Arzak beherrscht alle Kochtechniken perfekt und sie hat ein enzyklopädisches Wissen angesammelt über die spezifischen Produkte der baskischen Gastronomie, der sie sich treu verbunden fühlt. Ihr mit wahrem Forschergeist zusammengetragenes Wissen über die Rohmaterialien, aus denen die Küchen der Welt schöpfen, ist für sie nur ein weiterer Ansporn, die Geschmacksnuancen fremder Kochkulturen zu studieren, wobei ihr die einzigartige Sammlung von über 1.000 Gewürzen im Labor des Restaurants zu Hilfe kommt.

Ihre Arbeit könnte man auf den ersten Blick als baskische »Autorenküche« – eine kreative Küche mit ganz persönlicher Note – bezeichnen. Doch damit ist noch nichts gesagt über die zahllosen Stunden, die sie und ihr Vater damit verbringen, Gerichte zu konzipieren, Geschmacksnuancen, Aromen und Texturen zu erforschen, zu lesen und zu reisen – der verborgene Teil des Arbeitsalltags in der »Traumfabrik« Arzak, für die Elena heute die Hauptverantwortung trägt. Ihre tägliche Arbeit ist ohne Übertreibung nicht nur in Spanien, sondern in der ganzen Welt einer der wichtigsten aktuellen Maßstäbe, an denen sich die stark wissenschaftlich geprägte Avantgarde-Küche zu messen hat. Hier ist eine Genialität zu spüren, die sicher auch mit Vererbung zu tun hat, aber vor allem mit den eigenen Anstrengungen und dem außergewöhnlichen Engagement von Elena Arzak.

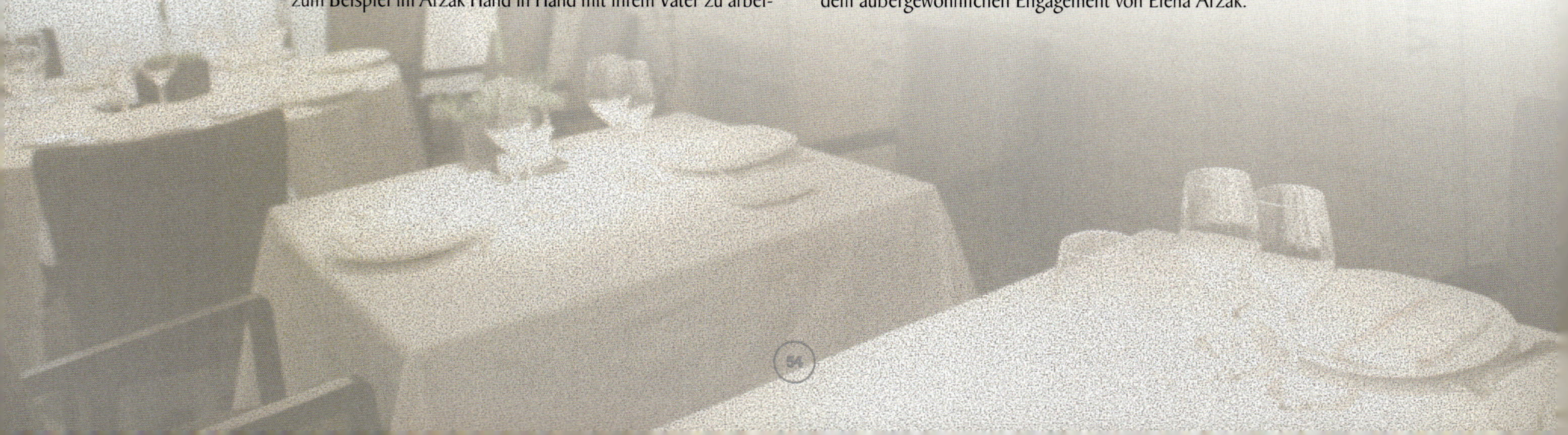

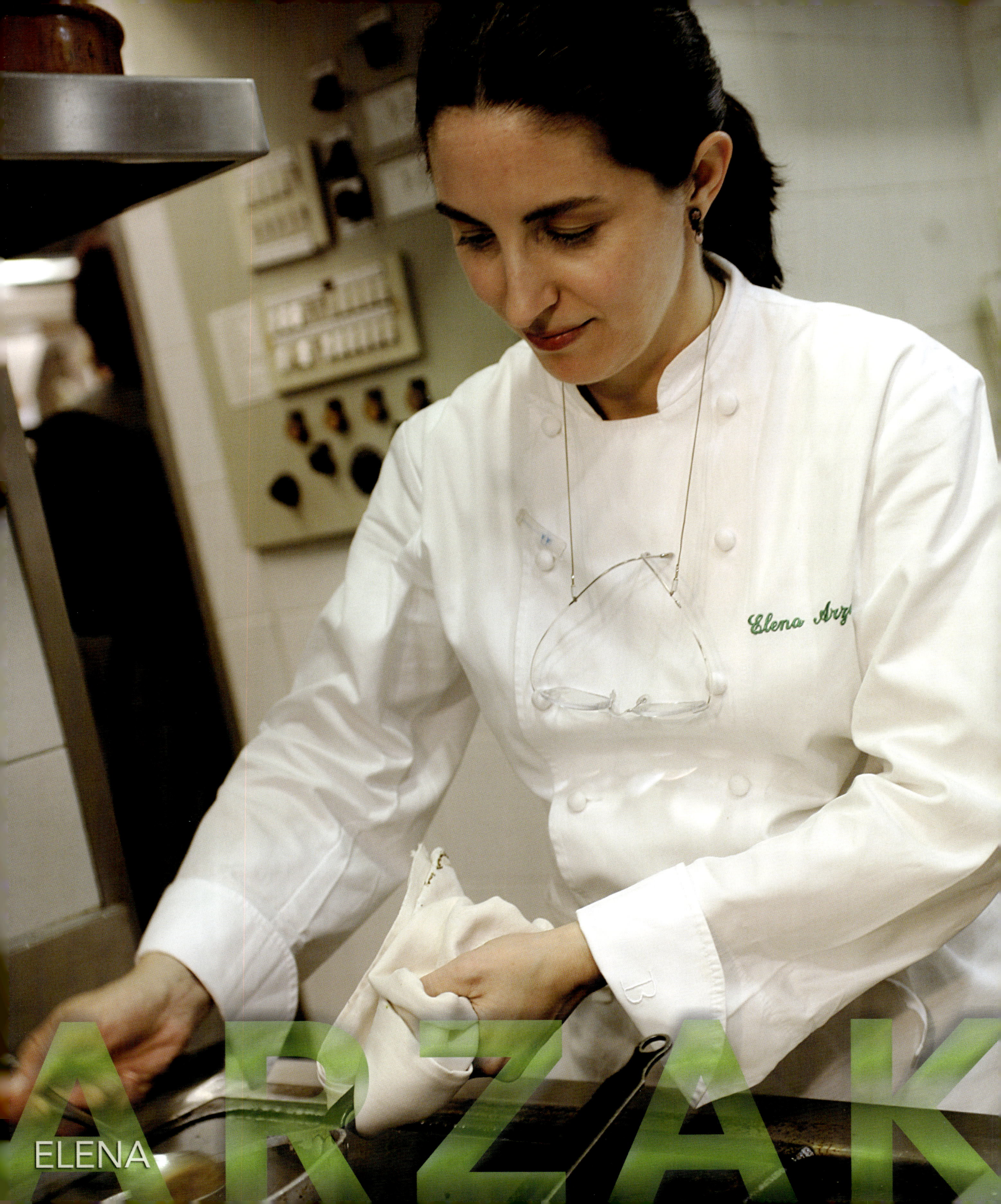
ELENA
ARZAK

MERLUZA con incienso de cacao

SEEHECHT mit würzigem Kakaoduft

ZUTATEN

(4 Personen)

Kakaotunke: ½ Zwiebel, glasig gebraten, 30 g Kürbis, geschält und in Öl gebraten, 25 g Möhre, gekocht, 50 g gebratene Mandeln, 50 ml Sonnenblumenöl, 15 ml Apfelessig, Zucker, 35 g Kakaobutter, Salz **Holundertee:** 500 ml Wasser, 10 g Holunderblüten **Seehecht in Lake:** 4 Seehechtfilets (je 125 g), 500 ml Holundertee, 30 g Tafelsalz **Senfblätter:** 1 Bund Senfblätter, Olivenöl (0,4 ° Säure), Salz **Senfsauce und Kartoffelsauce:** 90 g Senfblätter, 20 g Petersilienblätter, 1 Prise Trockenessig (Diacetat), 1 mittelgroße Kartoffel, 1 Stange Lauch, Kuzu (geschmacksneutrales, glutenfreies Bindemittel), Salz und Pfeffer **Kakaomischung:** 50 g mikronisierte Kakaobutter, 3 g Pimentón de La Vera (geräuchertes Chilipulver aus La Vera), 1 g Achiote-(Annatto-)Pulver (rot färbender Samen des Orleansstrauchs), 4 g Trockenessig (Diacetat), Salz

ZUBEREITUNG

Kakaotunke

Das Gemüse und die Mandeln mit Öl, Essig und Zucker pürieren und die geschmolzene Kakaobutter darunterrühren. Mit Salz abschmecken.

Holundertee

Wasser zum Kochen bringen, vom Herd nehmen und die Holunderblüten hineingeben. Zugedeckt 5 Minuten ziehen lassen, dann abseihen.

Seehecht in Lake

Das Salz in dem abgekühlten Holundertee vollständig auflösen. Die Seehechtfilets 25 Minuten in diese Lake einlegen. Herausnehmen und mit Küchenkrepp leicht trockentupfen. Mit der Kakaotunke bestreichen und auf der heißen Backplatte garen. Beiseite stellen.

Senfblätter

Die Senfblätter in kochendem Salzwasser blanchieren. Schnell abkühlen und bis zur Verwendung in Öl aufbewahren.

Senfsauce und Kartoffelsauce

Senfsauce: Senf- und Petersilienblätter in kochendem Salzwasser garen. Pürieren und abseihen. Mit in Wasser aufgelöstem Kuzu binden, bis eine dickliche Sauce entsteht. **Kartoffelsauce:** Die Kartoffel mit dem Lauch garen und dann wie bei der Senfsauce vorgehen. Beide Saucen mit Salz und Pfeffer würzen und beiseite stellen.

Kakaomischung

Alle Zutaten ohne Erhitzen vermischen und beiseite stellen.

DAS GERICHT FERTIG STELLEN

Die Seehechtfilets auf Teller legen und teilweise mit ein paar Senfblättern abdecken. Seitlich die Senfsauce angießen und die Kartoffelsauce darübergeben, ohne dass sich die beiden ganz vermischen. Vor dem Servieren die Kakaomischung über die Seehechtfilets streuen, damit sie beim Kontakt mit dem warmen Fischfleisch schmilzt.

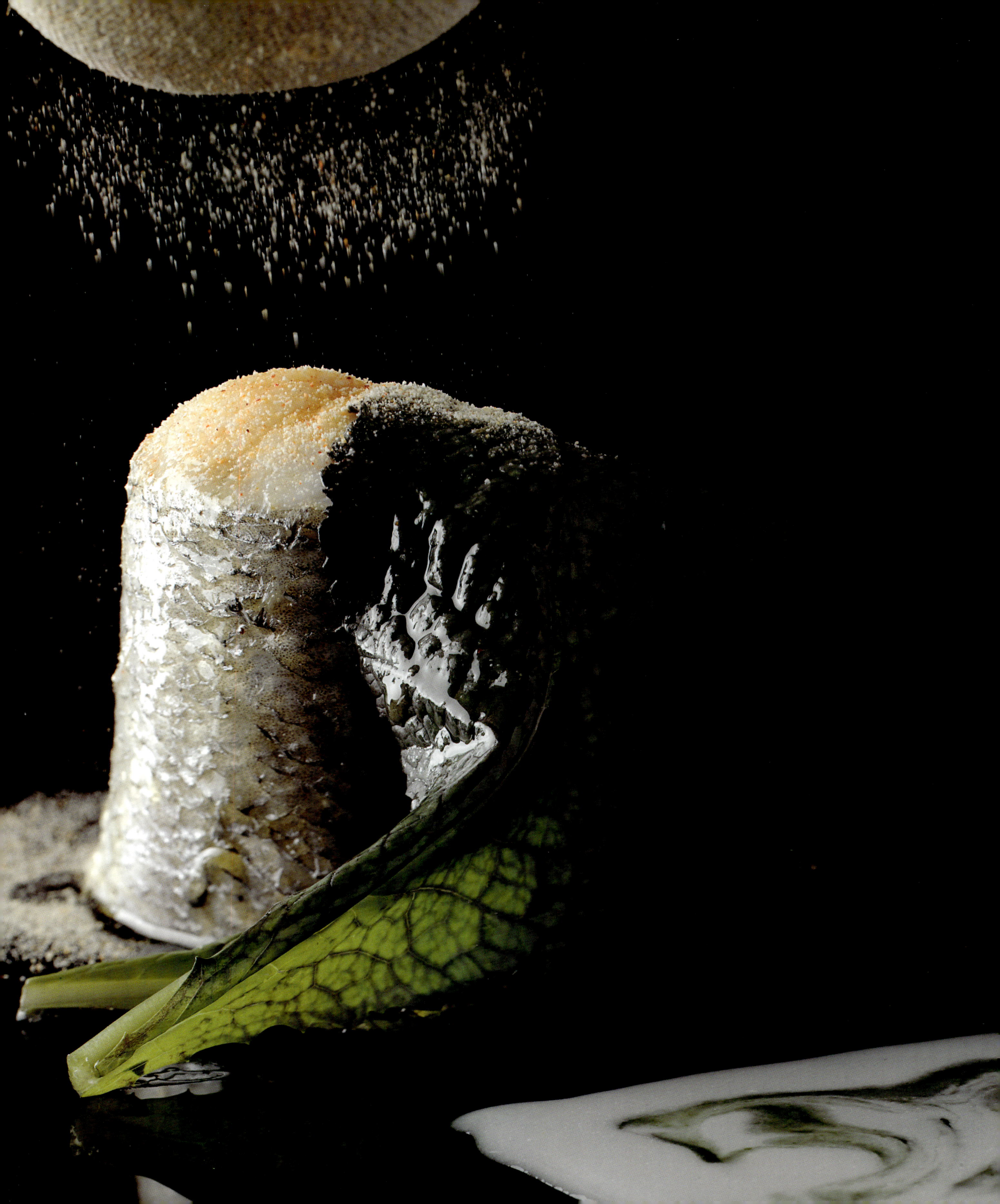

CIGALAS
inyectadas en maíz

KAISERGRANATE
mit Maisinjektion

ZUTATEN

(4 Personen)

Kaisergranate: 8 Kaisergranate (je 90 g) **Injektionsmischung für die Kaisergranate:** 100 g frischer Mais, 100 g Mandelpüree, Salz, Ingwer und Lakritz **Maisvinaigrette:** 100 ml Maisöl, 12 ml Sherryessig, 26 ml Trüffelsaft, 2 g Salz, 60 g frischer Mais **Weitere Zutaten:** Reisfadennudeln, gebraten, Olivenöl

ZUBEREITUNG

Kaisergranate

Die Zangen der Kaisergranate entfernen. Mit einer Wurstschneidemaschine jeden Kaisergranat längs halbieren.

Injektion der Kaisergranate

Alle Zutaten mischen, pürieren und durch ein Sieb passieren. In diese Mischung die Kaisergranathälften geben, die völlig bedeckt sein müssen. Fünf Spritzen mit sehr feinen Nadeln in eine Hand nehmen und damit mehrmals in das Kaisergranatfleisch stechen. Mindestens 10 Minuten marinieren lassen und dann herausnehmen.

Maisvinaigrette

Öl, Essig, Trüffelsaft und Salz verrühren, dann den Mais dazugeben.

DAS GERICHT FERTIG STELLEN

Die Kaisergranathälften auf der mit Olivenöl bestrichenen Backplatte nur so lange garen, dass sie saftig bleiben. Auf einem Teller aus je zwei Hälften wieder einen ganzen Kaisergranat bilden, den Schwanzteil öffnen und eine Reisfadennudel hineinlegen. Die Injektionsmischung der Kaisergranate mit einem Spritzer Maisöl erhitzen und auf einer Seite neben den Kaisergranaten als Sauce anrichten. Die Maisvinaigrette über das Ganze träufeln.

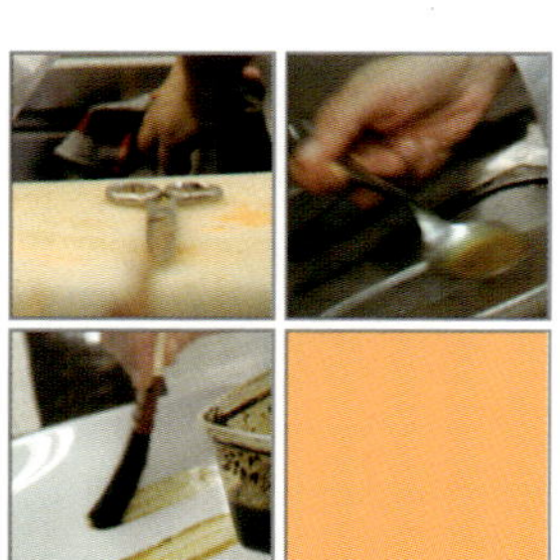

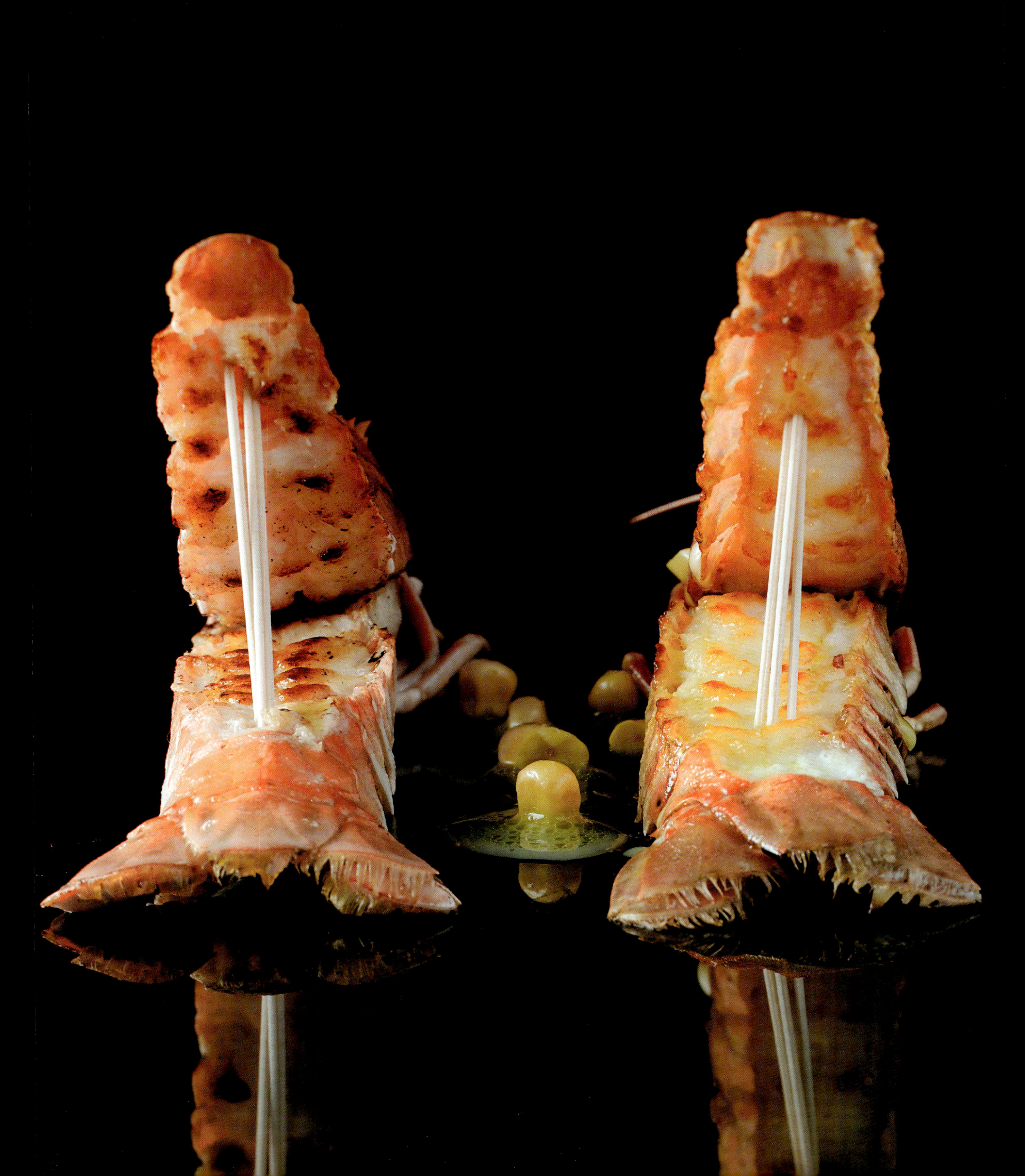

Ein begabter Interpret der Geschmacksfülle Aragoniens

Die aragonesische Küche hat in Carmelo Bosque einen soliden Grundpfeiler, der sich selbst in jahrelanger Arbeit aufgebaut hat. Im Jahr 1993 eröffnete er sein erstes Lokal namens Flor in Huesca. Schon damals war dieser hervorragende Koch und brillante Gastgewerbeunternehmer überzeugt davon, dass sich eine Küche, die liebevoll mit den Zutaten umgeht, in einer an unvergleichlichen Naturprodukten so reichen Region wie Aragonien auf vielerlei Art und Weise entfalten kann.

Und in der Tat zeichnet sich seine Küche durch ein umfangreiches Repertoire an perfekt umgesetzten Techniken aus, die es dem Gast ermöglichen, sich ganz auf die Reinheit der Geschmackseindrücke der im jeweiligen Gericht vorgestellten Produkte zu konzentrieren. Carmelo Bosque ist ein großer Kenner der Naturprodukte, die er verarbeitet – sowohl der Erzeugnisse seiner Heimat Aragonien, für die er begeistert wirbt, als auch der von anderen Orten angelieferten, allen voran Fisch, den er meisterhaft zubereitet. So hat er auch in Zusammenarbeit mit dem Projekt ALCOTEC (»Alta Cocina y Tecnología«, dt.: Haute Cuisine und Technologie) interessante Studien über Nahrungsmittel veröffentlicht, die in internationalen Foren wie Madrid Fusión nicht nur ausgestellt wurden, sondern auch Anerkennung und Preise ernteten.

Aufgrund seiner besonderen Produktkenntnisse geht Bosque bei der Zubereitung von Gerichten ausgesprochen sorgfältig, zuweilen sogar wissenschaftlich vor; seine Küche entdeckt Geschmacksnuancen neu, die zwar leicht wiedererkennbar, aber dennoch stets überraschend sind. Er setzt all seinen Einfallsreichtum ein, um die Gerichte leichter zu machen, weniger kräftig, jedoch ohne geschmackliche Abstriche. Carmelo Bosque ist ein Erneuerer, der seinen Wurzeln treu bleibt. Ein kreativer Koch, aber kein Umstürzler. Ganz im Gegenteil: Es ist das Geheimnis seiner Rezepte, die Aktualität von fest im Brauch verankerten Speisen zum Vorschein zu bringen.

Bosques unternehmerische Tätigkeit begann zwar mit dem Flor, aber es darf nicht unerwähnt bleiben, dass er davor in einem anderen Spitzenrestaurant Aragoniens, dem Navas, gearbeitet hat, das nicht nur einen wohlverdienten Ruf hat, sondern auch die Schule einiger der besten aragonesischen Köche von heute war.

Nach dem Flor bot sich Carmelo Bosque 1995 die Gelegenheit, ein neues Restaurant zu eröffnen, und zwar in dem Gebäude, das der Inbegriff des Modernismus in Huesca ist. Selbstverständlich nahm er diese Chance wahr und schuf das Lillas Pastia, benannt nach dem Wirt der Oper Carmen von Georges Bizet, ein Restaurant, das seitdem für die Haute Cuisine Aragoniens die Maßstäbe setzt. Fünf Jahre später kam ein neues Projekt hinzu: Getreu seiner Überzeugung, dass in der Gastronomie seiner Heimat ein riesiges Potenzial steckt, und beseelt von dem Wunsch, seiner Philosophie in der wichtigsten Stadt Aragoniens Raum zu schaffen, eröffnete er zur Jahrtausendwende in Zaragoza das Restaurant La Granada.

Carmelo Bosque ist mehr als ein aragonesischer Koch. Er ist zweifellos eines der wichtigsten Vorbilder für eine neue Generation von Berufsköchen, die sich am Beispiel seiner Arbeit orientieren und sich glücklich schätzen, einen Meister in ihrer Mitte zu haben, der im Lauf seiner Karriere außergewöhnliches Geschick dabei bewiesen hat, Teams aufzubauen; Teams, die in der Lage sind, Restaurants höchster Kategorie zu managen und dabei die hervorragenden Rohstoffe Aragoniens – Subjekt und Objekt der kulinarischen Liebe von Carmelo Bosque – mit größtem Respekt zu behandeln.

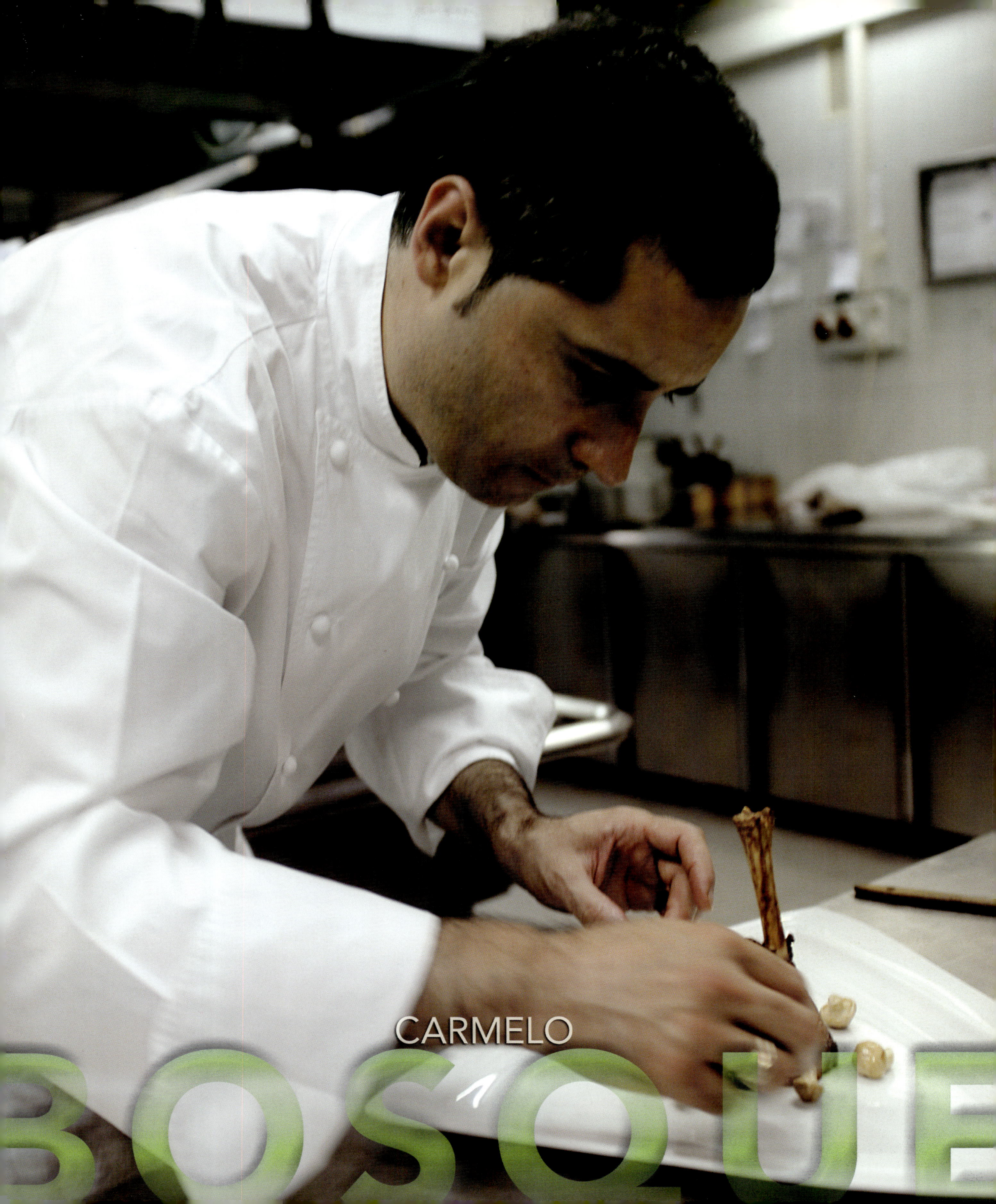

CARMELO BOSQUE

BORRAJAS con patatas huecas y torreznos

BORRETSCH mit hohlen Kartoffeln und gebratenem Speck

ZUTATEN

(4 Personen)

Gebratener Speck: 1 Stück fetter gepökelter Speck, Olivenöl **Borretsch:** ½ kg Borretsch **Knoblauchkaviar:** 3 Knoblauchzehen, Milch (zum Bedecken des Knoblauchs), 200 ml süße Sahne **Hohle Kartoffeln:** 200 g Kartoffeln, Knoblauchkaviar, Eiweiß, Olivenöl, Salz und Pfeffer **Schinkenfond:** 250 g Knochen von Serrano-Schinken (D. O. Teruel), 2 Möhren, 2 Stangen Lauch, 1 Zwiebel **Sauce aus Teruel-Schinken:** 50 ml Schinkenfond, 25 g Schinkenspeck, geschmolzen, 200 ml süße Sahne **Schinkenöl:** 50 g Schinken, in dünne Scheibchen geschnitten, Olivenöl (D. O. Bajo Aragón)

ZUBEREITUNG

Gebratener Speck

Das Speckstück mit der Aufschnittmaschine in 5 mm dicke Scheiben schneiden und diese 30 Minuten bei sehr schwacher Hitze in Olivenöl garen. Abgießen und einige Sekunden in sehr heißem Olivenöl frittieren, bis der Speckrand blasig wird.

Borretsch

Die Stängel von den Blättern befreien und in kochendem Wasser garen. In Eiswasser schnell abkühlen. Abgießen und mit Küchenkrepp trockentupfen.

Knoblauchkaviar

Den Knoblauch drei Mal blanchieren, dabei jedes Mal neues Wasser verwenden. Den Knoblauch 15 Minuten in Milch garen. Abgießen und mit süßer Sahne pürieren.

Hohle Kartoffeln

Die Kartoffeln schälen, in Stücke schneiden und garen. Abgießen und pürieren. Mit Salz und Pfeffer würzen und 30 Minuten ruhen lassen. Mit dem Püree Kügelchen formen, ein kleines Loch in jede Kugel machen und mit Knoblauchkaviar füllen. Erst in Mehl, dann in geschlagenem Eiweiß wenden und in reichlich Öl ausbraten. Abtropfen lassen und beiseite stellen.

Schinkenfond

Alle Zutaten in einen Topf geben, mit Wasser auffüllen und 45 Minuten kochen.

Sauce aus Teruel-Schinken

Den Schinkenfond, den geschmolzenen Schinkenspeck und die Sahne in einen Topf geben. Einmal aufkochen lassen und dann bei kleiner Hitze 20 Minuten einkochen lassen.

Schinkenöl

Die Schinkenscheibchen braten, in Stückchen schneiden und mit dem Öl mischen.

DAS GERICHT FERTIG STELLEN

Auf einen Teller die Sauce aus Teruel-Schinken schöpfen und die Borretschstängel darauf anrichten. Pro Person drei hohle Kartoffeln braten und auf den Borretsch setzen. Die gebratene Speckscheibe darüberlegen und mit dem Schinkenöl neben dem Borretsch auf der Schinkensauce einen Streifen ziehen.

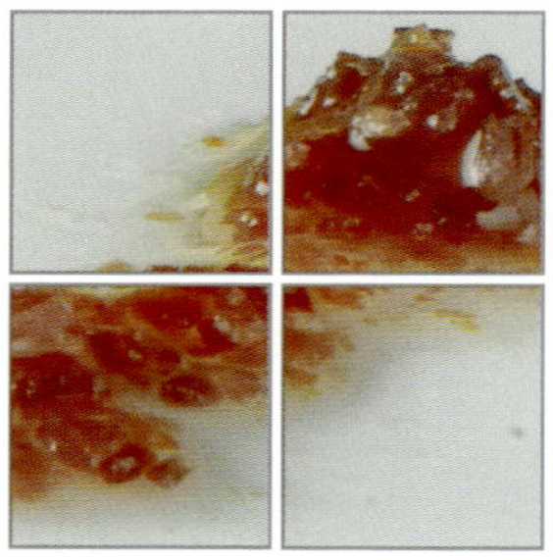

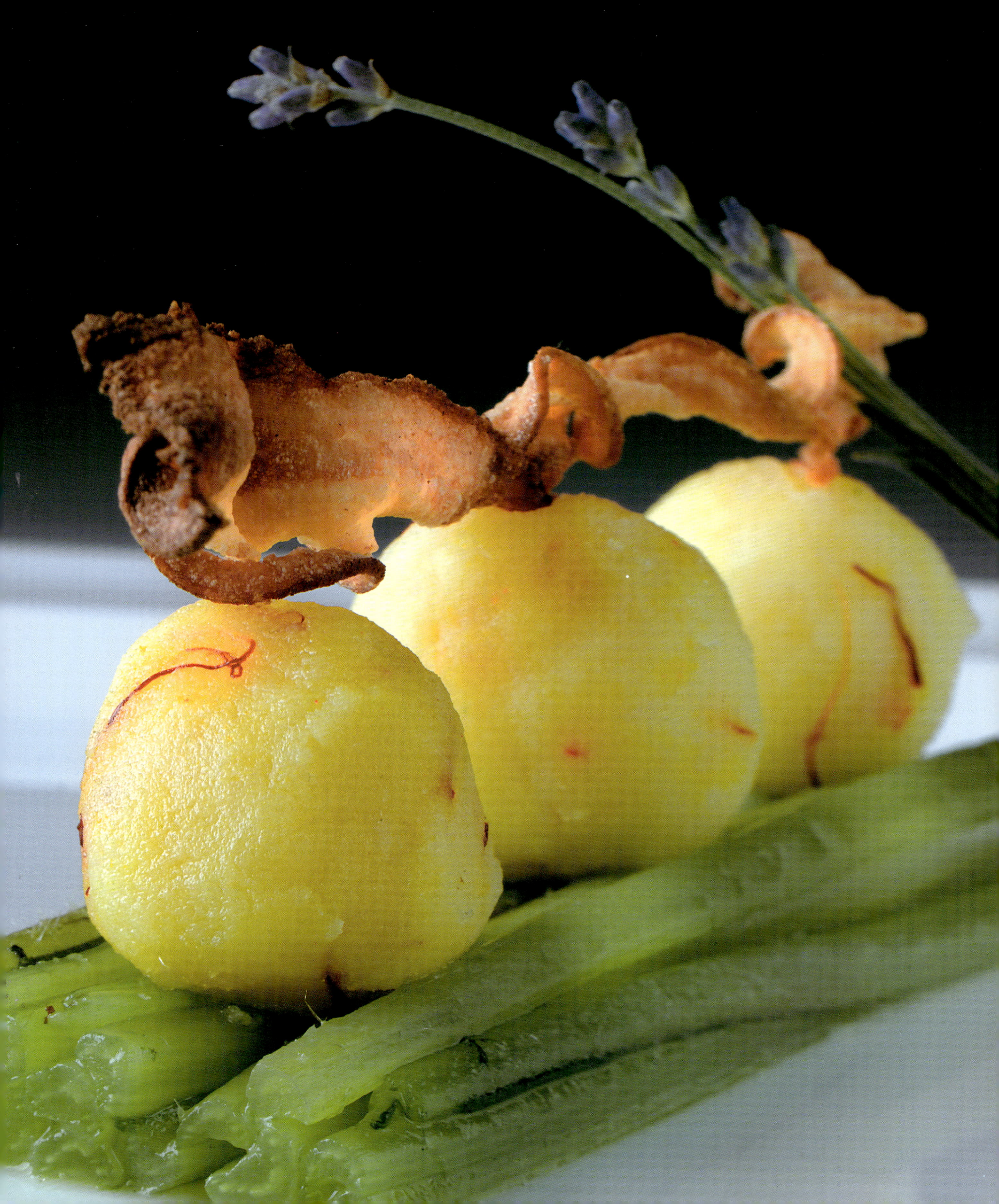

GIGOT DE CORDERO A LA MIEL con trigueros silvestres y setas de San Jorge

HONIG-LAMMKEULE mit wildem Spargel und Maipilzen

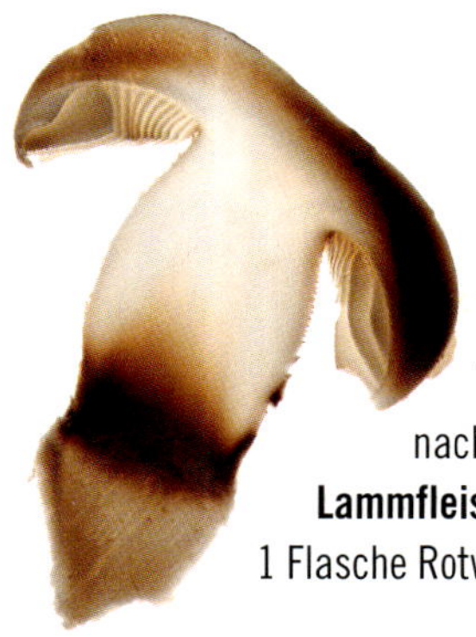

ZUTATEN

(4 Personen)

Lammkeule: 2 kg Lammkeule, entbeint, Olivenöl, Knoblauch, Salbei, Thymian, Lorbeer, Rosmarin, 1 l Bratfond von der Keule (Bratsatz und Wasser nach Bedarf) **Heller Gemüsefond (1 l):** Wasser, Gemüse: Möhren, Lauch, Zwiebel usw. **Lammfleischsaft:** 500 g Knochen der Lammkeule, 100 g Möhren, 100 g Lauch, 100 g Zwiebeln, Öl, 1 Flasche Rotwein aus Somontano, Salz **Weitere Zutaten:** 150 g Maipilze, 150 g wilder Spargel, 15 g Honig

ZUBEREITUNG

Lammkeule

Die Keule mit Küchengarn in Form binden und anbraten. Abkühlen lassen. Die Keule mit Knoblauch, allen Kräutern und dem Bratfond in einen Bratschlauch geben und im Dampfbackofen 2 Stunden bei 100 °C garen. Abkühlen lassen und beiseite stellen.

Lammfleischsaft

Die Lammkeulenknochen mit den Möhren, dem Lauch und den Zwiebeln in etwas Öl bräunen. Mit Rotwein ablöschen, einkochen lassen und den hellen Gemüsefond aufgießen. Zum Fleischsaft einkochen und mit Salz abschmecken.

DAS GERICHT FERTIG STELLEN

Die Maipilze in heißem Öl sautieren. In neuem Öl die wilden Spargel 1 Minute sautieren. Die Lammkeule mit einer Mischung aus dem Bratfond im Bratschlauch, dem Lammfleischsaft und dem Honig glasieren. 20 Minuten bei 90 °C im Ofen erhitzen. In die Tellermitte die Lammkeule geben, darauf die sautierten frischen Spargel legen und das Ganze mit Maipilzen umgeben. Mit der Honigsauce vom Glasieren der Keule nappieren.

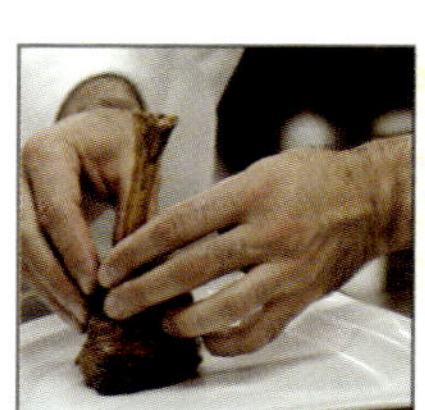

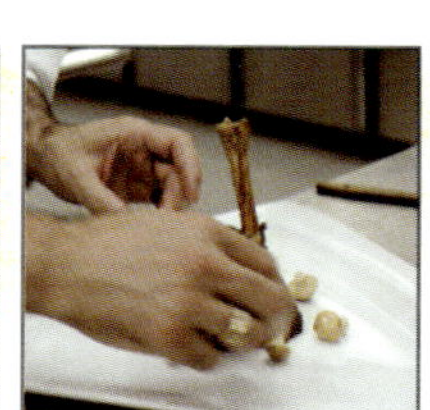

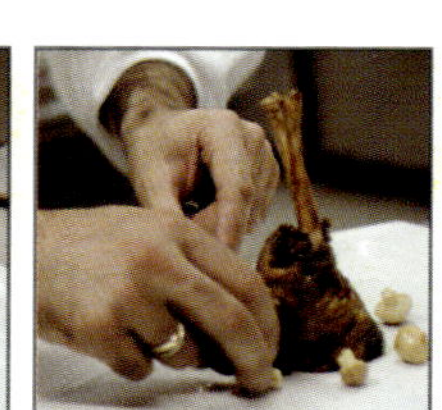

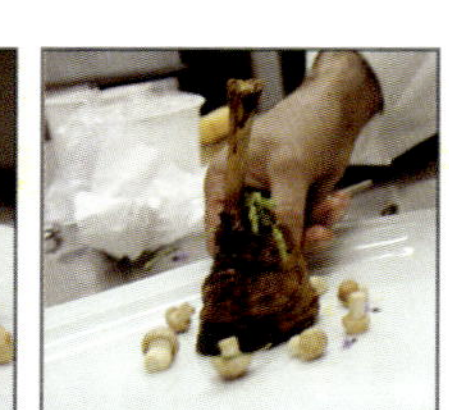

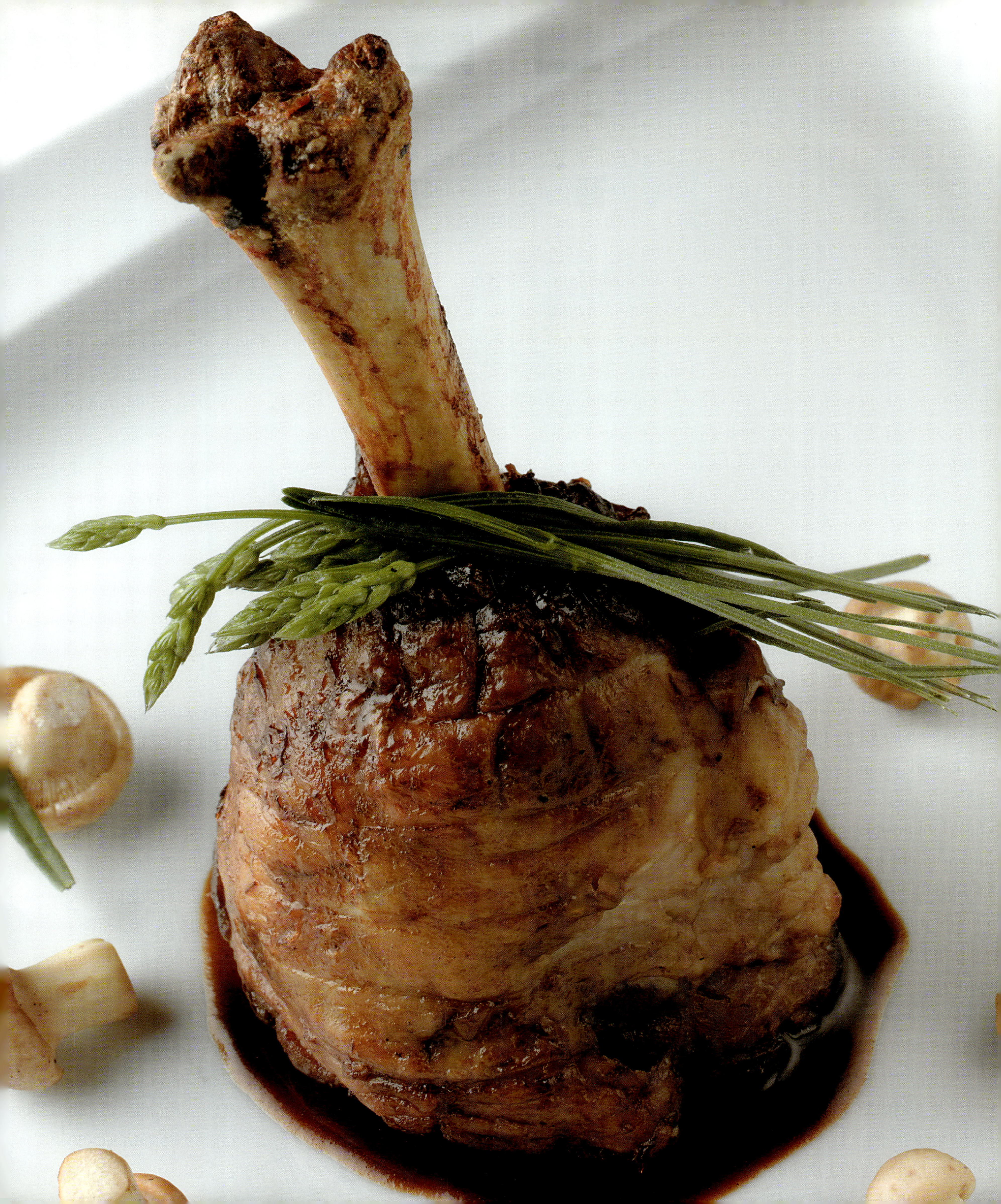

Fusion als Prinzip: spanisch-japanisch

Alberto Chicote verkörpert wie kaum ein anderer Koch in der spanischen Hauptstadt den starken Einfluss, den die japanische Gastronomie auf die Küchen der Welt im Allgemeinen und die spanische im Besonderen ausübt.

Alberto verband seine Ausbildung an der Madrider Hotel- und Gastgewerbeschule mit verschiedenen praktischen Erfahrungen, die ihm die Chance boten, schon in sehr jungen Jahren von einigen der Größen der aktuellen Küche zu lernen: Unter anderem arbeitete er im Lúculo mit Ángel García und im Sibaris mit Toñi Vicente. Nach Abschluss seiner Grundausbildung nutzte er die Möglichkeit, in die Schweiz zu reisen, und ließ sich dort von Robert Sigrist im Hotel Kreuz und Daniel Shafer im Restaurant Zur Traube in die Geheimnisse der mitteleuropäischen Küche einweihen.

Nach seinem Aufenthalt in der Schweiz kehrte er nach Madrid zurück und begann, bei Miguel López in der Taberna de Liria zu arbeiten. Kurz danach wechselte er zum El Cenador de Salvador über und lernte Salvador Gallego kennen, den einflussreichsten seiner Kochmeister. Dies war der letzte Schritt, bevor er sein eigenes Restaurant aufmachte, was für ihn vier sehr arbeitsreiche Jahre bedeutete: El Cenachero. Dort widmete er sich der klassischen spanischen Küche. Er konnte alle seine vorher erworbenen Kenntnisse in die Praxis umsetzen und seine technischen Grundlagen ausbauen.

Eines Tages klopfte Benjamín Calles an seine Tür, ein wichtiger Restaurationsunternehmer, und unterbreitete ihm eine Idee, die ihm selbst auch schon länger im Kopf herumgegangen war: ein Restaurant mit Fusionsküche zu eröffnen – Fusion zwischen spanischer mediterraner und fernöstlicher (hauptsächlich japanischer) Küche. Man war sich voll und ganz einig, und so wurde das NODO geboren.

Die von Alberto in diesem Restaurant vorgeführte Kochkunst spiegelt gewisse Überzeugungen wider, gewisse Arbeitsweisen, die zeigen, wie weit man die Wechselbeziehung zwischen der Küche des Mare Nostrum und der Küche Japans treiben kann. Die Art und Weise, wie sie mit Fisch umgehen, ist ein besonderes Merkmal beider Küchen, weshalb es nicht verwundert, dass Chicote viel Fisch auf seiner Speisekarte hat und oft Techniken der kulinarischen Tradition Japans direkt übernimmt. Seine Küche ist einfach, aber keinesfalls simpel. Seine enorme technische Versiertheit zeigt sich gerade darin, wie er mit leichter Hand dem Tischgast alles erspart, was von der Wahrnehmung der reinen Geschmackseindrücke ablenken könnte. Mit dieser Voraussetzung und mit sorgfältig ausgewählten Zutaten entwickelt er seinen Stil, bringt am Produkt, das im Mittelpunkt des jeweiligen Gerichts steht, Tupfer und Nuancen an, ohne jedoch seinen Geschmack zu verschleiern.

Chicote baut so einen Dialog mit den beiden Küchen auf, die gegenwärtig in der Welt am meisten geschätzt werden, und er tut dies in seiner eigenen, außergewöhnlich ästhetischen Sprache, die ihm das Vokabular für die Verständigung mit beiden liefert.

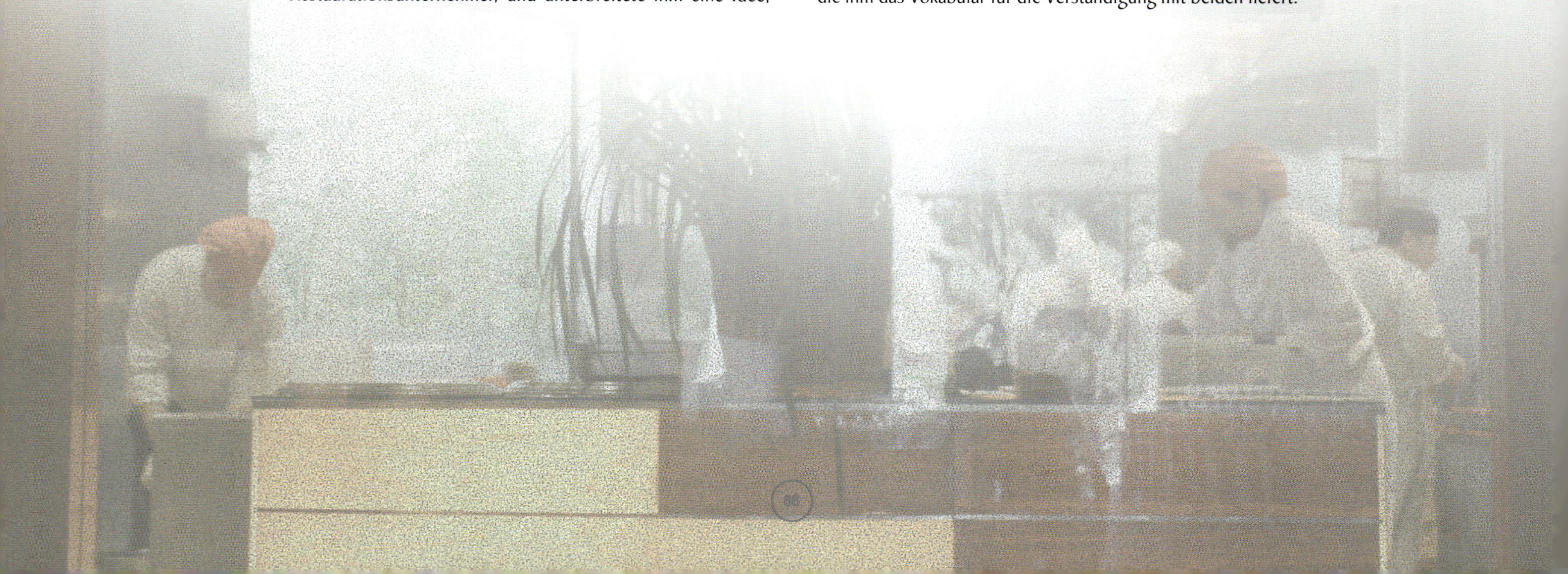

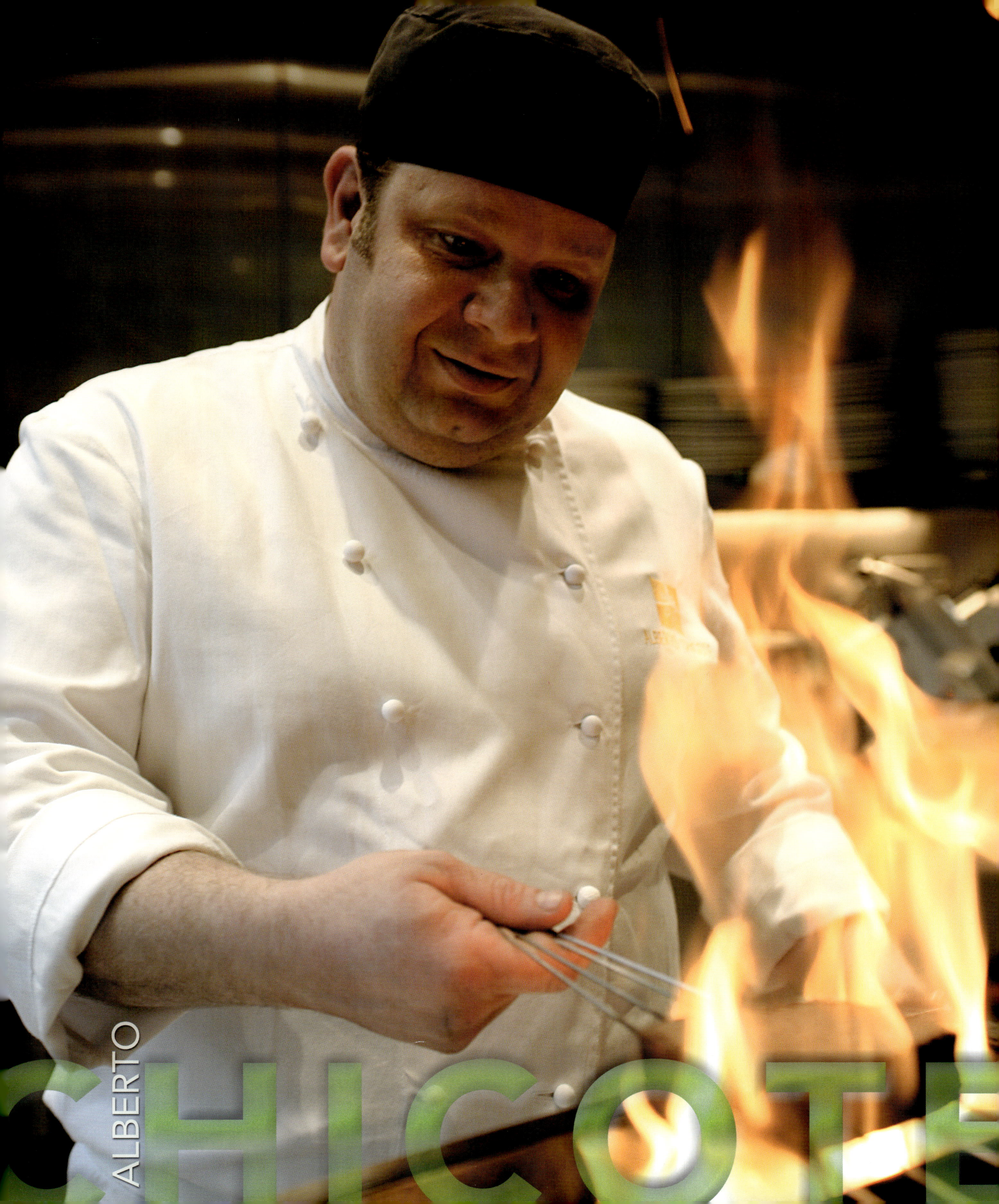

ALBERTO CHICOTE

SASHIMI DE TORO «A LA LLAMA» con salsa de miso y naranja

THUNFISCHBAUCH-SASHIMI »von der FLAMME« mit Miso-Orangen-Sauce

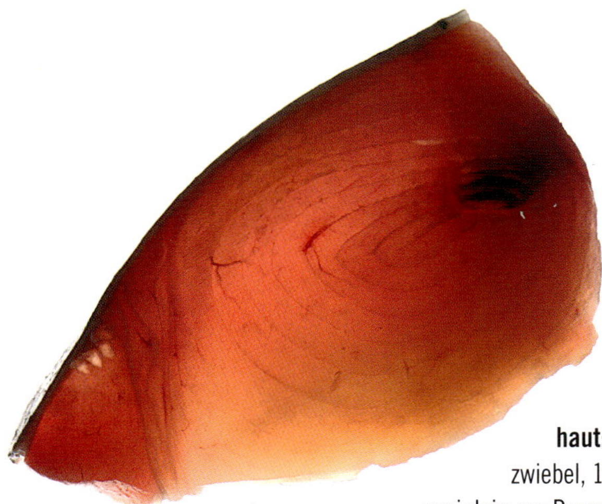

ZUTATEN

(4 Personen)

Thunfischbauch-Sashimi: 1 kg Roter Thunfisch (Bauchstück) **Miso-Orangen-Sauce:** 200 ml Orangensaft, 1 EL weißer Zucker, 150 g Shiro-Miso (weißes Miso), 250 ml natives Olivenöl extra, abgeriebene Schale einer halben Limette **Emulsion aus weißer Orangenhaut:** 45 g weiße Orangenhaut, 100 ml Orangensaft, 35 g Shiro-Miso, 25 g Frühlingszwiebel, 150 ml natives Olivenöl extra **Rosmarinzweiglein-Tempura:** 3 zarte frische Rosmarinzweiglein pro Person, Tempura-Mehl, Eiswasser, natives Olivenöl extra zum Ausbacken **Weitere Zutaten:** Rebholz, über einer Flamme geröstete Bambusblätter, Maldonsalz nach Bedarf

ZUBEREITUNG

Thunfischbauch-Sashimi

Vom Bauchstück Hautreste und Blut entfernen und das Fleisch in 30 cm lange, 6 cm breite und 3 cm hohe Stücke schneiden (oder zumindest annähernd in diese Größe).

Ein geeignetes Gefäß bis zur Hälfte mit Rebholz füllen, Brennalkohol darüberspritzen und anzünden.

Die Thunfischstücke auf dünne Stahlstäbchen spießen und über dem Feuer kurz anrösten. Dann vorsichtig in 6 mm dicke Scheiben schneiden und beiseite stellen.

Miso-Orangen-Sauce

In der Küchenmaschine den Orangensaft mit Zucker und Shiro-Miso zu einer feinen Paste pürieren. Mit nativem Olivenöl extra emulgieren, die abgeriebene Limettenschale unterrühren und mit Salz abschmecken. Vakuumverpackt und etikettiert im Kühlschrank aufbewahren.

Emulsion aus weißer Orangenhaut

In der Küchenmaschine die weiße Orangenhaut, den Orangensaft, Shiro-Miso und Frühlingszwiebeln sehr fein pürieren. Diese Paste mit nativem Olivenöl extra zu einer Emulsion verarbeiten und mit Salz abschmecken. Ein mittelgroßes, niedriges Gastronorm-Blech mit Backpapier auslegen und mit der Emulsion füllen, solange sie noch geschmeidig ist. Sobald sie fest geworden ist (circa 4 Stunden später), in saubere, 6 × 6 cm große Würfel schneiden. Die Würfel in der Kühlkammer aufbewahren.

Rosmarinzweiglein-Tempura

Den Tempura-Teig mit Eiswasser und Tempura-Mehl zubereiten. Die Rosmarinzweiglein durch den Teig ziehen und in sehr heißem Öl hell ausbacken. Auf Küchenkrepp abtropfen lassen.

DAS GERICHT FERTIG STELLEN

Auf einen Teller ein paar geröstete Bambusblätter legen und die Miso-Orangen-Sauce darüberträufeln. Darauf die Thunfischscheiben legen und darüber die Rosmarinzweiglein sowie die gewürfelte Emulsion anordnen. Falls nötig, mit Maldonsalz nachsalzen.

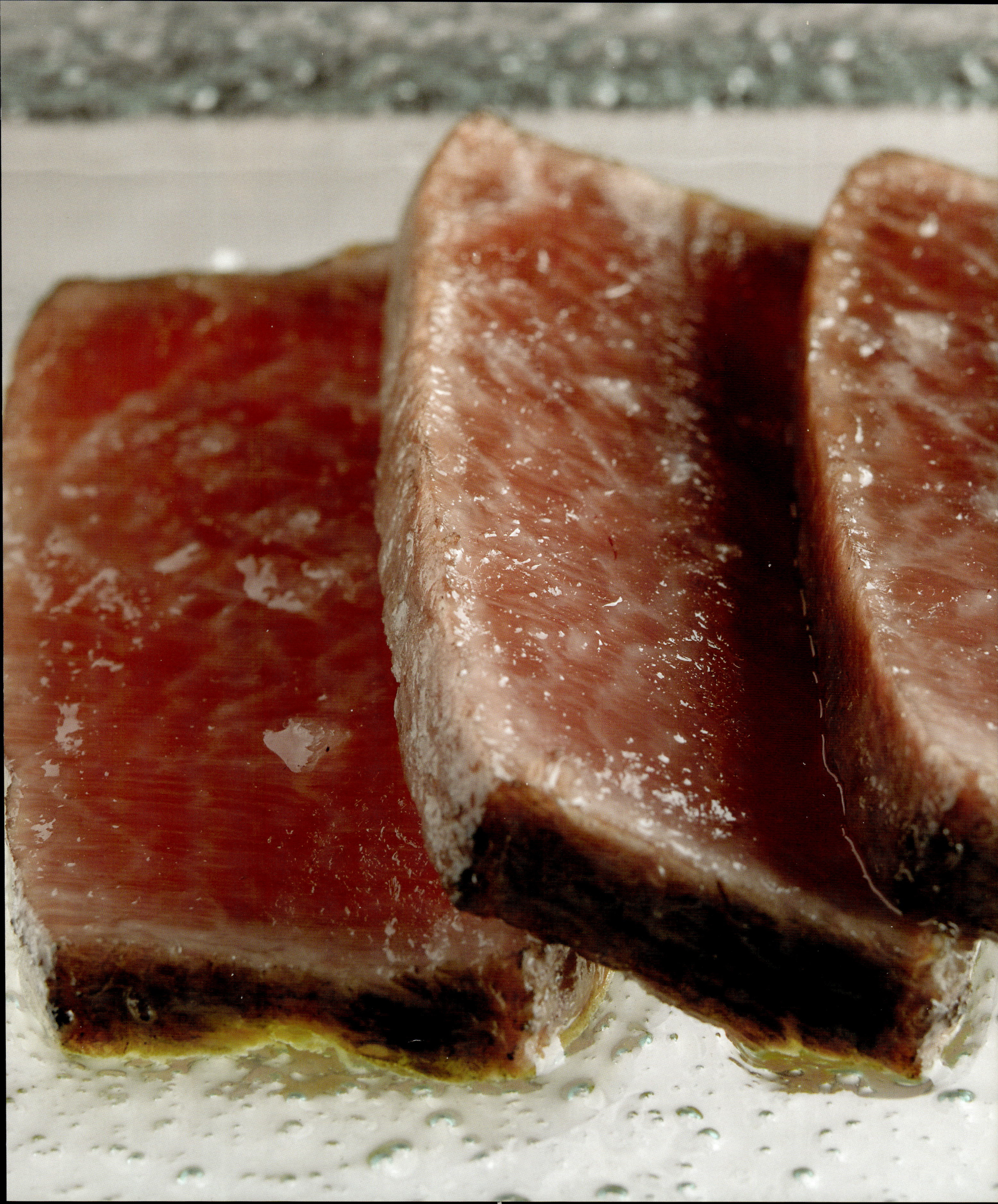

CABALLAS AHUMADAS
con tomates de «azúcar» semisecos

RÄUCHERMAKRELEN
mit halbtrockenen Zuckertomaten

ZUTATEN

(4 Personen)

Räuchermakrelen: 2 ganze geräucherte Makrelen, die 4 Filets zu je 150 g ergeben **Halbtrockene Zuckertomaten:** 12 Tomaten mit Stielansatz, 50 g frischer Ingwer, ½ l Wasser, 100 ml Sojasauce, 1 kg Streuzucker **Weitere Zutaten:** 2 grüne Shisoblätter, 30 ml Tentsuyu-Sauce, natives Olivenöl extra, Salzflocken, brauner Zucker

ZUBEREITUNG

Räuchermakrelen

Mit einem Messer die Ober- und Unterseite der ganzen Makrelen vorsichtig voneinander trennen. Die Gräten aus der Mitte der Filets mit einer Pinzette entfernen, ohne das Fleisch zu beschädigen.

Halbtrockene Zuckertomaten

Die Tomaten (mit Stielansatz) in kochendem Wasser 5 Sekunden blanchieren und in Eiswasser abschrecken. Mit einem spitzen Messer enthäuten, ohne den Stielansatz zu entfernen.

Den Ingwer unter fließendem kaltem Wasser waschen und im Mörser zerkleinern.

Wasser, Ingwer, Sojasauce und Zucker in dieser Reihenfolge in einen kleinen Topf geben und sprudelnd aufkochen. Die Tomaten 1 Minute in der Flüssigkeit kochen, vom Feuer nehmen und 2 Stunden ziehen lassen. Die Tomaten herausheben und mit ausreichend Abstand auf gelochten Gastronorm-Einsätzen mindestens 2 Stunden abtropfen lassen. Dann circa 4 Stunden bei 115 °C im Ofen trocknen (die äußere Schicht wird runzelig, aber nicht braun). An einem warmen, gut belüfteten Ort weitere 4 Stunden auf Raumtemperatur abkühlen lassen.

HINWEIS: *Der gesamte Vorgang darf an keiner Stelle unterbrochen werden.*

Grüne Shisoblätter

Die grünen Shisoblätter in sehr feine Streifen schneiden.

DAS GERICHT FERTIG STELLEN

Je drei halbtrockene Tomaten zusammen auf ein mit Backpapier ausgelegtes Blech setzen, mit etwas Öl beträufeln und leicht mit dem braunen Zucker und dem Salz bestreuen. Für 4 Minuten in den Ofen schieben (bis der Zucker karamellisiert). Herausnehmen und 2–3 Minuten abkühlen lassen. Die harte Haut und die Brustflosse der Makrelen entfernen und die Filets in sechs gerade, 1,3 cm dicke Scheiben schneiden. Das sehnige harte Schwanzstück wird nicht verwendet.

Auf einem rechteckigen Teller drei Gruppen von je zwei Scheiben Makrele anrichten, mit den klein geschnittenen Shisoblättern bestreuen und mit den Tomaten krönen. Das Ganze mit Tentsuyu-Sauce und einem Schuss nativem Olivenöl extra beträufeln.

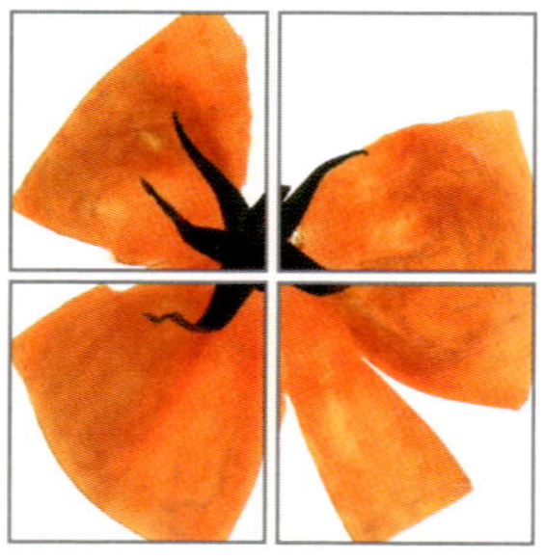

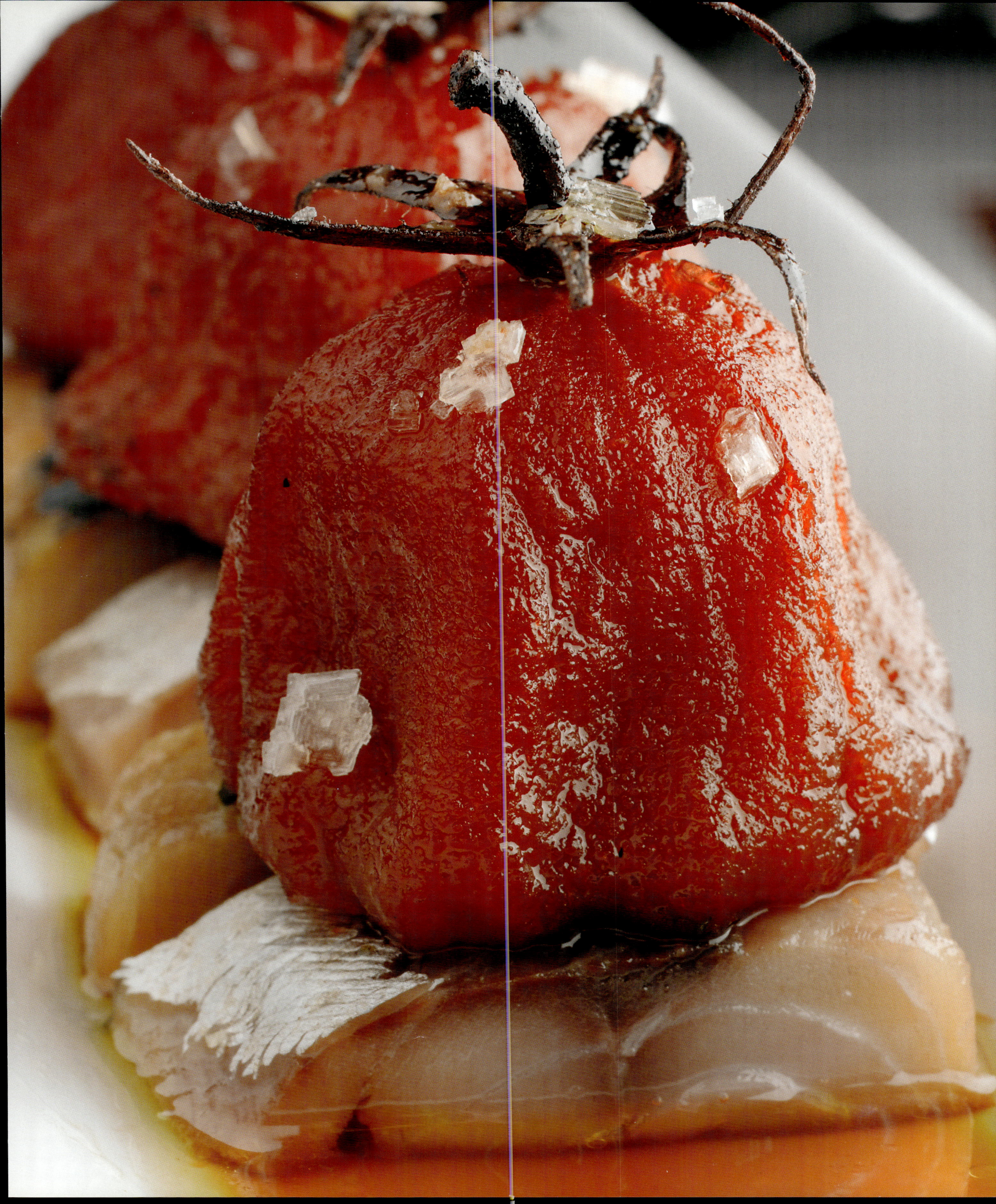

Mediterran und universell

In der Region Alicante, genauer gesagt im Restaurant El Poblet in Denia, trifft man auf den knapp 30-jährigen Quique Dacosta, der mit seinen Kochkünsten sowohl Publikum als auch Fachkritik begeistert und der alljährlich mit Prämierungen überschüttet wird – Beweis für die unaufhaltsame Karriere des jungen Kochs.

Die Küche Dacostas basiert auf Qualität und detaillierter Kenntnis der verwendeten Produkte, auf einem intelligenten Verständnis von den Möglichkeiten und Grenzen der Technik und auf einer ungewöhnlichen Ausdauer, wenn es darum geht, neue Rezepte zu erdenken, auszuprobieren und einzustudieren. Die Konzeption seiner Zubereitungen, die technische Umsetzung und die Ästhetik der Präsentation zeugen von einer Perfektion, die ihn nicht nur zu einem der hervorragendsten Köpfe der derzeitigen Gastronomieszene Spaniens, sondern auch zu einem ihrer zukunftsträchtigsten Talente macht.

Quique Dacosta hat sich im Verlauf von Reisen, Studien, Reflektion und vor allem mit viel Arbeit Schritt für Schritt zu dem entwickelt, was er heute ist. Das merkt man daran, wie er seine Arbeit versteht und umsetzt. Seit zwölf Jahren ist er nun Chefkoch des El Poblet, das 1981 von Tomás Arribas, seinem Stiefvater, gegründet wurde. 1988 fing er dort als Lehrling an und ist dem Restaurant bis heute treu geblieben. In der Zwischenzeit ist er allerdings zu einem der wichtigsten Vertreter der kulinarischen Avantgarde Spaniens aufgestiegen und erntet mit seiner genialen Küche immer offenere Anerkennung.

Gelernt hat Dacosta unter anderem bei Köchen wie Arzak, Santamaría, Adrià oder Michel Bras. Was ihn bei all diesen Meistern wohl am nachhaltigsten beeindruckt hat, sind nicht die verschiedenen Stile und Techniken, die jeder Einzelne von ihnen ihm sicher vermittelt hat – seine Küche zeichnet sich durch einen hohen Grad an technischer Virtuosität aus und ist außergewöhnlich modern –, sondern die Überzeugung, dass jeder große Koch die Formeln seiner Ausdrucksweise in einem sehr intimen, persönlichen Prozess selbst erkunden muss.

Fest steht, dass Quique Dacosta auf seinem Erkundungsfeldzug erfolgreich war und einen einzigartigen, ganz persönlichen Stil gefunden hat. Seine Küche ist mediterran – anders wäre es bei ihm nicht vorstellbar – und basiert auf dem Gleichgewicht und der Reinheit der geschmacklichen Nuancen. Schlichtheit als Maßstab der Perfektion, umgesetzt in technisch vollkommenen Zubereitungen, die in eine beinahe schon künstlerische Präsentation des Gerichts münden. Die Arbeit Quique Dacostas zeugt von großer Reife. Dass er sich dabei von seinen eigenen Experimenten leiten lässt, führt dazu, dass seine Gerichte eine enorme Originalität ausstrahlen, sozusagen Ausdruck seines persönlichen Charakters und seiner Berufsphilosophie sind.

All dem ist es zu verdanken, dass das Ansehen Dacostas von Jahr zu Jahr wächst. Der junge Koch, Erfinder des legendären *cuba libre de foie*, hat sich als Meister entpuppt, der heute den Gast mit seinen Black-Tiger-Garnelen aus Vinarós oder den Garnelen aus Denia – Quintessenzen des Mittelmeers, dem seine Küche engstens verbunden ist – begeistert und morgen die erfahrensten Gastronomen mit den Ergebnissen seiner immer neuen Experimente überrascht. Die Experimentierfreudigkeit hat ihm ein bis dahin unbekanntes kulinarisches Universum erschlossen, in dem er sich, ohne den Kontakt zu seinen lokalen Wurzeln zu verlieren, auch an weniger selbstverständliche Zutaten heranwagt. Mit diesen gelingt es ihm, derart subtile und komplexe Kontraste und harmonische Kombinationen hervorzubringen, dass man am liebsten einen Hut hätte, um ihn vor ihnen zu ziehen. Seine neuesten Kreationen mit Keimlingen und Aloe vera sind Ausdruck dieser Tendenz, die seine Küche vom Mediterranen zum Universellen hinführt.

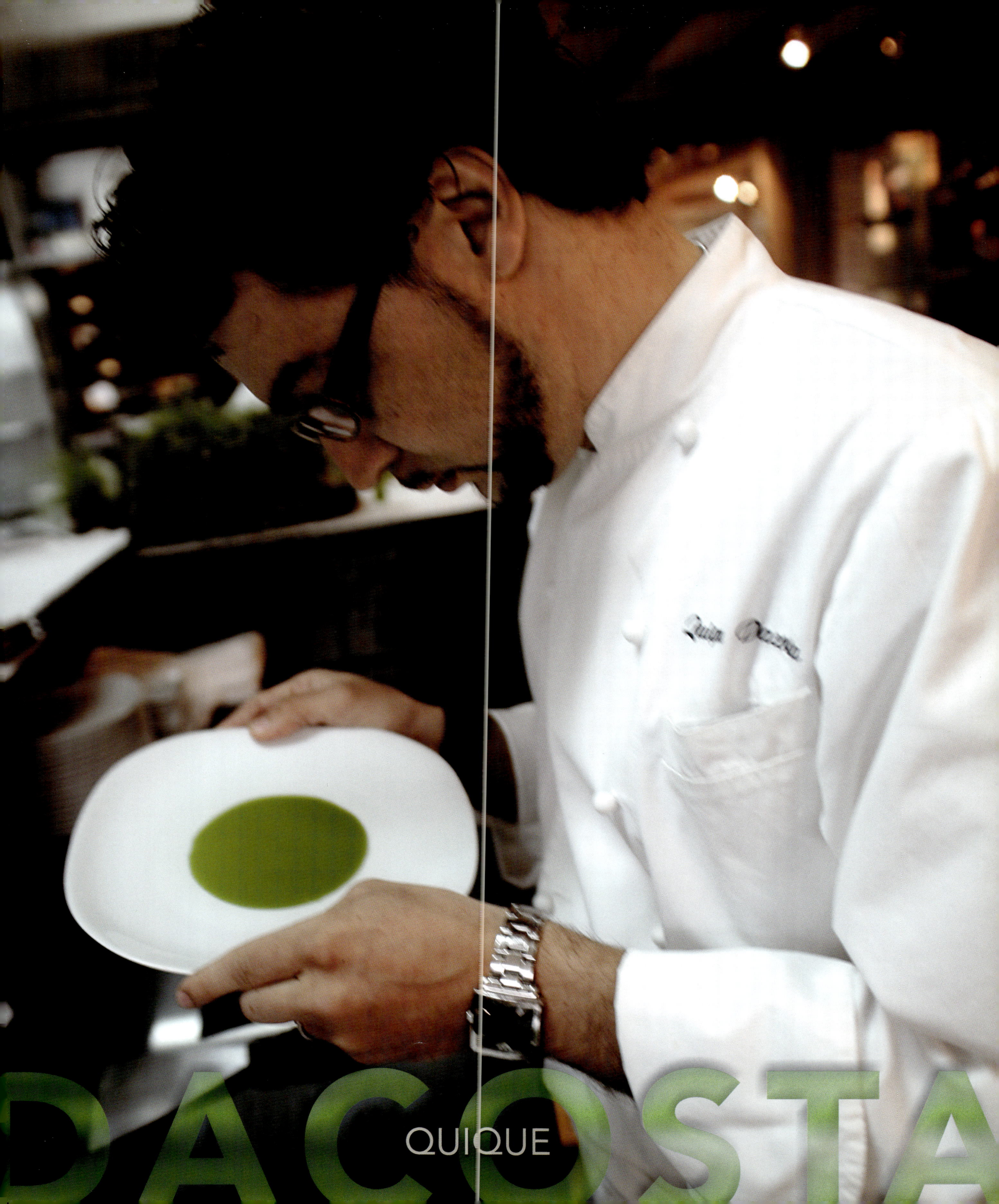

QUIQUE DACOSTA

HUEVO CON PAN DE ORO

Ei mit BLATTGOLD

ZUTATEN

(6 Personen)

Hühner- und Steinpilzbrühe: 1 ½ Schweinsfüße, Ochsenschwanz, in Stücke gehackt und gebraten, 200 g Beinfleisch vom Kalb, ½ Suppenhuhn, ½ Hähnchen, 1 Eisbein, mit der Bürste geschrubbt, 400 g Kichererbsen, am Vortag eingeweicht, 400 g weiße Knochen vom Kalbsknie, 8 l Wasser, 1 kg tiefgekühlte Steinpilze, aufgetaut und karamellisiert **»Blattgold«:** mildes Olivenöl, 2,5 g Agar Agar (Pulver), 1 g Goldpulver **Gold-»Acrylfarbe«:** 60 g Bindemittel aus Maniok, 3 g Goldpulver **Goldperlen:** 1 l Wasser, 170 g Tapiokapulver, 20 g Salz, 3 g Goldpulver **Eier:** 6 Landeier von frei laufenden Hühnern von je 40 g **Weitere Zutaten:** mildes Pulversalz zum Dekorieren

ZUBEREITUNG

Hühner- und Steinpilzbrühe

Alle Zutaten in einen Topf geben und nach dem ersten Aufkochen mit dem Abschäumen beginnen. Die Hitze verringern und 10 Stunden leise köcheln lassen. 2 Stunden ruhen lassen. Abseihen, um 6 l Brühe zu erhalten. Mit Salz abschmecken und klären.

»Blattgold«

Küchenkrepp mit Olivenöl tränken und damit ein Gastronorm-Blech einreiben. Das Goldpulver mit dem Agar-Agar mischen, in ein Sieb füllen und das Blech damit bestreuen. Das Blech für 2 Minuten in den Dampfbackofen geben, herausnehmen und kurz ruhen lassen. Mit einem kleinen Spachtel Scheibchen abheben.

»Gold-Acrylfarbe«

Das Bindemittel in etwas Wasser auflösen und mit dem Goldpulver verrühren. Mit einem dicken Pinsel den Boden eines heißen Tellers damit bestreichen.

Goldperlen

Das Tapiokapulver mit dem Salz fein mahlen und warm sieben. Das Goldpulver in Wasser auflösen und mit der Tapioka-Salz-Mischung verrühren. Das Ganze in eine Dosierflasche füllen und 6 Stunden im Kühlschrank aufbewahren. Ein paar Tropfen dieser dicken Goldmischung auf eine Silpat-Matte setzen und im Backofen (mit geöffnetem Abzug) bei 120 °C 1 Stunde bei geschlossener Ofentür backen, damit die Perlen aufgehen.

Eier

Die Eier bei 62 °C 40 Minuten garen. Ruhen lassen und dann schälen.

DAS GERICHT FERTIG STELLEN

Auf den heißen, mit Gold bestrichenen Teller ein mit etwas Pudersalz bestreutes gekochtes Ei legen. Auf dem Ei ein paar Scheibchen »Blattgold« mit drei knusprigen Goldperlen platzieren. Etwas von der Hühner- und Steinpilzbrühe auf 80 °C aufwärmen und als Sauce um das Ei gießen. Aufpassen, dass kein Spritzer auf das »Blattgold« kommt.

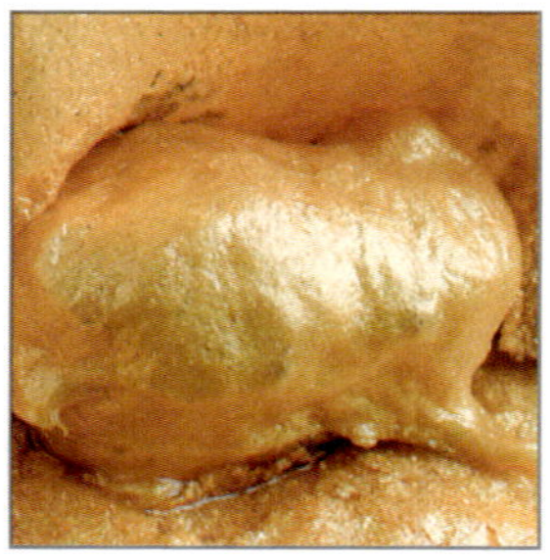

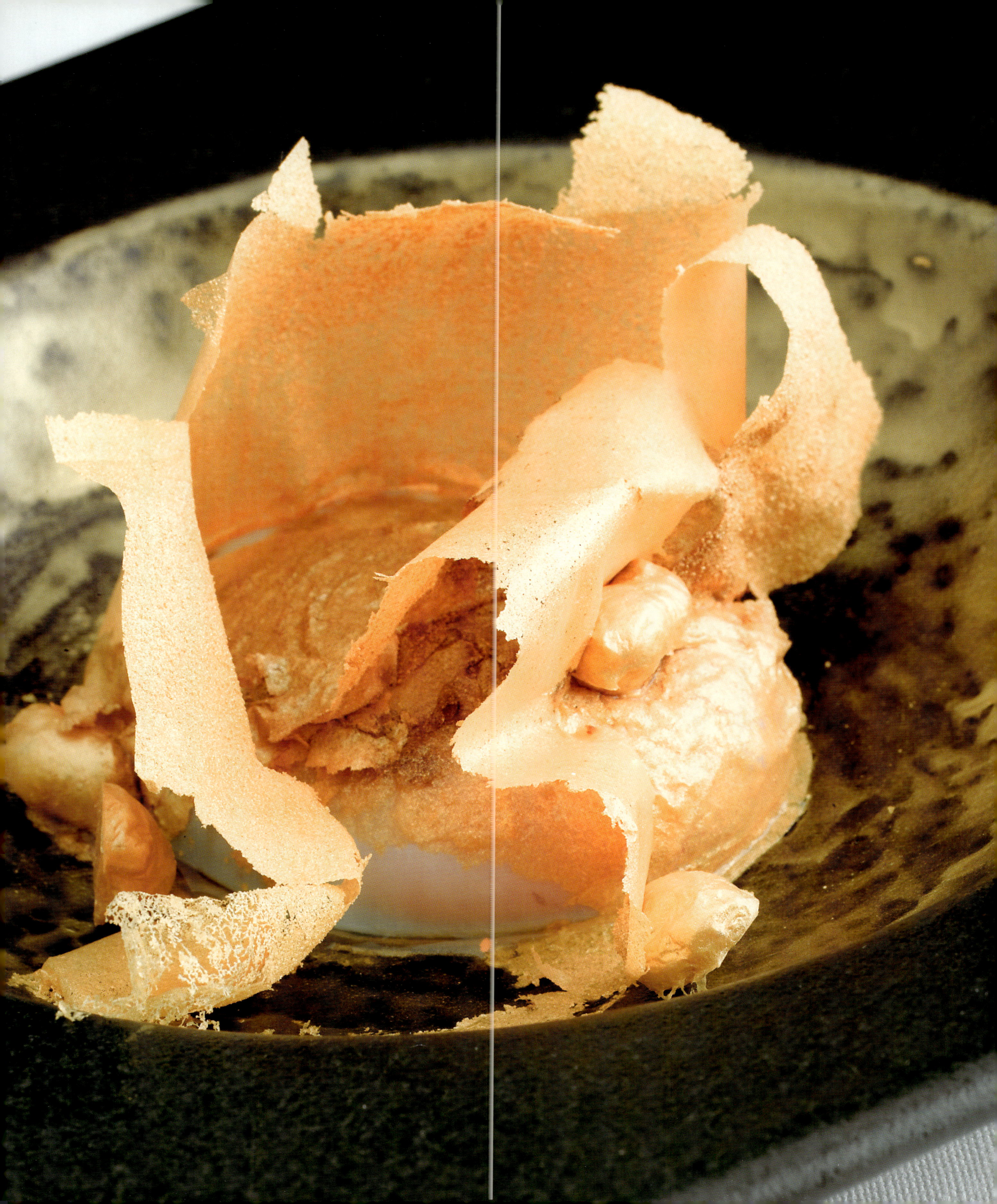

ARROZ ARBORIO DE ALMENDRAS AMARGAS Y TIERNAS
cubiertas de un terciopelo de acelgas bordes

ARBORIO-REIS mit SÜSS- und BITTERMANDELN
bedeckt mit Samt aus Blattmangold

ZUTATEN

(8 Personen)

Fond für den Reis: 35 g mildes Olivenöl, 200 g Zwiebeln, 5 g Knoblauchzehen, 100 g Schalotten, 50 g Champignonkappen, 600 g Flugentenkarkassen, in große Stücke gehackt, 1 kg Heuschreckenkrebse, 70 g Möhren, 4 l Mineralwasser Salz **Zwiebeln mit brauner Butter:** 500 g kleine Zwiebeln, fein gehackt, 500 g braune Butter, 250 g Kernöl, Salz, frisch gemahlener weißer Pfeffer **Samt aus Blattmangold:** 700 g Mangold, 6 l Wasser, 200 ml Wasser vom Blanchieren des Mangolds, 3 g Agar-Agar, 1 Blatt Gelatine, 1 Knoblauchzehe, Salz **Reis:** 200 g Arborio-Reis, 800 ml Fond für den Reis, 60 g Zwiebeln, 20 g Butter, Verdickungsmittel **Weitere Zutaten:** Salzflocken (Maldonsalz), 24 süße Mandeln, 24 zarte Mangoldblättchen, Bittermandelöl

ZUBEREITUNG

Fond für den Reis

Das Öl erhitzen und die geviertelten Zwiebeln, die ungeschälten Knoblauchzehen, die Schalotten und einen Teil der Champignonkappen hineingeben. Bei geringer Hitze 15 Minuten anschwitzen, die Flugentenkarkassen dazugeben und kurz mitbraten. Die ganzen Heuschreckenkrebse dazugeben und alles zusammen noch weitere 5 Minuten unter Rühren anbraten. Wasser aufgießen, die Möhren und die übrigen Champignonkappen hineingeben und 1 Stunde leise köcheln lassen. Dann 6 Stunden ruhen lassen. Ohne zu drücken den Fond durch ein Sieb in einen Topf abgießen, aufkochen lassen und mit Salz abschmecken. Beiseite stellen.

Zwiebeln mit brauner Butter

Die Zwiebeln in der braune Butter und dem Kernöl 2 Stunden bei geringer Hitze dünsten und mit Salz abschmecken. Das Fett durch ein Sieb gießen und beiseite stellen. Die Zwiebeln pfeffern (vier Mal wenden) und beiseite stellen.

Samt aus Blattmangold

Den Mangold in 6 Litern Salzwasser 20 Sekunden blanchieren. In gesalzenem Eiswasser abkühlen. Abtropfen lassen und die Flüssigkeit auffangen. Bei Zimmertemperatur diese Flüssigkeit und 200 ml Wasser vom Blanchieren mit dem Agar-Agar und dem Gelatineblatt binden. Die Brühe auf ein Stahlblech (50 × 75 cm) gießen, damit sie erstarrt (2 mm dick). 30 Minuten ruhen lassen und in Scheiben schneiden.

Reis

Die Zwiebeln in der Butter glasig dünsten. Den Reis hineinschütten und drei Mal schnell in der Butter wenden. Mit dem zuvor erhitzten Fond für den Reis ablöschen, 10 Minuten köcheln lassen und durch ein Sieb abgießen. Die Brühe bei kleiner Hitze um 25% einkochen. Den Reis in ein Wasserbad mit Eis geben, damit er nicht weitergart. Beiseite stellen.

DAS GERICHT FERTIG STELLEN

Die Brühe wieder zum Kochen bringen und darin den vorgekochten Reis in 4 Minuten fertig garen. Auf der Tellermitte den noch heißen Reis anrichten und darüber eine Schicht Blattmangoldsamt legen, der vom Reis Wärme aufnimmt. Ein paar Salzflocken daraufstreuen und mit drei süßen Mandeln und drei jungen Mangoldblättchen aus der Staudenmitte verzieren. Ganz wenig Bittermandelöl darüberträufeln, um das Aroma zu verstärken.

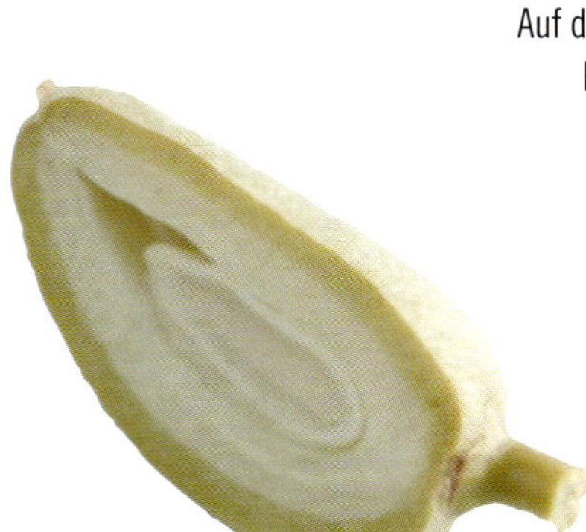

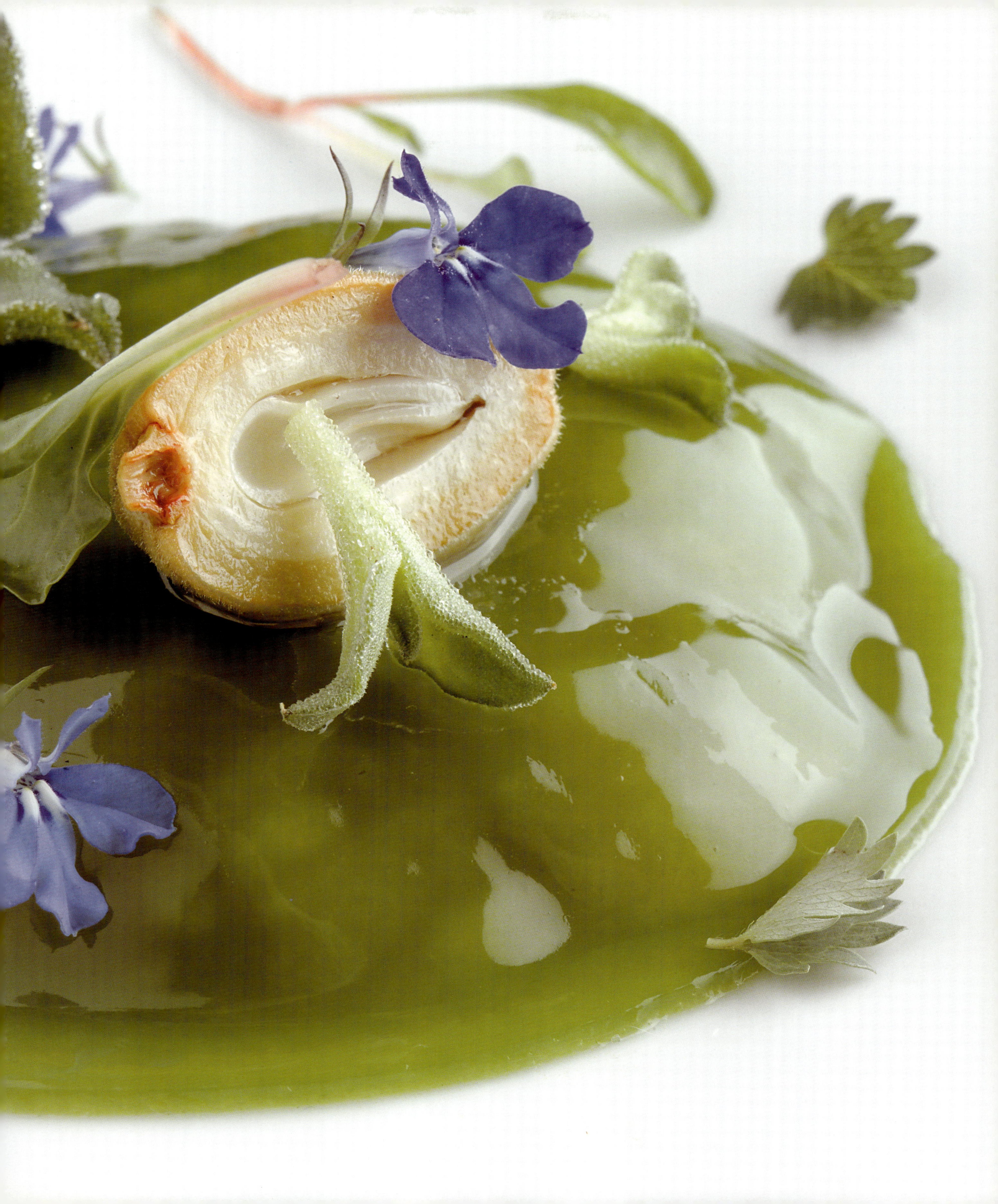

Erneuerung als kulinarische Philosophie

Die spanische Küche und die mit ihr unsichtbar, jedoch eng verbundene mediterrane Tradition bilden die kulinarische Leinwand Juan Pablo Felipes, auf die er seine Vorstellungskraft und seinen schöpferischen Geist projiziert.

Seit 1993 leitet Felipe das Hotel Aristos und das dazugehörige Restaurant El Chaflán. Damals, als er das Lokal übernahm, hatte es seine besten Zeiten schon lange hinter sich. Veränderungen waren unumgänglich, und Felipe entschied sich für eine Rundumerneuerung, die vom Grundkonzept der Küche bis zur Gestaltung und Dekoration des Restaurants alles mit einschloss. Dieser Aufgabe hat er sich seitdem mit einer Überzeugung gewidmet, die in seiner Arbeitsweise ihre Fortsetzung findet, einer Arbeitsweise, die in ihren Ansätzen manchmal ebenso gewagt wie in ihren Kreationen kohärent ist. Die Karte des Restaurants hat sich auf der Basis traditioneller spanischer und mediterraner Gerichte zu kreativen Formen entwickelt, bei denen immer die Hauptzutat im Mittelpunkt steht. Der seit damals anhaltende Erfolg des El Chaflán als eines der beliebtesten Lokale Madrids ist Beweis für das große Geschick, mit dem Felipe sein Vorhaben realisiert hat.

Wollte man die Küche, für die Juan Pablo Felipe steht, mit einfachen Worten charakterisieren, wäre zu sagen, dass ständiges Überdenken und kontinuierliche Neugestaltung die Grundlagen seiner Berufsphilosophie bilden, aus der eine Art kreative, beinahe schon künstlerische Küche entsteht, die auf den natürlichen Eigenschaften der Zutaten und den kulinarischen Traditionen der so facettenreichen spanischen Gastronomie basiert. Trotz seines Hangs zur heimischen Küche sind in seinen Gerichten hin und wieder auch andere, nichtspanische Einflüsse zu spüren.

Felipe sucht und findet die Saisonküche in reinstem Zustand. Den Fischgerichten – verarbeitet werden unter anderem Almadraba-Thunfisch, Salzfische sowie Fische mit völlig unbekannten Namen, die Felipe von Lieferanten erhält, die ihre Produkte bei ihm in guten Händen wissen – widmet er sich mit größter Gewissenhaftigkeit. Die Formel, die er dabei anwendet, ist einfach: Die Naturprodukte, die der Markt jeweils zu bieten hat, beleuchtet er im Funkenlicht seiner Erfindungsgabe, um aus der Kombination beider Elemente Gerichte von einer Qualität entstehen zu lassen, die dem knackigen Saisongemüse, den frisch gesammelten Pilzen, dem Wildfleisch und den anderen Spitzenprodukten gerecht wird. Zunächst erforscht er die kulinarischen Traditionen der jeweiligen Region, experimentiert mit den möglichen Zubereitungsformen, bis er genau die Technik gefunden hat, die das Produkt am besten zur Geltung bringt.

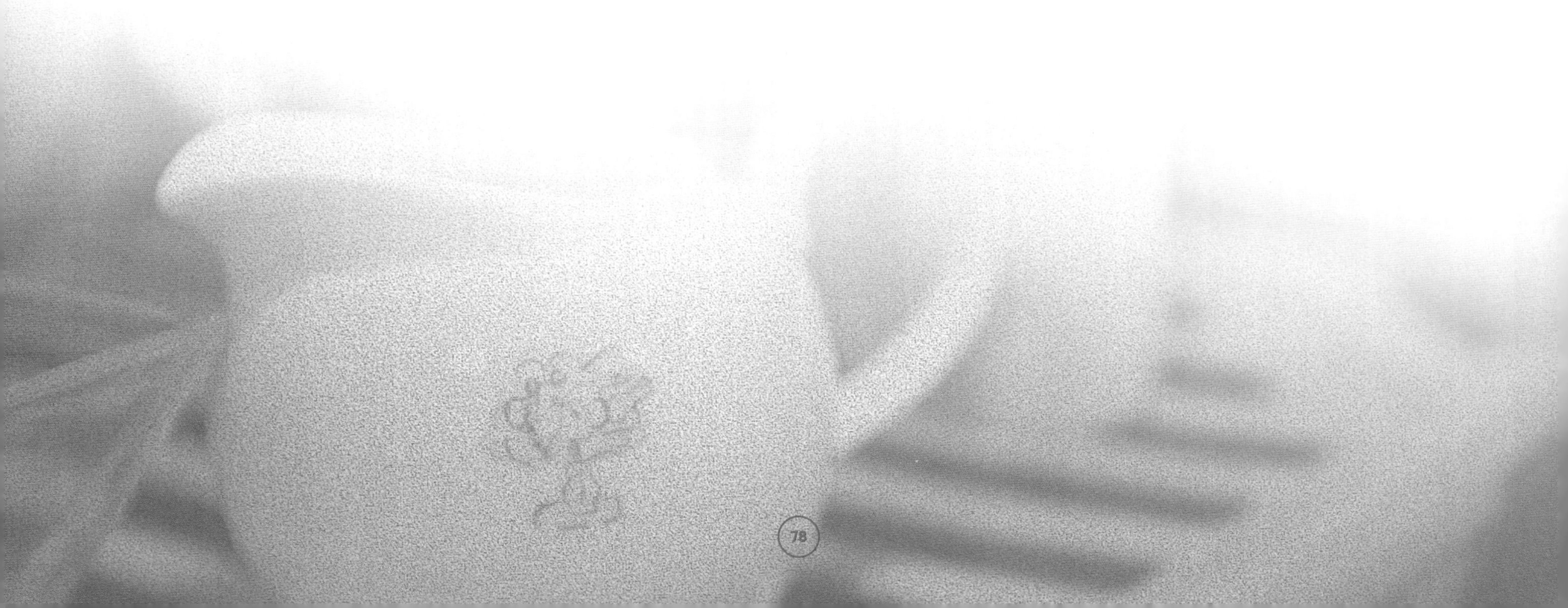

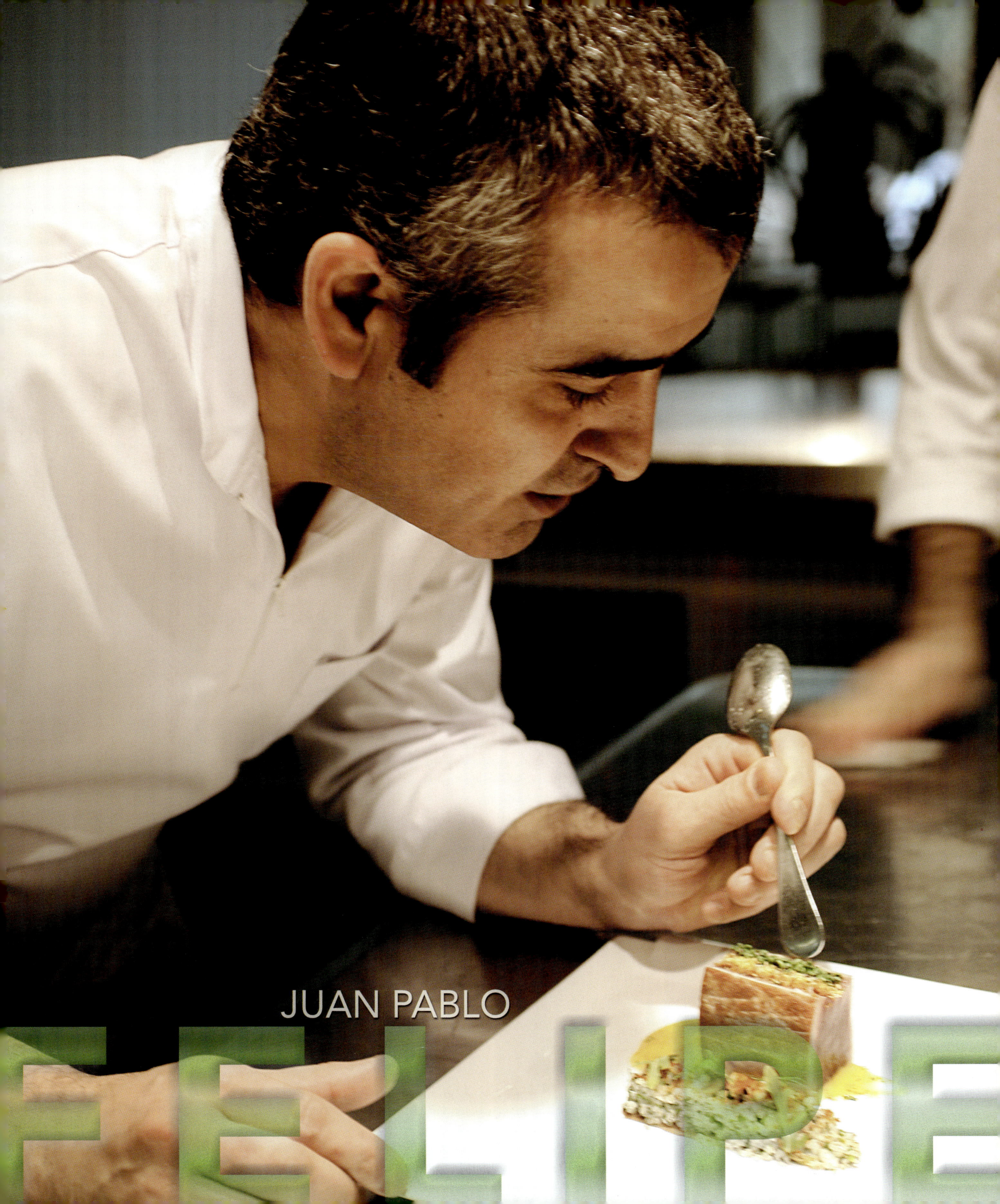

JUAN PABLO

FELIPE

ATÚN CON PIL PIL DE TOMATE, anchoa y cuscús de arroz

THUNFISCH mit TOMATEN-PIL-PIL*,
Anchovis und Reis-Couscous

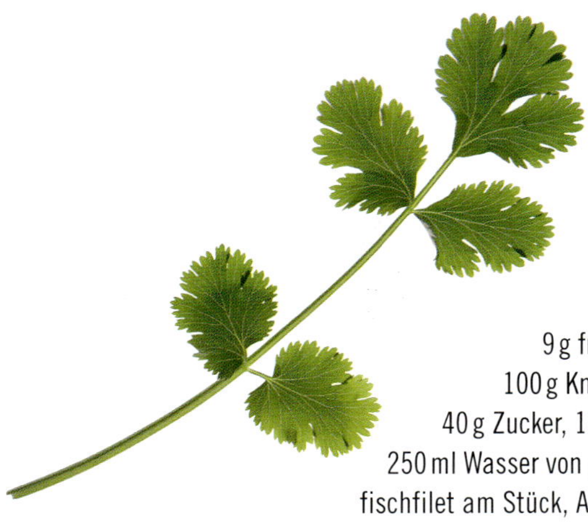

ZUTATEN

(4 Personen)

Provence-Öl: 2 l Olivenöl, 45 g Knoblauch, 9 g frischer Thymian, 9 g frischer Rosmarin, 9 g trockener Oregano **Wasser von gebackener Tomate:** 100 g Knoblauchzehen, geschält, 2 kg reife Tomaten, 800 ml Wasser, 20 g grobes Salz, 40 g Zucker, 16 g Rosmarin, 16 g Thymian **Tomaten-Pil-Pil:** 20 g Schwimmblasen vom Klippfisch, 250 ml Wasser von gebackener Tomate, 100 ml Provence-Öl, Petersilie, fein gehackt **Thunfisch:** 800 g Thunfischfilet am Stück, Algensalz **Oliven:** Oliven in ausreichender Menge (vorzugsweise von der Sorte Campo Real) **Flach geklopfte Anchovis:** Anchovis in ausreichender Menge **Reis-Couscous:** 40 g Reis, Salz, schwarzer Pfeffer, Petersilie, Schnittlauch, Kerbel, Minze, Zimt, Kümmel und Lorbeer, Olivenöl **Weitere Zutaten:** Trockentomaten, gemahlen, Maldonsalz

ZUBEREITUNG

Provence-Öl

Alle Zutaten im Vakuumbeutel 1 Stunde bei 80 °C garen (im Roner, siehe Seite 10). Mindestens einen Tag ruhen lassen. Abgießen und beiseite stellen.

Wasser von gebackener Tomate

Die ganzen Knoblauchzehen sanft anbraten, bis sie goldbraun sind. Die Tomaten würfeln, mit den übrigen Zutaten (einschließlich der gebratenen Knoblauchzehen) mischen und den Behälter mit zwei Schichten Alufolie abdecken. Unter den Salamander stellen und 90 Minuten auf höchster Stufe garen. Dann die Flüssigkeit durch ein Stoffsieb abgießen.

Tomaten-Pil-Pil

Die Klippfisch-Schwimmblasen in kleine Würfelchen schneiden, das Tomatenwasser dazugeben und auf ein Viertel der Menge einkochen. Abkühlen lassen. Die Flüssigkeit aufschlagen, indem man das Öl in dünnem Strahl hineinfließen lässt und den Topf im Kreis bewegt, bis das Pil-Pil andickt. Die gehackte Petersilie unterrühren, das Pil-Pil beiseite stellen.

Thunfisch

Das Thunfischfilet säubern und in 200 g schwere Rechtecke schneiden.

Oliven

Die Oliven in Scheibchen schneiden und beiseite stellen.

Flach gedrückte Anchovis

Die Anchovis zwischen zwei Schichten Backpapier legen und mit dem Nudelholz vorsichtig flach drücken, ohne dass sie entzweibrechen.

Reis-Couscous

Den Reis in der Küchenmaschine grob mahlen, sieben und die größeren Stückchen aufheben. In Wasser garen. Die Kräuter und Gewürze sehr fein hacken und mischen. Den Reis in einer Pfanne mit Öl wenden und mit der Kräuter-Gewürz-Mischung würzen. Beiseite stellen.

DAS GERICHT FERTIG STELLEN

Mit den Anchovis einen vertikalen Streifen links der Tellermitte bilden und darauf das Reis-Couscous mit Kräutern anrichten. Mit gemahlenen Trockentomaten und Olivenscheibchen bestreuen. Auf die rechte Seite etwas Tomaten-Pil-Pil schöpfen und darauf das mit Maldonsalz bestreute Thunfischstück anrichten.

---

*Pil-Pil ist eine in Spanien sehr beliebte Sauce aus der eigenen Gelatine des Fischs.

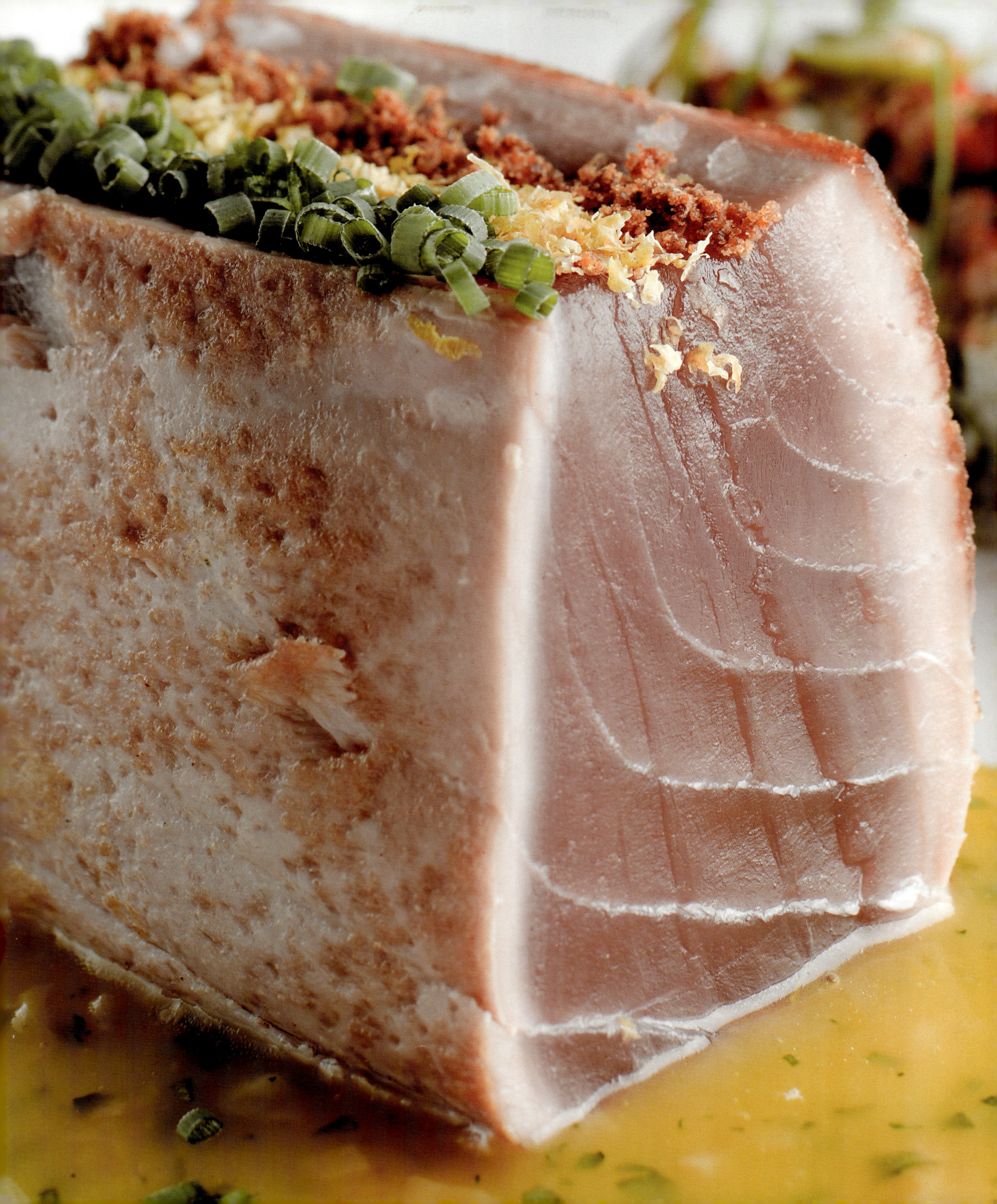

RISOTTO DE HONGOS de temporada

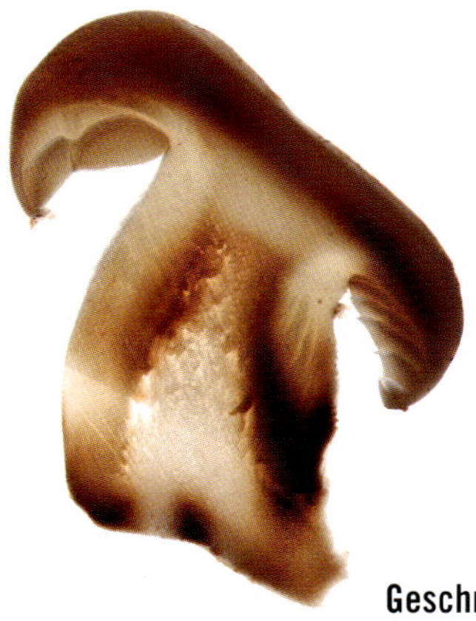

RISOTTO mit PILZEN der Saison

ZUTATEN

(4 Personen)

Geschmorte Pilze: 200 g gemischte Pilze, 100 g Zwiebeln, 5 g Knoblauch, 5 ml Olivenöl **Käsebutter:** 100 g Butter, 100 g Idiazabal-Käse (spanischer Schafmilch-Hartkäse mit geschützter Ursprungsbezeichnung), 4 ml Balsamico-Essig, reduziert **Trompetenpüree:** 100 g Totentrompeten, 2 g Knoblauch, 2 ml Olivenöl, 2 g Salz **Trüffelöl:** 25 g schwarze Trüffel, 25 ml Olivenöl **Risotto:** 280 g geschmorte Pilze, 40 g Totentrompeten, 200 g Käsebutter, 400 g Bomba-Reis, 920 ml heller Fond, 460 ml Pilzfond, 10 ml Trüffelöl (1 EL)

ZUBEREITUNG

Geschmorte Pilze

Die Pilze waschen und in Stückchen schneiden. Die Zwiebeln fein hacken und anschwitzen. Den Knoblauch hacken und die Pilze und den Knoblauch mit etwas Olivenöl anschwitzen. Salzen, den Saft vorsichtig abgießen und aufheben. Die Pilze mit den Zwiebeln mischen und zusammen schmoren. Abkühlen und beiseite stellen.

Käsebutter

Die Butter schmelzen. Den Käse reiben, unter die Butter mischen und kräftig schlagen, bis eine leichte, glatte Creme entsteht. Den reduzierten Balsamico-Essig dazugeben und erneut aufschlagen. Abkühlen und in Würfel schneiden.

Trompetenpüree

Die Totentrompeten waschen und in Stückchen schneiden. Den Knoblauch hacken und die Trompeten mit dem Knoblauch in etwas Olivenöl anschwitzen. In der Küchenmaschine zu einem dicken Püree verarbeiten.

ANMERKUNG: *Wenn die Totentrompeten dehydriert sein sollten, muss man sie vor der Zubereitung in Wasser einweichen.*

Trüffelöl

Die Trüffel reiben und das Olivenöl dazugießen.

Risotto

Die geschmorten Pilze mit Totentrompeten-Püree und dem Reis mischen. Den hellen Fond angießen und köcheln lassen, bis der ganze Fond verdampft ist. Mit der Käsebutter binden und gegebenenfalls nachsalzen. Das Trüffelöl unterrühren.

DAS GERICHT FERTIG STELLEN

Vor dem Servieren den Risotto mit dem Pilzfond fertig garen. Den Reis probieren und gegebenenfalls Flüssigkeit nachgießen oder nachsalzen. Den Reis locker auf den Teller fallen lassen.

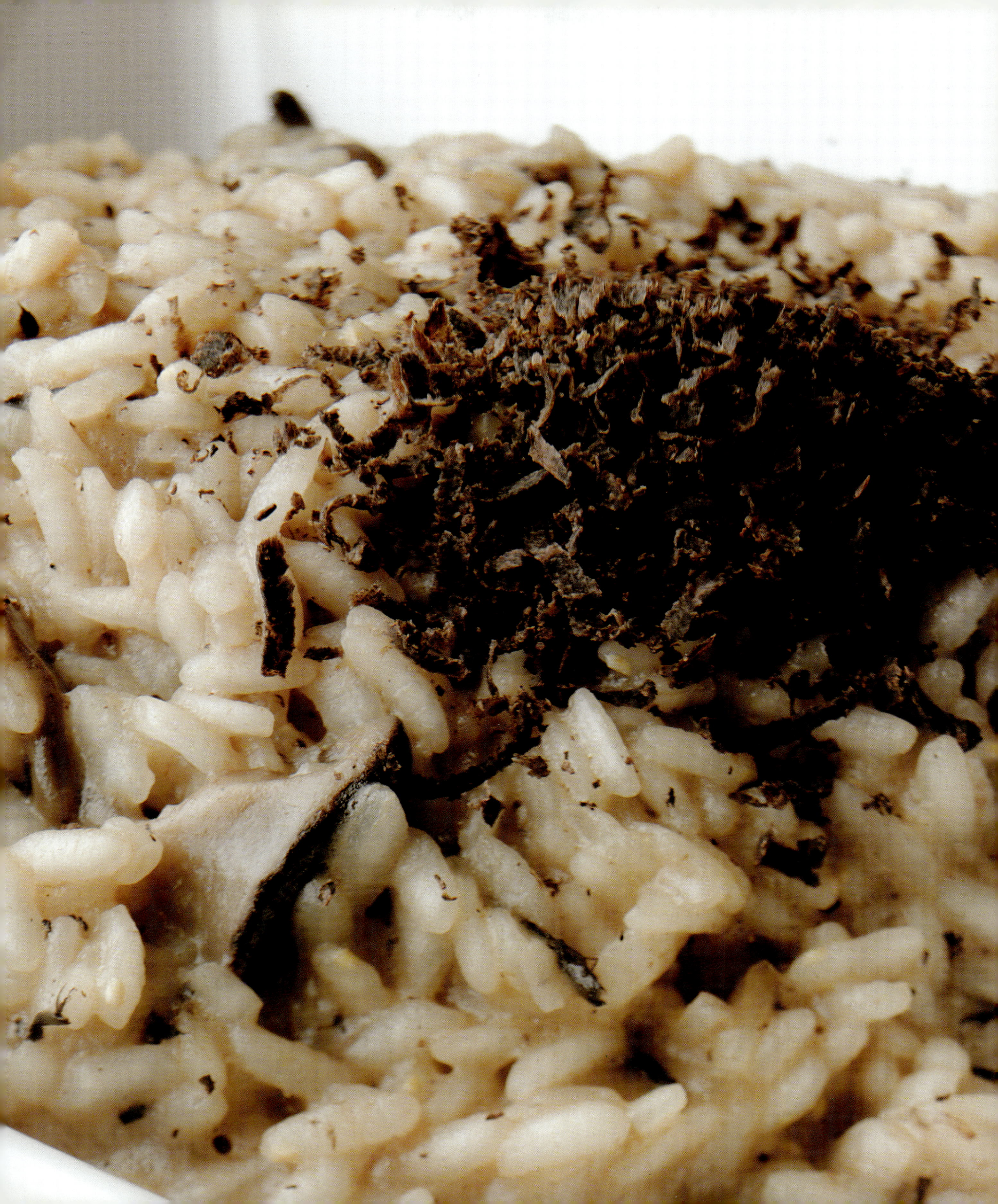

Abraham García zu beschreiben ist nicht einfach, denn dieser Madrider Starkoch, der sich nie ohne Hut sehen lässt, hat so viele Verdienste vorzuweisen, dass man gar nicht recht weiß, wo man anfangen soll. Das erste Problem ist vielleicht schon das Etikett »Starkoch«, das wir ihm sozusagen hinterrücks angeheftet haben und das erklärt werden muss, denn Abraham García ist alles andere als einer dieser Sterne am Medienhimmel, die eher das Licht der Scheinwerfer im Fernsehstudio reflektieren, als dass sie aus eigener Kraft leuchten.

Die Küche in Garcías Reich, Viridiana, hat tatsächlich eine ganz eigene Ausstrahlung. Sie birgt viele hundert Zutaten aus aller Welt, die der Meister kennt und verarbeitet, studiert und sich zu Eigen macht. Mit ihnen kreiert er ein Repertoire von Gerichten, das jedem, der sein Restaurant besucht, das Gefühl gibt, Ehrengast eines unwiederbringlichen Banketts zu sein.

Ein Talent unter breiter Krempe

Dieser Koch mit Allround-Bildung, der gesteht, er könne nicht leben, ohne jeden Tag zu kochen, bringt in seinem Restaurant die ganze Spannweite seiner Leidenschaften zum Ausdruck. Als großer Filmfan hat er sich bei dem Regisseur Buñuel – häufiger Gast der Taberna de Jacobo, wo Abraham zu kochen anfing – den Filmtitel »Viridiana« ausgeliehen und sozusagen zu seinem Markenzeichen gemacht. Dementsprechend sind auch überall in seinem Lokal Motive aus den Filmen des genialen Regisseurs aus Aragonien zu sehen. Als Weinfreund mit dem Ruf, einer der besten Kenner ausländischer Weine in Spanien zu sein, hat er in die eindrucksvolle Weinkarte eine ganze Plejade von Weinen aufgenommen, von denen viele in keinem anderen Restaurant Spaniens zu finden sind. Er stellt dem Gast jeden Wein vor, vermittelt ihm sein Wissen darüber und steckt ihn mit seiner Begeisterung an. Zu seinen gastronomischen Qualitäten gesellt sich noch eine weitere: Er ist ein sehr bekannter und renommierter Berichterstatter von Pferderennen und macht aus seiner Leidenschaft kein Hehl.

»Leidenschaft« ist wohl das Wort, das am besten alles zusammenfasst, was Abraham García tut. Denn mit Leidenschaft, durch eine unerschöpfliche Lernbereitschaft in geregelte Bahnen gelenkt, erwarb er seine enzyklopädischen Kenntnisse über die Produkte – kein rein theoretisches Wissen, sondern durch eigene Sinneserfahrungen gestärkt. Ihr entspringt auch seine Freude am gemeinsamen Genuss, Merkmale, die ihn und sein Restaurant zu Ikonen der Madrider Gastronomie gemacht haben.

Abraham García brilliert mit seinem Wissen bei der täglichen Arbeit in der Küche, aber auch in seinen hervorragenden Artikeln, in denen er ein weiteres Talent an den Tag legt – eine bei den schreibenden Vertretern seines Metiers eher seltene Wortgewandtheit. Und als ob dies alles noch nicht ausreichend wäre, verwöhnt er seine Gäste mit einer so vortrefflichen Gastfreundschaft, dass der Restaurantbesuch zur unvergesslichen Erfahrung wird. Abraham García ist einer jener Sterne am Firmament, für deren Existenz man aufrichtige Dankbarkeit empfindet.

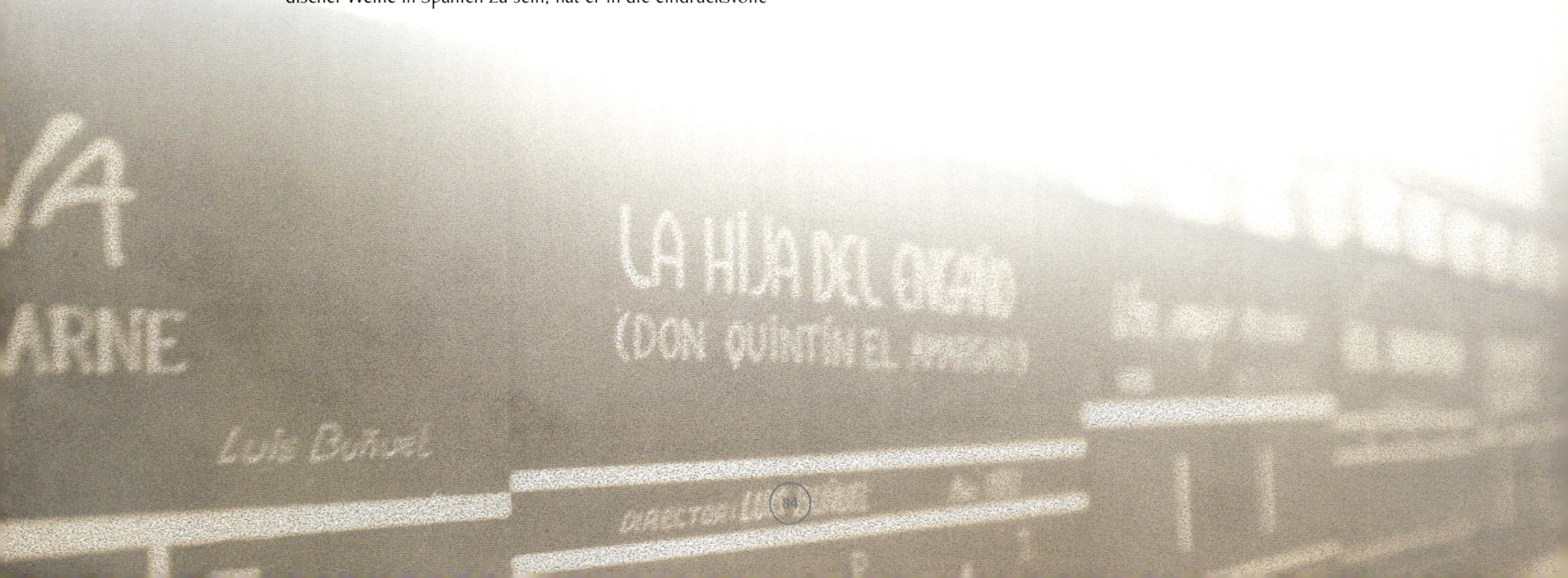

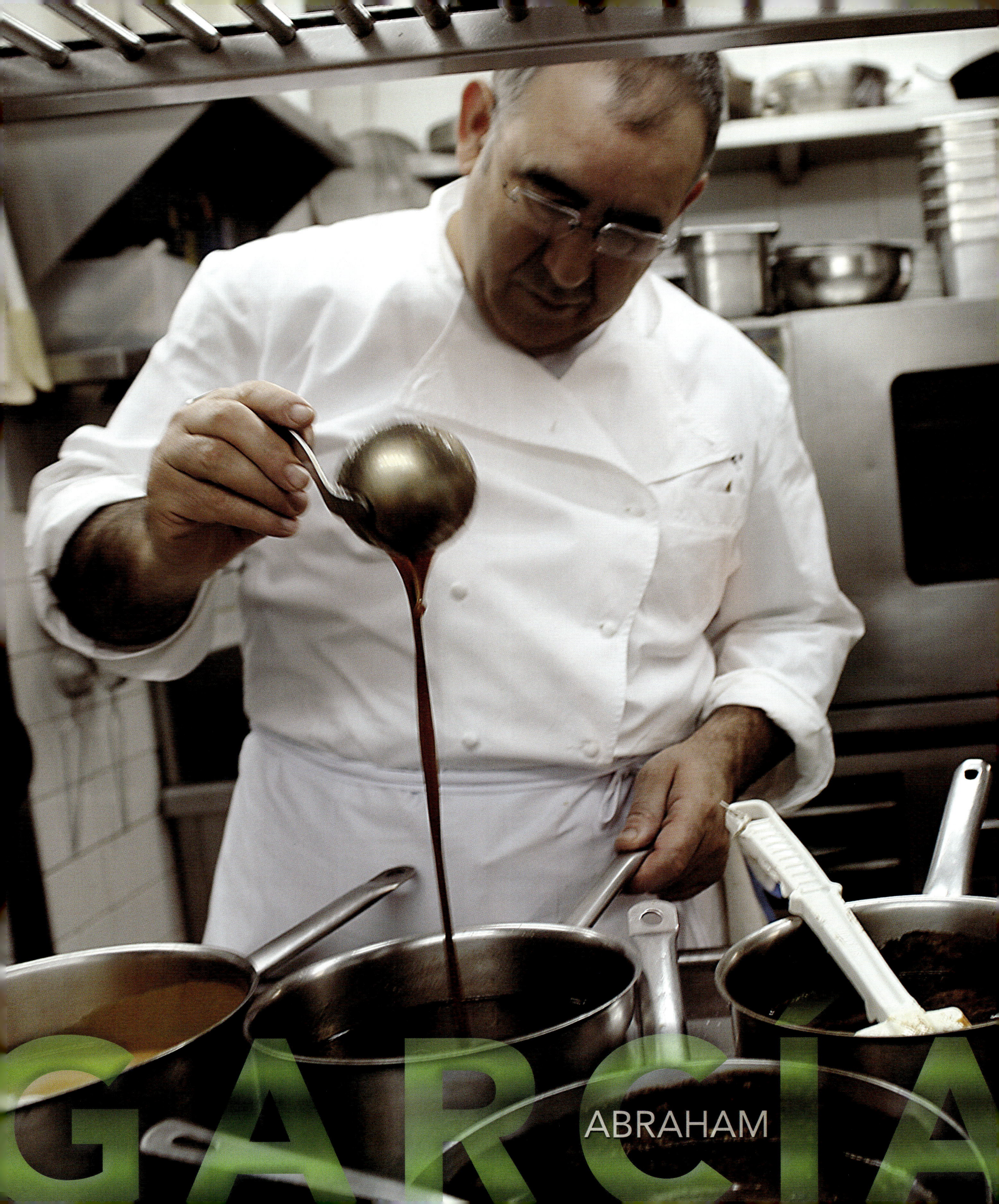
ABRAHAM
GARCÍA

COCOCHAS Y TRIPAS DE BACALAO sobre pisto y trigo salteado

COCOCHAS* und SCHWIMMBLASEN vom KLIPPFISCH auf Pisto und in Öl geschwenktem Weizen

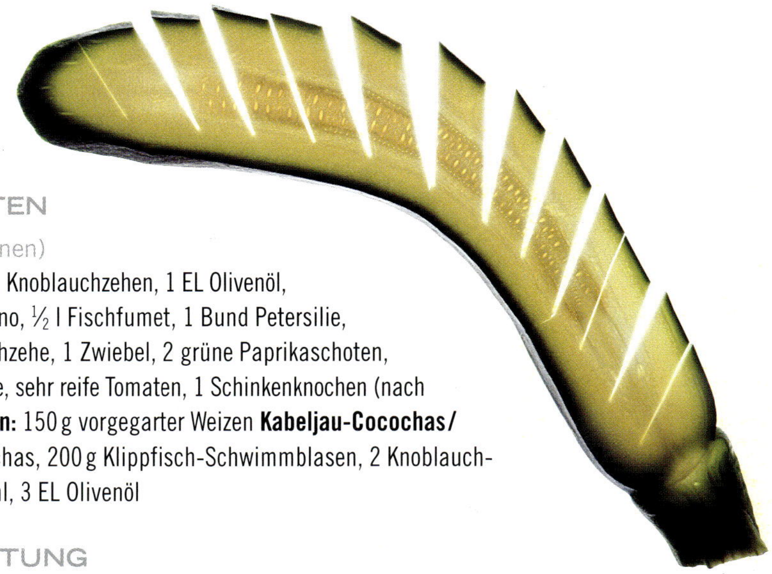

ZUTATEN

(4 Personen)

Grüne Sauce: 2 Frühlingszwiebeln, 2 Knoblauchzehen, 1 EL Olivenöl, 1 TL Mehl, 75 ml Sherry Manzanilla oder Fino, ½ l Fischfumet, 1 Bund Petersilie, 1 Prise grobes Salz **Pisto-Gemüse:** 1 Knoblauchzehe, 1 Zwiebel, 2 grüne Paprikaschoten, gewürfelt, 1 mittelgroße Zucchini, gewürfelt, 2 große, sehr reife Tomaten, 1 Schinkenknochen (nach Geschmack), 1 EL Olivenöl **In Öl geschwenkter Weizen:** 150 g vorgegarter Weizen **Kabeljau-Cocochas/ Klippfisch-Schwimmblasen:** 600 g frische Kabeljau-Cocochas, 200 g Klippfisch-Schwimmblasen, 2 Knoblauchsprossen, 250 g Mehl, 3 EL Olivenöl

ZUBEREITUNG

Grüne Sauce

Die Knoblauchzehen und die Frühlingszwiebeln fein hacken, in möglichst wenig Öl anschwitzen und mit einem Teelöffel Mehl bestäuben, bevor sie Farbe annehmen. Umrühren und mit dem Manzanilla oder Fino ablöschen. Kurz einkochen lassen und das kochend heiße Fischfumet angießen. Langsam köcheln lassen, damit jeglicher Mehlgeschmack verschwindet. Reichlich gehackte Petersilie hinzufügen, abschmecken, pürieren und mithilfe einer Schöpfkelle durch ein feines Sieb passieren.

Pisto-Gemüse

Zuerst den fein gehackten Knoblauch in wenig Öl schwenken, dann die würfelig geschnittene Zwiebel und die Paprikaschoten und etwas später die Zucchini hinzugeben und alles weich werden lassen. Die pürierten Tomaten hinzufügen, abschmecken und mit dem Schinkenknochen bei kleinster Hitze ganz langsam garen, bis die Gemüsemasse homogen geworden und der enthaltene natürliche Zucker karamellisiert ist.

In Öl geschwenkter Weizen

Den Weizen in reichlich Wasser höchstens 10–12 Minuten kochen (die Kochzeit bei nicht vorgegartem Weizen entsprechend verlängern); mit kaltem Wasser abkühlen und beiseite stellen.

Kabeljau-Cocochas

Die Cocochas mit Salz und Pfeffer würzen, leicht mit Mehl bestäuben und auf großer Flamme in einer beschichteten Pfanne in Öl sautieren.

Klippfisch-Schwimmblasen

Die Schwimmblasen in kaltem Wasser, das mehrmals gewechselt werden muss, 24 Stunden entsalzen. Kurz vor dem Anrichten in ein paar Tropfen Öl mit den in dünne Scheiben geschnittenen Knoblauchsprossen sautieren.

DAS GERICHT FERTIG STELLEN

In eine hohe Ringform eine Schicht Pisto-Gemüse, in Öl mit etwas Knoblauch geschwenkte Weizenkörner und eine weitere Schicht Pisto-Gemüse geben und die Schwimmblasen darauflegen. Die Form entfernen und die Cocochas um die zylinderförmig aufgeschichtete Beilage herum drapieren und mit der dampfend heißen grünen Sauce bedecken.

---

*Mit Haut und Schleimhaut bedecktes Muskelfleisch im Unterkiefer des Fisches. Sehr gelatinehaltig.

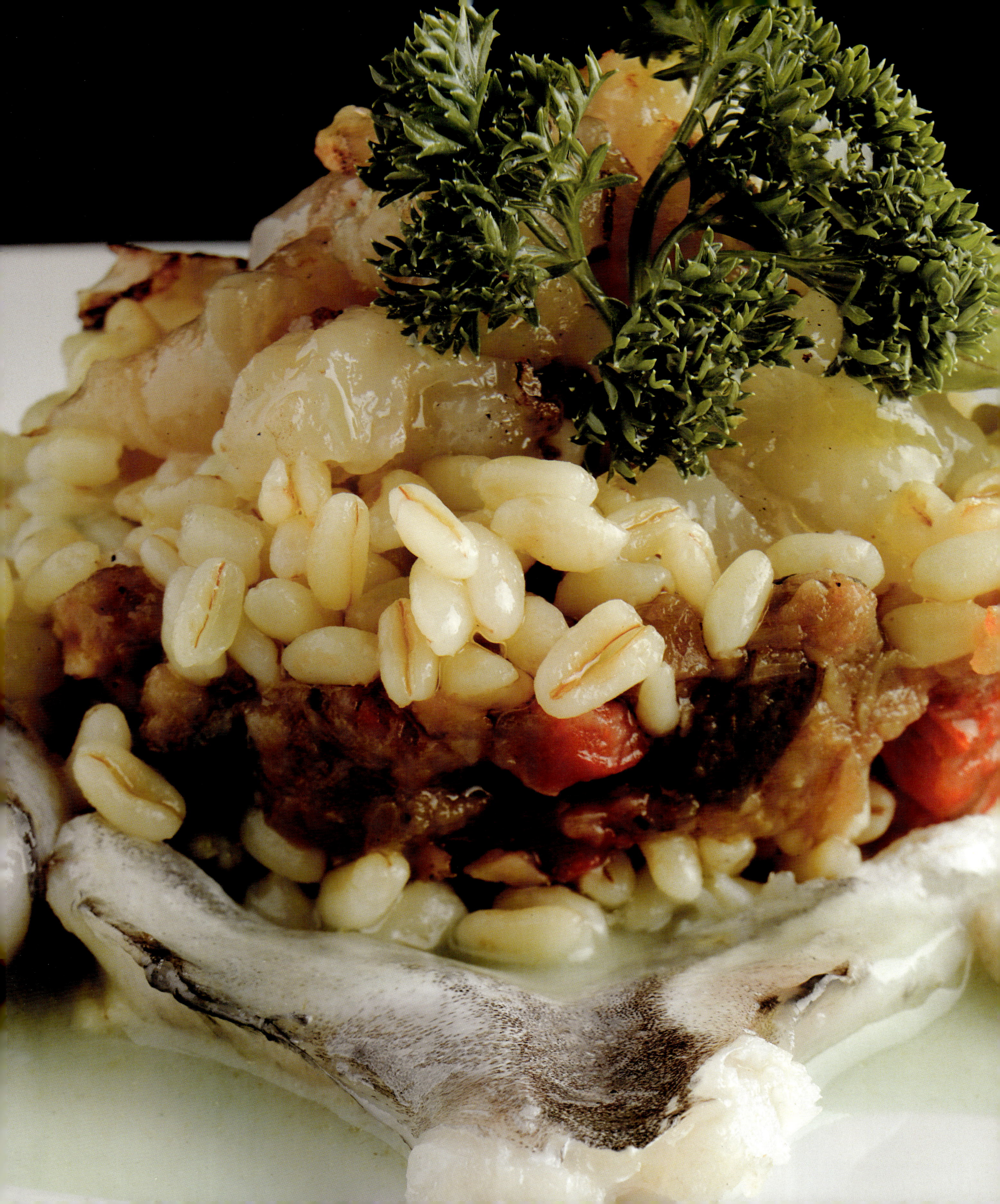

DOS OREJAS Y UN RABO

ZWEI OHREN und ein SCHWANZ*

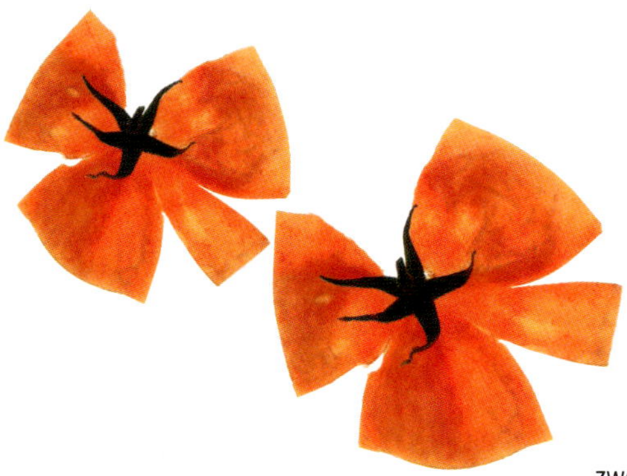

ZUTATEN

(4 Personen)

Ochsenschwanz: 1 Ochsenschwanz, schwarzer Pfeffer, grobes Salz, Mehl, 1 EL Olivenöl, 2 Knoblauchzehen, 2 Zwiebeln, 1 Möhre, 1 Stange Lauch, 1 Tomate gehackt, Rosmarin- und Thymianzweige, 1 Glas Amontillado-Sherry (75 ml), Brühe oder Wasser, 2 Schweinenetze **Ohren:** 4 Schweineohren (nur der dünne gelatinehaltige Teil), 1 Tomate, 1 Stange Lauch, 1 Knoblauchzehe, 2 Lorbeerblätter, 1 Möhre **Weitere Zutaten:** 4 Knoblauchsprossen, 200 g Mu-Err-Pilze, 1 EL Olivenöl, 1 Stück bittere Schokolade, 1 Schuss Pedro Ximénez (PX, edler, süßer Sherry)

ZUBEREITUNG

Ochsenschwanz

Das gelbliche Fett vom Ochsenschwanz entfernen und diesen an den Gelenken in sechs zylindrische Stücke zerteilen. Mit Salz und Pfeffer würzen, leicht in Mehl wälzen und auf mittlerer Flamme in Öl goldbraun braten. Beiseite stellen.

In demselben Öl den blättrig geschnittenen Knoblauch, die in Julienne geschnittene Zwiebel sowie eine jeweils in Scheiben geschnittene Möhre und eine Stange Lauch sautieren. Sobald das Gemüse seine Farbe verändert und weich wird, die gehackte Tomate hinzugeben; mit Rosmarin und Thymian würzen und einige Minuten lang sautieren. Zuerst den Ochsenschwanz, dann den Amontillado-Sherry hinzugeben. Unter ständigem Rühren reduzieren, dann mit Brühe oder Wasser knapp bedecken, circa 2 Stunden leicht köcheln lassen und nach Bedarf mit Flüssigkeit auffüllen.

Den gar gekochten Ochsenschwanz herausnehmen und das Fleisch noch lauwarm mit den Fingern vom Knochen lösen. Die Sauce in der Küchenmaschine pürieren (vorher mit Küchenkrepp entfetten) und durch ein Sieb passieren. Die Hälfte beiseite stellen und die andere Hälfte mit dem Fleisch vermischen. Bevor die Mischung kalt wird, diese in vier Portionen aufgeteilt in jeweils ein halbes Schweinenetz einschlagen und etwa in die ursprüngliche Form des Ochsenschwanzes bringen.

Schweineohren

Während der Ochsenschwanz kocht, die Schweineohren abflämmen, in kochendem Wasser blanchieren, in reichlich kaltem Wasser aufsetzen und mit der Tomate, dem Lauch, dem Knoblauch, dem Lorbeer, der Möhre und einer guten Prise grobem Salz garen.

DAS GERICHT FERTIG STELLEN

Die Ochsenschwänze im Ofen bei kräftiger Hitze circa 10 Minuten erhitzen, bis das Schweinenetz nahezu vollständig geschmolzen und nur noch ein dünner Schutzfilm übrig ist. Die in Stifte geschnittenen Knoblauchsprossen kurz in ganz wenig Öl schwenken, dann die gewaschenen und abgetropften Pilze hinzugeben und sautieren. Zuletzt die Schweineohren auf der sehr heißen Backplatte von beiden Seiten schön goldbraun braten. Je ein Schweineohr pro Person in die Mitte des Tellers geben; darauf einen Ochsenschwanz und die mit Salz und Pfeffer gewürzten Pilze anrichten. Am Rand entlang großzügig mit der sehr heißen, mit dem Stück Bitterschokolade und dem Pedro Ximénez verfeinerten Sauce umgeben.

---

*so heißt die höchste Auszeichnung für einen Torrero.

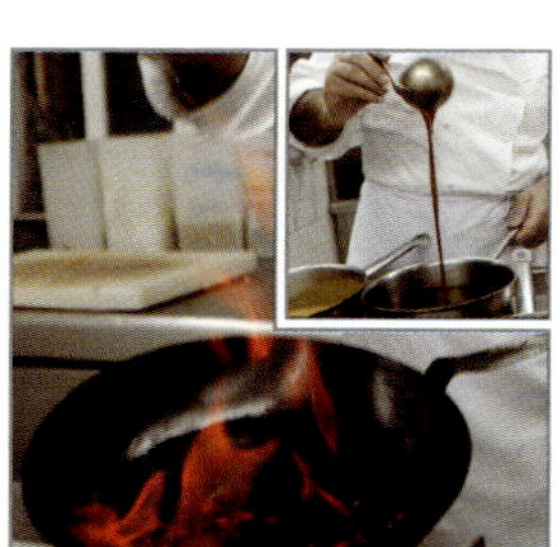

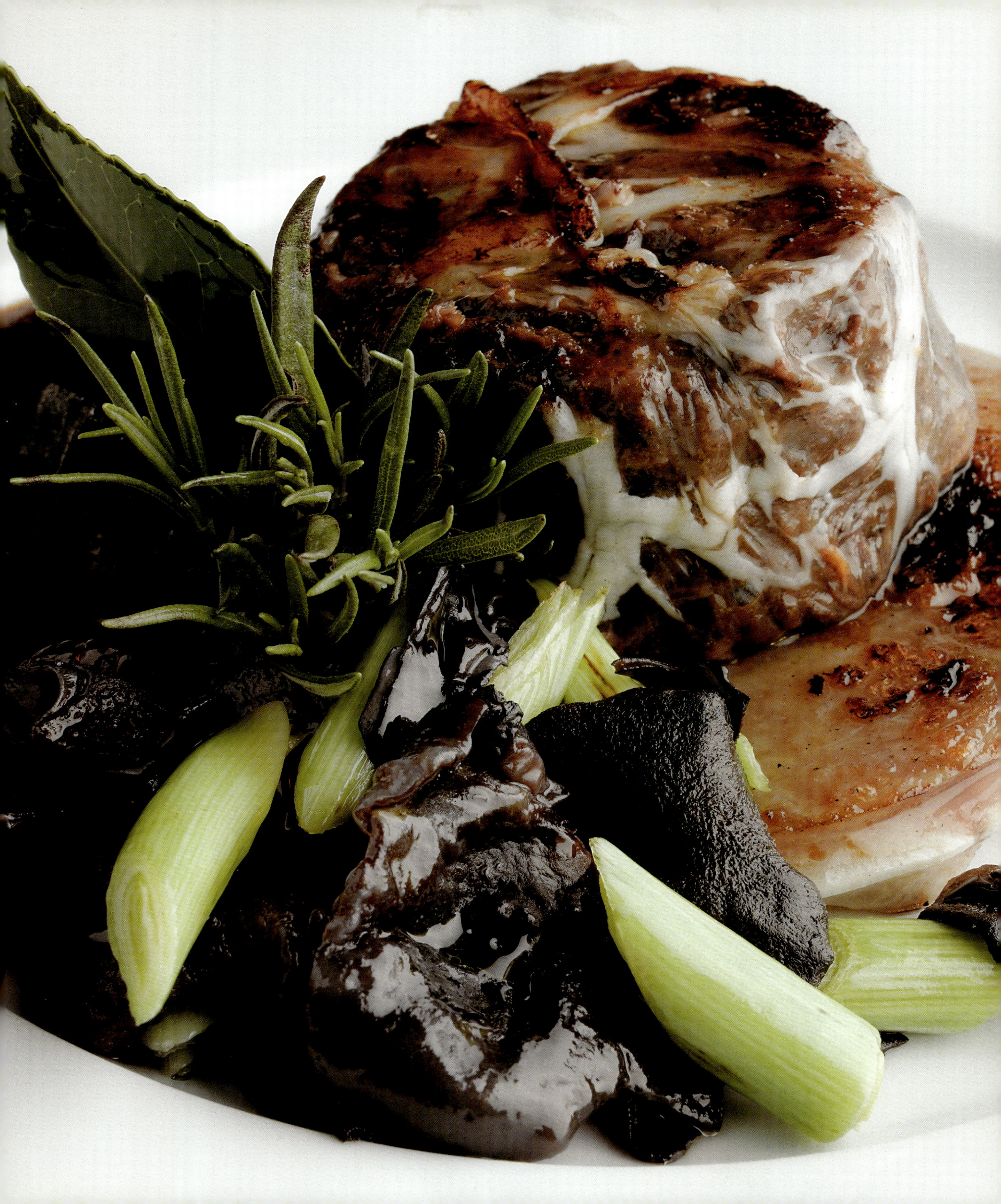

Die Bestätigung eines großen andalusischen Kochs

Daniel García hat viele berufliche Qualitäten; eine davon ist sein Sinn für den richtigen Moment, den er bei seinem Aufstieg in den Olymp der neuen andalusischen Küche gut eingesetzt hat. Mit der Eröffnung des Restaurants Calima im Hotel Don Pepe in Marbella (Provinz Málaga) hat der etwas über 30-Jährige bewiesen, dass er diesen wichtigen, mit viel persönlichem Einsatz verbundenen Schritt im richtigen Augenblick vollzogen hat. Seine berufliche Entwicklung, seine kulinarische Kreativität und seine Kenntnis des gastronomischen Umfelds waren zu dieser Zeit geradezu die Garantie für einen wohlverdienten festen Platz in der Bestenriege der kulinarischen Avantgarde Spaniens.

Seine Ausbildung begann García in La Cónsula, der Hotelfachschule von Málaga, wo viele der jungen Köche herkommen, denen die andalusische Gastronomie ihre derzeitige Verjüngungskur verdankt. Nach zwei Jahren verließ er die Schule und siedelte nach Lasarte um. Dort konnte er bei Martín Berasategui, seinem wichtigsten Lehrmeister, das Erlernte weiter ausbauen. Im Alter von gerade einmal 22 Jahren holte ihn Manu López ins Tragabuches nach Ronda, wo er kaum ein Jahr später schon zum Küchenchef aufstieg.

Mit dem Einzug von Dani García ins Tragabuches begann für das Restaurant eine neue Etappe. Nur sehr wenige der andalusischen Restaurants konnten mit dem Wirbelsturm an Ideen mithalten, der in der Küche des Tragabuches losbrach. Glorreiche Momente verdankte es sowohl der Qualität der Produkte als auch dem gewagten kulinarischen Angebot und der Kreativität des Chefs, mit der dieser den Gerichten sein unverkennbares Siegel aufdrückte. Während seines sechsjährigen Aufenthalts im Tragabuches fand der junge Koch zu sich selbst. Dabei bildeten sich einige Wesenszüge heraus, die ihn einerseits der Gruppe der mutigsten Köche innerhalb der spanischen Gastronomielandschaft zuordnen, andererseits jedoch auch von seinen tiefen andalusischen Wurzeln zeugen, über die seine Kreativität eng mit den Produkten, Traditionen und dem handwerklichen Können seiner Heimat verbunden ist.

Dank dieser tiefen Wurzeln ist Dani García fest genug in der Gegenwart verankert, um sich auf eine Küche der Zukunft einlassen zu können. Sein enormes kreatives Potenzial entfaltet sich in der Wiederentdeckung von Techniken und Zubereitungen. Er orientiert sich an den neuesten Erkenntnissen der Lebensmittelwissenschaft, um traditionellen Gerichten wie Sardinen am Spieß, frittierten Fischen, kalten Suppen oder Schmorgerichten vom Iberischen Schwein zu neuen Ehren zu verhelfen. Die Objekte seiner Inspiration findet García stets in der Tradition. Er untersucht sie, fügt ihnen die erforderliche Prise Genialität hinzu, verarbeitet sie mit seinen unkonventionellen Techniken und erfindet sie sozusagen neu, verleiht ihrer Quintessenz jedoch klaren Ausdruck. Wäre der Begriff Dekonstruktion nicht so abgenutzt oder wäre es möglich, ihm seine ursprüngliche, aus der Philosophie Jacques Derridas stammende Bedeutung zurückzugeben, wäre er für die Beschreibung einiger kulinarischer Neuauflagen dieses Jungkochs durchaus geeignet.

Als wichtigster spanischer Vertreter praktiziert García das Kochen mit flüssigem Stickstoff, das er gemeinsam mit Wissenschaftlern weiterentwickelte und wobei er erstaunliche Ergebnisse erzielte. In seinen neuesten Experimenten konzentriert er sich auf das Frittieren von Fisch bei 170 °C. Bei dieser Temperatur löst sich die Haut vom Fleisch und bläst sich wie ein Luftballon auf. Das von der Haut befreite Fischfleisch dagegen wird sanft gegart. Dies sind nur zwei Beispiele aus dem Repertoire technischer Virtuositäten, mit denen es Dani García gelingt, Gerichte zu zaubern, die durch ihre Natürlichkeit, ihre zarten Nuancen und den respektvollen Umgang mit dem jeweiligen Produkt überzeugen und doch gleichzeitig einem Science-Fiction-Roman entsprungen sein könnten. García nimmt in seiner Arbeit die Zukunft vorweg, um uns hier und heute kulinarische Glücksgefühle zu bescheren.

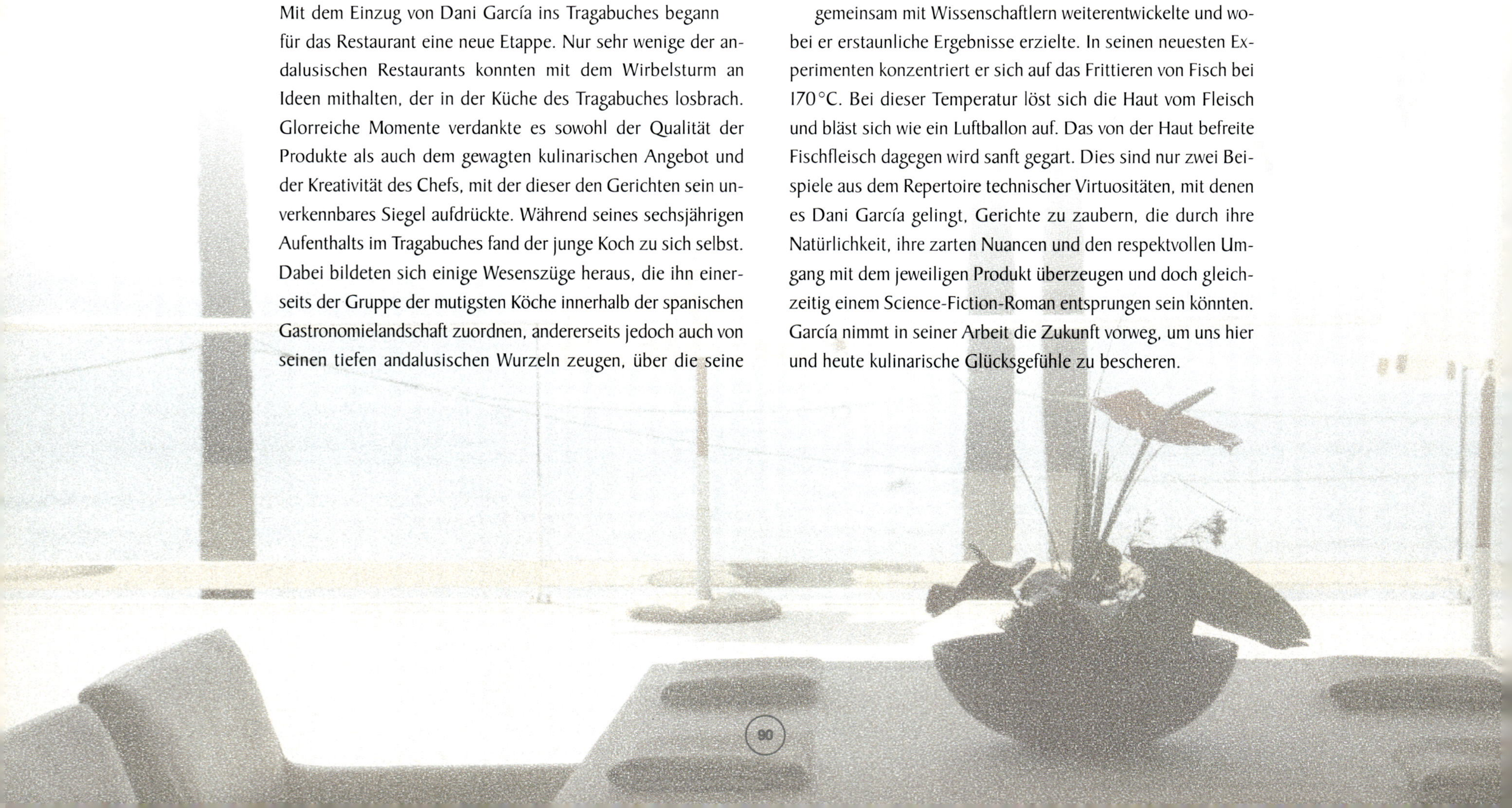

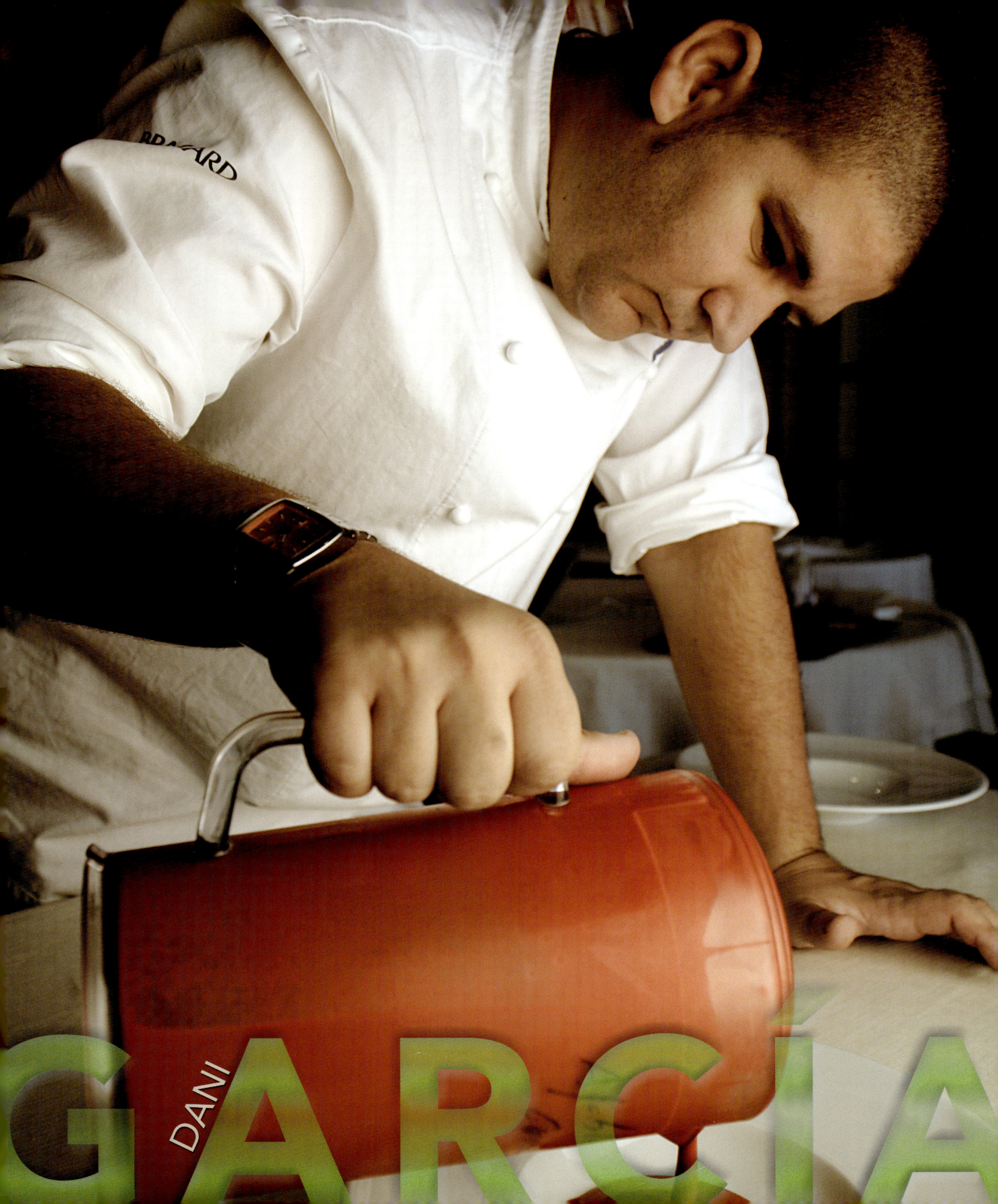

DANI GARCÍA

LENGUADO FRITO CON EMBLANCO LIGADO con miso y tomate semiseco

FRITTIERTE SEEZUNGE mit EMBLANCO* auf halbtrockenen Tomaten

ZUTATEN

(4 Personen)

Emblanco: 2 kleine Blaumäuler (halbfetter Seefisch), 1 Paprika, 1 Zwiebel, 1 Kartoffel, 1 Schuss Olivenöl, 50 g Miso-Paste **Sirup:** Wasser, Zucker, **Tomaten:** 150 ml Sojamilch, 8 Strauchtomaten **Kartoffelkügelchen:** 4 Kartoffeln, Wasser zum Kochen **Seezunge:** 4 Seezungen, 300 g Frittiermehl, Olivenöl zum Frittieren

ZUBEREITUNG

Emblanco

Alle Zutaten mit Ausnahme der Miso-Paste mit Wasser bedecken und zum Kochen bringen. Etwa 1 Stunde köcheln lassen, bis die Brühe einen konzentrierten Geschmack hat. Abseihen und die Miso-Paste unterrühren. Beiseite stellen.

Sirup

Wasser und Zucker im Verhältnis 1:1 vermischen, bis ein Sirup entsteht (die genaue Wasser- und Zuckermenge hängt davon ab, wie viel Sirup zubereitet werden soll).

Tomaten

500 ml Sirup zubereiten und die Sojamilch hinzufügen. Den Sirup vom Herd nehmen. Die Tomaten in den heißen Sirup legen und 30 Minuten ziehen lassen; die Tomaten herausnehmen, einen Schuss Olivenöl darübergeben und im Backofen 10 Minuten bei 60 °C weitergaren.

Kartoffeln

Kartoffelkügelchen ausstechen und diese unmittelbar vor dem Servieren in Wasser sanft kochen, bis sie gerade gar sind.

Seezunge

Die Fische in Mehl wälzen und bei 180 °C 6 Minuten frittieren. Die Fisch abtropfen lassen, die Haut abziehen und aufheben und das Fleisch von der Mittelgräte lösen.

DAS GERICHT FERTIG STELLEN

Die halbtrockenen Tomaten zusammen mit einigen Kartoffelkügelchen in einen tiefen Teller legen. Das Ganze mit einem Porzellangitter abdecken (das Gitter liegt an den Tellerwänden an, ohne jedoch den Boden zu berühren). Das Seezungenfleisch und die knusprig gebratene Haut auf dem Gitter anrichten. Den Emblanco unmittelbar vor dem Servieren über den Fisch schöpfen (die Brühe fließt durch das Gitter auf den Tellerboden und tränkt dort die halb getrockneten Tomaten und die Kartoffelkügelchen).

*Fischsuppe

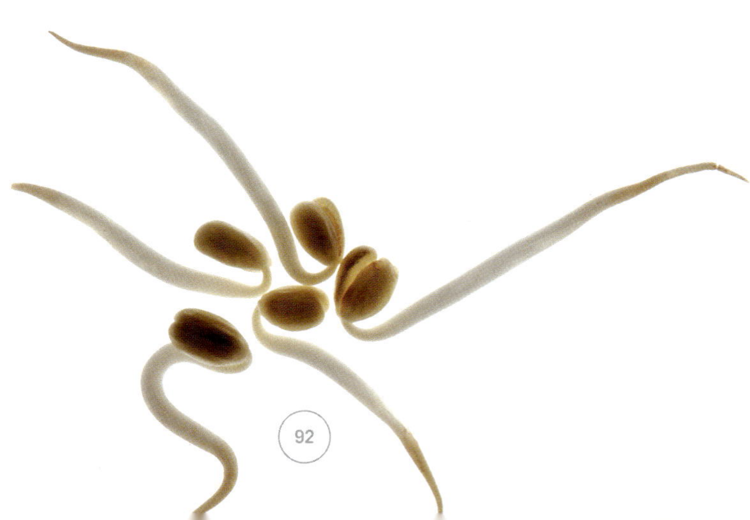

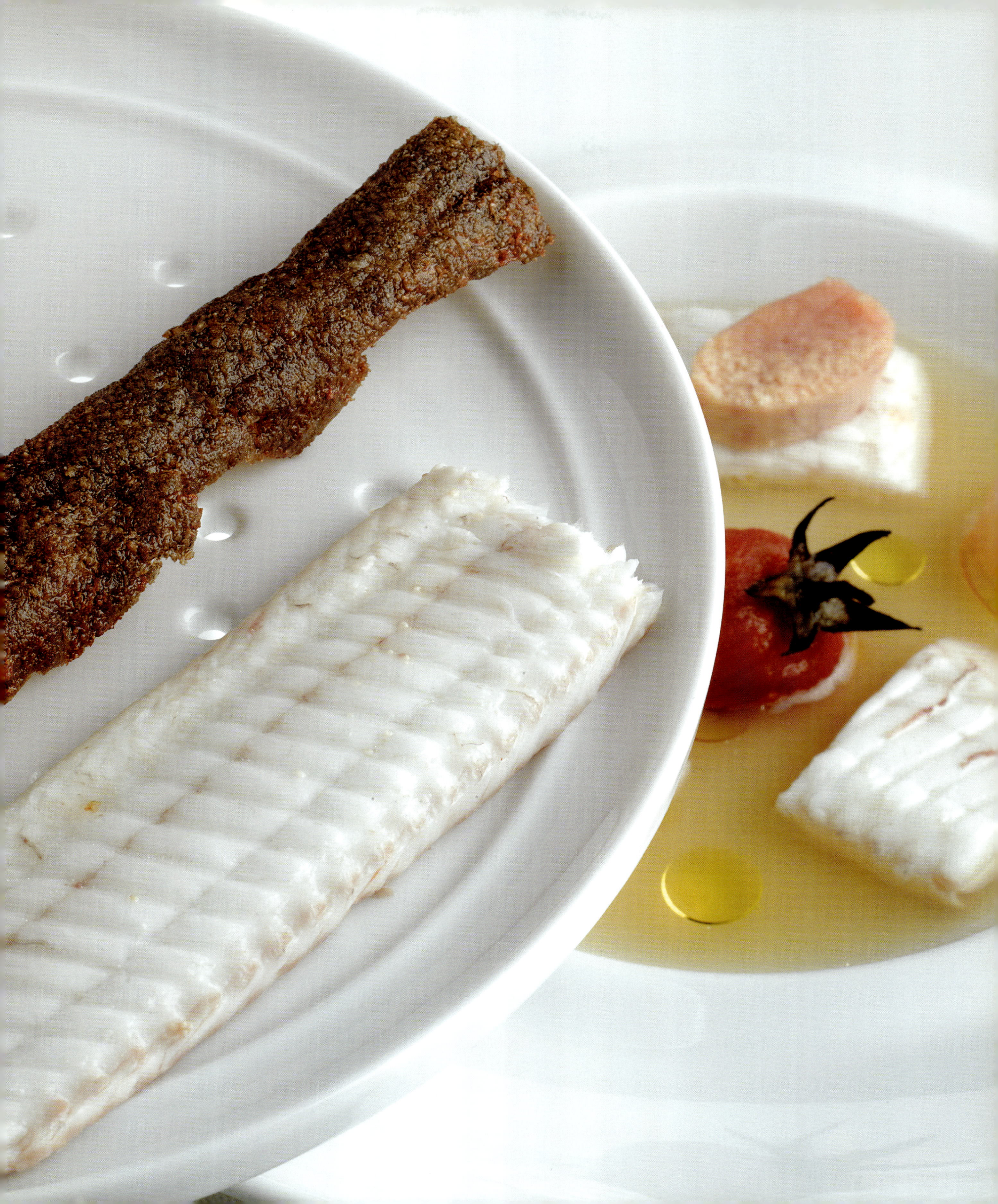

GAZPACHO DE CEREZA, queso fresco y anchoa

KIRSCH-GAZPACHO, Frischkäse und Anchovis

ZUTATEN

(4 Personen)

Kirsch-Gazpacho: 4 kg reife Tomaten, enthäutet, ½ Baguette vom Vortag, ½ Zwiebel, ½ grüne Paprikaschote, ¼ Knoblauchzehe, Salz, Olivenöl, Sherryessig, 200 g Kirschenfleisch (pro Liter Grundzubereitung) **Frischkäse-Schnee:** 250 g schnittfester Frischkäse in Lake, 100 ml Milch, 30 g Glukose **Basilikumöl:** 1 Bund Basilikum, 500 ml Traubenkernöl, Salz **Weitere Zutaten:** 4 Anchovis, 8 Pistazien

ZUBEREITUNG

Kirsch-Gazpacho

Die Tomaten mit dem Brot, der Zwiebel, der Paprika und dem Stückchen Knoblauch im Mixer zu einer glatten Masse zerkleinern und mit Salz, Olivenöl und Sherryessig abschmecken. Dann das Kirschenfleisch hinzufügen und eventuell nachsalzen.

Frischkäse-Schnee

Den Käse in Stückchen schneiden und die Glukose dazugeben. Die Milch aufkochen und über den Käse gießen. Die Mischung pürieren, in einen Pacojet-Becher füllen und mindestens 24 Stunden gefrieren, sodass sie mindestens -15 °C erreicht.

Basilikumöl

Das Basilikum in Wasser blanchieren und mit dem Traubenkernöl pürieren. Durch ein Sieb streichen und mit etwas Salz abschmecken.

DAS GERICHT FERTIG STELLEN

Den Gazpacho auf den Tellerboden schöpfen. An den Seiten je eine Pistazie und oben und unten je eine halbe Anchovis anordnen. Etwas Basilikumöl über den Gazpacho träufeln und zum Schluss den Frischkäse-Schnee auf den Gazpacho setzen.

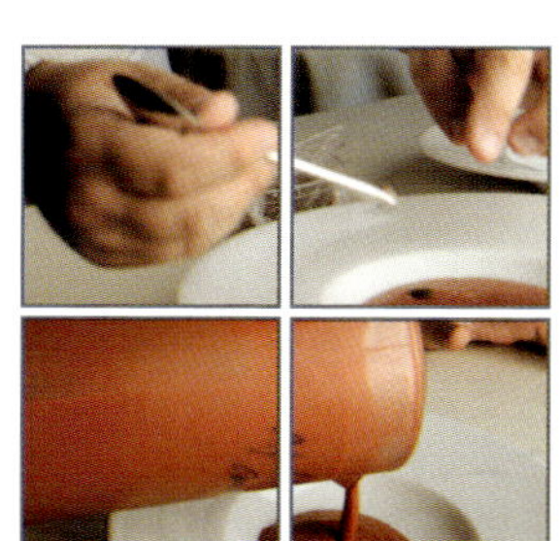

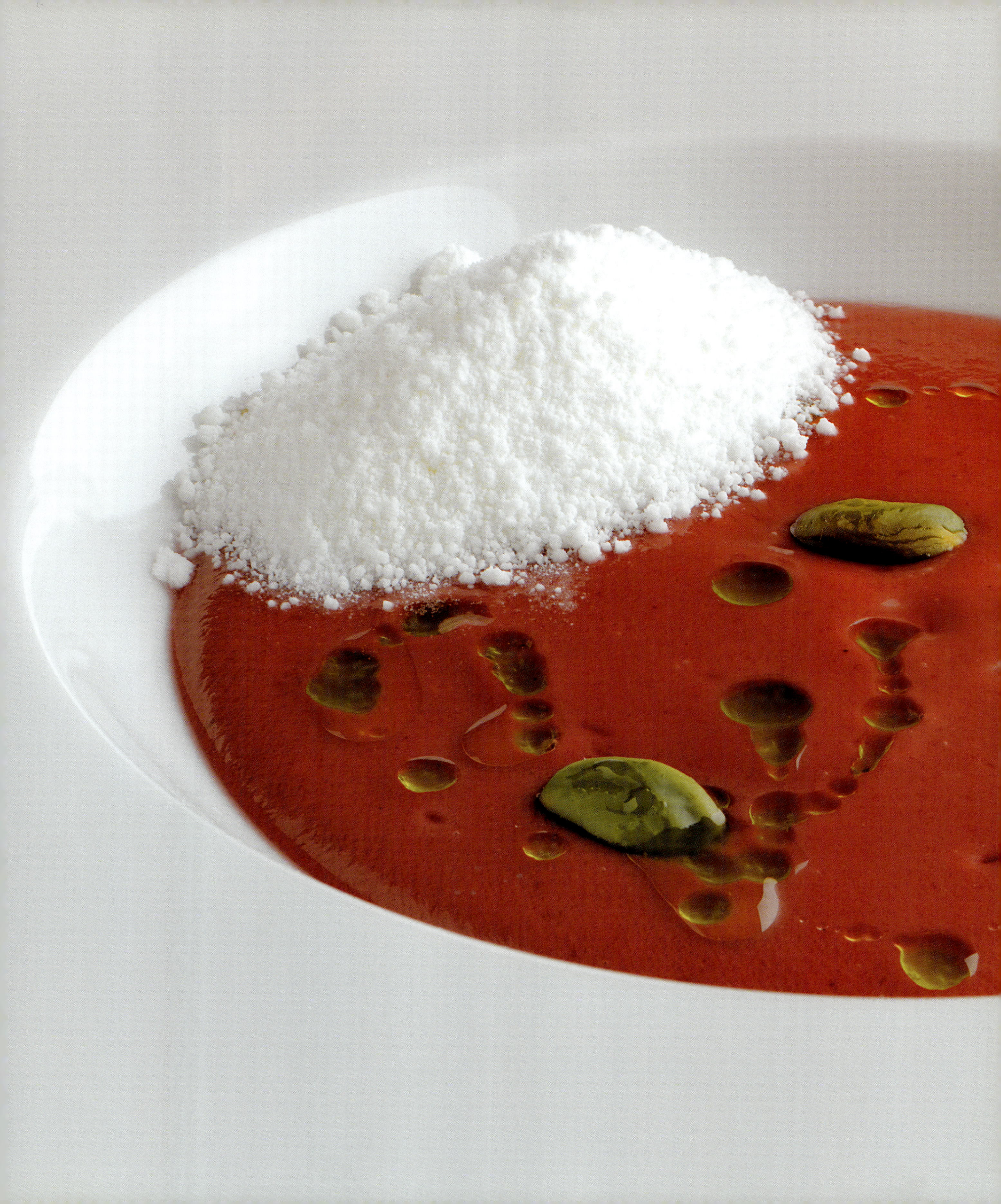

Vom Café de París in den Himmel

Seit vielen Jahren fällt immer wieder der Name Café de París, wenn das Gespräch auf die Küche Málagas kommt. Unter der Ägide José Garcías, dem Vater von José Carlos, wurde dieses Restaurant zu einer Adresse, die Feinschmecker gerne nannten, wenn sie nach erstklassiger Küche in Málaga gefragt wurden. Bis vor relativ kurzer Zeit zeichnete sich die Stadt nämlich dadurch aus, dass das Angebot in dieser Hinsicht knapp war. Doch die Zeiten ändern sich und mit ihnen nicht nur die Umstände, sondern auch die Namen.

Als José Carlos García die Leitung der Küche im Café de París übernahm, änderte sich mit Ausnahme der Dekoration tatsächlich einiges in diesem Lokal. Nach und nach verwandelte sich das Restaurant, in dem man durchaus gut essen konnte, in ein kulinarisches Muss der Stadt. Selbst den Inspektoren des Roten Führers von Michelin entging es nicht, dass dieser junge Koch in seiner Küche eine wahre Revolution anzettelte. Und so prämierten sie seine Bemühungen und seine hervorragenden Gerichte mit einem ihrer begehrten Sterne.

Geerbt hat José Carlos García seine Lust am Kochen und seinen Drang, die Kochkunst anderer kennen zu lernen, von seinem Vater. Ein solides Fundament erhielt er zudem durch eine Kochausbildung in der Talentschmiede La Cónsula. Sie beschert der andalusischen Kochszene, die bis vor nicht allzu langer Zeit noch recht entwicklungsbedürftig war, Jahr für Jahr brillante Profiköche. Nach Abschluss seiner Ausbildung sammelte José Carlos zunächst jedoch neue Erfahrungen an der Seite von Meistern wie Martín Berasategui und Joan Roca, bevor er schließlich nach Málaga zurückkehrte, um die Geschicke des Familienrestaurants in die Hand zu nehmen.

Schon damals begann er, eine Küche zu entwickeln, die sich im Wesentlichen auf die täglich frischen Produkte des Marktes und sein innovatives Gespür stützte, ohne dabei jedoch mit der traditionellen andalusischen Küche zu brechen. Seine Art der Neuinterpretation des kulinarischen Erbes Andalusiens beleuchtet bestimmte Bereiche wie die kalten Suppen oder die Zubereitungstechniken für Fischgerichte auf eine ganz neue Weise. Ohne die Vergangenheit zu vergessen, kreiert er die Gegenwart neu und bedient sich dabei der Techniken, die er während seiner Ausbildung gelernt hat. Nach und nach fand er so zu einem eigenen Kochstil, ohne sich dabei jedoch in Extravaganzen zu ergehen. Von vielen anderen unterscheidet er sich durch die Experimentierfreude und die Leichtigkeit, mit der er die Rohstoffe, die er je nach Saison auf dem Markt findet, für ein Gericht zusammenstellt. Häufig verwendet er Produkte aus dem unendlich scheinenden internationalen Angebot, die der richtig verstandenen Avantgarde-Küche Kontraste und neue Geschmacksnuancen verleihen, ohne die Hauptzutaten zu erdrücken.

José Carlos García ist zweifelsohne einer der Protagonisten einer stillen Revolution, die in Málaga ihren Anfang nahm und das Bild der andalusischen Küche in den letzten Jahren geprägt hat. Er ist ein technisch sehr versierter und gleichzeitig kreativer Koch, der den Geschmack seiner Heimatprodukte gekonnt zur Geltung bringt.

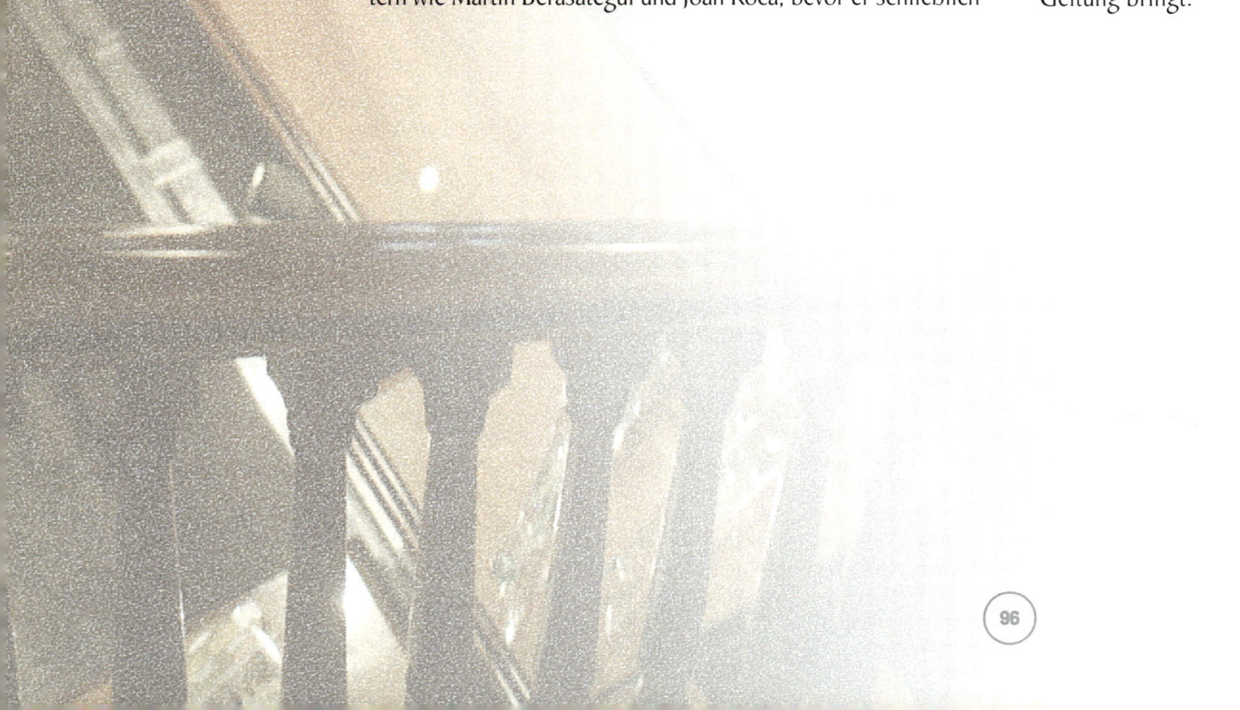

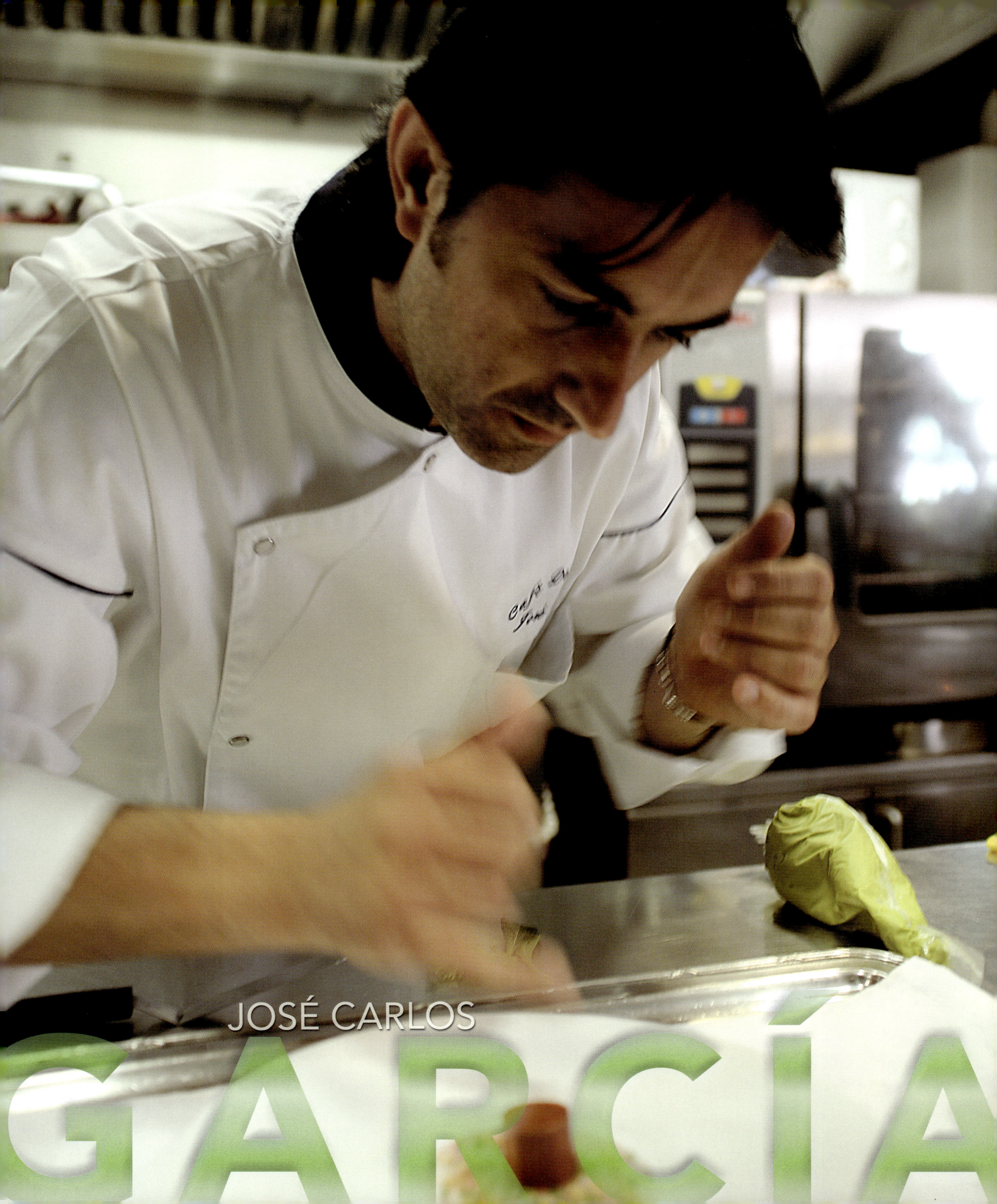

JOSÉ CARLOS GARCÍA

CARPACCIO DE QUISQUILLAS con caramelo salado, crema de aguacates y pequeña ensalada de hojas

FELSENGARNELEN-CARPACCIO
mit Salzbonbon, Avocadocreme und kleinem Blattsalat

ZUTATEN

(4 Personen)

Felsengarnelen-Carpaccio: 1 kg ganz frische Felsengarnelen
Felsengarnelen-Mayonnaise: Corail der Felsengarnelen, Wasser, Olivenöl,
Avocadocreme: 1 kg Avocados, ein paar Tropfen Zitronensaft, Salz, Tabasco **Salzbonbon:** 200 g Fondant, 400 g Glukose, 100 g Mandelmehl, Salzflocken **Blattsalat:** Senfblätter, Rauke, Borretschblüte, Mizuna **Weitere Zutaten:** 100 g geröstete Pinienkerne, Schnittlauchröllchen, natives Olivenöl

ZUBEREITUNG

Felsengarnelen-Carpaccio

Die Felsengarnelen in feine Scheibchen schneiden und diesen Carpaccio in Tiefkühlbeuteln gefrieren.

Felsengarnelen-Mayonnaise

Die Zutaten kalt zu einer Mayonnaise aufschlagen und beiseite stellen.

Avocadocreme

Die Avocados mit ein paar Tropfen Zitronensaft, Salz und einem Spritzer Tabasco pürieren und die Creme beiseite stellen.

Salzbonbon

Den Fondant und die Glukose bei 165 °C mischen und unter die heiße Masse das Mandelmehl und die Salzflocken mischen. Den Klumpen abkühlen lassen und dann zu Bonbonpulver zermahlen. Dieses Pulver zwischen Backpapier 3 Minuten bei 200 °C im Ofen backen. Schnell herausnehmen und noch warm in Portiönchen schneiden.

DAS GERICHT FERTIG STELLEN

Den Carpaccio mit dem Salzbonbon auf einem Teller anrichten. Die Avocadocreme dazwischen verteilen und mit den Salatblättern, der Mayonnaise, den Pinienkernen und den Schnittlauchröllchen dekorieren. Das Ganze mit nativem Olivenöl beträufeln.

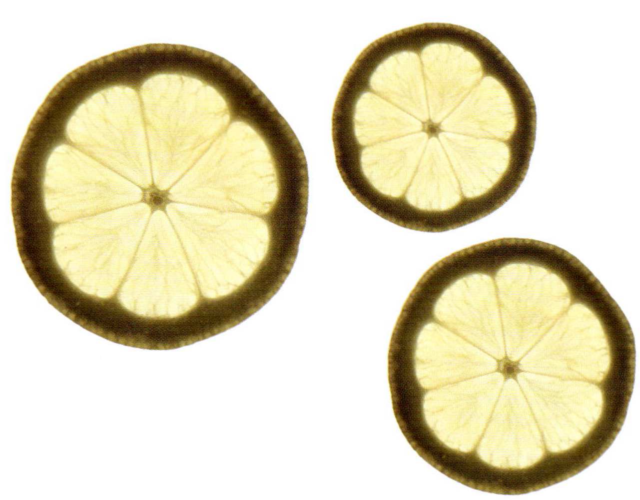

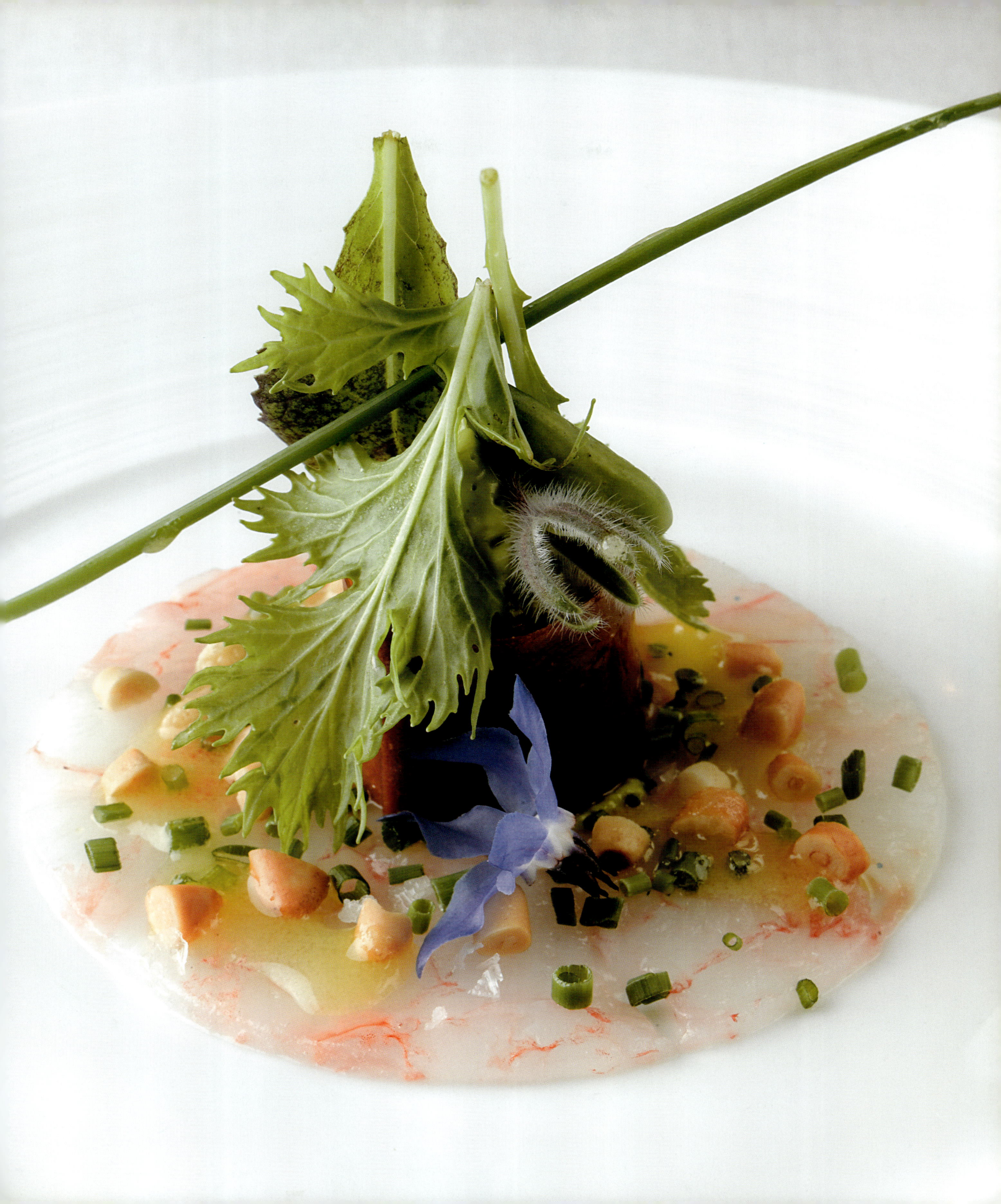

FRITURA DE CIGALAS DE MÁLAGA con crema de lechuga

FRITTIERTE KAISERGRANATE aus MÁLAGA mit Salatcreme

ZUTATEN

(4 Personen)

Frittierte Kaisergranate: 4 Kaisergranate (etwa 100 g), 8 Streifen Kataifi-Teig (8 × 8 cm), Olivenöl, Salz **Salatcreme:** 4 Schalotten, 25 g Butter, 1 kräftig grüner Kopfsalat **Weitere Zutaten:** 20 g Rettichsprossen

ZUBEREITUNG

Frittierte Kaisergranate

Die Kaisergranate halbieren, in den Kataifi-Teig wickeln und in Olivenöl ausbraten.

Salatcreme

Die Schalotten in der zerlassenen Butter 1 Minute anschwitzen. Den Kopfsalat 5 Minuten blanchieren und schnell abkühlen. Die in der Butter zerlassenen Schalotten mit dem Salat zu einer glatten Creme pürieren.

DAS GERICHT FERTIG STELLEN

Die Salatcreme auf den Boden eines tiefen Tellers schöpfen und einen frittierten Kaisergranat in der Tellermitte anrichten. Mit den Rettichsprossen garnieren.

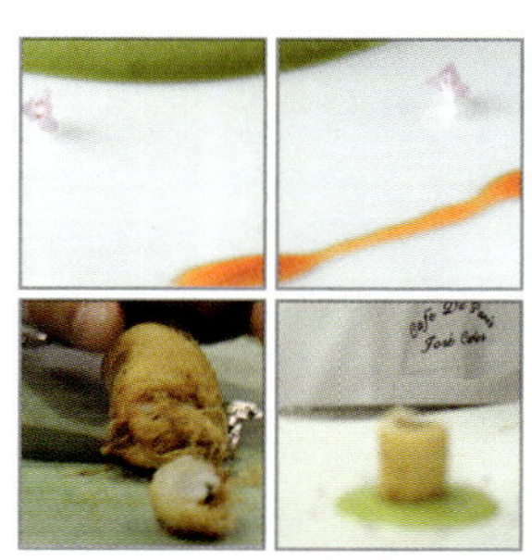

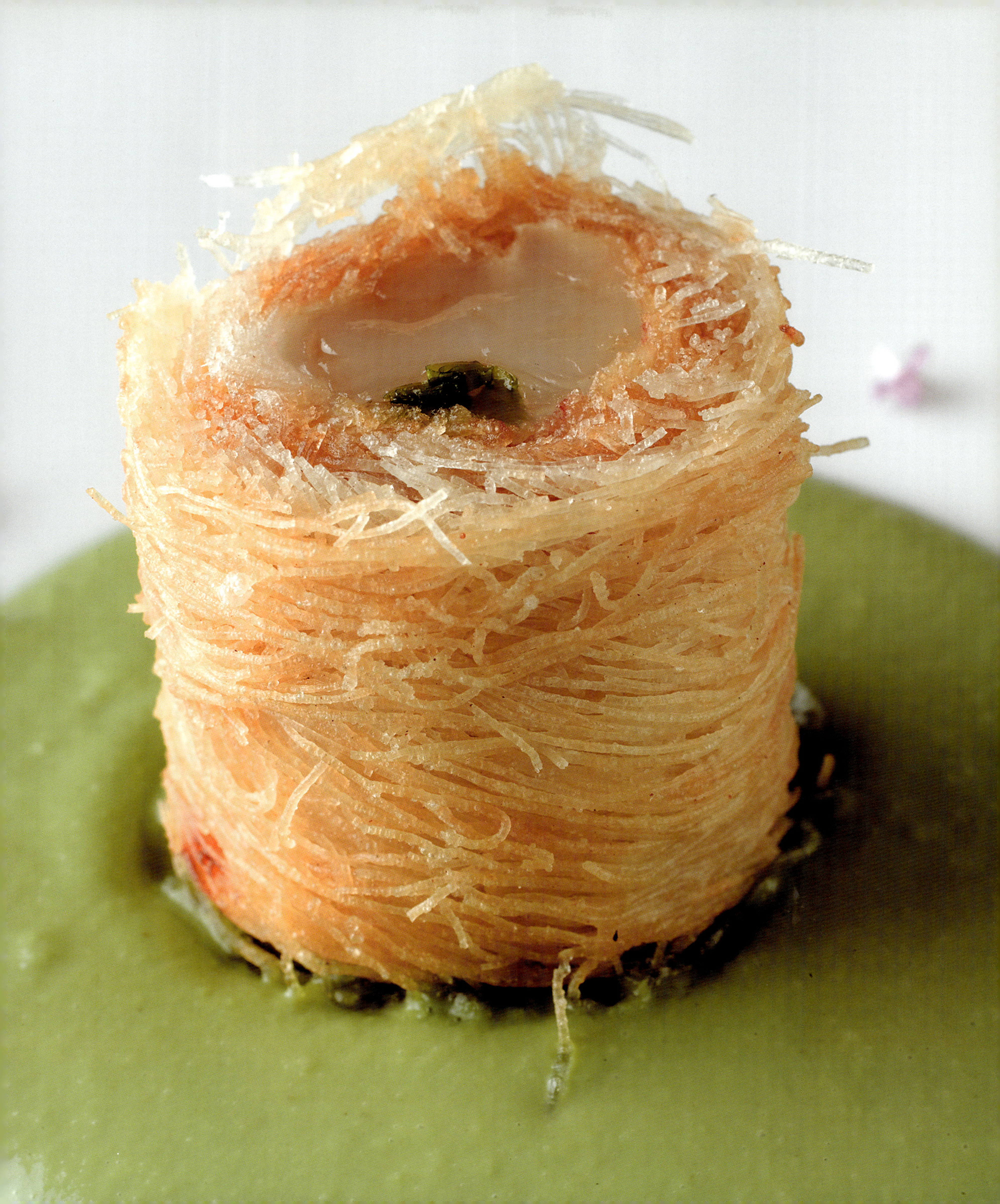

Der vielseitige Koch und Schöngeist

Xabier Gutiérrez arbeitet seit 1991 im Restaurant Arzak in Alto de Miracruz, San Sebastián. Bevor er hier anfing – zunächst an der Seite von Juan Mari Arzak und seit einigen Jahren an der Seite von dessen Tochter Elena – hatte er sein Diplom in Psychologie gemacht und war auf die Hotelfachschule von San Sebastián gegangen. Dort begann seine intensive Ausbildung zum Koch. Sie führte ihn in verschiedene Restaurants im Baskenland sowie in zahlreiche Patisserien in Spanien, Italien und Frankreich, wo er schnell zu einem ausgesprochenen Virtuosen in der Verarbeitung von Schokolade und und der Kreation süßer Köstlichkeiten geworden ist. In keinem Moment hat er dabei allerdings seine große Leidenschaft für salzige Gerichte verloren.

Die Entwicklung vom Süßen zum Salzigen zeigt sich in der fortlaufenden Forschungs- und Schreibtätigkeit, mit der er jede Etappe seines Werdegangs begleitet hat. Xabi Gutiérrez ist jedoch keineswegs ein Gebrauchskoch, der seine Rezepte einfach nur in langweiligen und belehrenden Büchern veröffentlicht. Nein, gerade bei seinen späteren Werken, die – wie könnte es anders sein – selbstverständlich auch Rezepte enthalten, handelt es sich um literarische Überlegungen über die Küche und den dort ablaufenden kreativen Prozess. Während seine ersten Bücher, die der Arbeit mit Schokolade und Süßwaren gewidmet sind – Principios básicos de repostería (Grundprinzipien der Zuckerbäckerei), Tratado del chocolate (Abhandlung über Schokolade), Hablemos del chocolate (Sprechen wir über Schokolade), noch weitestgehend konventioneller Art sind, sehen seine späteren Publikationen – El bosque culinario (Der kulinarische Wald), Cocinar lo menos posible (So wenig wie möglich kochen), Asfalto culinario (Kulinarischer Asphalt) schon ganz anders aus. Sie zeugen von einem erfahrenen Koch mit ausgereiften Ansichten, der nie schulmeisterlich auftritt, sondern vielmehr die Begegnung mit dem Leser sucht. Ihm will er das Thema »kulinarische Kreativität« und seine Beweggründe näher bringen. Dabei drückt er sich verständlich, einfach und manchmal sogar poetisch aus und bleibt stets interessant und unterhaltsam.

Bei all seiner Vielseitigkeit ist Xabi Gutiérrez in erster Linie ein großartiger Koch. Seit 15 Jahren arbeitet er nun schon im Bereich der Desserts und Patisserien im Arzak. Von Anfang an setzte er dabei all seine kreativen Fähigkeiten ein, was ihn im Labor des Restaurants neben Ígor Zalacaín zur unersetzbaren Schlüsselfigur machte. Hier entstehen die originellen Ideen und verwandeln sich in Speisen, die jeden Gaumen überraschen. Anlässlich der Präsentation eines der Bücher von Xabier Gutiérrez sagte Juan Mari Arzak einmal Folgendes über seinen Mitarbeiter, den er auch als seinen Freund betrachtet: »Xabier Gutiérrez stammt wie ich aus San Sebastián und ist derzeit einer meiner treuesten und besten Mitarbeiter. Er ist der Star in diesem kulinarischen Labor, das unter anderem die Küche unseres Restaurants in der Straße Alto de Miracruz in San Sebastián ist. Seine wunderbare Fantasie verbindet sich in perfekter Harmonie mit einer ausgefeilten Technik. Dabei ist es ganz und gar nicht einfach, diese beiden Dinge in Einklang zu bringen, besonders nicht auf dem Gebiet der Konditor- und Süßwaren. Doch Xabi bewegt sich auf diesem glatten Terrain mit beispielloser Eleganz und Sicherheit.«

Die Worte des Meisters unterstreichen die beiden wesentlichen Aspekte der Arbeit dieses Kochs. Auf der einen Seite sind da sein Talent und, fast könnte man sagen, seine Berufung, diese süßen Köstlichkeiten auszudenken und mit technischer Perfektion zu vollenden. Auf der anderen Seite steht diese schier unerschöpfliche Kreativität, die einen der Grundpfeiler des Restaurants darstellt. Juan Mari und Elena Arzak sind sich dessen sehr wohl bewusst und loben ihr Team bei jeder sich bietenden Gelegenheit. Xabier Gutiérrez ist in diesem Team die süße Seele. Er steuert diese kleine Portion kreativer Verrücktheit bei, der das Arzak seine magische Anziehungskraft verdankt.

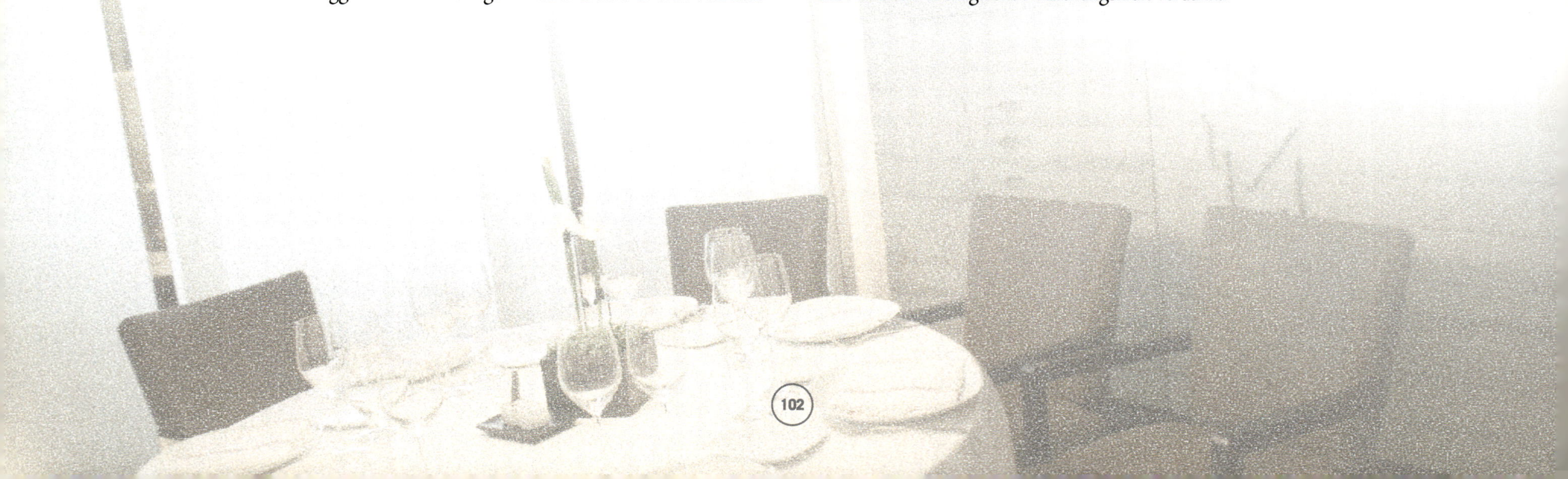

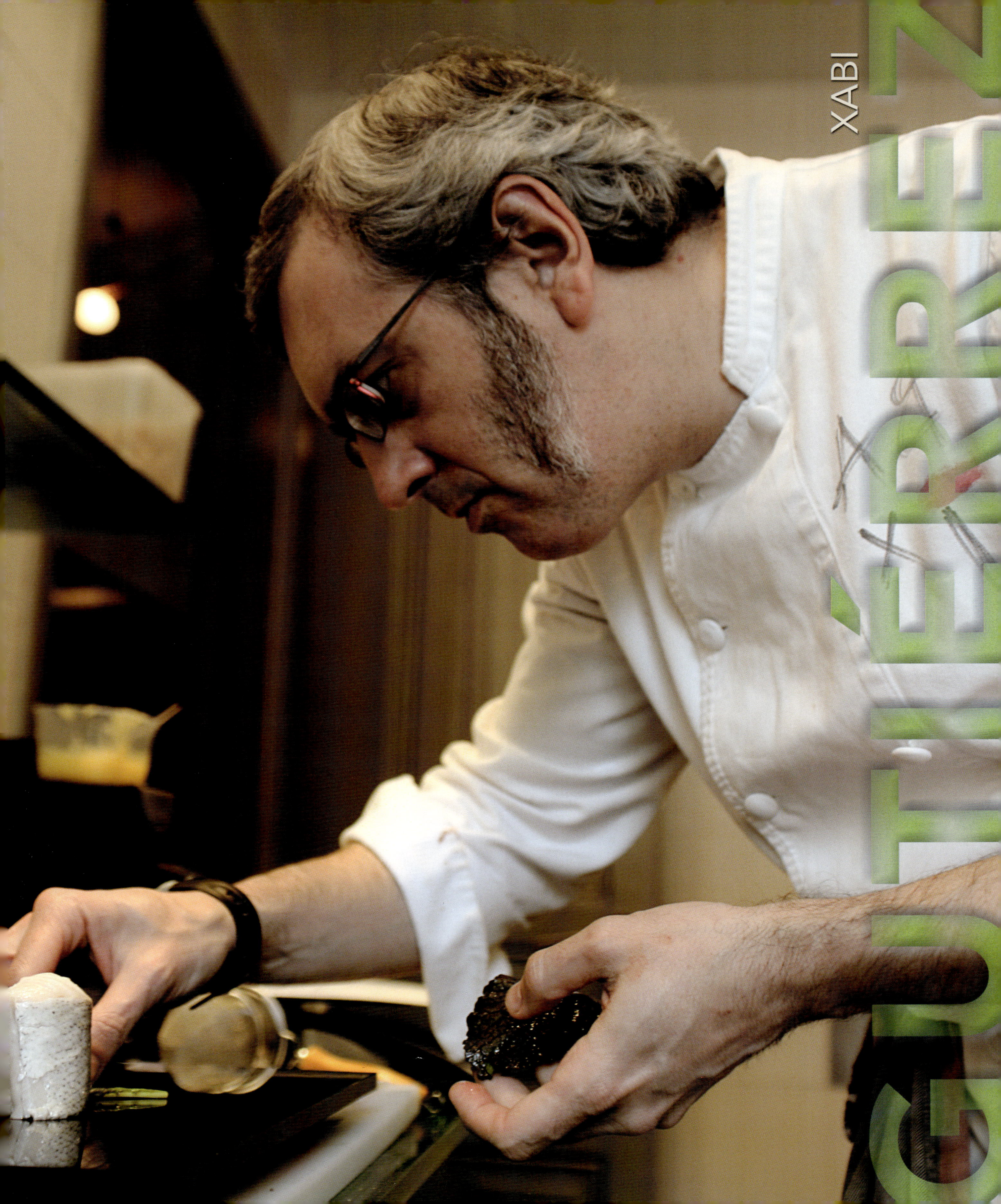
XABI
GUTIÉRREZ

HELADO CALIENTE
de queso

WARMES KÄSEEIS

ZUTATEN

(4 Personen)

250 g Zucker, 75 ml süße Sahne, 100 ml Milch, 250 g schnittfester Frischkäse, 250 g Joghurt

ZUBEREITUNG

Alle Zutaten mischen und zu einer glatten Creme pürieren. In der Eismaschine verrühren und gefrieren. Wenn das Eis fertig ist, eine Kugel in den Gefriertrockner geben (-50,5 °C und 0,065 mb), damit das Eis seinen Umfang verdreifacht, bis die Kälte es daran hindert und es sich nicht weiter ausdehnen kann. Ebenso mit allen übrigen Eiskugeln verfahren.

DAS GERICHT FERTIG STELLEN

Pro Person eine Kugel warmes Käseeis servieren. Das Eis muss gut trocken und sehr knusprig sein; es schmeckt nach Eis, hat jedoch Zimmertemperatur.

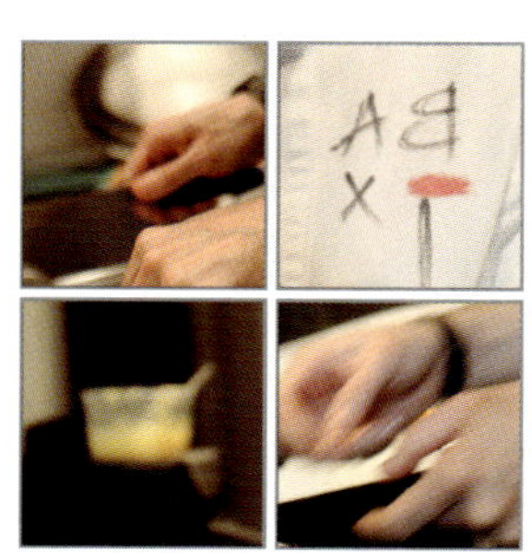

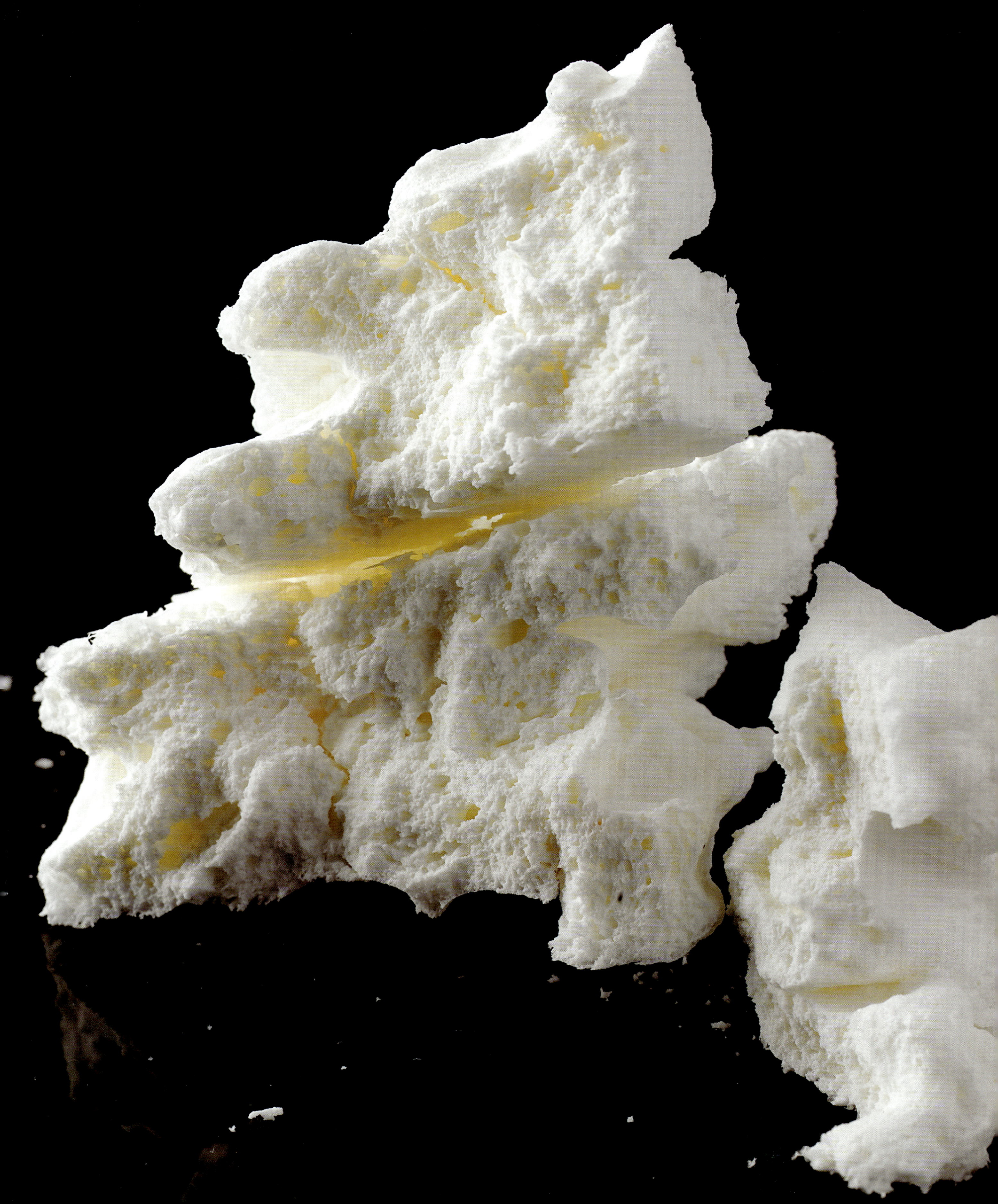

MOLLEJAS DE CORDERO a la cera perdida

LAMMBRIES mit verlorenem Bienenwachs

ZUTATEN

(4 Personen)

Bries: 2 Stück Lammbries, 25 g Mandeln, sehr fein gehackt, Wasser und Essig, Salz und Pfeffer **Gefriergetrocknetes Wachs:** 200 ml Milch, 50 ml süße Sahne, 50 g Bienenwachs, 15 g Honig, 2 g Pollen **Wachsgel:** 125 ml Sonnenblumenöl, 20 g Bienenwachs, 1 g Salz **Weitere Zutaten:** 1 Prise gemahlener Asant, natives Olivenöl extra, Apfelessig

ZUBEREITUNG

Bries

Das Lammbries in Wasser mit etwas Essig 10 Minuten kochen. In Eiswasser abkühlen. Abtrocknen, gut säubern und in Portionen aufteilen. Mit Salz und Pfeffer würzen und in einer Pfanne mit etwas Öl bei kleiner Hitze braten. Wenn das Bries halb gar ist, herausnehmen, in den gehackten Mandeln wenden, überschüssige Mandeln abklopfen und in der Pfanne fertig braten.

Gefriergetrocknetes Wachs

Alle Zutaten aufkochen und dann an einer kühlen Stelle ruhen lassen, damit sich auf der Oberfläche des Gefäßes eine Wachsschicht bildet. Durch ein Sieb abgießen und einfrieren. Die gefrorene Mischung in den Gefriertrockner geben, bis sie zu Pulver wird. Beiseite stellen.

Wachsgel

Alle Zutaten mischen und auf 69 °C erwärmen. Bei Zimmertemperatur aufbewahren.

DAS GERICHT FERTIG STELLEN

Das Bries auf einem Teller anrichten und im letzten Moment mit gefriergetrocknetem Wachs bestäuben. Auf eine Seite jedes Briesstücks eine kleine Portion Wachsgel setzen. Das Ganze mit etwas gemahlenem Asant und der Olivenöl-Apfelessig-Mischung umgeben.

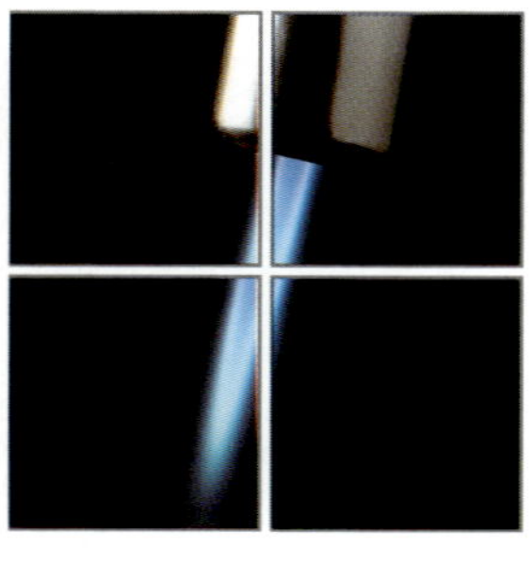

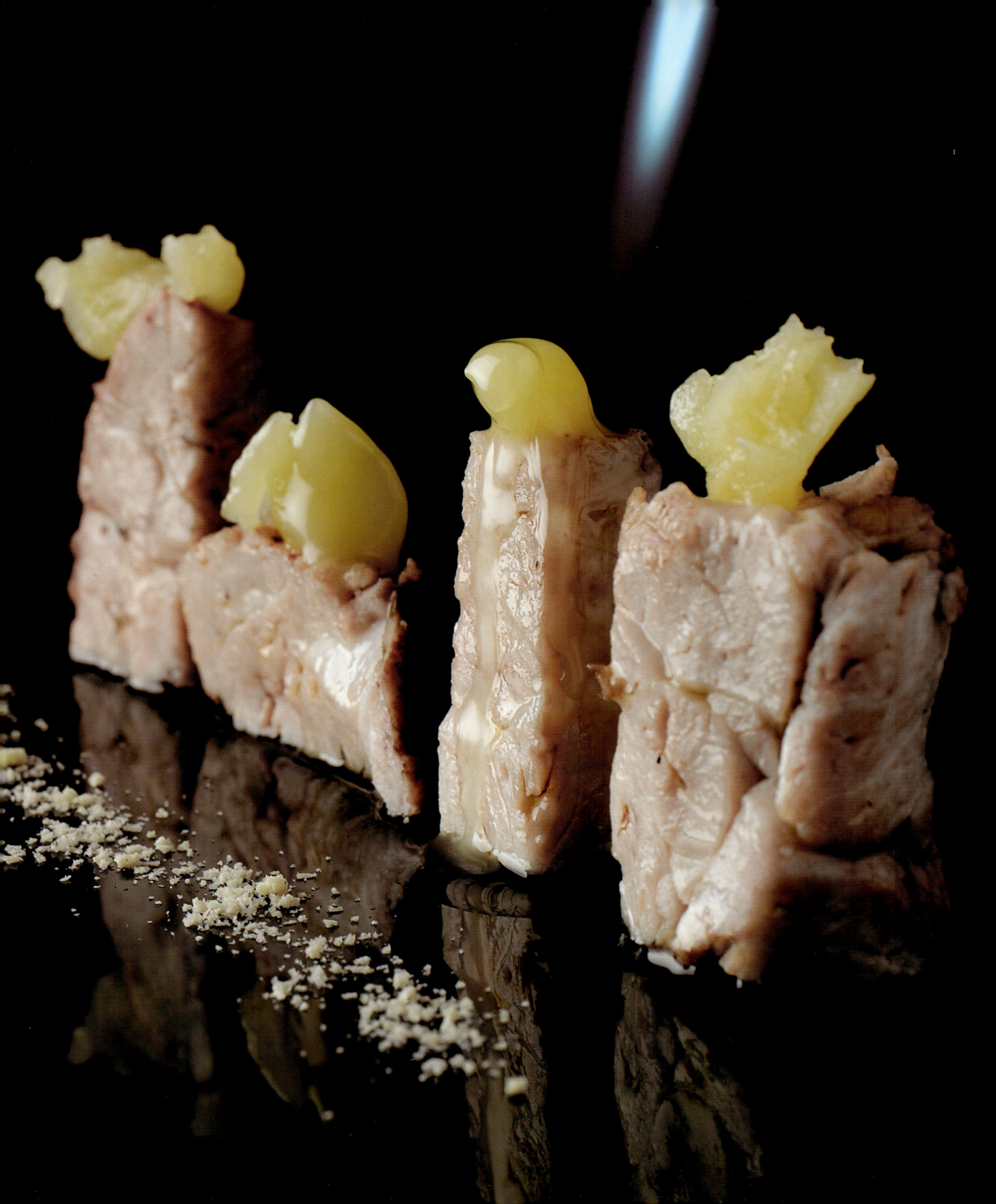

Ein Klassiker auf immer neuen Wegen

Der in Lerín, einer Ortschaft in Navarra, geborene Pedro Larumbe ließ sich schon mit knapp 16 Jahren in die Kunst, andere Menschen beim Essen glücklich zu machen, einweihen. Die Leitung einer Küche übernahm er zum ersten Mal, als er von Víctor Merino im El Molino de Puente Arce in Kantabrien angestellt wurde. In seiner beruflichen Entwicklung folgte Jahre später das Sardina de Plata in Santander. In dieser ersten Etappe entwickelte und verfestigte er all die Grundlagen für seinen weiteren Werdegang.

1980 kam er nach Madrid und eröffnete im Jahr darauf mit der Familie Merino das Restaurant Cabo Mayor, das beste Beispiel für die aktuelle kantabrische Küche, das es je in der Hauptstadt gegeben hat. Sein Erfolg war für ihn Ansporn zum geschäftlichen Wachstum, und so machte er ein neues Restaurant in Sotogrande, Provinz Cádiz, auf. Er wagte sogar den Sprung nach Japan, wo er die Stadt Osaka für seinen neuen Gastronomietempel wählte. Das alles vergrößerte ständig den Erfahrungsschatz dieses unermüdlichen Kochs, der als Repräsentant der spanischen Gastronomie in alle Winkel der Welt gereist ist und mit Auszeichnungen wie dem staatlichen Gastronomiepreis Spaniens (1984), der Silbermedaille der Stadt Bordeaux und dem Preis »Alimentos de España« (Lebensmittel aus Spanien) gewürdigt worden ist.

Vor zehn Jahren beschloss Pedro Larumbe, in Madrid ein neues Restaurant aufzumachen, das sein ganz persönliches Verständnis der Gastronomie widerspiegeln sollte, und daher taufte er es auch mit seinem eigenen Namen. Das Lokal befindet sich im Einkaufszentrum ABC Serrano, einem der repräsentativsten Gebäude in Madrids geschäftlichem Herzen. Der schöne Bau aus dem Jahr 1896 bildet seitdem den dekorativen Hintergrund für die frische Marktküche des Restaurants. Hier findet man eine Aktualisierung traditioneller Rezepte in leichteren Versionen und bereichert um attraktive Details der internationalen Küche, in der Pedro Larumbe fraglos in seinem Element ist. Ein Erbe aus seinen Anfängen in Kantabrien und auch des bereits legendären Cabo Mayor in Santander ist die Art und Weise, wie er Fisch zubereitet, und so gilt dieser Koch in Madrid als Koryphäe im Umgang mit Meeresprodukten.

Als rastloser Mensch voller Unternehmergeist, der seinesgleichen sucht, befasst er sich immer wieder mit neuen Projekten. Seine letzten Initiativen waren die Bereitstellung der Restaurationsdienstleistungen auf dem Messegelände Juan Carlos I in Madrid und die Eröffnung des Nobelrestaurants Los Cedros in dem wunderbaren Rahmen, den das Madrider Hotel Quinta de los Cedros bietet.

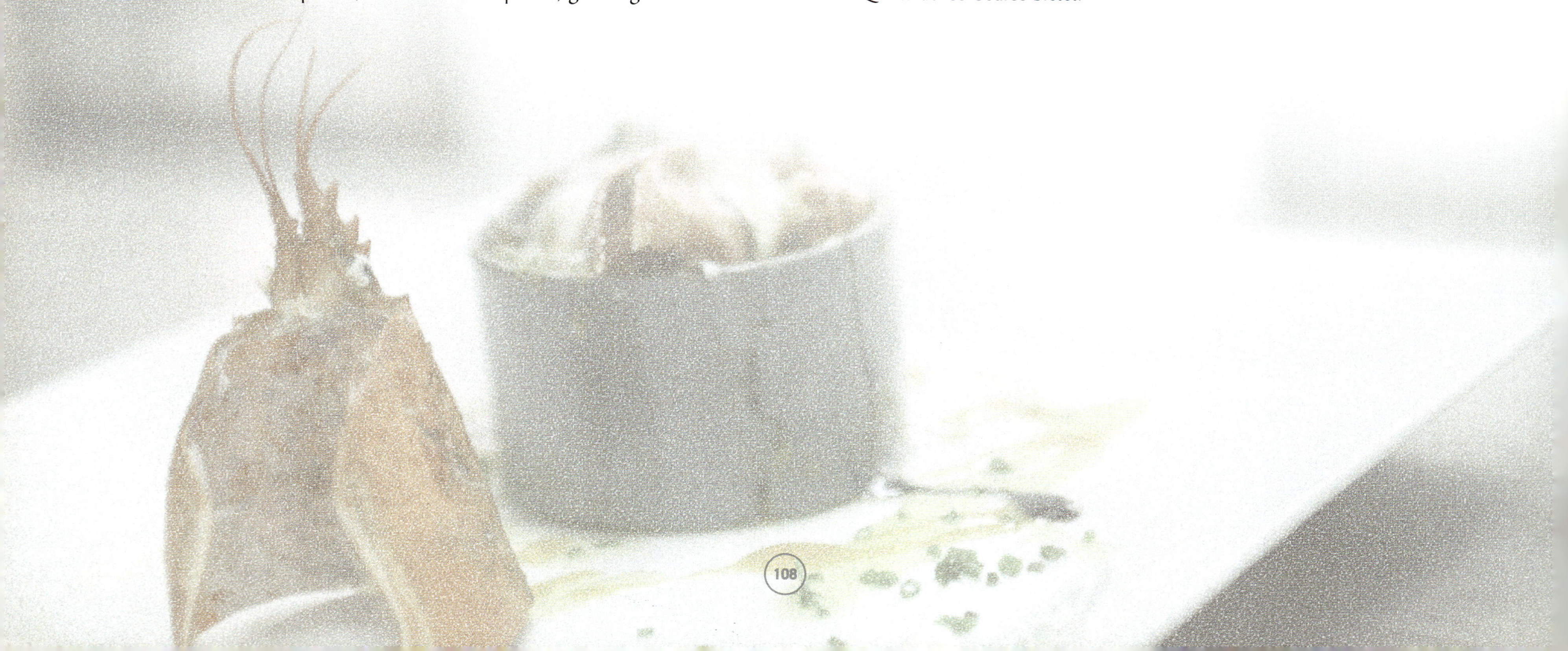

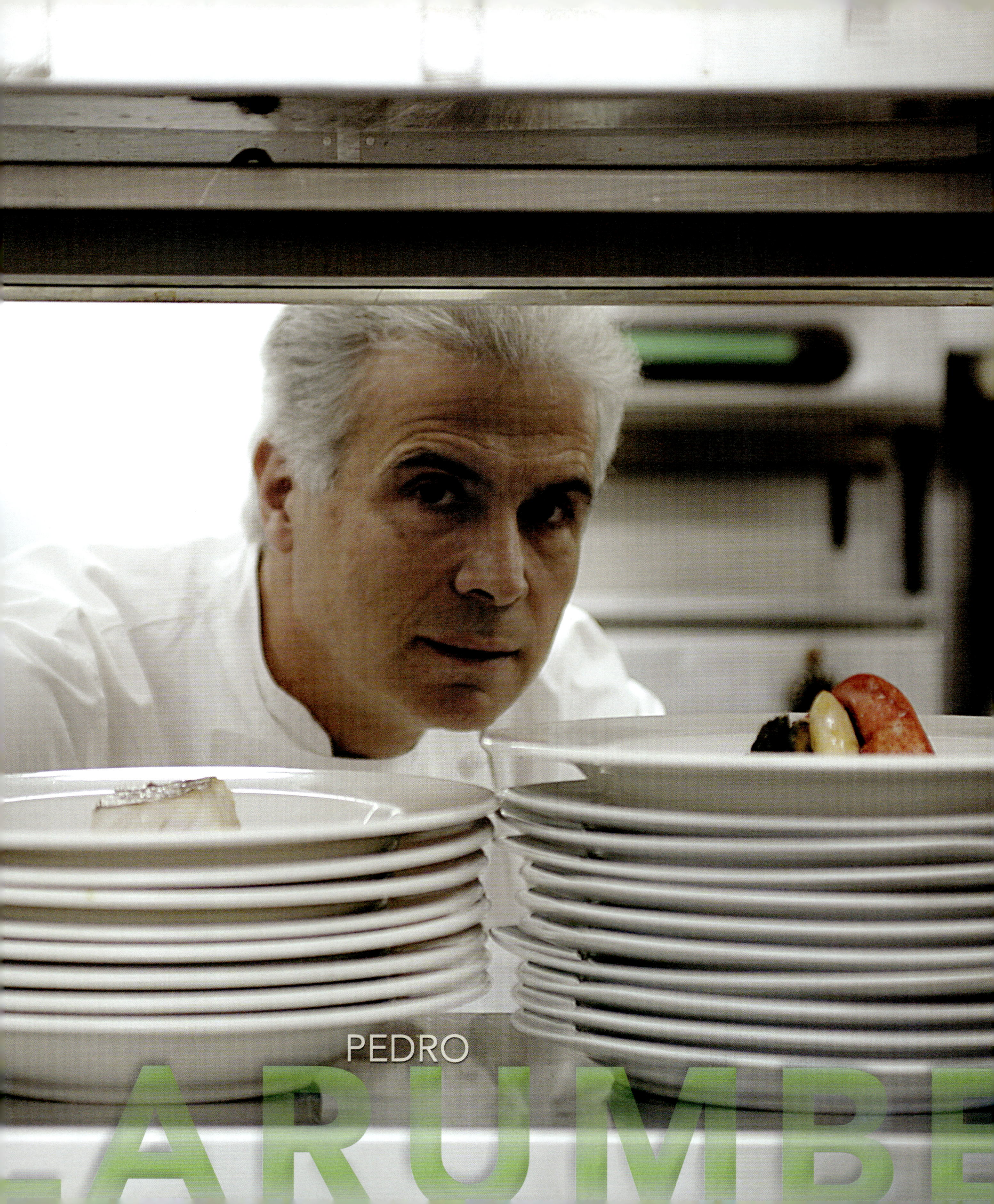

PEDRO
LARUMBE

BACALAO AL PIL PIL VERDE de cilantro

KLIPPFISCH in grünem Koriander-Pil-Pil*

ZUTATEN

(4 Personen)

Korianderöl (100 ml): 1 Sträußchen Koriander, 250 ml Olivenöl
Klippfisch: 900 g Klippfisch **Gemüse:** ½ Zwiebel, 1 ½ Zucchini, ½ grüne Paprikaschote, 2 Tomaten, 100 ml natives Olivenöl extra, 1 roter getrockneter Chili

ZUBEREITUNG

Korianderöl

Den frischen Koriander 1 Stunde in Öl leicht erwärmen, dann in der Küchenmaschine pürieren und abschließend filtern.

Klippfisch

Den Fisch entsalzen, indem man ihn mehrmals in frisches Wasser einlegt, das anfangs immer kalt sein muss. Den Klippfisch in Olivenöl mit einer Knoblauchzehe und einem winzigen Stückchen Chili bei sehr schwacher Hitze garen. Den Klippfisch herausnehmen und beiseite stellen. Die beim Garen ausgetretene Gelatine mit dem Öl vom Garen zu einer Pil-Pil-Sauce emulgieren und die Sauce mit dem Korianderöl grün färben.

Gemüse

Die halbe Zwiebel, die halbe Zucchini und die halbe grüne Paprika in kleine Würfel schneiden. Die Tomaten blanchieren, die Haut abziehen und das Fleisch würfeln. Die Tomaten sautieren, den ausgetretenen Saft abgießen und beiseite stellen. Die Zwiebel-, Zucchini- und Paprikawürfel ebenfalls sautieren, die Tomaten unterrühren und den Tomatensaft dazugießen.
Die übrige ganze Zucchini in Scheiben schneiden und auf der Backplatte grillen.

DAS GERICHT FERTIG STELLEN

Den Teller mit einer Schicht Zucchinischeiben belegen, darauf das sautierte Gemüse geben und obenauf den Klippfisch mit Pil-Pil-Sauce anrichten.

---

* Pil-Pil ist eine in Spanien beliebte Sauce aus der eigenen Gelatine des Fischs.

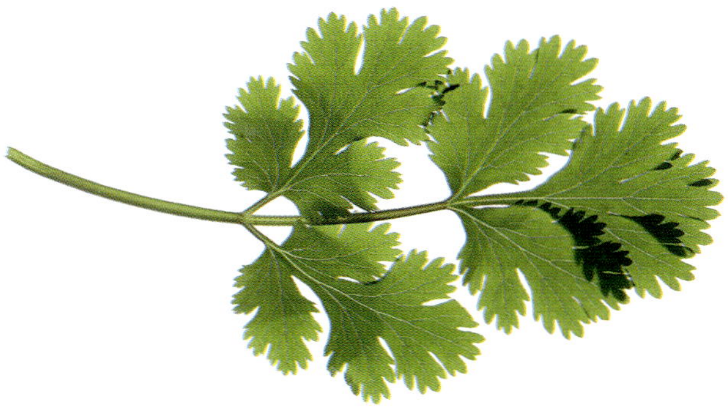

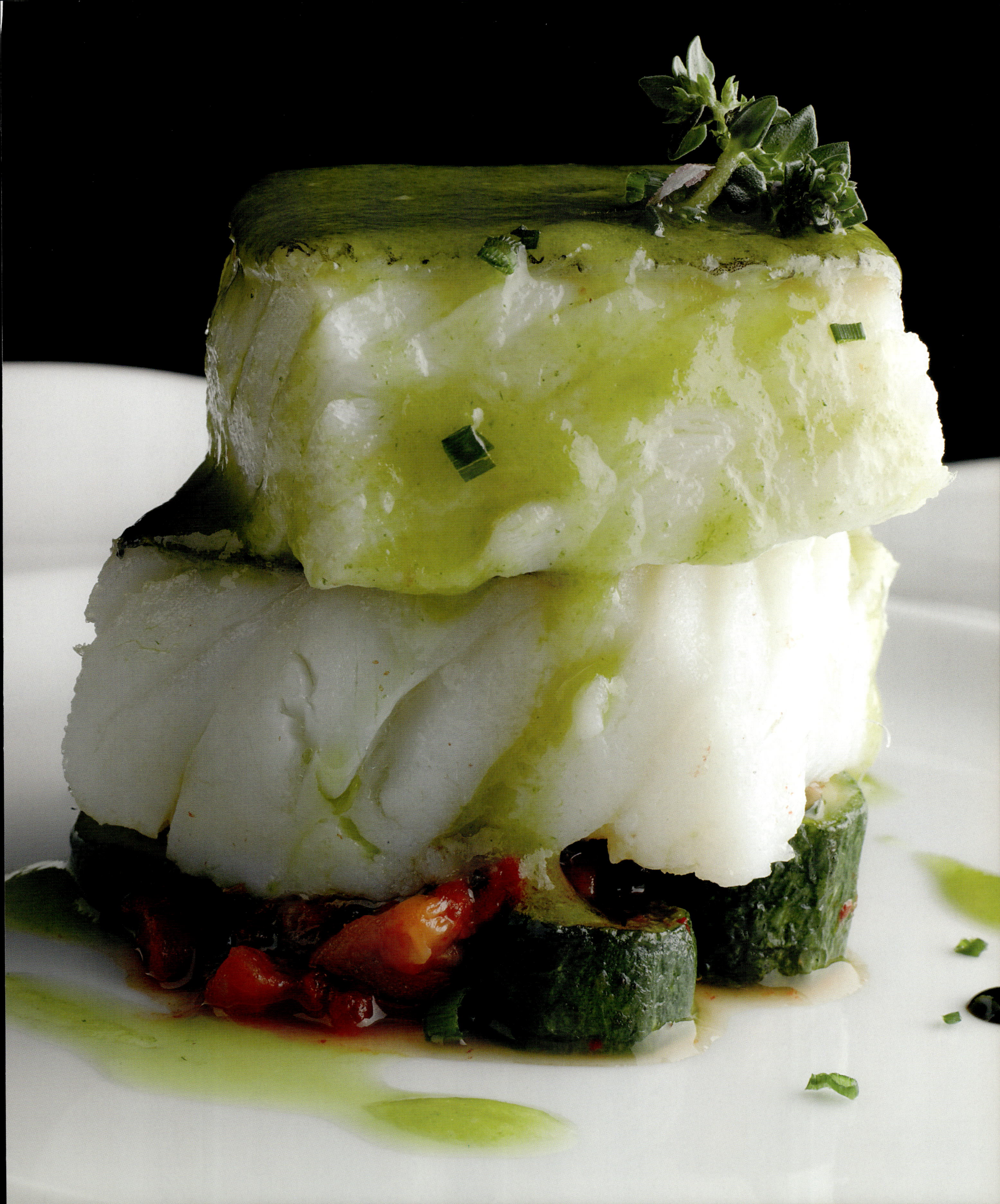

VERDURAS DE NAVARRA con bogavante al jerez sibarita

GEMÜSE aus NAVARRA mit Hummer und Gourmet-Sherry-Sauce

ZUTATEN

(4 Personen)

Gemüse: 300 g grüne Bohnen, 12 Artischocken, 8 Minimöhren, 300 g Mangold, Wasser, Salz **Hummer:** 1 kg Hummer **Gourmet-Sherry-Sauce:** 300 g Butter, Olivenöl, 1 Schalotte, 100 ml Fischfond, 2 Gläser Sherry **Weitere Zutaten:** Maldonsalz, Kerbel, Olivenöl, Essig

ZUBEREITUNG

Gemüse

Das Gemüse putzen und jede Gemüsesorte separat in Salzwasser mit ein wenig Öl garen. Abtropfen lassen und beiseite stellen.

Hummer

Den Hummer kochen, das Fleisch aus dem Panzer lösen und in Stücke schneiden.

Gourmet-Sherry-Sauce

In einem Topf die fein gehackte Schalotte in Butter und Öl anschwitzen. Den Fischfond angießen, das Gemüse hineingeben und den Sherry dazugießen. 3 Minuten kochen lassen, vom Herd nehmen und die Hummerfleischstücke hineingeben.

DAS GERICHT FERTIG STELLEN

Das abgetropfte Gemüse kurz in Öl wenden und auf einem tiefen Teller anrichten.
Die Hummerstücke neben das Gemüse legen und mit der Gourmet-Sherry-Sauce nappieren.
Zum Abschluss mit Maldonsalz und Kerbel bestreuen und etwas Olivenöl sowie ein paar Tropfen Essig darüberträufeln.

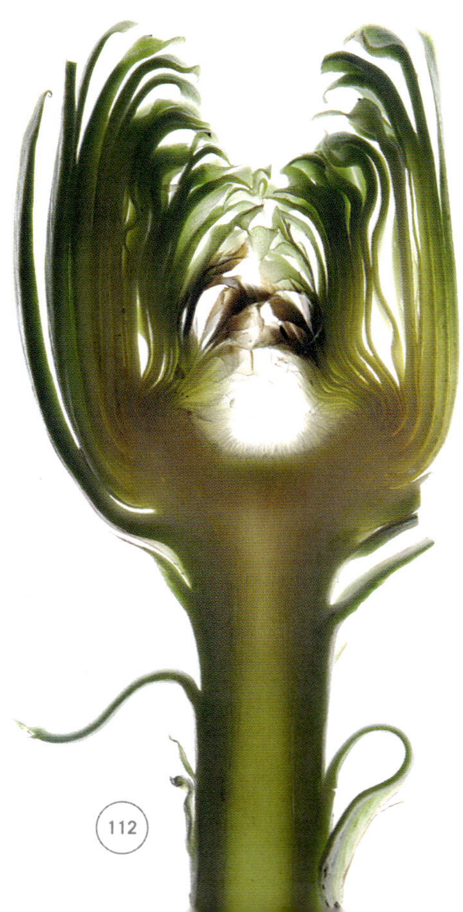

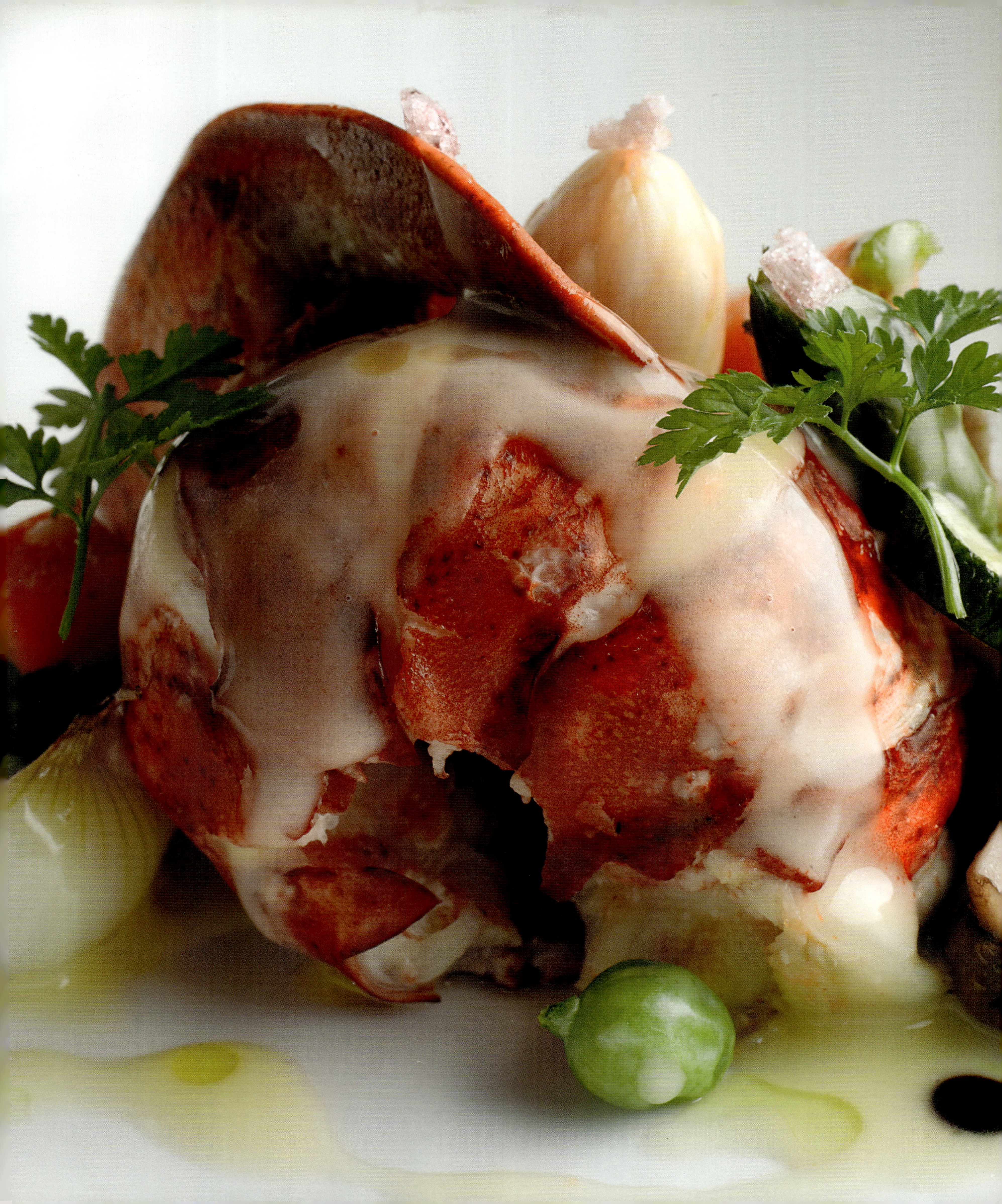

Innovation in grüner Landschaft

Nacho Manzano ist Chef der Casa Marcial, für viele das derzeit modernste Restaurant Asturiens. Manzanos Kreationen sind Ausdruck einer tiefen Verbundenheit mit den Produkten und Aromen seiner Heimat, deren beeindruckende Landschaft den Hintergrund für seine kulinarischen Abenteuer abgibt, die übrigens immer ein Happy End haben.

Verstehen kann die Küche Manzanos eigentlich nur, wer den Ort kennt, an dem sich die Casa Marcial befindet, wo der Mittdreißiger heute zwischen Kochtöpfen umherwirbelt, wo sein Elternhaus war und wo er auch geboren wurde. Casa Marcial war damals nicht nur Wohnsitz der Familie Manzano, sondern auch Wirtshaus und Kolonialwarenhandlung. Der Ort La Salgar, Schauplatz des Ganzen, besteht aus einer kleinen Ansammlung von Häusern an einem Gebirgspass, über den die asturische Küste mit dem Landesinneren verbunden ist. Auf den Weiden grasen friedlich die Kuhherden der Bauern, und durch die umliegenden Berge ziehen neben Rehen und Wildschweinen auch die letzten asturischen Wildpferde.

Inmitten dieser rustikalen Landschaft liegt also das renommierteste Restaurant Asturiens. Natürlich hat das Haus im Laufe der Jahre einige Veränderungen durchgemacht. Die ursprünglichen Räumlichkeiten sind einem geräumigen Speisesaal gewichen, in dem Nacho Manzano heute seine exquisiten Kochkünste zelebriert. Er und seine Küche sind zu festen Bezugspunkten der neuen Gastronomie Asturiens geworden, und das aus vielerlei Gründen. Mit Fantasie und Talent ist es Manzano gelungen, die traditionellen Rezepte und Zutaten seiner Heimat gehörig zu entstauben. Dies ist ihm mit Gerichten gelungen, die sich durch ihre beeindruckende Komposition und spektakuläre Aromen auszeichnen. Viele seiner hervorragendsten Kreationen sind reine Fantasiegeschöpfe, bei denen Manzano die einheimischen Produkte zu harmonischen Gebilden zusammenfügt, die durch außergewöhnliche Eleganz bestechen. Neben solchen Erfindungen, bei denen sich seine Fantasie von den Aromen der Umgebung inspirieren lässt, werden in seiner Küche aber auch viele jener Rezepte neu aufgelegt, die das Herzstück der kulinarischen Tradition Asturiens bilden. Und diese Neuauflagen überzeugen genauso wie seine anderen Werke. Nacho Manzano schafft es, ausgehend von bereits Bekanntem völlig neue Gerichte zu kreieren, über deren Aromen ihr zeitloser Kern zum Vorschein kommt. Zum Beispiel die *fabada* (ein Eintopf aus Dicken Bohnen mit Paprikawurst, Blutwurst und Speck), der Inbegriff der volkstümlichen asturischen Küche: Wer einmal den knusprigen durchwachsenen Speck mit Vinaigrette aus *fabada* und rohem Gemüse gekostet hat, sieht ein, dass es keine bessere, respektvollere, poetischere und revolutionärere Art gibt, diesem Gericht, Essenz der kulinarischen Tradition Asturiens, zu huldigen als mit dieser Kreation.

Manzano hat die gastronomische Kultur seiner Heimat derart verinnerlicht, dass die Variationen mit der gleichen Natürlichkeit aus ihm heraussprudeln, mit der ein Jazzmusiker ein bekanntes Thema interpretiert: Es reicht ihm, sich dem Thema in den Tönen, die es charakterisieren, immer wieder anzunähern. Sein guter Geschmack, seine Fähigkeit, bis dahin ungedachte Kombinationen zu erdenken, seine ständige Suche nach der Harmonie der Texturen, Geschmacksnuancen und Aromen machen ihn zu einem Koch, der unbändige Kreativität verströmt, ohne dabei die Produkte seiner Heimat und deren Landschaft aus den Augen zu verlieren.

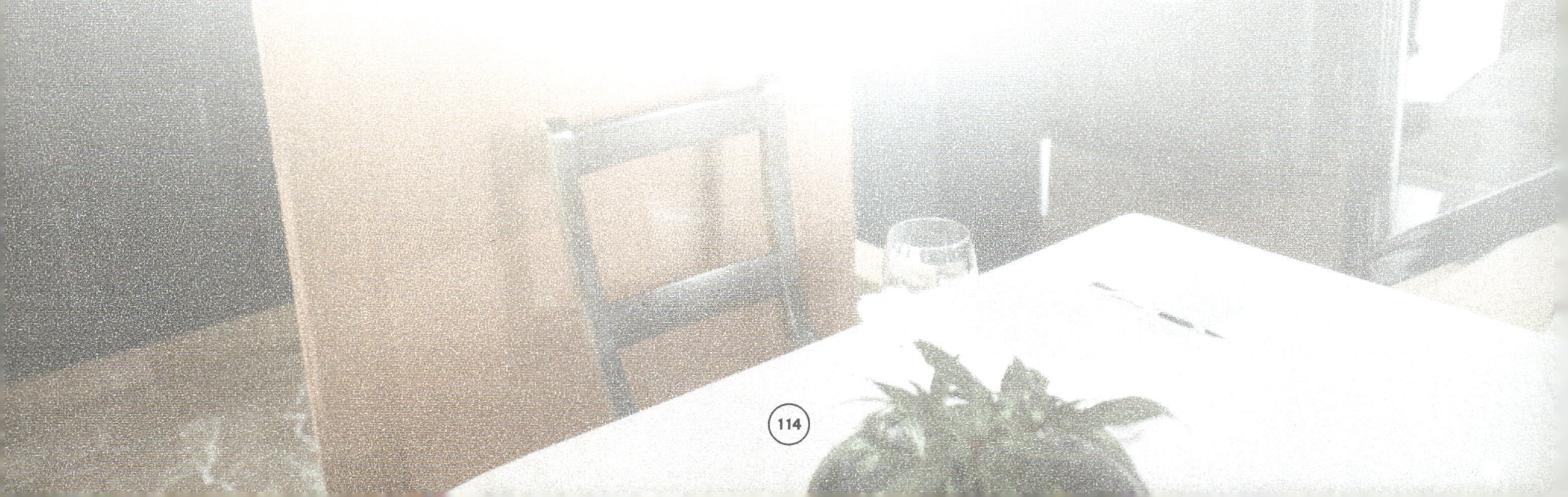

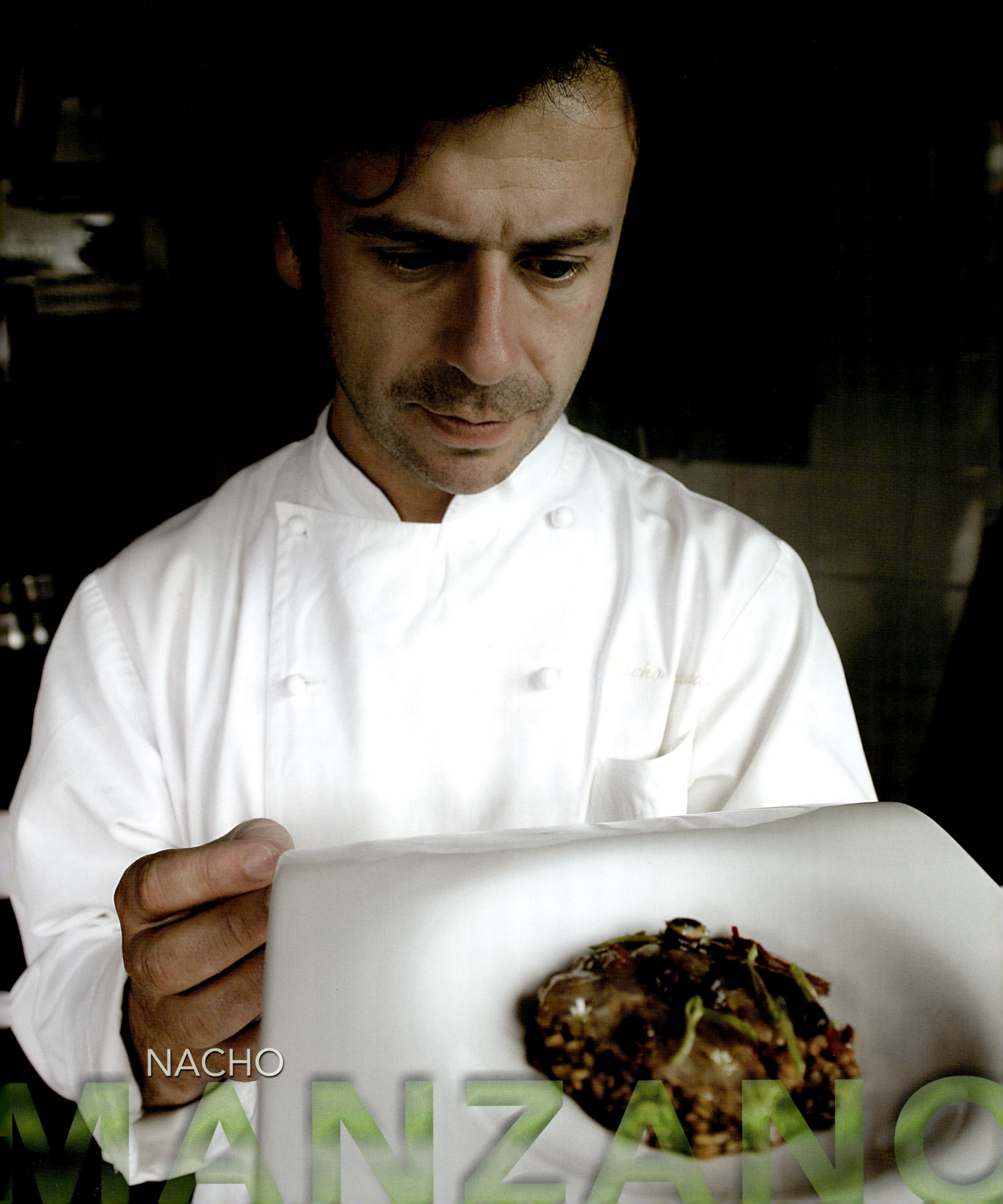

NACHO MANZANO

ARROZ CREMOSO
con llámpares, jamón y chorizo

CREMIGER REIS
mit Napfschnecken, Schinken und Chorizo

ZUTATEN

(4 Personen)

Fischsud (2 l): 2 Schwimmkrabben, 3 kg Felsenfische, 1 Möhre, 1 Lauch, 1 Zwiebel, 2 reife Tomaten, 1 Lorbeerblatt, Petersilie, 750 ml trockener Sherry, 10 ml trockener Oloroso-Sherry, Orangenschale, Zitronenschale, 5 l Wasser, 1 gehäufter EL Olivenöl, 1 Prise Salz **Napfschneckensud (600 ml):** ½ Zwiebel, 4 Knoblauchzehen, ½ Flasche Cidre, 500 g Napfschnecken, 1 EL Olivenöl **Reis:** 200 g Reis (traditioneller Rundkornreis ›Bahía-Senia‹ mit D.O. Arroz de Valencia) **Weitere Zutaten:** 4 Scheiben Ibérico-Schinken, 12 frische Napfschnecken, 1 gute Chorizo-Wurst aus Asturien, frische Sprossen (Vogelmiere), 3 zarte Zuckerschoten, in Julienne geschnitten

ZUBEREITUNG

Fischsud

Den Fisch zerkleinern und mit den Schwimmkrabben in Öl frittieren. In das bereits kochende Wasser geben. In demselben Öl das Gemüse ganz langsam weich werden lassen, dann die zerkleinerten Tomaten, Lorbeer und Petersilie dazugeben. Die Flüssigkeit etwas einkochen lassen, mit den Sherry-Weinen ablöschen und die Orangen- und Zitronenschale hinzugeben. Den Alkohol verdampfen lassen und das Ganze zu dem Fischsud geben. Bei starker Hitze auf insgesamt 2 l Flüssigkeit einkochen lassen. Mit Salz abschmecken.

Napfschneckensud

Die Zwiebel und den Knoblauch glasig anschwitzen, den Cidre hinzufügen und verdampfen lassen. Die Napfschnecken hinzufügen und mit dem fertigen Fischsud bedecken. 30 Minuten köcheln lassen, durchseihen und beiseite stellen. Die Schalen der Napfschnecken entfernen und das Fleisch zu einer cremigen Paste pürieren.

Reis

Den Napfschneckensud aufkochen und den Reis hineingeben. Bei mittlerer Hitze garen, dabei hin und wieder umrühren. Sobald der Reis gar ist, einen Esslöffel Napfschneckenpaste unterrühren, vom Herd nehmen und 3 Minuten ruhen lassen.

DAS GERICHT FERTIG STELLEN

Die frischen Napfsschnecken im Dampfgarer öffnen. Die Chorizo-Wurst kochen, in Stäbchen schneiden und diese in einer Pfanne in etwas Olivenöl knusprig braten. Die Zuckerschoten sautieren.

Den Reis auf dem Teller verteilen, darauf eine sehr dünne Scheibe Schinken platzieren. Mit drei Napfschnecken, einigen Vogelmieresprossen, einigen Stäbchen Chorizo und etwas Zuckerschote garnieren.

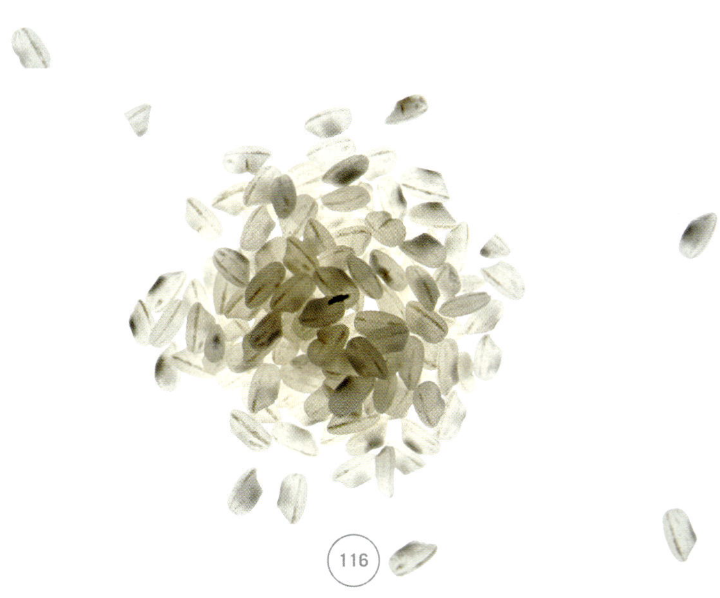

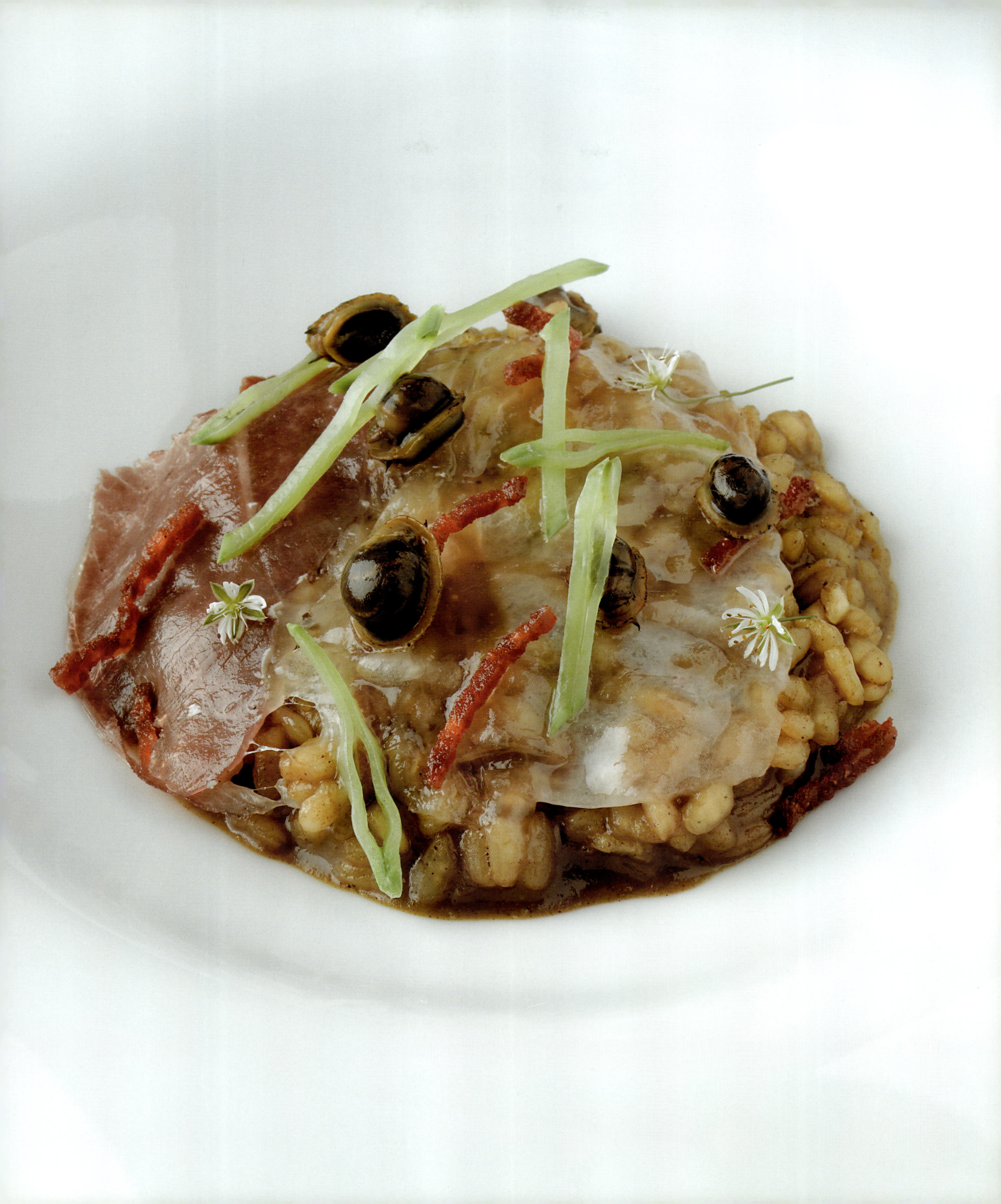

CIGALAS
con suero de queso, pepino macerado y aire de su esencia

KAISERGRANAT
mit Käseserum, mazerierter Gurke und Schaum aus Kaisergranatessenz

ZUTATEN

(4 Personen)

Kaisergranat: 4 große Kaisergranate **Kaisergranatessenz:** 500 g Felsenfische, 5 g Zitronenschale, 5 g Orangenschale, 5 g Muscovado-Zucker, 20 ml trockener Oloroso-Sherry, Wasser, 1 EL Olivenöl, Lezithin (je nach Menge der Essenz) **Gurke:** 1 ca. 8 cm langes Stück Salatgurke, 1 Prise Salz, Zucker, Zuckersirup (Verhältnis 1 l Wasser auf 0,5 kg Zucker) **Käseserum:** 300 g Vidiago-Käse (milder, sahnig-weicher Stangenkäse), 100 g Manchego-Käse, 400 ml Wasser **Rogen vom Kaisergranat:** Rogen vom Kaisergranat **Weitere Zutaten:** Maldonsalz

ZUBEREITUNG

Kaisergranat

Die Schwänze der Kaisergranate abtrennen, das Fleisch aus dem Panzer lösen und beiseite stellen.

Kaisergranatessenz

Die Felsenfische zerkleinern und in etwas Olivenöl anbraten. Den Fisch, die Köpfe der Kaisergranate, die Orangen- und Zitronenschale, den Oloroso-Sherry und den Muscovado-Zucker mit Wasser bedecken und einen Sud daraus kochen. Auf 400 ml Kaisergranatessenz werden 5 ml Lezithin verwendet.

Gurke

Die Kerne aus dem ungeschälten Gurkenstück entfernen, von innen einige Einschnitte in das Gurkenfleisch machen und mit Salz und Zucker einreiben. 15 Minuten ruhen lassen. Abspülen, abtrocknen, die Schale entfernen und das mazerierte Fruchtfleisch in Streifen von 1 × 4 mm schneiden. In Zuckersirup eingelegt beiseite stellen.

Käseserum

Beide Käse mit dem Wasser 6 Minuten bei 40 °C auf Stufe 4 im Thermomix mixen. 24 Stunden ruhen lassen, die Flüssigkeit, die sich abgesetzt hat, vorsichtig abseihen und beiseite stellen.

Rogen vom Kaisergranat

Den Rogen 15–20 Minuten im Ofen bei 60 °C trocknen.

DAS GERICHT FERTIG STELLEN

Das Käseserum im Thermomix 4 Minuten auf Stufe 4 erhitzen. Die Kaisergranatessenz sehr schaumig schlagen und so beiseite stellen, dass keine Bewegung das Setzen des Schaums stören kann. Die Kaisergranate in einer heißen Pfanne in ganz wenig Olivenöl kurz anbraten.

60 g Käseserum in einen tiefen Teller geben. Darauf das Kaisergranatfleisch mit etwas Maldonsalz anrichten und aufgeschäumte Kaisergranatessenz daneben platzieren. Mit vier bis fünf Gurkenstreifen und dem Rogen vom Kaisergranat garnieren und einige Tropfen natives Olivenöl darüberträufeln.

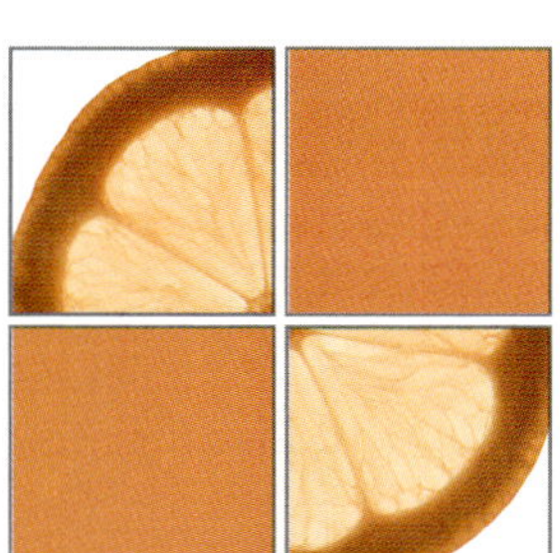

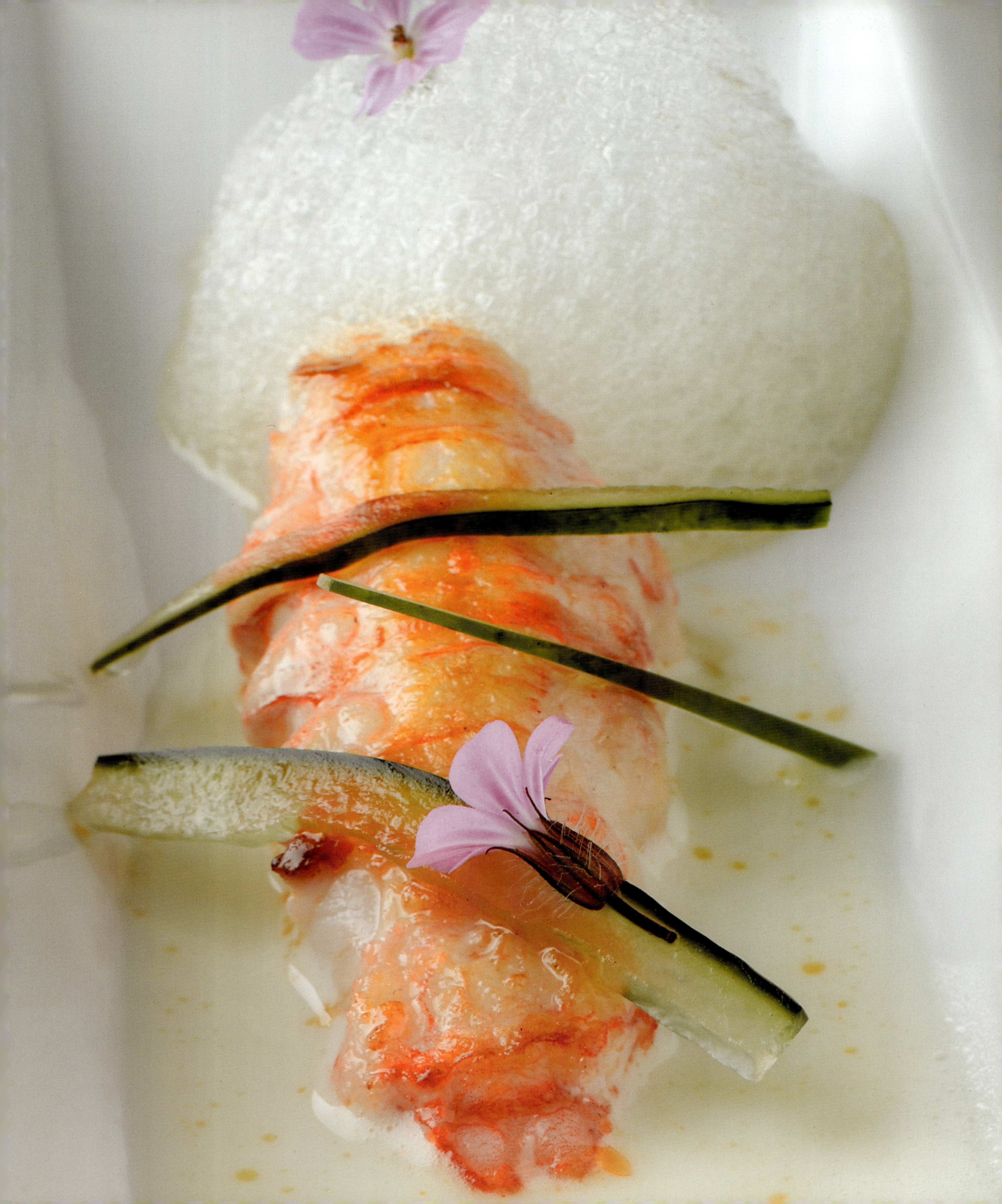

Wer schon einmal eine Reise durch die hübschen Dörfer und Städte der Region Navarra gemacht hat, wird bestätigen können, dass es in dieser Ecke Spaniens ausgezeichnete Speisen in Hülle und Fülle gibt. Als Schlemmer spürt man sie in jeder Taverne, in jedem Dorfgasthaus irgendwo auf dem Land auf. Aber das ist nicht das Einzige, was hier überrascht. Auffallend ist auch die Liebe der Leute aus Navarra zum guten Essen, die tief verwurzelte Verbindung zwischen ihrem gesellschaftlichen Leben und der Gastronomie.

In diesem Kontext, in dem Traditionelles den Geschmackssinn prägt, hat Enrique Martínez in seinem Restaurant Maher eine Kochkunst entwickelt, die bekannte Geschmackseindrücke als Wert an sich, ohne Anbindung an althergebrachte Rezepte, betrachtet. Sie verwendet die landwirtschaftlichen Erzeugnisse Navarras – jenen ungewöhnlichen Schatz aus Gemüse und Hülsenfrüchten, Pilzen und zartem Fleisch – mit einem aktuellen Verständnis der kulinarischen Arbeit, wirft überkommene Bräuche über Bord und entwickelt rein navarrische Gerichte, die gleichzeitig erstaunlich modern und stilisiert sind.

Interpret einer Nouvelle Cuisine aus Navarra

Das Maher wurde 1971 von Sabina Chivite, der Großmutter von Enrique Martínez, gegründet. Zwischen den Kochtöpfen und Utensilien dieser Gaststätte erwachte im jungen Enrique der Wunsch, ein Meister jener alltäglichen Alchimie zu werden, die Produkte aus Hof und Garten zum puren Genuss macht und in ein Lächeln des Tischgasts verwandelt. Er lernte das Kochhandwerk, und nachdem er sich intensiv mit den traditionellen Rezepten seiner Heimat beschäftigt hatte, wurde ihm klar, dass er eigentlich höher hinauswollte. Der Drang nach beruflicher Weiterentwicklung ließ ihn Mitte der 90er-Jahre des vergangenen Jahrhunderts nach neuen technischen Möglichkeiten suchen. Er informierte sich in anderen Restaurants und bei Fachtreffen und fand schließlich ohne Verrat an seiner bisherigen beruflichen Laufbahn seine ganz persönliche Arbeitsweise. Er wurde so zum Wegbereiter der neuen Zeiten, die im Gastgewerbe Navarras anbrechen.

Er baut seine technischen Grundlagen aus, um beispielsweise mit Marinaden meisterhaft umgehen zu können und die Gemüseverarbeitung neu zu entdecken; er schöpft alle Möglichkeiten aus, die ihm Emulsionen, Brühen und das Mazerieren für die Zubereitung von Fleisch und Fisch bieten. Hartnäckig bemüht er sich um exakte Garzeiten und -temperaturen, bis seine Meeresfrüchte und sein Gemüse auf dem Teller so knackig, natürlich, so voller Geschmack und Aromen sind, dass sich seine Küche dadurch von allen anderen in der Umgebung unterscheidet.

Die Arbeit hat aus Enrique Martínez nicht nur den wichtigsten Vorkämpfer der gastronomischen Erneuerung Navarras gemacht, sondern auch einen Koch, der über die Grenzen seiner Heimat hinaus bekannt ist. Er schafft Gerichte, die an die ländliche Küche der Hirten erinnern, erweckt sie zu neuem Leben, indem er sie dem heutigen Geschmack entsprechend leichter macht. Darüber hinaus kreiert er exzellente Speisen aus Gemüsen wie Borretsch, Spargel, Cardy oder Paprikaschoten, die früher systematisch sehr lang gekocht wurden und nun in seiner Küche ihre ursprüngliche Frische zurückgewinnen. Dass sich Enrique Martínez so intensiv mit den heimischen Gemüsen beschäftigt, ist auch seinem früh erwachten Interesse für den Hausgarten der Familie zu verdanken, der heute noch seine Küche mit frischen Zutaten versorgt. Gelegentlich bezieht er von den in der Nähe lebenden Bauern, zu denen er konstanten Kontakt hält, typisch regionale Produkte, die an keinen Kunden in weiterer Entfernung geliefert würden, wie zum Beispiel die Pontigo-Paprikaschoten.

Technik und natürliche Zutaten, Eleganz bei den geschmacklichen Kombinationen, stets eine dosierte Üppigkeit, arbeitstechnische Sorgfalt und das ständige Bedürfnis, eine an der Basis ansetzende Entwicklung einzuleiten, sind einige Stichworte, die am besten diesen Koch beschreiben, der sein Konzept stetig und mit viel Verstand vervollkommnet.

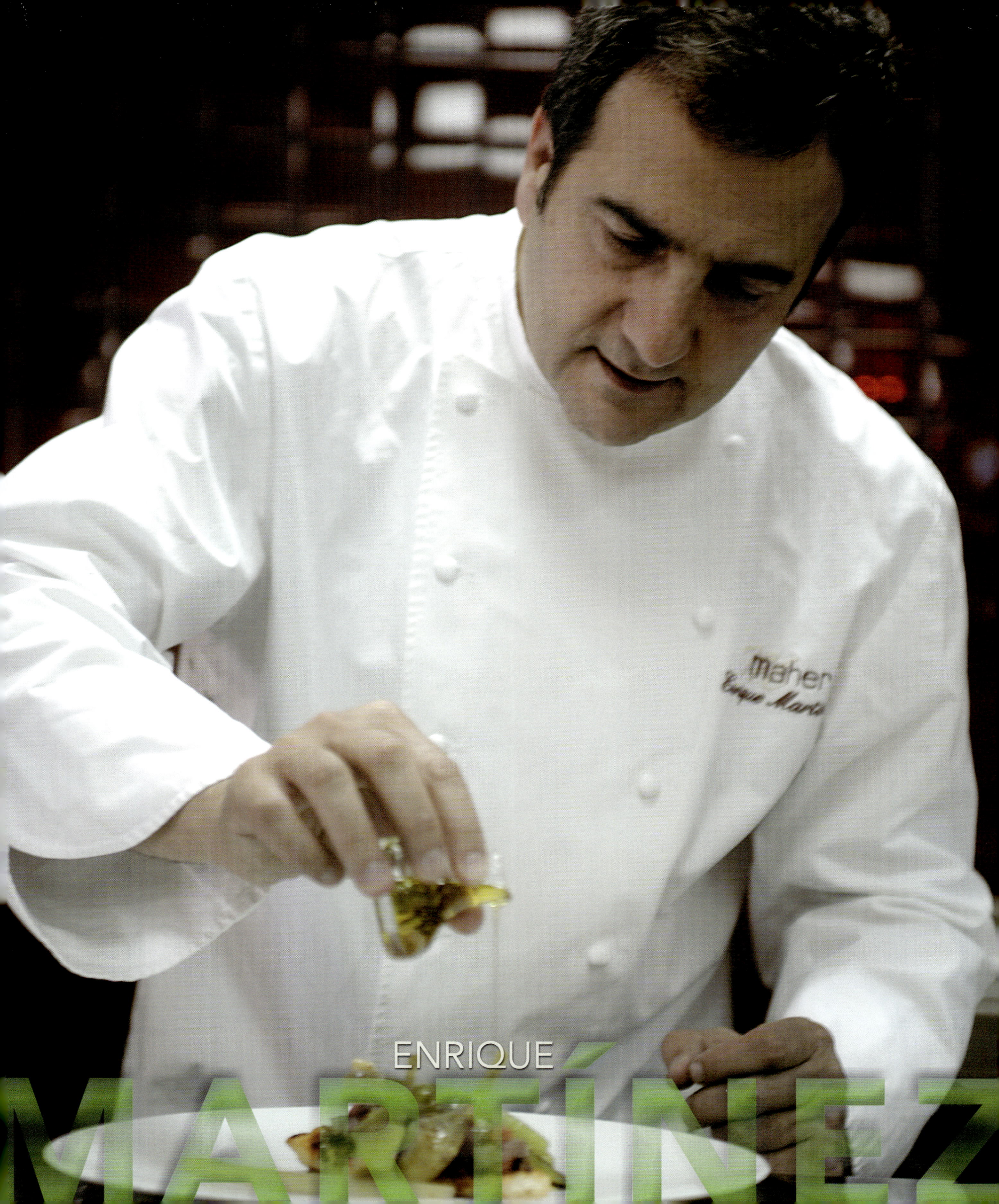

ENRIQUE MARTÍNEZ

CARDO ROJO RIZADO
con picada de aceitunas negras

LÖCKCHEN AUS ROTEM CARDY*
mit Beilage aus schwarzen Oliven

ZUTATEN

(12 Personen)
Löckchen aus rotem Cardy: 200 g roter Cardy (von den Flussauen Navarras, in der Erde gereift) **Würze für den Cardy:** 1 l natives Olivenöl, 50 g violetter Knoblauch, 200 ml Sherry-Essig **Rothuhncreme:** 1 mariniertes Rothuhn**, 500 cl Kokosmilch, 5 g Rothuhnfett, 75 g Milchpulver **Sauce aus schwarzen Oliven:** 100 g schwarze Oliven, Schnittlauch, je nach Bedarf Olivenöl **Weitere Zutaten:** 50 g Kräutermischung (Thymian, Lorbeer, Dill), 10 g gehackte Marcona-Mandeln

ZUBEREITUNG

Löckchen aus rotem Cardy
Die zähen Fäden abziehen und die Cardystängel in 2 × 3 cm große Rechtecke schneiden. Diese dann zu Streifen zerschneiden. In Eiswasser legen (3 °C), damit sich der Cardy schneller zu Löckchen kringelt.

Würze für den Cardy
Den Knoblauch in Olivenöl und ein wenig Sherry-Essig einlegen und ihn im Mörser zerreiben, dabei nach und nach das restliche Olivenöl untermischen.

Rothuhncreme
Das Rothuhn entbeinen. Die Kokosmilch, das Rothuhnfett und das Milchpulver mit dem Rothuhn und seiner Marinade im Mixer zu einer feinen homogenen Creme pürieren. Durch ein feines Sieb passieren, auf -25 °C abkühlen (im Pacojet, siehe Seite 10) und in die Eismaschine geben.

Sauce aus schwarzen Oliven
Die Oliven und den Schnittlauch hacken und mit Olivenöl vermischen.

DAS GERICHT FERTIG STELLEN

Auf den Tellerboden die Sauce aus schwarzen Oliven geben, die gefrorene Rothuhncreme im Mixer zerkleinern und darübergießen. Daneben die mit der Würze angemachten Cardylöckchen anordnen, mit etwas Olivenöl beträufeln und im letzten Moment die Kräutermischung und die gehackten Mandeln darüberstreuen, um das Eis zu aromatisieren.

---

*Der rote Cardy, eine Wildartischocke, ist eine alte autochthone Pflanze Navarras.
**Das Rothuhn ist eng mit dem Rebhuhn verwandt.

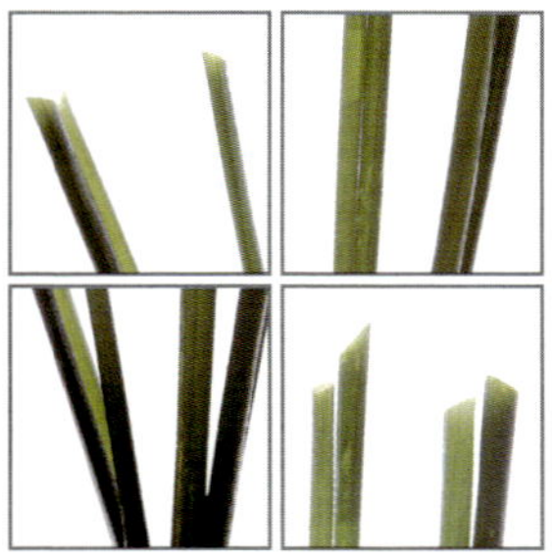

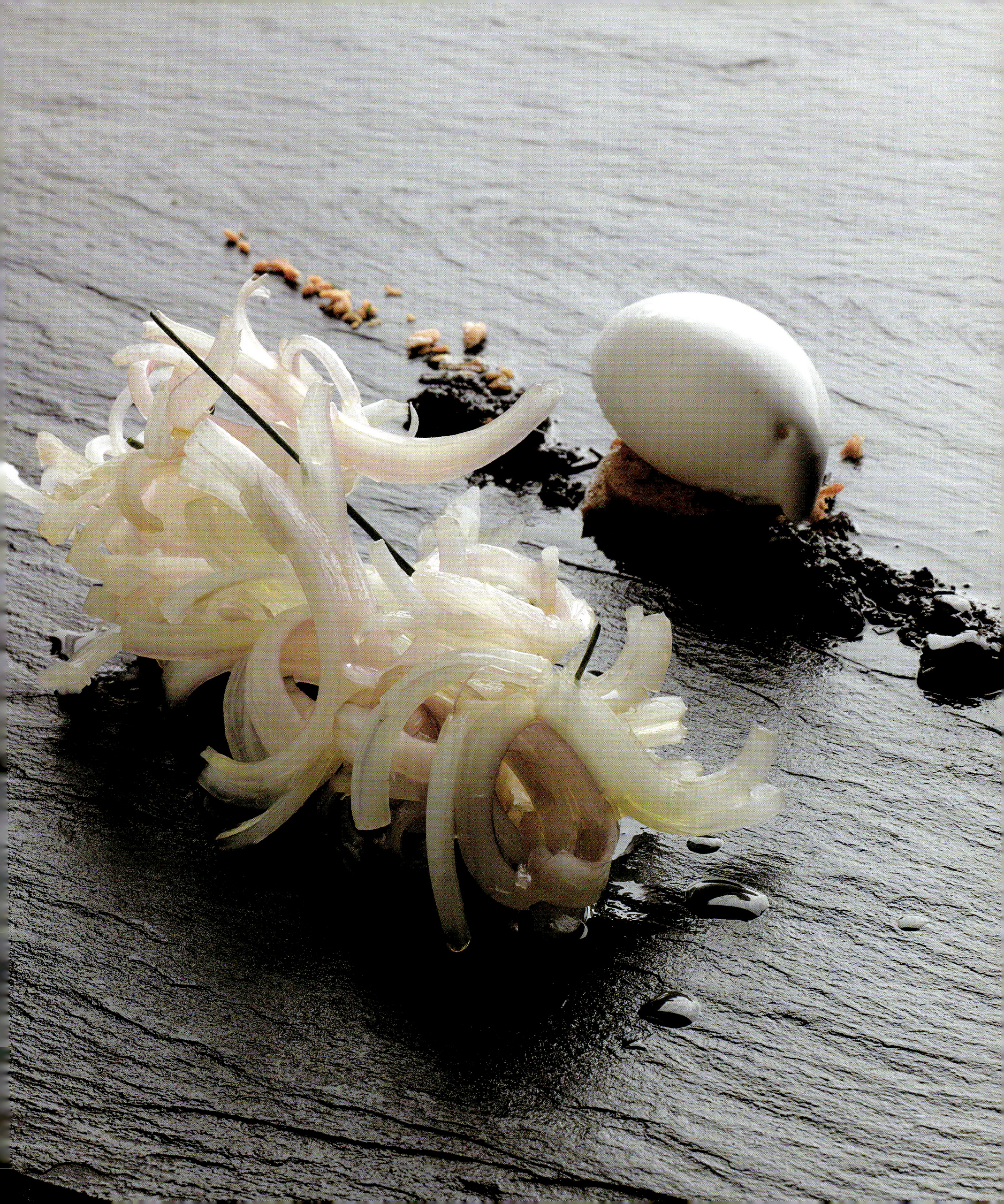

ESPÁRRAGOS DE NAVARRA, HUEVOS TRUFADOS y batido de aceite de oliva

SPARGEL aus NAVARRA, TRÜFFELEIER und Olivenöl-Shake

ZUTATEN

(4 Personen)

Weißer Spargel: 1 kg frischer weißer Spargel (aus Navarra), Wasser je nach Bedarf **Trüffeleier:** 4 Landeier (je 60 g), schwarze Trüffel **Olivenöl-Shake:** 40 g frische Zwiebel, 30 g Ibérico-Schinken, 300 ml Olivenöl, 8 g Lezithin

ZUBEREITUNG

Weißer Spargel

Mit einem Messer jede Stange von oben (Kopf) nach unten schälen und dabei die Spargelstange drehen. Wasser (pH-Wert 7) in einem Topf bis kurz vor dem Siedepunkt erhitzen und die Spargelstangen in einem Einsatz circa 3 cm über der Wasseroberfläche garen.

ANMERKUNG: *Die Garzeit hängt davon ab, zu welchem Zeitpunkt der Spargel geerntet wurde.*

Trüffeleier

Die Eier und die Trüffel mindestens 48 Stunden in einem hermetisch verschlossenen Gefäß aufbewahren, damit die Eier das Trüffelaroma annehmen. Die Eier bei 68 °C 1 Stunde im Wasserbad kochen, dann schälen.

Olivenöl-Shake

Die Zwiebel mit dem Schinken anschwitzen. Das Kochwasser der Eier, das Lezithin und das Olivenöl dazugeben und die Mischung zu einer schaumigen Flüssigkeit schlagen.

DAS GERICHT FERTIG STELLEN

Das temperierte Ei mit den Spargelköpfen, der kurz vor dem Servieren in dünne Scheibchen geschnittenen Trüffel und dem Olivenöl-Shake anrichten.

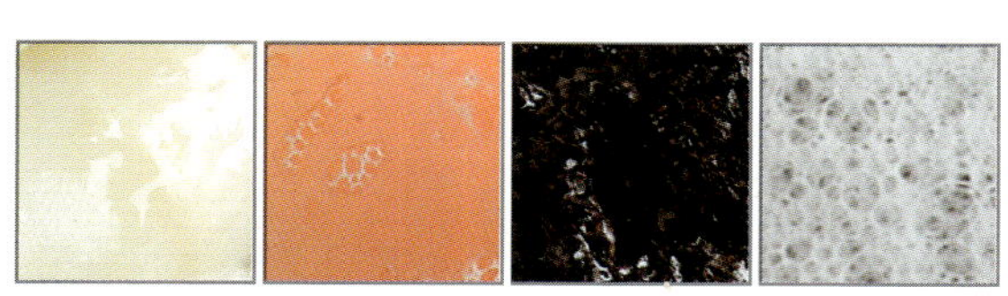

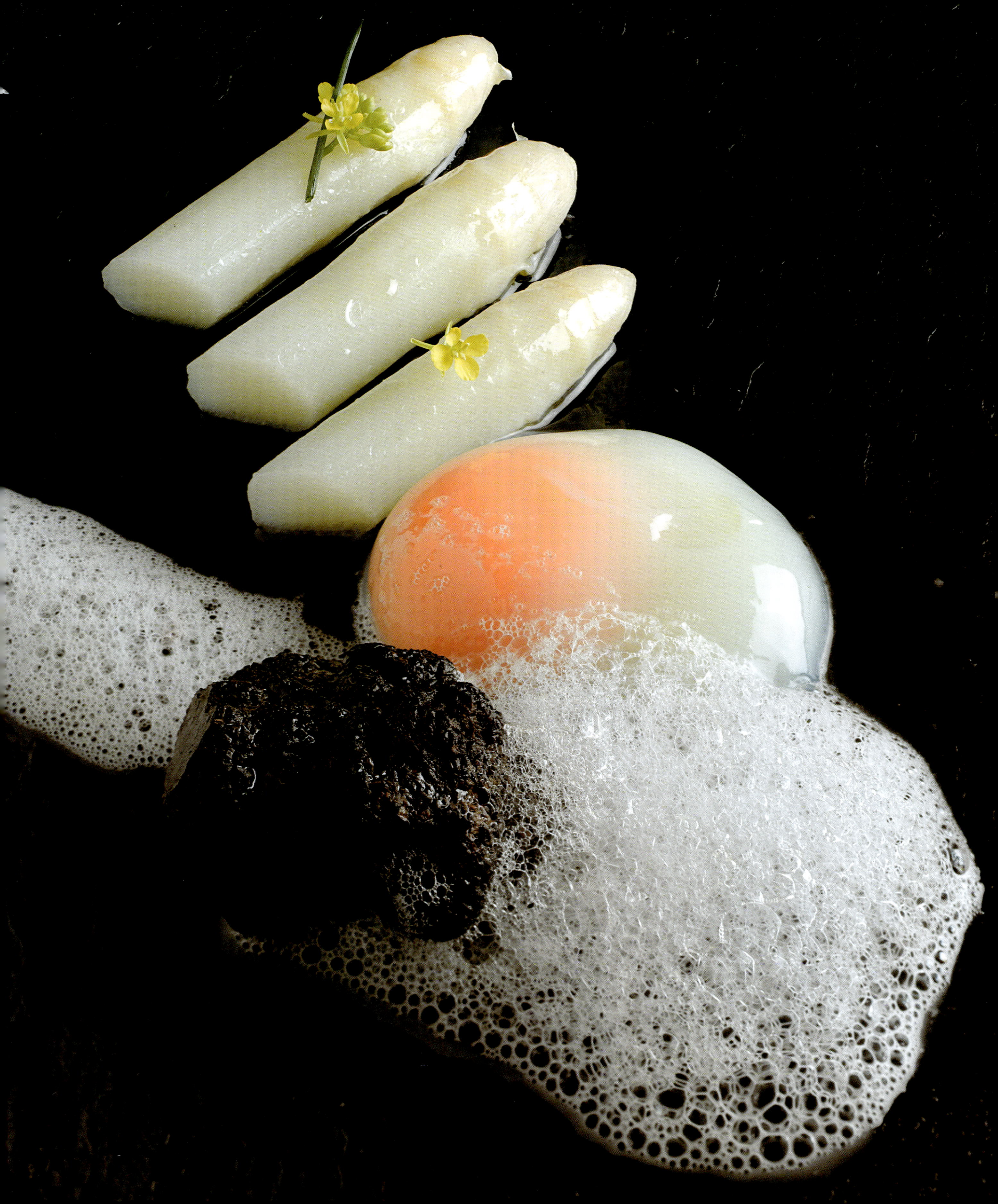

Ein Kochkünstler im Guggenheim-Museum

Die noch junge Karriere von Joseán Martínez Alija entwickelt sich mit Schwindel erregendem Tempo. Der 1978 in León geborene Martínez siedelte sich im Alter von knapp 15 Jahren im Baskenland an, um dort seinen Traum zu verwirklichen und ein großer Koch zu werden. Den ersten Teil seiner kulinarischen Ausbildung absolvierte er an der Hotelfachschule von Leioa. Danach durchlief er in einer Art Initiationsreise verschiedene Restaurants, unter anderem das Hotel Ercilla, das Goizeko Kabi und elBulli. Schließlich landete er bei Martín Berasategui, dem Starkoch aus Lasarte mit seiner schier unerschöpflichen Talentschmiede, der seine Laufbahn wie kein anderer beeinflussen sollte.

Über Berasategui kam er in das Restaurant des Guggenheim-Museums in Bilbao. Dann, im Alter von knapp 22 Jahren, wurde er 2000 bei der spanischen Meisterschaft der Hohen Autorenküche junger Chefs mit dem ersten Preis ausgezeichnet. Wer Martínez nicht kannte, war überrascht, wer jedoch bereits Gelegenheit gehabt hatte, seine außerordentliche Begabung als Koch zu bewundern, weniger. Abgerundet wird diese natürliche Begabung übrigens durch eine enorme Arbeitsdisziplin und den Ehrgeiz, sich immer wieder aufs Neue zu übertreffen. Dass ihm dies gelingt, beweisen die immer neuen Auszeichnungen, die Martínez Jahr um Jahr erntet und durch die sein Restaurant inzwischen zu einer Art Pilgerstätte für all diejenigen geworden ist, die wissen wollen, worin die Kunst dieses jungen Trendsetters besteht.

Die Zubereitungen von Joseán Martínez zeichnen sich durch verwegene, beinahe schon geniale Geschmackskombinationen aus, die im Kontakt mit den Geschmacksnerven des Gastes überhaupt erst die Konsistenz der realen Möglichkeit erlangen. Möglich ist dies, weil Martínez bei seinen Rezepten aus einer großen Sensibilität und kreativen Intuition schöpft. Dass sich diese in ihrer ganzen Pracht entfalten können, ist seiner handwerklichen Perfektion zu verdanken, deren Frühreife sich nur über die ebenso solide wie zielbewusste Ausbildung erklärt, die Martínez durchlaufen hat. Seine kreative Kapazität, die heute niemand mehr in Frage stellt, basiert unter anderem auf einer souveränen Handhabung der mal mehr mal weniger offensichtlichen Kontraste zwischen den verschiedenen Aromen, auf einer beachtlichen Fähigkeit zur Kombination unterschiedlicher Texturen und auf einer mathematisch exakten Bestimmung der Gargrade.

Drei Merkmale sind es, die unter den Besonderheiten seiner Küche hervorstechen. Da ist zunächst die Sorge um die guten Zutaten: Martínez unterzieht diese einer strengen Auswahl und verwendet so viele heimische Produkte wie möglich, zeigt sich jedoch auch Einflüssen von außen gegenüber offen. Dann ist er ein großer Fan von Milchprodukten, die deshalb auch in vielen seiner Zubereitungen im Form von Molke, Suppen und Speiseeis vorkommen. Und er hat ein Händchen für Desserts, das ihm den Ruhm auch dann gesichert hätte, wenn er sich auf diesen einen Bereich beschränkt hätte.

So viel Positives mag dem einen oder anderen vielleicht etwas übertrieben vorkommen, geht es doch schließlich um einen Koch, der noch viel vor sich hat. Eine gewisse Berechtigung ist diesen Lobeshymnen aber wohl nicht abzusprechen, wenn jemand wie Paul Bocuse, dem man nun wirklich keine mangelnde Kenntnis kulinarischen Talents nachsagen kann, beim Verlassen des Restaurants äußerte: »Das heutige Essen war eines der besten meines Lebens.«

Viel Positives wurde über Joseán Martínez schon gesagt und geschrieben. Was wäre jedoch das Leben – wie die Rezepte auch – ohne Kontrapunkte, die unsere Erfahrungen so viel interessanter machen? Ginge es darum, einen Kontrapunkt zu den zahlreichen Treffern des Museumskochs zu finden, dann wohl in der Verwegenheit, die seine Küche charakterisiert und die natürlich Risiken birgt. Risiken offenbaren sich in manchen Momenten als Aufblitzen von Genialität, in anderen funkeln sie dagegen weniger intensiv. Immer nach den Sternen zu greifen, fordert manchmal seinen Preis. Aber Joseán Martínez bekommt sie sowieso fast alle.

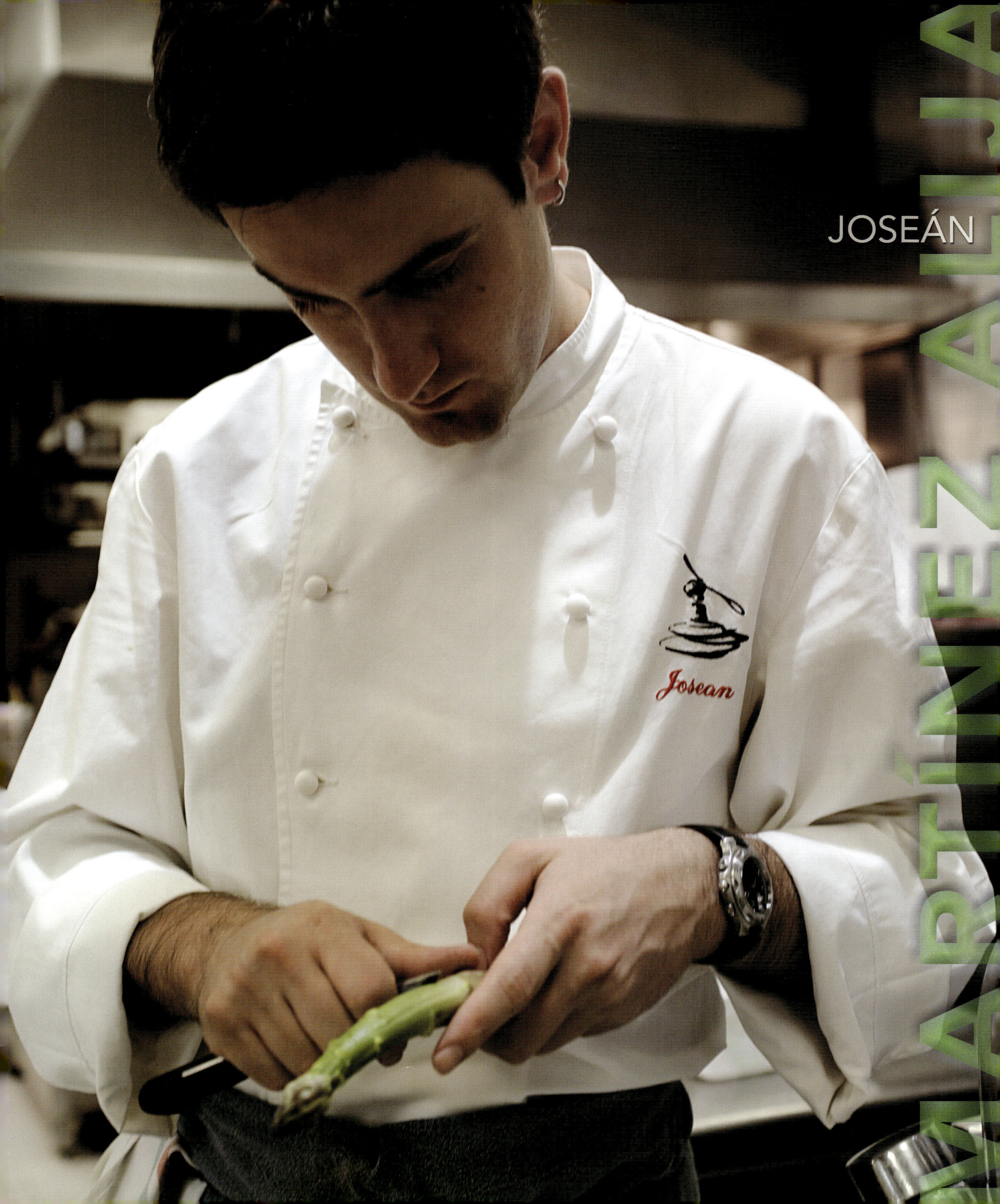
JOSEÁN
MARTÍNEZ ALIJA
Josean

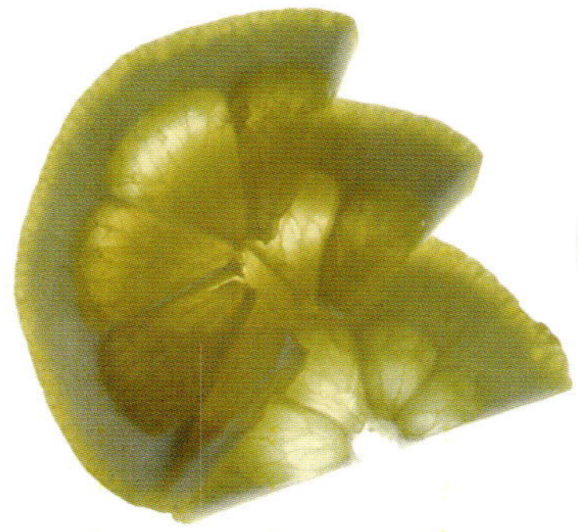

ARENA DE ROMERO
con muselina de menta, lima kaffir y helado de jengibre

ROSMARINSAND
mit Zitrusminzcreme, Kaffernlimette und Ingwereis

ZUTATEN

(12 Personen)

Zitrusminzaufguss (300 g): 90 ml Orangensaft, 90 ml Grapefruitsaft, 50 ml Saft von grüner Zitrone, 70 g Minzblätter **Zitrusminzcreme (1700 g):** 270 g Eier, 360g Zucker, 6 Zitronenschalen, 3 Orangenschalen, 3 Grapefruitschalen, 320 ml Zitrusminzaufguss, 430 g Butter (Zimmertemperatur), 5 g abgeriebene Zitronenschale, 5 g abgeriebene Orangenschale, 5 g abgeriebene Grapefruitschale **Ingwereis:** 1,5 l Milch, 120 g geriebener Ingwer für den Aufguss, 100 g Glukose, 700 g normaler Zucker, 1,5 l süße Sahne, 850 ml Zitronensaft (18 Zitronen), 120 g geriebener Ingwer (für das Eis), 40 g kandierter Ingwer, sehr klein gehackt **Rosmarinsand:** 700 g normaler Zucker, 45 g Rosmarinblätter, 60 g Mandelpulver, 150 g Eiweiß, 125 g Puderzucker, grüne Lebensmittelfarbe **Weitere Zutaten:** Kaffernlimette als Spray

ZUBEREITUNG

Zitrusminzaufguss

Alle Fruchtsäfte zusammen zum Kochen bringen. Vom Herd nehmen und die Minzblätter hineingeben. Etwa 15 Minuten ziehen lassen. Im Mixer zerkleinern und abseihen.

Zitrusminzcreme

Die Eier und den Zucker mit den Schalen und dem Minzaufguss mischen. Ins heiße Wasserbad geben und gelegentlich umrühren. Auf 82–83 °C erhitzen, durch ein Sieb gießen, die Schalen wegwerfen und die Eiermischung im Wasserbad mit Eiswürfeln auf 55 °C herunterkühlen. Die Butter hinzufügen und aufschlagen. Weitere 10 Minuten in der Küchenmaschine aufschlagen, um die Fettmoleküle aufzubrechen und die Creme geschmeidiger zu machen. Die abgeriebenen Schalen der Zitrusfrüchte dazugeben. 24 Stunden vor dem Gebrauch in den Kühlschrank stellen.

Ingwereis

Die Milch mit dem Ingwer ein Mal aufkochen und dann den Ingwer ziehen lassen. Im Mixer zerkleinern und durch ein feinmaschiges Sieb gießen. Die Glukose und den Zucker dazugeben und aufkochen. Mit der Sahne, dem Zitronensaft, dem geriebenen Ingwer und dem kandierten Ingwer mischen und aufschlagen.

Rosmarinsand

Den Zucker mit den Rosmarinblättern und dem Mandelpulver zermahlen. Das Eiweiß zu Eischnee schlagen. Während er fest wird, den Puderzucker hineinstreuen, weiterschlagen und vorsichtig den Rosmarin-Mandel-Zucker untermischen, sodass der Schnee möglichst fest bleibt. Mit grüner Lebensmittelfarbe färben. Die Masse auf einem Blech verteilen und im Gärapparat mindestens 8 Stunden trocknen lassen (oder etwa 1 Stunde im Backofen bei 110 °C). Abkühlen lassen und zu einer sandähnlichen Konsistenz zerreiben. In einem Gefäß mit Kieselsäuregel aufbewahren.

DAS GERICHT FERTIG STELLEN

Auf einem Teller die Zitrusminzcreme anrichten und darauf das Eis und den Rosmarinsand geben. Zum Abschluss mit Kaffernlimettenduft parfümieren.

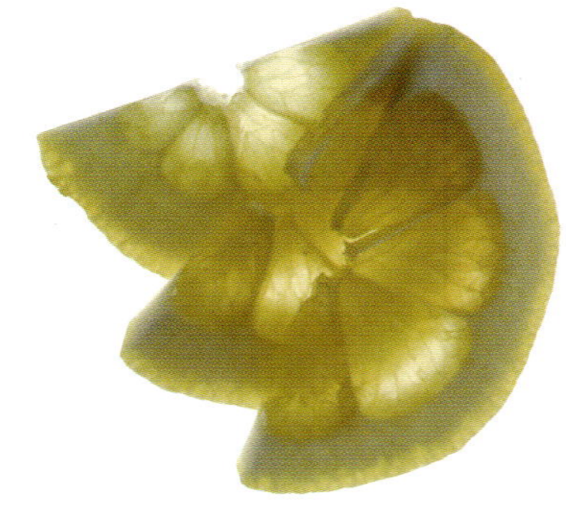

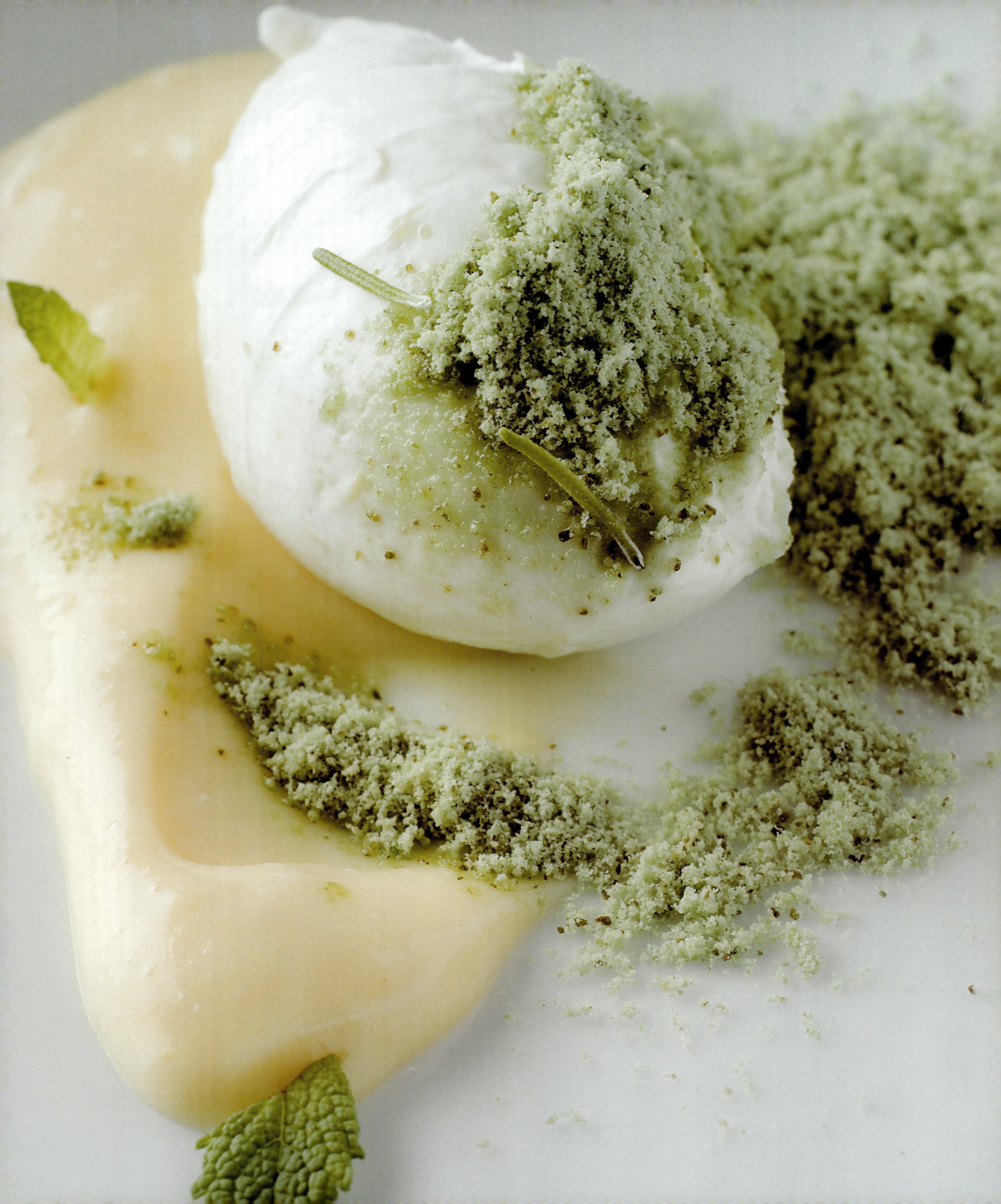

TXIPIRONCITOS ASADOS A LA PARRILLA con cebolletas negras, caldo de arroz y lechuga de mar

GEGRILLTE KLEINE KALMARE mit schwarzen Zwiebeln und Reis-Tang-Brühe

ZUTATEN

(4 Personen)

Kalmare: 24 kleine Kalmare, 1 EL Sonnenblumenöl, mit Knoblauch und Chilis aromatisiertes Öl, 1 Prise galizisches Meersalz **Schwarze Frühlingszwiebeln:** 8 Frühlingszwiebeln, Speisesalz, 20 ml Olivenöl, 220 ml Geflügelbrühe, 15 ml Kalmartinte **Reis-Tang-Brühe:** 240 g geräucherter Bauchspeck, gewürfelt, 300 ml Olivenöl, 480 g Frühlingszwiebeln, in Julienne-Streifen geschnitten, 90 g grüner Staudensellerie, in Julienne-Streifen geschnitten, 3 l Geflügelbrühe, 240 g Reis, 120 g Blasentang, gewaschen und ohne Salzreste

ZUBEREITUNG

Kalmare

Im Grill Glut zum Räuchern der Kalmare vorbereiten. Die Kalmare auf den Grill legen und die Glut mit Sonnenblumenöl besprühen, damit Rauch entsteht und die Kalmare einen leichten Rauchgeschmack bekommen. Zum Garen die Kalmare salzen und auf der Backplatte kurz anbräunen, die Tentakel jedoch kräftig bräunen, um ihren Geschmack hervorzuheben. Die Kalmare auf ein Blech legen und darüber mit Knoblauch und Chilis aromatisiertes Öl gießen. Gut abtropfen lassen und mit galizischem Meersalz würzen.

Schwarze Frühlingszwiebeln

Die Zwiebeln schälen und salzen. Ein paar Tropfen Öl in eine Antihaftpfanne geben und die Zwiebeln von allen Seiten anbräunen. Die Geflügelbrühe mit der Kalmartinte mischen und zu den Zwiebeln gießen, ohne sie völlig zu bedecken. Die Zwiebeln bei kleiner Hitze glasieren, bis sie *al dente* sind.

Reis-Tang-Brühe

Den geräucherten Bauchspeck in Öl anschwitzen, das Gemüse dazugeben und anbraten. Entfetten, in einen Topf geben und die Brühe und den Reis hinzufügen. Aufkochen und bei kleiner Hitze 18 Minuten köcheln lassen. Durch ein feines Sieb gießen, um eine Brühe mit Reisgeschmack zu erhalten. Die Brühe durch ein Stoffsieb gießen. Darin dann den Blasentang 10 Minuten kochen, vom Herd nehmen und 15 Minuten ziehen lassen. Die Brühe durch ein feines Sieb gießen und mit Salz abschmecken.

DAS GERICHT FERTIG STELLEN

In einem tiefen Teller die Frühlingszwiebeln mit den Kalmaren gemischt anrichten. Die Reis-Tang-Brühe dazugießen.

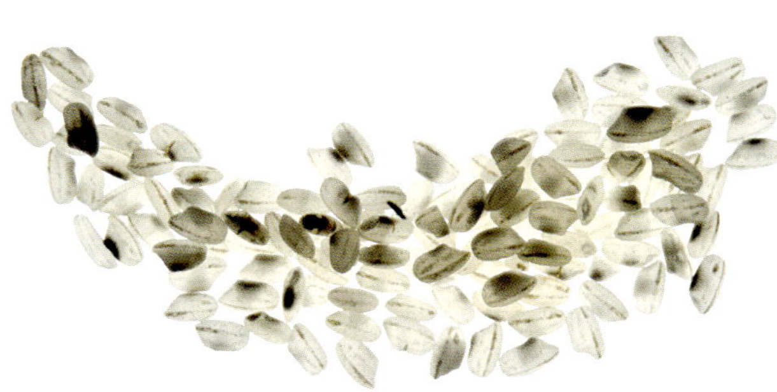

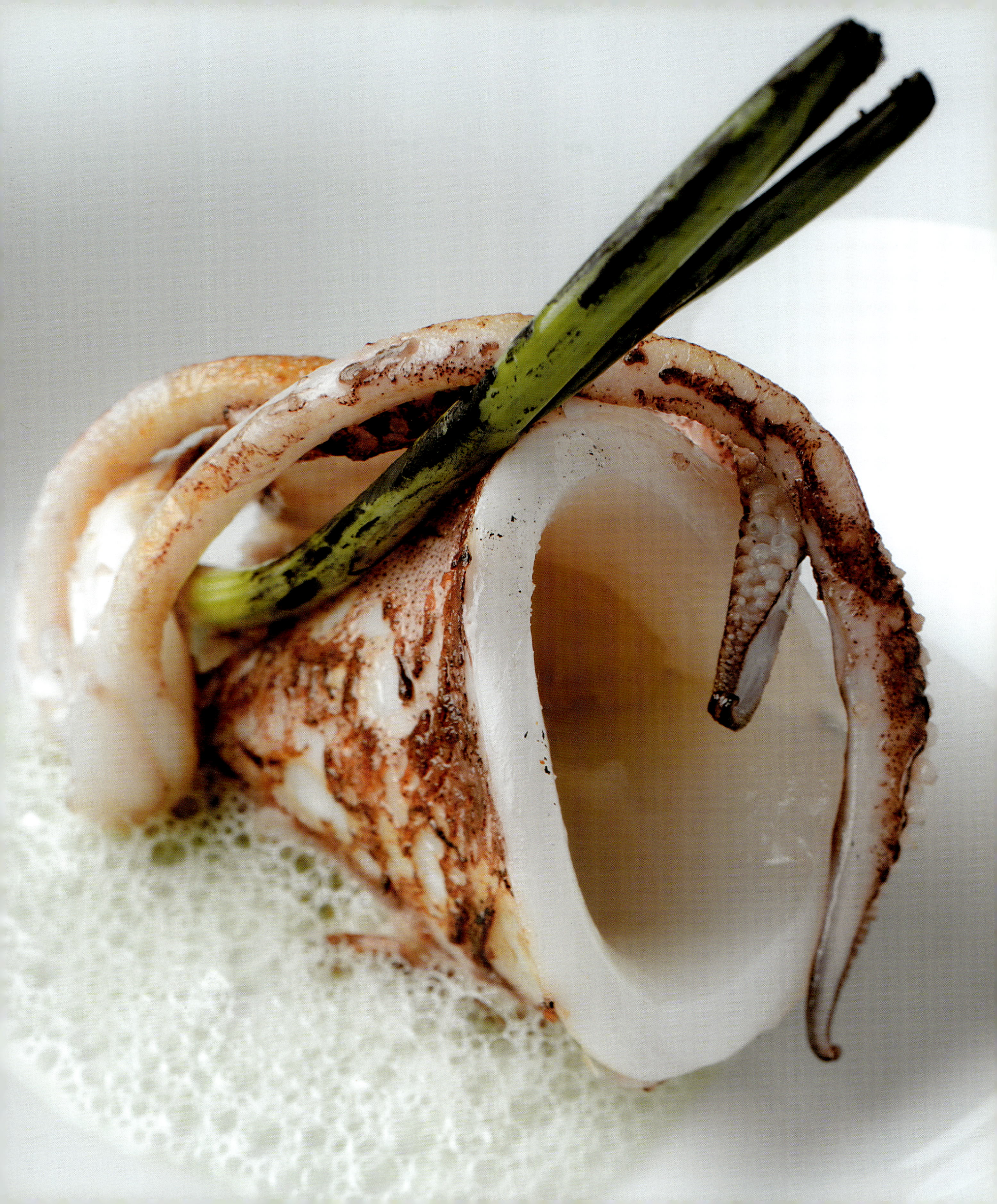

An Francis Paniego führt kein Weg vorbei, wenn es um hochmoderne Küche aus der Region Rioja geht. Doch der Spitzenkoch und sein Lokal sind nicht die einzige Attraktion im Ort Ezcaray: Nur wenige Meter entfernt befindet sich das Restaurant des seit vier Generationen in Familienbesitz befindlichen Hotels Echaurren, das Francis' Mutter Marisa Sánchez mit ihrer traditionellen regionalen Qualitätsküche ebenfalls zu einer gastronomischen Topadresse gemacht hat.

Die enge Nachbarschaft der beiden fördert die Kommunikation zwischen den Kochkünsten von Mutter und Sohn, regt den ständigen Dialog an, der den voranpreschenden Francis an seine Wurzeln erinnert und die stets mit größter Sorgfalt zubereiteten Rezepte Marisas mit brillanten Konzessionen an die Modernität imprägniert. Und in der Tat kann man einen recht passenden Vergleich ziehen zwischen dem, was gastronomisch gesehen in Ezcaray passiert, und der Bewegung, die sich im Umfeld in unzähligen Kellereien abspielt. Ohne von den Prinzipien der önologischen Tradition Riojas abzuweichen, entwickeln sie sich ständig weiter und kreieren Weine im Avantgarde-Stil – Weine, die sich dem Geschmack des heutigen Marktes anpassen und eine zusätzliche Option zu den altbekannten Rioja-Weinen sind.

Die Küche von gestern, heute und morgen in Ezcaray

Der Werdegang von Francis Paniego ist eng mit seinem familiären Hintergrund verknüpft, geht aber weit darüber hinaus. Der junge Koch gab sich nicht mit dem zufrieden, was er zu Hause lernen konnte, und beschloss, nach Madrid umzuziehen, um sich an der dortigen Gastgewerbeschule weiterzubilden. Damals begann er, einen ganz persönlichen Stil zu entwickeln, der sich in einer späteren zweijährigen Ausbildungsphase in den Küche der Restaurants Arzak, Zalacaín, Akelarre und Les Pirines verfestigte. In dieser Phase ergänzte er sein Wissen mit punktuellen Aufenthalten im elBulli, wo er seinen persönlichen Kochstil vervollkommnen konnte. Seine Küche vermittelt jene Aufrichtigkeit und Begeisterung für die lokalen Produkte, die man von einem der ältesten Lokale der Region Rioja erwarten kann. In einem solchen Rahmen werden die Speisen natürlich mit der Würde präsentiert, die ihnen gerecht wird; die Komposition der Gerichte ist wohl durchdacht und technisch auf höchstem Stand, niemals werden diese gastronomischen Kostbarkeiten mit unnötigem Firlefanz und Bluff verfälscht. Paniego besitzt ausgezeichnete Kenntnisse über Rohmaterialien, was sicher daran liegt, dass er täglich über die Familie damit in Berührung kam – schließlich ist für alle Familienmitglieder die Gastronomie fester Bestandteil ihres Alltags.

Ebenso vertraut sind ihm die traditionellen Gerichte seiner Heimat. Um sie effektvoll zu aktualisieren, nimmt er sich die Freiheit, sie Dekonstruktionsprozessen zu unterziehen, wozu er genau die Vorkenntnisse über sie braucht, die er von frühen Kindesbeinen an erworben hat. Das Ergebnis: Zubereitungen wie Kartoffeln *a la riojana*, die heute auf der Speisekarte des El Portal de Echaurren stehen (nicht zu verwechseln mit dem Echaurren, dem von Marisa geführten, gleich daneben liegenden Hotelrestaurant). Auf der Karte stehen daneben mit der größten Selbstverständlichkeit Gerichte, die Paniego ebenfalls in- und auswendig kennt, aber völlig unverändert lässt, da sie so perfekt sind, dass es nichts daran zu verbessern gibt. Das beste Beispiel sind die Kroketten seiner Mutter. Man könnte einwenden: Das will nichts heißen, in Spanien sind »Mutters Kroketten« immer die besten. Aber nein. Wer die von Marisa Sánchez probiert hat, versteht, warum ihr Sohn Francis – ausgezeichnet mit Preisen wie dem Bidasoa für den besten Koch des Jahres 1999, geachtet in der Gastronomiewelt ganz Spaniens wegen seiner Kreationen und seiner Erforschung konkreter Themen wie die aromatisierten Öle, allerseits anerkannt als Koch mit tadelloser Technik und sehr gutem Geschmack – daran festhält. Solche Dinge gehören einfach zu seiner Persönlichkeit, die so sehr beeindruckt, dass man ihm angeboten hat, das künftige Restaurant in der spektakulären Kellerei zu leiten, die Frank Gehry momentan im Auftrag des Weinguts Marqués de Riscal baut. Und wenn das Gebäude erst einmal steht und er dort seine Arbeit aufnimmt, wird Paniegos Küche weltweit größte Beachtung finden.

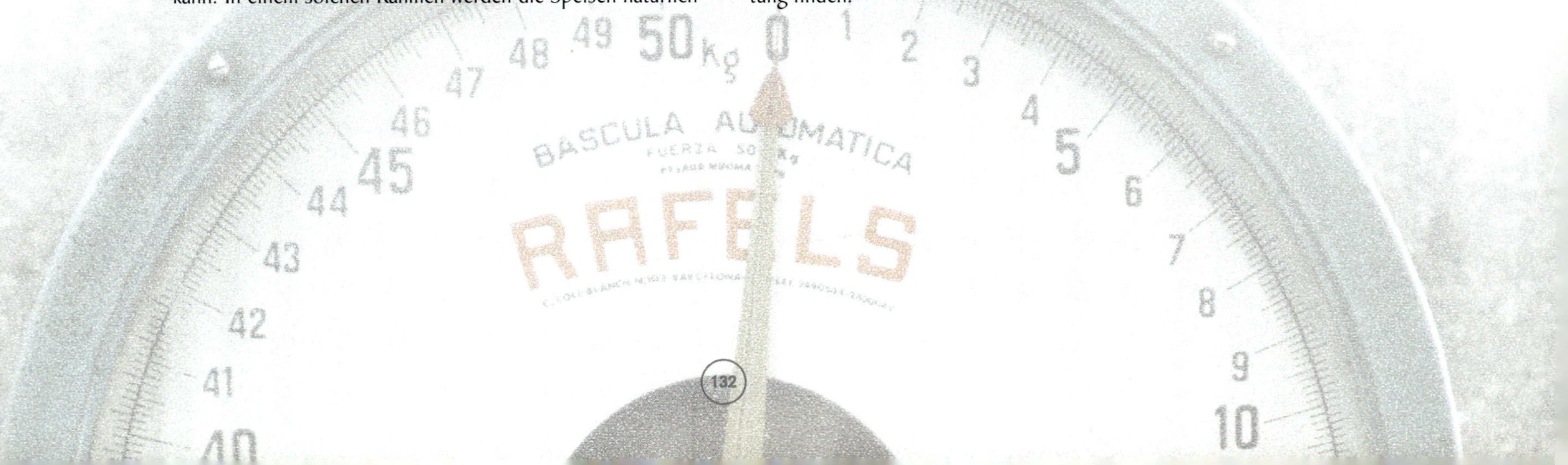

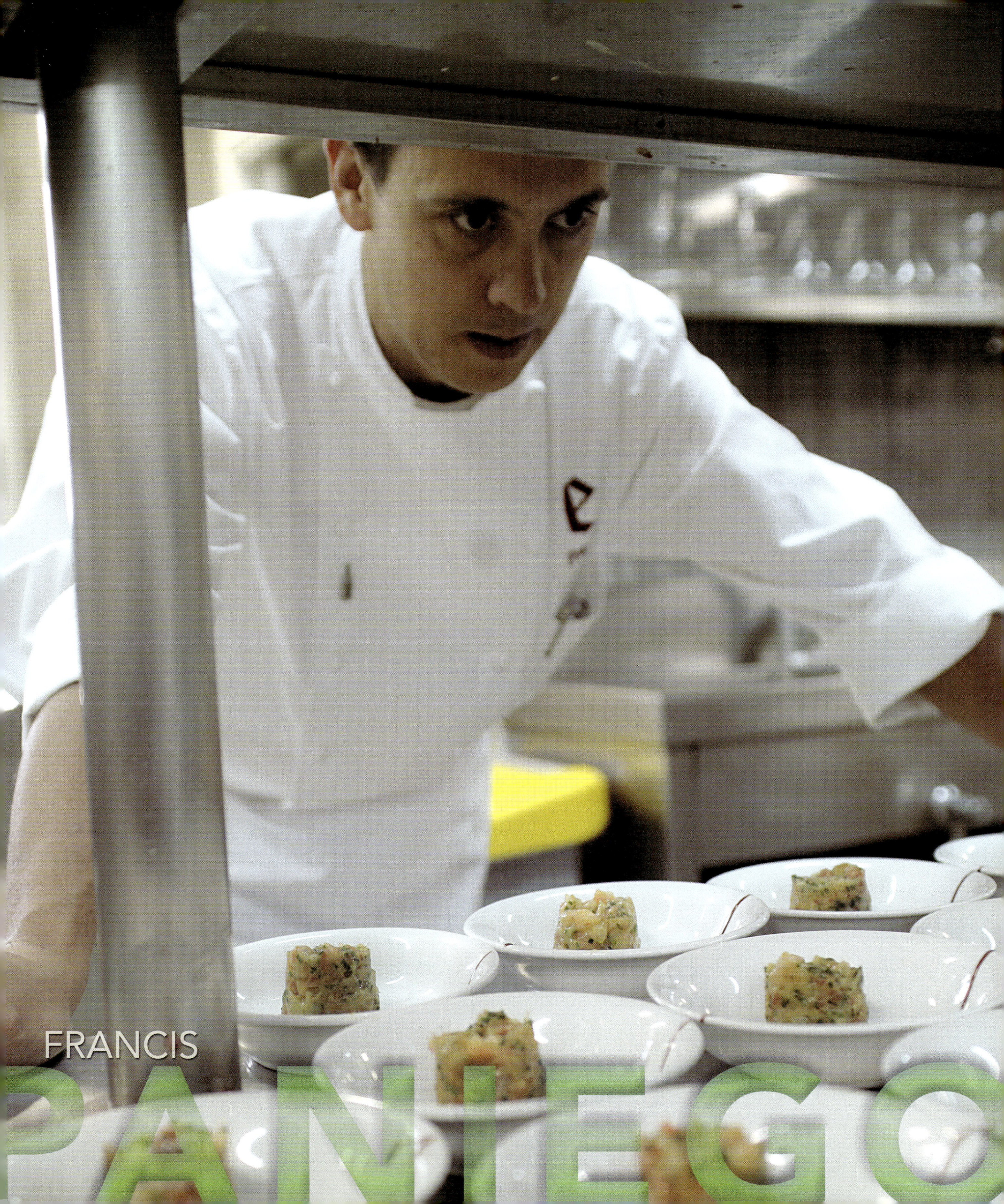

FRANCIS PANIEGO

MERLUZA A LA ROMANA confitada a 45 °C sobre pimientos asados y sopa de arroz

SEEHECHT »A LA ROMANA«,
bei 45 °C gegart, auf gebackenen Paprikaschoten und Reissuppe

ZUTATEN

(6 Personen)

Seehecht »a la romana«: 6 Seehechtfilets, davon aus dem oberen kopfnahen Bereich 180 g pro Person, Salz, Mehl, Ei, Olivenöl, Maldonsalz
Paprikaschoten: 6 grüne dünnhäutige Paprikaschoten, Olivenöl, Tafelsalz **Reissuppe:** 1 dl Olivenöl, 1 Zwiebel, 1 Knoblauchzehe, 1 Möhre, 200 g Reis, 500 ml Hühnerbrühe, Salz

ZUBEREITUNG

Seehecht »a la romana«

Die Seehechtfilets parieren, salzen und in Ei und Mehl wenden. Die Filets in sehr heißem Olivenöl einige Sekunden goldbraun anbraten und dann 5 Minuten in 45–50 °C heißem Öl fertig garen.

Paprikaschoten

Die ganzen Schoten in einer Pfanne mit Olivenöl zunächst bei kleiner Hitze und dann bei starker Hitze braten. Zugedeckt abkühlen lassen und danach die Haut abziehen.

Reissuppe

Die Zwiebel mit dem Knoblauch und der Möhre in Olivenöl anschwitzen. Den Reis dazuschütten und kurz im Öl wenden, damit die Stärke austritt. Die Hühnerbrühe dazugießen und 25 Minuten köcheln lassen. Mit Salz abschmecken, in der Küchenmaschine pürieren und danach in ein feinmaschiges Sieb abgießen.

DAS GERICHT FERTIG STELLEN

Pro Portion eine in Streifen geschnittene und mit Tafelsalz bestreute Paprikaschote auf den Teller geben. Das Seehechtfilet darauflegen und Maldonsalz darüberstreuen. Dazu die Reissuppe in einem Kännchen reichen.

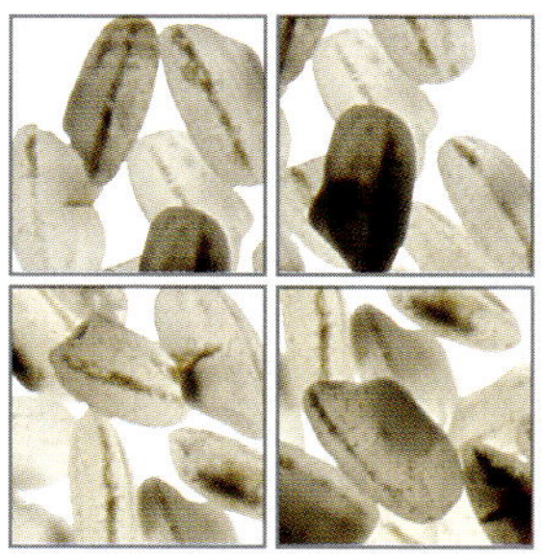

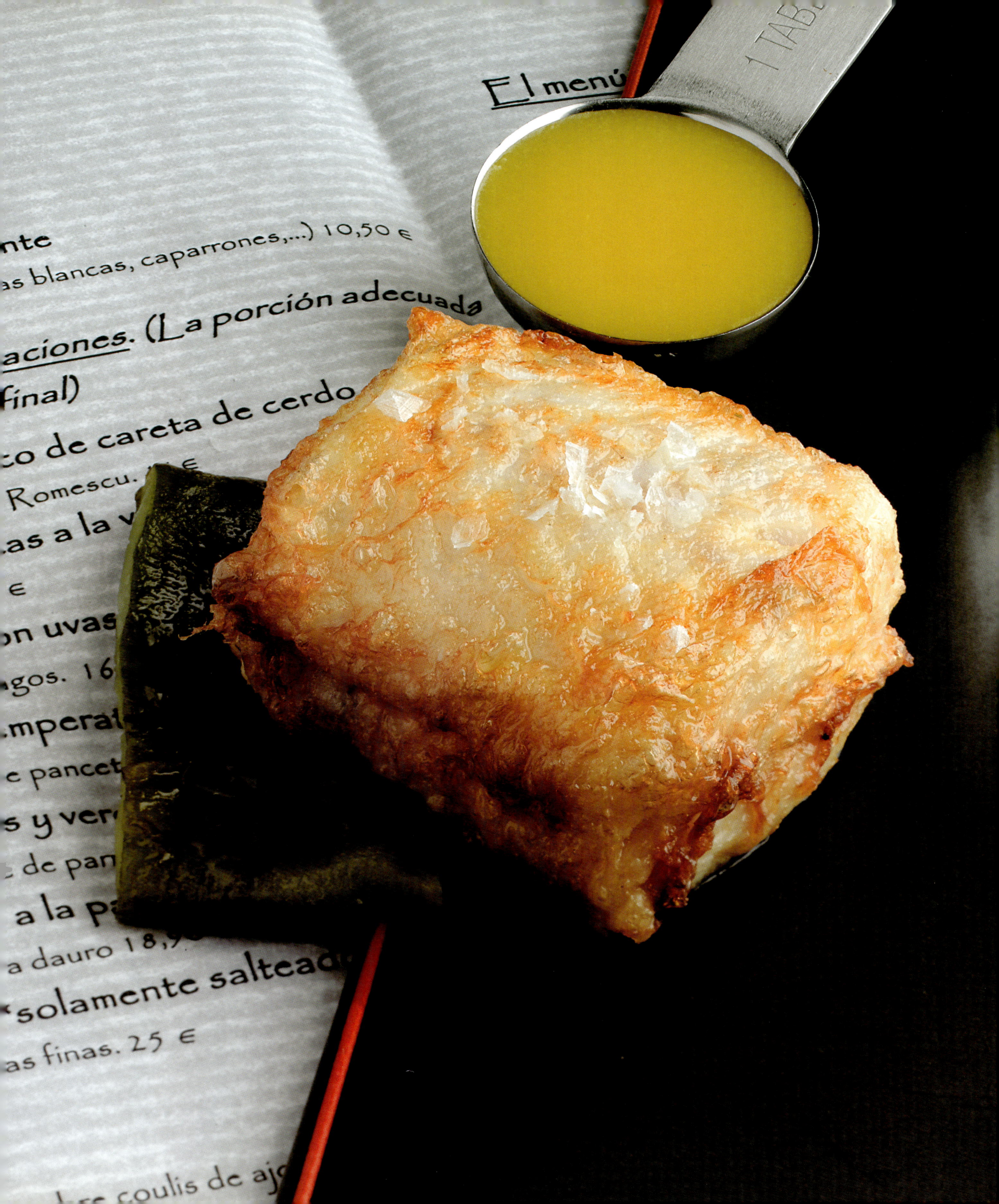

El menú
nte
as blancas, caparrones,...) 10,50 €
aciones. (La porción adecuada
final)
co de careta de cerdo
Romescu.
as a la v
€
on uvas
gos. 16
mperat
e pancet
s y vere
de pan
a la pa
a dauro 18,
solamente saltead
as finas. 25 €
coulis de aj
1 TAB

TARTAR DE TOMATE con cigala y ajo blanco

TOMATENTATAR
mit Kaisergranat und Ajoblanco*

ZUTATEN

(8 Personen)

Tomatentatar: 100 g Tomaten, fein gewürfelt, 25 g Datteln, fein gehackt, 25 cl natives Olivenöl, ¼ Zwiebel in Julienne-Streifen, gut geröstet, ¼ Sträußchen Schnittlauch, fein gehackt, 1 Schuss Worcestersauce, Tafelsalz nach Geschmack **Ajoblanco:** 100 g ganze geschälte Mandeln, 750 ml Wasser, 600 ml Sonnenblumenöl, 2 Knoblauchzehen ohne Keim, 3 Scheiben Weißbrot, in Öl gebraten, Salz und Sherry-Essig, 100 ml natives Olivenöl **Essigreduktion:** 1 l Rotwein, 250 ml Weißweinessig, 500 ml Sherry, 10 g Zucker **Kaisergranat:** 8 Kaisergranate **Weitere Zutaten:** 8 Blättchen roter Mangold, Maldonsalz, Schnittlauchröllchen (zum Dekorieren), etwas Balsamico-Reduktion

ZUBEREITUNG

Tomatentatar

Alle Zutaten vermischen, dann 2 Stunden im Kühlschrank ruhen lassen.

Ajoblanco

Alle Zutaten in der Küchenmaschine pürieren und durch ein grobes Stoffsieb abseihen.

Essigreduktion

Alle Zutaten auf die gewünschte Konsistenz einkochen. In einem Dosierfläschchen aufbewahren.

Kaisergranat

Das Fleisch aus dem Panzer lösen und den Darm entfernen. Eine Seite der Kaisergranate kurz auf der heißen Backplatte bräunen, die andere Seite unter dem Salamander.

DAS GERICHT FERTIG STELLEN

Einen Esslöffel Tomatentatar in die Mitte eines tiefen oder flachen Tellers geben. Auf dem Tatar den Kaisergranat und ein Blättchen roten Mangold anrichten, Maldonsalz und Schnittlauchröllchen darüberstreuen und mit der Balsamico-Reduktion einen Streifen ziehen. Vor dem Servieren Tatar und Kaisergranat mit Ajoblanco umgeben und auf dem Tellerrand einen Streifen mit der Essigreduktion ziehen.

---

*in Spanien beliebte weiße Knoblauchsauce oder -suppe mit Mandeln

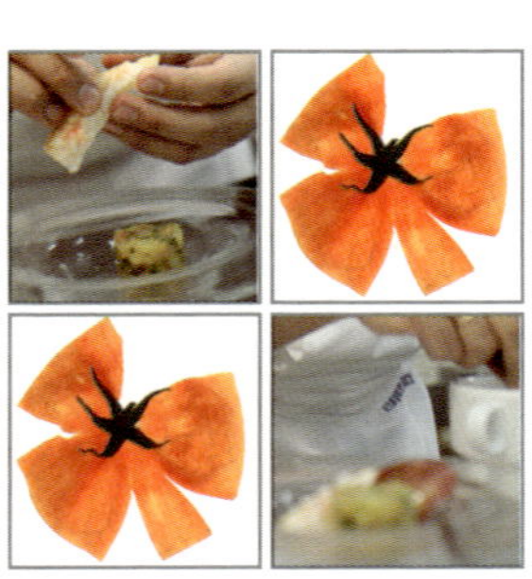

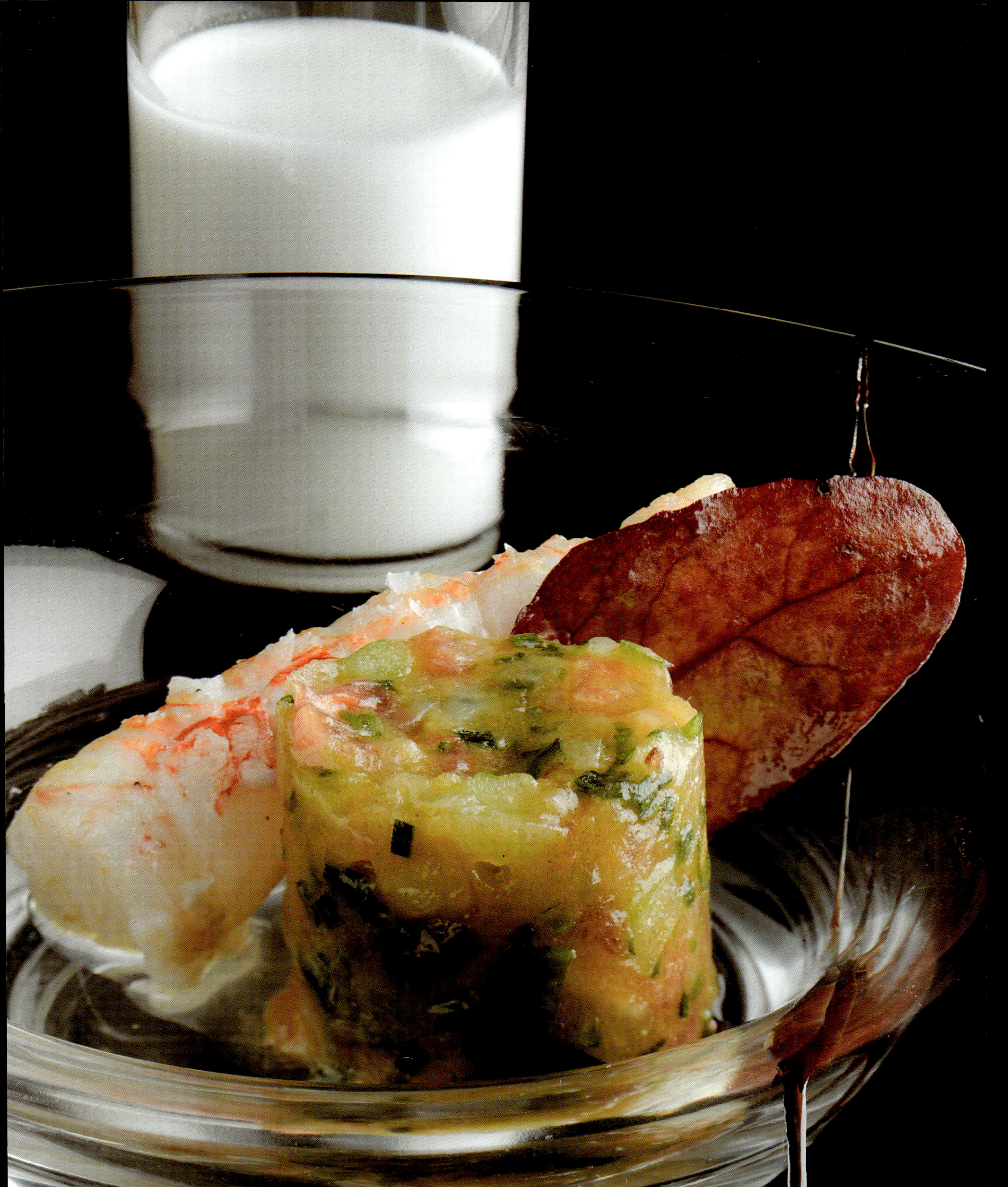

Pionier der Haute Cuisine Extremaduras

Im Zuge der Entwicklung, die in den vergangenen Jahrzehnten im gastronomischen Bereich stattgefunden hat, haben wir uns daran gewöhnt, abseits der Zentren in kleinen Dörfern auf erstklassige Restaurants zu stoßen. Es geht darum, mit der Küche dort zu sein, wo das Produkt ist, die Küche mit der Gegend zu identifizieren, aus der sie ihre Produkte bezieht. Diesem Phänomen ist es zu verdanken, dass viele der erfolgreichsten spanischen Köche und Restaurants in einiger Entfernung von den großen Städten und von den Gebieten zu finden sind, die normalerweise mit dem Begriff der Haute Cuisine in Verbindung gebracht werden. Das war jedoch nicht immer so: Hätte 1986 jemand behauptet, dass noch im selben Jahr eines der besten Restaurants Spaniens in der Region Extremadura, genauer gesagt, in Cáceres, seine Türen öffnen würde, hätte er damit bei den meisten wahrscheinlich nur ein müdes Lächeln geerntet.

Genau das aber geschah. In jenem Jahr eröffneten Toño Pérez und José Polo, die schon als Kinder befreundet waren und über die Arbeit in der Backstube von Toños Vater mit der Welt der Gastronomie in Kontakt gekommen waren, ein kleines Restaurant. Es veränderte das Bild, das auf der restlichen Iberischen Halbinsel von der Gastronomie Extremaduras existierte, und fand in Bezug auf seinen Umgang mit Wein sogar internationale Anerkennung – das Restaurant erhielt unter anderem die von der Zeitschrift Wine Spectator jährlich vergebene Auszeichnung Beste Weinkarte der Welt. Das Restaurant heißt Atrio, liegt in dem faszinierenden Straßengewirr der historischen Altstadt von Cáceres und entwickelte sich schon vor zwanzig Jahren zu einem festen Bezugspunkt in der spanischen Gastronomielandschaft.

Küchenchef des Atrio war schon damals und ist auch heute noch Toño Pérez. Zu Beginn seiner Laufbahn war Pérez Autodidakt, aufgrund des Erfolgs während der ersten Profijahre wollte er seine Kochkunst noch weiterentwickeln, seine Kenntnisse in verschiedenen europäischen Restaurants vertiefen und seine Techniken vervollkommnen. Und genau das tat er. In der Ausgabe 2006 stellte der Gastronomieführers Gourmetour fest, sein Restaurant sei dank seiner Neuinterpretation der Produktküche in jüngster Zeit von der spanischen Gastronomiekritik am häufigsten prämiert worden. Hinter so viel Lob steckt natürlich eine enorme Leistung, bei der die Entwicklung, die die Küche des Atrio vollzogen hat, und der Perfektionismus, mit dem Toño Pérez seine Gerichte realisiert, eine entscheidende Rolle spielen. Sicher hat auch dazu beigetragen, dass dieser Koch sich zu einem meisterlichen Interpreten der Speisekammer Extremaduras gemausert hat, aus der einige der wertvollsten Schätze der spanischen Gastronomie stammen. Insbesondere mit seinen Zubereitungen der verschiedenen Teile des Iberischen Schweins ruft er bisher unbekannte Gaumenfreuden hervor. Seine Küche geht aber noch viel weiter: In all seinen Kreationen bewahren die geschmacklichen Nuancen ihre Einzigartigkeit, während er seine technische Virtuosität und eine gehörige Dosis Talent einsetzt, um die Gerichte nicht zu kompakt und üppig erscheinen zu lassen. Dadurch kann er es sich erlauben, sich sämtlichen Produkten der lokalen Vorratskammer ohne Scheu zu nähern und diese seinen Gästen in verjüngter Form darzubieten. Toño Pérez steht für eine Küche, in der die Kreativität des Chefs dem Gast herrlich unverfälschte Geschmackserlebnisse verschafft und die, vielleicht weil sie sich dem kulinarischen Mainstream geografisch entzieht, in keinem Moment auf das verzichtet, was ihre solide Grundlage bildet: das Produkt.

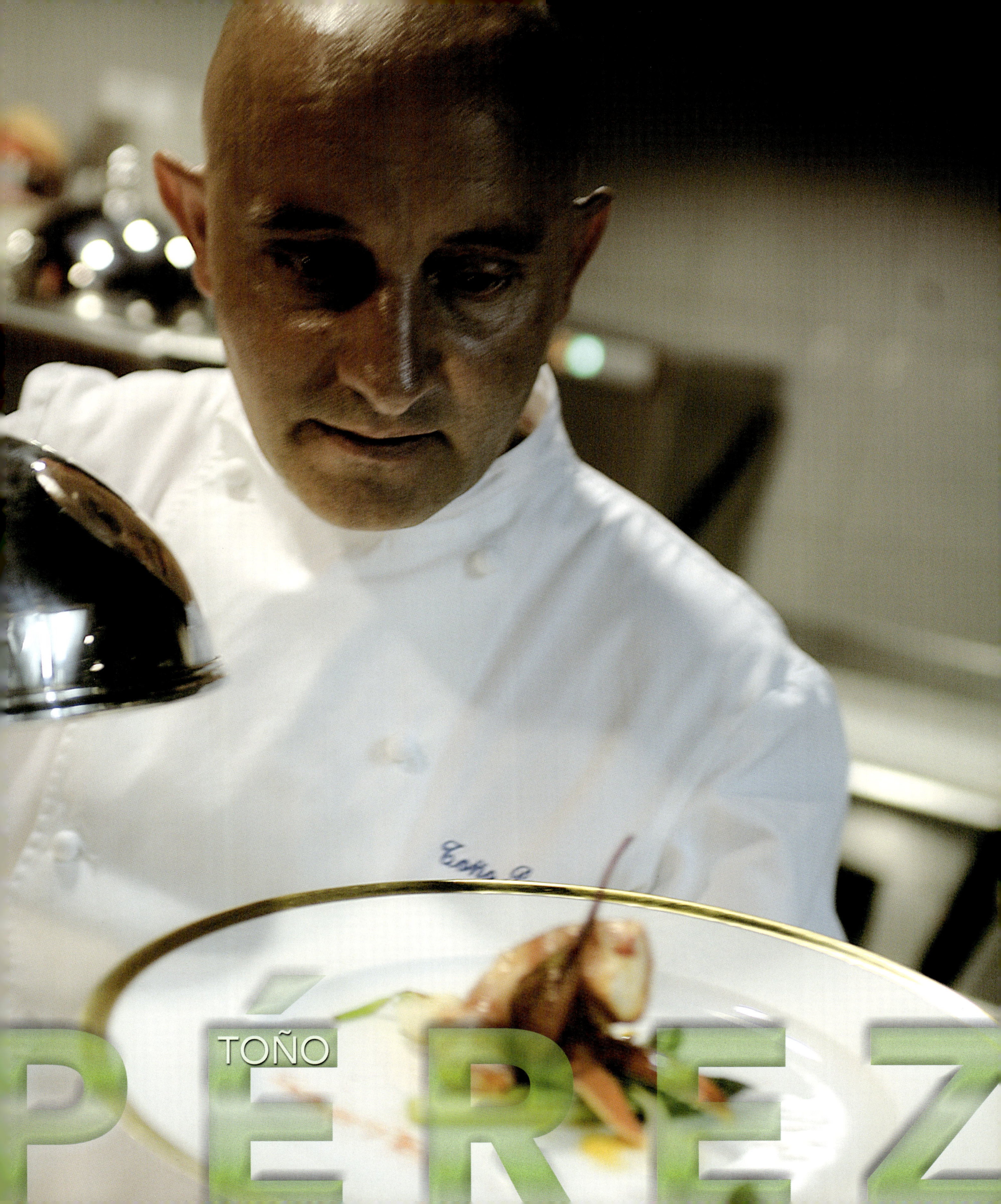

TOÑO PÉREZ

MANITAS DE IBÉRICO, cigala y vainilla

FÜSSE vom IBERISCHEN SCHWEIN, Kaisergranat und Vanille

ZUTATEN

(4 Personen)

Sauce Périgueux: 2 EL Schalotten, klein geschnitten, 1 EL Butter, 4 EL Sherry, 4 EL Trüffelsaft, nach Geschmack: Trüffel, gehackt, 300 ml Fleischfond, 30 g Butter **Schweinsfüße:** 4 Füße vom Iberischen Schwein, 2 Stangen Lauch, 4 EL Pilze, behutsam in Öl gegart, 100 g Foie gras, 2 EL Sauce Périgueux, Olivenöl, Salz und Pfeffer **Vanilleöl:** 4 Vanilleschoten, 250 ml Olivenöl aus Manzanilla-Oliven **Kaisergranat:** 4 Kaisergranate (je 250 g), 250 ml Vanilleöl

ZUBEREITUNG

Sauce Périgueux

Die Schalotten in der Butter 20 Minuten anschwitzen. Den Sherry hinzugießen und auf die Hälfte reduzieren. Den Trüffelsaft dazugeben und wieder reduzieren. Zu der Reduktion am Schluss den Fleischfond gießen und köcheln lassen, bis zehn Esslöffel Sauce übrig bleiben. Salzen und pfeffern. Vom Herd nehmen und die restlichen 30 g Butter unterschlagen.

Schweinsfüße

Die Borsten absengen und die Schweinsfüße waschen. In kochendes Wasser geben und garen. Unterdessen den in Streifen geschnittenen Lauch bei sehr schwacher Hitze in Öl garen. Wenn die Schweinsfüße weich sind, das Wasser abgießen und alle Knochen auslösen. Die halbierten Schweinsfüße einzeln auf Klarsichtfolie ausbreiten und jeden mit den Lauchstreifen, einem Esslöffel Pilze, ein paar Scheibchen Foie gras und einem halben Esslöffel Sauce Périgueux füllen und salzen und pfeffern. Die Schweinsfüße zuklappen und sie fest in die Klarsichtfolie einrollen. Ein paar Minuten in den Kühlschrank legen, damit sie Form annehmen.

Vanilleöl

Das Olivenöl erwärmen und die aufgeschlitzten Schoten mit ihren Samen hineinlegen. 24 Stunden ziehen lassen.

Kaisergranat

Jeden Kaisergranat aus dem Panzer lösen und säubern. Das Fleisch 30 Sekunden bei 180 °C in Vanilleöl garen.

DAS GERICHT FERTIG STELLEN

Die gefüllten Schweinsfüße in runde Scheiben schneiden, mit Olivenöl bestreichen und auf dem Grill kurz bräunen. In die Tellermitte ein paar Scheiben Schweinsfuß geben und darauf einen in Vanilleöl gegarten Kaisergranat anrichten.

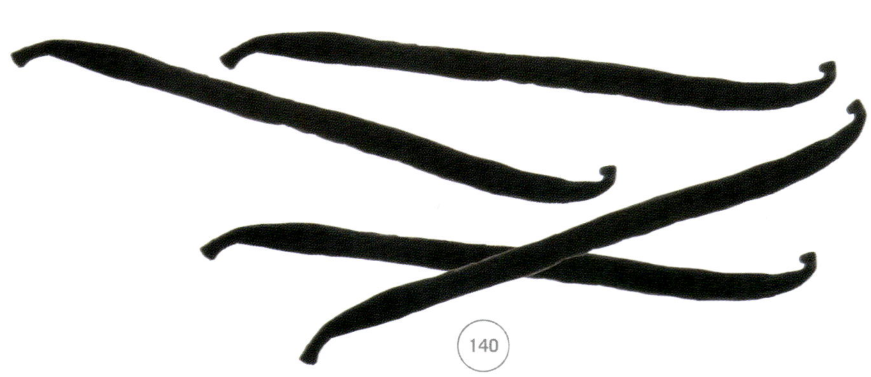

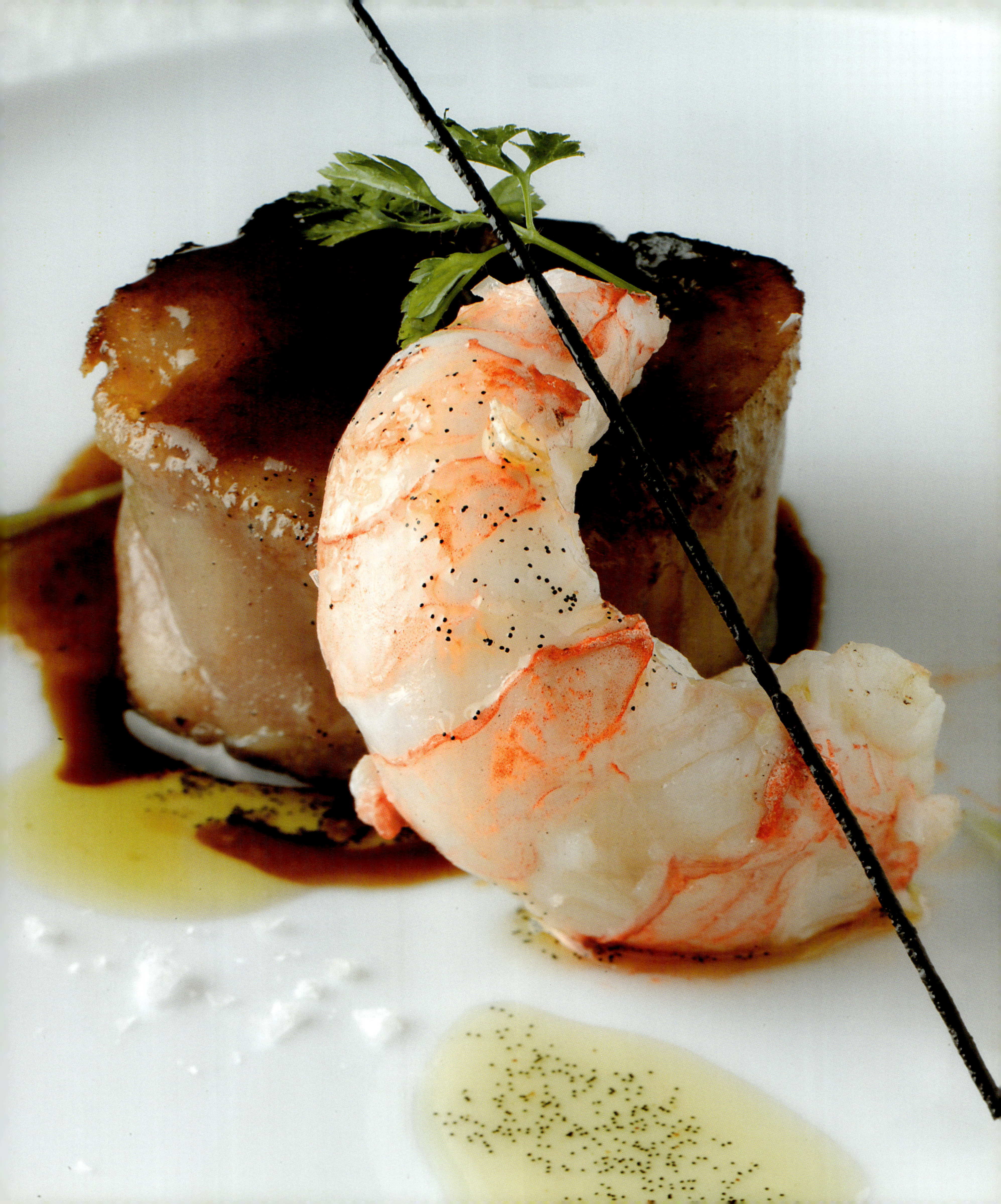

BOGAVANTE
con velo de jamón ibérico y ajada de pimentón dulce

HUMMER
mit Schleier aus Ibérico-Schinken und Ajada* aus süßem Paprikapulver

ZUTATEN

(4 Personen)

Hummer: 2 Hummer (je 500 g), Wasser (zum Kochen), Salz **Ibérico-Bauchspeck und Schinken:** 200 g gut fetter Ibérico-Schinken (D.O. Extremadura), 800 g halbreifer** Ibérico-Bauchspeck, 1 Bund Küchenkräuter, schwarze Pfefferkörner, Salz (reichlich) **Ajada und Paprikacreme:** 2 mittelgroße Kartoffeln, 4 Knoblauchzehen, leicht zerdrückt, 1 EL Pimentón de La Vera dulce (geräuchertes süßes Paprikapulver aus La Vera), Salz und Pfeffer **Weitere Zutaten:** 0,25 l Olivenöl, 1 Bund junge Knoblauchtriebe, Maldonsalz

ZUBEREITUNG

Hummer

Die Hummer 8 Minuten in reichlich kochendem Salzwasser garen. Abkühlen lassen. Das Fleisch aus dem Panzer lösen und den Schwanz in der Mitte durchschneiden. Das Fleisch aus Beinen und Scheren herauslösen. Panzer, Beine und Scheren aufheben.

Ibérico-Bauchspeck und Schinken

Den Schinken in ein paar hauchdünne Scheiben schneiden und damit die Hummerschwänze bedecken. Den Bauchspeck 6 Stunden bei kleiner Hitze mit dem Bund Küchenkräuter, den schwarzen Pfefferkörnern und reichlich Salz garen.

Ajada und Paprikacreme

Mit der Aufschnittmaschine von den Kartoffeln acht hauchdünne Scheiben abschneiden und diese rechteckig zuschneiden. Die Kartoffelrechtecke auf einem eingefetteten Silikonpapier im Backofen bei 60 °C 4 Stunden dehydratisieren, um feine, durchsichtige Scheibchen zu bekommen. Die restlichen Kartoffeln in Salzwasser garen und mit einem Teil des Olivenöls zu einem leichten Püree verarbeiten. Mit Salz und Pfeffer abschmecken. **Ajada:** Die Knoblauchzehen in einem Teil des Öls goldbraun braten, vom Herd nehmen und das Paprikapulver einrühren. 1 Stunde ruhen lassen. **Paprikacreme:** Unter das Kartoffelpüree ein paar Esslöffel Ajada rühren, bis eine leichtflüssige Creme entsteht.

DAS GERICHT FERTIG STELLEN

Den Ibérico-Bauchspeck in vier Stücke schneiden (6 × 3 × 2 cm) und in einer Pfanne mit Fett kurz anbräunen. Die Bauchspeckstücke und das Hummerfleisch auf ein Backblech legen und mit der Ajada begießen. 3 Minuten erwärmen.

Die jungen Knoblauchtriebe in Olivenöl anschwitzen.

Auf jeden Teller ein Häufchen Paprikacreme und ein Stück Bauchspeck setzen. Darauf einen halben Hummer mit Beinen und Scheren anrichten und mit den Knoblauchtrieben verzieren. Etwas Ajada als Sauce darübergießen. Abschließend auf den Hummer ein durchsichtiges Kartoffelscheibchen legen und Maldonsalz darüberstreuen.

---

*aus Galicien stammende einfache Sauce mit Knoblauch, Öl und Paprikapulver als Grundzutaten
**vom Koch speziell behandelter Bauchspeck

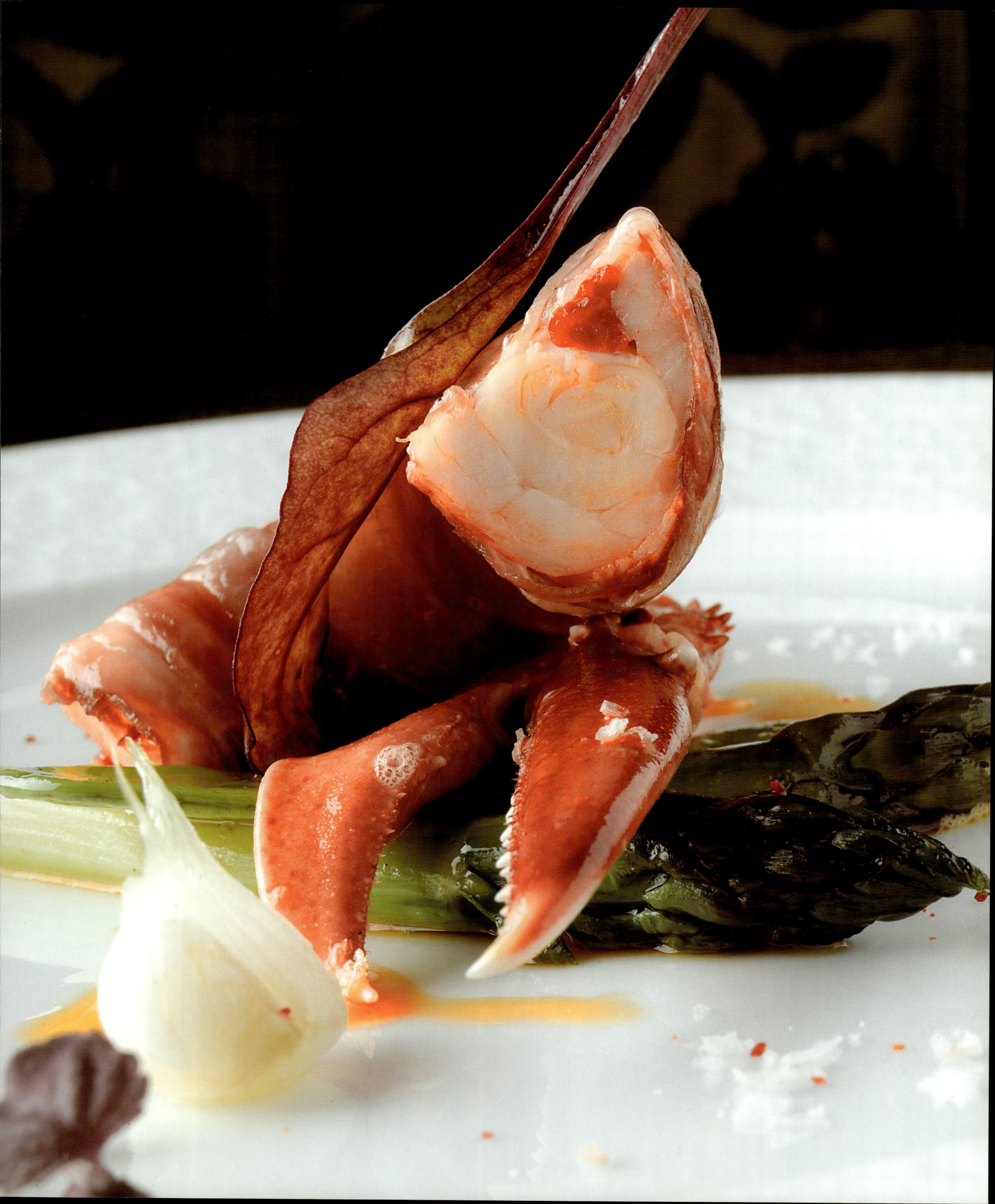

Kreativität mit Methode

Joan Roca gehört zu jener Generation außergewöhnlicher Köche, die Katalonien zum internationalen Wallfahrtsort für Anhänger der »hohen Küche« des 21. Jahrhunderts gemacht hat. Ohne sich um Medienpräsenz zu bemühen und ohne Eile hat Joan Roca in seiner beruflichen Entwicklung zu einer eigenen Arbeitsweise gefunden. Er versteht das Kochen als eine Kunst, in die man sich als Mensch einbringen muss, und glaubt an die ständige Weiterentwicklung, bei der mit jedem neuen Rezept eine neue Beziehung zur Hauptzutat – dem Leitmotiv jedes Gerichts – hergestellt wird.

Sein Verständnis der Kochkunst wird an zwei Aspekten deutlich. Wenn man die Gastronomie als etwas Ganzheitliches empfindet, dann muss man sich um alle Details kümmern, die den Restaurantbesuch für den Gast zu einer über das Essen hinausgehenden Erfahrung machen. Daher kann man die Arbeit von Joan heute praktisch nicht unabhängig von der seiner beiden Brüder sehen. Das Restaurant El Celler de Can Roca ist nämlich ein gemeinsames Projekt, bei dem das freundliche Gesicht von Joan zwar die sichtbare Fassade abgibt, die Arbeit seiner Brüder aber ebenso unersetzlich ist: Josep kümmert sich um den Gastraum und den Wein, Jordi ist zuständig für die innovativ konzipierten süßen Speisen des Hauses, in die er ein hohes Maß an Kreativität und Talent einbringt.

Das El Celler begann bereits mit einem unaufhaltsamen Höhenflug, dessen Tempo und Rhythmus Joan mit seinen immer neuen kulinarischen Kreationen vorgab. Er ist der Hauptverantwortliche für den allmählichen Übergang der Restaurantküche ins Experimentelle, womit sie nun zu den interessantesten Küchen der Gegenwart gehört. Heute wartet El Celler in jeder Saison mit neuen Ideen auf, mit neuen Resultaten der innovativen Tätigkeit, die zum Stil des Hauses gehört. Doch neben den neuen Gerichten findet man hier auch jene, die im Lauf der Zeit Gäste und Kritiker so sehr überzeugt haben, dass ihre Schöpfer sie unmöglich von der Speisekarte nehmen konnten.

Joan Roca hat sich wirklich in vielerlei Hinsicht verdient gemacht. Wenn wir uns auf seine kreativen Beiträge zur Avantgarde-Küche beschränken, dann muss auf jeden Fall seine persönliche Art des Experimentierens erwähnt werden, bei der er von eigenen Prämissen ausgeht und eine Kontinuität entwickelt, die letztlich zum Stil wird. Schon seit einigen Jahren setzt er dies in der Praxis sehr eigenwillig in die Suche nach dem optimalen Zusammenspiel von Aromen und Geschmacksnoten um. In letzter Zeit hat sich dieses Anliegen, wie es scheint, auch international bei einigen der renommiertesten Köche zu einer Art Suche nach dem Heiligen Gral ausgewachsen.

Aus dieser Sicht erschließen sich seine jüngsten Arbeiten mit verfestigtem Rauch, aber auch die Experimente, die er gemeinsam mit seinem Bruder Josep – übrigens einer der besten Sommeliers Spaniens – durchführt. Es geht dabei um die Angleichung der sensorischen Merkmale der Gerichte an die Empfindungen, die von den zum Essen servierten Weinen ausgelöst werden. In einer Zeit, in der einem so gut wie alles als Zusammenspiel von Wein und Speisen verkauft wird, sind die Vorschläge von Joan und Josep Roca eine Wohltat, weil sie statt Gemeinplätzen ihre eigene, überzeugende Logik bieten. Ebenfalls in diesem Zusammenhang und als Ergebnis der Experimente mit Rauch, der den Produkten entzogen wird, ist ein weiteres Arbeitsgebiet der gegenwärtigen Küche des El Celler de Can Roca zu sehen: Destillationen und die Verwendung der so entstandenen konzentrierten Essenzen für Gerichte. Am Spektakulärsten äußerst sich dies in der Zusammenarbeit Joans mit seinem jüngeren Bruder Jordi, dem genialen Patissier der Familie, dem es gelungen ist, die Sprache der Parfüme – eine Marke nach der anderen, eine Essenz nach der anderen – auf seine Desserts zu übertragen.

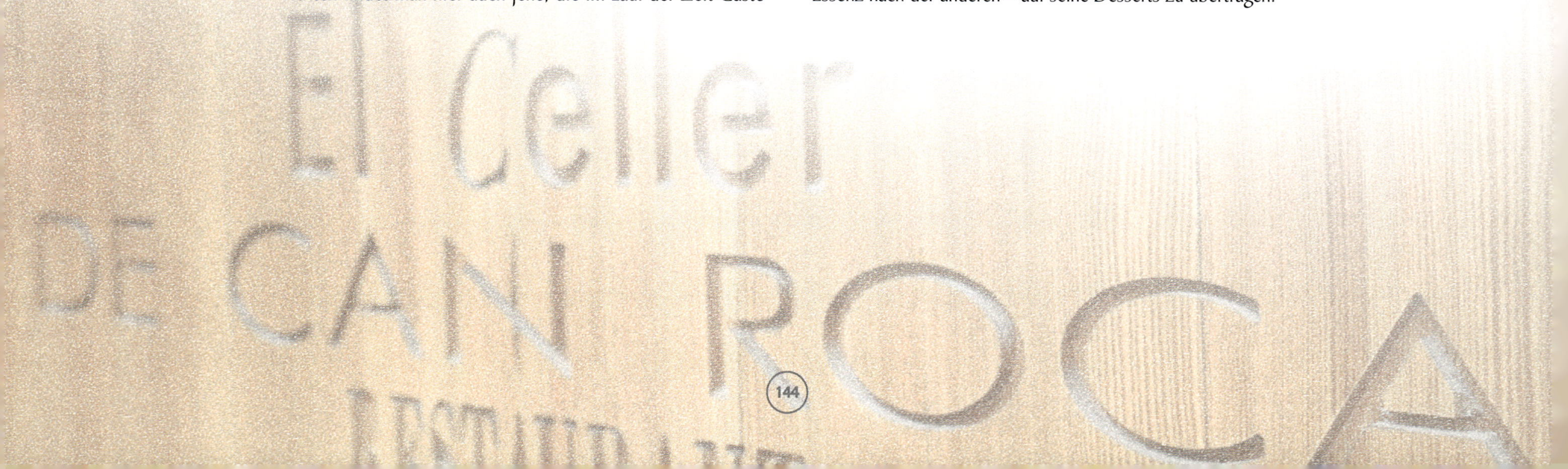

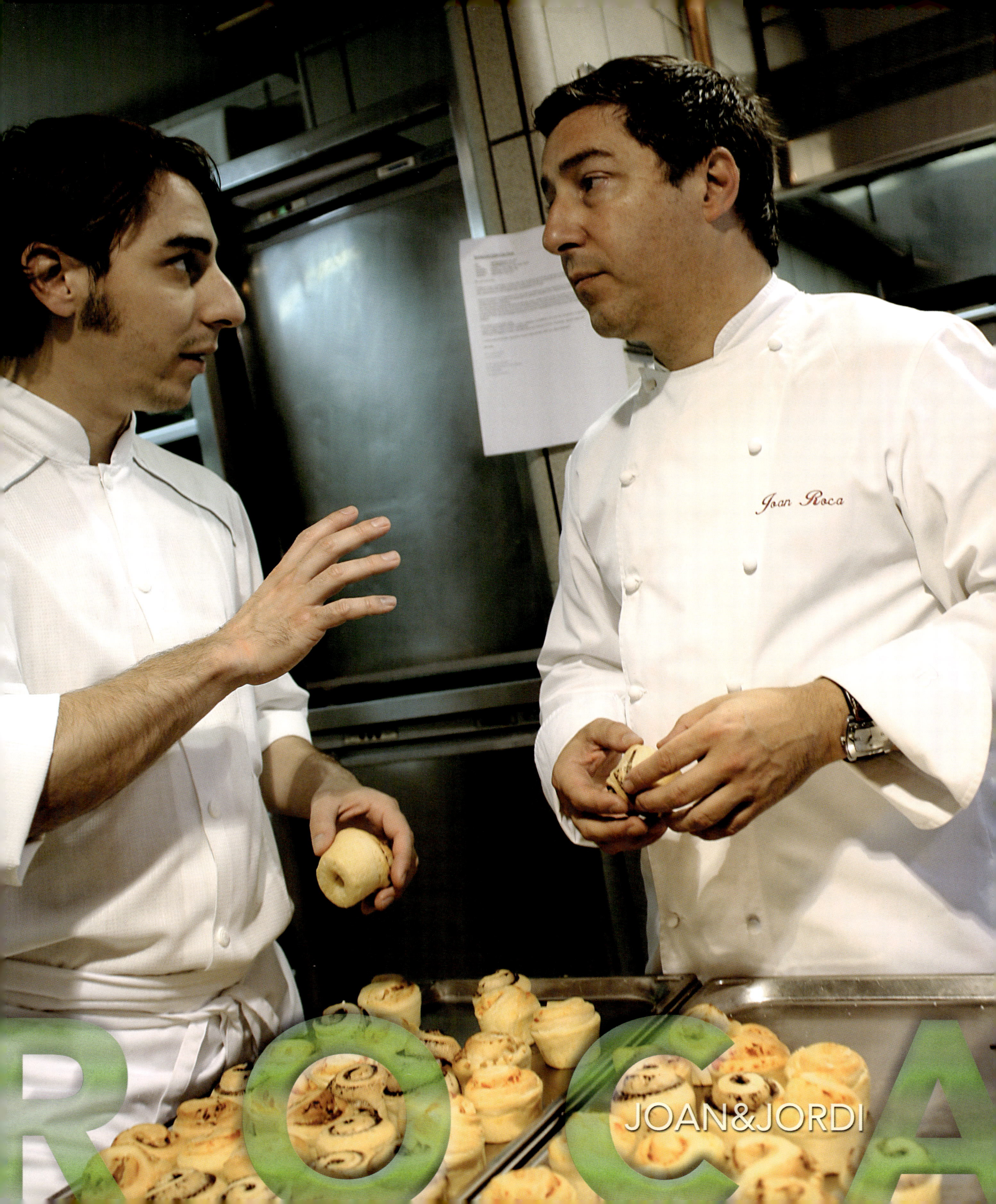
Joan Roca
ROCA
JOAN&JORDI

COCHINILLO IBÉRICO
con almendras y genciana

IBÉRICO-SPANFERKEL
mit Mandeln und Enzian

ZUTATEN

(6 Personen)

Spanferkel: 1 Spanferkel **Mandelinfusion:** 500 ml Milch, 500 ml Sahne, 300 g Mandelblättchen, 5 g Sojalezithin **Enzianjoghurt:** 1 griechisches Joghurt, 1 EL Enzianlikör **Weitere Zutaten:** 5 g Balsamico-Essig, 10 g Olivenöl, Borretschblüten

ZUBEREITUNG

Spanferkel

Das Spanferkel in sechs Stücke schneiden und mit Salz und Öl vakuumverpacken. 12 Stunden bei 70 °C garen. In Wasser mit Eiswürfeln abkühlen.

Mandelinfusion

Die Mandelblättchen mit der Milch und der Sahne kochen, pürieren und abkühlen lassen. 24 Stunden im Kühlschrank aufbewahren. Dann erneut aufkochen und abseihen. Die Flüssigkeit mit Sojalezithin vermischen und in der Küchenmaschine schaumig schlagen.

Enzianjoghurt

Das Joghurt mit dem Enzianlikör vermischen.
In einer anderen Schüssel den Essig und das Öl vermischen.

DAS GERICHT FERTIG STELLEN

Das Spanferkel im Wasserbad erhitzen und die Hautseite auf der heißen Backplatte kurz anbraten. Das Fleisch mittig auf den Teller legen. Auf der einen Seite etwas Joghurt, auf der anderen etwas Mandelschaum anrichten. Mit der Essig-Öl-Mischung beträufeln und mit den Borretschblüten dekorieren.

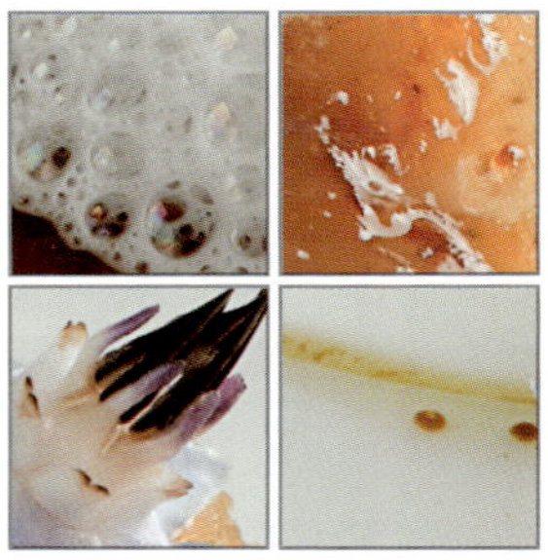

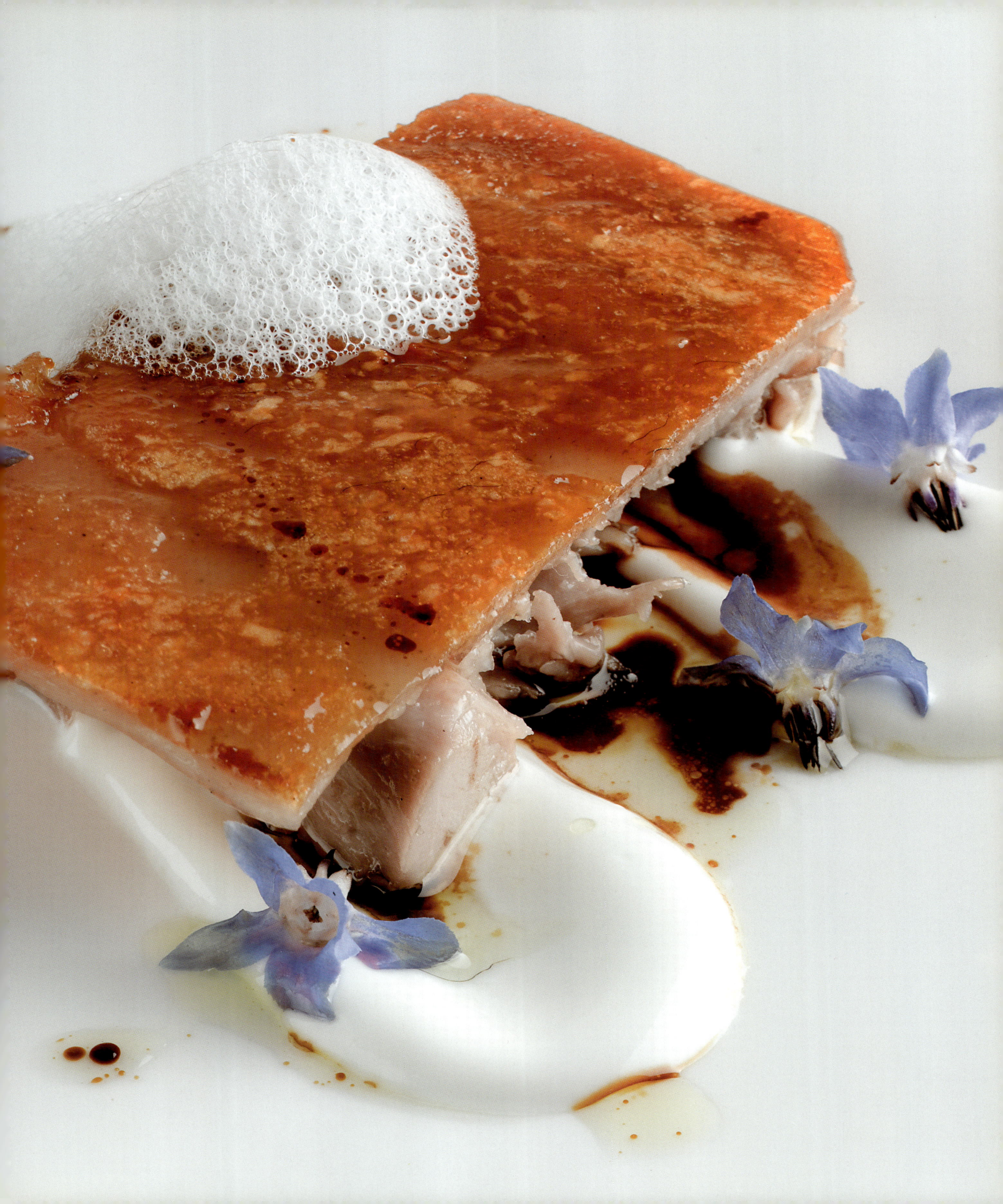

Adaptación de Venerable[1]

VENERABLE-ADAPTATION*

ZUTATEN

(6 Personen)

Dattelpüree: 1 kg entsteinte Datteln, 1 l Wasser **Kaffee-Emulsion:** 200 g reine Kaffeepaste, 200 g Zuckerrohrsirup, 100 ml Wasser **Toffeeparfait:** 1600 g Zucker, 4 kg Sahne, 10 g Salz, 20 Blatt Gelatine **Apfelkrauteis:** 2½ l Milch, 1 kg Sahne, 750 g Apfelkraut, 25 g Speiseeisstabilisator, 50 g Milchpulver, 650 g Dextrose **Gewürzbrot:** 100 ml Milch, 200 g Honig, 3 g Stangenzimt, 4 g Ingwer, 2 g Sternanis, 2 g Nelken, 2 g Koriander, 2 g Wacholderbeeren, 1 g Sichuan-Pfeffer, 1 g Kardamom, 100 g Weizenmehl mit geringem Kleberanteil, 125 g Roggenmehl, 5 g Salz, abgeriebene Schale von 1 Orange, 15 g Backtriebmittel, 50 g Eier **Schokoladenrolle:** Kuvertüre **Weitere Zutaten:** Kandierter Ingwer in feinen Scheiben

ZUBEREITUNG

Dattelpüree

Die Datteln in dem Wasser blanchieren. Pürieren und durch ein Sieb streichen.

Kaffee-Emulsion

Die Zutaten kalt vermischen und emulgieren.

Toffeeparfait

Den Zucker rauchheiß karamellisieren und ablöschen, indem man die Sahne entweder ganz langsam oder erhitzt hinzugibt. Die Gelatine darin auflösen und abkühlen lassen. Steif schlagen, gefrieren und in Stücke schneiden.

Apfelkrauteis

Die Milch und die Sahne erhitzen und das Apfelkraut dazugeben. In einer anderen Schüssel die Dextrose, den Speiseeisstabilisator und das Milchpulver vermischen. Zu der ersten Mischung hinzufügen und bei 85 °C pasteurisieren. Aufschlagen und bei -18 °C tiefgefrieren.

Gewürzbrot

Die Milch, den Honig und die Gewürze aufkochen und ziehen lassen. Die Mehle mit dem Salz und der abgeriebenen Orangenschale vermischen. Die abgekühlte Emulsion abseihen, über die Mehlmischung gießen und das Backtriebmittel hinzugeben. Die Eier zugeben und zu einem glatten Teig verarbeiten. In eine gefettete und mit Mehl bestäubte Form füllen, 1 Stunde ruhen lassen und 40 Minuten bei 170 °C backen. Auf einem Gitter abkühlen lassen.

Schokoladenrolle

Die Kuvertüre erwärmen, auf einen Streifen Folie streichen und vor dem Erkalten zusammenrollen. Die Plastikfolie nach dem Erhärten entfernen.

DAS GERICHT FERTIG STELLEN

Das Dattelpüree mit einigen Scheiben kandiertem Ingwer auf den Tellerboden geben und mit Kaffee-Emulsion umgeben. Das Toffeeparfait in dem zerkleinerten Gewürzbrot panieren und auf den Ingwerscheiben anrichten. Als Letztes einen Löffel Apfelkrauteis dazugeben und das Ganze mit etwas Kaffee-Emulsion und der Schokoladenrolle bekrönen.

---

*Der Süßwein Venerable Pedro Ximénez (PX) ist hier gemeint. Jordi Roca »rekreiert« in diesem Gericht sozusagen die Aromen und den Geschmack dieses Weins, ohne ihn zu verwenden.

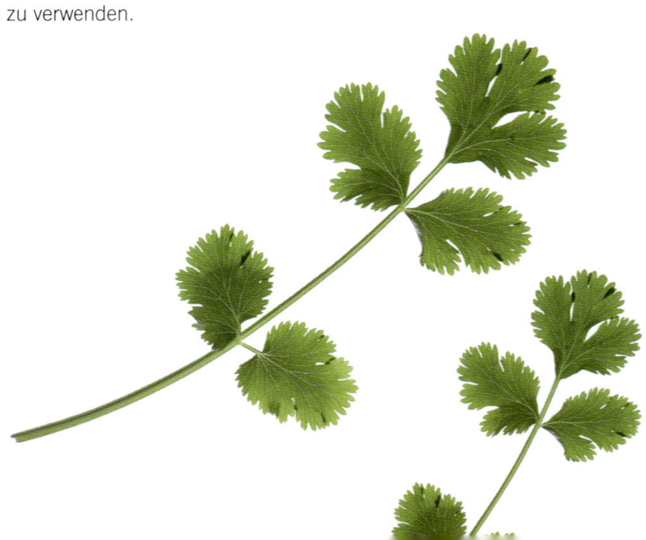

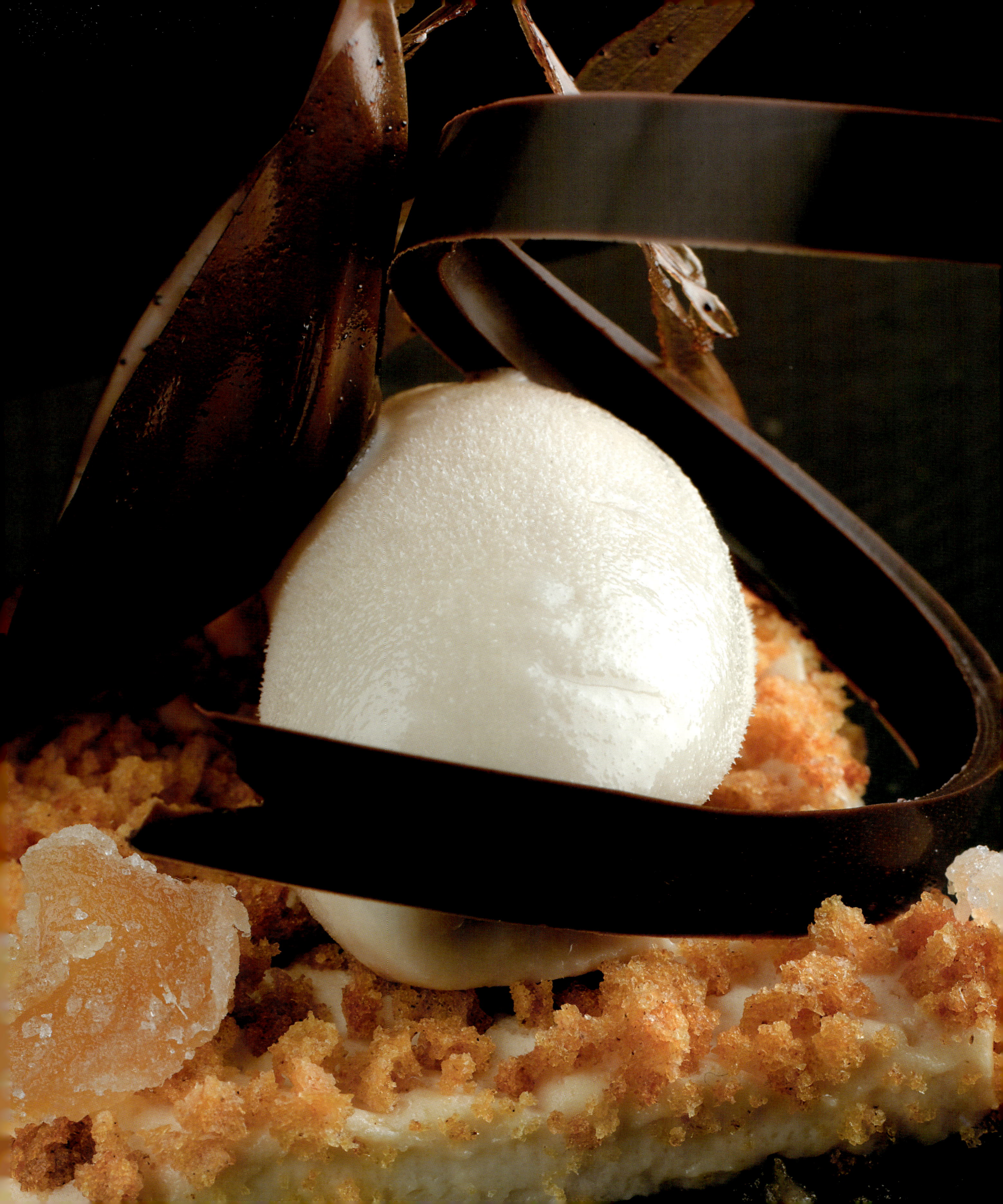

An einem Ort in der Mancha

Illescas, ein kleiner Ort in der Region Castilla-La Mancha, liegt auf halbem Weg zwischen Toledo und Madrid. Die Familie Rodríguez führte hier über lange Zeit ein einfaches, aber gediegenes Lokal, das unter dem Namen *Taberna taurina* bekannt war und heute das Restaurant El Bohío beherbergt.

Ausgangspunkt für die Verwandlung des einfachen Wirtshauses von damals in das berühmte Restaurant von heute war der Eintritt von Pepe Rodríguez als Koch und der seines Bruders Diego als Chef de Service und Sommelier. Wie fast alle natürlichen Prozesse fand jedoch auch dieser Vorgang nicht schlagartig statt. So wie Wassermoleküle sich mit sinkender Temperatur langsam einander annähern und schließlich zu Eis kristallisieren, so entwickelte sich Pepe Rodríguez dank seiner Neugier, seines Talents und seiner soliden Fachkenntnisse Schritt für Schritt, scheinbar mühelos, zu einem Meister der hohen Kunst des Kochens. Eines schönen Tages offenbarte er sich als Spitzenkoch und verblüffte damit die kleine Welt der Gastronomie. Seine vor Talent und Persönlichkeit sprühende Kochkunst war jedoch keineswegs spontan, sondern – wie die Annäherung der Wassermoleküle – für das menschliche Auge unsichtbar entstanden.

Die Grundlagen für seine Küche erlernte er unter anderem bei Ignacio Muguruza im Bodegón Alejandro in Benalmádena und bei Martín Berasategui – unglaublich, was die spanische Gastronomie diesem Mann alles verdankt! – in dessen Restaurant in Lasarte. Danach durchlief er einige der besten Küchen Kataloniens. Als er der Meinung war, er habe nun genug gelernt, kehrte er in die heimatliche Mancha zurück und begann von hier aus im Lauf der letzten zehn Jahre die kastilische Küche einer gründlichen Revision zu unterziehen, vergleichbar nur mit der Erneuerungsarbeit des anderen kastilischen Genies, das seine Kochkunst in Las Pedroñeras zelebriert: Manolo de la Osa.

Mit seiner Küche hat Pepe Rodríguez die ureigensten Elemente der kulinarischen Tradition Zentralspaniens enorm weiterentwickelt und modernisiert: *cocido*, *gachas*, Knoblauchsuppe, Schweinsohren, Wild … immer gelingt es ihm, das ganz Besondere dieser Gerichte zu bewahren, indem er an das Geschmacksgedächtnis des Gastes appelliert und dabei oft genug Kindheitserinnerungen weckt. Gleichzeitig bedient sich Rodríguez jedoch einer sehr zeitgemäßen Sprache und beweist bei jedem Gericht aufs Neue eine große Fähigkeit zur Synthese. Rein gefühlsmäßig nimmt der Gast wahr, dass die zahlreichen eingesetzten Techniken – im Gegensatz zu vielen anderen Fällen – nicht nur keine überflüssige Angeberei, sondern unverzichtbares Werkzeug sind, mit dem der Chefkoch der Essenz der Gerichte auf ganz persönliche Art Ausdruck verleiht.

Neben vielen weiteren Auszeichnungen wurde die Küche des El Bohío auch mit einem der heiß begehrten Michelin-Sterne prämiert, auf die, wenn es um die Qualität eines Restaurants geht, so gern verwiesen wird. Um sich eine Vorstellung von der Bedeutung des El Bohío zu machen, gibt es jedoch aussagekräftigere Hinweise als die Bewertung des Michelin-Guide, die oft genug unergründlichen Kriterien unterliegt. Viel interessanter und aufschlussreicher ist zum Beispiel die Tatsache, dass der eine oder andere Madrider Gastronomiekritiker der Versuchung nicht widerstehen kann, von El Bohío zu sprechen, als handle es sich um ein Madrider Restaurant. Logischer ist jedoch, dem Kaiser das zu geben, was des Kaisers ist, mag die Hauptstadt angesichts der zahlreichen Talente, die allerorten in der spanischen Provinz wie Pilze aus dem Boden schießen, auch noch so großen Mangel an Namen für ihre Liste der Starköche haben. El Bohío ist ein Restaurant der kastilischen Mancha, und das aufgrund seiner Lage, seines Ursprungs, seiner Geschichte und weil seine fantastischen Gerichte es förmlich hinausschreien. Worüber man sich streiten kann, ist, ob das, was unter der Bezeichnung Madrider Küche läuft, einfach eine Weiterentwicklung der kastilischen Küche ist oder nicht.

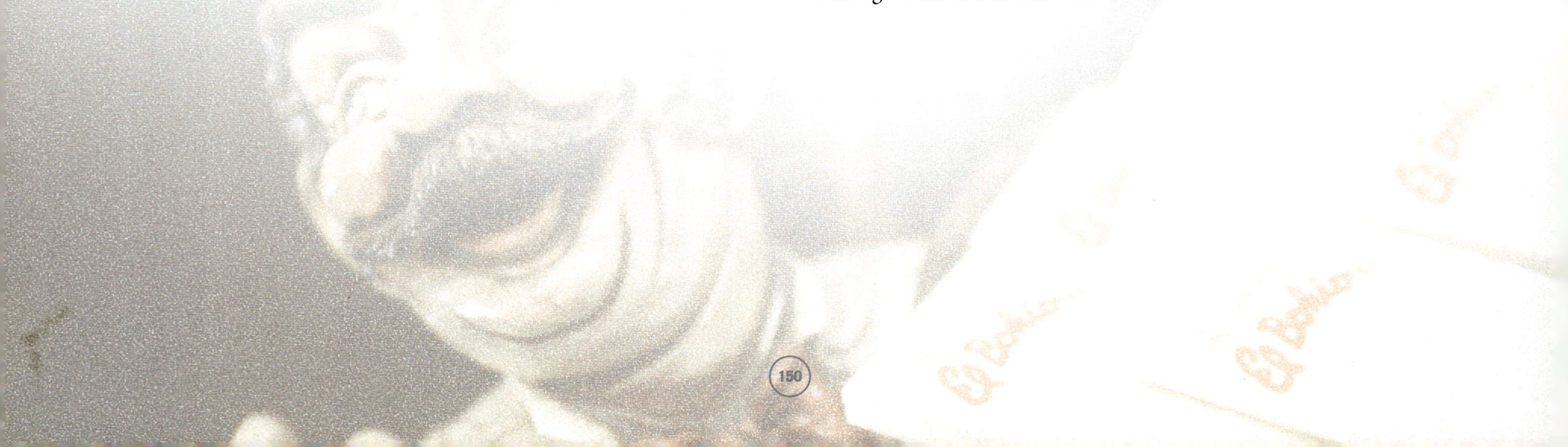

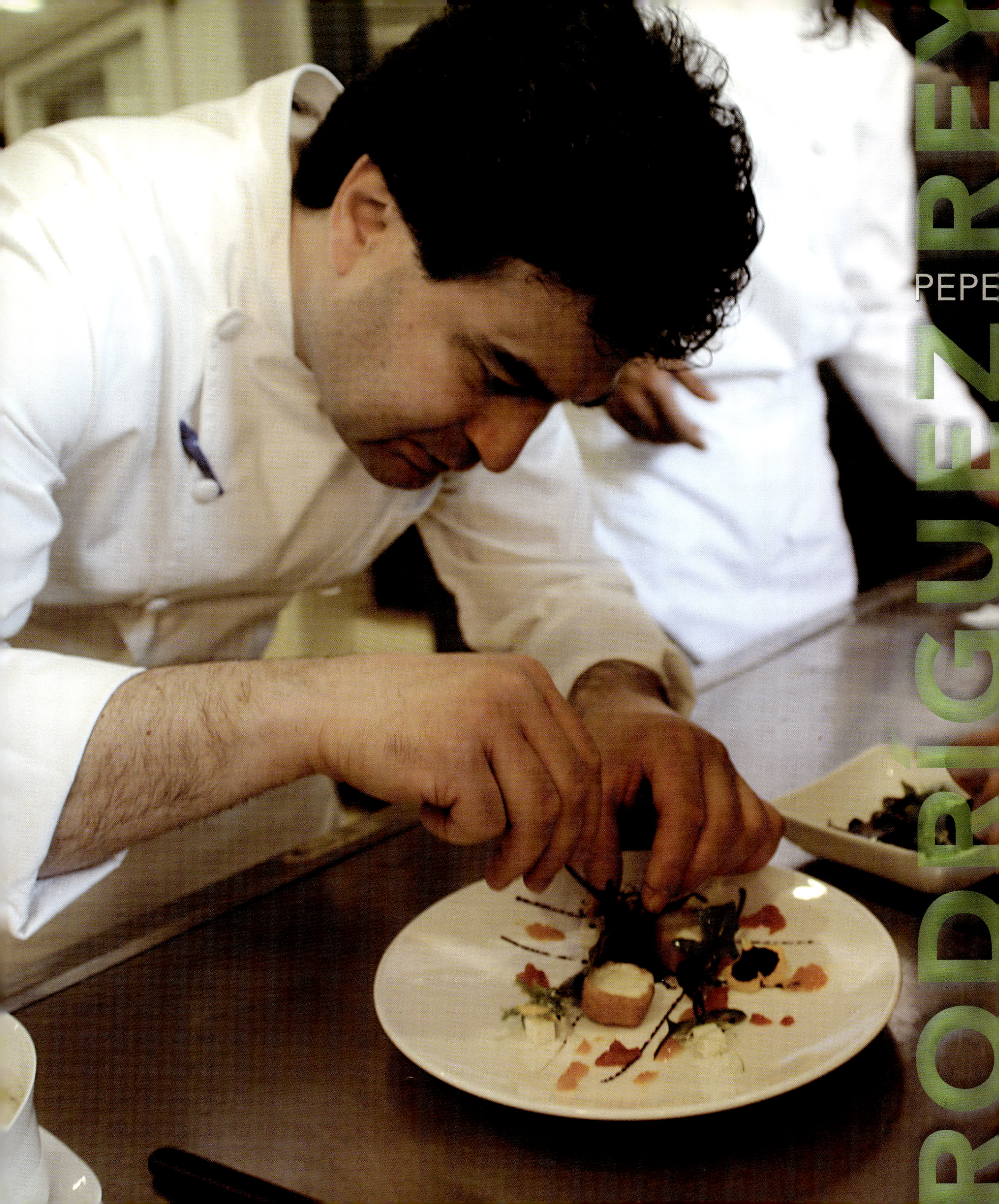
PEPE
RODRÍGUEZ REY

RABO DE CERDO, col trufada y lentejas

SCHWEINESCHWANZ, getrüffelter Blumenkohl und Linsen

ZUTATEN

(4 Personen)

Schweineschwanz: 2 Schweineschwänze, 1 Tomate, 1 Lauch, 1 Zwiebel, 1 Knoblauchzehe, 1 l Rotwein, Olivenöl **Getrüffelter Blumenkohl:** 1 Blumenkohl, Butter, Trüffelöl **Linsen:** 200 g Linsen, 1 Chorizo-Wurst, 1 Morcilla (spanische Blutwurst), 1 Tomate, Salz, Curry, Essig

ZUBEREITUNG

Schweineschwanz

Das Gemüse in wenig Olivenöl anschwitzen, die Schweineschwänze hinzufügen, kurz mitbraten und den Wein hinzufügen. 15 Minuten köcheln lassen, mit Wasser bedecken und 3 Stunden auf kleiner Flamme garen. Die Knochen vorsichtig aus den Schwänzen lösen, sodass die Form erhalten bleibt.

Getrüffelter Blumenkohl

Den Blumenkohl in reichlich Wasser weich kochen. Abtropfen lassen und mit der Butter und einigen Tropfen Trüffelöl pürieren. Beiseite stellen.

Linsen

Alle Zutaten in reichlich Wasser weich kochen. Sobald die Kochflüssigkeit Geschmack bekommen hat, abseihen und beiseite stellen. Die abgegossenen Linsen mit etwas Essig vermischen und beiseite stellen.

DAS GERICHT FERTIG STELLEN

Die Kochflüssigkeit der Linsen emulgieren, bis sie eine feste Konsistenz bekommt. Den Schweineschwanz im Ofen in seiner Kochflüssigkeit langsam glasieren.

Einen Löffel getrüffelten Blumenkohl auf den Teller geben, darauf einige sautierte Linsen platzieren und mit dem Schweineschwanz bekrönen. Ringsherum die emulgierte Linsenkochflüssigkeit träufeln.

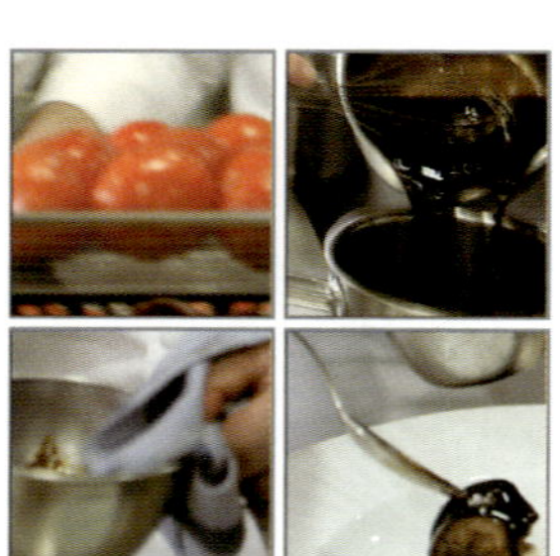

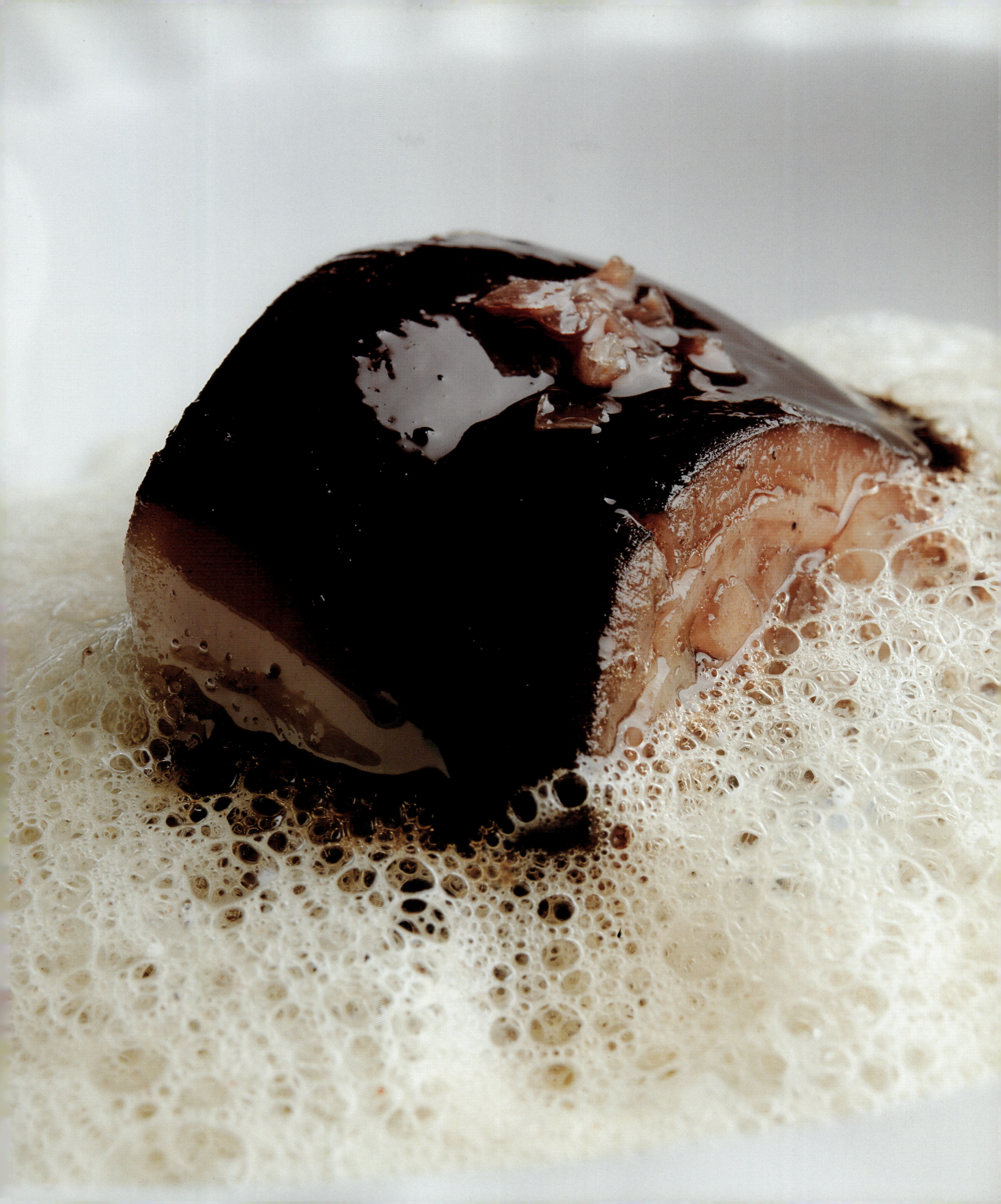

QUESO DE CABRA DE TOLEDO, tomate picante y naranja

ZIEGENKÄSE aus TOLEDO, scharfe Tomate und Orange

ZUTATEN

(4 Personen)

Ziegenkäse: 200 g Ziegenkäse »Torta de Navalmorales« (cremiger würziger Ziegenkäse), Paniermehl, 100 g Ziegenfrischkäse, Öl zum Frittieren **Orangenmarmelade:** 140 g Orangenfruchtfleisch, 40 g Orangenschale, 300 ml Orangensaft, 150 g Zucker **Scharfe Tomate:** 3 Kumato-Tomaten, Salz, Zucker, Tabasco **Paste aus schwarzen Oliven:** 50 g schwarze Oliven, 50 ml natives Olivenöl extra »Capilla del fraile« **Quarkcreme:** 100 g Magerquark, 15 ml Trüffelöl **Weitere Zutaten:** Salatblätter und Sprossen (zum Garnieren)

ZUBEREITUNG

Ziegenkäse

Den cremigen Ziegenkäse in vier Stücke schneiden, panieren, in reichlich Öl frittieren und beiseite stellen. Den frischen Ziegenkäse in kleine Stücke schneiden und kalt stellen.

Orangenmarmelade

Alle Zutaten zu einer Marmelade verkochen.

Scharfe Tomate

Die Stielansätze der Tomaten entfernen und eine kleine Öffnung einschneiden. Diese mit etwas Zucker, Salz und zwei Tropfen Tabasco befüllen. Im Ofen bei 80 °C 4 Stunden garen. Die konfitierten Tomaten enthäuten, klein schneiden und zusammen mit dem panierten Ziegenkäse erhitzen.

Paste aus schwarzen Oliven

Die Oliven zerdrücken und mit dem nativen Olivenöl extra vermischen.

Quarkcreme

Den Quark mit dem Trüffelöl vermischen und kalt stellen.

DAS GERICHT FERTIG STELLEN

Auf dem Teller elegante Streifen aus Olivenpaste und Orangenmarmelade ziehen. Ein paar Stückchen frischen Ziegenkäse sowie etwas kalte Quarkcreme auf den Teller geben. Darauf den halbierten, panierten und erhitzten cremigen Ziegenkäse mit den Tomaten anrichten. Mit den Salatblättern und Sprossen garnieren.

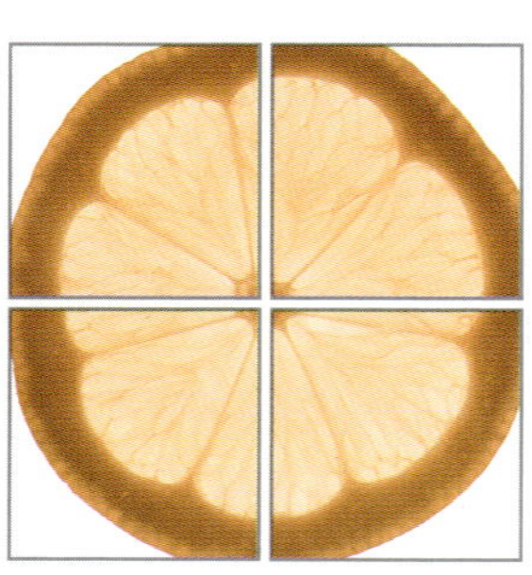

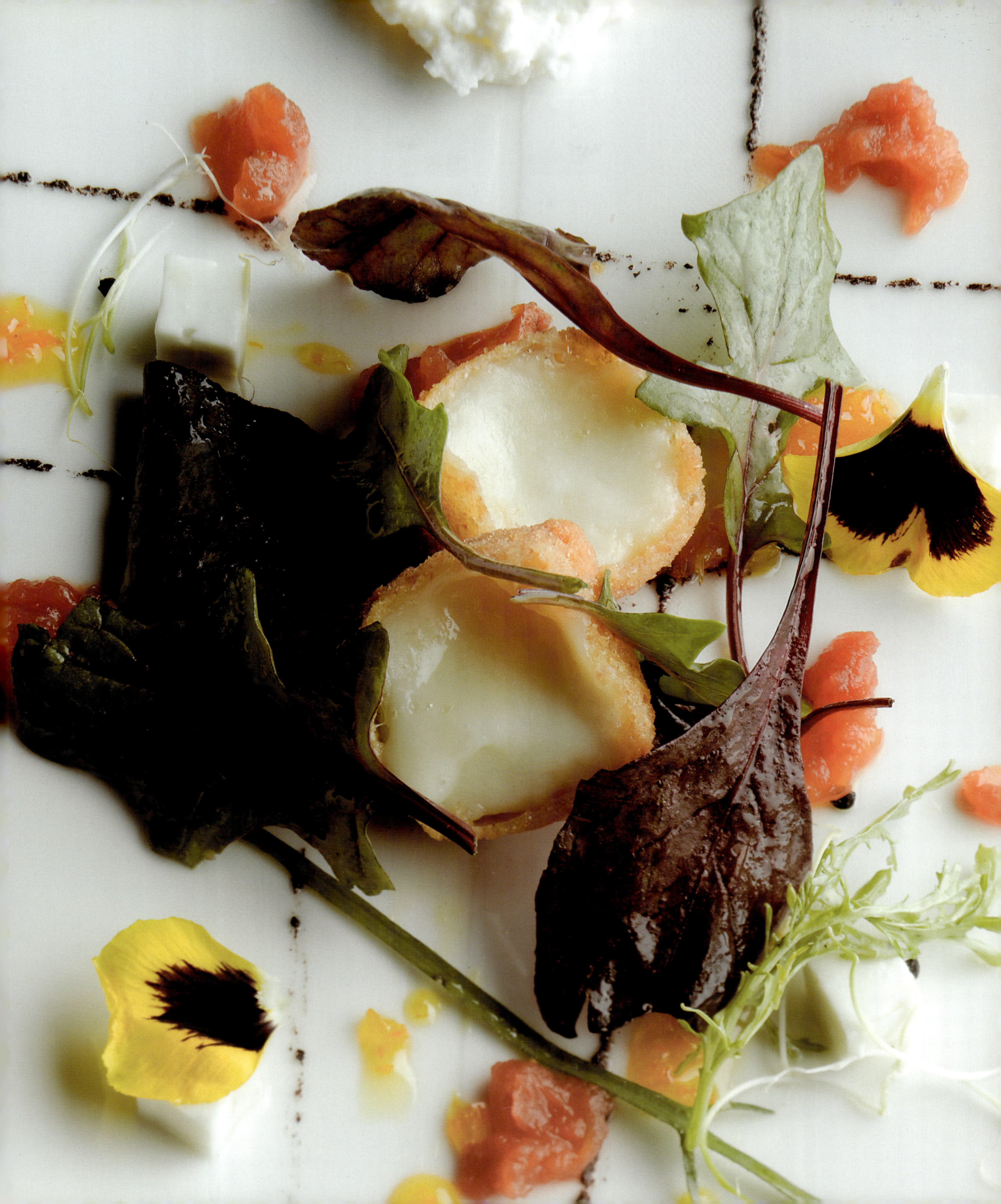

Botschafter des genialen Adrià in Madrid

Paco Roncero, Mitte 30, hat eine zweifache Verantwortung, vor der viele andere Köche zurückschrecken würden. Zum einen leitet er die Küche eines der feinsten Restaurants Madrids, La Terraza del Casino, und zum anderen interpretiert er am Herd eine der in technischer Hinsicht anspruchsvollsten Küchen der Welt – die Küche, die Ferran Adrià und seine Mitarbeiter im elBulli entwickeln – dem Restaurant, das verrückte Ideen spuckt wie ein Vulkan.

Der im Madrider Arbeiterviertel Usera geborene Roncero erhielt seine Ausbildung an der Höheren Gastgewerbe- und Tourismusschule von Madrid. Die anschließende praktische Lehrzeit absolvierte er im Zalacaín und im Ritz, wonach er eine Anstellung im Casino de Madrid, einem feinen Club, bekam. Man schrieb das Jahr 1991, und er hätte sich damals schwerlich vorstellen können, wie weit er es noch bringen würde. 1994 wurde er Küchenchef der Bankettabteilung des Casinos. Drei Jahre später kam er beim Wettbewerb der Nachwuchsköche von Madrid auf den zweiten Platz und in der spanischen Kochmeisterschaft auf den dritten Platz.

1998 übernahm Ferran Adrià die Verantwortung für die Küche des Restaurants La Terraza del Casino. Im selben Jahr machte Roncero einen neuen Lernprozess durch, diesmal im elBulli, und brachte den großen Koch, der in ihm steckt, nun voll und ganz zur Entfaltung. Die Folge war, dass er im Jahr 2000, als Adrià das La Terraza verließ, auf dessen Wunsch sein Nachfolger als Küchenchef wurde. Die Krönung dieser außergewöhnlichen Laufbahn war im Jahr 2006 Paco Ronceros Ernennung zum Leiter dieses renommierten Lokals – eine Überraschung, da heutzutage allerorts meist nur flüchtige Sternschnuppen auftauchen.

2004 wurde ihm der Preis des Madrider Gastgewerbes für die berufliche Laufbahn verliehen. Aber das sagt kaum etwas aus über die unglaubliche Sensibilität, mit der dieser Koch auf seine Gerichte das Gedankengut des elBulli überträgt, dem er unerschütterlich treu bleibt, obgleich er sich gelegentlich erlaubt, die theoretischen Grundlagen auf seine eigenen Ideen anzuwenden und damit Gerichte zu kreieren, die ein neuer Beitrag zur ursprünglichen Idee sind. Im La Terraza del Casino hat er, wie er sagt, kaum Zeit, selbst zu forschen, beweist dort aber jeden Tag sein technisches Können, wenn er die Texturen der Produkte neu entdeckt und wie kaum ein anderer mit dem Kontrast von kalt und warm spielt.

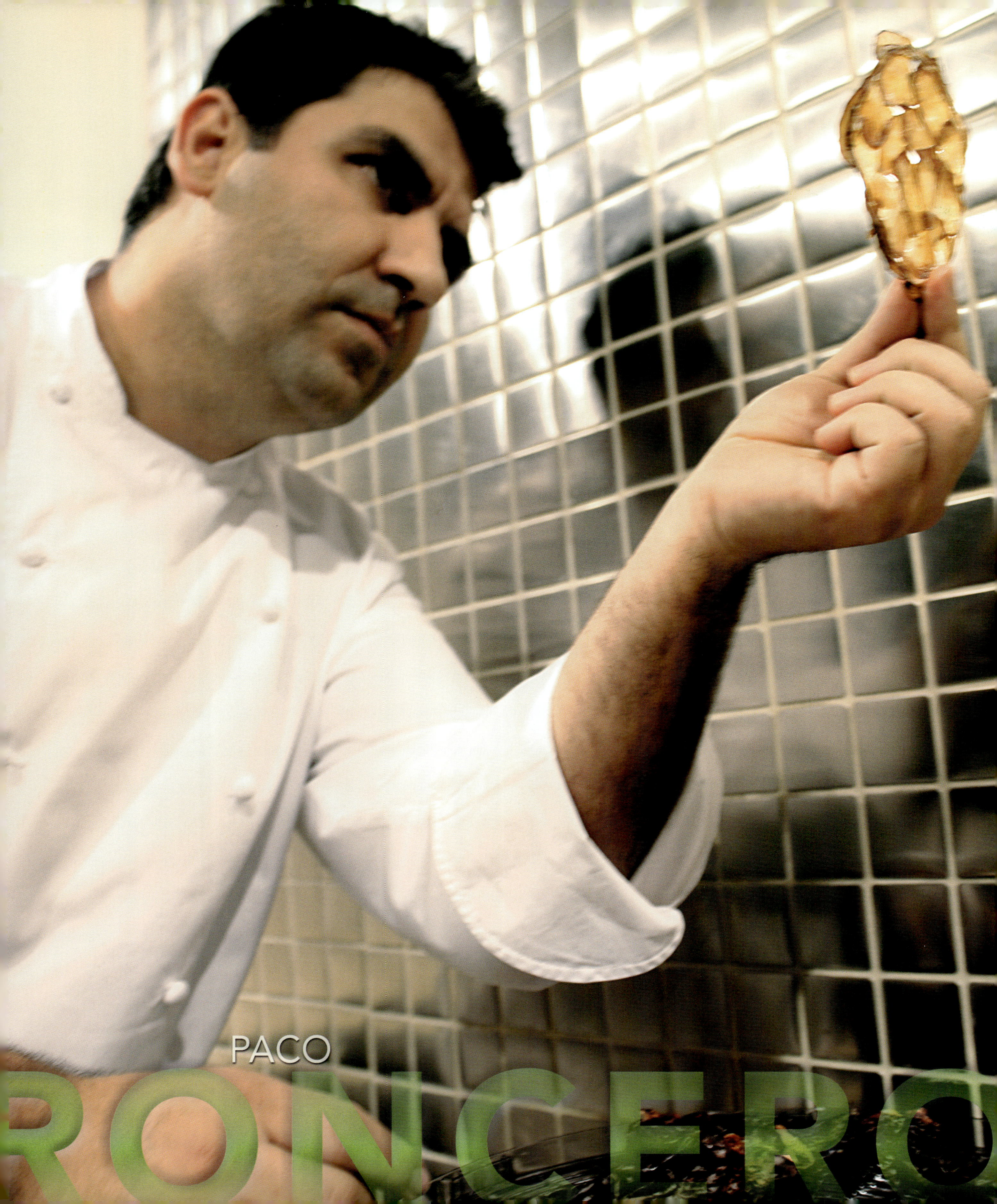

PACO RONCERO

ESPAGUETIS DE ACEITE DE OLIVA

OLIVENÖLSPAGHETTI

ZUTATEN

(4 Personen)

Spaghetti: 100 ml Olivenöl D.O. Baena, 50 ml Wasser, 0,8 g Johannisbrotkernmehl (E 410), 0,8 g Xanthan (E 415), 1 Blatt Gelatine, Salz **Orangen-Öl-Luft:** 250 ml frisch gepresster Orangensaft, 200 ml Olivenöl D.O. Baena, 3 g Sojalezithin **Zum Aromatisieren:** Orangenzeste, Orangenblätter, 10 ml Vanilleöl

ZUBEREITUNG

Spaghetti

Das Johannisbrotkernmehl und das Xanthan in temperiertem Öl auflösen. Auf kleinster Flamme köcheln lassen, dabei langsam das Wasser und etwas Salz hinzufügen, bis ein völlig glatter, klümpchenfreier Teig entsteht. Die Gelatine mit dem noch heißen Teig vermischen und gegebenenfalls nachsalzen. Den Teig in eine Spritze mit Spezialtülle füllen und unter stetigem Druck zickzackförmig in eine Schale mit Eiswasser pressen. Auf diese Weise vier lange Spaghetti formen. 10 Minuten abkühlen lassen. Dann die Spaghetti herausnehmen und auf einer mit Küchenkrepp belegten ebenen Fläche trocknen lassen. Die Spaghetti bis zu ihrem Gebrauch in voller Länge ausgebreitet im Kühlschrank aufbewahren.

Orangen-Öl-Luft

Den Orangensaft, das Olivenöl und das Sojalezithin mit dem Rührgerät in einer hohen Schüssel von 25 cm Durchmesser vermengen. Den oberen Teil der Masse mit dem Rührarm so emulgieren, dass möglichst viel Luft untergeschlagen wird und sich eine Schaumschicht bildet (die »Luft«).

DAS GERICHT FERTIG STELLEN

Mit den vier Spaghetti auf jedem Teller von innen nach außen eine Spirale legen. Mit im letzten Moment fein geraspelter Orangenzeste und winzigen Orangenblättern verzieren und das Ganze mit Vanilleöl beträufeln. Zum Schluss die Orangen-Öl-Luft an ein Ende der Spaghetti-Spirale setzen.

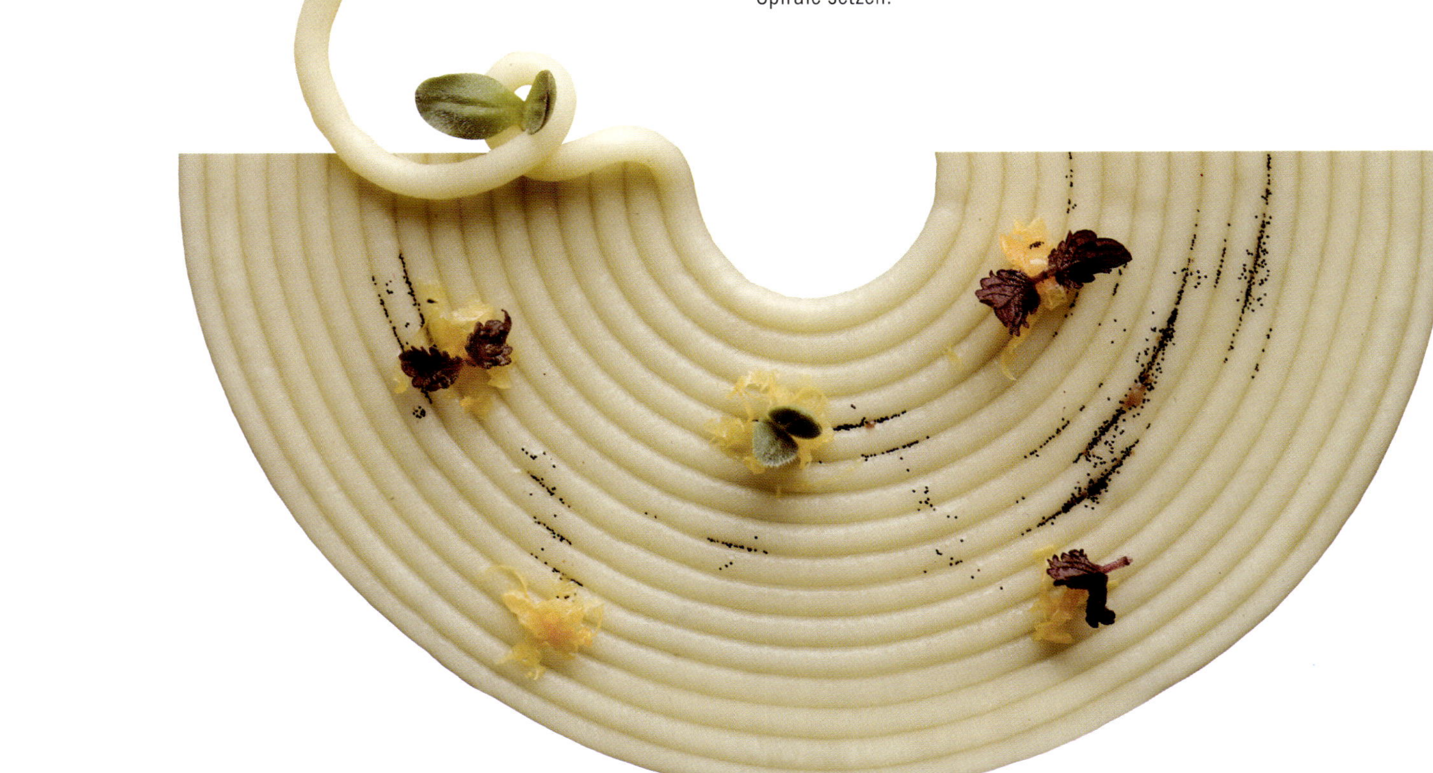

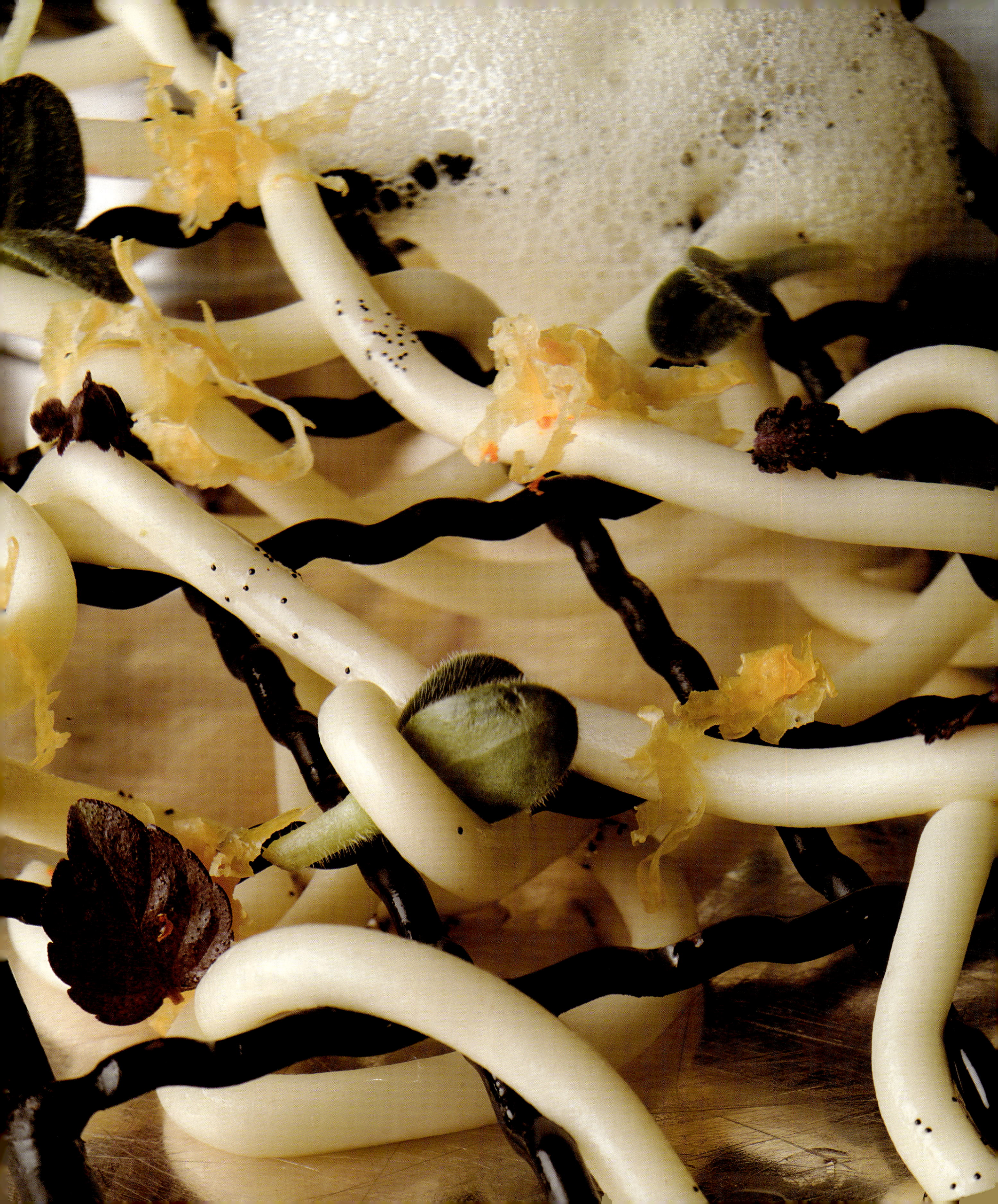

SAN PEDRO con limón en texturas

PETERSFISCH mit Zitrone in verschiedenen Texturen

ZUTATEN

(4 Personen)

Für den Sirup: 33 ml Wasser, 33 g Zucker **Für die Zitronenplättchen:** 800 g Zitronen, 80 ml frischer Zitronensaft, 240 ml Läuterzucker **Für die Zitronenwürfel:** 125 g Zitronen **Für die Zitrone:** 1 kg Zitronen, 33 g Zucker, 1 l Wasser **Für das Zitronenhautpüree:** 23 ml Läuterzucker, 90 g Butter, 88 ml süße Sahne, 38 ml frischer Zitronensaft, 250 g weiße Zitronenhaut **Für das Zitronenschalenpüree:** 0,06 g Zitronenschale, 50 + 15 g Zucker, 500 + 15 ml Wasser, 22,5 ml frischer Zitronensaft, 14 g Butter **Für den Petersfisch:** 1500 g Petersfisch (Saint Pierre) **Für die Sauce:** 60 ml Sojasauce, Maismehl, 40 ml Sesamöl, 20 ml Reisessig **Weitere Zutaten:** Zitronenpulver, 10 ml Olivenöl, D.O. Baena, abgeriebene Zitronenschale, 1 g Maldonsalz

ZUBEREITUNG

Sirup

Das Wasser mit dem Zucker einmal kurz aufkochen lassen und vom Herd nehmen. Kühl stellen.

Zitronenplättchen

Die Zitronen waschen, vierteln und schälen. Von der Schale die weiße Haut lösen, sodass man 24 dünne Streifen (1 mm dick) ohne Schalenreste bekommt. Die Streifen in rechteckige Plättchen (3,5 × 5 cm) schneiden. Die Zitronenplättchen in kochendem Wasser 2 Sekunden lang blanchieren und abkühlen. Den Zitronensaft mit dem Läuterzucker mischen und die Zitronenplättchen in dieser Mischung erneut blanchieren. Den am Anfang zubereiteten, abgekühlten Sirup auf ein Blech gießen und darauf die Zitronenplättchen schnell abkühlen lassen. 12 Stunden im Kühlschrank aufbewahren.

Zitronenwürfel

Die Zitrone schälen, die Scheiben ohne die weiße Haut herauslösen und in 24 ½ cm große Würfel schneiden. Im Kühlschrank aufbewahren.

Zitrone

Jede Zitrone so schälen, dass möglichst viel von der weißen Haut an der Frucht bleibt. Die Zitrone vier Mal blanchieren, indem man sie jedes Mal in kaltes Wasser gibt und dieses kurz aufkochen lässt. Danach ca. 45 Minuten in Zuckerwasser einkochen.

Zitronenhautpüree

Im Thermomix alle Zutaten bis auf die Butter mischen. Durch ein feines Sieb streichen und bis zur Verwendung warm halten. Vor dem Anrichten mit der Butter zu einer Emulsion verarbeiten.

Zitronenschalenpüree

Die Zitronenschale vier Mal in Wasser blanchieren, das anfangs kalt sein muss. 40 Minuten lang in 500 ml Wasser mit 50 g Zucker kochen und darin bis zur Verwendung aufbewahren. Die Zitronenschale abtropfen lassen und im Thermomix bei 50 °C mit dem Zitronensaft, 1 ml Wasser und 15 ml Zucker zu einer gleichmäßigen Masse verarbeiten. Abschließend mit der weichen Butter emulgieren, bis ein cremiges Püree entsteht. Bis zum Servieren warm halten.

Petersfisch

Den Fisch säubern und pro Person 180 g in zwei Portionen vorbereiten. Bis zur Verwendung gekühlt aufbewahren.

Sauce

Die Sojasauce aufkochen lassen und mit etwas Maismehl binden. Dann mit dem Sesamöl und dem Reisessig gut mischen.

DAS GERICHT FERTIG STELLEN

Die kandierten Zitronenplättchen auf Pergamentpapier legen und auf jedes am oberen Rand einen Zitronenwürfel setzen. Daraus Ravioli bilden, indem man die Zitronenplättchen über dem Zitronenwürfel zusammenfaltet. An den oberen linken Rand eines viereckigen Tellers (im Bild um 90° nach links gedreht) zwei Zitronenravioli in 4 cm Abstand setzen. Zwischen die Ravioli einen Esslöffel Zitronenhautpüree platzieren. Rechts neben diese Kombination einen Esslöffel Zitronenschalenpüree geben. Parallel zu den Ravioli und den Pürees eine möglichst saubere Linie mit Zitronenpulver ziehen. Den Fisch in der Pfanne braten und mit der Haut nach oben rechts unten auf den Teller legen. Die Sauce über den Fisch gießen. Olivenöl über die Zitronentexturen träufeln. Über das Gericht etwas abgeriebene Zitronenschale und Maldonsalz streuen.

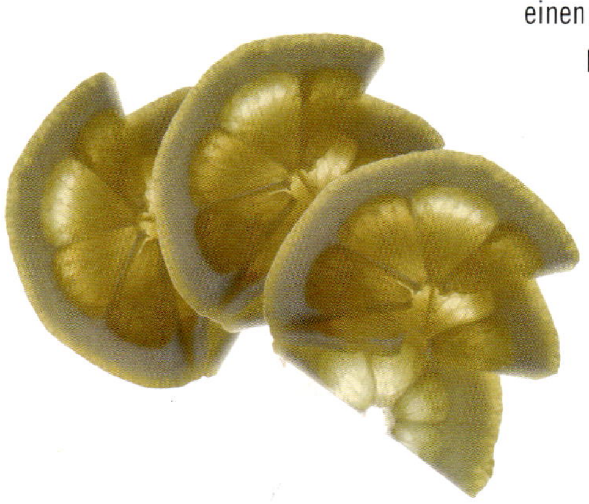

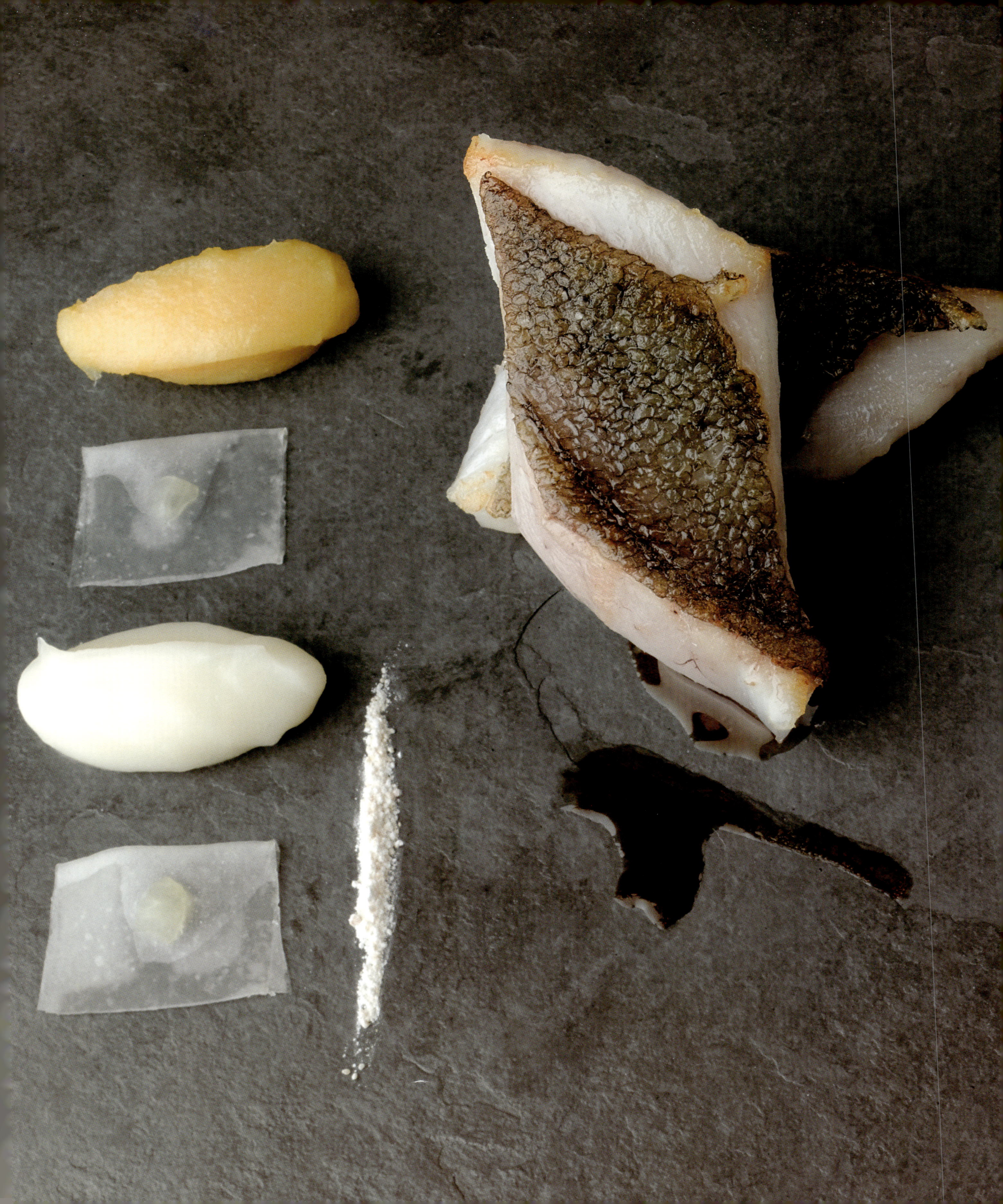

Ein Künstler – einmalig in seiner Art

Isaac Salaberría gehört zu jenen jungen Köchen, die einem Gourmet Vertrauen in die Zukunft geben, weil sie dafür sorgen, dass der baskische kulinarische Genius nicht verloren geht. Salaberrías Arbeit stellt einen großen Sprung in der Tradition des von ihm in vierter Generation geleiteten Familienrestaurants Fagollaga in Hernani dar. Er führt ihn jedoch aus, ohne die Nabelschnur zu durchtrennen, die ihn mit einer bis in das Jahr 1903 zurückreichenden Geschichte verbindet. Damals begann einer seiner Vorfahren in diesem wundervollen Landhaus an der Brücke über den Urumea-Fluss, die ersten Gäste zu bewirten. Die *menestra* (Gemüseteller) oder die *cocochas* (gallertiges Fleisch aus dem Unterkiefer vom Seehecht oder Kabeljau), die heute noch unter den traditionellen Gerichten auf der Karte des Hauses zu finden sind, zeugen von diesem Wunsch, einer Identität treu zu bleiben, die eng mit den Bräuchen der Region verbunden ist. Was die übrigen Gerichte betrifft – ja, da muss man schon weiter ausholen.

Salaberría wusste, dass er eines Tages den Familienbetrieb übernehmen sollte. Doch bevor er dort in der Küche das Zepter in die Hand nahm, wollte er während seiner Ausbildung unbedingt die avantgardistischen Küchen des Baskenlandes und Kataloniens kennen lernen. Kurz vor seiner Rückkehr in die Heimat ließ er das Restaurant renovieren. Ein neues Interieur und eine andere Anordnung der Tische kündigten somit schon vor seiner Ankunft eine neue Etappe an. Das Fagollaga erhielt auf diese Weise seinen modernen Touch und wurde zum idealen Schauplatz für eine originelle und gewagte Küche, die sich stilistisch zur Kreativ- und Autorenküche des Baskenlandes zählt.

Wir nennen Salaberría ganz bewusst in einem Atemzug mit dem Begriff Autorenküche, denn er begnügt sich nicht einfach damit, mehr oder weniger generalisierte Maximen der modernen Küche zu übernehmen, wie etwa die kurzen Garzeiten, die Spielereien mit den geschmacklichen Kontrapunkten bei Saucen und Aufgüssen, die besondere Beachtung, die den aromatischen Nuancen wilder und angebauter Kräuter geschenkt wird, oder das auch bei Salaberría ganz offenkundige Anliegen, die Gerichte mit vollendeter Ästhetik zu präsentieren. Salaberría hat aus all dem einen eigenen Stil entwickelt, der ihn in die Riege der originellsten kulinarischen Schöpfer der derzeitigen baskischen Kochszene einreiht. Gleichzeitig zeichnet er sich mit diesem Stil als unabhängiger Koch aus, der sich von selbst auferlegten Parametern und einer persönlichen Motivation leiten lässt, die seine Küche einzigartig machen.

Diese Küche lässt sich durch drei für Salaberrías Kreationen sehr typische Eigenschaften leicht charakterisieren. Die erste von ihnen ist seine Leidenschaft für Kontraste, die er in jedem seiner Gerichte auf eindrucksvolle Weise vorführt. Sie ist zu einer Art Kennzeichen seiner kulinarischen Schöpfungen geworden. Temperaturen, Texturen, Geschmacksnuancen und Aromen setzt er spielerisch in seinen Kreationen ein, um uns mit neuen Verbindungen und ungewöhnlichen Gestaltungen zu überraschen. Er setzt bevorzugt klare Brühen und Aufgüsse ein – seine zweite charakteristische Eigenschaft –, die seine Gerichte entweder begleiten oder Teil von ihnen sind und Kontrapunkte schaffen. Die Brühen sind in ihrer Konzeption ebenso komplex, wie sie vom Ergebnis her wirkungsvoll sind. Sie entstehen in einem Aufgussverfahren bei niedrigen Temperaturen, dessen Ursprünge eigentlich in der traditionellen, von ihm neu formulierten Küche liegen, und verleihen seinen Speisen eine unvergleichliche Leichtigkeit.

Die Hauptelemente seiner Gerichte schließlich – das sind Fisch und Fleisch – bieten dem Gast die berauschende Erfahrung der absoluten geschmacklichen Reinheit. Salaberría verwendet ausschließlich Rohstoffe von höchster Güte, die er bei niedrigen Temperaturen gart. So kommen die Produkte mit dem perfekten Garpunkt auf den Teller und präsentieren sich in ihrer ganzen Fülle, weil sie kaum etwas von den Aromen, Geschmacksnoten und Texturen ihres Rohzustandes eingebüßt haben.

Salaberría ist ein Künstler, der eine eigene Ausdrucksform für seine Empfindungen gefunden hat. Fast alles auf seiner kreativen Speisekarte zeugt von der Einzigartigkeit und Unnachahmlichkeit seines Ansatzes – sogar bei den Desserts kommt sein außerordentliches Talent zum Ausdruck.

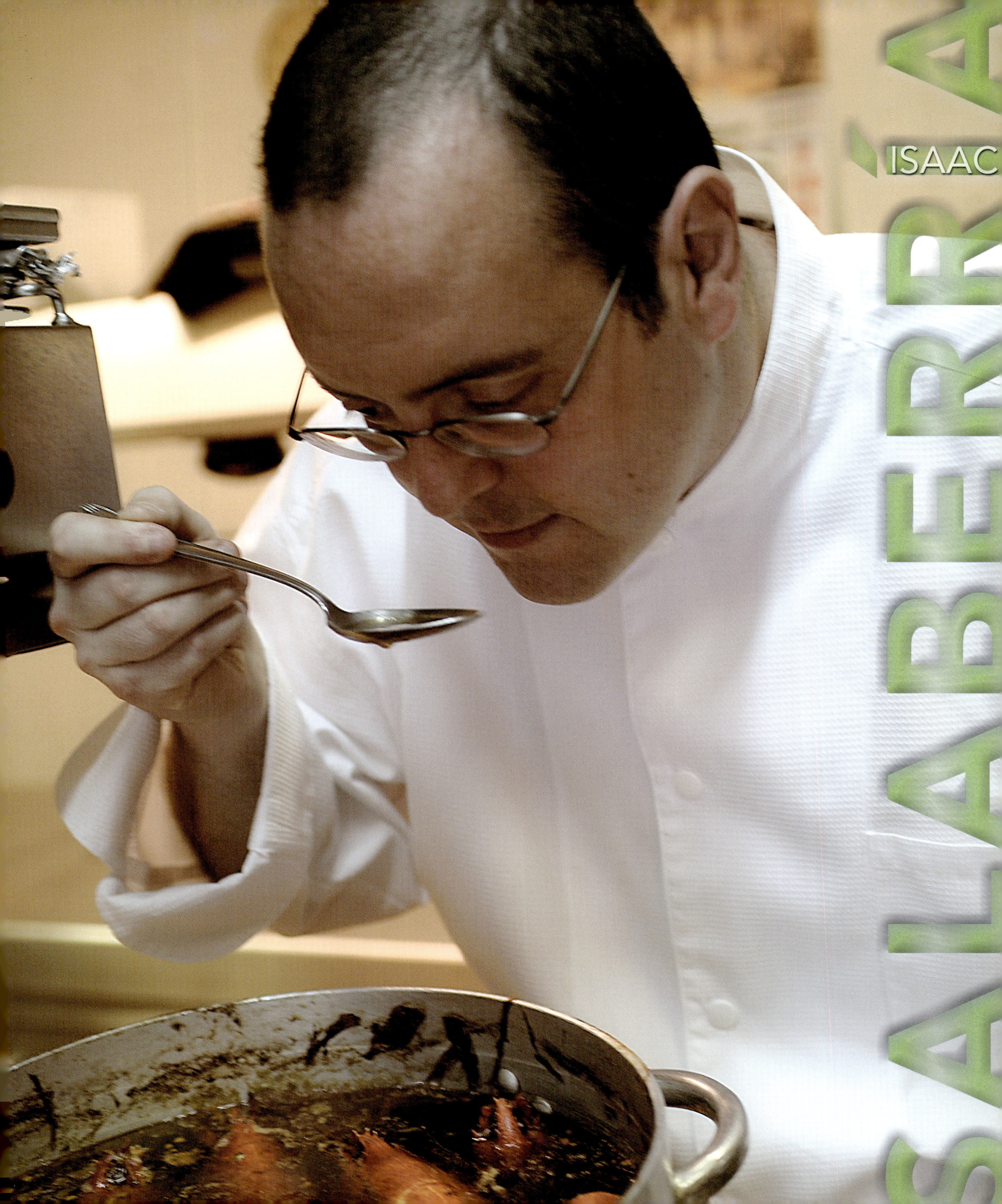
ISAAC
SALABERRÍA

YEMA DE HUEVO DE CASERÍO con sopa de guisantes crudos

EIGELB
und Suppe mit rohen Erbsen

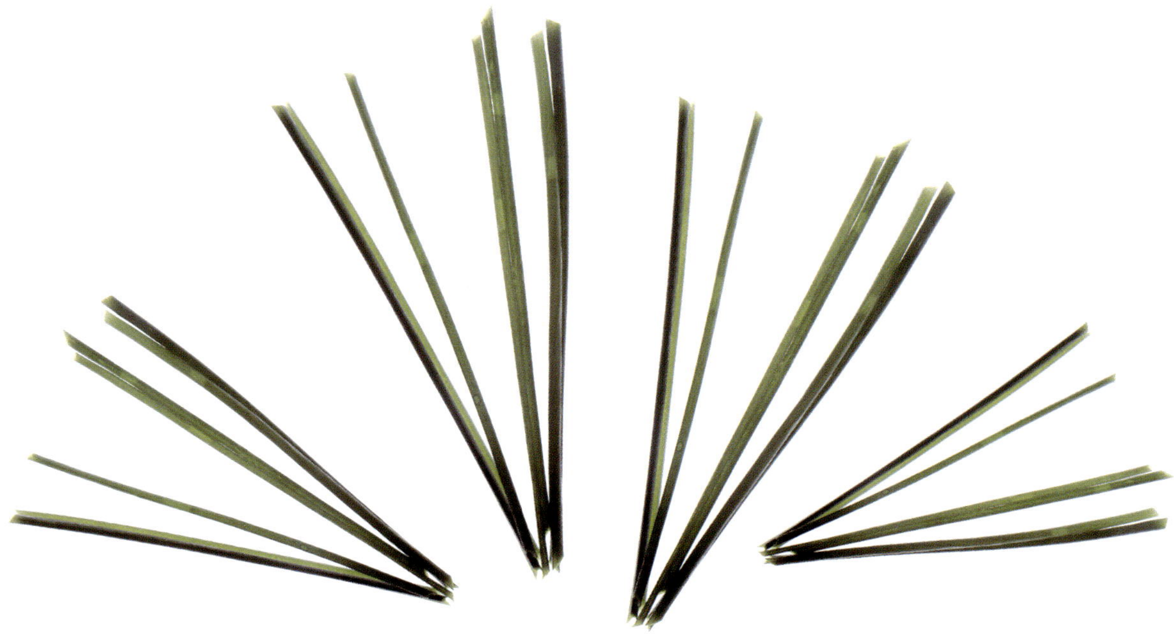

ZUTATEN

(1 Person)

Suppe mit rohen Erbsen: 1 Frühlingszwiebel, Olivenöl, 50 g Bauchspeck vom Iberischen Schwein, 200 g große frische Erbsen, 200 cl Hühnerbrühe, Salz **Eigelb:** 1 Landei **Weitere Zutaten:** 50 g frische Frühlingserbsen, Schnittlauch, gehackt, Maldonsalz

ZUBEREITUNG

Die Frühlingszwiebel in Olivenöl anschwitzen. Den Bauchspeck und die Erbsen dazugeben und bei kleinster Hitze kurz andünsten. Die Hühnerbrühe hinzugießen und 25 Minuten köcheln lassen. Durch ein Sieb gießen und mit Salz abschmecken.

DAS GERICHT FERTIG STELLEN

Das Eigelb 15 Minuten erwärmen und in ein Cocktailglas geben. Die Erbsensuppe auf 65 °C erwärmen. Die Frühlingserbsen und den Schnittlauch hineingeben und 10 Minuten ziehen lassen.

ANMERKUNG: *Es ist wichtig, die Suppe mit dieser Temperatur zu servieren, damit der volle Geschmack und Duft zur Geltung kommt.*

Das mit etwas Maldonsalz bestreute Eigelb in dem Cocktailglas servieren und dazu ein Kännchen mit der auf 60 °C erwärmten Suppe reichen.

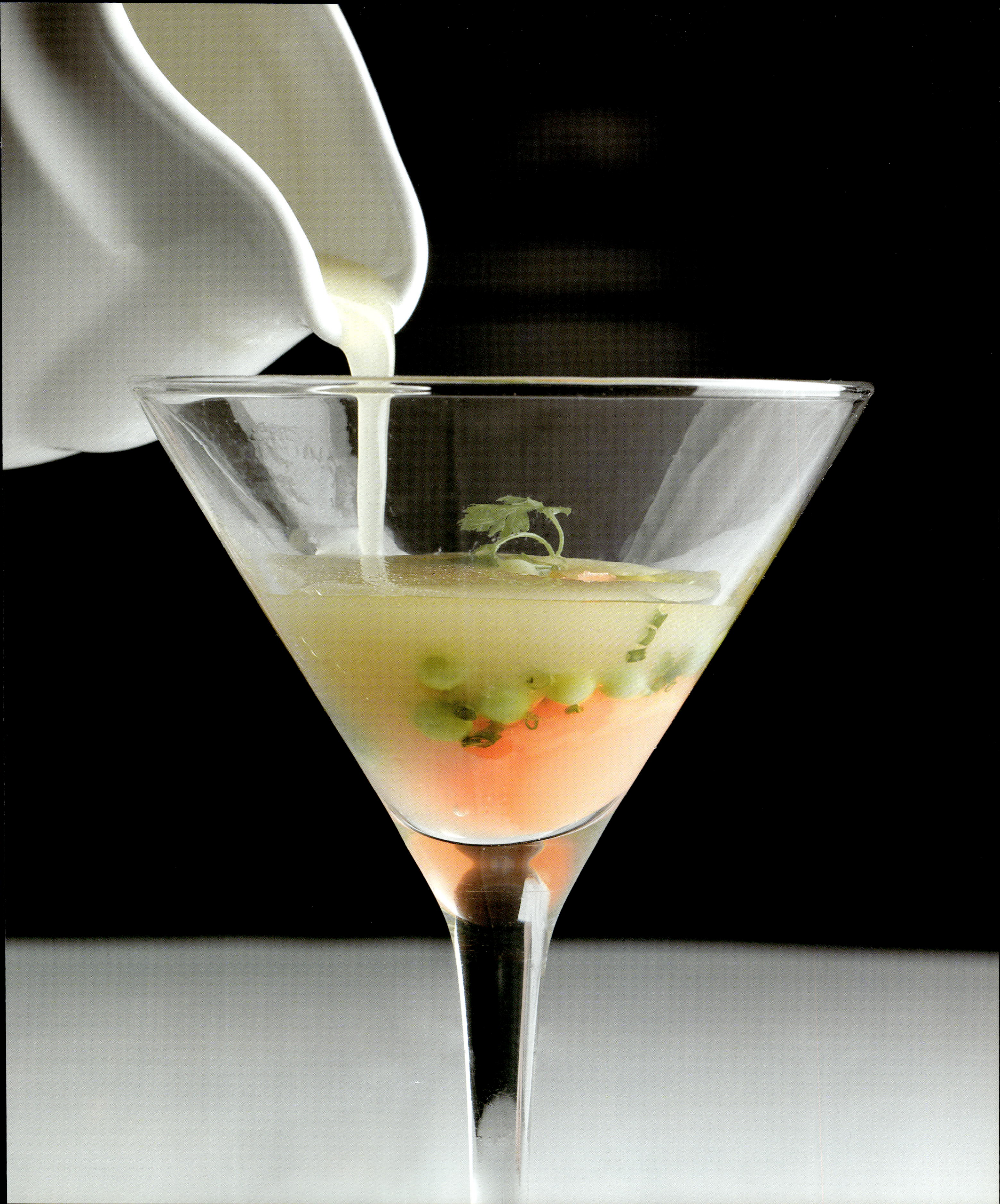

ATÚN CONFITADO
con melón asado

THUNFISCH-CONFIT
mit gebratener Melone

ZUTATEN

(1 Person)
Thunfisch: Thunfischfilet (70 g), graues Meersalz, 500 ml mit Knoblauch aromatisiertes Olivenöl **Thunfischfond:** Thunfischreste (Gräten, Fleisch), 3 Zwiebeln, klein geschnitten, 3 Möhren, klein geschnitten, 3 Knoblauchzehen, klein geschnitten, 250 cl Txacolí (baskischer Weißwein), 2 EL Tomatenmark, Salz **Melone:** 30 g Melone
Weitere Zutaten: Maldonsalz

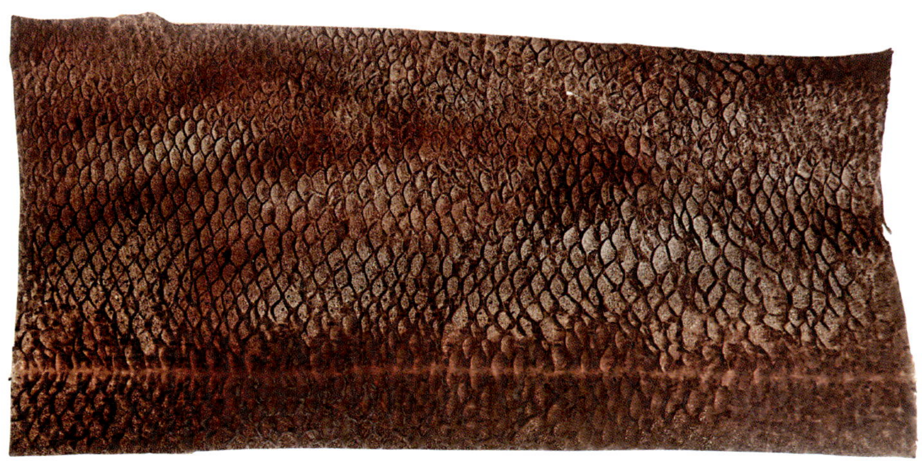

ZUBEREITUNG

Thunfisch
Das Thunfischfilet mit dem grauen Meersalz einreiben und 7 Minuten liegen lassen. In Würfel schneiden und 7 Minuten in Knoblauchöl bei 43 °C sanft garen. Abkühlen lassen und 24 Stunden in dem Öl aufbewahren.

Thunfischfond
Das Gemüse mit dem Tomatenmark und den Thunfischresten sanft andünsten. Den Txacolí hinzufügen und zum Kochen bringen. Den Fond 6 Stunden leise simmern lassen. Durch ein Sieb abgießen und mit Salz abschmecken.

Melone
Die Melone von allen Seiten anbraten und warm stellen.

DAS GERICHT FERTIG STELLEN

Die Thunfischwürfel erhitzen, bis sie innen 36 °C erreichen. Den Thunfisch mit der gebratenen Melone auf einem Teller anrichten und mit Maldonsalz bestreuen. Dazu ein Gläschen Thunfischfond reichen.

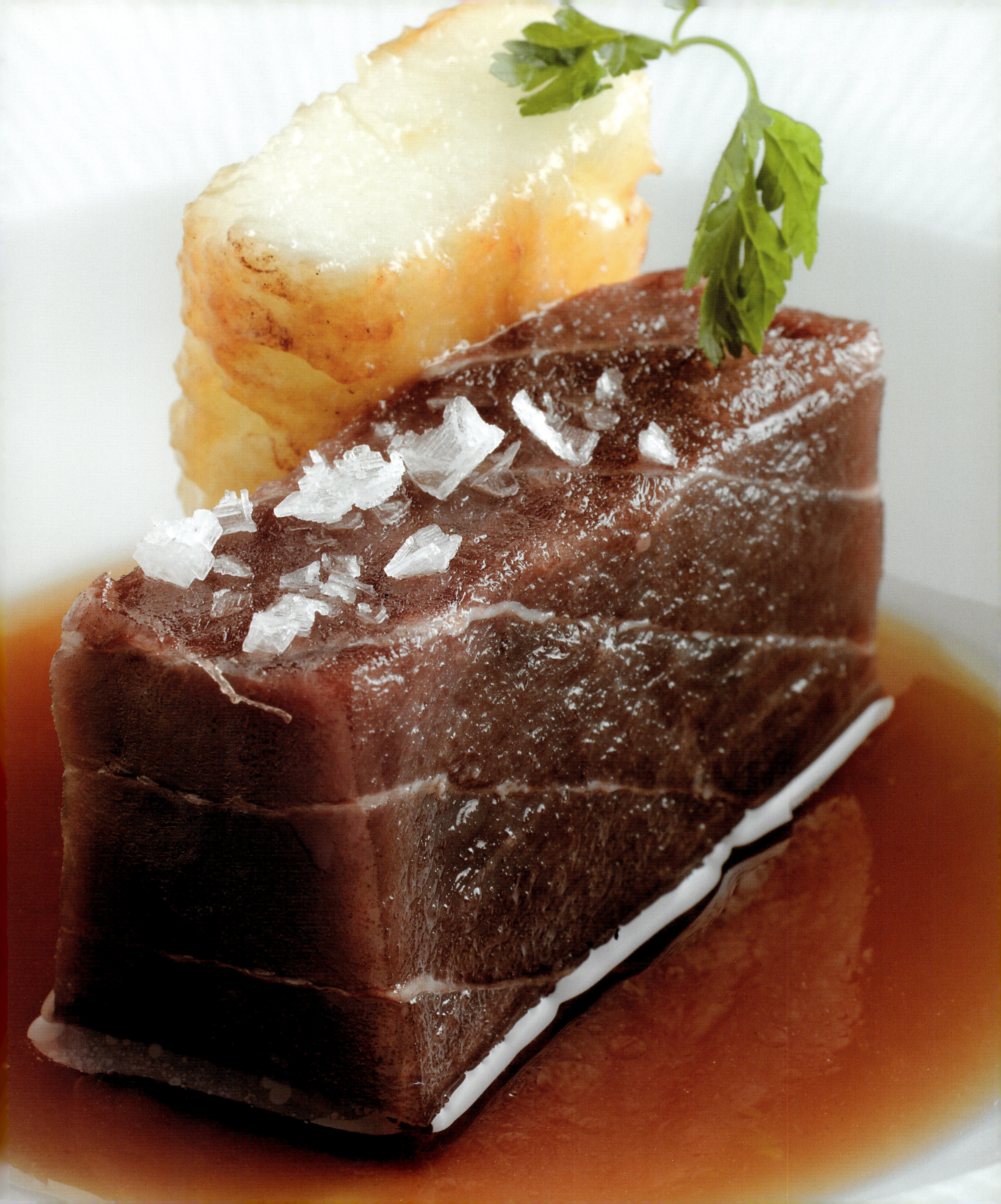

Marktorientierung als Prinzip

In der kreativen Küche Galiciens ist Marcelo Tejedor eher eine Ausnahme, weil es ihm trotz seines jugendlichen Alters gelungen ist, einen eigenen, sehr persönlichen Stil zu entwickeln, der Ehrlichkeit gegenüber dem Produkt mit einem hochmodernen Konzept verbindet.

In Santiago de Compostela, gleich neben der Plaza del Obradoiro, genauer gesagt in der Calle de las Huertas, befindet sich Casa Marcelo, sein Restaurant. Es bietet Platz für circa 30 Gäste. Die Küche, der Arbeitsbereich also, wurde in den Speisesaal integriert und bildet den Mittelpunkt des Lokals. Hier landen jeden Morgen die Produkte, die Marcelo Tejedor vor Ort auf den Groß- und Einzelhandelsmärkten ersteht. Bei der Auswahl zählt natürlich vor allem Qualität, gleichzeitig sind die Produkte aber auch immer typisch für die jeweilige Jahreszeit, von der Tejedors Küche sich ganz bewusst Zutaten und Aromen diktieren lässt. Das zeigt sich schon in seinem Degustationsmenü, für das der Meister die Produkte des jeweiligen Tages verarbeitet und das daher jeden Tag anders ausfällt, sozusagen als Hommage an die Frische, Qualität und Vielfalt des Produktangebots seiner Heimat.

Der Weg, den Marcelo Tejedor zurücklegte, bevor er die erforderliche Reife erlangte, um seinen Traum vom eigenen Restaurant zu verwirklichen, war lang und arbeitsreich. In Spanien lernte er bei Juan Mari Arzak, den letzten Schliff ließ er sich jedoch in Frankreich bei Spitzenköchen wie Paul Bocuse in Lyon und in Monaco bei Alain Ducasse im Louis XV verpassen. Danach, schon als Chefkoch, siedelte er nach Toulouse um, wo seine Arbeit an der Spitze des Restaurants L'Amphitryon mit einem Michelin-Stern ausgezeichnet wurde.

Im Jahr 2000 kehrte er endgültig nach Spanien zurück, eröffnete Casa Marcelo und erntete zum ersten Mal auch auf spanischem Boden große Anerkennung für seine Arbeit. Neben anderen Preisen erhielt er in jenem Jahr auch die Auszeichnung als bester spanischer Nachwuchskoch.

Seitdem bekocht Marcelo Tejedor seine Gäste, wie gesagt, nach dem Prinzip der Marktküche, bei dem das Produkt immer im Zentrum steht. Gleichzeitig sind Tejedors Zubereitungen auch immer eine Suche nach der perfekten Harmonie zwischen dem, was die Natur seiner Küche jeden Tag beschert, und dem, was er mit seinem Talent, seiner Berufserfahrung und seinem Erfindergeist dem Gast vermitteln kann. Denn schließlich sollen die Köstlichkeiten, die dem Feinschmecker in der Casa Marcelo serviert werden, bei diesem einen bleibenden Eindruck hinterlassen.

Dank seiner soliden Ausbildung kann sich Marcelo Tejedor bei der Ausarbeitung des täglichen Degustationsmenüs ganz auf seine Intuition verlassen. Fast ist es so, als ob die Produkte ihm eingäben, wie sie die Zubereitung gerne hätten, während er sich darauf beschränkt, diese Eingebungen zu interpretieren, und seine Aufmerksamkeit und Fertigkeiten darauf konzentriert, die Eigenschaften der Zutaten so unverfälscht wie möglich zu belassen. Schließlich ist Tejedor auch ein Koch mit einer großen Leidenschaft für Fisch. Und Leidenschaft ist es auch, mit der er sich den Aromen der Vergangenheit widmet, um sie mithilfe unterschiedlichster Techniken auf dem Teller zu neuem Leben zu erwecken. Die Sorge um die ständige Perfektionierung der technischen Seite seiner Arbeit teilt er mit anderen Angehörigen seines Metiers. Sie konzentrieren gezwungenermaßen einen Teil ihrer Energie auf Untersuchungen und Experimente, denn nur so können sie ihrer Intuition freien Lauf lassen und originelle Ideen auch umsetzen. Besonders interessant sind in diesem Zusammenhang Tejedors Bemühungen um ein tieferes Verständnis und eine Weiterentwicklung der Gartechniken von Fisch, sein Interesse an der Herstellung neuartiger Gelatinen – ebenfalls auf der Grundlage von Fisch – und seine Untersuchungen zum Geschmack von Fleisch, das vor dem Garen mariniert wird.

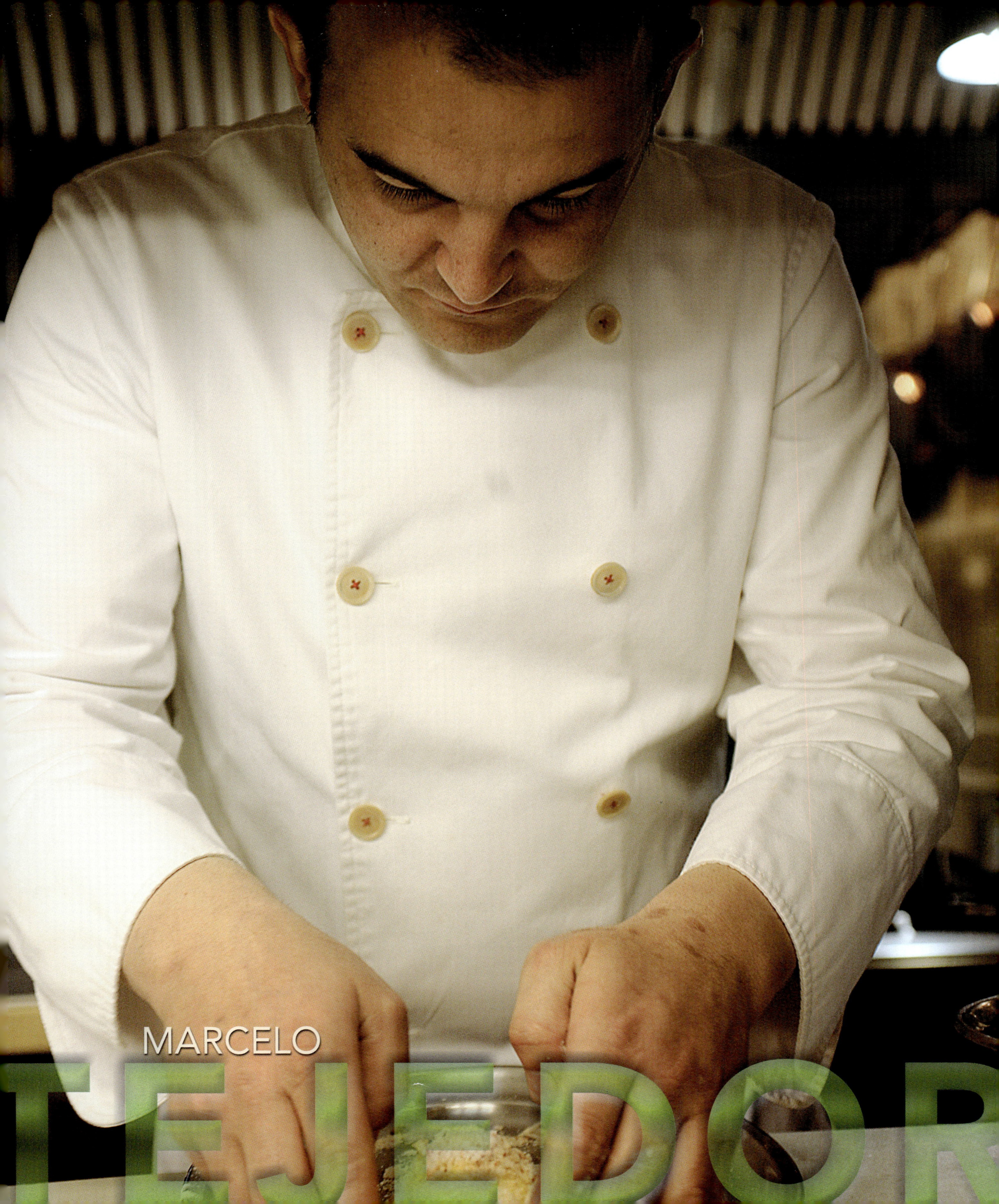

MARCELO
TEJEDOR

CAFETOCALDO

»BRÜH«KAFFEE

ZUTATEN

(4 Personen)

Geräuchertes Paprikaöl: 250 ml natives Olivenöl, 1 EL Pimentón de la Vera dulce (geräuchertes süßes Paprikapulver), 1 Knoblauchzehe, ½ Zwiebel, Essig **Weitere Zutaten:** 750 ml Wasser, 40 g dehydriertes Gemüse (Möhre, Lauch, Zwiebel, Sellerie etc.), 2 g getrockneter Weißer Thun, Salz, einige Tropfen Paprikaöl

ZUBEREITUNG

Geräuchertes Paprikaöl (Ajada)

Das Olivenöl auf 140 °C erhitzen. Die nicht zu klein geschnittene Zwiebel und den zerstoßenen Knoblauch hinzugeben. Leicht sautieren, ohne das Öl zu heiß werden zu lassen. Vom Feuer nehmen und das Paprikapulver hinzugeben. Umrühren und mit etwas Essig ablöschen. Ruhen und sich absetzen lassen, dann filtern und beiseite stellen.

DAS GERICHT FERTIG STELLEN

Den unteren Teil einer Espressokanne aus Aluminium mit Wasser, den Filter mit dem dehydrierten Gemüse und dem getrockneten Thun füllen. Die gefüllte Espressokanne einige Minuten erhitzen. Sobald die Flüssigkeit die getrockneten Zutaten im Filter passiert hat und in den oberen Teil der Espressokanne aufgestiegen ist, heiß in kleinen Gläschen mit einigen Tropfen Paprikaöl servieren.

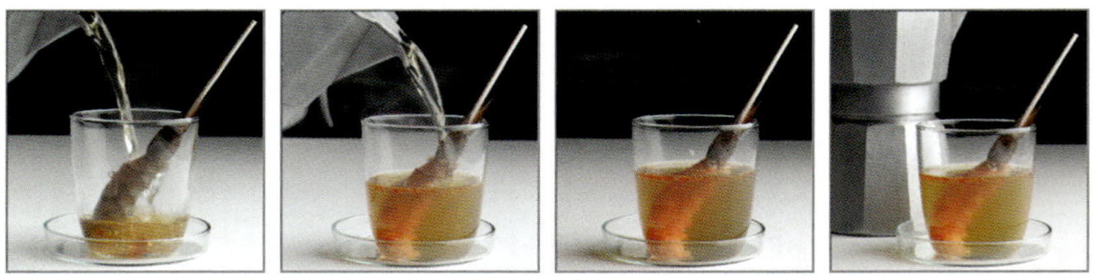

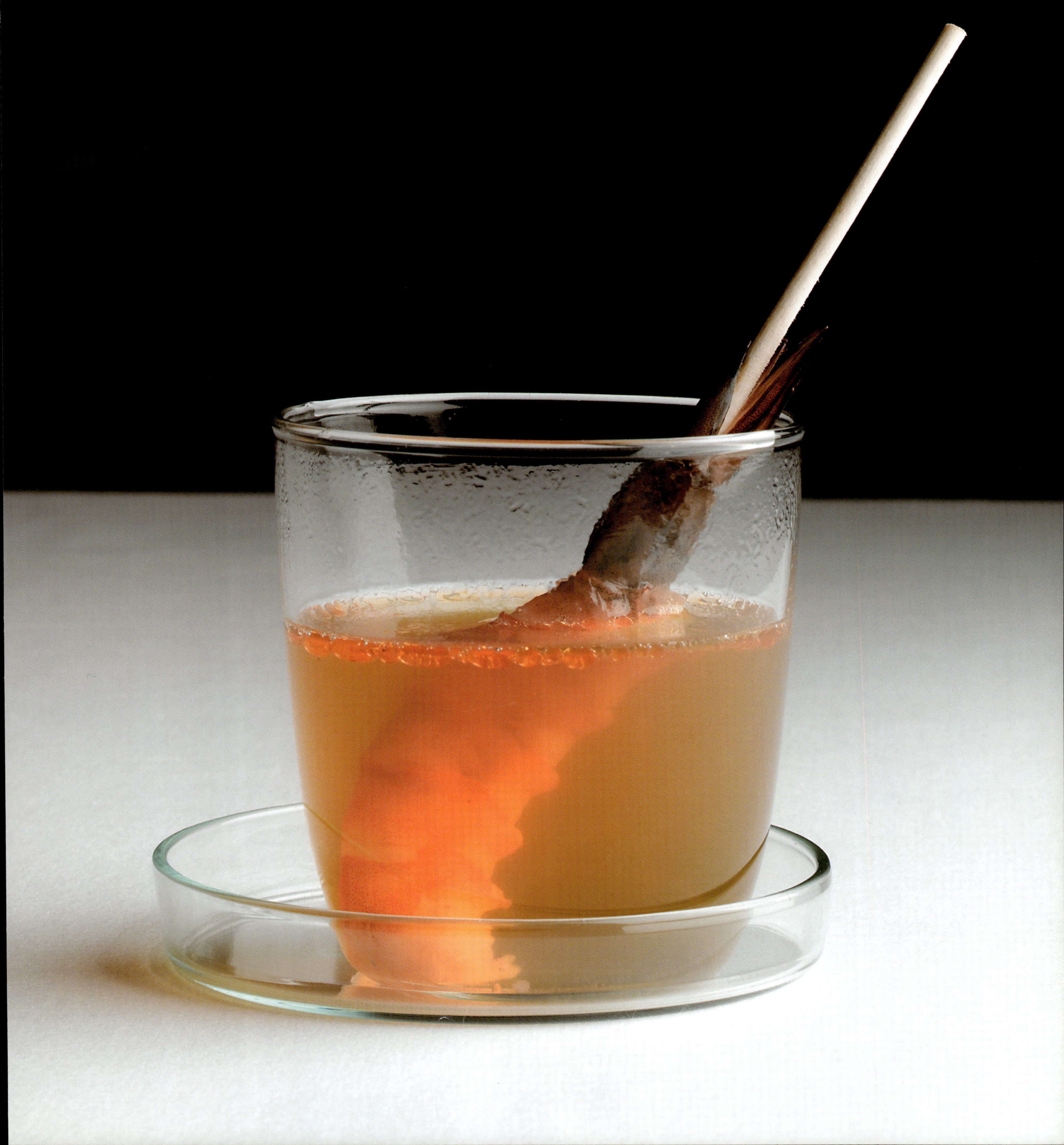

META-HUEVO Y CHORIZO

META-EI und CHORIZO

ZUTATEN

(4 Personen)

5 ganz frische Landeier, 125 g frische Chorizo-Wurst, 6 EL Sonnenblumenöl, 2 EL Weizenmehl, 50 g Semmelbrösel, 500 ml Olivenöl, Salzflocken, 4 Laborpipetten zu je 20 ml

ZUBEREITUNG

4 Eier im Wasserbad 45 Minuten bei 63 °C garen. Währenddessen die Wurst zerkrümeln, mit dem Sonnenblumenöl in eine Vakuumtüte geben und diese zu den Eiern ins Wasserbad legen.

Die Eier nach der angegebenen Zeit aus dem Wasser nehmen, vorsichtig über einem Schaumlöffel aufschlagen und das milchige, flüssig gebliebene Eiweiß sorgfältig abtropfen lassen.

Den Dotter mit dem Eiweißrand ganz vorsichtig zuerst in Mehl, dann in geschlagenem Ei und zuletzt in Semmelbröseln wenden, damit das Eiweiß sich nicht vom Dotter löst. Die panierten Eidotter 2 Stunden ruhen lassen.

Die Vakuumtüte öffnen, das Chorizoöl durchseihen und 30 Minuten setzen lassen. Mithilfe einer Spritze die Pipetten mit dem Chorizoöl füllen und die Plastikspitze schräg abschneiden.

Die Eier in dem Olivenöl bei 175 °C goldbraun frittieren und gut abtropfen lassen.

DAS GERICHT FERTIG STELLEN

Salzflocken auf vier Teller streuen, je ein Ei darauf platzieren und in jedes von ihnen eine Pipette mit Chorizoöl einstechen.

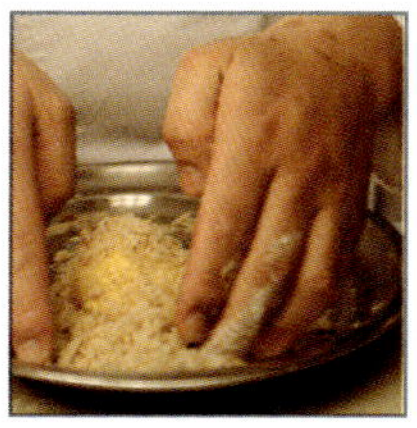
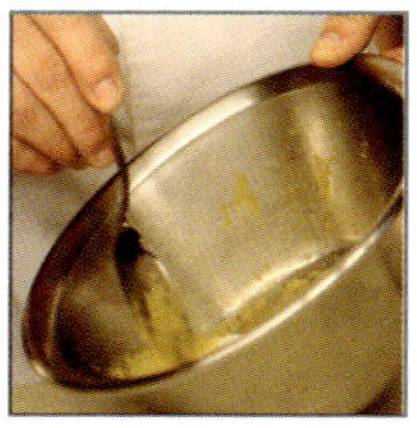
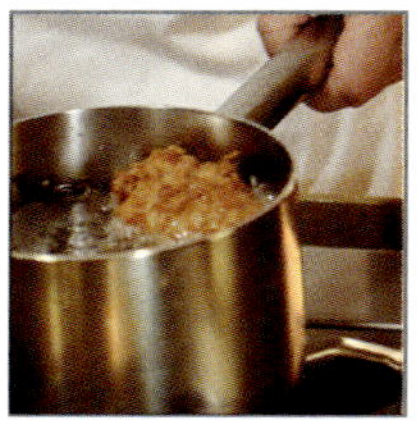
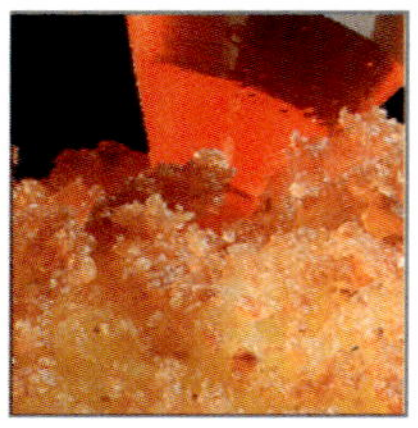

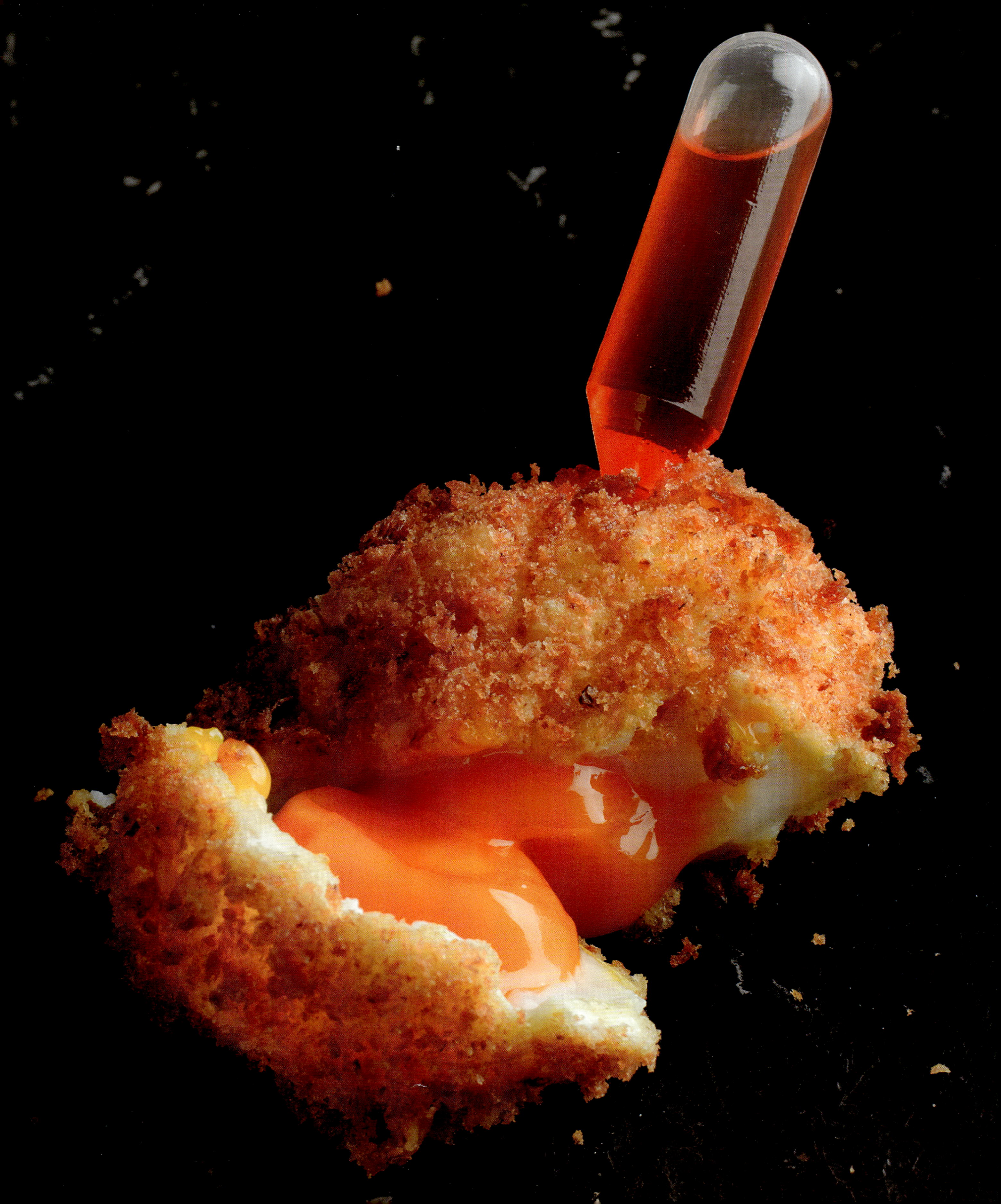

Tor zum Himmel auf einer Dachterrasse

Richard Alcayde ist in Barcelona geboren und lebt in dem in der Provinz Málaga gelegenen Küstenort Torremolinos, wo er die Küche des Restaurants Med leitet. Sicherlich ein nicht geringes Wagnis für einen jungen Koch, der sich mitten in der Ausbildung befindet, denn die Stadt ist eher für ihre Cafés und Restaurants am Strand bekannt als für Gourmettempel. Zudem befindet sich das Med auch nicht direkt an einer großen Hauptstraße, sondern auf einer Dachterrasse, zu der man erst über einen Aufzug gelangt.

Rundheraus gesagt, könnte man es fast schon als Wunder bezeichnen, dass dieser Koch es in einem nahezu unbekannten Restaurant und in einer Stadt wie Torremolinos geschafft hat, sich in die Riege der Besten der andalusischen Küche von heute einzureihen, wäre da nicht von Anfang an der feste Wille zum Erfolg gewesen. Dank seines Vertrauens in sich selbst und in sein Projekt ist es Alcayde auf der Dachterrasse eines Hochhauses in Torremolinos gelungen, die Tür zum Med in ein Himmelstor zu verwandeln. Um einen derartigen Bekanntheitsgrad zu erreichen, bediente er sich einer ebenso alten wie praktischen Methode: der Mund-zu-Mund-Propaganda.

Die Eröffnung des Med war zwar ein hohes unternehmerisches Risiko, doch sein Eigentümer José Carlos Sánchez scheute sich nicht, es einzugehen. Der ehemalige Unternehmer in der Informatikbranche entdeckte irgendwann eine ganz besondere Vorliebe für die Gastronomie, und ein Zusammentreffen mit Richard Alcayde gab schließlich den Ausschlag für seine Entscheidung, in diesem Bereich beruflich tätig zu werden. Der ursprüngliche, etwas träumerische Gedanke des Unternehmers Sánchez war es, eine Küche zu entwickeln, in der sich alle kulinarischen Richtungen der Mittelmeerregion widerspiegeln sollten. Alcayde war an der Entstehung des Projekts beteiligt und steuerte ein weitaus vernünftigeres Konzept bei. Er sprach sich dafür aus, den Stil der regionalen Küche in seiner persönlichen Vorstellung vom Kochen aufgehen zu lassen.

José Carlos Sánchez willigte ein, obwohl das Risiko eines Misserfolgs aufgrund des jugendlichen Alters des Kochs nicht unbedingt gering war und für alle Beteiligten einen gewaltigen Rückschlag hätte bedeuten können. Es gab allerdings sehr gute Gründe, die sein Vertrauen rechtfertigten: Alcayde hatte die Grundlagen seiner Arbeit bei Lehrmeistern wie Ignacio Muguruza (Mar de Alborán) und Pedro Espina (Tsunami) erlernt und, bevor er nach Torremolinos kam, in den Küchen der Restaurants Tragabuches, Arzak und Las Rejas gearbeitet. Dort hatte er das Wissen und die Erfahrung gesammelt, die notwendig waren, um die Leitung einer Profiküche zu übernehmen. Als dieser Moment schließlich kam, zeigte er im Med, was er kann, und stellte dort eindrucksvoll seine Fähigkeit unter Beweis, außerordentlich rational, intuitiv, elegant und modern zu kochen. Seine Kochkunst erwies sich des Vertrauens würdig, das in sie gesetzt wurde.

Das Avantgardistische an der Arbeit von Richard Alcayde im Med liegt in seiner perfekten Beherrschung einer stattlichen Zahl von Kochtechniken und seiner Fähigkeit, unterschiedliche Geschmacksnoten harmonisch zu kombinieren, ohne je ins Schrille abzurutschen. Bei der Kreation seiner Gerichte steht die einfache Zubereitung im Mittelpunkt. Sie erlaubt es, die Eigenschaften der einzelnen Produkte richtig zu genießen. Der Gast nimmt eine ganze Reihe ihm bereits bekannter Geschmacksnoten wahr und seine Sinne werden kaum durch abenteuerliche Experimente verwirrt. Alcaydes Schöpfungen besitzen eine Schlichtheit, die man heute in vielen Restaurants kaum mehr antrifft. Er konzentriert sich auf die reinen Geschmacksnoten des Hauptprodukts, daneben duldet Alcayde nur das Notwendigste, auf überflüssige Schnörkel verzichtet er ganz. Das heißt nicht, dass einige seiner Zubereitungen keine fantastischen Überraschungen für uns bereithielten. Intuition beim Aufspüren neuer möglicher Kombinationen ist eine seiner Tugenden. Seine Entdeckungen offenbaren uns einen Vollblutkoch mit gutem Geschmack. Er versteht es, Raum zu lassen für exotische Pinselstriche in einer Küche, die ihre andalusischen und mediterranen Wurzeln auf angenehmste Weise spürbar macht.

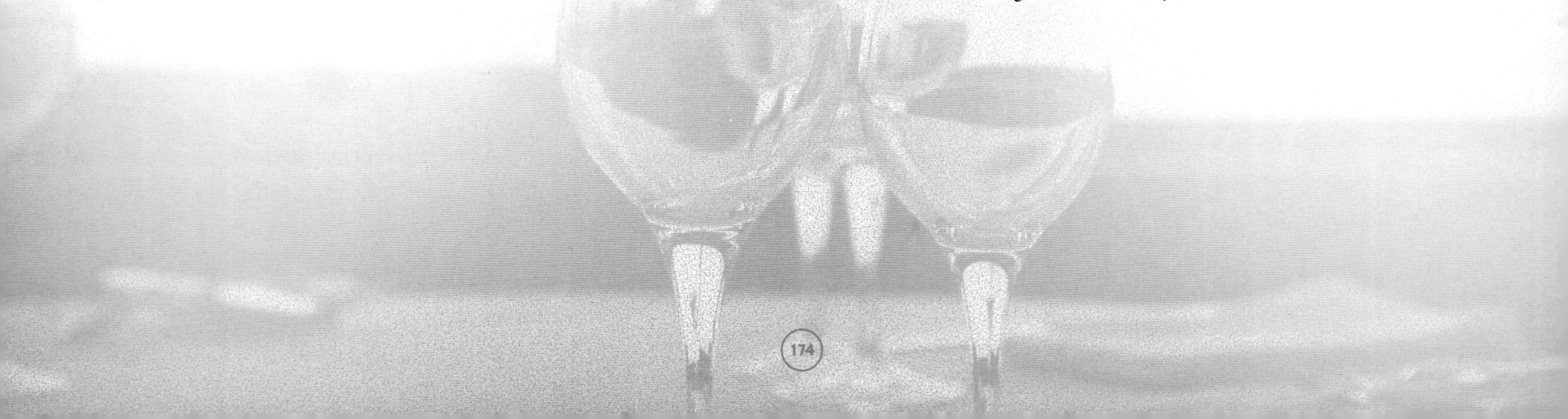

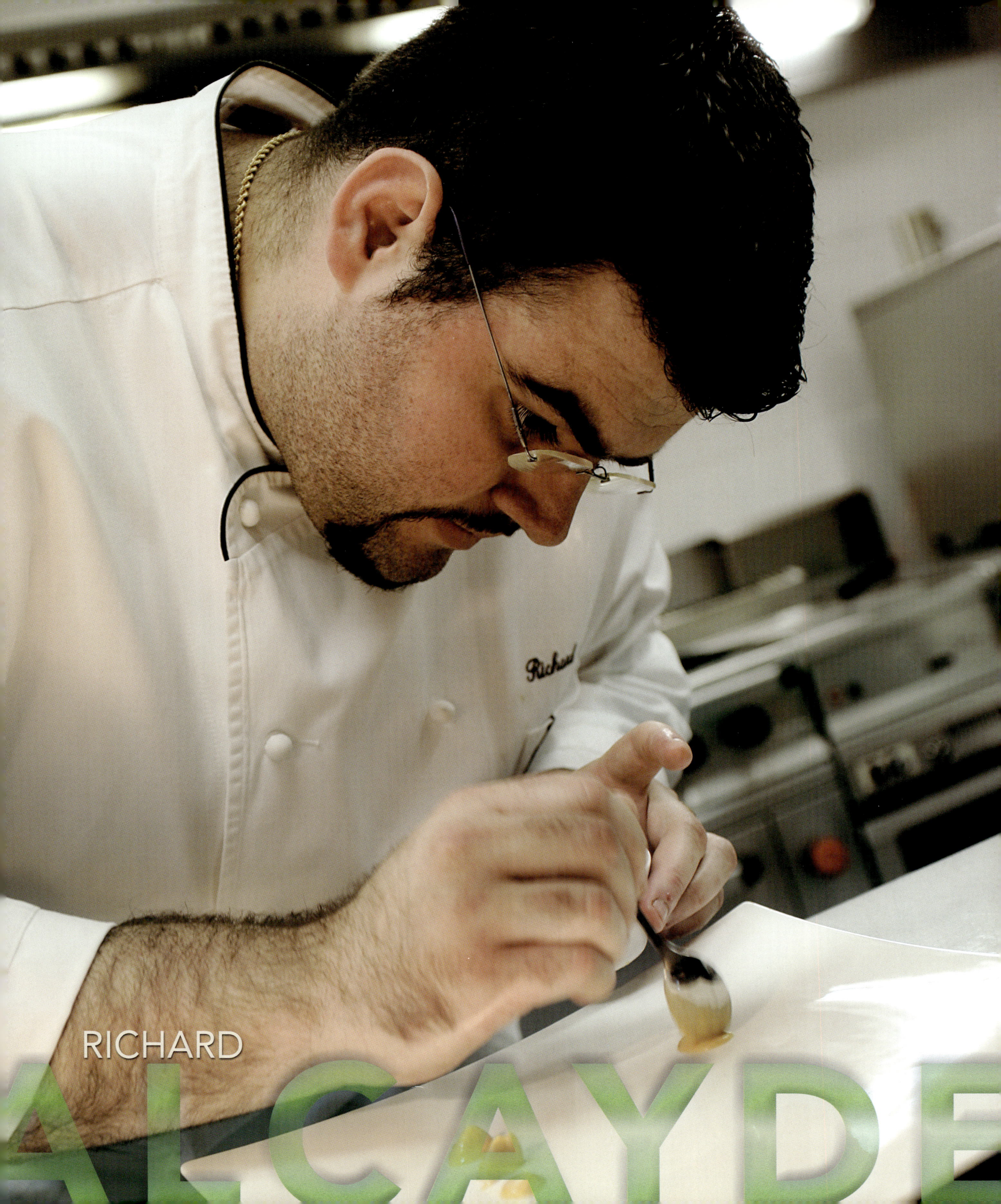

RICHARD ALCAYDE

PALETILLA DE CHIVO A 65 °C con lecho de setas, puré de garbanzos y su jugo infusionado

ZICKLEINSCHULTER bei 65 GRAD GEGART auf einem Bett aus Pilzen und Kichererbsenpüree und mit dem eigenen Saft

ZUTATEN

(1 Person)

Zicklein: 1 Zickleinschulter (400 g), 50 ml Zickleinsaft, Thymian, Rosmarin, Zimt, ein paar zerstoßene Pfefferkörner, Salz, Olivenöl **Pilze:** 50 g Steinpilze, 50 g Shiitake-Pilze, 50 g Morcheln, 50 g violetter Rötelritterling, 1 Knoblauchzehe, Salz, 1 EL Olivenöl **Kichererbsenpüree:** 100 g Kichererbsen, am Vortag eingeweicht, 500 ml Geflügelbrühe, 500 ml Wasser, 1 Möhre, 1 Stange Lauch, 1 Stange Bleichsellerie, 1 Tomate, Salz, Olivenöl, 1 Prise Paprikapulver

ZUBEREITUNG

Zicklein

Die Schulter mit den übrigen Zutaten und ihrem Saft in einen Vakuumbeutel geben. Bei 65 °C 24 Stunden garen. Danach so schnell wie möglich auf 0 °C herunterkühlen, um das Fleisch zu sterilisieren.

Pilze

Alle Pilze gut säubern. Die Shiitake-Pilze in Olivenöl bei kleiner Hitze langsam garen. Dann mit den übrigen Pilzen und dem Knoblauch sautieren. Mit Salz abschmecken.

Kichererbsenpüree

Die Kichererbsen mit den übrigen Zutaten in einen Topf geben. Bei kleiner Hitze garen, bis die Kichererbsen weich sind, und diese unter Zugabe von etwas Brühe in der Küchenmaschine pürieren. Durch ein feines Sieb passieren und beiseite stellen.

DAS GERICHT FERTIG STELLEN

Die Zickleinschulter kurz vor dem Servieren im Roner (siehe Seite 10) 15 Minuten bei 65 °C erhitzen, damit die Wärme bis in den Fleischkern dringt. Den Saft aus dem Beutel durch ein Sieb gießen und binden. Die Zickleinschulter entbeinen und bei starker Hitze von außen bräunen. Auf dem Teller ein Bett aus Pilzen anrichten. Das Kichererbsenpüree darauf platzieren und mit dem Saft nappieren. Zuletzt die Zickleinschulter auf dem Teller anrichten.

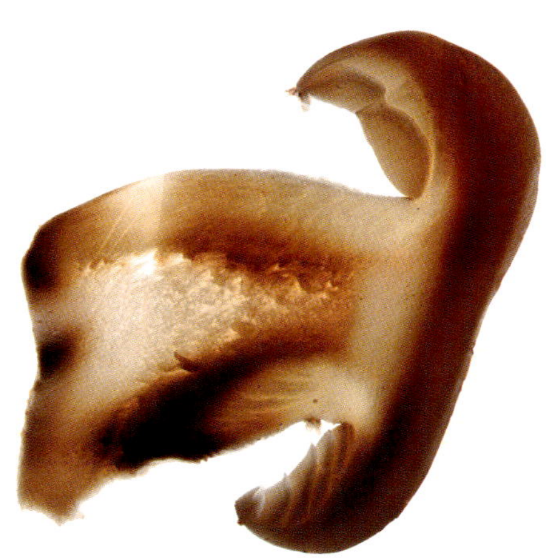

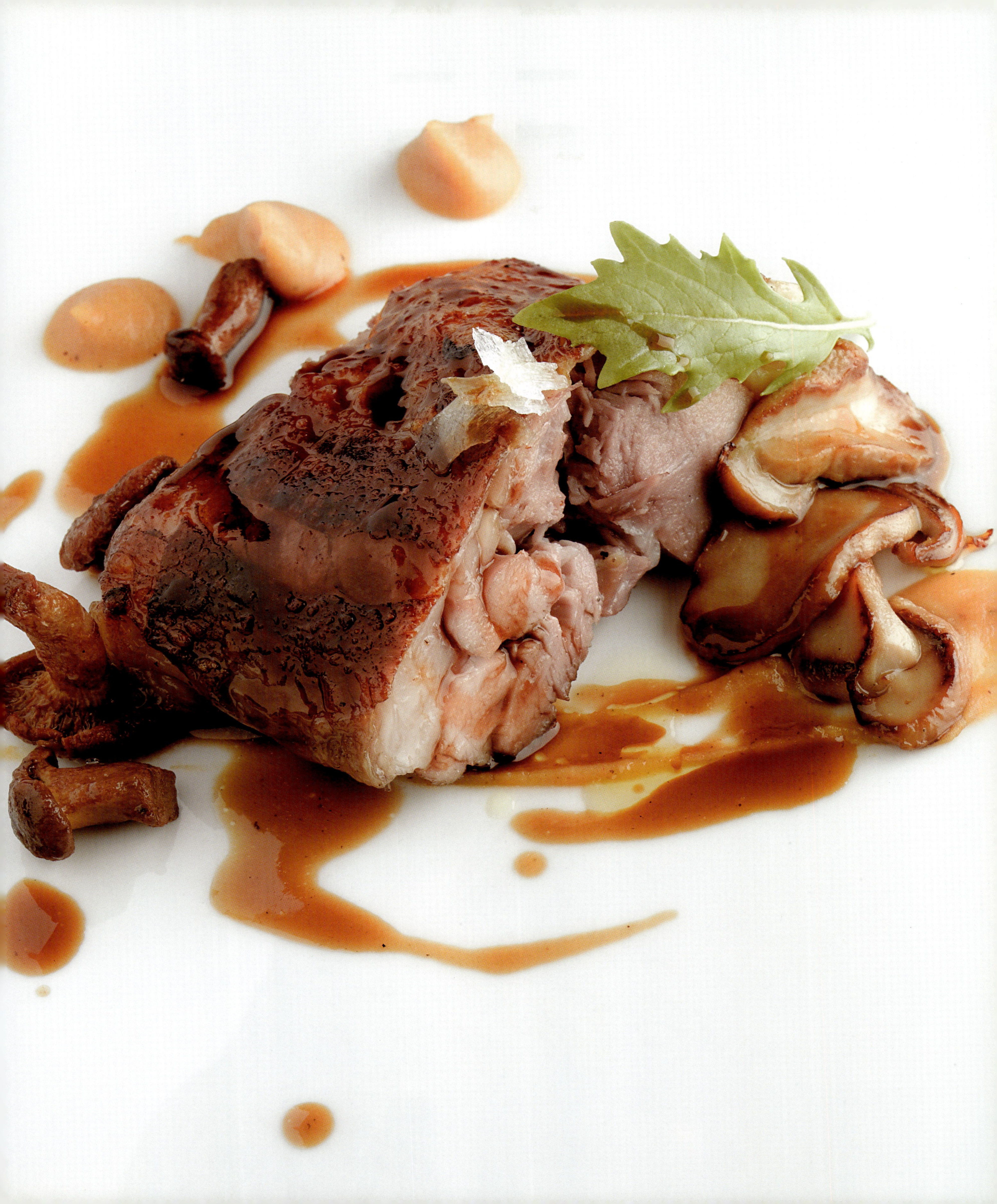

LOMO DE LUBINA A 70 °C con su gazpachuelo malagueño, huevas fritas y patatas

WOLFSBARSCHFILET bei 70 GRAD GEGART mit Gazpachuelo Malagueño, gebratenem Rogen und Kartoffeln

ZUTATEN

(1 Person)

Wolfsbarsch: 200 g Filet von wildem Wolfsbarsch, 1 Stückchen Fett vom Wolfsbarschmagen, Olivenöl, Salz **Gazpachuelo vom Wolfsbarsch:** 50 g Kartoffeln 500 ml Wolfsbarschbrühe, 1 Zitrone, Salz, Mayonnaise **Gebratener Rogen:** 2 Rogen vom Wolfsbarsch, Maldonsalz, Olivenöl, Mehl zum Braten, abgeriebene Zitronenschale

ZUBEREITUNG

Wolfsbarsch

Das Wolfsbarschfilet säubern, mit den übrigen Zutaten in einen Vakuumbeutel geben und diesen versiegeln. Beiseite stellen.

Gazpachuelo vom Wolfsbarsch

Die Kartoffeln in der Wolfsbarschbrühe garen. Die Kartoffeln herausnehmen und beiseite stellen. Die Mayonnaise unter die Brühe rühren und mit Zitronensaft und Salz abschmecken.

ANMERKUNG: *Damit die Mayonnaise beim Einrühren nicht gerinnt, darf die Wolfsbarschbrühe höchstens 85 °C heiß sein.*

Gebratener Rogen

Die beiden Rogen mit Salz und Öl in einen Vakuumbeutel geben und bei 70 °C 25 Minuten im Roner (siehe Seite 10) garen. Die Rogen in Scheiben schneiden und mit abgeriebener Zitronenschale würzen. In Mehl wenden und beiseite stellen.

DAS GERICHT FERTIG STELLEN

Das Wolfsbarschfilet im Roner bei 70 °C 7 Minuten garen. Herausnehmen und in einer Teflonpfanne kurz anbräunen. Den Gazpachuelo auf höchstens 85 °C erhitzen. Die Rogenscheiben bei starker Hitze in Öl braten. Die bei der Zubereitung des Gazpachuelo gegarten Kartoffeln pürieren.

Das Kartoffelpüree auf dem Tellerboden anrichten und darauf das mit Olivenöl beträufelte und mit Maldonsalz bestreute Wolfsbarschfilet legen. An eine Seite des Filets die gebratenen Rogenscheiben platzieren. Dazu den Gazpachuelo in einem Kännchen reichen.

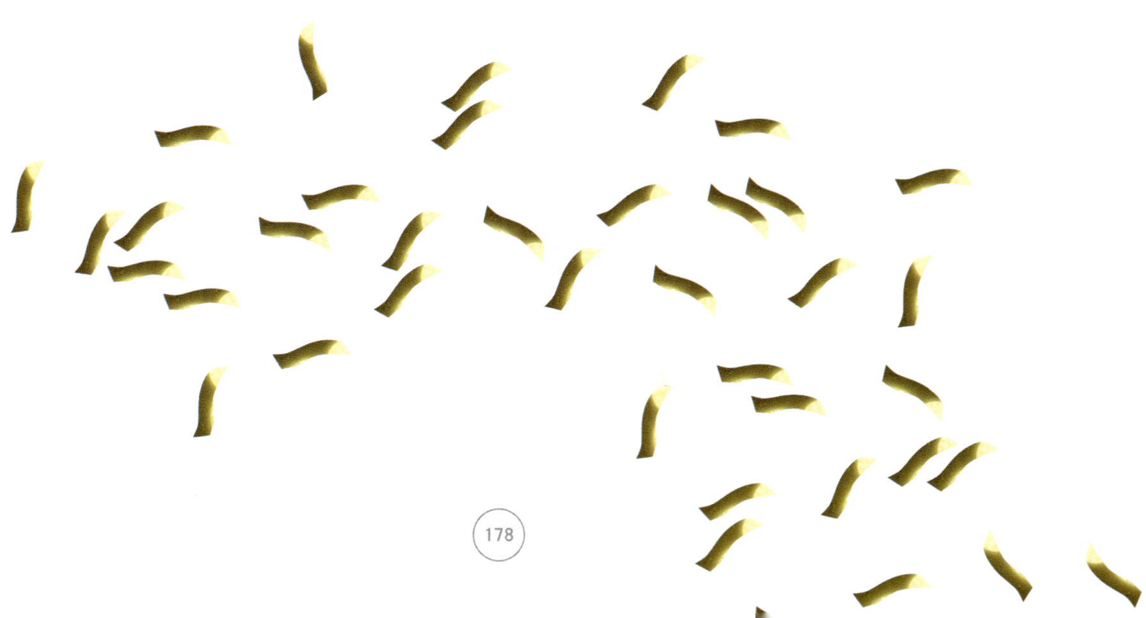

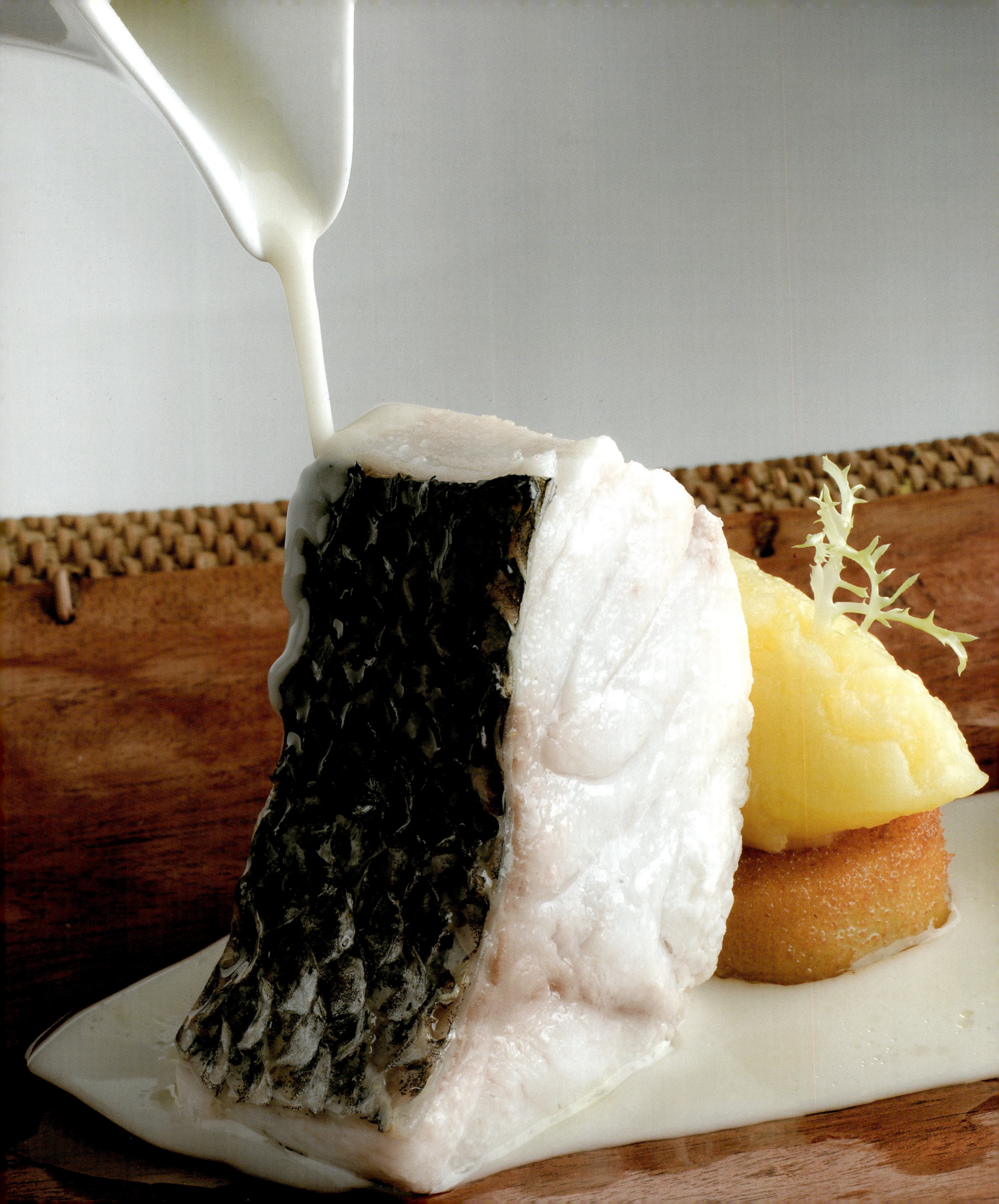

Im September 2005 hat die stets für Überraschungen sorgende baskische Küche mit einem ihrer neuartigsten Angebote Furore gemacht. Und zwar wurde das Azurmendi eröffnet, ein Restaurant, das schon von Weitem, wenn man es von der Landstraße in Richtung Bilbao aus sieht, beeindruckt, und je mehr man sich nähert, um es schließlich zu betreten, desto spektakulärer wirkt es.

Mit der Architektur, die das Restaurant in die größte Txacolí-Kellerei Vizcayas integriert, mit Stein und Holz als tragenden Elementen und ganz speziell mit der Kochkunst von Eneko Atxa vermittelt das Azurmendi eine Gesamtvorstellung der Avantgarde, angewandt auf die Repräsentation der Gastronomiekultur des Baskenlands und konkret der Provinz Vizcaya.

Eneko Atxas erste Berührung mit der baskischen Küche kam auf die natürlichste Art und Weise der Welt, nämlich als er bei Mutter und Großmutter in den Kochtopf schaute. Als es an der Zeit war, sich für einen Beruf zu entscheiden, wählte er das Gastgewerbe und ließ sich an der Schule von Leioa in Vizcaya, der »Fabrik« großer Köche, ausbilden. Nachdem er dort die Grundlagen erworben hatte, erlernte er die Feinheiten seiner Kunst bei Meistern wie Martín Berasategui und Andoni Luis Aduriz. Durch sie entdeckte er den Horizont der kreativen Küche und übernahm ihn in seine eigene Philosophie, als er seine unabhängige Karriere aufzubauen begann. Lange brauchte er nicht, um zu zeigen, was er alles gelernt hatte. Eine Zeit lang leitete er die Küche des Restaurants Etxabarri, dann wechselte er ins Andra Mari und wurde während seiner Beschäftigung dort im Jahr 2000 Sieger in der achten spanischen Meisterschaft der Jungköche.

Entwicklung beginnt an den Wurzeln

Als Chefkoch des Andra Mari in Galdácano begann Atxa, an seinem Stil zu feilen, bis er schließlich ein neues kulinarisches Konzept aus der Taufe hob, das er als *cocina de raíz evolutiva* bezeichnet (wörtlich: »Küche der sich entwickelnden Wurzeln«). Für ihn ist das ein Verständnis der Kochtradition des Baskenlands und insbesondere Vizcayas, das tief im Substrat dieser Tradition ansetzt, um eine neue Realität zu gestalten.

Was ist der Ausgangspunkt dieses neuen Denkansatzes? Eneko Atxa präsentiert uns eine Küche, der ein perfektes Gleichgewicht zwischen Innovation und Tradition gelingt, einen gastronomischen Raum, der modernste Küchentechniken und den für unser Jahrhundert typischen Mix mit größtem Respekt vor den regionalen Produkten Vizcayas vereint. Der Knackpunkt seiner kulinarischen Praxis ist nach wie vor die konzentrierte Brühe, sein Repertoire an Extrakten, in denen sich die Essenz des Produkts – Fleisch, Fisch, Meeresfrüchte, Gemüse – ballt und die für die Ausdruckskraft seiner Gerichte verantwortlich sind, wobei Atxa mit einem ganzen Reigen gleichzeitig überraschender und innovativer Möglichkeiten spielt. Atxas Arbeit hat nach eigener Aussage fünf Brühentypen zur Grundstruktur: die einfache konzentrierte Brühe, die integrierte konzentrierte Brühe, die gratinierte konzentrierte Brühe, die aufgeschlagene Brühe und die injizierte konzentrierte Brühe.

Atxa hat mit seinen konzentrierten Brühen eine unendliche Zahl von Wegen aufgezeigt. Er hat es geschafft, unsere vorgefassten Meinungen über das, was wir immer als reine Beilagen betrachtet haben – je nach persönlicher Note des Kochs mit mehr oder weniger Bedeutung – aufzulösen. Bei Atxa können wir diese Art von Zubereitungen, die einer fast schon wissenschaftlichen Kreativität entspringen, als feste Bestandteile des Gerichts verstehen. Als solche haben sie sehr viel zu tun mit der geschmacklichen und aromatischen Konzentration, aber auch mit der Konsistenz und Textur der Rohmaterialien, mit möglichen Harmonien und Kontrasten und dem Anrichten – kurz, es geht um ihre Sprache, die in jeder Geschmacksnuance des Gerichts erkennbar ist.

Wenn dies, wie es scheint, erst der Anfang einer viel versprechenden kreativen Laufbahn ist, können wir auf die Überraschungen gespannt sein, die das Azurmendi in den nächsten Jahren bereithält.

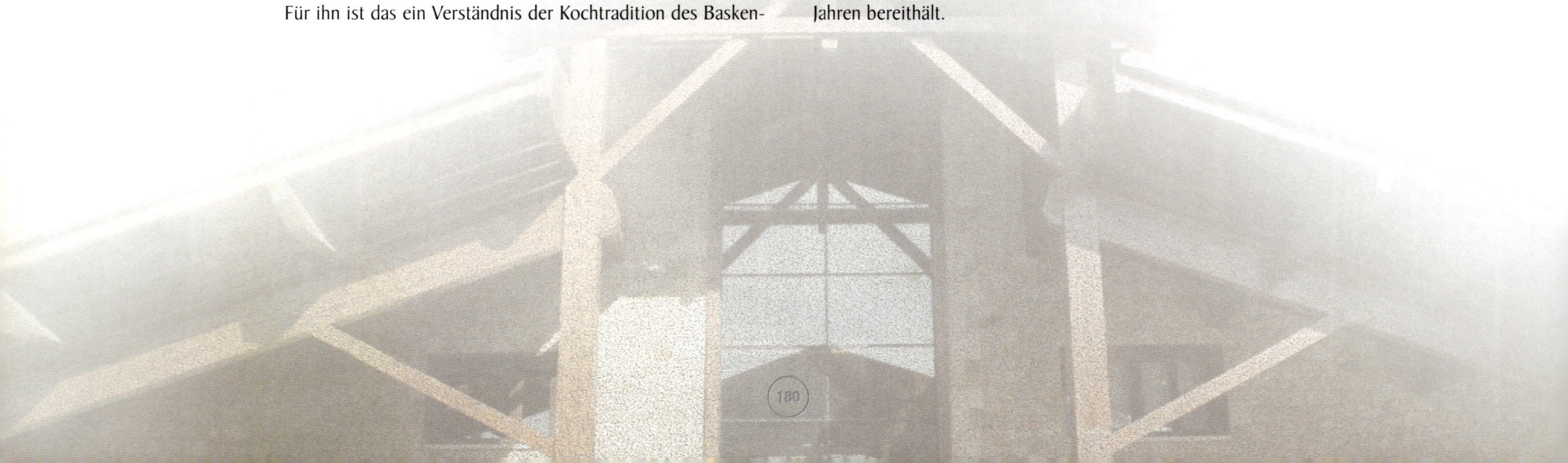

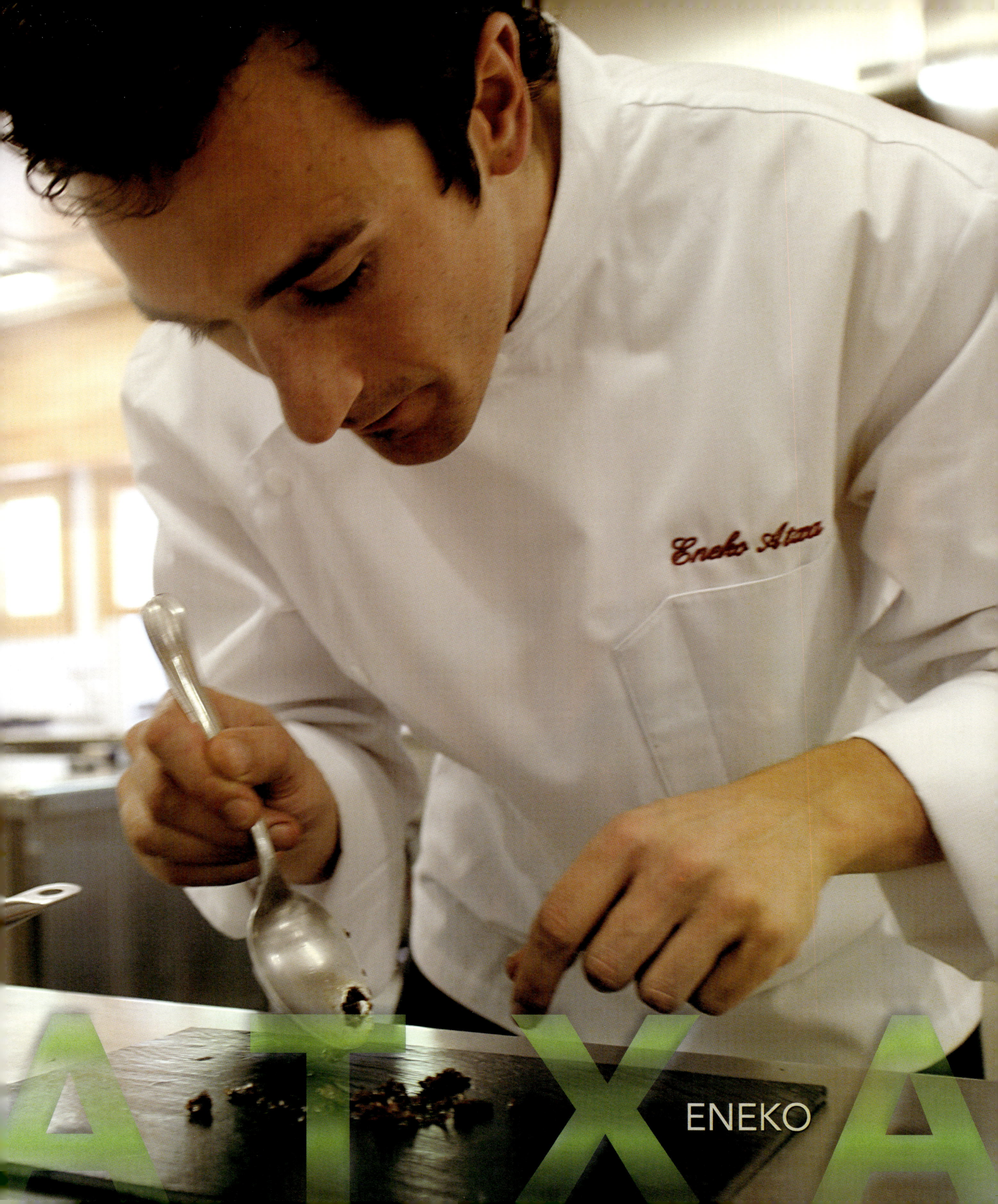
Eneko Atxa
ATXA
ENEKO

QUISQUILLÓN
con refrito de hierbas emulsionadas y aroma de té ahumado

SÄGEGARNELE
mit Kräuterröstsauce und Räucherteearoma

ZUTATEN

(4 Personen)

Röstsauce: 1 Bund Schnittlauch, 4 Zitronenverbenenblätter, 100 ml Olivenöl, 2 Knoblauchzehen **Sägegarnelen:** 16 Sägegarnelen **Weitere Zutaten:** Salzflocken, 20 g schwarzer Tee

ZUBEREITUNG

Röstsauce

Den Schnittlauch, die Verbenenblätter und das Olivenöl im Thermomix bei 60 °C in 20 Minuten zu einer Emulsion verarbeiten. In eine Schüssel gießen und 10 Minuten ruhen lassen. Durch ein Sieb abgießen und das fertige Kräuteröl beiseite stellen. Die Knoblauchzehen schälen, den Keim entfernen und die Zehen fein hacken. Beiseite stellen.

Sägegarnelen

Von den Sägegarnelen den Kopf entfernen und das Fleisch auslösen. Köpfe und Fleisch beiseite stellen.

DAS GERICHT FERTIG STELLEN

Das Kräuteröl beim Erwärmen in der Küchenmaschine erneut emulgieren und bei Erreichen von 65–70 °C den gehackten Knoblauch dazugeben. Bei dieser Temperatur warten, bis sich der Knoblauch goldbraun färbt.

Die Sägegarnelen (Körper und Kopf) einzeln in der Röstsauce kurz garen. Sie sollen beim Erwärmen den Geschmack der anderen Zutaten aufnehmen, aber dabei ihre natürliche Konsistenz und ihr ursprüngliches Aussehen behalten.

Die verbleibende Röstsauce durch ein Sieb abgießen und schnell emulgieren. Den Tellerboden damit bedecken und darauf vier Sägegarnelen und ihre Köpfe anrichten. Jede Sägegarnele mit einer Salzflocke garnieren.

Abschließend den schwarzen Tee verbrennen, damit Rauch entsteht. Diesen Rauch in einer Glashaube auffangen und diese auf den Teller stellen, um die Sägegarnelen zu aromatisieren (die Haube am Tisch vor dem Gast abnehmen).

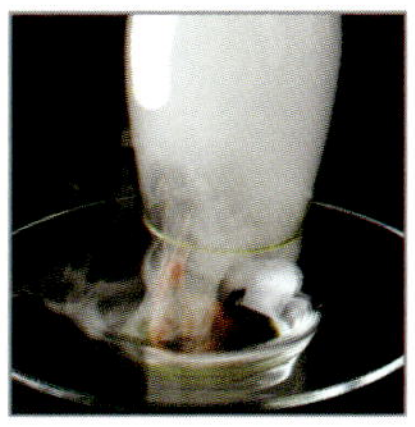
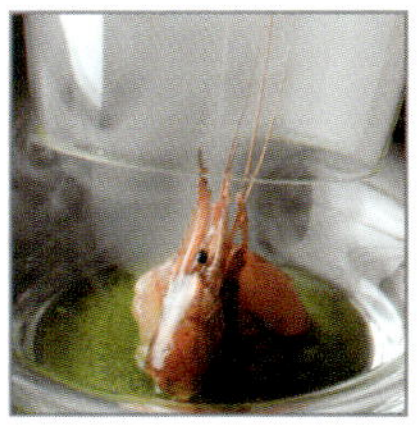
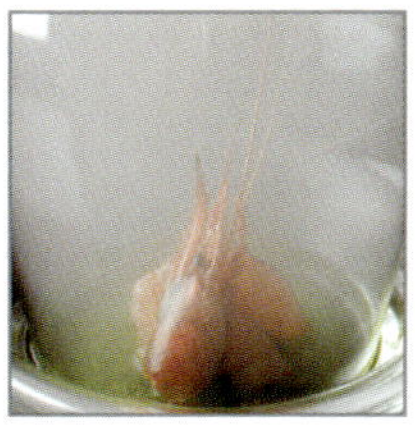
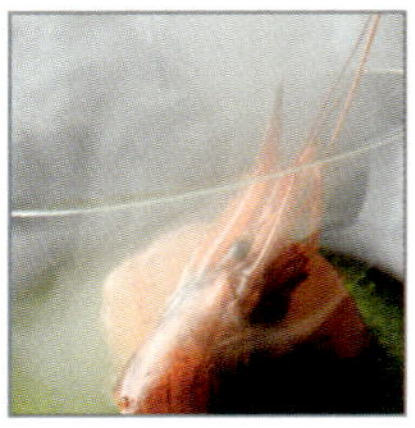

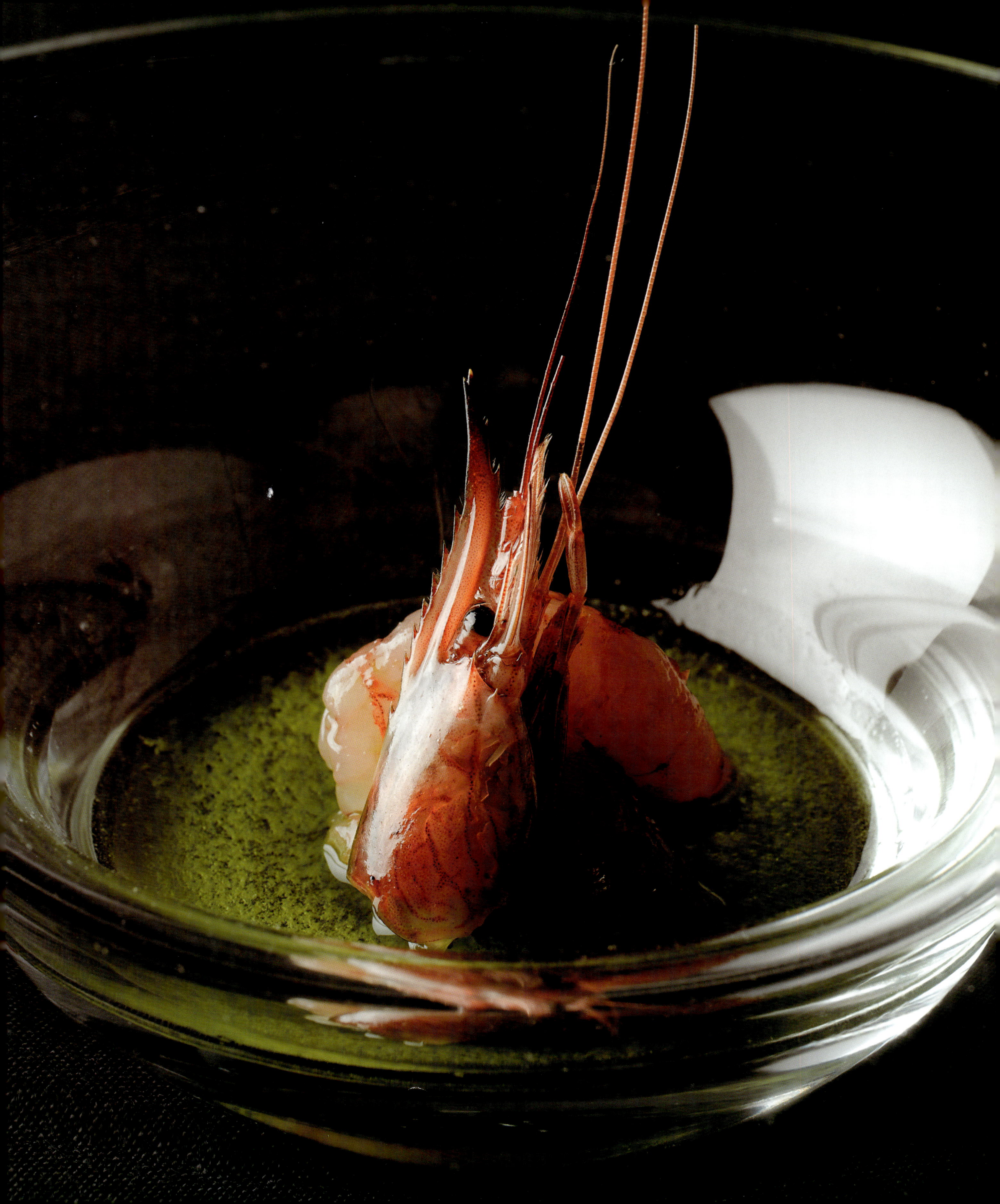

LUBINA CONFITADA en aceite de chipirones con pil pil de su cabeza y guisantes

WOLFSBARSCH in Kalmaröl mit Pil-Pil* und Erbsen

ZUTATEN

(4 Personen)

Wolfsbarsch: 200 g Wolfsbarschfilet mit Haut **Kalmaröl:** 1 kg Kalmare, 3 Knoblauchzehen mit Schale, 1 ganzer getrockneter Chili, 1 l natives Olivenöl extra **Pil-Pil vom Wolfsbarsch und Erbsen:** 3 Wolfsbarschköpfe, 2 Knoblauchzehen, zerdrückt, 1 ½ l Olivenöl, 1 EL junge gepalte Erbsen, Saft einer halben Zitrone, Schnittlauchöl **Kalmarpäckchen:** 1 kg Kalmare, geräucherter Schweinebauch

ZUBEREITUNG

Kalmaröl

Die Kalmare sautieren. Dann zusammen mit den Knoblauchzehen und dem Chili in das Olivenöl geben und 2 Stunden bei kleinster Hitze köcheln lassen. Vom Herd nehmen und 12 Stunden ziehen lassen. Das Öl abgießen und die Kalmare beiseite stellen.

Pil-Pil vom Wolfsbarsch und Erbsen

Die Wolfsbarschköpfe säubern und die Zähne entfernen. Dann mit den zerdrückten Knoblauchzehen und Öl in einen Vakuumbeutel geben und in der Vakuummaschine die Luft zu 90 % entziehen. Den Beutel in einen Dampfbackofen geben und bei 65 °C 1 Stunde garen. Abkühlen und die Gelatine durch ein Sieb abseihen. Die Gelatine durch vorsichtiges Abgießen vom Bodensatz trennen und dann unter kräftigem Rühren Öl hinzufügen, bis eine dickliche Sauce (Pil-Pil) entsteht.

Kalmarpäckchen

Die Kalmare in Rechtecke schneiden (5 × 5 × 4 mm). Jeweils fünf Kalmarstreifen auf eine Scheibe Schweinebauch geben und mit Küchengarn ein Päckchen schnüren. Beiseite stellen.

DAS GERICHT FERTIG STELLEN

Die Portion Wolfsbarschfilet in einen vorher innen mit Salz bestreuten und mit Kalmaröl gefüllten Vakuumbeutel geben. Vakuumieren und im Roner (siehe Seite 10) bei 50 °C 15 Minuten garen. Die Fischportion aus dem Beutel nehmen, das Öl abtropfen lassen und dann den Fisch mit der Haut nach unten 2 Minuten in der Pfanne anbraten.

Zum Fertigstellen des Pil-Pil die Erbsen, den Zitronensaft und das Schnittlauchöl dazugeben.

Das Kalmarpäckchen auf der heißen Backplatte grillen.

Das Wolfsbarschfilet auf dem Erbsen-Pil-Pil anrichten und daneben ein Kalmarpäckchen setzen.

---

*Pil-Pil ist eine Sauce aus der eigenen Gelatine des Fischs.

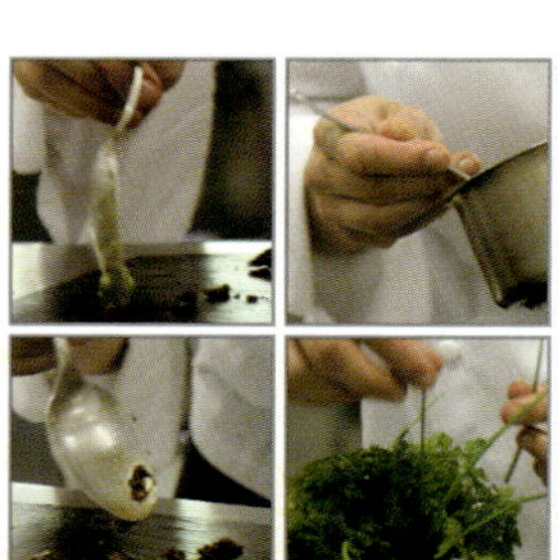

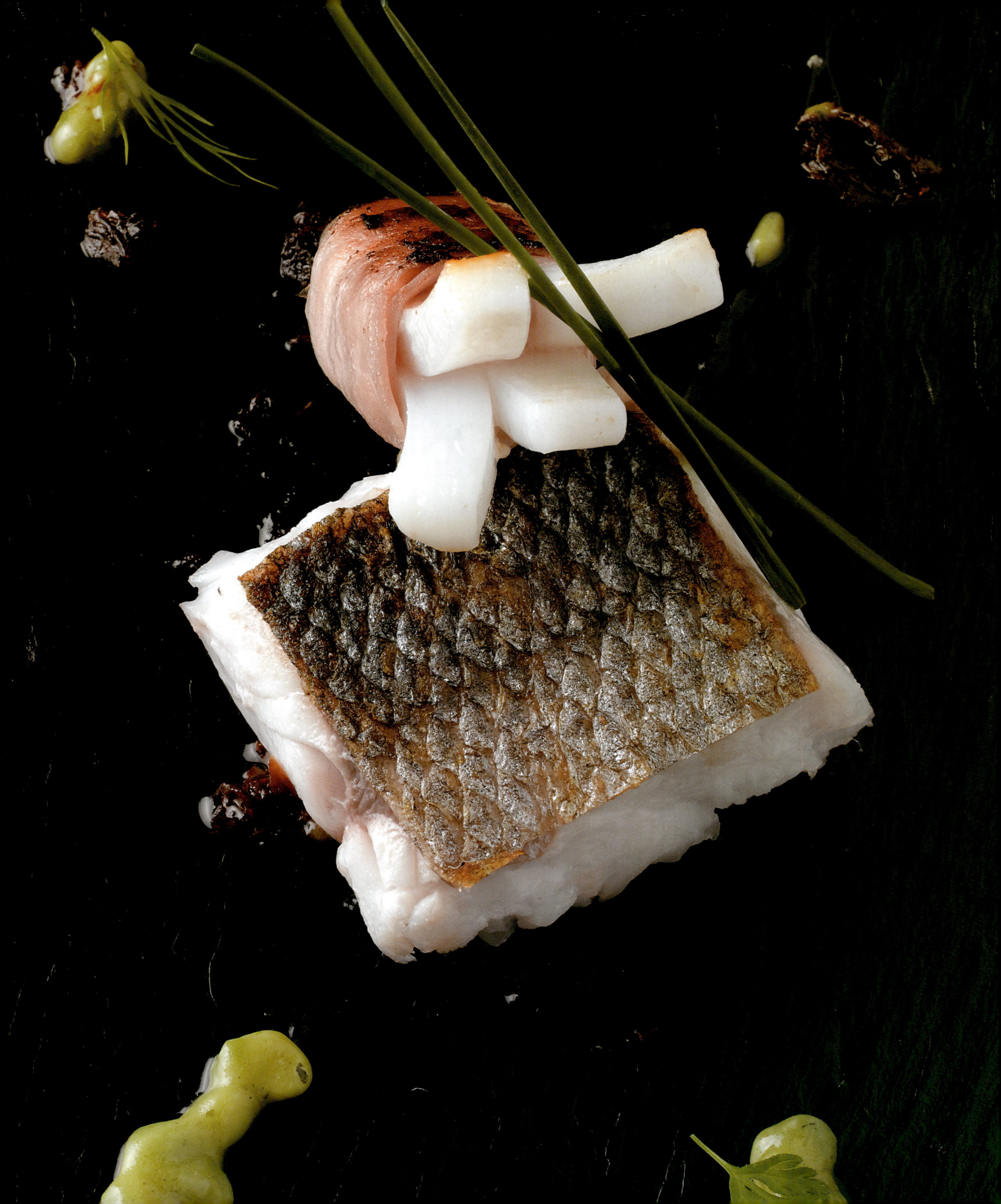

Ein junger Stern am Gastronomiehimmel Madrids

Die Eröffnung des Dassa Bassa im Jahr 2005 war ein großes Ereignis für die Madrider Spitzengastronomie. Dem 31-jährigen Darío Bassa ist es gelungen, mit einem in seiner Ästhetik ungewöhnlichen Restaurant zu überraschen und mit einer Küche zu überzeugen, die sich über die Speisekarte als modern definiert: Grundlage sind tagesfrische Produkte, und die Gerichte werden mit wohlkalkulierter zeitlicher Präzision, einer gut im Zaum gehaltenen Originalität bei der Konzeption und einem gehörigen Schuss Talent zubereitet.

Bassa hat eine ebenso umfassende wie für sein Alter erstaunliche Berufserfahrung. Er hat in Restaurants in der Schweiz, den USA, in Großbritannien und Frankreich gearbeitet. In Spanien waren seine Chefköche Pedro Subijana und Ferran Adrià, bevor er in Pedro Larumbes Küche angestellt wurde und dort vier Jahre lang blieb. All dies bereicherte und konsolidierte seinen Erfahrungsschatz, was entsprechend honoriert wurde, als er 2002 den Wettbewerb der Köche Madrids gewann. Diese Auszeichnung war ein Einschnitt, der bei ihm die Entscheidung auslöste, sich selbstständig zu machen, die Fesseln abzuwerfen und das auf die Beine zu stellen, was das Restaurant seines Lebens werden sollte.

Die Küche des Dassa Bassa spiegelt die Erfahrungen wider, die der Chef auf seinem Berufsweg angesammelt hat. An verschiedenen Grundprinzipien ist dies zu erkennen: Erstens nutzt Barrio die Tatsache, dass Madrid ein privilegierter Umschlagplatz für frische Produkte von Spitzenqualität ist. Dadurch kann er es sich leisten, auf die Lagerung von Produkten zu verzichten und mit dem zu arbeiten, was jeden Tag direkt vom Markt ins Restaurant kommt – eine Voraussetzung für ein weiteres entscheidendes Merkmal seiner Arbeit: Freiheit. Er versteht die Karte seines Restaurants als vielseitiges, dynamisches Repertoire von Gerichten, bestehend aus fünf Vorspeisen, vier Fleischgerichten, vier Fischgerichten und vier Desserts, bei denen es keine Dauerbrenner gibt, sondern alles von den Erzeugnissen abhängt, die jeden Morgen angeliefert werden. Es geht ihm auch nicht darum, mit einer großen Auswahl zu beeindrucken; was zählt, ist eine über jeden Zweifel erhabene Qualität. Und auf diesen Grundlagen baut eine dritte auf, die direkt mit Barrios kulinarischer Philosophie zusammenhängt, nämlich Einfachheit als Methode, um das Produkt zum Zentrum jedes Gerichts zu machen. Denn Darío Barrio zählt zu den Köchen, die beim Kreieren einer Speise den wesentlichen Schritt getan haben von der Frage »Was fehlt bei diesem Gericht?« zu der sehr viel komplexeren Fragestellung »Was ist daran überflüssig?«.

Darío Barrio ist, so viel steht fest, einer der vielversprechendsten Köche in der derzeitigen Gastronomieszene Madrids. Dank seiner Erfahrung und seinem großen Talent, gepaart mit besonderer Sorgfalt, ist zu erwarten, dass er sich schnell hocharbeiten und sein Restaurant, das schon jetzt zu den Madrider Modelokalen gehört, als etwas etablieren wird, was viel mehr ist: ein Lokal mit unverwechselbarer Persönlichkeit, gleichmäßig guter Umsetzung der Rezepte und akribischer Genauigkeit im Bemühen um höchste Qualität. Zumindest deutet alles an, dass die Reise dorthin gehen wird.

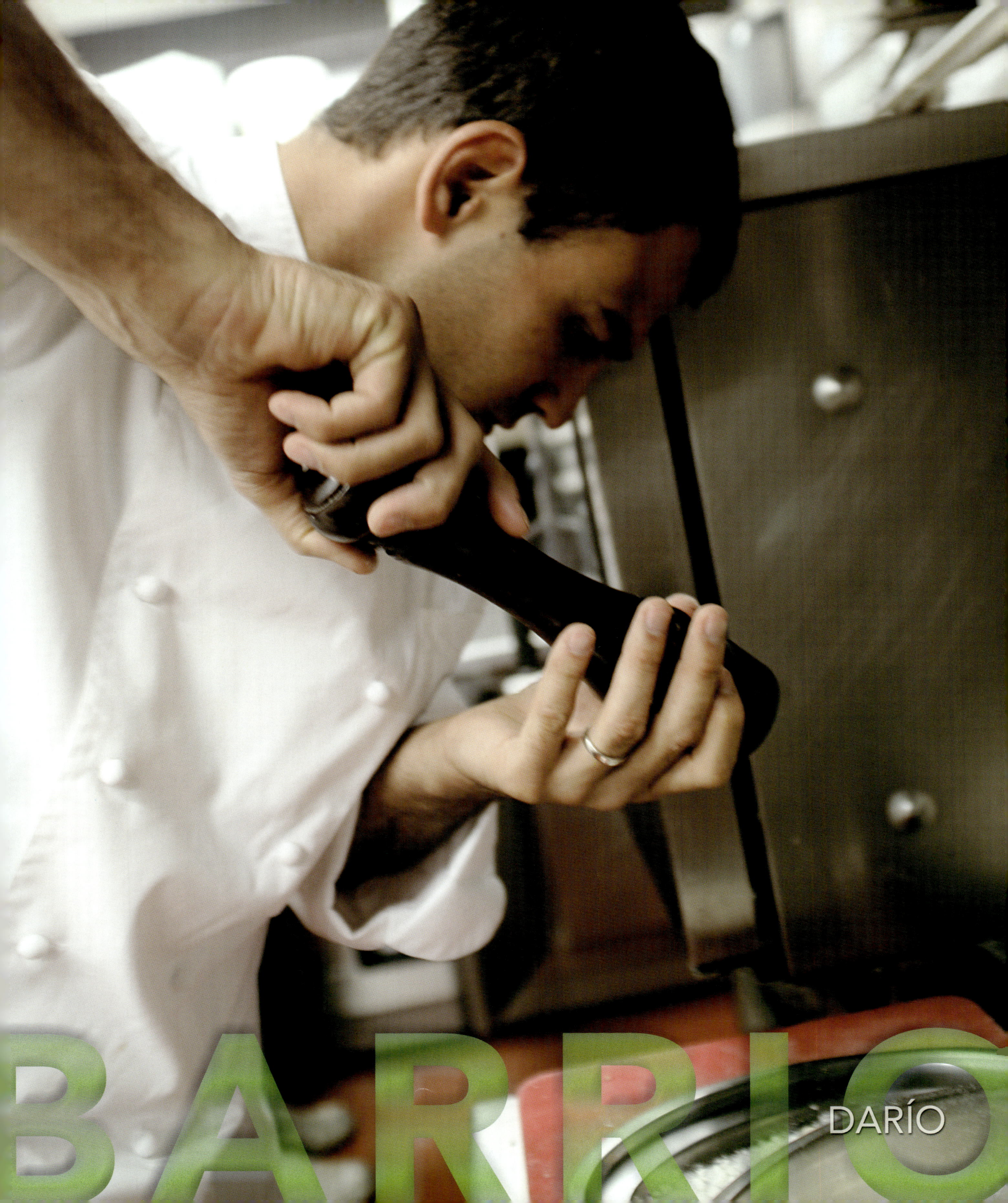
BARRIO
DARÍO

BIZCOCHO DE ZANAHORIA, chocolate y helado de té safari con miel

MÖHRENKUCHEN,
Schokolade und Eis aus Rooibos-Tee mit Honig

ZUTATEN

(8 Personen)

Safari-Eis mit Honig: 500 ml Milch, 500 ml süße Sahne, Rooibos-Tee, 60 g Invertzucker, 200 g Glukose, 100 g Honig, 40 ml Speisestabilisator, 160 g Eigelb **Knuspermöhren:** 3 Babymöhren, Zuckersirup (Mischverhältnis 1:1) **Kuchen:** 300 g Möhren, Olivenöl (0,4° Säure), 3 Eier, 200 g Zucker, 180 g Mehl, 10 g Backpulver, 30 g kandierte Möhren, fein gehackt **Cremige Ocumare-Schokolade:** 400 ml Milch, 50 ml süße Sahne, 100 g Eigelb, 50 g Zucker, 500 g Ocumare-Schokolade, ersatzweise zartbittere Schokolade mit mind. 70% Kakao **Möhrensauce:** 200 g Möhrensaft, 25 g Verdickungsmittel

ZUBEREITUNG

Safari-Eis mit Honig

Die Milch mit der Sahne aufkochen lassen. Den Tee in der Milch ziehen lassen und den Invertzucker, die Glukose, den Honig und den Stabilisator dazugeben. Das Eigelb unterrühren und die Masse bei 86 °C im Wasserbad andicken lassen. In der Sorbetmaschine das Eis zubereiten.

Knuspermöhren

Die Babymöhren in Streifen schneiden. In Zuckersirup eintunken und zwischen zwei Silpat-Backmatten legen. 10 Minuten bei 150 °C im Backofen backen.

Kuchen

Die Möhren schälen und raspeln, 7 g pro Portion beiseite stellen. Die übrigen Möhren mit dem Öl pürieren. In einer Schüssel die Eier mit dem Zucker verrühren und die Möhrenmasse dazugeben. Dann das Mehl mit dem Backpulver und die fein gehackten kandierten Möhren unterrühren. Eine Backform mit Öl einfetten und mit Mehl bestäuben, den Teig hineinfüllen und bei 180 °C backen. Erkalten lassen, aus der Form stürzen und in 5 cm dicke Stückchen schneiden.

Cremige Ocumare-Schokolade

Aus der Milch, der Sahne, dem Eigelb und dem Zucker eine Crème anglaise bereiten. Die Schokolade in kleine Stückchen hacken, 600 g heiße Crème anglaise darübergießen und die Masse auf ein Backblech mit 1 cm hohem Rand gießen. Im Kühlschrank erkalten lassen.

Möhrensauce

Den kalten Möhrensaft mit dem Verdickungsmittel andicken.

DAS GERICHT FERTIG STELLEN

Die cremige Ocumare-Schokolade in 4 cm große Stücke schneiden. Auf den Teller ein Schokoladestück legen und darauf ein Stückchen Kuchen anrichten. Die 7 g geraspelte Möhre daraufstreuen. Einen Esslöffel Eis daraufsetzen und Knuspermöhrenstreifen hineinstecken. Die Möhrensauce in einem Kännchen servieren.

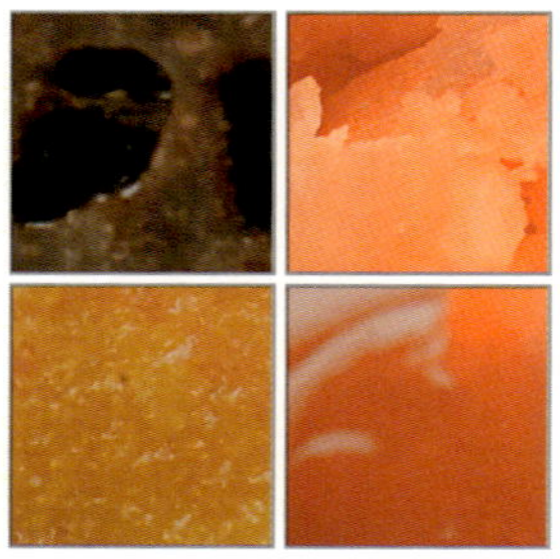

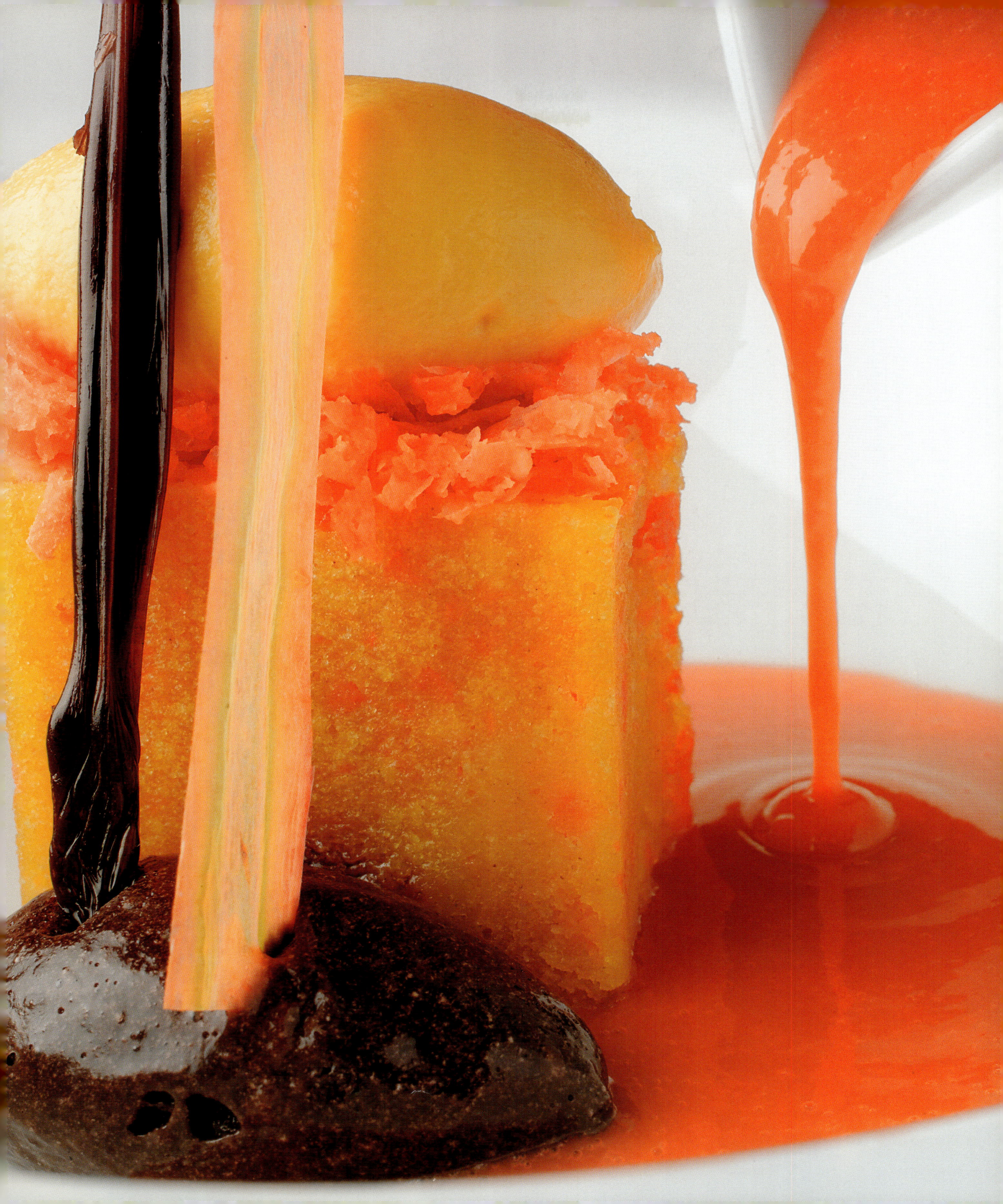

FOIE-GRAS FRESCO EN TEMPURA con granizado de melón

FRISCHE STOPFLEBER IN BIERTEIG mit Meloneneis

ZUTATEN

(6 Personen)

Bierteig: 33 cl Bier, 220 g Mehl, 1 dl Essig, 7 g Salz **Meloneneis und Melonenkreise:** 1 Melone, 200 dl Wodka, Zucker zum Karamellisieren **Stopfleber:** 6 dicke Scheiben Gänse- oder Entenleber, Kerbel

ZUBEREITUNG

Bierteig

Alle Zutaten mischen, bis eine glatte Masse entsteht.

Meloneneis und Melonenkreise

Die Melone in Scheiben schneiden und mit einem Ausstechförmchen sechs Melonenstücke ausstechen. Die restliche Melone in der Küchenmaschine mit dem Wodka pürieren und einfrieren. Das gefrorene Püree mit einer Gabel grob zerkleinern.

Stopfleber

Die Leberscheiben mit Salz und Pfeffer würzen. Die Scheiben mit Bierteig überziehen und in sehr heißem Fett frittieren.

DAS GERICHT FERTIG STELLEN

Mithilfe eines Brenners die Melonenstücke mit Zucker karamellisieren.
In der Mitte eines tiefen Tellers die karamellisierten Melonenstücke anrichten. Darauf die frittierten Stopfleberscheiben legen und mit dem Meloneneis umgeben. Ein Kerbelblatt daraufsetzen.

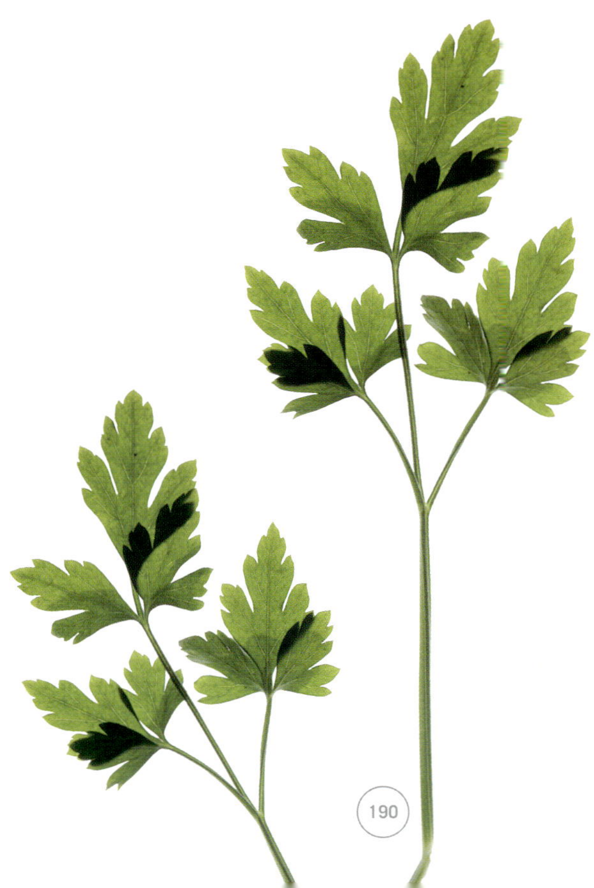

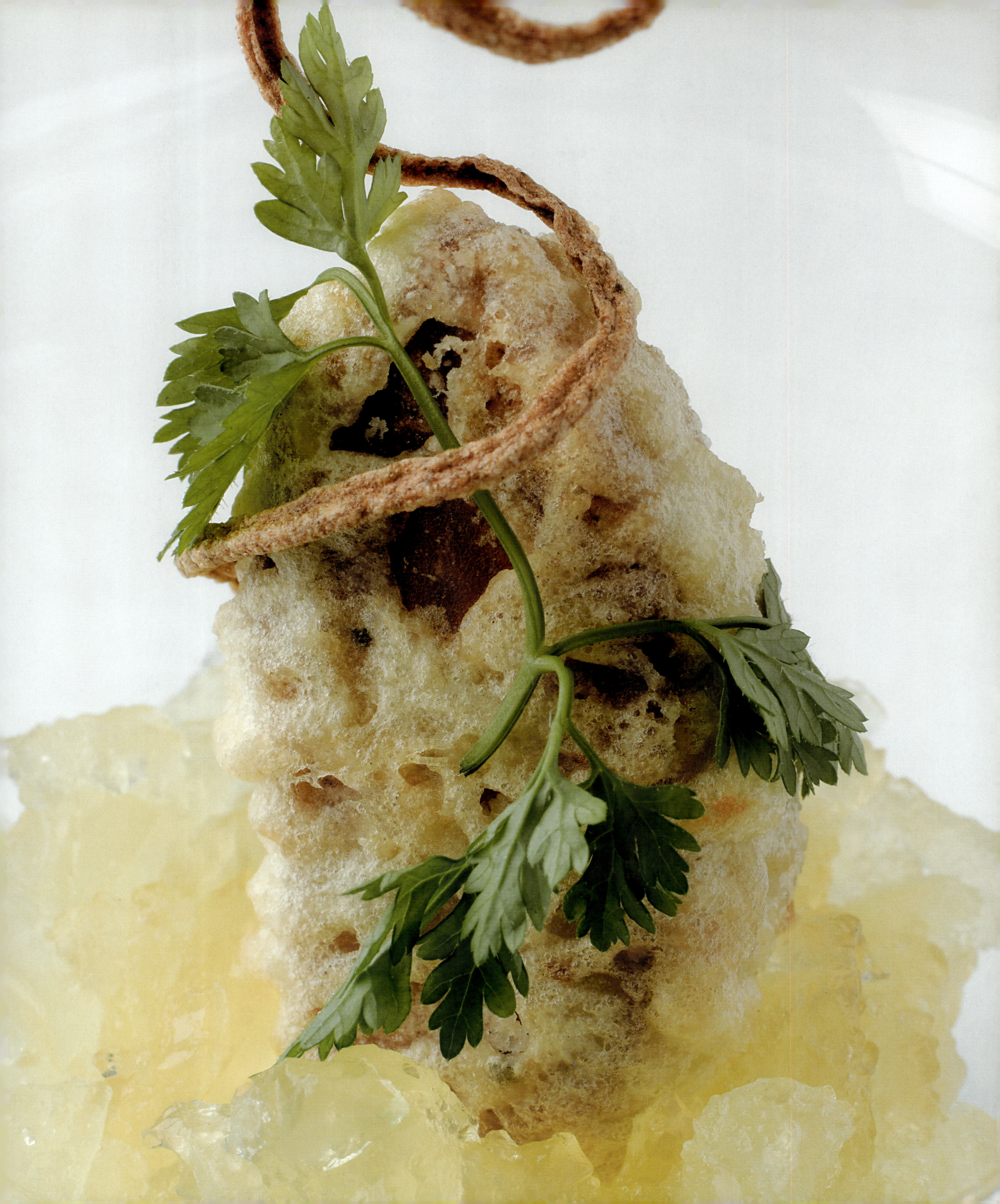

Eine neue Stimme am Mittelmeer

Ricard Camarena eröffnete sein Restaurant Arrop im Jahre 2004 gemeinsam mit seiner Frau Carmen Bañuls, die sich um die Bedienung der Gäste kümmert. Obwohl es das Lokal erst seit Kurzem gibt, erhielt es bereits überschwängliche Bewertungen von den wichtigsten Fachzeitschriften und Gastroführern des Landes. Darüber hinaus wurde es auf dem internationalen Gastronomiegipfel Madrid Fusión zur Restaurant-Entdeckung des Jahres 2006 gekürt. Damit hat sich sein Ansehen in kürzester Zeit enorm gesteigert. Sowohl der Name des Kochs als auch des Restaurants sind in der Gastronomieszene heute in aller Munde. Sie werden im gleichen Atemzug mit früheren Preisträgern wie El Poblet oder Ca Sento genannt und sind maßgeblich an der immer breiteren Anerkennung der Küche der Autonomen Region Valencia beteiligt.

All dies wäre weniger überraschend, wenn das Arrop eine günstigere Lage hätte, aber es befindet sich etwas außerhalb der Mittelmeerstadt Gandía, zu der man nicht unbedingt einen Eintrag in einem Gastroführer erwarten würde. Vielleicht war gerade dies der Grund dafür, dass Fachpublikum und Fachkritik auf Ricard noch stärker aufmerksam wurden. Sein Restaurant ist sehr geschmackvoll und ausgesprochen modern eingerichtet, und seine eher meditative und intellektualisierte, dabei bewusst innovative und kreative Küche zeichnet sich dadurch aus, dass sie über ihre Produkte, Aromen und Grundlagen eng mit dem Mittelmeer verbunden ist.

Wie Ricard Camarena den Kochberuf gelernt hat, entspricht auch nicht gerade dem, was man als üblich bezeichnen würde. Er entdeckte sein Faible für das Kochen erst im Alter von 25 Jahren, als er sich in der Hotelfachschule von Valencia einschrieb. Mit diesem Schritt ließ er alles Bisherige hinter sich und konzentrierte sein Interesse zunehmend auf die Gastronomie. Da er neben der Ausbildung arbeiten musste, kehrte er in den kleinen Ort Barx zurück, wo er geboren wurde, und pachtete eine Gastwirtschaft im örtlichen Sportzentrum. Dort fing er an, auf eigene Rechnung zu kochen, während er in Cullera seinen Abschluss als Koch machte. In diesem Lokal, in dem bis dahin nur kleine Portionen und Tapas serviert worden waren, versuchte er sich zum ersten Mal in einer Kochkunst, von der sich schnell herausstellte, dass sie für dieses Publikum nicht unbedingt die geeignetste war. So stürzte er sich gemeinsam mit seiner Frau Carmen und den Familien beider in ein risikoreiches Abenteuer und zog nach Gandía, um dort das Arrop zu eröffnen. Es sollte allerdings noch sechs sehr harte Monate dauern, bevor er einen gewissen Bekanntheitsgrad erreichte. Schließlich wurde man auf sein Talent aufmerksam, und damit war der Weg für seine heutige Position in der Welt der Gastronomie geebnet.

Ricard Camarena versteht es, bei seiner Arbeit im Arrop bis an die Wurzeln der mediterranen Geschmackswelt vorzudringen und mit ausgereifter Technik und einer von großer Sensibilität zeugenden Kreativität ein wirklich erstaunliches Ergebnis zu erzielen. Er schafft so eine sehr persönliche Küche, die derart in der Tradition der spanischen Ostküste verhaftet ist, dass der einheimische Gast das durchaus angenehme Gefühl hat, den Speisen aus Großmutters Küche in neuem Gewand wiederzubegegnen. Eine Eigenschaft dieses Kochs kann man deshalb auch nicht hoch genug schätzen: Seinen Respekt gegenüber den hochwertigen Rohstoffen aus der Region und den traditionellen Rezepten, für deren Bewahrung er sich in gewisser Weise verantwortlich fühlt, und zwar besonders dann, wenn neue Gewohnheiten beginnen, alte Wahrheiten der valencianischen Küche aufzuweichen. Seiner Meinung nach ist es die Aufgabe der großen Köche der Region, den Rezepteschatz zu retten.

Ricard ist ein untypischer Koch. Den Punkt, an dem er heute steht, erreichte er aus eigenem Antrieb und Verdienst. Der Weg, der ihn dort hinführte, verlief abseits der ausgetretenen Pfade und begann an einem völlig unerwarteten Ort. Durch und durch eine Überraschung, durch und durch eine Offenbarung. Und das hat ja auch die Jury von Madrid Fusión 2006 bestätigt.

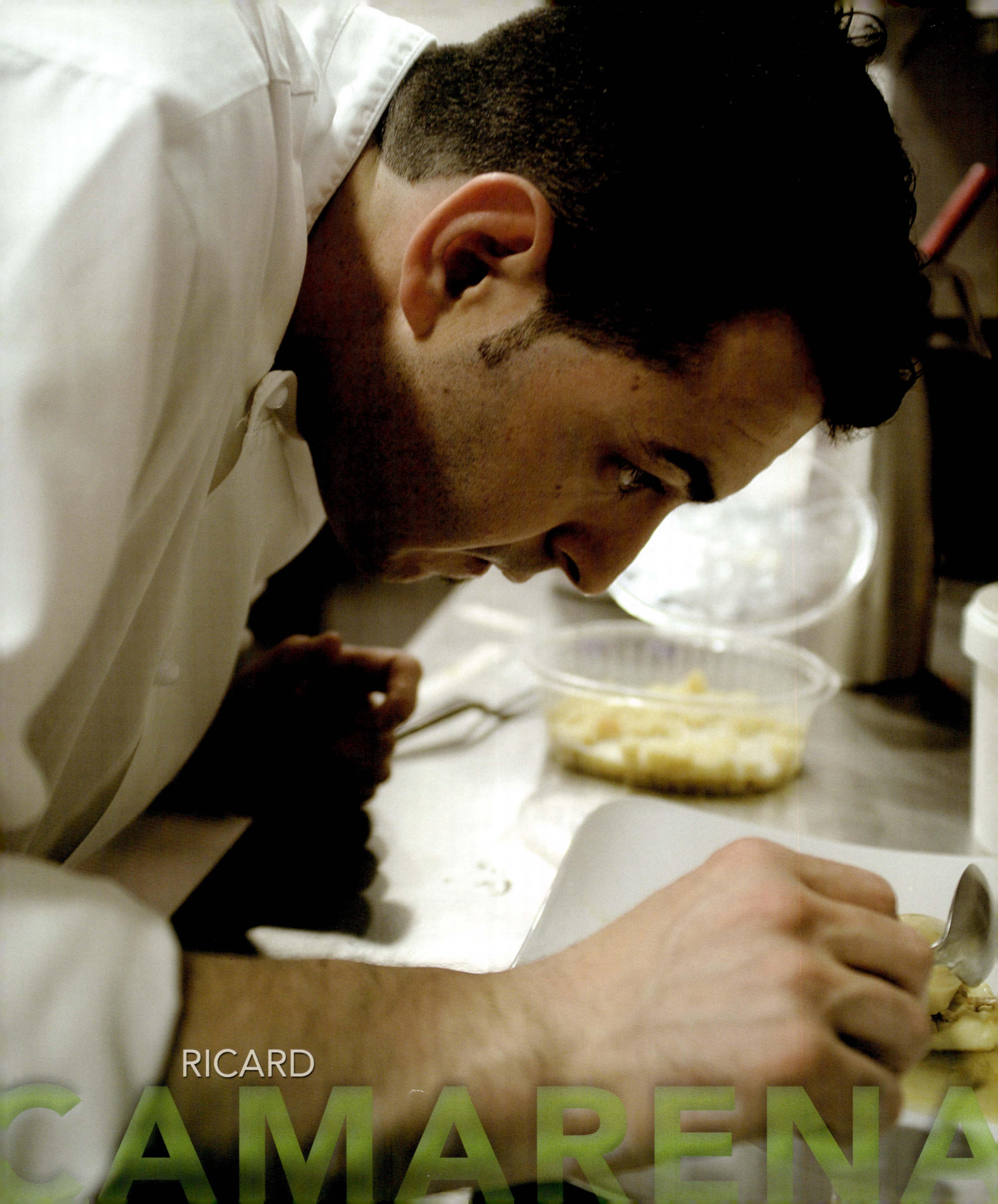
RICARD
CAMARENA

VIEIRA
con cacahuete, altramuces y fondillón

JAKOBSMUSCHEL
mit Erdnüssen, Lupinenkernen und Fondillón

ZUTATEN

(12 Personen)

Jakobsmuscheln: 12 Nüsse großer Jakobsmuscheln (jeweils ca. 50–60 g), Olivenöl **Erdnusseis:** 2 l Wasser, 500 g geröstete Erdnüsse, 80 g Glukose, 20 g Stabilisator, Salz **Lupinenkernluft:** 1 l Wasser, 700 g eingelegte Lupinenkerne, Lezithin **Fondillón-Creme:** 750 g Fondillón (Süßwein aus Alicante), 6 g Agar-Agar, 70 g Zucker **Weitere Zutaten:** Erdnüsse, klein gehackt (ca. 1 g pro Person), Olivenöl

ZUBEREITUNG

Jakobsmuscheln

Die Jakobsmuschelnüsse in Olivenöl einlegen und 10 Minuten an einem circa 55 °C warmen Ort ruhen lassen.

Erdnusseis

500 g Erdnüsse in das Wasser geben, pürieren und durch ein Sieb passieren. 125 ml dieser Wasser-Erdnuss-Mischung mit der Glukose und dem Stabilisator aufkochen. Dann den Rest dazugeben und das Ganze mit Salz abschmecken. Aufschlagen und in Pacojet-Behältern (siehe Seite 10) einfrieren.

Lupinenkernluft

Die Lupinenkerne in das Wasser geben, pürieren und durch ein Sieb passieren. Das Lezithin dazugeben und das Ganze mit dem elektrischen Rührstab mixen, bis die Masse zu »Luft« wird. 5 Minuten ruhen lassen.

Fondillón-Creme

Alle Zutaten verrühren. Aufkochen lassen, abkühlen und zu einer glatten, klümpchenfreien Creme (eine Art Gel) pürieren. In einer Dosierflasche aufbewahren.

DAS GERICHT FERTIG STELLEN

Die Jakobsmuschelnüsse kurz in der Pfanne wenden.

Die Jakobsmuschel neben einem Häufchen gehackter Erdnüsse auf dem Teller anrichten. Auf die gehackten Erdnüsse einen Esslöffel Erdnusseis und etwas Lupinenkernluft setzen. Abschließend mit der Fondillón-Creme und Olivenöl jeweils einen Streifen über die Jakobsmuschel ziehen.

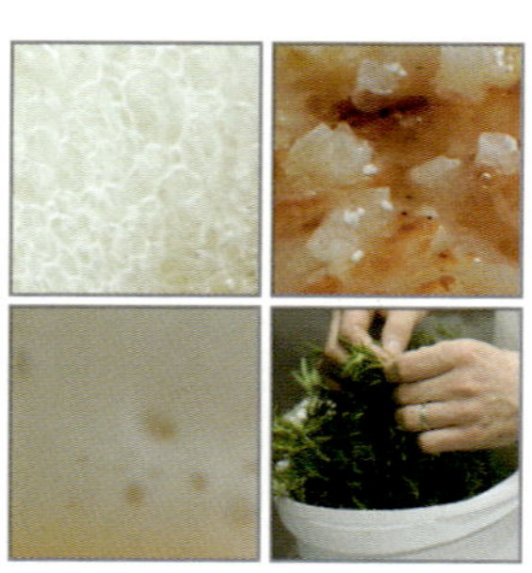

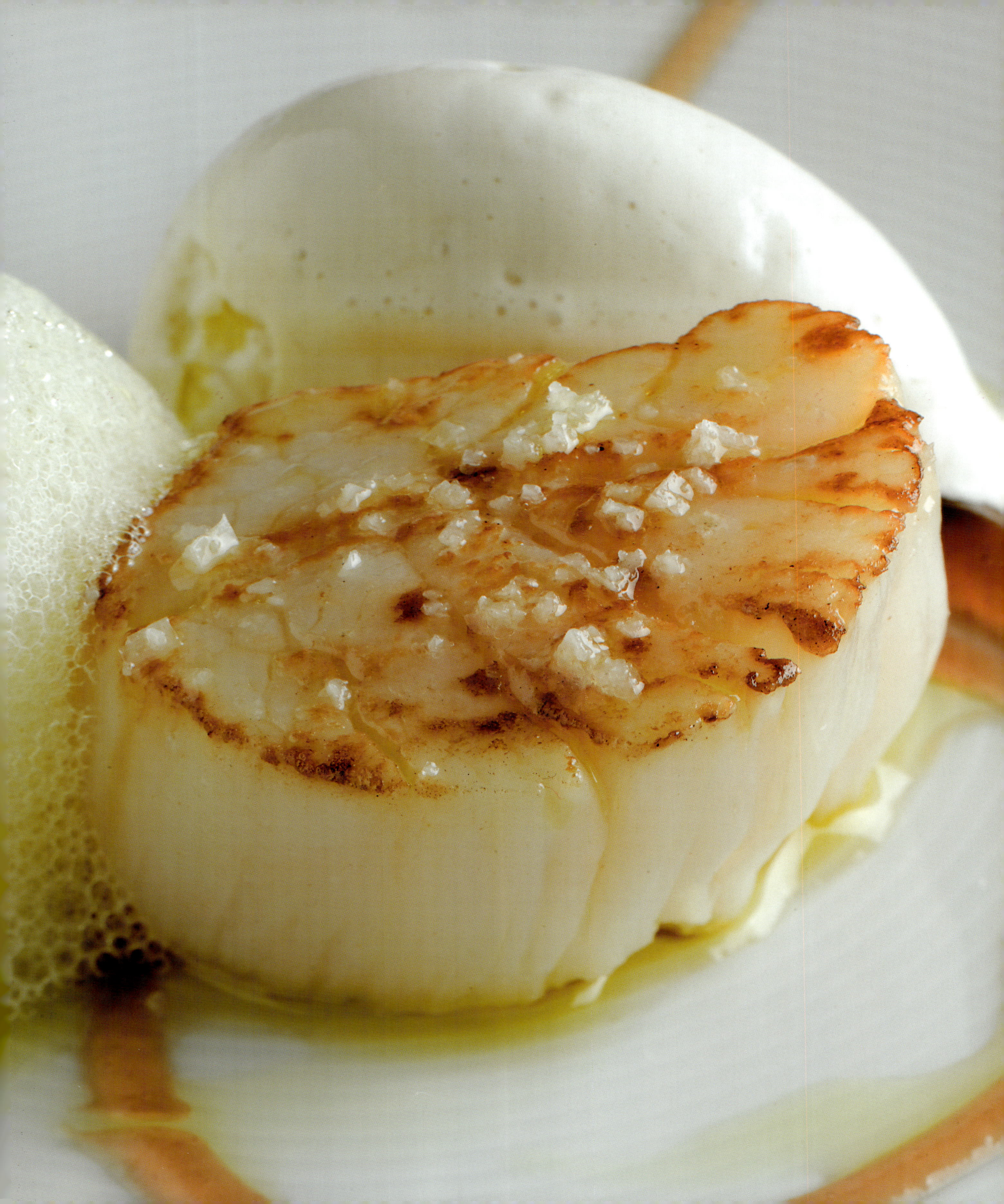

MERENGUE TEMPLADO DE MIEL DE ROMERO con cremoso limón y helado de almendras caramelizadas

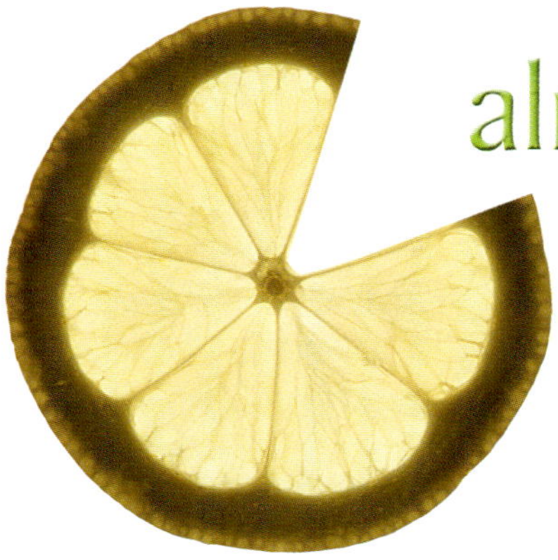

LAUWARME MERINGE AUS ROSMARINHONIG mit Zitronenmousse und Eis aus karamellisierten Mandeln

ZUTATEN

(12 Personen)

Lauwarme Meringe aus Rosmarinhonig: 250 g pasteurisiertes Eiweiß, 125 g Rosmarinhonig **Mandeleis:** 45 g karamellisierter Zucker, 25 g Invertzucker, 50 ml süße Sahne, 250 ml Milch, 75 g Mandelpaste **Zitronenmousse:** 135 g Eiweiß, 65 g Eigelb, 125 g Zucker, 160 ml Zitronensaft, abgeriebene Schale von 3 Zitronen, 300 g Butter **Brioche:** 500 g backstarkes Weizenmehl (hoher Kleberanteil), 12 g Salz, 60 g Zucker, 30 g Backpulver, 300 g Eier, 300 g Butter, Rosmarinsirup **Karamellisierte Oblaten:** hauchdünne Oblaten (1 Streifen pro Teller), Rosmarinsirup, abgeriebene Zitronenschale, gemahlener Zimt **Weitere Zutaten:** Würfel Turrón a la piedra (spanischer weißer Nougat), Rosmarinöl, Rosmarinblüte

ZUBEREITUNG

Lauwarme Meringe aus Rosmarinhonig

Alle Zutaten im Thermomix bei 50 °C mischen. Durch ein Sieb gießen und in den Siphon füllen. Im Roner (Niedertemperatur-Vakuumgargerät mit Wasserbad) bei 60 °C aufbewahren.

Mandeleis

Traditionellen Karamell herstellen. Dann den Invertzucker, die Sahne, die Milch und die Mandelpaste verrühren. Diese Mischung auf den Karamell gießen und aufkochen lassen. In der Sorbetmaschine gefrieren.

Zitronenmousse

Alle Zutaten bis auf die Butter aufkochen lassen und die Butter erst hineingeben, wenn die Temperatur auf 40 °C gesunken ist. Pürieren und erkaltet mit dem Rührgerät aufschlagen.

Brioche

Alle Zutaten mit Ausnahme der Butter im Thermomix bei mittlerer Geschwindigkeit mischen. Danach die gewürfelte Butter darunterkneten. Den Teig in eine Backform füllen und in der Kühlkammer 4 Stunden gehen lassen. Bei 165 °C 50 Minuten backen. Die Brioche in 1 cm große Würfel schneiden und mit dem Rosmarinsirup anfeuchten.

Karamellisierte Oblaten

Die Oblaten mit dem Rosmarinsirup bestreichen und Zimt und abgeriebene Zitronenschale darüberstreuen. Die Oblaten in Streifen schneiden und im Ofen trocknen.

DAS GERICHT FERTIG STELLEN

In die Tellermitte ein paar Briochewürfel und Turrón-Würfel geben. Daneben die Zitronenmousse mit einem Esslöffel Mandeleis obenauf anrichten. Auf die Briochewürfel und Turrón-Würfel die lauwarme Meringe aus Rosmarinhonig setzen. Mit einem karamellisierten Oblatenstreifen bekrönen und mit der Rosmarinblüte verzieren.

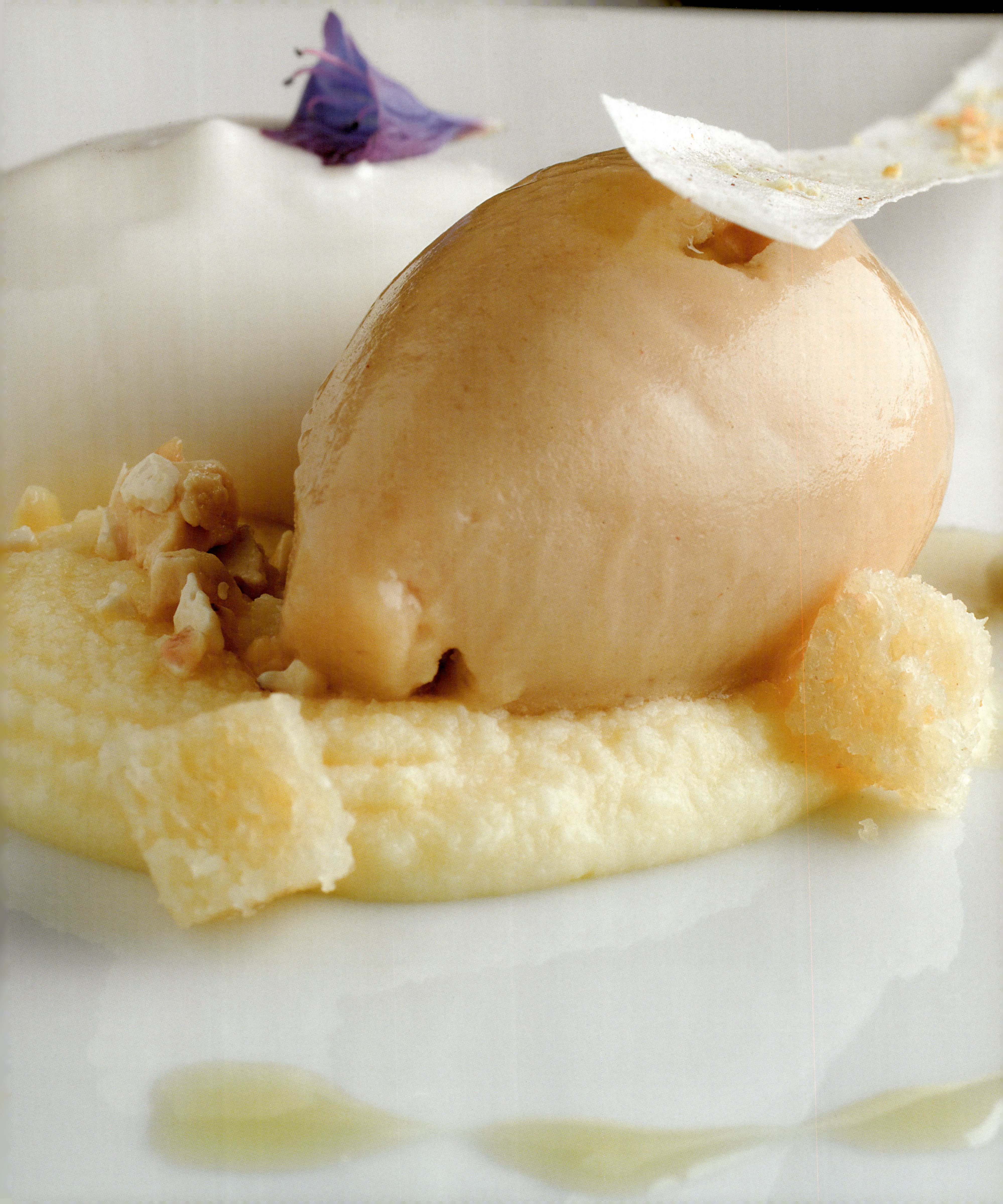

Im Jahre 2000 eröffnete Xosé Cannas gemeinsam mit seinem Bruder Xoan, der die Aufgaben des Sommeliers übernommen hat, das Restaurant Pepe Vieira. Nachdem beide ihre Ausbildung in verschiedenen Ländern abgeschlossen hatten, haben sie sich diesem Projekt voll und ganz verschrieben. Das Resultat ist ein Restaurant mit klar definiertem Charakter im Küstenort Sanjenjo in der galicischen Provinz Pontevedra.

Xosé ist ein Koch, der ständig auf der Suche nach einem eigenen kulinarischen Stil ist. Seine Ausbildung begann er in der Madrider Hotel- und Gastgewerbeschule und schloss sie in der Hotelfachschule von Santiago de Compostela ab. Dort war er nahe dem Küstenstreifen, zu dessen Traditionen er sich nicht zuletzt wegen seines Großvaters, eines galicischen Fischers, hingezogen fühlt.

Ein Loblied auf das alltägliche Essen der Galicier

Nachdem Xosé neue Erfahrungen in Ländern wie Großbritannien, Kanada und Frankreich gesammelt hatte, kam für ihn der Moment, sein eigenes Restaurant zu eröffnen. Dabei hat er sich einen Ansatz zu Eigen gemacht, der heute auch von Spitzenköchen wie Ferran Adrià rundheraus befürwortet wird: die Neuentdeckung jener Produkte, die von der Haute Cuisine im Allgemeinen eher stiefmütterlich behandelt werden. In diesem Sinne kann die Küche von Cannas als eine Aufwertung von Produkten wie Schweinefleisch oder Sardinen interpretiert werden. Sie sind fester Bestandteil der kulinarischen Volkskultur Galiciens und finden vielleicht gerade deshalb sehr oft nur geringe Beachtung bei den großen Köchen der Region.

Seine Philosophie hat zu einer ganz individuellen Linie geführt, mit der er wirklich alles, was das Meer und der Boden Galiciens ihm bieten, zum geschmacklichen und aromatischen Fundament seiner Gerichte macht. Nicht umsonst werden laut eigener Aussage 95 % der von ihm kreierten Gerichte aus einheimischen Produkten zubereitet. Dieser Maxime folgend sagt er: »In dem Versuch, mir selbst treu zu bleiben, nehme ich in meine Küche Elemente aus meiner Kindheit auf, Elemente aus der Küche meiner Mutter und meiner Großmutter, der Landschaft, meiner Umgebung, aus dem Hier und Jetzt, aus der Welt, in der ich lebe … Ich stelle sie neu zusammen und schaffe neue Formen, Texturen, Aromen und Geschmacksnoten, die der Widerhall ihrer ursprünglichen Substanz sind, eingekleidet in saubere, klare Formen.«

Geleitet von solchen Prinzipien sieht Xosé Cannas sich als Teil dieser neuen Generation galicischer Köche, die frischen Wind in die Haute Cuisine im Nordwesten Spaniens gebracht hat. Auslöser für derartige Neuerungen war unter anderem eine Veränderung des Führungsmodells in Restaurants wie dem seinen. Sie werden aus der Küche heraus von Köchen dirigiert, die in der Kunst des Kochens eine fundierte Ausbildung absolviert haben und die Fähigkeit besitzen, aufgrund ihres täglichen Umgangs mit dem Produkt eigene originelle Ideen zu entwickeln.

Heute steht Xosé Cannas nicht nur in der Küche, sondern er vermittelt sein Wissen auch anderen galicischen Köchen in der Hotelfachschule von Santiago, die er selbst einmal besuchte. Er hat inzwischen erkannt, dass die Hauptmotivation für seine Arbeit die Vermittlung der Geschmacksnuancen eines Produktes ist. Dabei versucht er, dem jeweiligen Produkt so treu wie möglich zu bleiben, ganz gleich, ob es aus dem Meer oder vom Lande kommt. Den in der galicischen Küche enorm wichtigen Meeresfrüchten zollt er den gebührenden Tribut, ohne sich auf sie zu beschränken. Man kann sagen, dass er sein Repertoire an Techniken vor allem dazu einsetzt, das von ihm persönlich ausgesuchte Rohmaterial so unversehrt wie möglich auf den Teller zu bringen.

Fügt man all diese Aspekte zusammen, entsteht das Bild einer außerordentlich modernen, vorurteilsfreien Küche, die derart fest in den Traditionen verwurzelt ist, dass sie ohne Scheu innovative Ideen integrieren kann. Kundschaft und Kritiker honorieren dies auch: Zum einen ist das Restaurant immer gut mit Gästen gefüllt, die sich von Cannas in die reiche Geschmackswelt Galiciens entführen lassen wollen, und zum anderen wurde Cannas mit Auszeichnungen wie dem ersten Preis bei der galicischen Meisterschaft der Berufsköche 2001 geehrt.

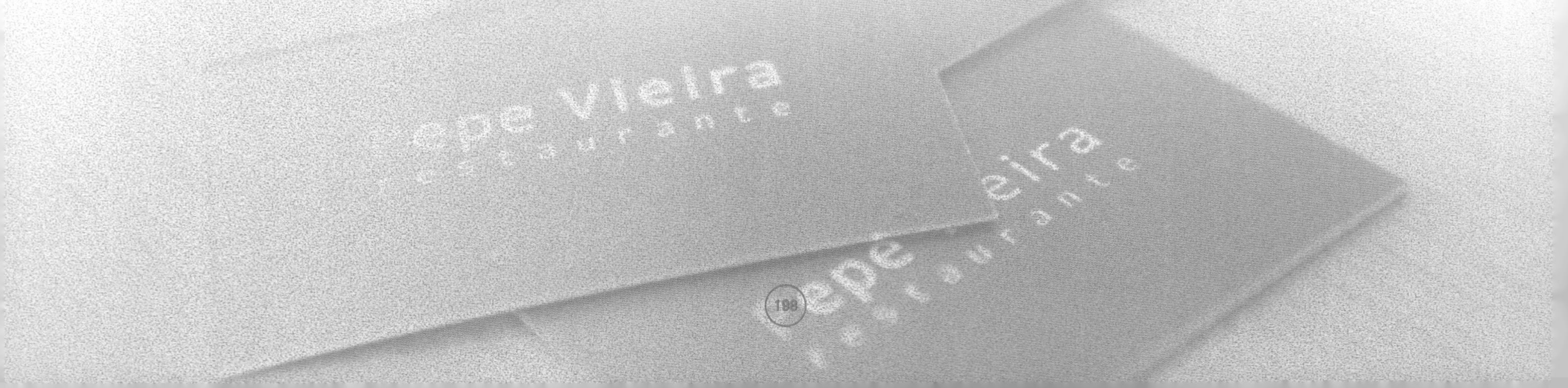

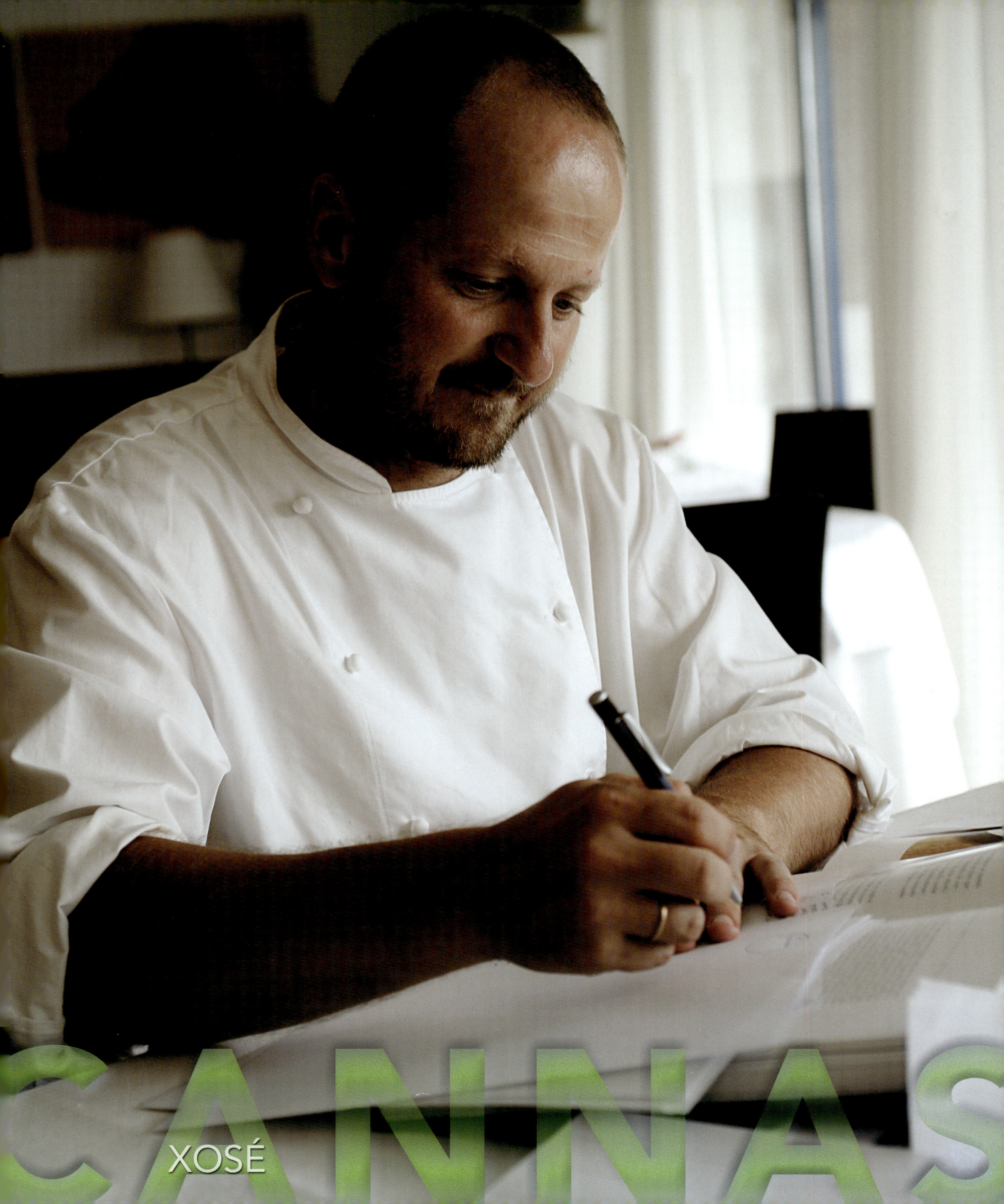

XOSÉ CANNAS

BACALAO
con ajada, cachucha y guisantes y fabas lobas

KABELJAU
mit Ajada*, Schweinskopf, Erbsen und Dicken Bohnen

ZUTATEN

(4 Personen)

Ajada: 1 Knoblauchknolle, 100 ml Olivenöl (0,4 ° Säure), Pimentón de La Vera dulce (geräuchertes süßes Paprikapulver), 1 Schuss Rotweinessig
Kabeljau: 4 Kabeljaufilets (je 100 g) **Schweinskopf:** 1 gepökelter Schweinskopf, entsalzen
Erbsen und Dicke Bohnen: Frische Erbsen und Dicke Bohnen in ausreichender Menge

ZUBEREITUNG

Ajada

Die leicht zerdrückten Knoblauchzehen im Öl anbraten, bis sie sich zu verfärben beginnen. Die Pfanne vom Herd nehmen und den Knoblauch herausnehmen. Den Pimentón und einen Schuss Essig in das Öl geben. Ruhen lassen, bis sich die festen Bestandteile absetzen, und dann das Öl vorsichtig abgießen.

Kabeljau

Den Kabeljau säubern, die Gräten herausnehmen und aus den Filets kleine Röllchen formen. Im Dampfbackofen sanft garen, bis die Temperatur 45 °C erreicht.

Schweinskopf

Den Schweinskopf in Wasser garen, bis er weich ist. Das Fleisch auslösen und als kleine Röllchen in Klarsichtfolie wickeln.

Erbsen und Dicke Bohnen

Die Erbsen und Dicken Bohnen schälen und in Salzwasser garen.

DAS GERICHT FERTIG STELLEN

Das Fleisch vom Schweinskopf kurz vor dem Servieren wieder erhitzen.
Einen Teller mit etwas Pimentón bestreuen und darauf den Schweinskopf anrichten. Obenauf den Kabeljau mit den Erbsen und Dicken Bohnen platzieren. Die Ajada darüberträufeln.

---

*eine in ganz Spanien bekannte, aus Galicien stammende einfache Sauce mit Knoblauch, Öl und Paprikapulver als Grundzutaten.

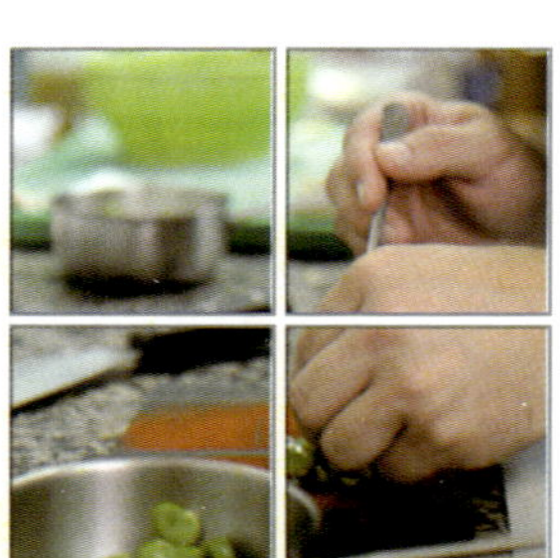

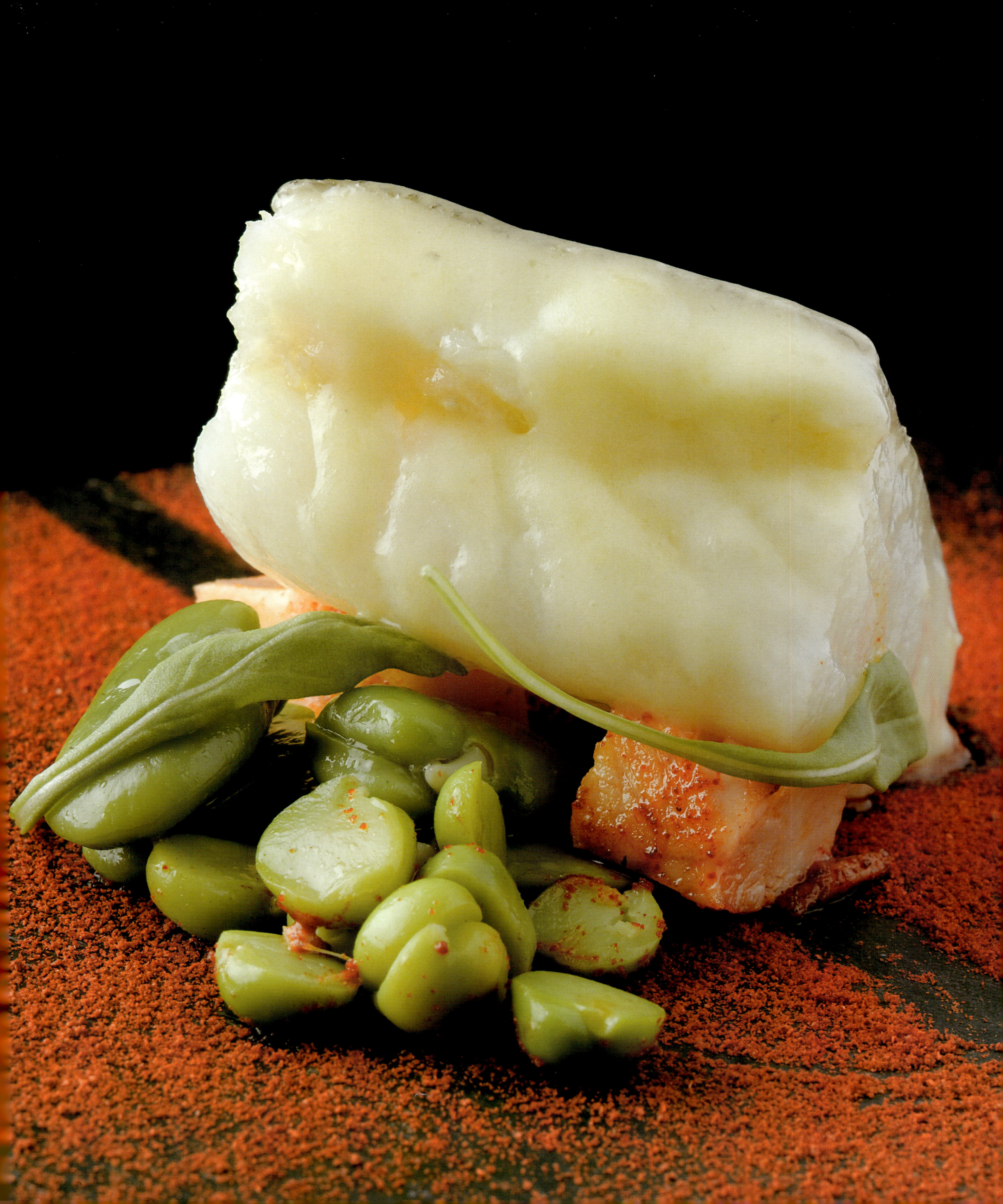

MEJILLÓN EN ESCABECHE DE MANDARINA y nitro-compota helada de manzana

MIESMUSCHEL IN MANDARINENMARINADE mit gefrorenem Stickstoff-Apfelkompott

ZUTATEN

(4 Personen)

Gefrorenes Apfelkompott: 2 Äpfel, Butter, 50 g Zucker, 100 ml Apfelsaft, flüssiger Stickstoff **Mandarinen-Reduktion:** Schale von 4 Mandarinen, Saft von 4 Mandarinen, Zucker nach Geschmack **Zitrusfruchtessig-Reduktion:** 1 l Sherry-Essig, Zitrusfrüchteschalen (Mandarinen) in ausreichender Menge **Marinade:** Mandarinenschalen in ausreichender Menge, 1 Zwiebel, 100 ml Sonnenblumenöl, 1 Stange Zimt, Salz, schwarzer Pfeffer, Piment, 100 ml Cidre-Essig, 1 EL Schnittlauchröllchen, 4 Miesmuscheln

ZUBEREITUNG

Gefrorenes Apfelkompott

Eis: Die Äpfel, die Butter und den Zucker in einen Vakuumbeutel geben und im Wasserbad 20 Minuten bei 80 °C (im Roner, siehe Seite 10) garen. Abkühlen und einfrieren. Die gefrorene Mischung pürieren. **Apfelperlen (mit flüssigem Stickstoff behandelt):** Eine Plastikpipette mit dem Apfelsaft füllen und tropfenweise in den flüssigen Stickstoff fallen lassen. Wenn sich die Perlen gebildet haben, diese mit dem Schaumlöffel herausschöpfen. Gefroren aufbewahren.

Mandarinen-Reduktion

Die Mandarinen dünn schälen und die Schalen beiseite legen. Den Mandarinensaft auf 90 % der ursprünglichen Menge einkochen und im letzten Moment den Zucker hineinrühren. Abkühlen und beiseite stellen.

Zitrusfruchtessig-Reduktion

Den Essig mit der Hälfte der zuvor beiseite gelegten Mandarinenschalen mischen. Auf die gewünschte Konsistenz einkochen.

Marinade

Die Mandarinenschalen drei Mal in Wasser blanchieren. Die Zwiebel mit einem Teil des Sonnenblumenöls kurz sautieren und die Mandarinenschalen dazugeben. Das restliche Öl, alle Gewürze, den Cidre-Essig und den Schnittlauch hinzufügen. 2 Stunden marinieren lassen. In der Zwischenzeit die Miesmuscheln blanchieren und abkühlen lassen. Zusammen mit der Marinade in einem zu 99 % vakuumierten Beutel 8 Minuten bei 50 °C garen.

DAS GERICHT FERTIG STELLEN

Auf einem Teller die marinierte Miesmuschel mit dem gefrorenen Apfelkompott (das Eis und die Perlen) anrichten und mit der Mandarinen-Reduktion und der Zitrusfruchtessig-Reduktion hübsch beträufeln.

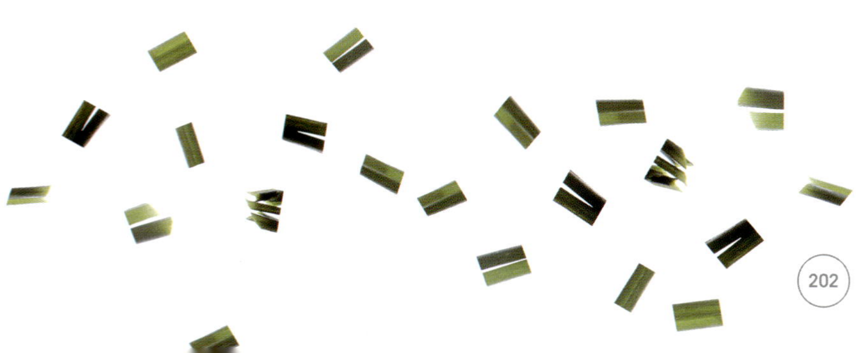

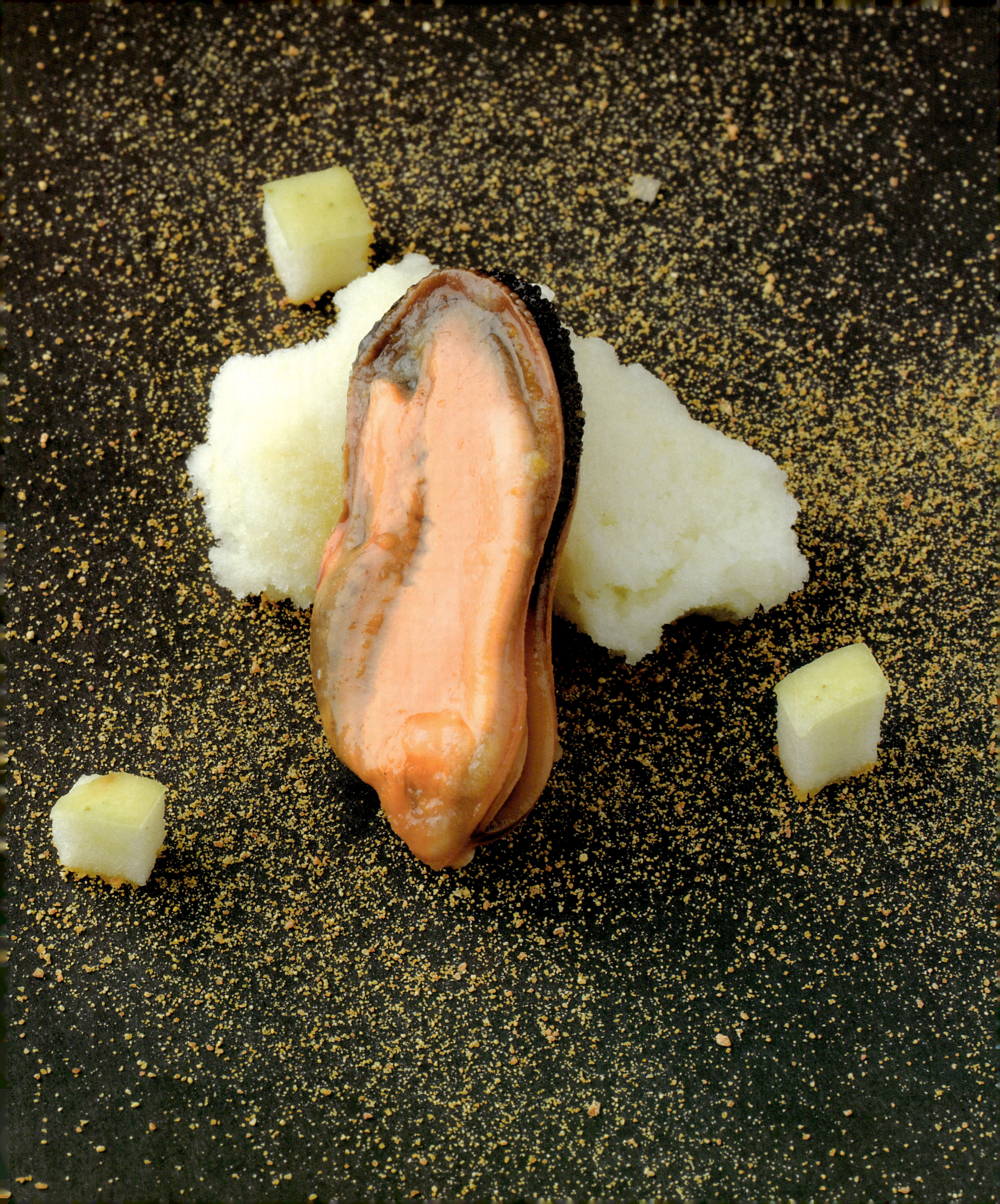

Küchenvirtuose aus der Extremadura

In natürlicher Harmonie stehen in Mérida, der Hauptstadt der Extremadura, ultramoderne Brücken und Gebäude Seite an Seite mit Aquädukten, Theatern und Stadtpalästen aus der Römerzeit. Vielleicht ist es gerade deshalb der richtige Ort für ein Restaurant wie das Altaïr, das die extremenische Gastronomie, von Jungkoch Ramón Caso an die Hand genommen, in die Avantgarde führt. Eklektisch, innovativ und ästhetisch – mit diesen Hauptmerkmalen öffnet die Speisekarte seines Restaurants das Tor zur Modernität, ohne dabei die Geschmacksnoten und die Produkte zu vergessen, die aus der Region Extremadura eines der einzigartigsten und reichhaltigsten gastronomischen Paradiese Spaniens machen.

In gewisser Hinsicht könnte man sagen, dass Ramóns Kochkunst für eine weiterentwickelte regionale Küche steht, die auf kurzen Verarbeitungsschritten und auf Qualität der für die Speisen verwendeten Rohmaterialien basiert. Sie versucht niemanden zu beeindrucken. Vielmehr sollen Gäste, die ein Gericht wie Kaninchenschlegel mit Datteln, Salbei und schwarzen geschmorten Bohnen probieren, beim Verlassen des Lokals die Aromen, Geschmacksnoten und speziellen Texturen dieses Tieres und dessen natürlichen Lebensraums in ihrer Erinnerung mitnehmen. Die Natur ist weise und folgt in diesem Punkt einer unerbittlichen Logik. Am besten lassen sich nämlich diejenigen Aromen und Geschmacksnoten mit einem bestimmten Produkt kombinieren, die es schon umgeben haben, bevor es in die Hände des Kochs gelangt ist. In diesem Sinne stellen die beweideten Eichenhaine der Extremadura einen unerschöpflichen organoleptischen Reichtum dar, den Ramón aufs Feinste für seine exzellenten Gerichte zu nutzen weiß, die er ausschließlich mit Produkten aus dieser Region zubereitet. Die exquisitesten und beliebtesten dieser Speisen sind seine Gerichte mit Fleisch vom Retinto-Rind, vom Iberischen Schwein und vom Lamm. Sie übertreffen sogar bei Weitem die Fischgerichte, obwohl es auch Stimmen gibt, die behaupten, dass die solide Ausbildung und die Eleganz dieses Kochs darin am besten zum Ausdruck kommen.

Ramón Caso selbst sieht es folgendermaßen: »Bei uns stehen der Geschmack und die produktspezifische Zubereitung des jeweiligen Nahrungsmittels im Mittelpunkt. Wir schauen uns das Stück an und es sagt uns dann, was es braucht. Das Produkt soll seinen ureigenen Charakter behalten und wird lediglich mit seinen natürlichen Zusätzen verfeinert. Nehmen wir zum Beispiel ein Lammkarree mit Thymian, gebraten in seinem eigenen Saft aus Knochen, Fett und Brieschen. Wir wandeln die Rohstoffe nicht um, sondern setzen alles daran, dass sie so wenig wie möglich von ihrem Charakter verlieren.«

Ramón Caso und seine kulinarische Philosophie wären kaum verständlich, würde man sich seine Ausbildung im Atrio bei Toño Pérez nicht genauer ansehen. Von ihm hat er eine Art des Kochens gelernt, die beide derzeit in ihren Küchen praktizieren. Im Grunde genommen ist alles ganz einfach. Neben der bereits erwähnten, fast schon ehrfürchtigen Achtung vor der Qualität des Rohmaterials steht eine ausgefeilte Technik, die eine komplexe Zubereitung der Produkte ermöglicht und es gleichzeitig erlaubt, dem Gast ein einfaches, auf das Wesentliche reduziertes und in sich harmonisches Gericht zu servieren.

Der Einfluss des Atrio auf Ramón Caso zeigt sich auch bei seinem allgemeinen Verständnis vom Restaurant. Für ihn ist die Küche der Dreh- und Angelpunkt in einem gastronomischen Betrieb, auf den alle anderen Arbeitsbereiche perfekt abgestimmt sind, um dem Gast so ein rundherum zufriedenstellendes Erlebnis zu bieten. Ebenso wie der für den Service und den Wein verantwortliche José Antonio Polo nicht aus dem Atrio wegzudenken ist, ist Juan de Mayoralgo im Altaïr unabkömmlich. Er ist Partner, Kollege und Vertrauter von Ramón Caso seit den Anfängen des Restaurants, als beide sich mit Pérez und Polo zusammentaten, um sich auf dieses gastronomische Abenteuer in Mérida einzulassen, das zu beneidenswerten Ergebnissen geführt hat. Sowohl Ramón Caso als auch Juan de Mayoralgo absolvierten ihre praktische Lehrzeit im Restaurant Atrio in Cáceres. Caso hatte seine Leidenschaft für das Kochen durch die Konditorei im Haus seiner Eltern entdeckt. Als Jugendlicher arbeitete er dort als Auslieferer, bis er kurze Zeit später einige Intensivkurse im Kochen belegte, denen einige Praktika in extremenischen Restaurants wie dem Aldebarán und dem Palacio de los Golfines folgten, bevor er 1994 anfing, im Atrio zu arbeiten. Dort wurde er zu dem großen Koch, den wir heute kennen: kreativ, verliebt in die Vielfalt der Geschmacksnoten seiner Heimatregion und treuer Anhänger der Marktküche.

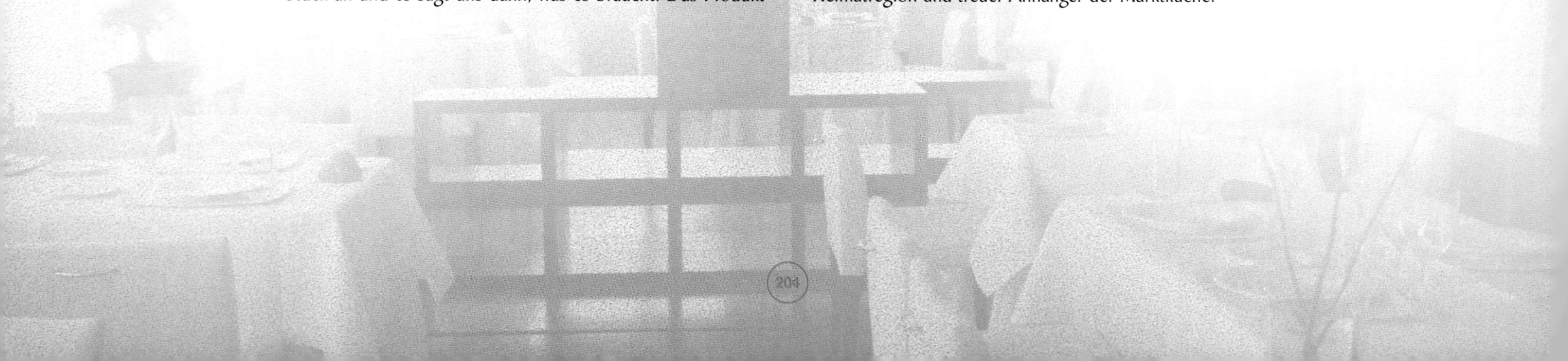

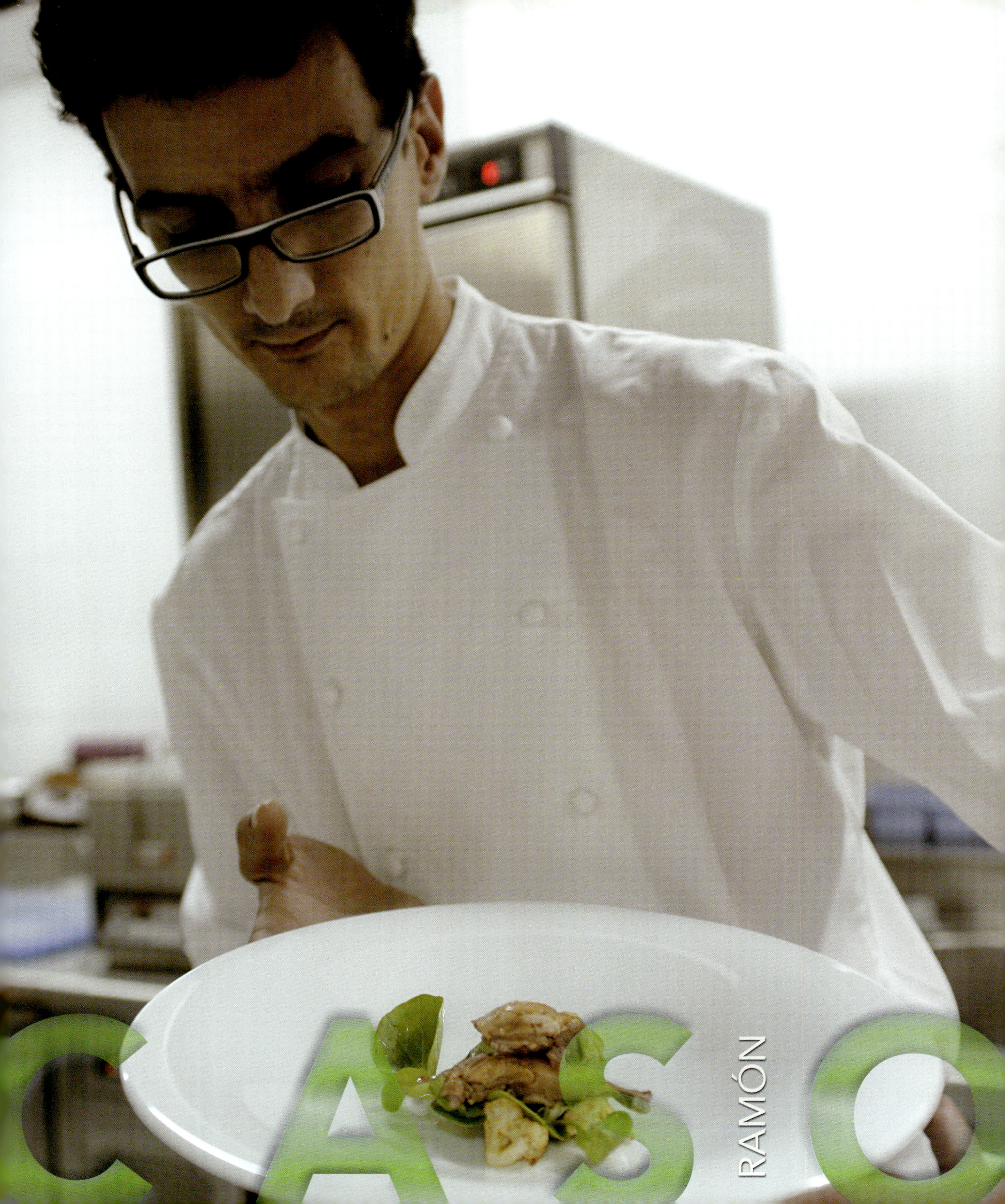
RAMÓN
CASO

CODORNIZ EN CONSUMADO

WACHTEL IN CONSOMMÉ

ZUTATEN

(4 Personen)

Wachtel: 4 Wachteln, 30 g Schmalz vom Iberischen Schwein, 4 Kardamomsamen, Salz und schwarze Pfefferkörner **Consommé:** 1 Geflügelkarkasse, 2 Stangen Lauch, 2 Stangen Bleichsellerie, 4 Möhren, abgeriebene Schale von 1 Limette, 200 g Foie gras, Salz und Pfeffer **Blumenkohl:** ½ Blumenkohl **Weitere Zutaten:** Junge Salatblättchen: Rauke, Brunnenkresse, Mizuma, Saft von 1 Limette, Olivenöl, Wasser

ZUBEREITUNG

Wachteln

Jede Wachtel innen gut säubern und Hals und Füße abschneiden. Die Wachtel mit einem nussgroßen Stück Schmalz, dem Kardamom, dem Salz und den Pfefferkörner in einen Vakuumbeutel geben und vakuumieren. 2 Stunden ruhen lassen und dann im Dampfbackofen bei 70 °C 4 Stunden garen.

Consommé

Aus der Geflügelkarkasse und dem Gemüse eine Consommé bereiten. Einkochen lassen, salzen und durch ein Sieb gießen. Die Foie gras und die abgeriebene Limettenschale hineingeben und kräftig schlagen. Mit Salz und Pfeffer abschmecken.

Blumenkohl

Den Blumenkohl in Wasser mit Limettensaft garen und dann in Olivenöl braten.

DAS GERICHT FERTIG STELLEN

Jede Wachtel entbeinen und einige Minuten gratinieren, bis sie außen goldbraun und knusprig ist.
Auf einem tiefen Teller den gebratenen Blumenkohl und die Salatblättchen verteilen. Darauf die gebratene Wachtel anrichten.
Die lauwarme Consommé als Beilage servieren.

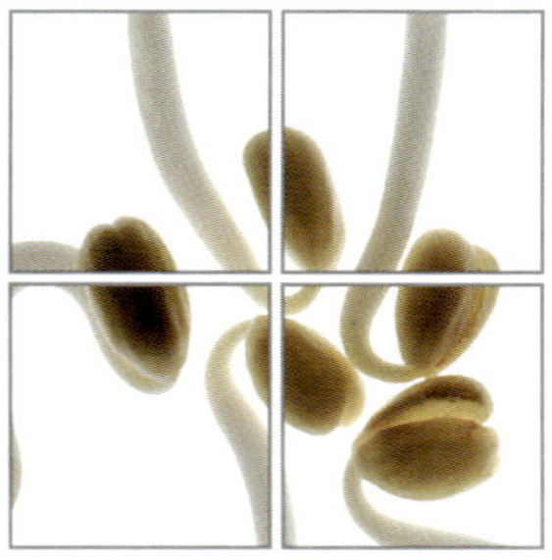

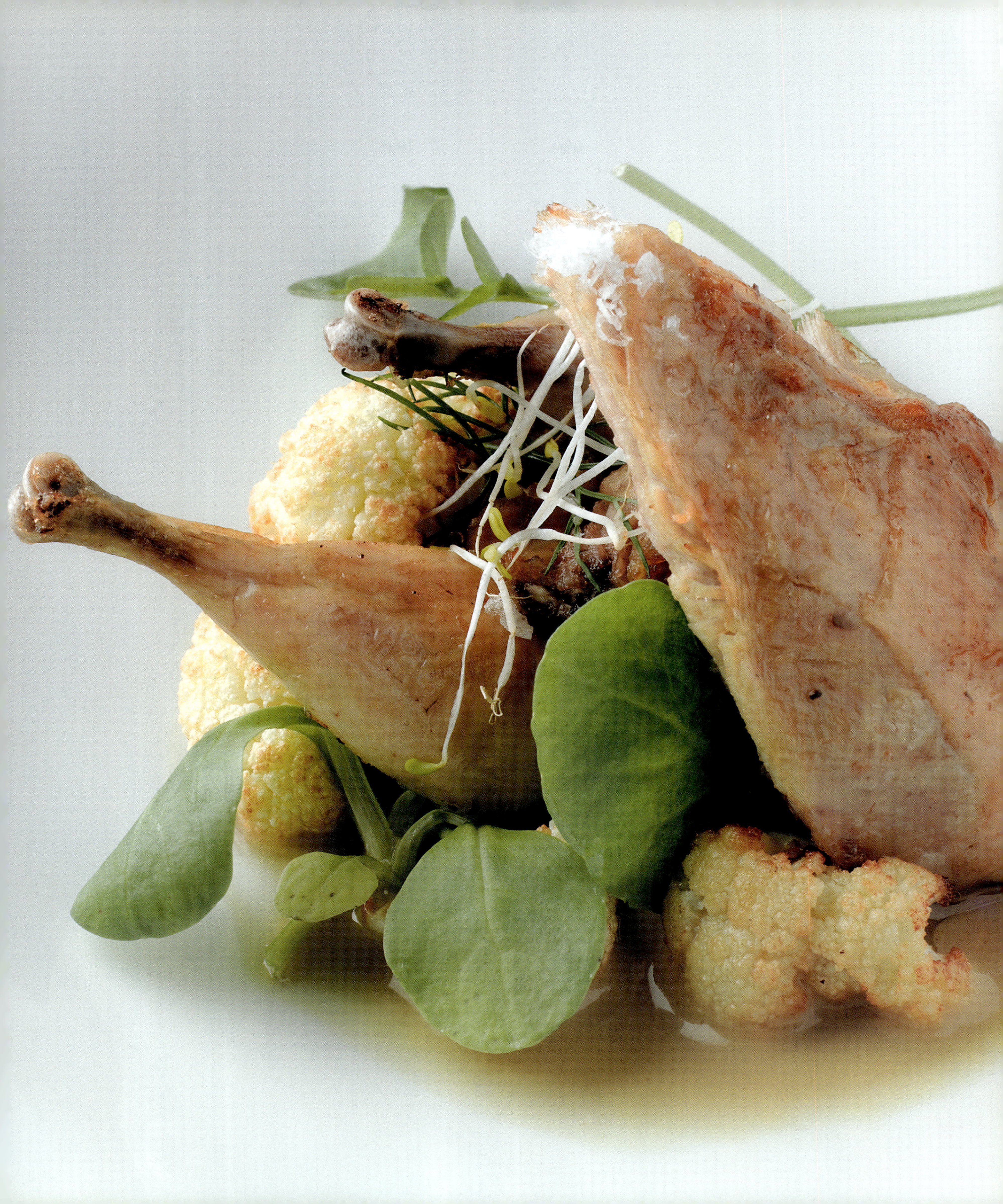

UVA MOSCATEL HELADA
con zanahorias

GEFRORENE MUSKATELLERTRAUBE
mit Möhren

ZUTATEN

(4 Personen)

Traubensaft: 500 ml Muskatellertraubensaft, 25 g Invertzucker, 2 Eiweiße **Möhrensaft:** 500 ml Möhrensaft, 50 g Glukose, 2 Blatt Gelatine, ein paar Tropfen Zitronensaft, Salz und Pfeffer **Kakao:** 100 g Schokolade (70% Kakao), 50 ml süße Sahne **Kuchenboden:** 300 g Mandelmehl, 300 g Zucker, 5 Eier, 150 g Butter, 30 g Mehl, 100 g Trockenobst, klein geschnitten und in Muskatellerwein eingeweicht (Aprikosen, Feigen, Pflaumen und Rosinen)

ZUBEREITUNG

Traubensaft

Den Muskatellertraubensaft mit dem Invertzucker erwärmen und wieder erkalten lassen. Mit den Eiweißen vermischen und in die Eismaschine geben.

Möhrensaft

Den Möhrensaft mit der Glukose erwärmen. Die Gelatine in der Mischung auflösen und ein paar Tropfen Zitrone hinzufügen. Salzen und pfeffern. Kühl aufbewahren.

Kakao

Die Schokolade schmelzen, bis sie flüssig ist, und die kalte Sahne unterrühren. Bei 25 °C aufbewahren.

Kuchenboden

Die Eier mit dem Zucker schlagen. Die Butter zerlassen, das abgetropfte Trockenobst hineingeben und beides dann unter die Eier-Zucker-Mischung rühren. Die beiden Mehlsorten dazugeben. Den Teig in eine Backform füllen und den Kuchen bei 165 °C 55 Minuten backen. Etwa 2 Stunden abkühlen lassen. In Portionen schneiden.

DAS GERICHT FERTIG STELLEN

Auf jede Portion Kuchen einen Esslöffel Kakao mit ein paar Maldonsalzkörnchen und einen Esslöffel gefrorenen Muskatellertraubensaft geben. Dazu den Möhrensaft reichen.

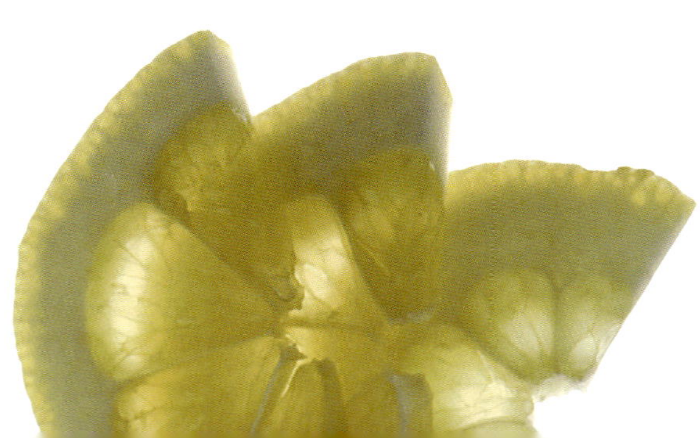

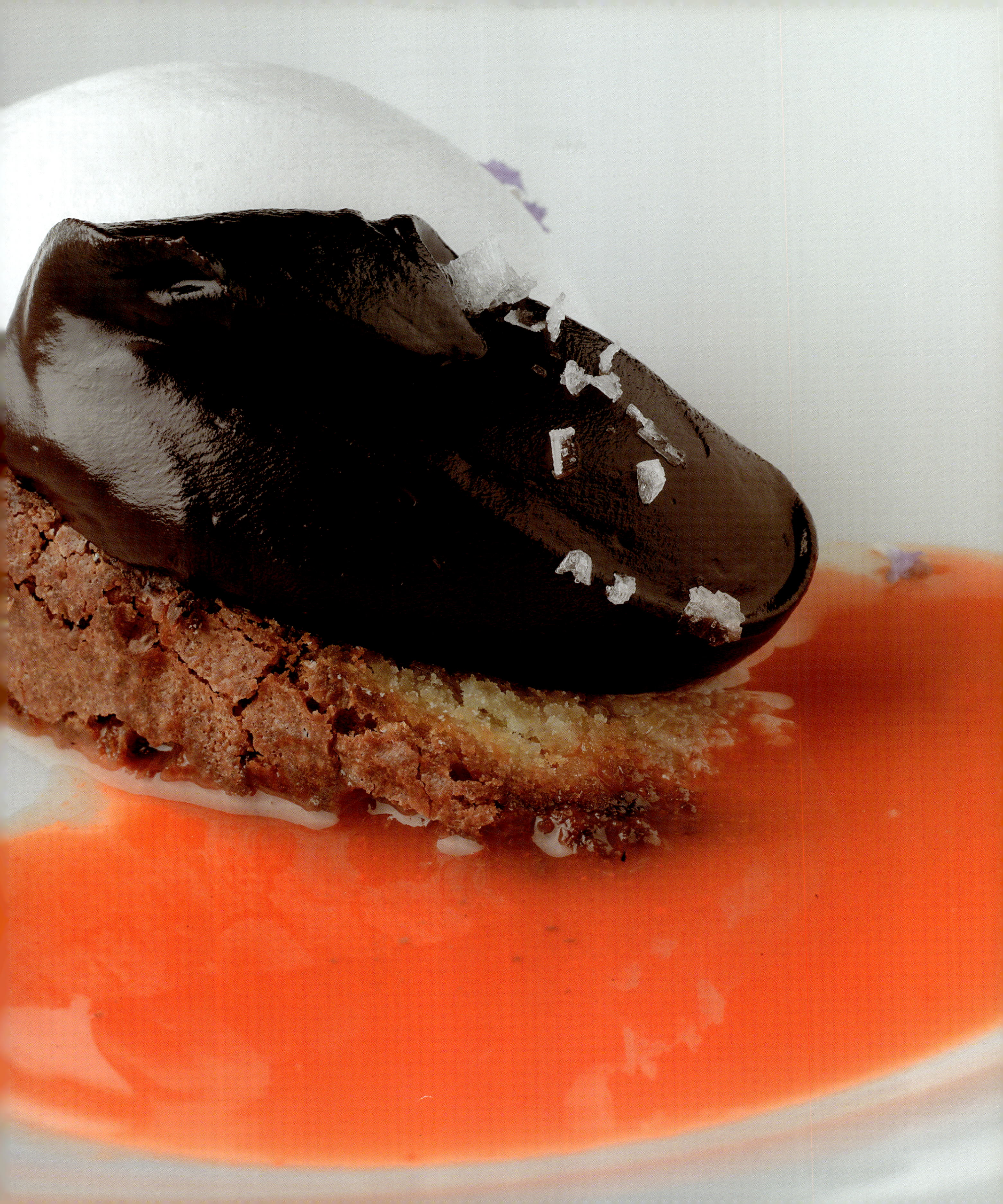

Modernität ohne schrille Töne

Joaquín Felipe ist Küchenchef des Restaurants Europa im Hotel Villa Real und des Restaurants Europa Decó im Hotel Urban, die beide zu der renommierten Derby-Hotelkette gehören und kaum 100 Meter voneinander entfernt mitten im Herzen Madrids gleich neben dem Parlamentsgebäude liegen.

Der bisherige Werdegang dieses Kochs, der jung genug ist, um einen Platz unter den großen Meisterköchen anzustreben, ist ein Zusammenspiel verschiedener Faktoren: eine gewisse Dosis familiärer »Vorbelastung« gepaart mit persönlicher Neugier, die ihn dazu trieb, so viele Küchen und Köche wie nur möglich kennen zu lernen, und eine geradezu schicksalhafte Berufung, die aus der Kochkunst die Leidenschaft seines Lebens gemacht hat.

Als Sohn einer Profiköchin und als Neffe von Jesús de Felipe, dem ehemaligen Direktor der staatlichen Hotelkette Paradores und leidenschaftlichen Gourmet, verwundert es nicht, dass er sich für die Kochlaufbahn entschied und dafür eine Ausbildung an der Hotelfachschule in Casa de Campo, Madrid, begann, die er jedoch nie zu Ende brachte. An der Schule hielt er es gerade mal zwei Jahre aus; bei Luis Irízar, dem damaligen Besitzer des mit einem Michelin-Stern ausgezeichneten Restaurants Euskaletxea in Madrid, der, wie Felipe gern bescheinigt, sein wichtigster Lehrmeister war, arbeitete er dagegen sieben Jahre lang. Als Irízar Madrid den Rücken kehrte, arbeitete Felipe zunächst zusammen mit seiner Mutter in einem Hotel und danach im Restaurant Príncipe y Serrano, wo er als Koch für die Fischgerichte zuständig war. Nachdem er eine Zeit lang ein eigenes Restaurant geführt hatte, setzte er seinen Weg fort, indem er zunächst für die Restaurantkette Paradis und danach für das El Chaflán, die Ikone des Minimalismus unter den Restaurants der spanischen Hauptstadt, arbeitete.

In der Küche des Restaurants Europa im Hotel Villa Real kam er schließlich zur Ruhe. Hier etablierte er sich als Profikoch, schuf die Grundlagen für seine eigene Küche und fand seinen persönlichen Stil, den er nach der Eröffnung des exklusiven Hotels Urban im Jahr 2005 auch auf die Küche des Europa Decó ausdehnte.

Joaquín Felipes Küche ist leicht, legt Wert auf Qualität, den letzten Schliff am Produkt und darauf, dass jedes einzelne Detail wahrnehmbar ist, und vermeidet unter allen Umständen die künstliche Überlagerung der verschiedenen Komponenten eines Gerichts. Felipes Stil ist zeitgenössisch, was darin zum Ausdruck kommt, dass es ihm mit technischer Virtuosität gelingt, Geschmack, Textur und Farbe des jeweiligen Produkts zu bewahren. Seine Zubereitungen – insbesondere die Fischgerichte – denn Felipe ist ein Meister des Kurzgegarten, an der Grenze zur Perfektion – zeichnen sich immer durch dieses gewisse leichte Etwas aus und sind völlig frei von schrill-gekünstelten Tönen. Diese Leichtigkeit begleitet den Gast beim Verlassen des Lokals als zarter Nachhall der natürlichen Geschmacksnuancen eines erstklassigen Produkts, das stets mit der Sorgfalt behandelt wird, die es verdient. Als überzeugter Verfechter der Marktküche, immer auf der Jagd nach den typischen Produkten der jeweiligen Jahreszeit, macht Joaquín Felipe mit seinen Saisonmenüs Schule.

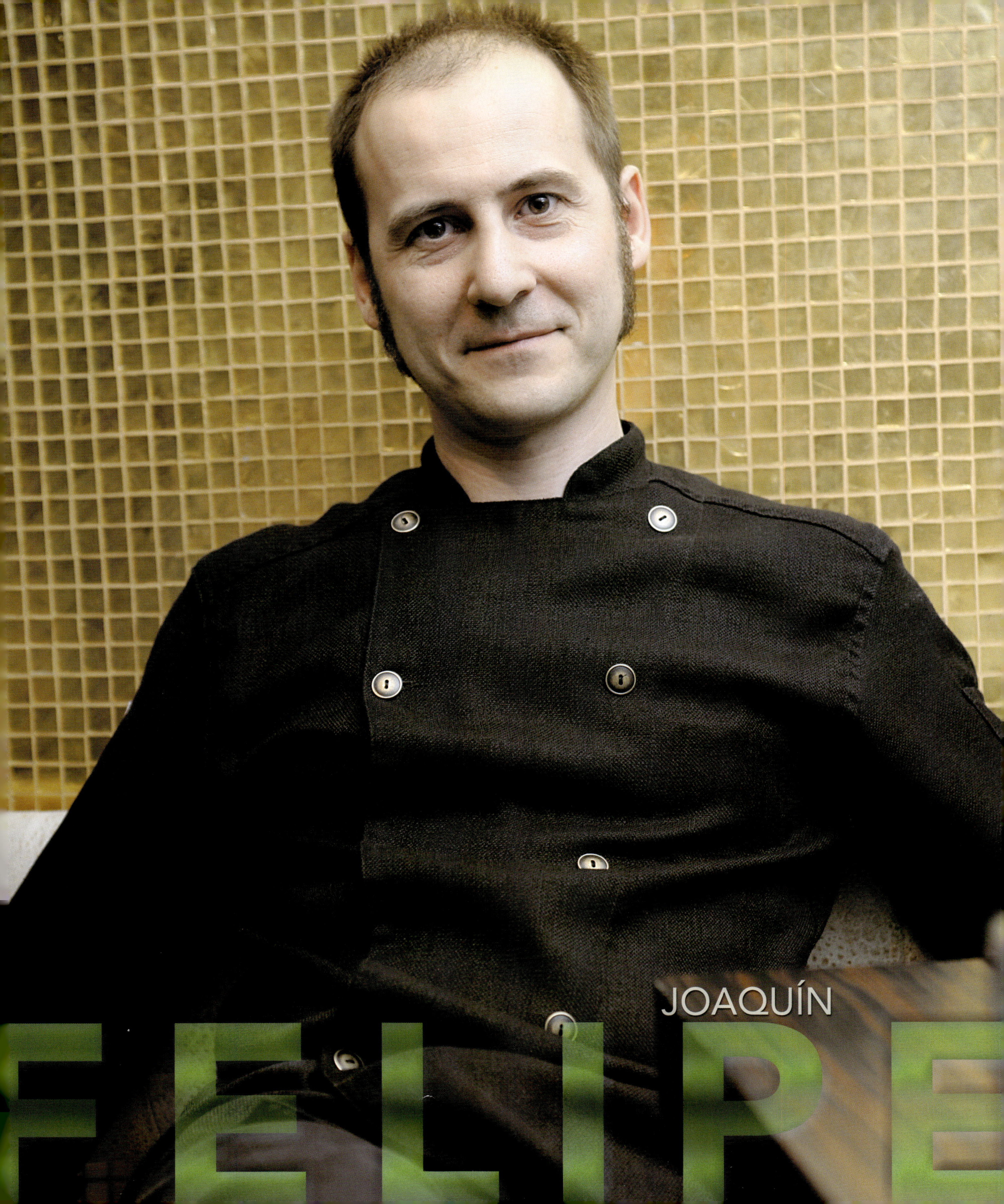
JOAQUÍN
FELIPE

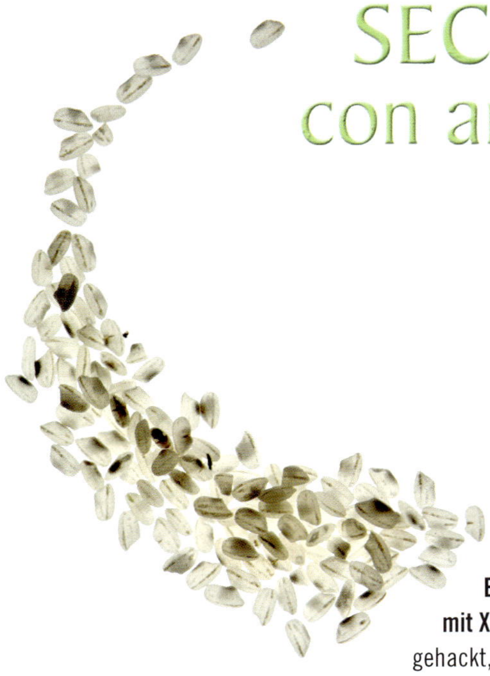

SECRETO DE IBÉRICO con arroz de matanza al xoco-pili

SECRETO vom IBERICO-SCHWEIN auf Schlachtreis mit Xocopili

ZUTATEN

(6–8 Personen)

Secreto*: 1 kg Secreto vom Iberischen Schwein, Salz, Pfeffer **Buche****: 200 g Buche **Steinpilzbrühe:** 2 l Wasser, 1 kg Steinpilze **Schlachtreis mit Xocopili:** 300 g reifer Manchego-Käse, gerieben, 50 g Butter, 300 g Zwiebel, sehr fein gehackt, 200 g Strauchtomaten, enthäutet, Samen entfernt, gehackt, 500 g Bomba-Reis (exquisiter, sehr festkörniger Reis), 12 Kugeln Xocopili*** **Sonstige Zutaten:** Salz, Pfeffer, 100 ml natives Olivenöl extra

ZUBEREITUNG

Secreto

Fleisch salzen, pfeffern und in Frischhaltefolie einwickeln. Vakuumverpacken und bei 65 °C 12 Stunden garen. Im Schockfroster herunterkühlen und beiseite stellen.

Buche

Das Buche vakuumverpacken und im Dampfgarer bei 65 °C 12 Stunden garen. Im Schockfroster herunterkühlen. Das fertig gegarte Buche aus dem Vakuumbeutel herausnehmen, mit den Fingern zerkrümeln und dabei die Knochen entfernen. Wie Brotkrumen hacken.

Steinpilzbrühe

Das Wasser mit den Steinpilzen aufkochen und auf kleinster Flamme köcheln lassen, bis das Wasser den Pilzgeschmack völlig aufgenommen hat.

Schlachtreis mit Xocopili und Käseplätzchen

Die Butter zerlassen und mit 50 g geriebenem Käse verschmelzen, bis eine dicke Creme entsteht. Beiseite stellen. **Käseplätzchen:** Mit dem restlichen geriebenen Käse auf einer Silpat-Matte Kreise formen; mit einer zweiten Silpat-Matte abdecken und im Backofen bei 160 °C rösten, bis die Plätzchen knusprig sind. **Gedämpfte Zwiebeln mit Tomaten:** Die sehr fein gehackten Zwiebeln in einer Pfanne mit wenig Öl anschwitzen und die Tomaten hinzufügen; etwa 2 Stunden köcheln lassen, dabei je nach Bedarf sehr kleine Mengen Wasser dazugeben, damit die Mischung nicht anbrennt. Am Ende der Garzeit den Reis in die Zwiebel-Tomaten-Mischung streuen; einmal umrühren und 150 g gehacktes Buche sowie die Steinpilzbrühe hinzufügen (3 Teile Brühe auf 1 Teil Reis). Gelegentlich umrühren. Die Butter-Käse-Creme und die Xocopili-Kugeln unter ständigem Rühren zum fertig gekochten Reis hinzufügen, bis dieser cremig ist. Gegebenenfalls nachsalzen. Etwas frisches Öl dazugeben und nicht mehr umrühren.

DAS GERICHT FERTIG STELLEN

Das Secreto in rechteckige Stücke schneiden und im Grill bräunen. Das restliche Buche ebenfalls bräunen. Den Reis auf Teller verteilen, das gehackte und gebräunte Buche daraufgeben und das gebräunte Secreto darum herum anrichten. Zum Schluss die Käseplätzchen in die Fleischstücke stecken.

---

*(dt.: Geheimnis): Teil des Iberico-Schweins, das zwischen Fettschichten versteckt liegt.
**Endteil des Dickdarms (Blinddarm), das mit einer marinierten Mischung aus Rippchen, Schnauze, Ohren, durchwachsenem Speck und Schwanz gefüllt, anschließend zugenäht und in der Vorratskammer zum Lufttrocknen aufgehängt wird.
***salzige, gewürzte Kuvertüre in Drageeform von Valrhona

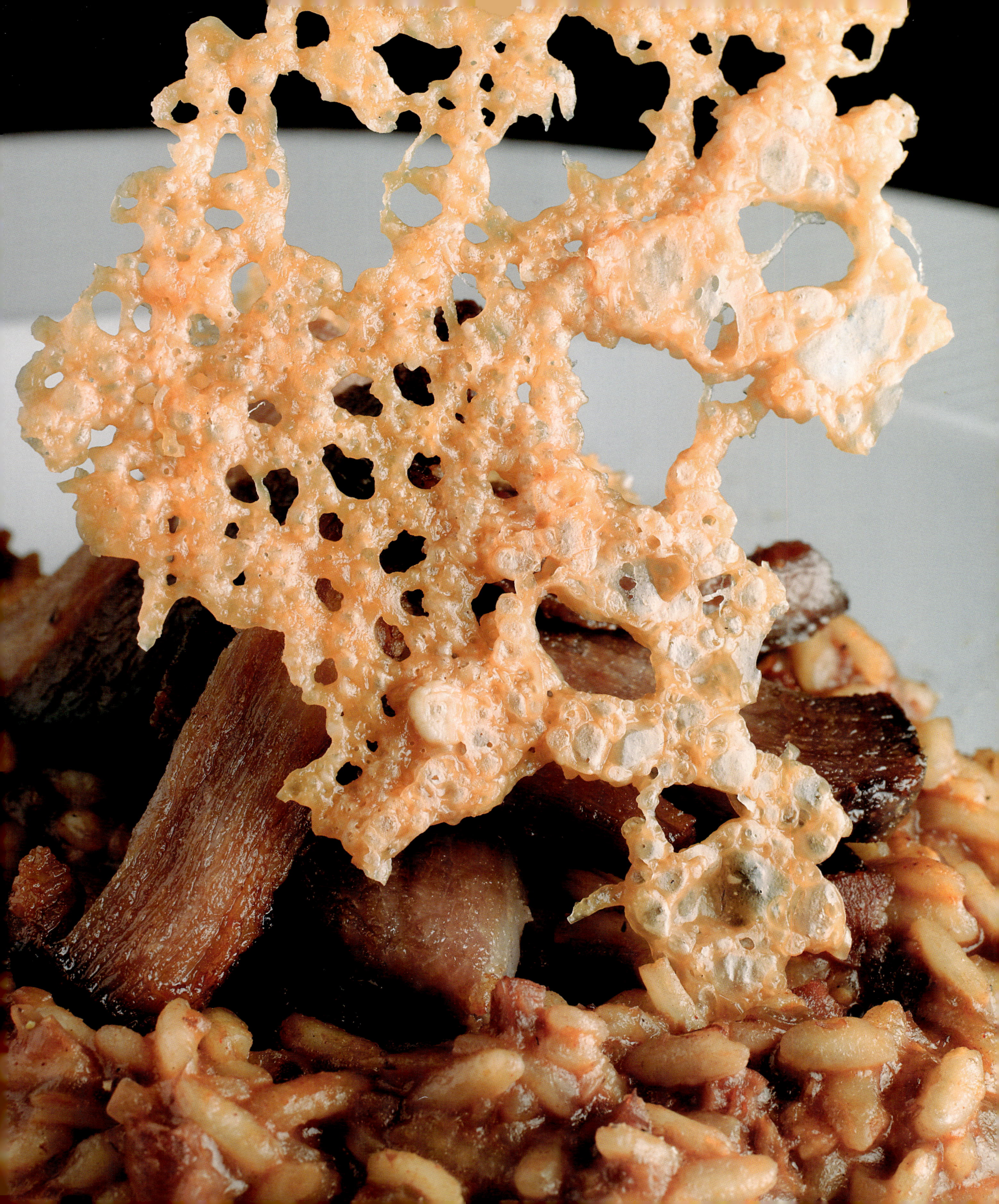

BACALAO CONFITADO
con guiso meloso y emulsión de cítricos

ZARTES KABELJAUFILET
auf gelierter Sauce mit Zitrusemulsion

ZUTATEN

(6–8 Personen)

Gelierte Sauce: 500 g Schwimmblasen vom Klippfisch, 200 g Fruchtfleisch runder getrockneter Paprikaschoten *ñoras* (als Konserve erhältlich), 600 g Zwiebeln, gehackt, 3 Knoblauchzehen, 100 g getrocknete Tomaten, 500 ml Wasser, Salz **Kabeljaufilets:** 1 kg Kabeljaufilets aus dem oberen kopfnahen Bereich, 2 l natives Picudo-Olivenöl extra (hochwertiges Olivenöl, Säuregrad unter 0,2 °) **Zitrusemulsion:** 100 ml Orangensaft, 100 ml Zitronensaft, 2 Eidotter, Salz **Weitere Zutaten:** Kabeljauhaut in ausreichender Menge

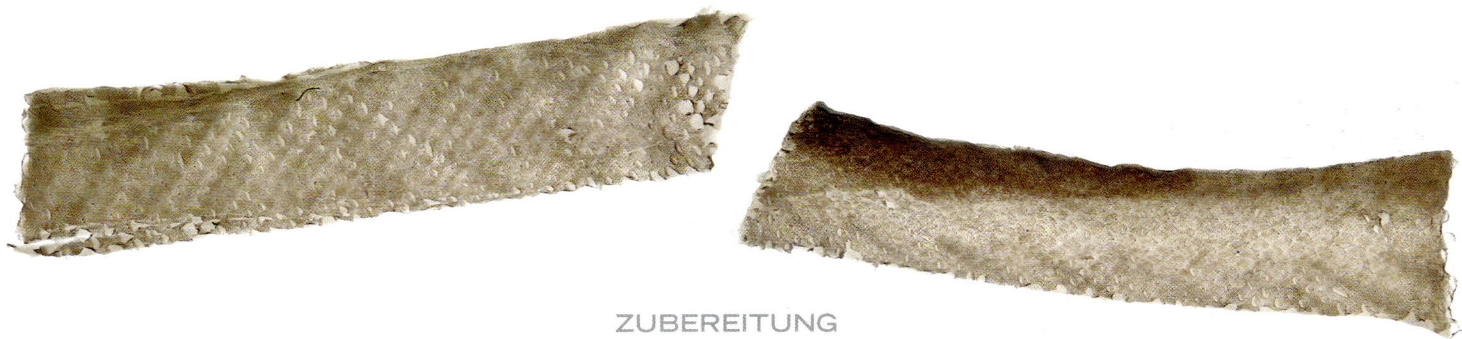

ZUBEREITUNG

Gelierte Sauce

Wasser aufkochen lassen und die Klippfischschwimmblasen zum Entsalzen und Wässern hineingeben. Den erkalteten Sud mit den Schwimmblasen 24 Stunden im Kühlschrank aufbewahren. Die gehackten Zwiebeln zusammen mit den ganzen Knoblauchzehen anschwitzen. Die getrockneten Tomaten und das Paprikaschotenfleisch hinzufügen und das Ganze 1 Stunde köcheln lassen. Den eingedickten Sud mit den Schwimmblasen dazugeben und 1 weitere Stunde garen. Abkühlen lassen. Das Ganze durch den Fleischwolf drehen und, während die Masse dick wird, mit Salz abschmecken.

Kabeljaufilets

Die Fischfilets im Öl bei 50 °C 12 Minuten im Vakuumkochbeutel garen. Das Öl und den Fischsaft aus dem Beutel aufheben.

Zitrusemulsion

Öl und Fischsaft mit dem Orangen- und dem Zitronensaft vermischen und mit den zwei Eidottern zu einer Emulsion verrühren; mit Salz abschmecken und das Ganze in eine Siphonflasche füllen.

Kabeljauhaut

Die Kabeljauhaut im Backofen knusprig-braun backen.

DAS GERICHT FERTIG STELLEN

Die Kabeljaufilets vor dem Servieren kurz in der Mikrowelle kräftig erhitzen. Etwas von der gelierten Sauce in einen Suppenteller geben und die Kabeljaufilets darauf anrichten. Die Zitrusemulsion daneben sprühen und das Ganze mit einem Stück knuspriger Kabeljauhaut dekorieren.

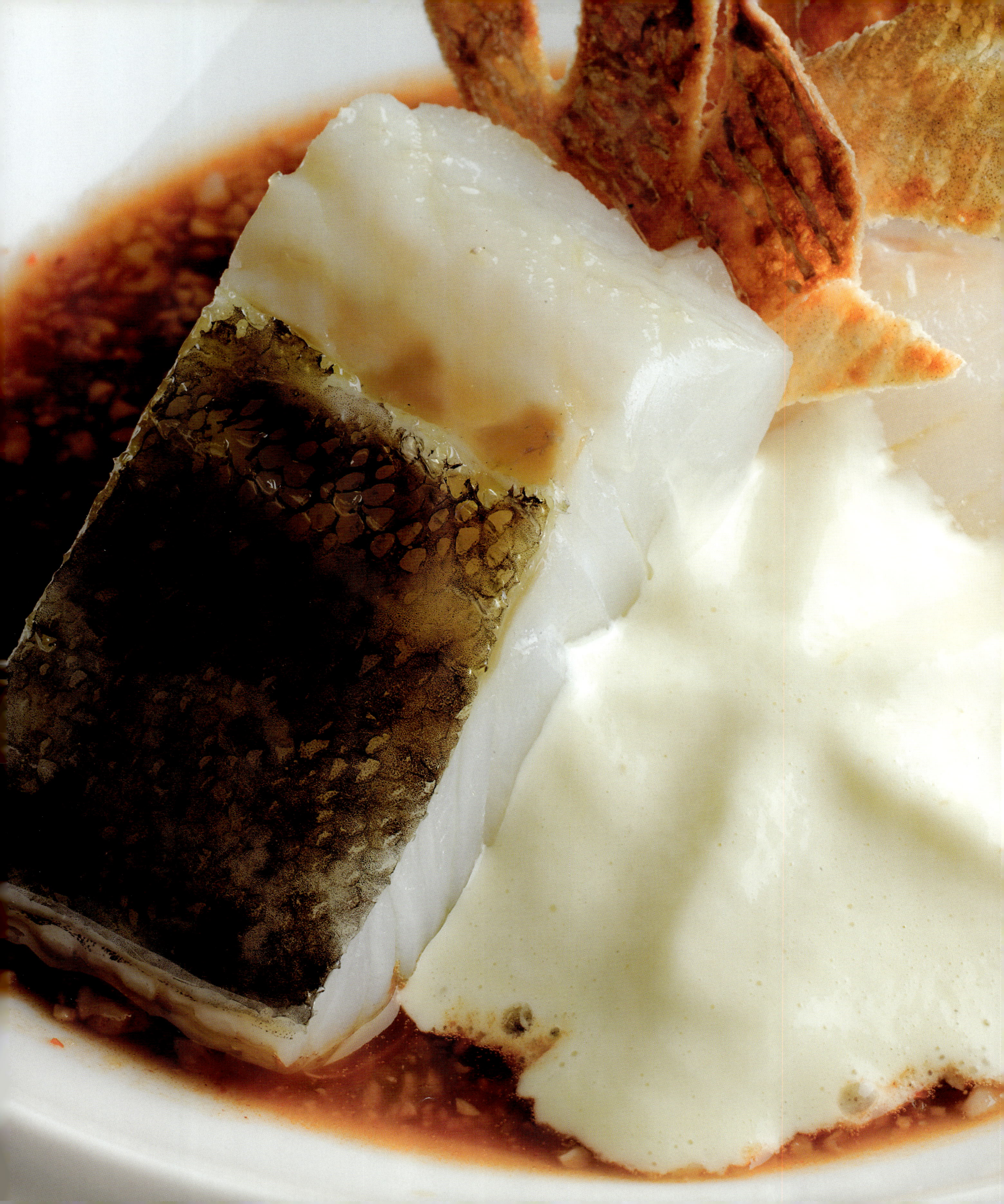

Verantwortlich für ein Symbol

Benito Gómez, gegenwärtig Küchenchef im Restaurant Tragabuches in Ronda, begann seine Ausbildung zum Berufskoch an der Gastgewerbeschule von Sant Pol de Mar. Dort lernte er drei Jahre lang und sammelte zwischendurch praktische Erfahrungen in Restaurants wie dem Las Rejas, dem Jean Luc Figueras oder dem elBulli. Nach dieser anfänglichen Etappe und einer ersten Anstellung im Cala Dorotea kamen die beiden Restaurants, die seine heutige Arbeit am meisten beeinflusst haben: Eine Zeit lang experimentierte er im Tragabuches (er ahnte damals nicht, dass er eines Tages die Verantwortung für dessen Küche haben würde), und später arbeitete er mit Rafael Morales im Restaurant La Alquería des Hotels Hacienda Benazuza, wo er das, was er zu Anfang im elBulli gelernt hatte, verinnerlichte und zu seinem persönlichen Kochstil fand – ein Stil, der kreativ und sehr technisch ist und sich ständig weiterentwickelt. Er war dann als Küchenchef im Hotel NH Alanda in Marbella beschäftigt, bis ihn sein Weg schließlich in die wunderschöne Stadt Ronda zurückführte und er die große Herausforderung annahm, die Küche des Tragabuches zu leiten.

Über das Tragabuches muss man wissen, dass es lange Zeit als die wichtigste Referenz in der Gastronomie Andalusiens galt. Sergio López und dann Dani García, die beide Gómez' Vorgänger in dieser Küche waren, entwickelten mit ihrem jeweils eigenen Stil eine Kochkunst, die eng mit den gastronomischen Wurzeln Andalusiens verbunden war. Sie erbrachten den Nachweis, dass auf dieser Tradition eine Küche der Spitzenqualität mit eindeutig modernem Zuschnitt aufbauen kann. Sowohl López als auch García setzten Ronda mit dicken Lettern auf die gastronomische Landkarte Spaniens und machten die Nachfolge an der Spitze des Tragabuches zu einer Herausforderung, der sich Benito Gómez 2004 stellte.

Seitdem hat dieser junge Koch bei seiner Tätigkeit zwei Hauptaspekte nie aus den Augen verloren. Da das Tragabuches bei der Aktualisierung der Gastronomie in der Provinz Málaga eine tragende Rolle spielte, hat es sich Gómez einerseits zur Aufgabe gemacht, die gastronomischen Fundamente, durch die das Lokal berühmt wurde, zu bewahren. Mit seinem eigenen Stil überarbeitet er die Grundkonzepte der volkstümlichen Küche, die er aus einem neuen und persönlichen Blickwinkel betrachtet. In diesem Sinne kann man sagen, dass sich sein Stil auf der Speisekarte nach und nach herauskristallisiert hat und sich von dem seiner Vorgänger abhebt, womit sich Gómez als Koch zeigt, der sich seiner Verantwortung voll bewusst ist. Er übersetzt Rezepte, die fast schon Symbole in der Geschichte des Tragabuches sind, in seine eigene Sprache, und zwar mit einem Schuss Kühnheit, der seinem Wunsch entspringt, die neue Etappe dieses Lokals fest mit seinem Namen zu verknüpfen.

Zum anderen – jedoch unlöslich mit diesem ersten Aspekt verbunden – beweist er eine große technische Meisterschaft selbst bei kompliziertesten Gerichten. Das zeigt, wie viel er in seiner Ausbildungszeit gelernt hat, die sowohl im elBulli wie auch im La Alquería des Hotels Hacienda Benazuza von den Lehren Adriàs geprägt war. Besondere Erwähnung verdienen in diesem Zusammenhang seine gelungenen Spiele mit knusprigen Texturen, der Einsatz des Temperaturkontrastes kalt – warm und die Anwendung all dessen auf eine Küche, die im Wesentlichen die lokale Färbung der Gastronomiekultur Málagas beibehalten will. Heute, zwei Jahre nach Gómez' Ankunft im Tragabuches und dem Aufblühen der gesamten Provinz Málaga als richtungsweisender Bezugspunkt einer Erneuerungsbewegung der andalusischen Küche, steht fest, dass es Benito Gómez gelungen ist, einen eigenen Stil mit ausgesprochen andalusischem Akzent zu schaffen. Damit gehört das Tragabuches nach wie vor zu den Spitzenrestaurants, die man südlich des Gebirgspasses Despeñaperros findet.

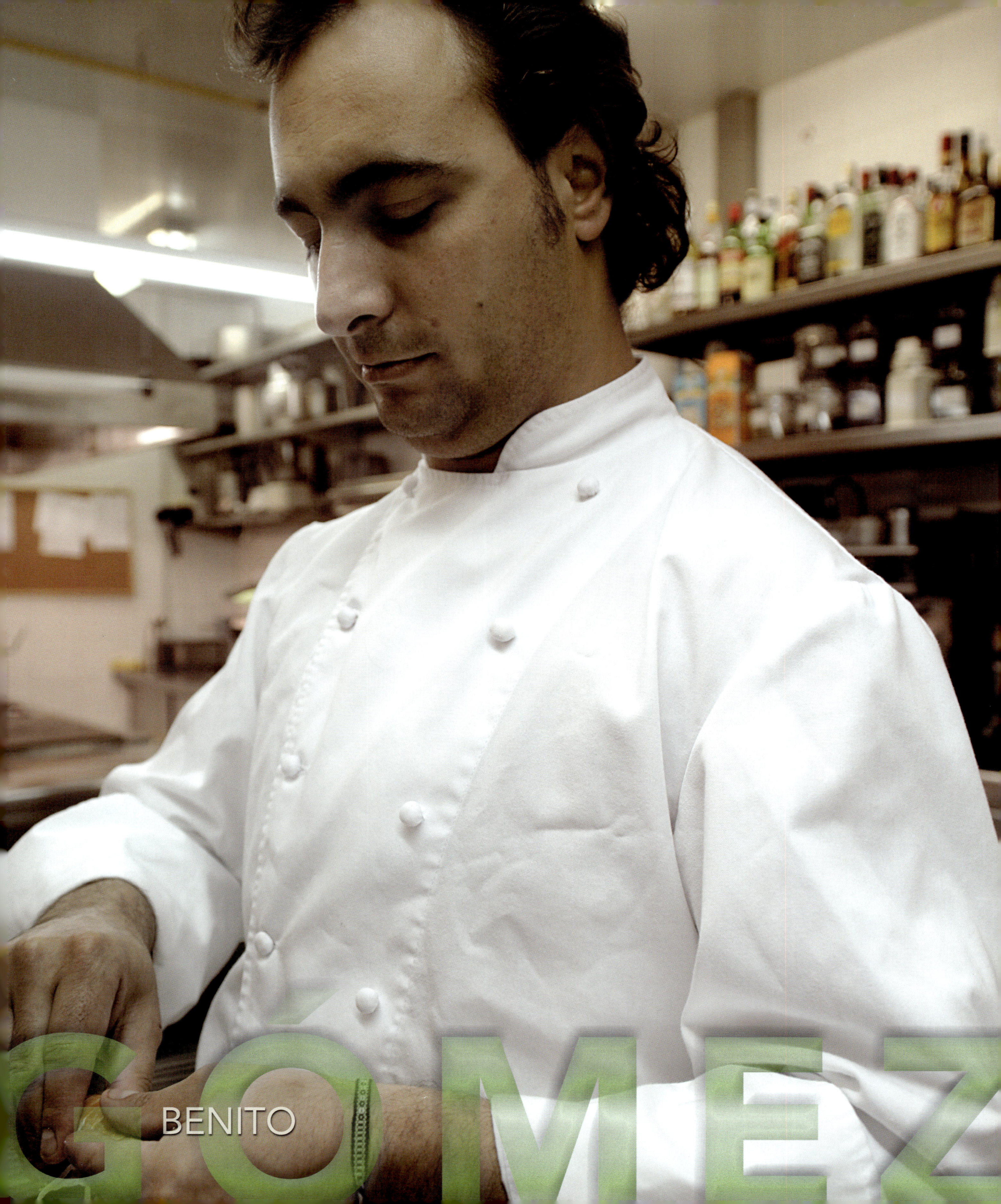
BENITO
GÓMEZ

SALMONETES con caldo de sus hígados

MEERBARBEN mit Brühe aus ihrer Leber

ZUTATEN

(4 Personen)

Meerbarben: 4 Meerbarben von je 250 g **Meerbarbenbrühe:** 200 g Mittelgräten der Meerbarben, 10 g Meerbarbenleber, 600 cl Wasser, 1,5 l Olivenöl, nach Bedarf Micri* zum Andicken

ZUBEREITUNG

Meerbarbenbrühe

Die Kiemen vom Meerbarbenkopf entfernen, den Fisch ausnehmen und die Leber aufheben. Aus jeder Meerbarbe zwei Filets schneiden und aufheben. Die Mittelgräten mit Köpfen in sehr heißes Öl geben und dann bei mittlerer Hitze goldbraun braten. Herausnehmen und den Bratensatz mit etwas Wasser ablöschen. Die Mittelgräten mit Köpfen wieder hineinlegen und so viel Wasser dazugießen, dass sie bedeckt sind. 4 Stunden bei 70 °C ziehen lassen. Durch ein Sieb gießen und das oben schwimmende Öl in ein Gefäß abschöpfen und aufheben. Die Leberchen bei mäßiger Hitze braten und mit der Meerbarbenbrühe begießen. Pürieren. Die Brühe mit Micri binden und auf höchsten 70 °C erwärmen.

Meerbarben

Die Filets mit dem aufgehobenen Bratöl der Gräten im Vakuumbeutel bei 63 °C 4 Minuten garen.

DAS GERICHT FERTIG STELLEN

Die Brühe auf den Tellerboden schöpfen und die Meerbarbenfilets darauflegen.

*geruchs- und geschmacklose Paste aus Maniok und Wasser, die einem Gericht jede gewünschte Konsistenz verleiht.

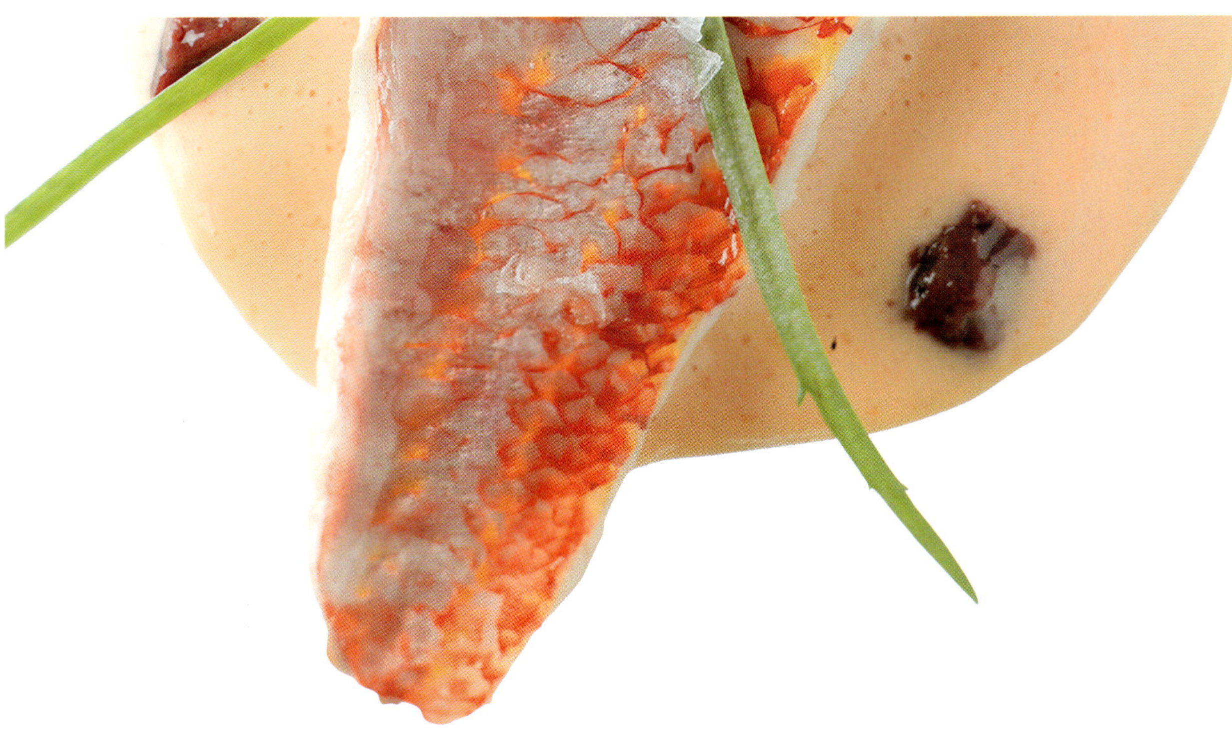

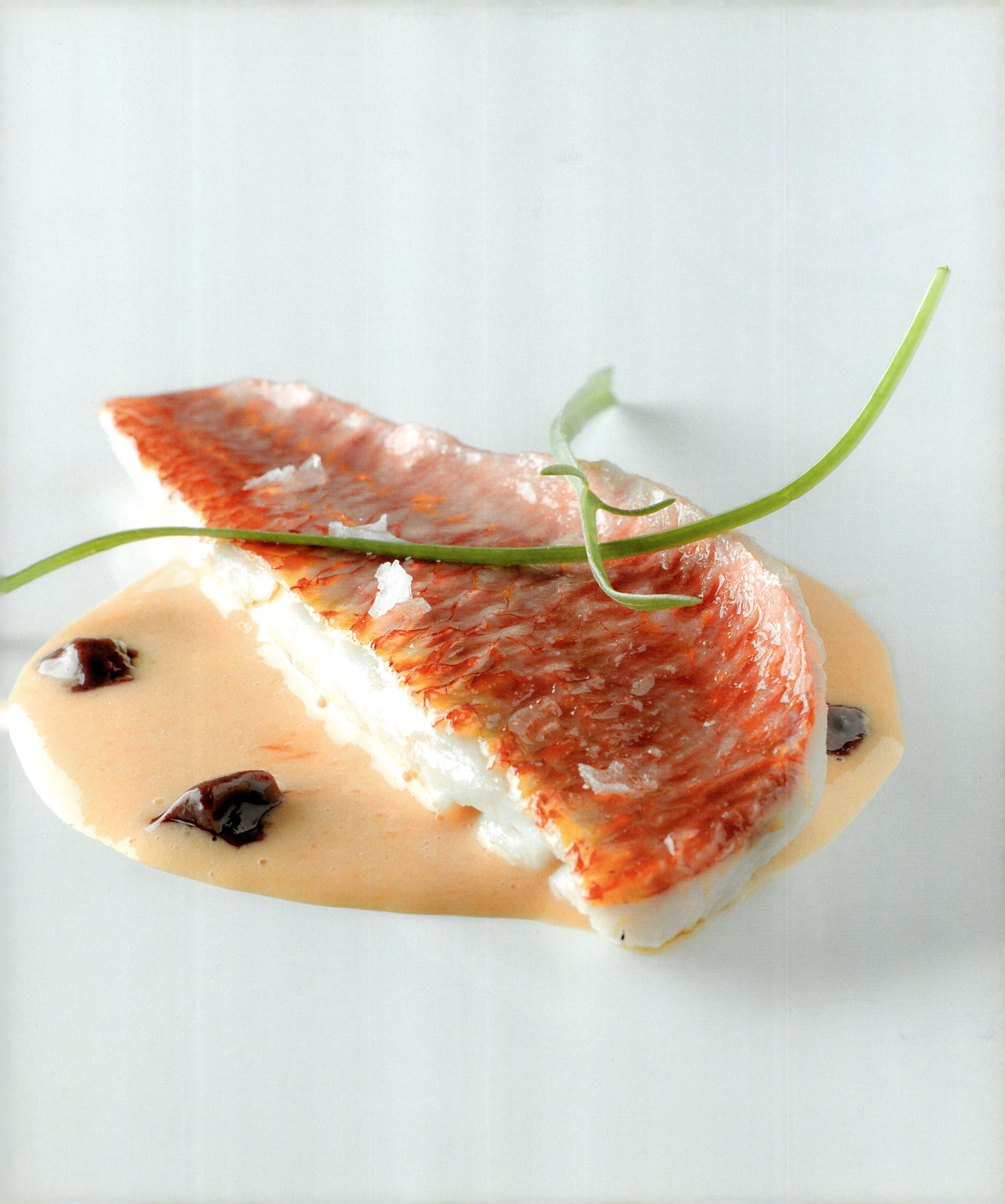

SOPA DE TOMATE VERDE, sardinas ahumadas y huevas de arenque

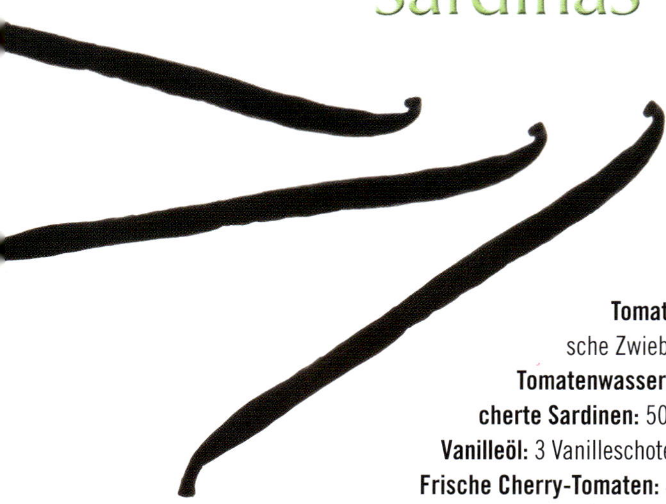

SUPPE AUS GRÜNEN TOMATEN, geräucherte Sardinen und Heringsrogen

ZUTATEN

(4 Personen)

Basilikumwasser: 500 g Basilikum, 70 ml Mineralwasser **Suppe aus grünen Tomaten und Basilikum:** 500 g grüne Tomaten, 3 Avocados, 80 g grüner Pfeffer, 30 g frische Zwiebeln, 50 ml Basilikumwasser, 25 ml Mineralwasser, Olivenöl, Sherry-Essig, 25 Jahre alt **Tomatenwasser:** 1 kg Tomaten **Tomateneis:** 500 ml Tomatenwasser, 2 Blätter Gelatine, 1 g Dextrose **Geräucherte Sardinen:** 500 g Sardinen, 200 g grobes Salz, 100 g Räuchersalz, 150 ml Räucheröl, 150 ml Sonnenblumenöl **Vanilleöl:** 3 Vanilleschoten, 150 ml Sonnenblumenöl **Trockene Cherry-Tomaten:** 4 Cherry-Tomaten, Salz und Zucker, Olivenöl **Frische Cherry-Tomaten:** 4 frische Cherry-Tomaten, frisches Basilikum, natives Olivenöl **Basilikumgelatine:** 250 ml Basilikumwasser, 1 g Agar-Agar, ½ Blatt Gelatine **Weitere Zutaten:** Kerbel-, Basilikum- und Minzeblätter, Heringsrogen, Tomatensamen, Maldonsalz

ZUBEREITUNG

Basilikumwasser

Die Basilikumblätter im Mineralwasser blanchieren und in der Küchenmaschine pürieren. Durch ein Sieb gießen und die Flüssigkeit aufheben.

Suppe aus grünen Tomaten und Basilikum

Die Tomaten, die Avocados, den Pfeffer und die Zwiebeln mit 50 ml Basilikumwasser und 25 ml Mineralwasser pürieren. Mit Öl, Essig und Salz emulgieren. Durch ein Sieb gießen und eventuell nachsalzen.

Tomatenwasser

Die Tomaten entsaften und den Saft stehen lassen, bis sich das Fruchtfleisch absetzt. Das helle Wasser abgießen und kalt stellen.

Tomateneis

Die Hälfte des Tomatenwassers mit der Dextrose zum Kochen bringen. Vom Herd nehmen und die Gelatineblätter darin einweichen. Mit dem restlichen Tomatenwasser verrühren und mit Salz abschmecken. In einem Pacojet-Becher (Gefriertrockner-Zubehör) gefrieren.

Geräucherte Sardinen

Die Sardinen filetieren und in Wasser mit Eis waschen, um das Blut zu entfernen. Die Filets mit einer Mischung aus beiden Salzen bedecken und 10 Minuten marinieren. Die Filets waschen und mit dem Räucheröl und dem Sonnenblumenöl bedeckt 24 Stunden einlegen.

Vanilleöl

Die Samen aus den geöffneten Schoten herausschaben. Mit dem Öl mischen und 24 Stunden ziehen lassen.

Trockene Cherry-Tomaten

Die Tomaten blanchieren und enthäuten. Auf ein Backblech eine Silpat-Backmatte legen, die Tomaten mit Salz und Zucker darauflegen und bei 80 °C trocknen lassen. Die Tomaten 24 Stunden in natives Olivenöl einlegen.

Frische Cherry-Tomaten

Die enthäuteten Tomaten salzen und 24 Stunden in Öl und Basilikum einlegen.

Basilikumgelatine

Die Hälfte des Basilikumwassers (125 ml) mit dem Agar-Agar aufkochen lassen. Vom Herd nehmen und das halbe Gelatineblatt darin auflösen. Auf einem 5 mm dicken Blech erstarren lassen. In kleine Würfel schneiden.

DAS GERICHT FERTIG STELLEN

Auf jeden Teller etwas Suppe schöpfen, an den Rand der Suppe je eine frische und eine trockene Tomate und ein Häufchen Tomatensamen setzen. Einige Würfel Basilikumgelatine und die mit Heringsrogen verzierten Sardinenfilets auf dem Teller verteilen. Einen Löffel Tomateneis auf die Suppe setzen und mit Vanilleöl beträufeln. Die Tomaten mit Kerbel, Basilikum- und Minzblättchen garnieren und etwas Maldonsalz darüberstreuen.

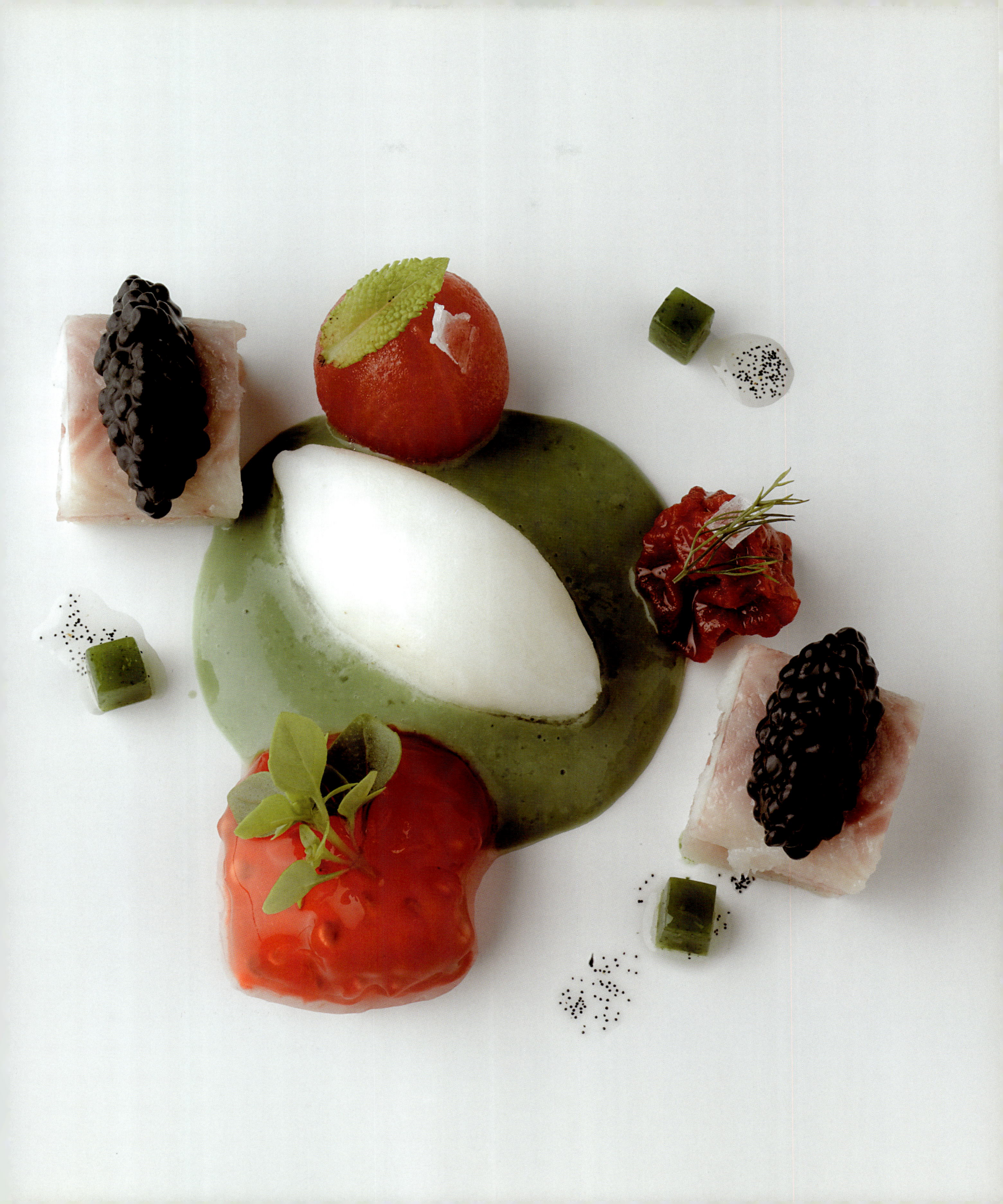

Chronik einer angekündigten Weihe

Íñigo Lavado wurde 1975 in Irún geboren und eröffnete letztes Jahr auf dem Messegelände der FICOBA in der Provinz Guipúzcoa ein Restaurant, das seinen Namen trägt. Darüber hinaus hat die Messegesellschaft diesem jungen Koch auch die übrige Messegastronomie anvertraut. Für jemanden, der die beeindruckende Karriere dieses Profikochs nicht kennt, mag es überraschend erscheinen, dass er eine derart große Verantwortung trägt. Tatsächlich ist es jedoch die logische Konsequenz aus den bisher erzielten Erfolgen und den persönlichen Qualitäten dieses Kochs, dessen Lehrmeister mittlerweile Freunde und Bewunderer seines Talents geworden sind.

Seine ersten Erfahrungen in der Küche sammelte Lavado, als er seinem Vater beim Kochen half. Dieser gehörte einer der zahlreichen gastronomischen Bruderschaften im Baskenland an, aus denen schon so manches der kulinarischen Tradition dieser Region verbundene Talent hervorgegangen ist. Damit war bei ihm das Interesse am Kochen geweckt, und er ging nach dem Abitur auf die Hotelfachschule von San Sebastián. Sein erster Lehrer war der große Koch und Direktor der Schule Luís Irízar. Nachdem er den Abschluss gemacht hatte, begann eine neue Etappe in seiner Ausbildung. Zweieinhalb Jahre arbeitete er im Akelarre an der Seite von Pedro Subijana als Chef de Partie. Mittlerweile bestand kein Zweifel mehr daran, dass er das Zeug zum guten Koch hatte, aber damit gab sich Lavado nicht zufrieden. Er ging nach Paris, um anderthalb Jahre bei Alain Ducasse zu arbeiten und seine Fertigkeiten im Bereich der Patisserie durch die Teilnahme an Schulungen zu perfektionieren. Anschließend wechselte er wieder auf die andere Seite der Pyrenäen. Dort begann er 1997, als Chef de Partie neben Ferran Adrià zu arbeiten und von ihm zu lernen. Von hier aus kehrte er ins Akelarre zurück, wo er diesmal jedoch zweiter Küchenchef wurde. Kurz danach erhielt er das Angebot, die Leitung des Restaurants Enbata im Hotel Jáuregui in Hondarribia (Baskenland) zu übernehmen. Ein Jahr später traf er auf Martín Berasategui, den Meisterkoch aus Lasarte, und übernahm 2002 in San Sebastián mit dessen Hilfe die Leitung des Restaurants Kukuarri im Hotel NH Aranzazu. Dort fand er endgültig seinen eigenen Stil, und die Jahre des Lernens begannen, erste Früchte zu zeigen, als er von der Jury des internationalen Gastronomiegipfels Madrid Fusión 2005 mit dem Preis für die Restaurant-Entdeckung des Jahres ausgezeichnet wurde. Die Jury bezeichnete ihn als einen »lebendigen, einfachen, perfektionistischen, fleißigen und sensiblen« Koch. Damit war auch der Moment seiner Weihe gekommen: ein Restaurant, das seinen Namen trägt und so auf den Schöpfer der Gerichte hinweist.

In der Küche Lavados findet man alles wieder, was ihm seine Lehrmeister beigebracht haben, und vieles, was er sich selbst erarbeitet hat. Kennzeichen seiner Kochkunst sind eine überraschende Feinheit in den Formen und eine außerordentliche Sensibilität bei der Zusammenstellung gegensätzlicher Aromen, Geschmacksnoten und Konsistenzen in seinen Gerichten. Mit seinen Kombinationen schafft Lavado nahezu poetische Harmonien, bringt jedoch auch unerwartete Kontraste ins Spiel, die den Gast verblüffen und ihn dazu verleiten, sich auf unbekanntes Terrain vorzuwagen, wo ihn die eine oder andere sensorische Überraschung erwartet. Dank einer perfekten Technik und der Auswahl außergewöhnlicher Zutaten kann Íñigo Lavado alle Register der traditionellen Küche des Baskenlandes ziehen. Dabei bleibt er der Küche seiner Vorfahren zwar bedingungslos treu, eröffnet ihr aber gleichzeitig auch neue Perspektiven, deren einzige Grenze seine persönliche Fantasie ist. Lavado spielt mit dem Süßen und dem Bitteren, dem Sauren und dem Salzigen. Er erfindet neue Techniken, um klassische Geschmacksnoten auszudrücken, und nutzt bereits vorhandene, um in seinen Kreationen eine spannende Sprache zu entwickeln, die nun von seinem preisgekrönten neuen Restaurant kündet.

Zum Schluss noch ein Rat: Keinesfalls sollten Sie sein Restaurant verlassen, ohne eines seiner Desserts probiert zu haben!

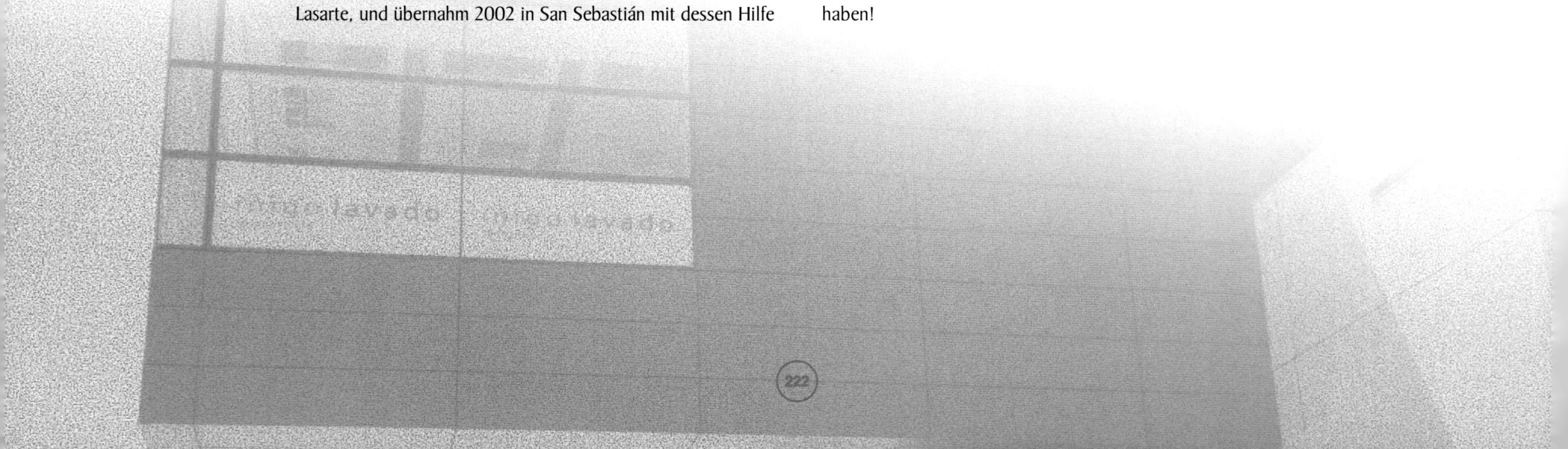

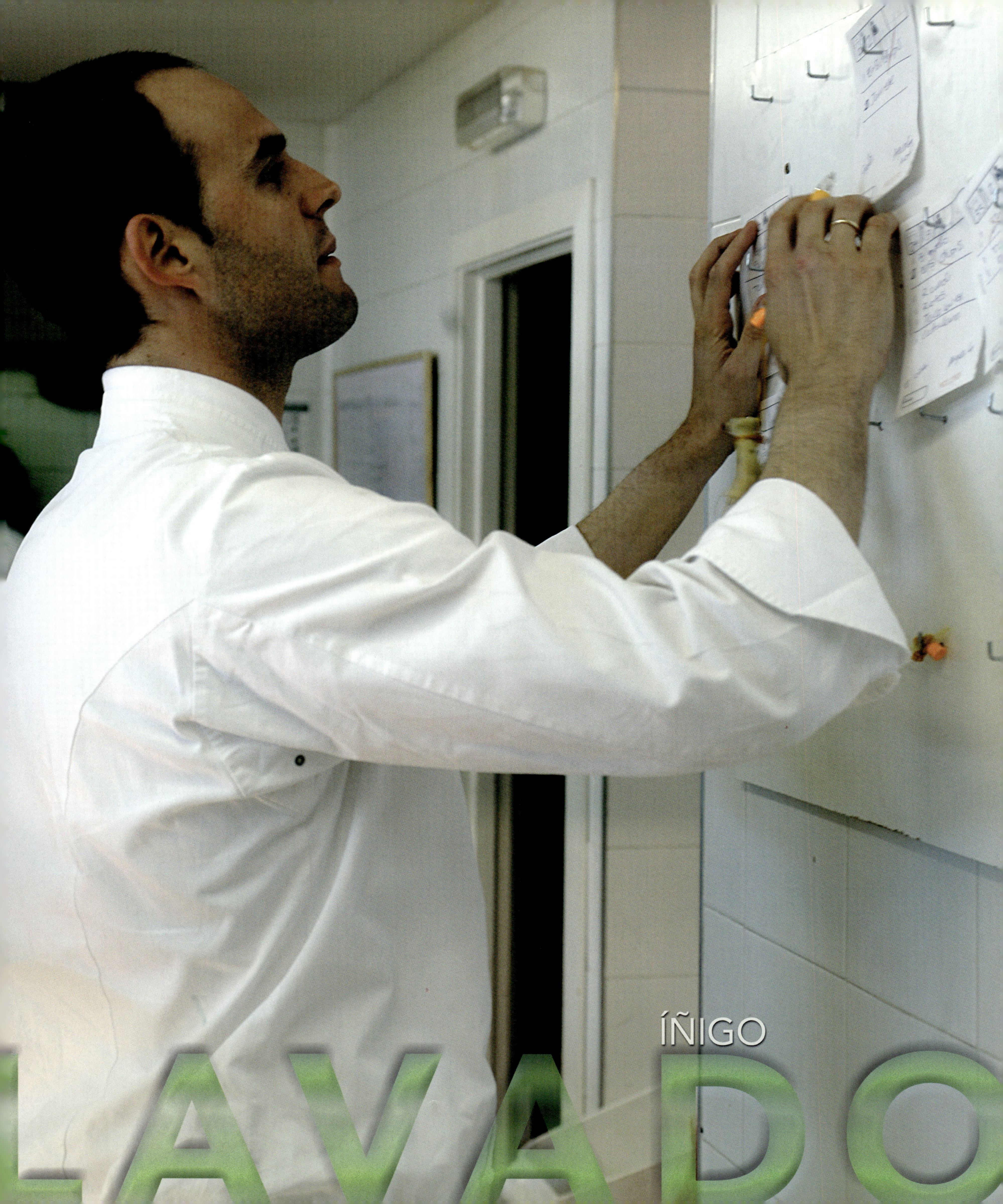

ÍÑIGO LAVADO

PICHÓN ASADO con ragout de sus interiores y nube de patata crujiente

GESCHMORTES TÄUBCHEN
mit Ragout aus seinen Innereien und Wolke aus knusprigen Kartoffeln

ZUTATEN

(4 Personen)

Täubchen: 4 Täubchen, Tafelsalz, 200 ml braune Butter **Täubchenjus:** 3 Zwiebeln, 1 Möhre, 5 kg Täubchenkarkassen, 700 ml Rotwein, Olivenöl mit 0,4° Säure, 65 g Mehl, 700 ml Wasser, 65 g Muscovado-Zucker, 50 ml Apfelessig, 7 Knoblauchzehen, 1 Bund Kräuter (Salbei, Petersilie, Rosmarin, Ysop, Thymian), 3 l frische Brühe, 3 l Wasser **Ragout aus den Innereien:** 50 g Schalotte, 50 g Pilze, 20 g Knochenmark, 50 g Foie gras, 30 ml Täubchenjus, 10 g Petersilie, gehackt, 100 g Speck vom Jabugo-Schinken, 30 g Knoblauch, ganz langsam geschmort, 50 g Leber und Herzen vom Täubchen, Olivenöl **Kartoffelwolke:** frische Kartoffeln **Weitere Zutaten:** einige Maldon-Salzflocken

ZUBEREITUNG

Täubchen

Das Geflügel abflämmen und gut säubern.

Täubchenjus

Das in grobe Stücke geschnittene Gemüse in Olivenöl ganz langsam goldbraun schmoren. So gut wie möglich entfetten. In einem anderen Topf die Karkassen der Täubchen in Olivenöl anbraten und mit dem geschmorten Gemüse vermischen. Die Karkassen herausnehmen, den Topf mit dem Rotwein ablöschen und diesen auf ein Viertel der Flüssigkeitsmenge einkochen lassen. Über die Karkassen gießen. In einem anderen Topf das Öl erhitzen, das Mehl hinzufügen und gut verrühren. Sobald die Mehlschwitze Farbe annimmt, die 700 ml Wasser zugeben. 3–4 Minuten kochen lassen, von der Hitze nehmen und zu den Karkassen und dem Gemüse geben. Aus dem Muscovado-Zucker und dem Apfelessig ein helles Karamell zubereiten und in den Topf mit den Täubchenkarkassen geben. Die ungeschälten Knoblauchzehen und die Kräuter zugeben, mit der Brühe und den 3 l Wasser bedecken und bei geringer Hitze 3–4 Stunden kochen. Durch ein Etamintuch abseihen und auf ein Drittel der Menge einkochen. Erneut durchseihen und beiseite stellen.

Ragout aus den Innereien

Die Schalotte und die Pilze sehr klein schneiden. Das Mark und die Foie gras in ungleichmäßige Stücke schneiden. Die Schalotte und die Pilze in dem aus der Foie ausgetretenen Fett langsam schmoren, die Täubchenjus und die Petersilie hinzufügen und das Ganze zu einer Glace reduzieren. Den Speck und die ganz langsam gegarten Knoblauchzehen in Julienne schneiden, zu dem Fond geben und alles heiß gut vermischen. Die Täubchenleber und -herzen hinzufügen, mit Salz und Pfeffer abschmecken und einen Schuss Olivenöl zugeben.

Kartoffelwolke

Die geschälten und zerkleinerten Kartoffeln (mit dem Messer nicht zu tief in die Kartoffel schneiden und den Rest auseinander brechen) einige Minuten in heißem, nicht ganz kochendem Wasser angaren. Abgießen. Mit lauwarmem Wasser aus dem Wasserhahn in der Küchenmaschine pürieren, bis eine cremige reine Stärkepaste entstanden ist. Auf einer Silpat-Backmatte verteilen und auf einem Blech im Ofen so lange dehydratisieren, bis die Paste sich von der Unterlage löst und hart wie Plastik ist. Luftdicht verschlossen aufbewahren.

DAS GERICHT FERTIG STELLEN

Die Brüstchen und Schlegel der Täubchen in brauner Butter mit etwas Tafelsalz leicht bräunen, ohne sie zu dunkel werden zu lassen. Vom Knochen lösen. Die Kartoffeln bei mittlerer Hitze frittieren (damit die Transparenz erhalten bleibt). In die Mitte des Tellers einen großen Löffel des Ragouts aus den Innereien geben und die Brüstchen der Täubchen auf beiden Seiten anrichten. Einige Maldon-Salzflocken auf das Ragout geben und obenauf die knusprige Kartoffelwolke platzieren. Das Ganze mit einem Streifen reduzierter Täubchenjus umranden.

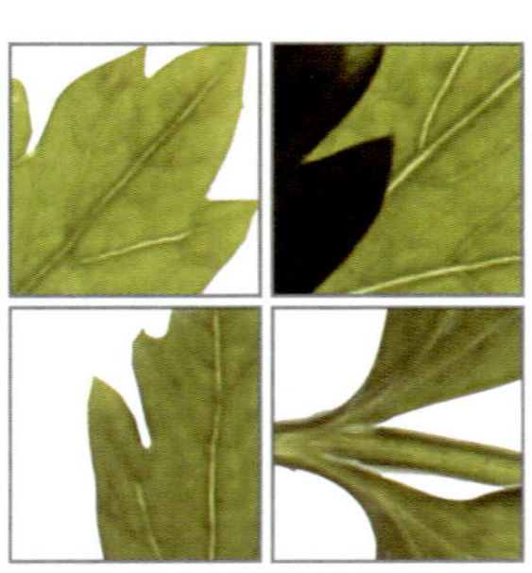

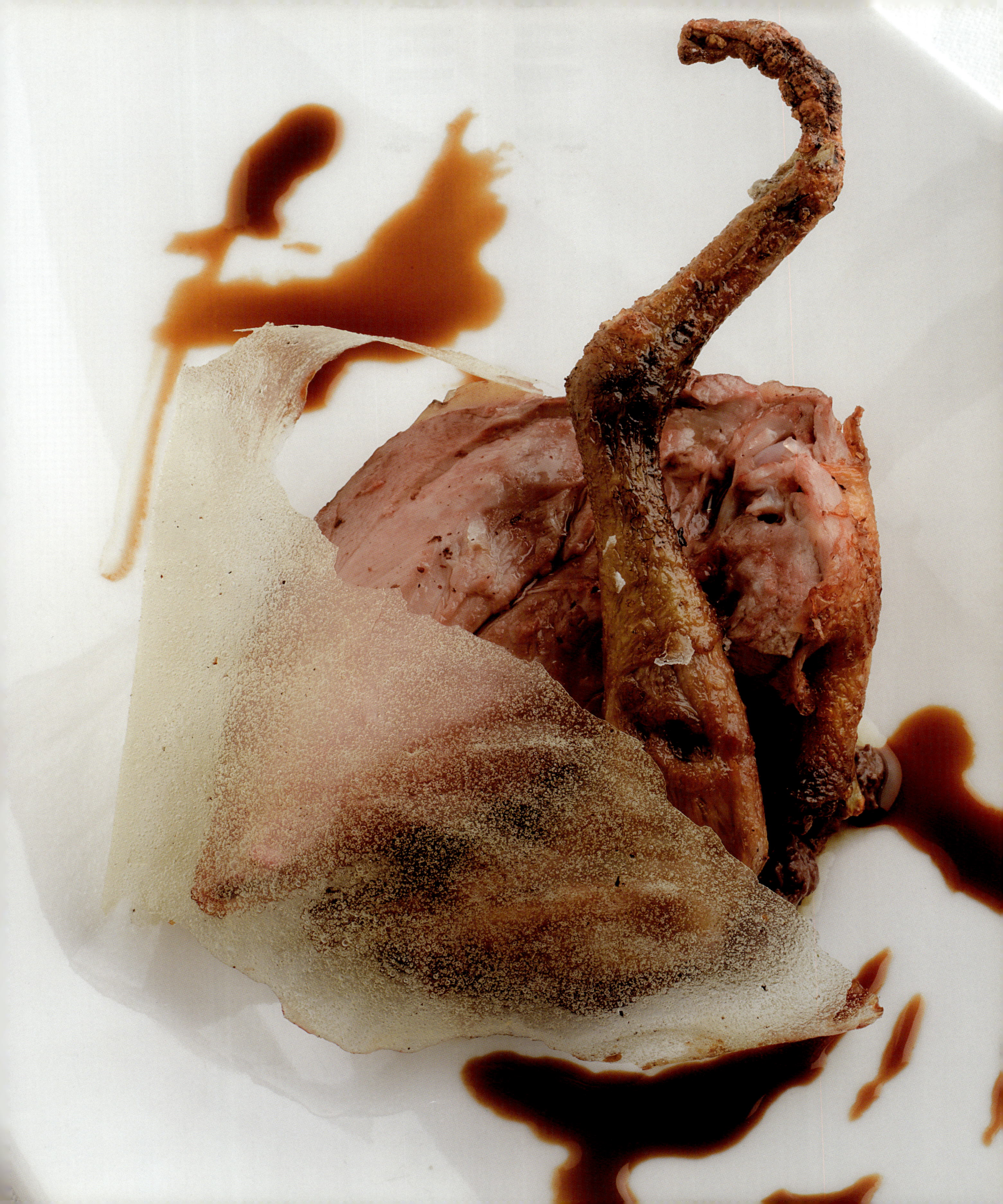

PASEO POR EL PUERTO

GANG durch den HAFEN

ZUTATEN

(1 Person)

Herzmuschelschaumjus: 4 EL Olivenöl, 0,5 g gehackter Knoblauch, 100 ml Weißwein, 500 ml Fischfumet, 500 g Herzmuscheln, 1 EL Crème double, 100 g Butter **Proportion des Lezithins:** 100 ml Herzmuschelschaumjus, 4–5 g Lezithin **Weitere Zutaten:** 8 Herzmuscheln, 8 Strandschnecken, natives Olivenöl extra

ZUBEREITUNG

Herzmuschelschaumjus

Den Knoblauch in 2 Esslöffel Öl anbraten und den Weißwein zugeben. Auf 3 Esslöffel Flüssigkeit einkochen. Den Fischfumet dazugeben und aufkochen. Dann die Herzmuscheln hinzufügen. Diese herausnehmen, sobald sich die Schalen öffnen. Die Jus so lange einkochen, bis ein herzhafter Geschmack erreicht ist. Die heiße Flüssigkeit mit den Herzmuscheln, der Butter, der Crème double und den restlichen 2 Esslöffel Öl in der Küchenmaschine pürieren. Durch ein feines Sieb gießen und mit Salz abschmecken.

DAS GERICHT FERTIG STELLEN

Das Lezithin mit der Herzmuscheljus vermischen und emulgieren, bis ein weicher Schaum entsteht. Eine kleine Menge zurückbehalten, die nicht emulgiert wird.

Auf dem Teller abwechselnd eine Herzmuschel und eine Strandschnecke anordnen (bis alle verbraucht sind), mit der Herzmuschelschaumjus bedecken und etwas nicht emulgierte Herzmuscheljus darübergießen. Zuletzt einige Tropfen natives Olivenöl extra darüberträufeln.

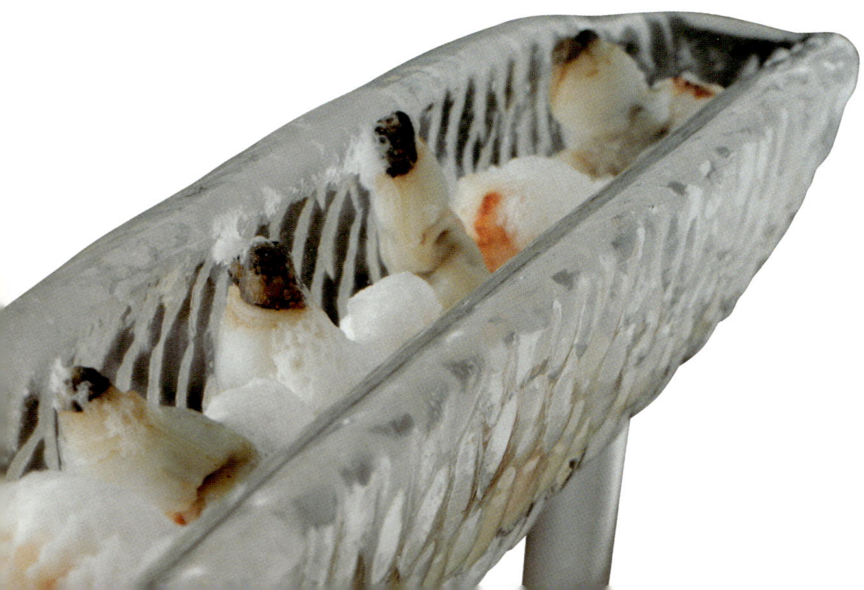

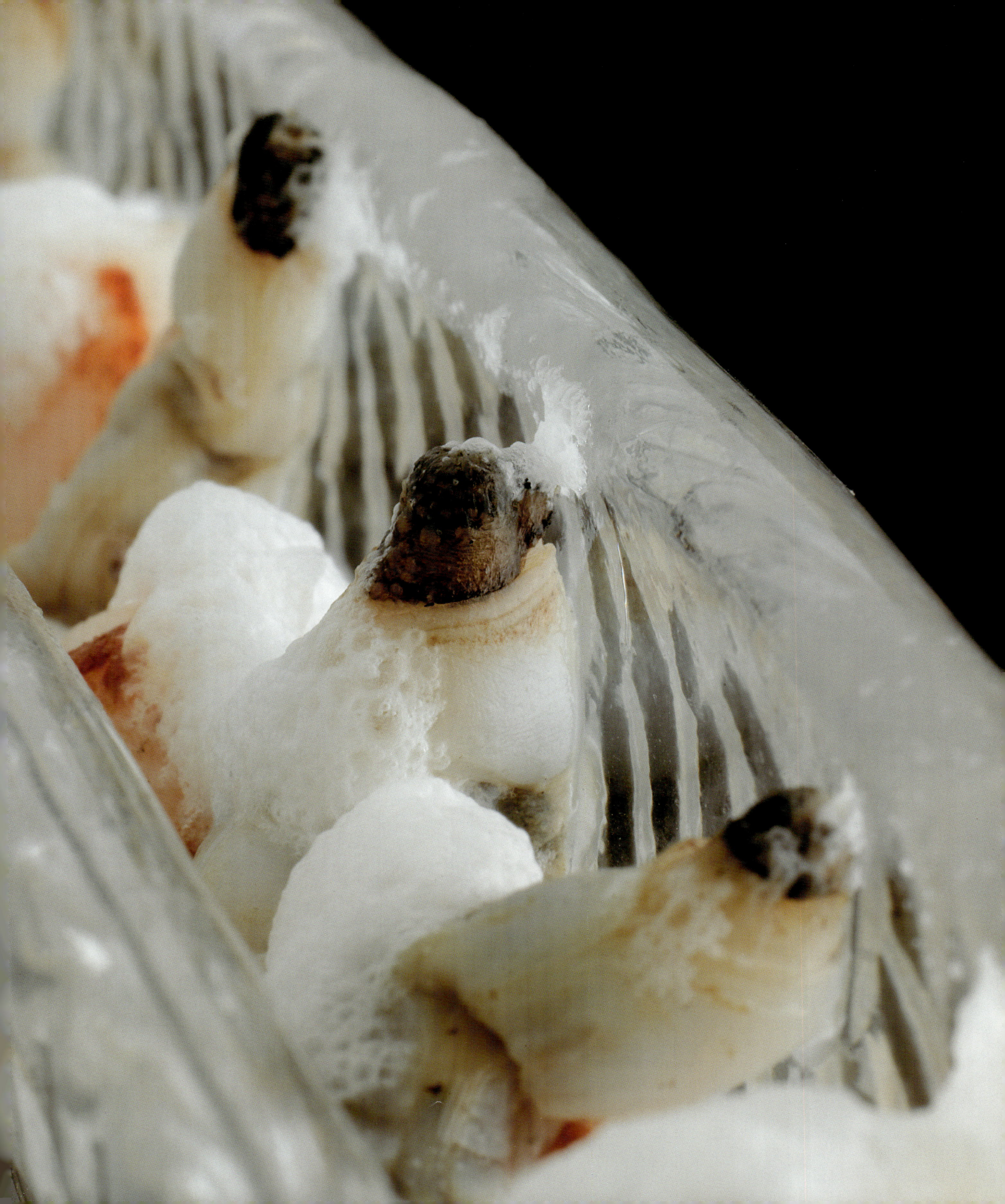

Pedro Martino, Mitte 30, ist ein Koch aus Oviedo, der laut zahlreicher Medien einen besonderen Platz unter den führenden Erneuerern der asturischen Küche einnimmt. Selbst der Michelin-Führer pflichtet dem bei, obwohl er oftmals beschuldigt wurde, der spanischen Küche den Rücken zu kehren.

Martino arbeitet in dem wunderschönen Ort Caces in dem kleinen Restaurant L'Alezna. Eröffnet wurde es 2003 in einer ehemaligen Schreinerei, die direkt am Ufer des Nalón liegt. Nachdem Pedro Martino viel durch die Welt gereist ist, scheint es nun, dass er sich in diesem Lokal, in dem er nicht nur selbst kocht, sondern auch Kochunterricht gibt, endgültig als eigener Herr niedergelassen hat.

Die asturische Küche: Fantasie an die Macht!

Nach seiner Grundausbildung in der Hotelfachschule von Santiago de Compostela zog er in die Welt, um dort andere Küchen und Köche kennen zu lernen. So erweiterte er in Frankreich sein kulinarisches Wissen in den Küchen von Bras, Gagnaire und Maximin. In Spanien stand er zunächst an den Herden der renommiertesten Restaurants Asturiens, um anschließend in ein halbes Dutzend anderer spanischer Küchen hineinzuschnuppern. Dort traf er unter anderem auch auf Ferran Adrià und Manuel de la Osa. Wieder zurück im heimatlichen Asturien eröffnete er in Lugones sein erstes eigenes Restaurant, das El Cabroncín. Hier begann sein Aufstieg mit einer gewagten und kreativen Küche, bevor er mit dem L'Alezna endgültig die höchsten Höhen der Kochszene erreichte.

Die Kochkunst Martinos ist sehr persönlich. Er bemüht sich darum, die Produkte und Geschmacksnoten des heimischen Angebots und die kulinarische Tradition Asturiens mit seiner eigenen Kreativität harmonisch zu kombinieren. Seine Küche hat ein konzeptuelles Fundament, ist sehr ernsthaft in ihren Ansätzen, sehr überzeugt von der Notwendigkeit, Exzesse abzumildern, und sucht nach geschmacklicher Harmonie und Eleganz in der Präsentation. Gleichzeitig will sie aber auch schmackhaft sein und anregende Resultate offerieren. Das erklärte Ziel Martinos ist eine Marktküche, die sich an den Erzeugnissen orientiert, die in der jeweiligen Saison typischerweise erhältlich sind. Dementsprechend saisonabhängig ist das Angebot auf seiner Karte. Seine Speisekammer ist ganz bewusst mit Produkten aus der Region gefüllt. Diese werden dann zu Protagonisten unerwarteter Spielereien und erstaunlicher Harmonien. Voraussetzung ist allerdings das sorgsame Studium überlieferter Traditionen und eine genaue Kenntnis der speziellen Eigenschaften jedes einzelnen Nahrungsmittels. Es ist eine fantasievolle Küche mit wohl kalkulierten Überraschungen. Was dem Gast auf dem Teller geboten wird, entspricht in jeder Hinsicht dem, was man von der modernen asturischen Küche erwarten darf.

All dies ist Teil einer persönlichen Philosophie, nach der die moderne Küche unlöslich mit dem traditionellen kulinarischen Wissen verknüpft ist. Daraus ergibt sich auch, dass sich Martinos Küche von anderen eher durch die Komplexität der Gerichte abhebt als durch ihre Geschmacksnoten und das umgesetzte Wissen. Martino entmythologisiert gewissermaßen mit seinem Ansatz die moderne Küche und kratzt an ihrer Aura von Raffinesse, denn für ihn haben die moderne und die traditionelle Küche gemeinsame Wurzeln. Seine stets sorgfältig zubereiteten Gerichte mit natürlich wirkenden Kombinationen, genau kontrollierten Garzeiten und einfachen, leichten Saucen lassen jedoch an vielen Details erkennen, dass aus diesen gemeinsamen Wurzeln eine neue Realität gewachsen ist, die ganz bewusst hochmoderne Trends aufnimmt und neben dem Geschmack vor allem die Fantasie und den Wunsch, mit Überraschungen zu verführen, in den Vordergrund stellt.

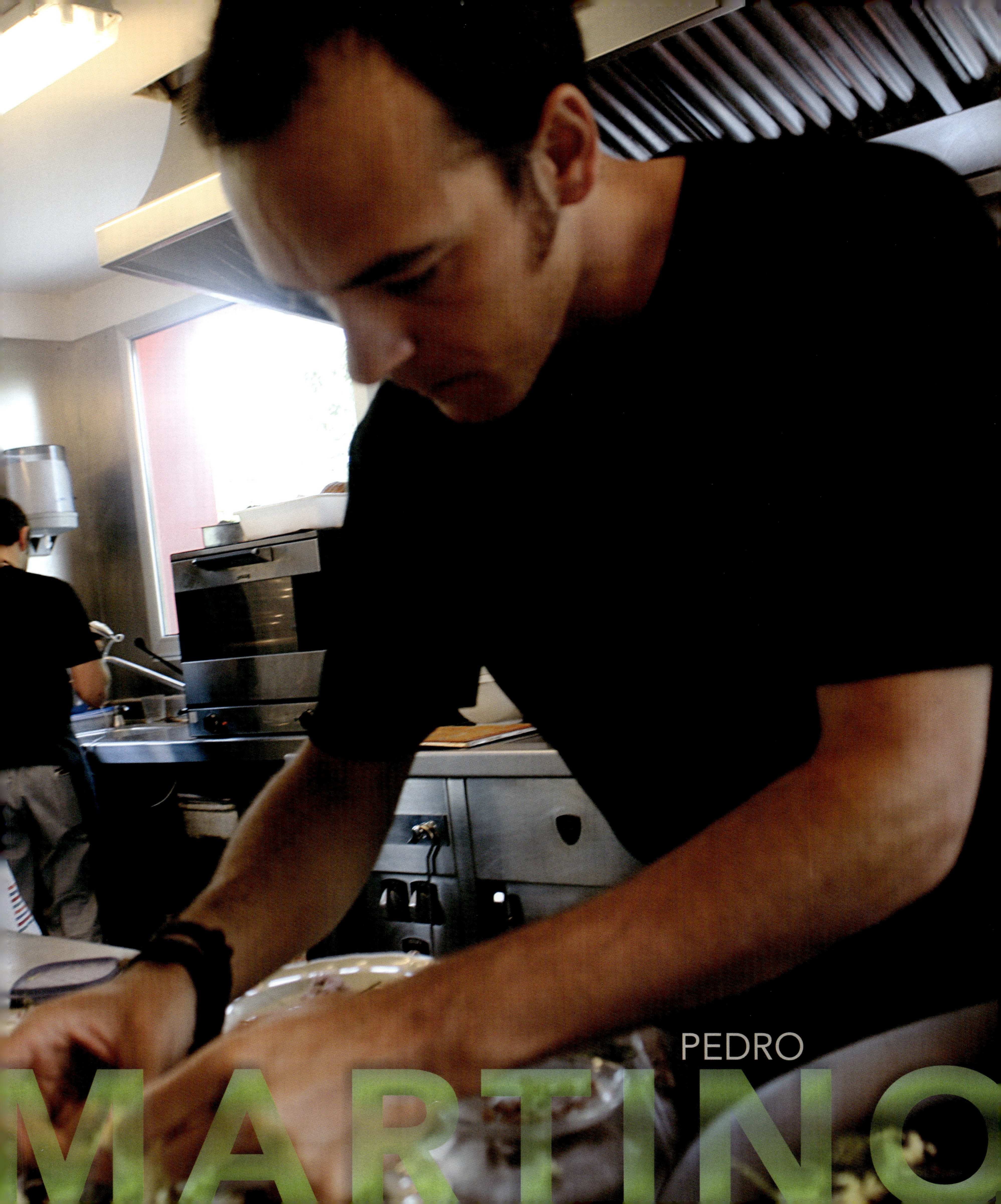

PEDRO

MARTINO

ENSALADA DE CALAMAR encebollado

SALAT vom TINTENFISCH mit GEDÜNSTETEN ZWIEBELN

ZUTATEN

(4 Personen)

Zwiebelpüree: 500 g Zwiebeln, gedünstet, Wasser **Feste Gelatine aus gedünsteten Zwiebeln:** 70 g Zwiebelpüree, 2 Blatt Gelatine **Tintenfisch:** 200 g Tintenfisch, geangelt* **Tintenfischöl:** 100 g Zwiebel, gehackt, 50 g grüne Paprika, gehackt, 10 g Knoblauch, gehackt, Olivenöl, 3 Beutelchen Tintenfischtinte, 50 ml Weißwein, 200 ml Fischfond, 15 g Maisstärke (Maizena) **Salat:** 50 g Endivie, 50 g Lollo Rosso, 50 g Rauke, 50 g Spinat, natives Olivenöl, Sherry-Essig **Weitere Zutaten:** 20 g geröstete Haselnüsse, 10 g Schnittlauchröllchen

ZUBEREITUNG

Zwiebelpüree

Die gedünsteten Zwiebeln mit etwas Wasser pürieren und durch ein feines Sieb passieren.

Feste Gelatine aus gedünsteter Zwiebel

Die eingeweichte Gelatine mit dem Zwiebelpüree mischen.

Tintenfisch

Den Tintenfisch säubern, in Würfel schneiden und gefrieren.

Tintenfischöl

Die Zwiebel, die grüne Paprika und den Knoblauch in Olivenöl anschwitzen. Die Tinte hinzufügen und mit Weißwein ablöschen. Einkochen lassen und den Fischfond dazugießen. 30 Minuten köcheln lassen und durch ein Sieb abgießen. Die Tintenbrühe zu einer Jus reduzieren und dann mit etwas Maizena binden (falls notwendig, vorher in etwas Wasser auflösen).

DAS GERICHT FERTIG STELLEN

Den gemischten Salat mit nativem Olivenöl und Sherry-Essig anmachen und den Tellerboden damit belegen. Den Tintenfisch in sehr kleine Stückchen schneiden und auf dem Salat anrichten. Mit ein paar Würfeln Gelatine aus gedünsteter Zwiebel und gerösteten Haselnüssen dekorieren. Das Tintenfischöl darüberträufeln und mit Schnittlauchröllchen bestreuen.

---

* Es wirkt sich auf den Geschmack aus, ob Tintenfisch einzeln geangelt oder in Mengen im Netz gefangen wird.

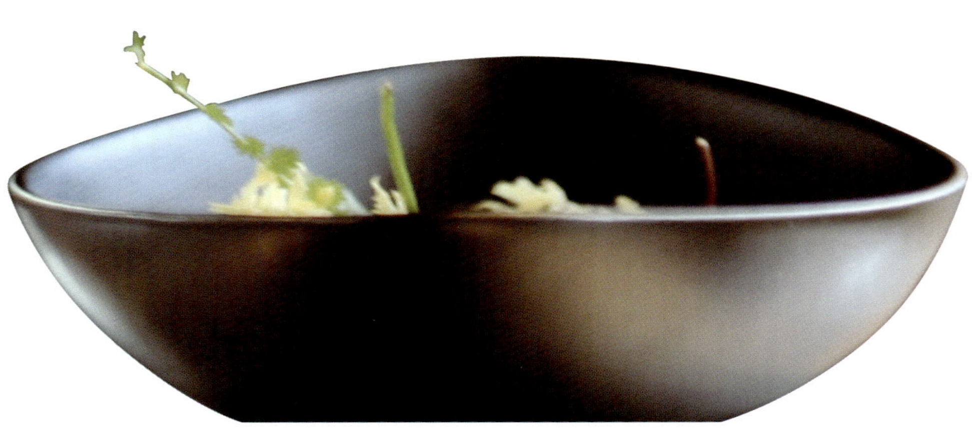

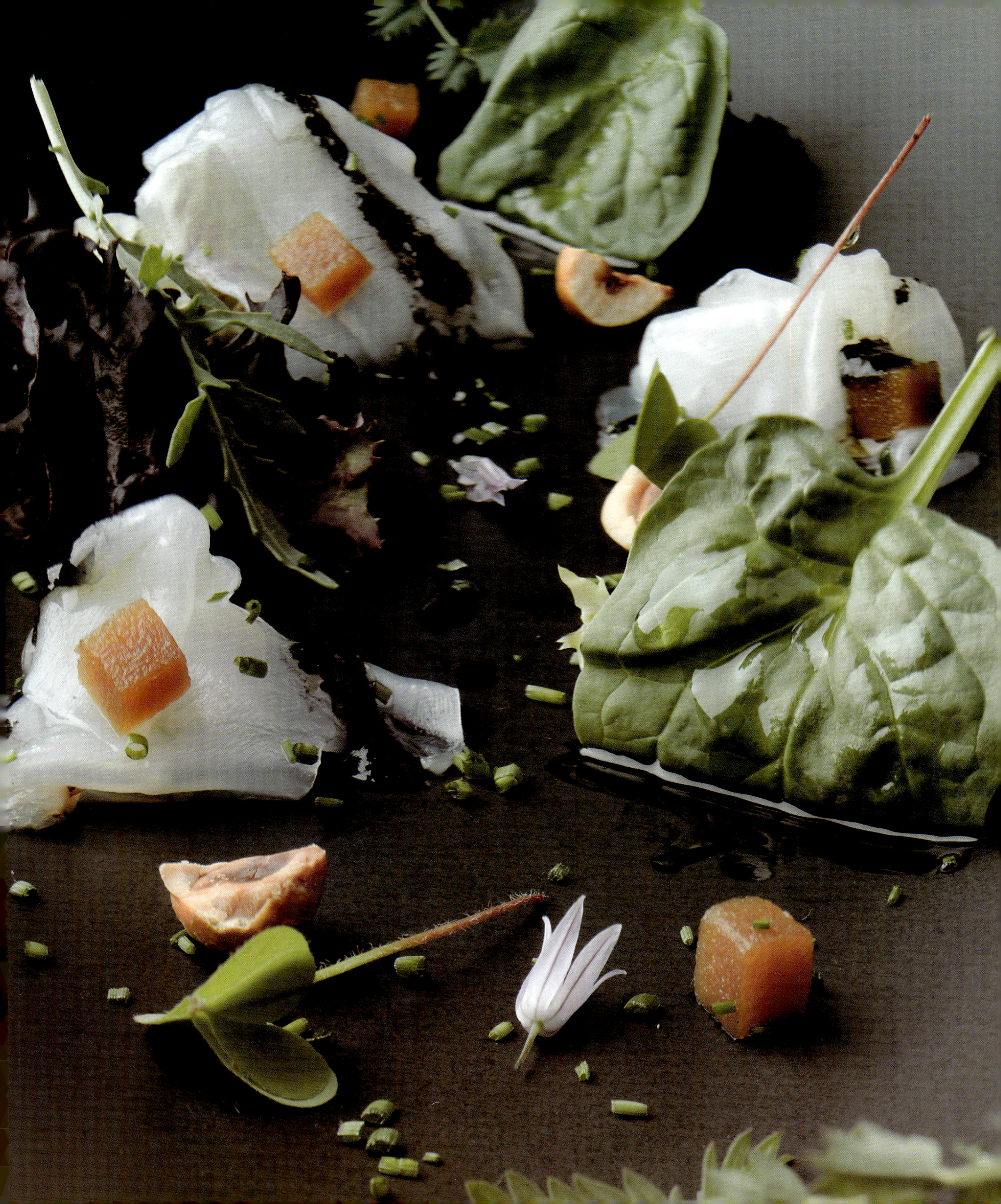

PAPADA
con infusión de frutos rojos y tirabeques

SCHWEINEBRUSTSPITZE
mit Aufguss aus roten Beeren und Zuckererbsen

ZUTATEN

(4 Personen)

Schweinebrustspitze: 600 g Brustspitze vom Iberischen Schwein, 1 Knoblauchknolle, 1 Zwiebel, 1 Zweiglein Rosmarin, Sonnenblumenöl **Schweine-Jus:** 5 kg Schweineknochen, Gemüse: 2 Zwiebeln, 1 Knoblauchknolle, 1 Stängel Petersilie **Aufguss aus roten Beeren:** 300 g Himbeeren, 300 g Rote Johannisbeeren, 75 ml Sherry-Essig, 50 g Zucker, 10 g Maisstärke (Maizena) **Weitere Zutaten:** 50 g frische Zuckerschoten, natives Olivenöl, Cidre-Essig

ZUBEREITUNG

Schweinebrustspitze

Die Brustspitze in Sonnenblumenöl mit der in Hälften aufgebrochenen Knoblauchknolle, der Zwiebel und dem Rosmarinzweiglein bei sehr kleiner Hitze weich garen.

Schweine-Jus

Die Knochen mit dem klein gehackten Gemüse und der Petersilie im Backofen bräunen und garen. Den Bratensatz entfetten, zum Kochen bringen und reduzieren, bis er dicklich wird.

Aufguss aus roten Beeren

Die roten Beeren mit dem Sherry-Essig und dem Zucker 30 Minuten bei 65 °C garen. Durch ein Stoffsieb seihen und mit etwas in Wasser aufgelöster Maisstärke binden.

ANMERKUNG: *Der Saft muss sehr sauer sein.*

Die Zuckererbsenschoten blanchieren und mit Eis abkühlen. Zerschneiden und beiseite stellen.

DAS GERICHT FERTIG STELLEN

Die Schweinebrustspitze auf der Backplatte anrösten und im Backofen mit der Schweine-Jus glasieren.

Das Fleisch in der Mitte des Tellers anrichten, mit dem Aufguss aus roten Beeren umgeben und auf das Fleisch die mit nativem Olivenöl und reichlich Cidre-Essig angemachten Zuckerschoten geben.

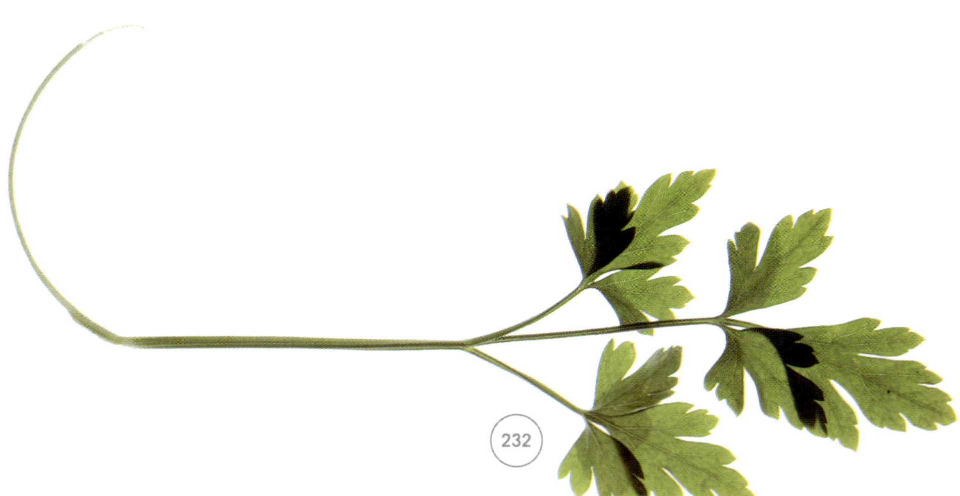

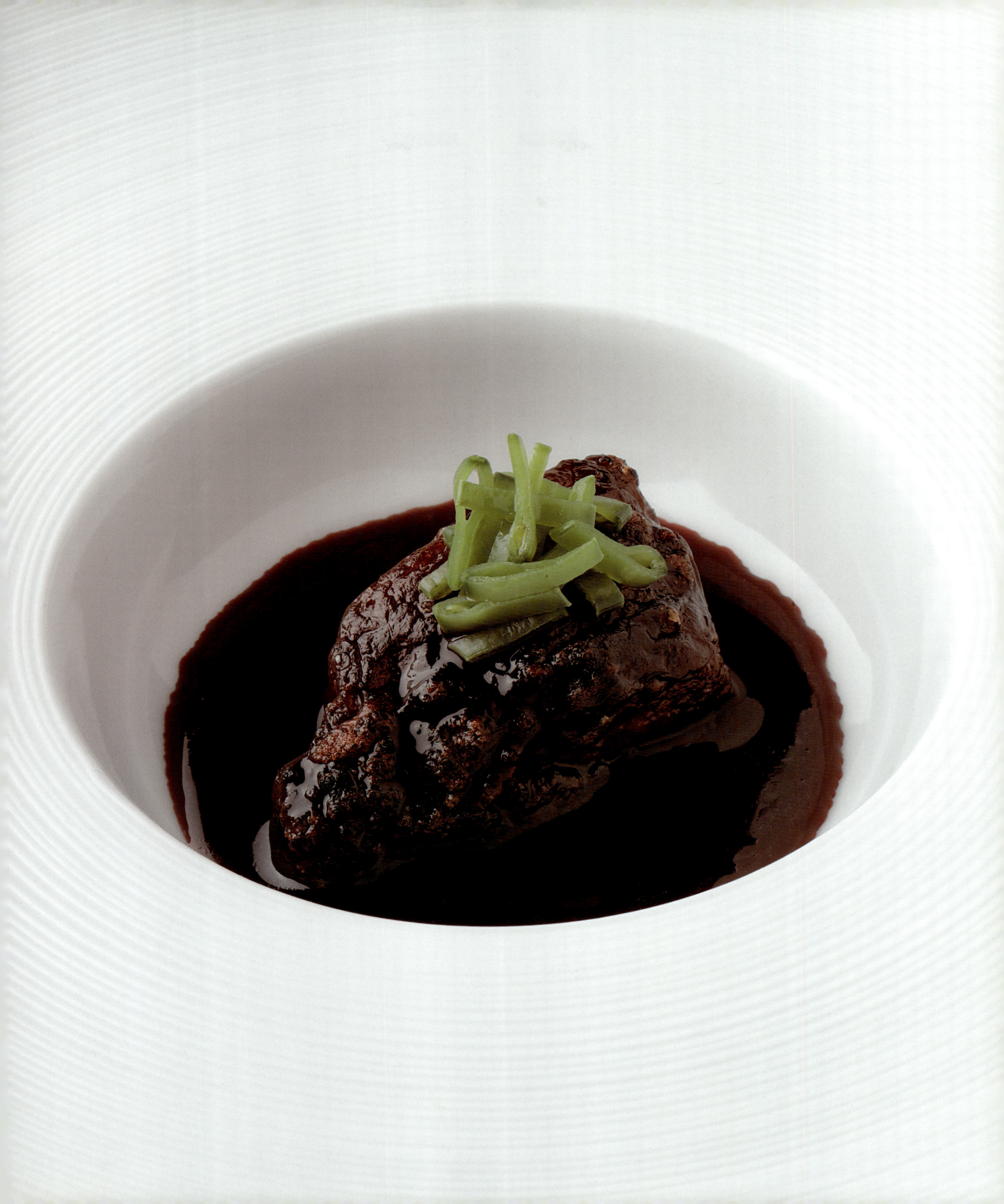

Gegenwart und Zukunft einer asturischen Institution

Marcos Morán repräsentiert die fünfte Generation der Chefköche der Casa Gerardo. Das Restaurant, dessen Geschichte bis ins Jahr 1882 zurückreicht, befindet sich schon von jeher im Familienbesitz. Früher machten hier die Postkutschen Station, heute ist das Haus die Nummer eins der asturischen Gastronomie – und zwar mit Recht. Dass es dazu kam, ist Marcos' Vater Pedro Morán zu verdanken, der das Restaurant als Besitzer seit Jahrzehnten leitet. Abgesehen davon, dass Pedro Morán seinem Sohn der wichtigste Lehrmeister ist, steht er ihm seit einigen Jahren auch als Mitstreiter bei der schrittweisen Entwicklung einer kulinarischen Vision zur Seite, die dazu anregt, einmal über die Bedeutung des Wortes Kontinuität nachzudenken.

Bevor Marcos Morán als Koch in die Casa Gerardo eintrat, absolvierte er eine Ausbildung an der Hotelfachschule in Gijón. Hier wurden ihm die Grundlagen vermittelt, die er benötigte, um sich erfolgreich in den elterlichen Betrieb zu integrieren. An die schulische Ausbildung schloss sich eine Phase an, in der es für ihn darum ging, das Gelernte zu vertiefen, und die ihn in viele der großen spanischen Küchen führte. Dann ging es zurück an den heimischen Herd, wo er an der Seite seines Vater einen Prozess vorantrieb, der seit seinem Eintritt von Jahr zu Jahr klarer zu erkennen ist: Ziel ist die kulinarische Neugründung der Casa Gerardo, ohne jedoch die Position dieses Restaurants als großer Klassiker der Gastronomieszene zu gefährden.

Wer auf dem »offiziellen« Weg, also über die Homepage des Restaurants, mehr über Marcos Morán erfahren will, stößt auf eine Reihe unzusammenhängender, aber bedeutungsschwangerer Wörter »… Olivenöl, Milchprodukte, Eintopfgerichte … Tradition, Beharrlichkeit, Kontinuität, Impetus, Geschmack, immer Geschmack …« sind Hinweis auf die Produkte und Ideen, die seine kulinarische Philosophie zum Ausdruck bringen. Bis hierhin ist es, was man erwarten kann bei einem, der gemeinsam mit seinem Vater ein Restaurant führt, dessen *fabada* (Bohneneintopf) und *crema de arroz con leche de Prendes* (Milchreis mit Milch aus Prendes) in der ganzen asturischen Gastronomieszene als Spitzenausführungen dieser beiden traditionellen Gerichte gelten. Es kommen aber noch mehr Wörter: »Konsistenzen, Farben, Lust, die Welt in die Tasche zu stecken, mit einem Biss bitte … Familie …«. Da kommt nun neben der entsprechenden Tradition auch jene stille, langsam fortschreitende Revolution zum Ausdruck, die Pedro und Marcos gemeinsam in ihrem Restaurant angezettelt haben. Mit jeder neuen Saison tauchen auf der Karte immer mehr Gerichte auf, die einen äußerst zeitgenössischen Stil verkörpern, und zwar auf so gekonnte Weise, dass Casa Gerardo inzwischen nicht mehr nur unter den klassischen asturischen Restaurants, sondern auch unter den avantgardistischen an der Spitze liegt.

Die gegenwärtige Küche der Casa Gerardo steht für subtil-gewagte Geschmackskontraste, gegensätzliche Konsistenzen und intensive Farben, die, wie auch das Spiel mit den Aromen und die Suche nach neuen Geschmackserlebnissen, wichtiger Bestandteil der Eleganz eines Gerichtes sind. Was Marcos Morán dabei nie aus den Augen verliert, ist das, was seine Zubereitungen so einmalig macht: das Gleichgewicht. In dem gesamten Veränderungsprozess trägt der junge Morán eine enorme Verantwortung. Bestes Beispiel dafür sind Gerichte wie sein preisgekrönter schwarz-weißer Klippfisch, der unter den zahlreichen Klippfisch-Gerichten inzwischen zu einem modernen Klassiker geworden ist und einen festen Platz auf der Speisekarte der Casa Gerardo hat. Jeden Tag aufs Neue beweist der junge Morán, wie er mithilfe seines vielseitigen Talents einerseits die vom Vater übernommenen Kreationen souverän beherrscht und andererseits auch jene Gerichte, die die neue Epoche des Restaurants verkörpern, mit absoluter Zuverlässigkeit zelebriert. Marcos Moráns Arbeit in der Küche der Casa Gerardo ist die Fortführung des beeindruckenden Werks seines Vaters, weist aber gleichzeitig auch darüber hinaus. Sein Einfluss und seine Kreativität sind in allen Details spürbar, und diesen Details ist es zu verdanken, dass die Casa Gerardo derzeit ihre erfolgreichsten Momente erlebt, seit der Ururgroßvater des jungen Morán vor weit über hundert Jahren in dem damaligen Wirtshaus die ersten Mahlzeiten servierte.

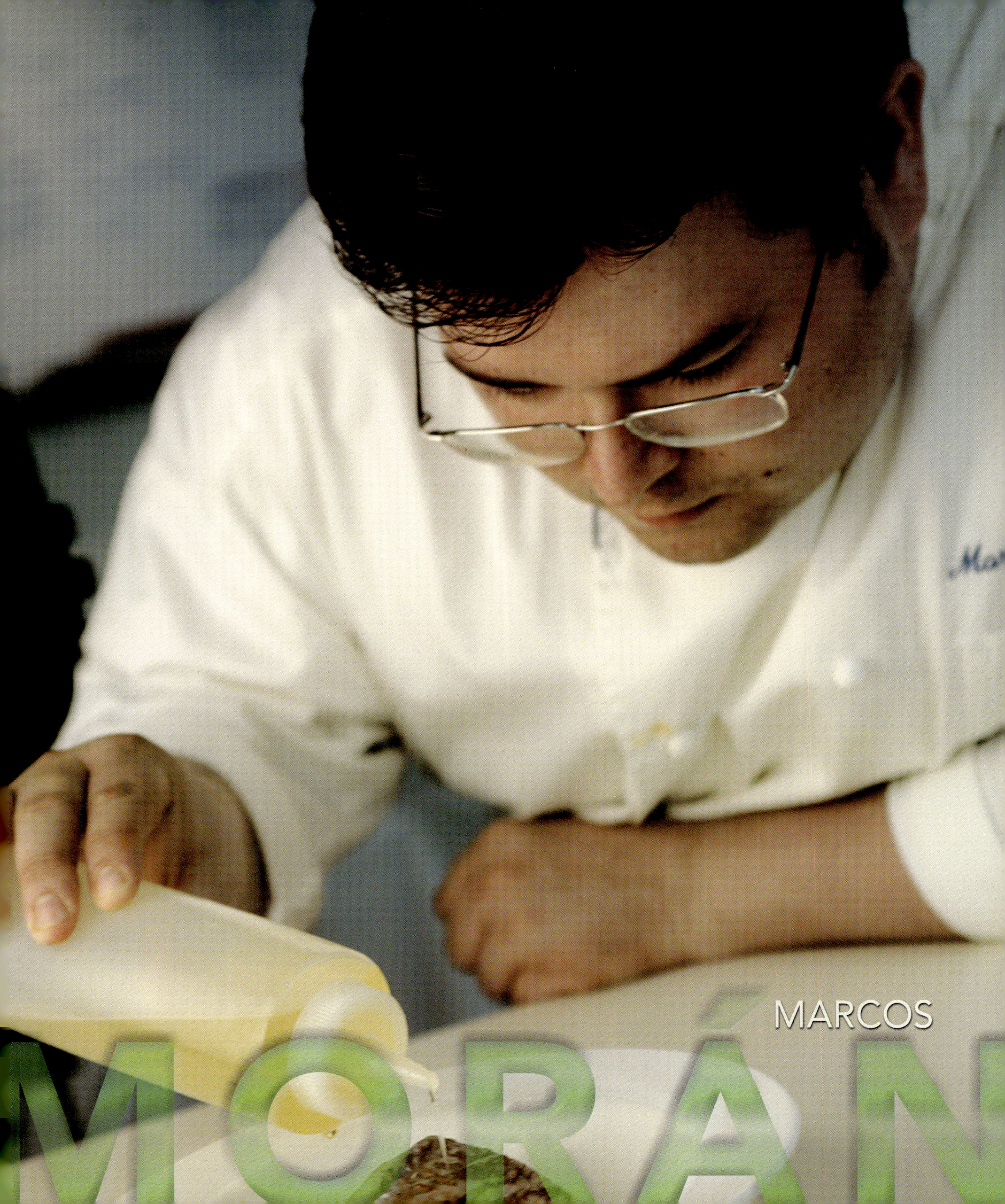

MARCOS MORÁN

MANDARINA AL ÓLEO [sopa de mandarina, helado de piña asada y *chocoliva*]

MANDARINE in ÖL
Mandarinensuppe, Eis aus geschmorter Ananas und Chocoliva*

ZUTATEN
(4–6 Personen)

Mandarinensuppe: 250 ml Mandarinensaft, 25 g Zucker, 250 ml Wasser **Eis aus geschmorter Ananas:** 500 g Ananas (geschält und ohne Strunk), 50 g Zucker + 100 g Zucker, 250 ml Milch, 50 ml natives Olivenöl** **Chocoliva:** 450 g dunkle Kuvertüre (64 % Kakao), 625 g helle Kuvertüre (40 % Kakao), 55 g Invertzucker, 225 g Butter, 295 ml natives Olivenöl extra, 235 ml Sahne **Weitere Zutaten:** 1 EL Olivenöl zum Beträufeln (pro Portion)

ZUBEREITUNG

Mandarinensuppe

Aus dem Zucker und dem Wasser eine Zuckerlösung zubereiten, abkühlen lassen und den Mandarinensaft hinzufügen. Kühl aufbewahren.

Eis aus geschmorter Ananas

Die Ananas in Stücke schneiden und diese mit 50 g Zucker schmoren, bis sie leicht gebräunt sind. Währenddessen die Milch mit den 100 g Zucker aufkochen. Die geschmorte Ananas mit der abgekochten Milch ablöschen. Alles zusammen pürieren und im letzten Moment das Öl hinzufügen. Cremig schlagen und zu Eis gefrieren.

Chocoliva

Beide Kuvertüren getrennt verflüssigen und mischen. Die Sahne und das Olivenöl mit dem Invertzucker aufkochen. Die Kuvertüre mit der Fettmischung emulgieren und erwärmen. Sobald 35 °C erreicht sind, die weiche Butter hinzufügen. In einen Rahmen von 1 cm Höhe gießen, 24 Stunden ruhen lassen und nach Wunsch in Form schneiden.

DAS GERICHT FERTIG STELLEN

Eine Chocoliva-Figur in ein tiefes Schälchen geben. Darauf einen Löffel Eis aus geschmorter Ananas anrichten, mit einem Löffel Olivenöl beträufeln und zuletzt die Mandarinensuppe hinzugeben. Dabei immer mehr Mandarinensuppe als Olivenöl verwenden, keinesfalls weniger.

---

*Das Wort ist eine Erfindung des Kochs, zusammengesetzt aus Chocolate und Oliva.
**Es empfiehlt sich die Verwendung von Olivenöl aus 100 % Arbequina, das frisch und fruchtig schmeckt und im Mund nicht schwer und pastös wirkt.

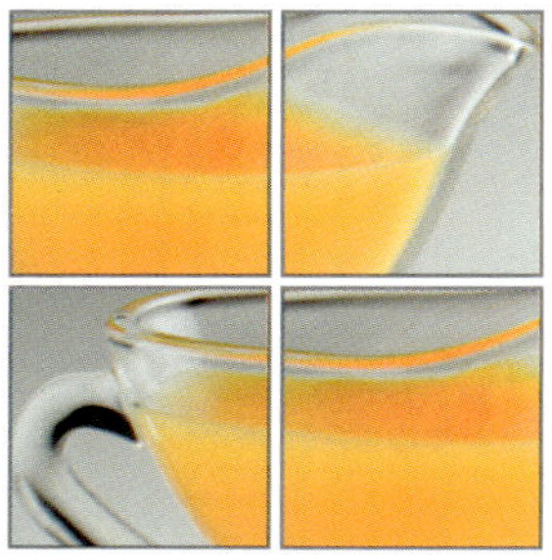

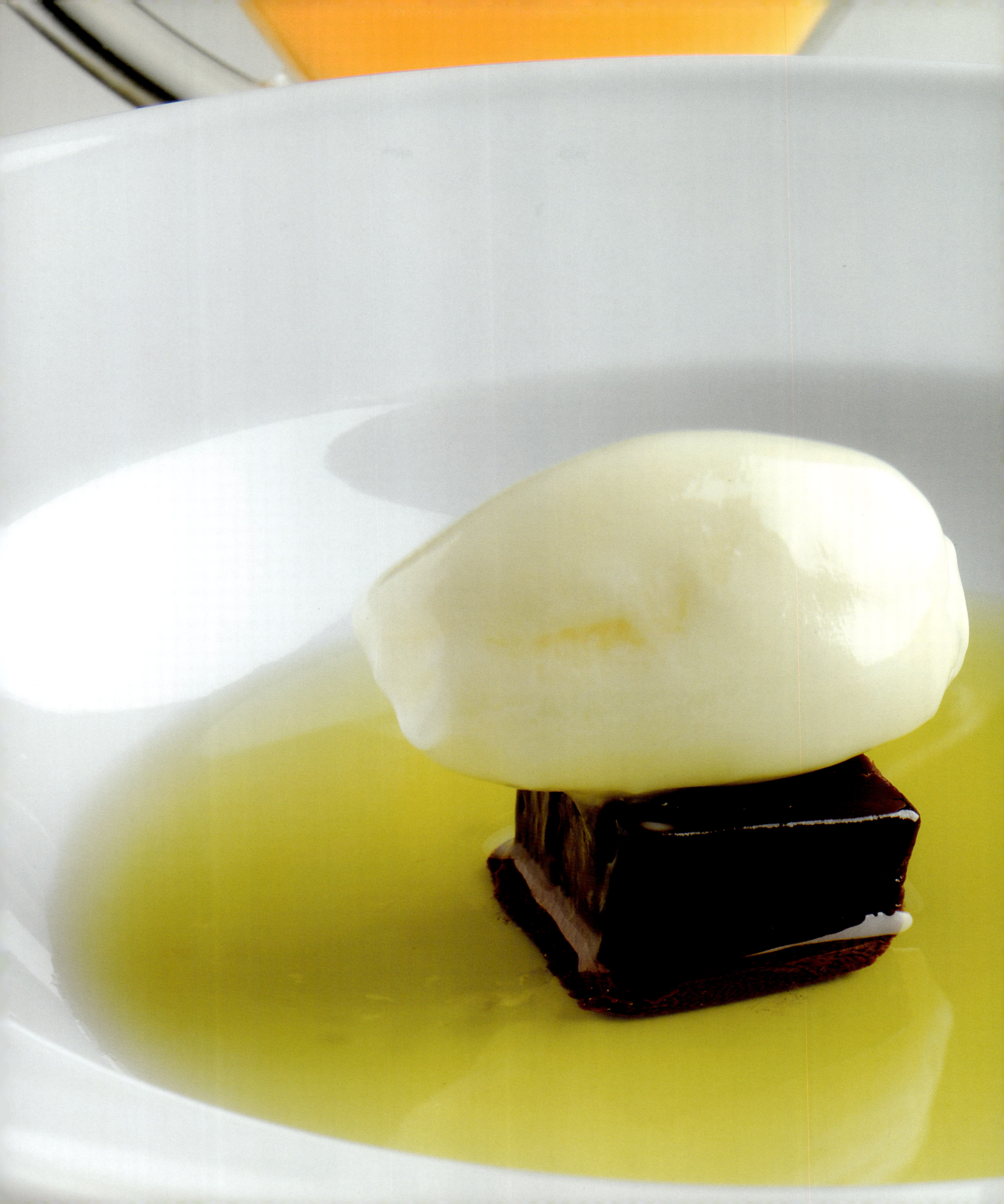

RUBIEL, ESENCIAS Y PATATA

GROSSAUGENZAHNBRASSE, ESSENZEN und KARTOFFELCREME

ZUTATEN

(4–6 Personen)

Großaugenzahnbrasse: 150 g Großaugenzahnbrasse (oder Dorade) pro Person, 150 ml Essenzöl pro Portion **Essenzöl:** 1 l Sonnenblumenöl, 200 g Gräten der Großaugenzahnbrasse **Kartoffelcreme:** 1 kg Kartoffeln (gewaschen und mit Schale), 2 l Mineralwasser, 20 g Tandoori-Paste, 300 ml Essenzöl

ZUBEREITUNG

Großaugenzahnbrasse

Den entgräteten Fisch in Portionen von je 150 g schneiden und diese einzeln mit je 150 ml Essenzöl in Vakuumbeutel einschweißen.

Essenzöl

Die Gräten in dem Sonnenblumenöl ganz langsam schmoren, ohne dass sie Farbe annehmen. Durch ein Sieb abgießen und die Essenz bei Zimmertemperatur aufbewahren.

Kartoffelcreme

Die Kartoffeln in dem Wasser garen, herausnehmen und schälen. Mit der Tandoori-Paste, 100 ml Kochwasser (durchgeseiht) und dem Essenzöl pürieren, bis die Creme eine glänzende elastische Konsistenz besitzt.

DAS GERICHT FERTIG STELLEN

Die Portion Großaugenzahnbrasse im Vakuumbeutel bei niedriger Temperatur (65 °C) im Wasserbad 12 Minuten garen.
Die Kartoffelcreme in einen tiefen Teller geben und mit einer Portion Fisch bekrönen. Dem Gericht mit dem Essenzöl großzügig Glanz verleihen.

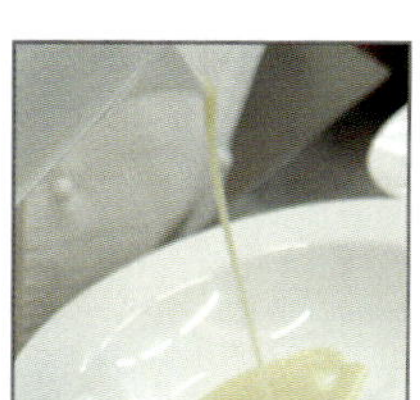
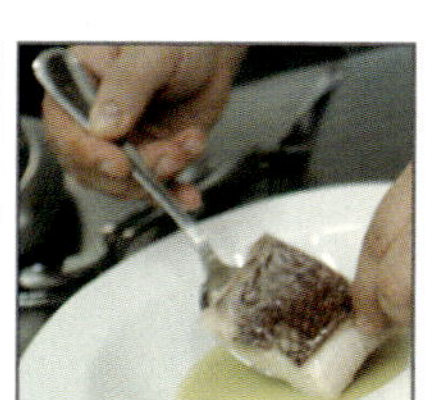
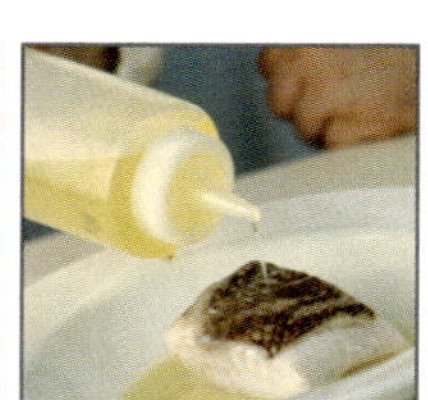

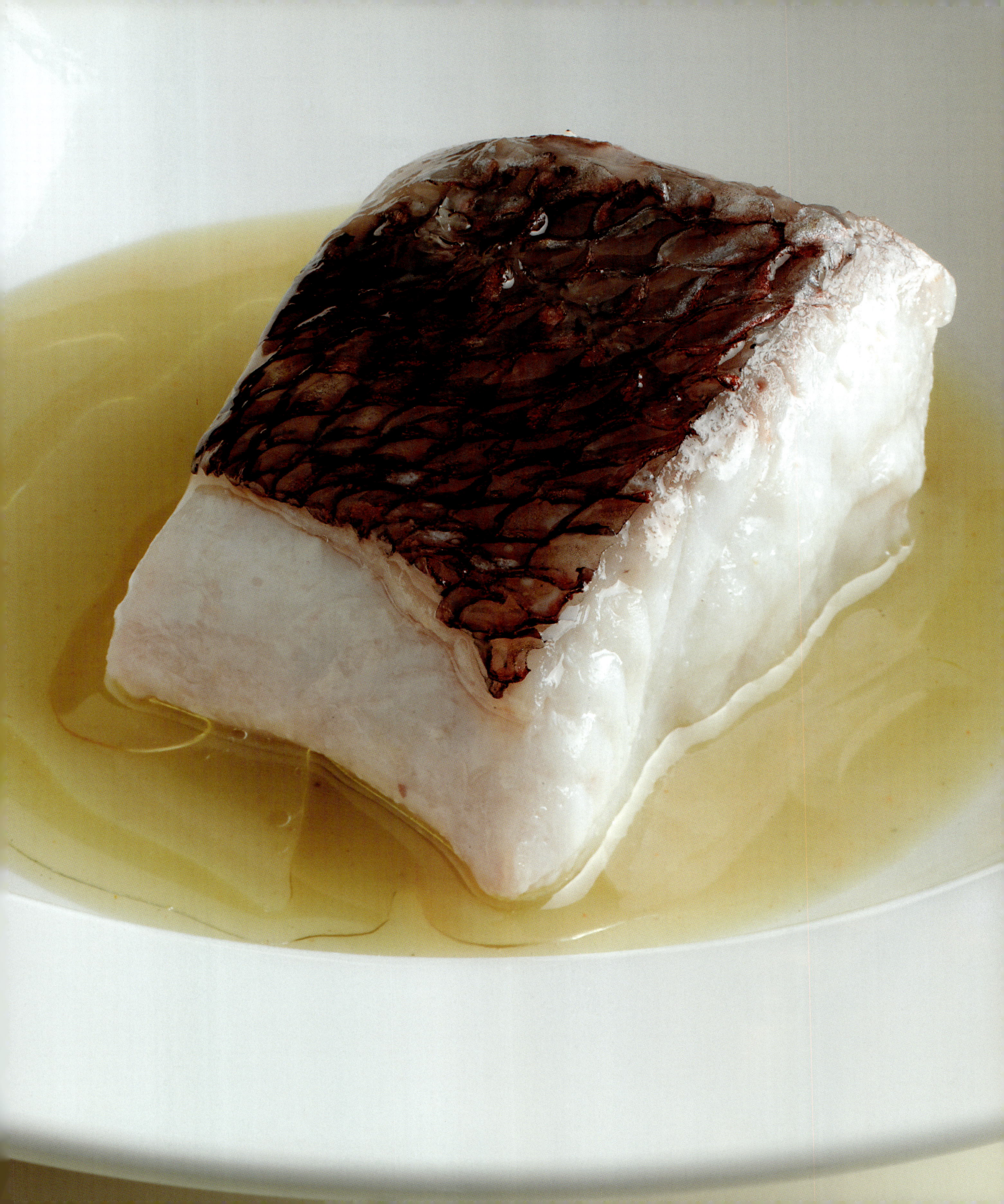

Die überraschende Reife eines Zwanzigjährigen

Dass die spanische Gastronomie sich derzeitig in bester Verfassung befindet, ist unter anderem daran zu erkennen, dass immer wieder junge Leute auftauchen, die mit neuen Ideen und Herangehensweisen die eingefahrenen Konventionen über den Haufen werfen.

Jaime Renedo, Chef des Restaurants Asiana, stieß 2005 im Alter von zweiundzwanzig Jahren zur jüngsten Generation der Nachwuchstalente der Madrider Gastronomie. Renedo, der Originalität und Talent vereint, steht für eine kreative Küche, deren Gerichte durch ihren erfrischenden Charakter überraschen. Als sichere Werte, die es erlauben, seiner weiteren Entwicklung mit wohl begründeter Hoffnung entgegenzusehen, kommen dazu noch seine beachtlichen Kenntnisse in so komplexen gastronomischen Bereichen wie der Mykologie und eine kluge Vorsicht im Umgang mit Fleisch und Fisch.

Allein schon die Lokalität, die Renedo als Ausgangsbasis für die Eroberung Madrids gewählt hat, ist ein trendverdächtiges Novum. Es handelt sich um eine orientalische Antiquitätenhandlung im Chueca-Viertel. Wenn diese bei Einbruch der Dunkelheit ihre Türen schließt, werden inmitten der bunt-exotischen Welt der Antiquitäten sechs Tische aufgebaut und so entsteht die Kulisse einer ungewöhnlichen Bühne, die dem jungen Koch für seine Auftritte dient.

Seine Ausbildung absolvierte Jaime Renedo an der Hotelfachschule Moralzarzal, wo Salvador Gallego drei Jahre lang sein Lehrmeister war. Weitere entscheidende Erfahrungen sammelte er während seiner Zeit im Restaurant Picasso in Las Vegas sowie bei einem Praktikum im Restaurant elBulli. Auf dieser Grundlage entwickelte sich die kulinarische Identität dieses viel versprechenden Kochkünstlers. Seine Fähigkeiten kommen in einer frischen Marktküche zum Ausdruck, in deren Mittelpunkt die Produkte stehen, die jeweils gerade ihre besten Qualitäten entfalten. Mit diesen Produkten und dem Wissen um ihre Kombinationsmöglichkeiten kreiert Renedo Gerichte mit solider Grundlage, in denen sorgfältig gewählte Texturen und geschmackliche Kontraste eine überschäumende Kreativität erkennen lassen. Anders gesagt: eine Präsentation vernünftiger großartiger Ideen, die in ein sehr ausgewogenes Menü mündet, in dem bei Fleisch- und Fischgerichten außerdem der Gargrad dem Wunsch des Gastes angepasst wird. Die Desserts und Petit Fours bilden ein Repertoire überzeugender Neuentdeckungen und gewagter Spitzenleistungen.

Jaime Renedo hat es geschafft, die Madrider Liebhaber der guten Küche für sich einzunehmen. Es bleibt zu hoffen, dass seine große Kunstfertigkeit nur die Spitze des Eisberges ist, der im Lauf der Jahre an die Oberfläche kommt.

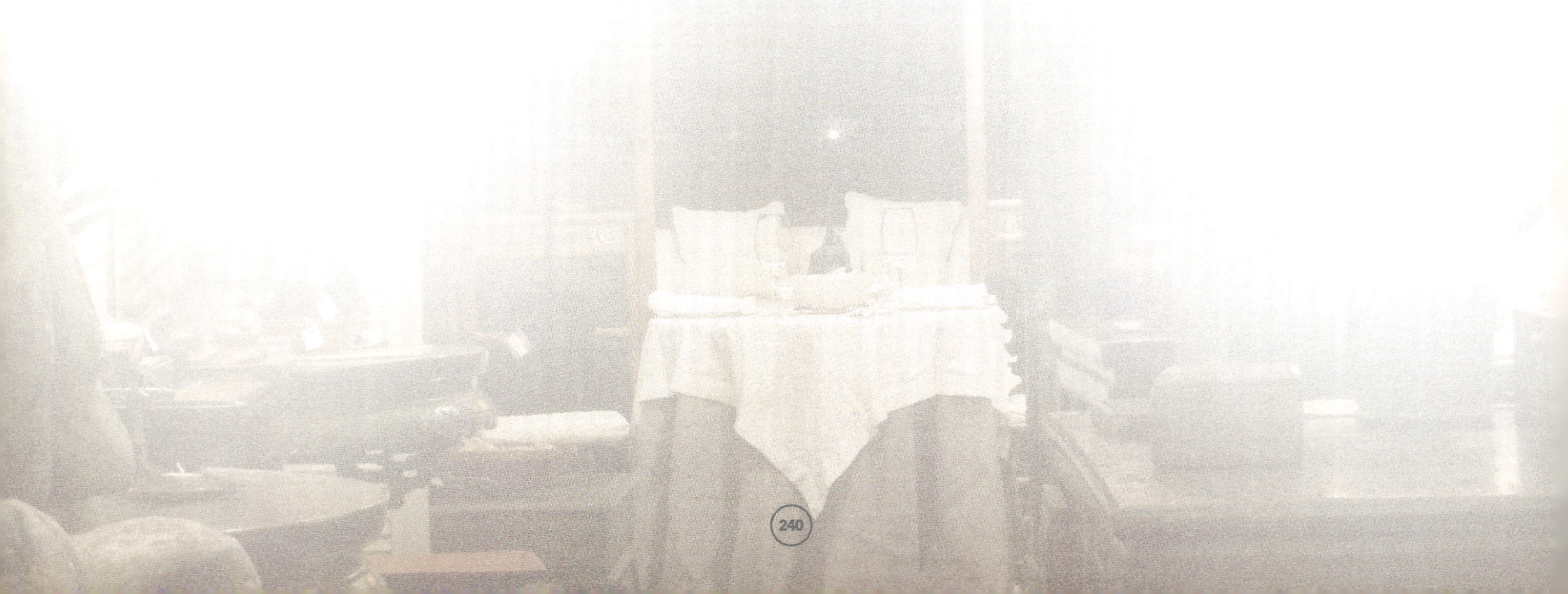

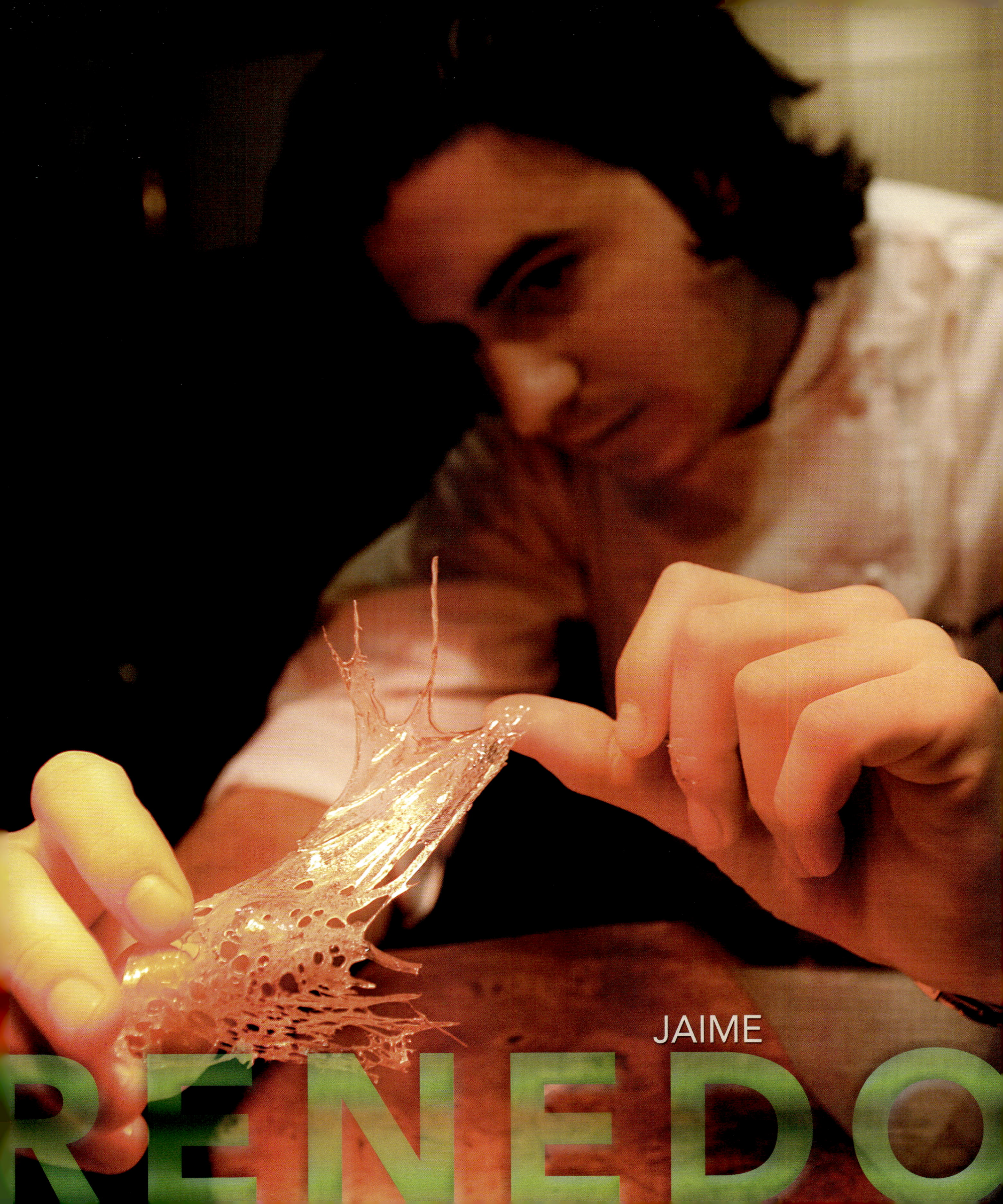

JAIME RENEDO

PEZ ESPADA
con puré de limón y salsa Thai

SCHWERTFISCH
mit Zitronenpüree und Thai-Sauce

ZUTATEN

(4 Personen)

Zitronenpüree: 60 g Zitronenschale, 65 ml Zitronensaft, 10 ml Wasser, 10 g Zucker, 15 g Butter **Thai-Sauce:** 4 Knoblauchzehen, 1 Stück frische Ingwerwurzel, Sonnenblumenöl, 2 l Hühnerfond, 3 Kaffernlimettenblätter **Schwertfisch:** 300 g Schwertfischfilet, Sojasprossen, 18 g Galgant, in dünne Scheibchen geschnitten (4,5 g pro Person), 4 Bananenblätter (1 pro Person)

ZUBEREITUNG

Zitronenpüree

Die Zitronenschale fünf Mal blanchieren, dabei jedes Mal in kaltem Wasser aufsetzen. Abtropfen lassen und 30 Minuten in Wasser garen. Erneut abtropfen lassen und in der Küchenmaschine bei 50 °C mit dem Zitronensaft, dem Wasser und dem Zucker pürieren, bis eine glatte Masse entsteht. Mit der weichen Butter emulgieren.

Thai-Sauce

Den Knoblauch und den Ingwer im Mörser zerreiben und in Sonnenblumenöl goldbraun braten. Den Hühnerfond dazugießen, die Kaffernlimettenblätter hineingeben und ziehen lassen. Die Sauce durch ein feinmaschiges Sieb abgießen.

Schwertfisch

Das Schwertfischfilet in vier Stücke schneiden. Die Sojasprossen und den Galgant sautieren. Ein Bananenblatt pro Person zu einem Kreuz zurechtschneiden und einige Sojasprossen mit dem Galgant in die Mitte platzieren. Ein Schwertfischstück darauflegen und obenauf auch Sojasprossen mit Galgant geben. Die Bananenblätter zu je einem Päckchen schnüren und 8 Minuten im 180 °C heißen Ofen backen.

DAS GERICHT FERTIG STELLEN

Die ausgepackten Schwertfischstücke in je zwei Dreiecke schneiden und diese übereinander auf dem Teller anrichten. Mit Thai-Sauce nappieren und dazu Zitronenpüree reichen.

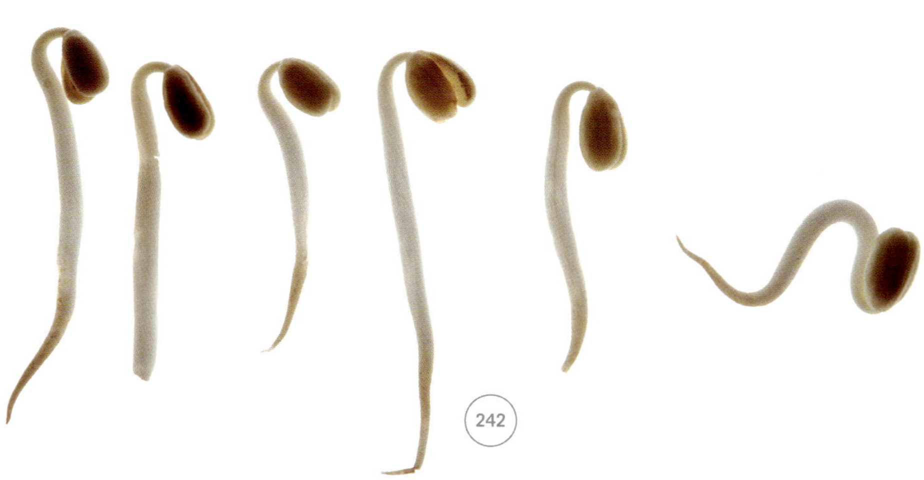

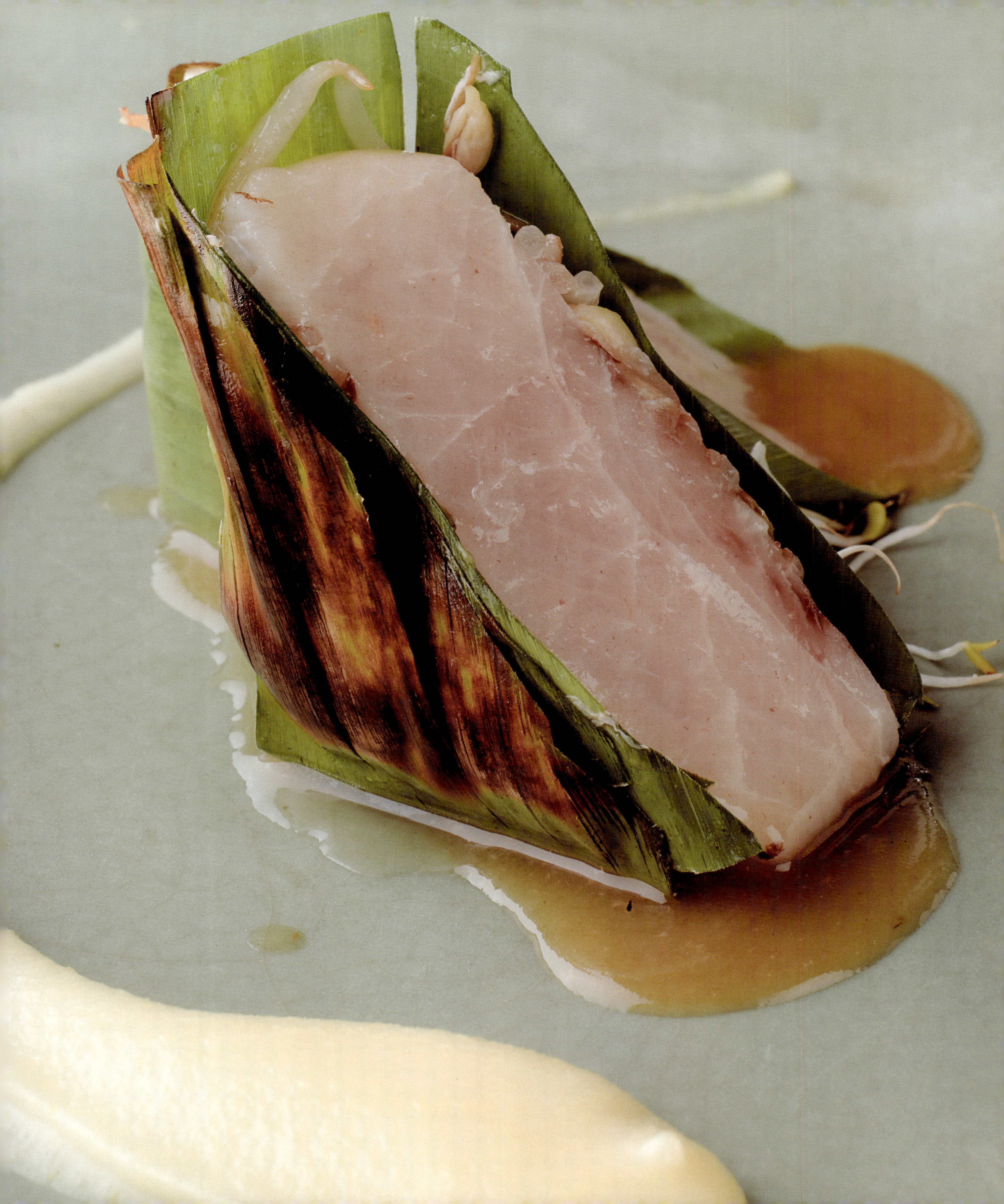

ENSALADA DE PRIMAVERA

FRÜHLINGSSALAT

ZUTATEN

(4 Personen)

Wachteleier: 8 Wachteleier **Dicke Bohnen:** 30 g junge Dicke Bohnen, enthülst, 3 g Fett vom Ibérico-Schinken, klein geschnitten **Gemüse:** 1 Minizucchini, 1 Minimöhre, 4 Cherry-Tomaten **Maissaft:** 150 g Süßmaiskörner mit dem Kochwasser (aus der Dose) **Spargelsaft:** 150 g grüne Spargelstangen (ohne die Spitzen) **Weitere Zutaten:** 45 g Spargelspitzen, Basilikum, Estragon, Fenchelkraut, Minze, natives Olivenöl extra, Maldonsalz

ZUBEREITUNG

Wachteleier

Die Wachteleier 25 Sekunden in Wasser kochen.

Dicke Bohnen

Die jungen Dicken Bohnen mit dem Schinkenfett sautieren.

Zucchini und Möhre

Die Minizucchini und die Minimöhre mit dem Gemüsehobel in dünne Streifen schneiden.

Cherry-Tomaten

Die Cherry-Tomaten blanchieren und enthäuten. Unten ein Stückchen abschneiden, damit man sie gut hinstellen kann.

Maissaft

Die Maiskörner mit dem Maiswasser in der Küchenmaschine pürieren und durch ein feinmaschiges Sieb abseihen.

Saft aus grünem Spargel

Die Spargelspitzen abschneiden und beiseite stellen. Die Spargelstangen 15 Sekunden in Salzwasser kochen. Schnell abkühlen, in den Entsafter geben und danach durch einen feinen Filter gießen.

DAS GERICHT FERTIG STELLEN

Auf den Tellerboden den Maissaft und den Spargelsaft gießen. In die Tellermitte die mit den Schinkenfettstückchen sautierten Dicken Bohnen geben. Darauf einen Zucchinistreifen und einen Möhrenstreifen legen. Die lauwarmen Wachteleier links und rechts neben den Dicken Bohnen anrichten und die Spargelspitzen daraufsetzen. Die Cherry-Tomate am oberen Tellerrand in gleichem Abstand zu den beiden Wachteleiern anrichten. Den Teller mit den Kräuterblättchen dekorieren. Abschließend einen Schuss natives Olivenöl extra und etwas Maldonsalz über den Salat geben.

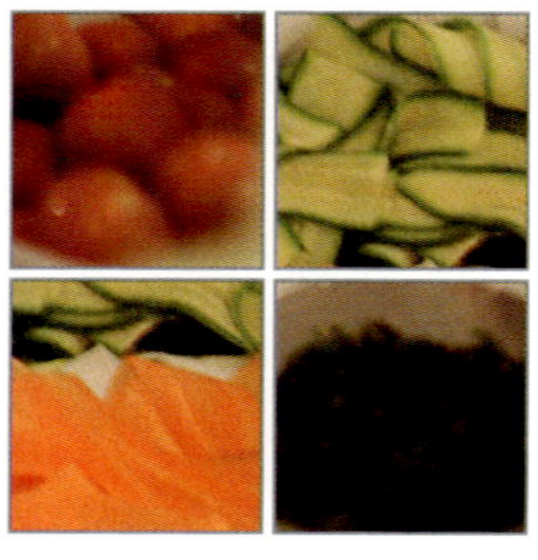

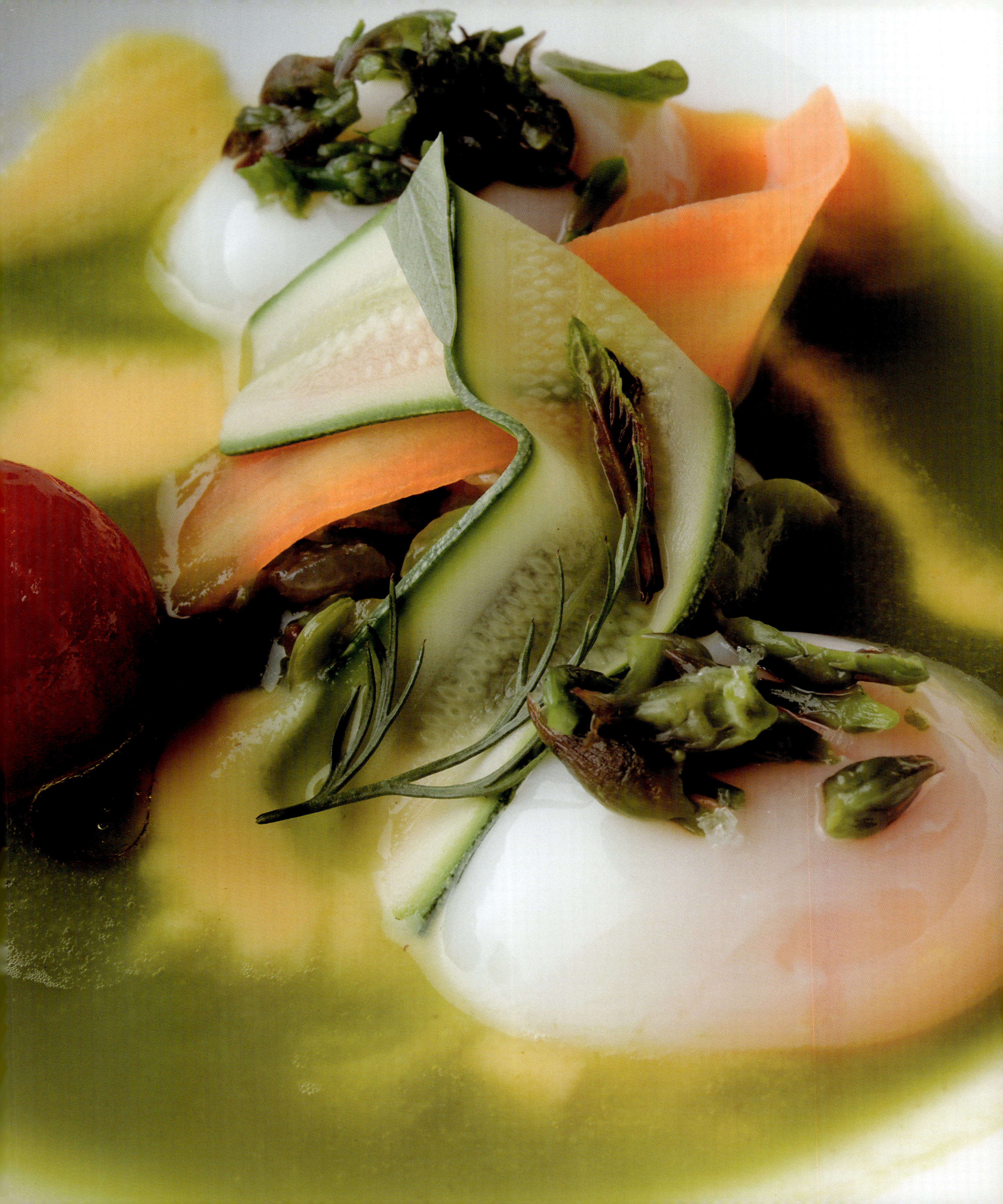

Óscar Velasco, gebürtiger Segovianer, hatte schon während seiner Ausbildung in berühmten spanischen Restaurants wie dem Zalacaín in Madrid und dem Restaurant von Martín Berasategui in Lasarte Station gemacht, bevor er unter Santi Santamaría im Racó de Can Fabes zu arbeiten begann. An der Seite von Santamaría bildete sich sein eigenes Talent heraus, und zwar so überzeugend, dass der Meister, als er im Verbund mit der Hotelkette Hesperia zur Eroberung Madrids antrat, Velasco zum Küchenchef des Santceloni machte, das von da an sein Restaurant in der spanischen Hauptstadt sein sollte.

Nachwuchstalent mit Meisterambitionen

Eine gewagte Entscheidung – so zumindest hätte man in Anbetracht von Velascos jugendlichem Alter meinen können. Es dauerte jedoch nur wenige Monate, bis das Publikum und auch die Fachkritik zu merken begannen, dass es die richtige Entscheidung gewesen war. Heute, fünf Jahre nach der Eröffnung, gilt das im Erdgeschoss des Hotels Hesperia gelegene Nobelrestaurant nicht nur bei vielen als das beste Restaurant in Madrid, sondern wird mit Anerkennungen – sowohl für seine Küche als auch für den hervorragenden Service, den exzellenten Umgang mit dem Wein, den spektakulären Käsetisch … – geradezu überschüttet.

Wer Velasco zum ersten Mal begegnet, entdeckt in seinen Augen einen Glanz, in dem sich unübersehbar die Zufriedenheit über die gut geleistete Arbeit zeigt. Sein Verhältnis zu Santamaría unterscheidet sich deutlich von dem, das die Chefköche anderer berühmter Restaurants mit dem Starkoch verbindet, der die Küche aus der Ferne lenkt. Velasco, der in den ersten Jahren seiner Laufbahn der Speisekarte des Can Fabes ganz und gar treu blieb, entwickelte Schritt für Schritt die erforderliche Eigenständigkeit, um seine und seines Lehrmeisters kulinarische Philosophie – der eine aus Segovia, der andere aus Barcelona – umzusetzen: dem Gast ein erstklassiges Produkt zu bieten und es mithilfe von Kochkunst und Küchentechnik so auf den Teller zu bringen, dass größtmöglicher Genuss gewährleistet ist. Erste Voraussetzung bei der Auswahl der von Velasco verarbeiteten Produkte ist, dass die Saison stimmt: In einer Welt, in der das ganze Jahr über alles angeboten wird, werden industriell oder zumindest künstlich erzeugte Produkte zu etwas Gewöhnlichem und verlieren ihre naturbedingte Daseinsberechtigung. Auf der Speisekarte des Santceloni ist deshalb kein Platz für sie. Ein wesentlicher Teil der Arbeit Velascos besteht darin, Kleinerzeuger zu finden, die ihre Produkte selbst herstellen und – wenn möglich exklusiv für diesen Kunden – nach Madrid bringen, um so jegliche Standardisierung und Vereinheitlichung zu verhindern, die den Produkten ihren ganz speziellen Charakter nehmen könnte.

Gerade das ganz Spezielle jedes Produkts zwingt Óscar Velasco dazu, eigene Rezepte zu entwickeln, die jedoch schon seit Langem das Vertrauen Santamarías genießen. Dessen Leitung manifestiert sich darin, dass er jedes Mal, wenn er sich in Madrid aufhält, zum Essen ins Restaurant kommt, sich mit Velasco über die Gerichte unterhält, Ratschläge gibt, neue Ideen beisteuert, Vorschläge macht und sich davon überzeugt, dass dieser junge Mann aus Segovia strammen Schritts darauf zusteuert, selbst ein Meister zu werden.

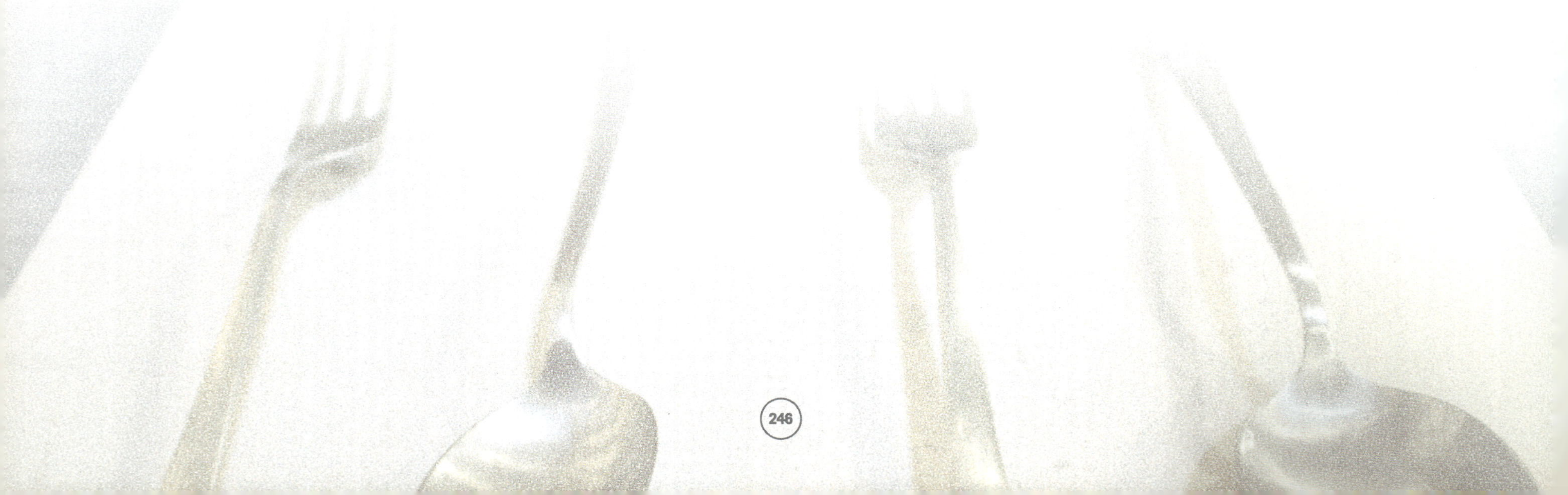

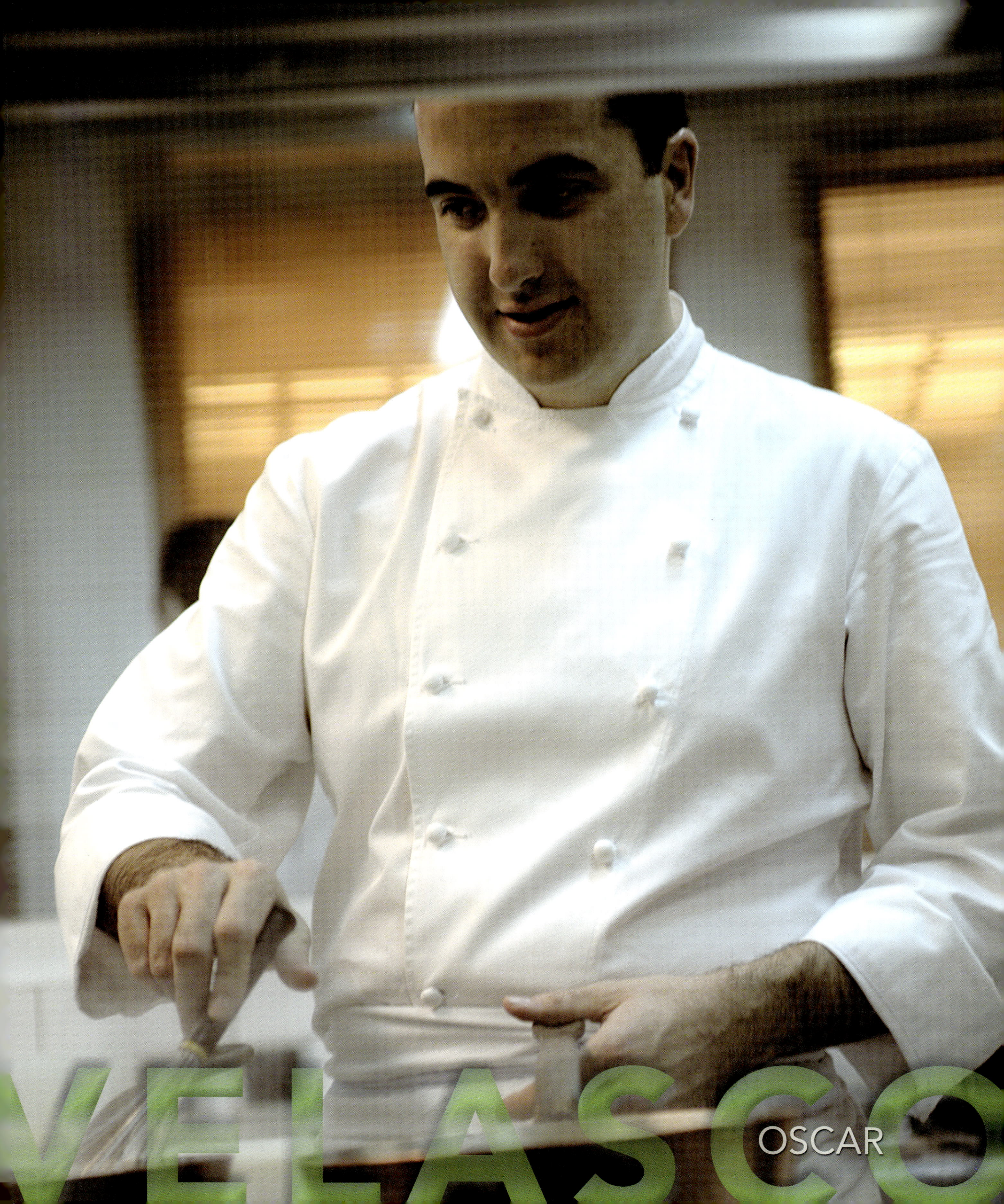
VELASCO
OSCAR

BUEY DE MAR al jerez con crema de calabacín

SHERRY-TASCHENKREBS mit Zucchinicreme

ZUTATEN

(3 Personen)

Court-Bouillon: 3 l Wasser, 300 ml Weißwein, 1 Möhre, 1 Zwiebel, 1 Stange Lauch, 1 Lorbeerblatt, 10 schwarze Pfefferkörner, 60 g Salz **Taschenkrebs-Ravioli:** Frischer Nudelteig, in quadratische Stücke (5 × 5 cm) geschnitten, 1 Taschenkrebs (200 g Krebsfleisch), Zwiebel, gedünstet (130 g pro 200 g Krebsfleisch), Sherry (33 ml pro 200 g Krebsfleisch), natives Olivenöl, Court-Bouillon **Zucchinicreme:** 45 g frische Zwiebel, in Julienne geschnitten, 75 ml Olivenöl (0,4° Säure), 5 g Butter, 40 g Zucchinischale, 250 g Zucchinifleisch (ohne Schale), 10 ml Sahne, Wasser und Salz **Sauce aus Pinienkernen und Taschenkrebs-Corail:** 30 g Pinienkerne, geröstet, 200 ml Olivenöl, (0,4° Säure), 25 g Ibérico-Schinken, fein gehackt, 30 g Taschenkrebs-Corail **Weitere Zutaten:** Schnittlauchspitzen, Kerbel

ZUBEREITUNG

Court-Bouillon

Alle Zutaten in einen Topf geben und zum Kochen bringen.

Taschenkrebs-Ravioli

Die Court-Bouillon nach dem Abseihen erneut aufkochen und den Taschenkrebs hineingeben. Pro Kilo Krebs 12 Minuten kochen lassen. Den Krebs herausnehmen und 5 Minuten in Eiswasser abkühlen, um den Garvorgang zu beenden. Den Taschenkrebs öffnen, den Corail vorsichtig herauslösen und beiseite stellen, das Fleisch aus der Schale und den Beinen herausheben. Das verlesene Krebsfleisch in eine Schale geben, die gedünstete Zwiebel und den Sherry hinzufügen und gegebenenfalls nachsalzen. Etwas Corail hinzufügen. Die Teigblätter in kochendem Wasser mit Salz und Olivenöl blanchieren und abschrecken. Auf die Tischplatte legen und in die Mitte jedes Teigblatts einen Esslöffel Füllung geben. Die Teigblätter zu kleinen Päckchen zusammenfalten.

Zucchinicreme

Die frische Zwiebel in Öl und Butter bei kleiner Hitze 10 Minuten anschwitzen. Das gewürfelte Zucchinifleisch hinzufügen und bei kleiner Hitze 15 Minuten weitergaren. Dann die sorgfältig gewaschene und fein gehackte Zucchinischale hinzugeben und 1 Minute weitergaren. Nun die Sahne und so viel Wasser dazugeben, bis die Zucchini bedeckt ist. Zum Kochen bringen und mit Salz abschmecken. Pürieren, durch ein feines Sieb passieren und sofort kühlen, damit die grüne Farbe nicht verloren geht.

Pinienkernsauce

Die Pinienkerne in einem Mörser zerstoßen. Olivenöl und restlichen Corail hinzufügen und alles nach und nach vermengen. Den Schinken dazugeben und das Ganze mit Salz abschmecken. Falls die Soße zu dick ist, mit etwas Court-Bouillon verdünnen.

DAS GERICHT FERTIG STELLEN

In die Mitte eines tiefen Tellers ein paar Esslöffel Zucchinicreme geben und eine Ravioli mit den Teigrändern nach unten daraufsetzen. Einen Esslöffel Pinienkernsauce darübergeben und das Ganze mit ein paar Tropfen Olivenöl beträufeln. Mit einer Schnittlauchspitze und einem Kerbelblatt dekorieren.

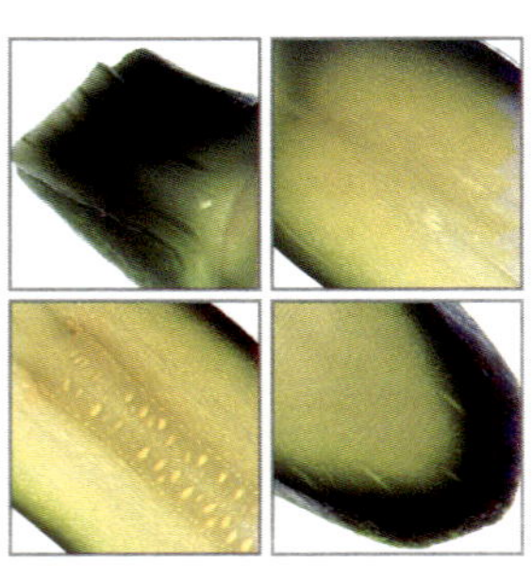

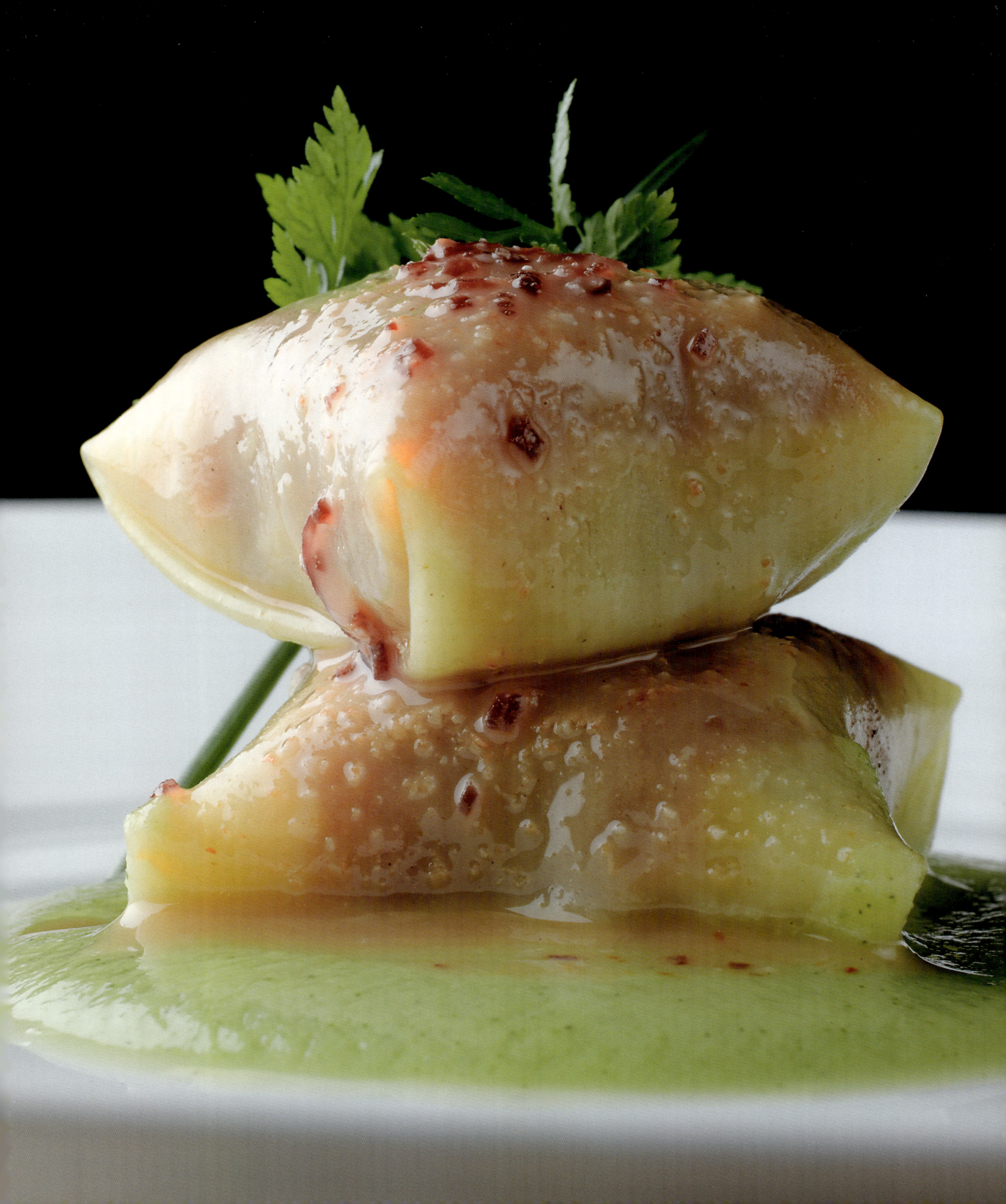

MERO MARINADO con puré de manzanas

MARINIERTER ZACKENBARSCH mit Apfelbrei

ZUTATEN

(5 Personen)

Zackenbarsch: 500 g Zackenbarschfilets, 1 kg Salz, 1 kg Zucker, einige Stängel Zitronengras, 80 ml Olivenöl (0,4° Säure) **Geräucherter Apfelbrei:** 2 Äpfel, 25 g Zucker, 50 g Butter, Salz **Zitronen-Vinaigrette:** 20 ml Olivenöl nativ extra, 20 ml Zitronensaft, Salz **Sonstige Zutaten:** Spinatsprossen, Schnittlauchröllchen (zum Bestreuen)

ZUBEREITUNG

Zackenbarsch

Den Zackenbarsch ausnehmen, die Filets herauslösen und sorgfältig von Gräten und Haut befreien. Salz, Zucker und 2 Stängel Zitronengras vermengen. Die Zackenbarschfilets in die Mischung legen und 10 Stunden marinieren lassen. Herausnehmen, unter kaltem Wasser abspülen und trockentupfen. Olivenöl mit ein paar Stängeln Zitronengras vermischen und die Filets mindestens weitere 10 Stunden darin einlegen. Anschließend den Fisch herausnehmen, in Würfel von jeweils etwa 40 Gramm schneiden und diese in mit Zitronengras aromatisiertem Salzwasser blanchieren. Beiseite stellen.

Geräucherter Apfelbrei

Die Äpfel waschen und in sechs Scheiben schneiden; das Kerngehäuse entfernen. Salz, Zucker und Butter in Wasser auflösen und die ungeschälten Apfelscheiben darin garen. Herausnehmen und etwa 10 Minuten in den Räucherofen legen. Unter Zugabe von etwas Kochwasser pürieren, eventuell nachsalzen und nachzuckern, durch ein Sieb passieren und abkühlen lassen.

Zitronen-Vinaigrette

Alle Zutaten gut vermischen.

DAS GERICHT FERTIG STELLEN

Einen Esslöffel Apfelbrei in die Mitte des Tellers geben und die Fischwürfel daraufsetzen. Die Spinatsprossen waschen und mit Zitronen-Vinaigrette anmachen. Den Fisch mit Zitronen-Vinaigrette einpinseln, Schnittlauchröllchen darüberstreuen und das Ganze mit einem Sträußchen Spinatsprossen dekorieren.

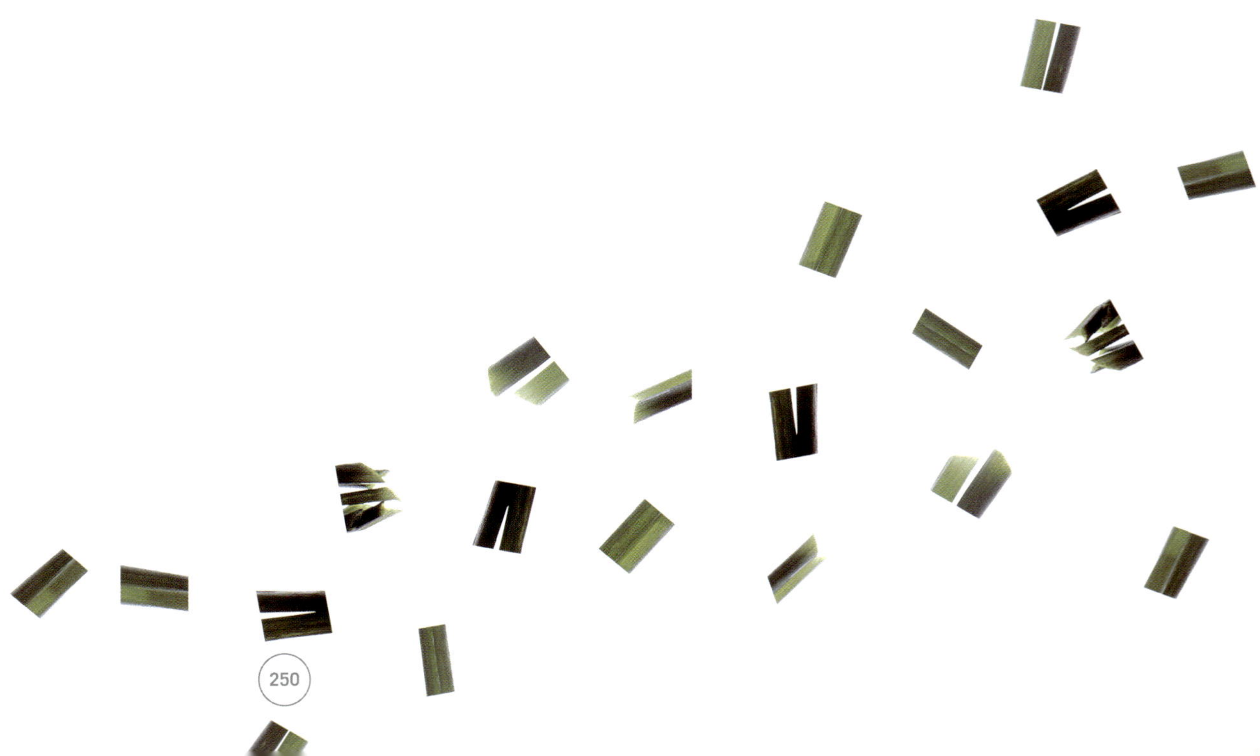

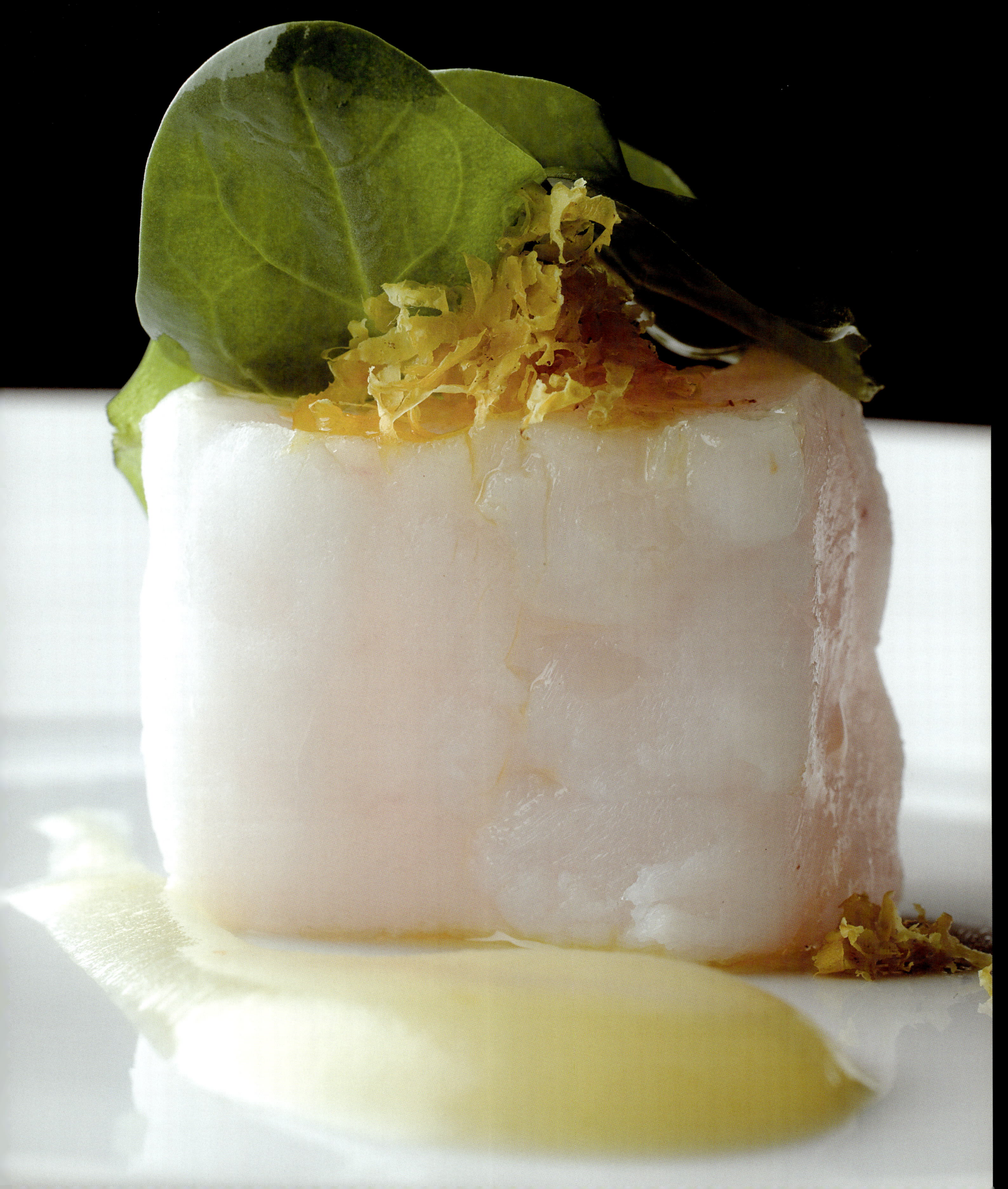

Ein Alchimist des Geschmacks

Jordi Vilà gelingt es, eine Saison nach der anderen die Zahl der Anhänger seines Restaurants, das er gemeinsam mit Sonia Profitós führt, zu vergrößern. Er steht in der Küche und sie ist für den Servicebereich verantwortlich. Die Gäste lassen sich gern von den Künsten eines Kochs verführen, der in Barcelona offensichtlich den »Stein der Weisen« für kulinarische Innovation gefunden hat. Alkimia heißt das Lokal, in dem die traditionelle Küche Kataloniens nonkonformistisch interpretiert wird, ihre Wurzeln dabei jedoch nie infrage gestellt werden. Mit zunehmender Virtuosität entstehen hier Kreationen, die eine eklektische, fantasievolle und intellektualisierte Vorstellung von der Kunst des Kochens erkennen lassen. Das Ergebnis ist Geschmack, viel Geschmack, und gelungene Überraschungen.

Mit der Eröffnung des Restaurants im Jahre 2002 verwirklichten beide Eigentümer ein Projekt, von dem sie schon sehr lange träumten. Jordi wusste schon im Alter von 12 Jahren, dass er Koch werden wollte. Als seine Eltern damals davon erfuhren, glaubten sie, er wolle sich lediglich vor der Schule drücken, doch sie sollten sich irren. Der junge Jordi begann, in den Sommermonaten in Restaurants von Freunden der Familie zu arbeiten, und diese Erfahrungen bestätigten ihn in seinem Vorhaben. Das ging so weit, dass er nicht nur mit noch größerem Eifer lernte, sondern auch noch fünf Jahre die Hotelfachschule in Manresa besuchte. Nach seiner Grundausbildung sammelte er erste berufliche Erfahrungen im Restaurant Casa Irene, wo er auch Sonia Profitós kennen lernte. Seit jener Zeit haben beide nicht nur beruflich, sondern auch privat dasselbe Ziel vor Augen. Gemeinsam beschritten sie nun – jeder in seinem Fachbereich – ihren Weg und perfektionierten ihr Können in Restaurants wie Neichel und Jean Luc Figueras.

Das Abrevadero war das erste eigene Restaurant, in dem das Paar sein Talent unter Beweis stellen konnte. Die Küche war zunächst ausgesprochen traditionell ausgerichtet, doch schon bald konnte Jordi Vilà seinen Drang zur Innovation nicht mehr zügeln, obgleich er sich anfangs aus freien Stücken durch das selbst geschaffene Umfeld Grenzen gesetzt hatte. Aber er wollte sich einfach weiterentwickeln können und einen geeigneten Rahmen finden für einen innovativen Ansatz, der keine Konzessionen machen muss. So entstand das Alkimia. In diesem speziell für den Genuss seiner kulinarischen Kreationen entworfenen Restaurant läuft Vilà zu Hochform auf. Für die Zubereitung der Speisen werden ausnahmslos Rohstoffe von bester Qualität ausgewählt. Obwohl sie von überall herkommen, reserviert er immer einen Teil seiner Speisekammer für das Feinste, was seine Heimatregion zu bieten hat: Schweinefleisch, Nüsse und Trockenfrüchte, weiße Bohnen aus Ganxet und katalanische Olivenöle, Käse, Fisch, Pilze und vieles mehr.

Die Aktualität von Vilàs Ideen kommt nicht nur in jedem einzelnen seiner Gerichte zum Ausdruck, sondern auch in seinen Aktionen, die zeigen, wie offen er allen Neuerungen gegenübersteht. Im vergangenen Sommer erst hatte man Gelegenheit, ihn beim Sónar Festival in Barcelona, wo ultramoderne Trends der nationalen und internationalen Künstlerszene vorgestellt werden, gemeinsam mit DJ María Durán aus Sevilla auf der Bühne zu sehen. Es handelte sich um ein äußerst ungewöhnliches Experiment: Er bereitete ein Gericht zu, während die Musikkünstlerin die Töne und Geräusche aus seiner Küche in elektronische Musik verwandelte. Das eigentliche Resultat dieser Aktion war gar nicht so wichtig. Weitaus interessanter war es, zu sehen, wie weit der Profikoch seine sensorische Experimentierfreudigkeit treibt. Seine kulinarische Technik drückt sich im Übrigen in Gerichten aus, die er minutiös konzipiert und in tadelloser Perfektion ausführt. Das überschäumende kreative Talent dieses Kochs zeigt sich an beeindruckenden geschmacklichen Kombinationen, die aus der Tradition schöpfen, um ihr in Speisen, auf die vor Jordi Vilà keiner gekommen war, zu neuem Glanz zu verhelfen. Bei all dem achtet Vilà aber grundsätzlich darauf, dass seine Gerichte, die allein vom konzeptuellen Ansatz und der Ästethik her schon höchstes Lob verdienen, in erster Linie gut schmecken müssen, und das tun sie auch. Jordi Vila ist jetzt schon ein junger Meister der neuen katalanischen Küche und, was noch besser ist, er entwickelt sich unaufhaltsam weiter.

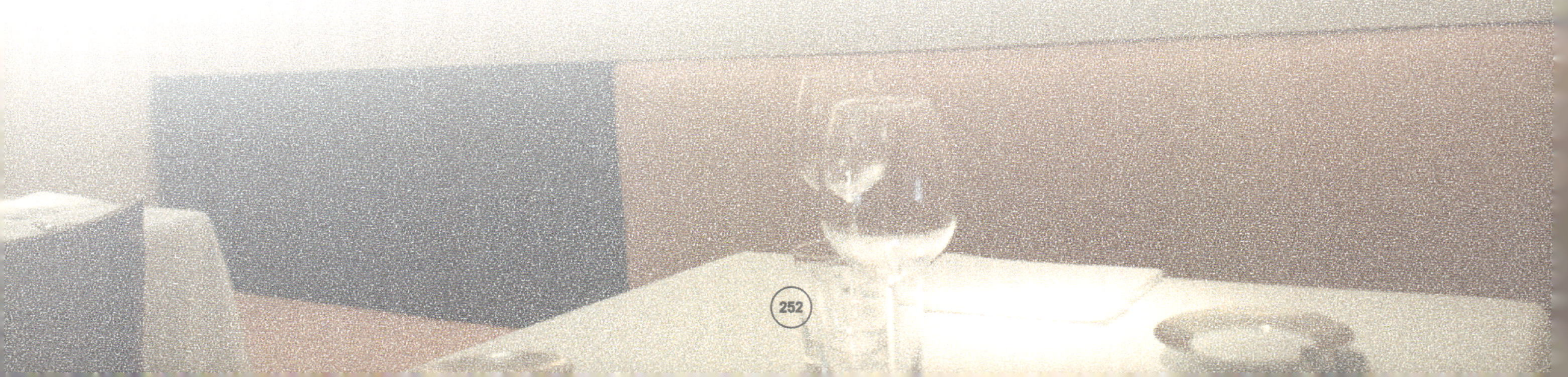

JORDI VILÀ

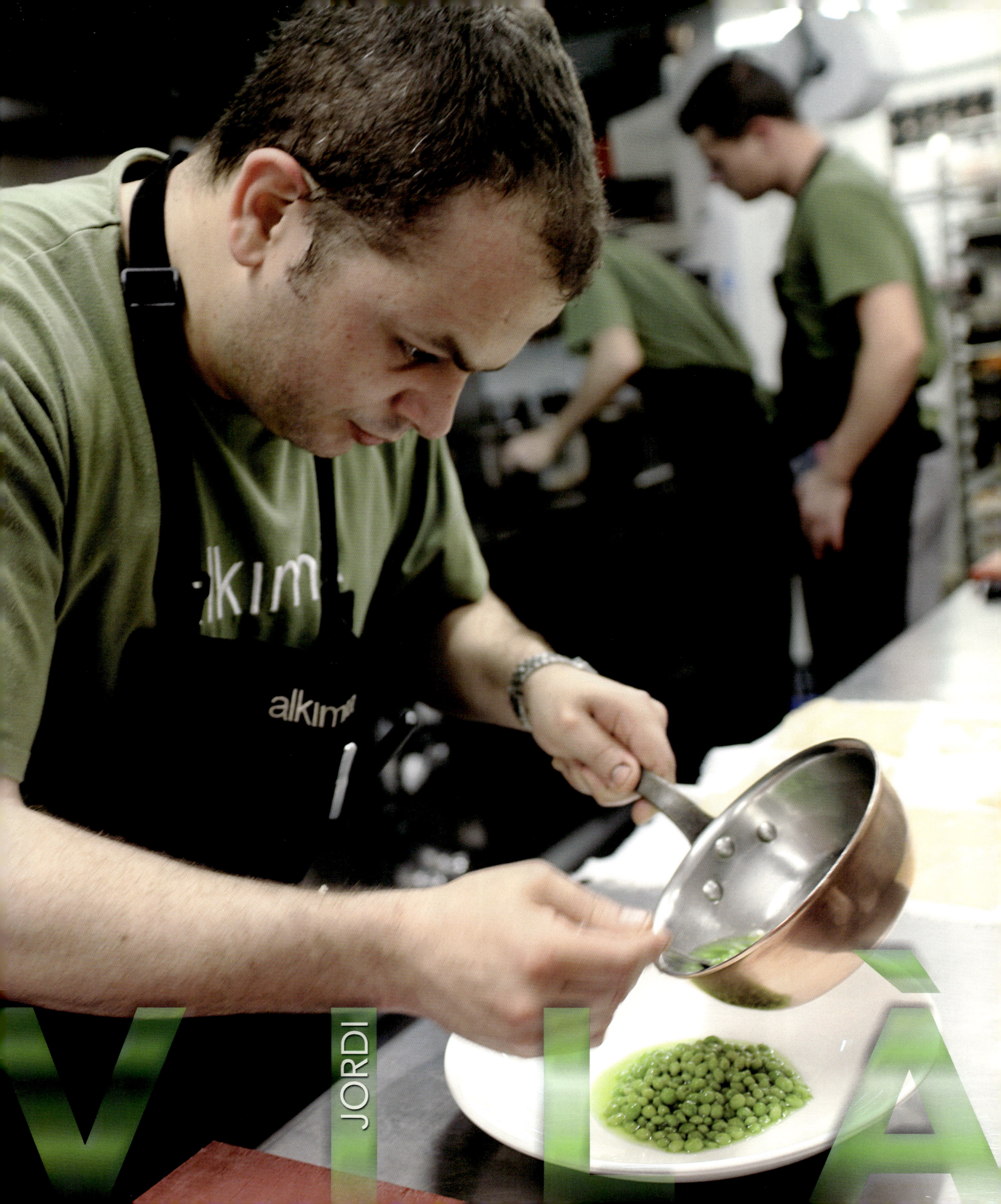

BRANDADA DE BACALAO con cañaíllas

KLIPPFISCH-BRANDADE*
mit Meeresschnecken

ZUTATEN

(4 Personen)

Brandade: 200 g Klippfisch, entsalzen und zerpflückt, 100 ml Olivenöl, 2 Knoblauchzehen, ½ getrockneter roter Chili, 50 ml süße Sahne **Meeresschnecken:** 24 Meeresschnecken, Thymian und Rosmarin, Reichlich Salz **Knoblauch-Petersilien-Keks:** 100 g Butter, 100 g Mehl, 100 g Manchego, gerieben, 1 Knoblauchzehe, klein geschnitten, 3 Zweiglein Petersilie, gehackt **Knoblauch-Petersilien-Öl:** ½ Knoblauchknolle, 5 Zweiglein Petersilie, 200 ml Sonnenblumenöl **Weitere Zutaten:** Kresseblättchen zum Verzieren

ZUBEREITUNG

Klippfisch-Brandade

Den Klippfisch in Wasser blanchieren und abtropfen lassen. Den Knoblauch und den Chili in Öl sanft anschwitzen, den Chili herausnehmen und den Knoblauch abkühlen lassen. In einem Topf die Sahne und den Klippfisch erhitzen, dann beides mit dem Knoblauch pürieren und nach und nach das Öl beifügen, damit die Creme fest wird. Mit Salz abschmecken.

Meeresschnecken

Die Meeresschnecken mit Wasser und Salz gut säubern. In Wasser mit reichlich Salz 45 Minuten garen und am Ende Thymian und Rosmarin hineinstreuen. Im Kochwasser erkalten lassen.

Knoblauch-Petersilien-Keks

Die zimmerwarme Butter mit den übrigen Zutaten zu einer glatten Masse verrühren. Mehrere Zylinder daraus formen und in Klarsichtfolie wickeln; im Kühlschrank aufbewahren. Wenn der Teig kalt ist, die Zylinder in Scheibchen schneiden und diese im Backofen bei 170 °C 10 Minuten backen.

Knoblauch-Petersilien-Öl

Den Knoblauch im Ofen braten, schälen und mit dem Öl und der gehackten Petersilie mischen. Pürieren, das Öl durch ein Sieb gießen und beiseite stellen.

DAS GERICHT FERTIG STELLEN

Die Brandade aufwärmen und in einen tiefen Teller schöpfen. Darauf pro Person sechs Meeresschnecken und mehrere zerbröckelte Keksstückchen anrichten. Rund um die Brandade Knoblauch-Petersilien-Öl träufeln und die Meeresschnecken mit Kresseblättchen verzieren.

---

* Brandade ist der französische Name für ein Fischpüree, das meist mit Klippfisch zubereitet wird.

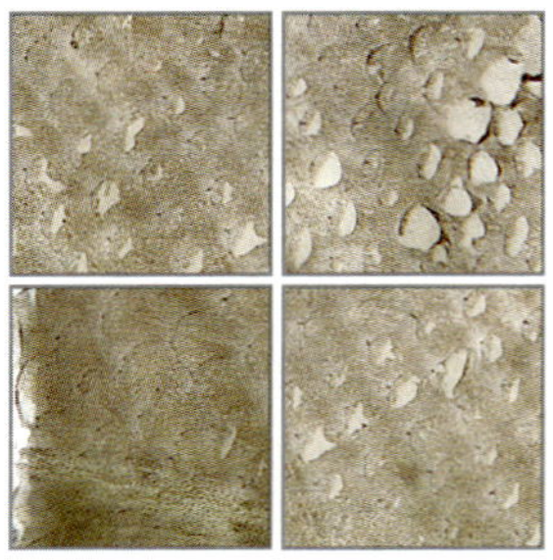

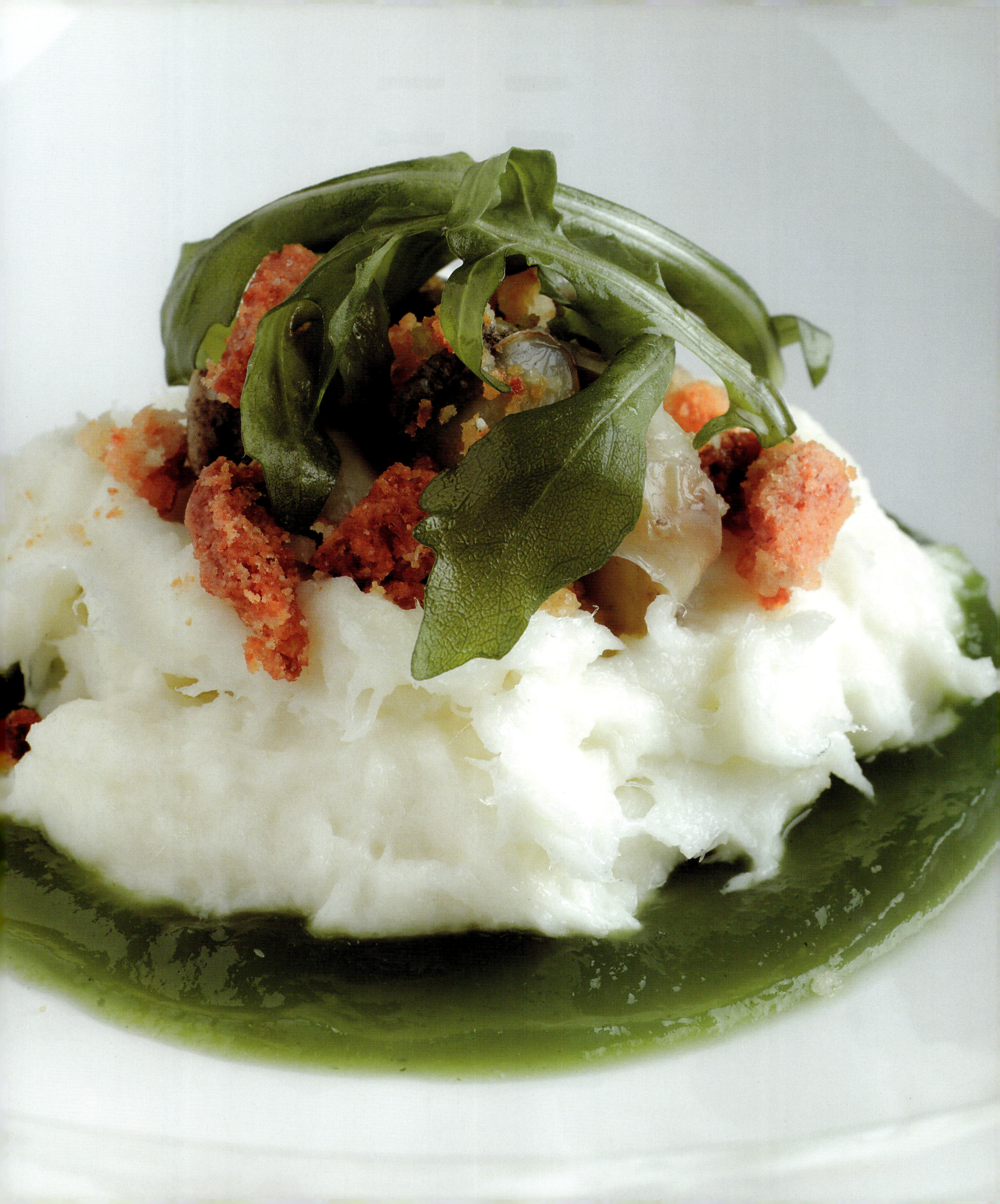

GUISANTES CON SEPIA

ERBSEN mit SEPIA

ZUTATEN

(4 Personen)

Erbsensaft: 1 frische Zwiebel, 2 junge Knoblauchtriebe, 1 Stange Lauch, 1 Stückchen Sellerie, 1 Stück Bleichsellerie, 6 Petersilienzweiglein, 1 l Wasser, 300 g Erbsen in der Schote **Sepia:** 1 Sepia, 30 ml Brandy, 1 Zwiebel, klein geschnitten, 2 Knoblauchzehen, klein geschnitten, 1 Tomate, gewürfelt, 8 Petersilienstängel, gehackt **Petersilienwasser:** 1 Knoblauchzehe, ungeschält, 1 Sträußchen Petersilie, 50 ml Wasser **Weitere Zutaten:** 2 junge Knoblauchtriebe, 2 frische Zwiebeln, in Julienne-Streifen geschnitten, Minze, 600 g Erbsen, 40 g Butter, 1 Prise Zucker, 1 Apfel (vom Typ Granny Smith), Kerbel, Erbsensprossen

ZUBEREITUNG

Erbsensaft

Die verschiedenen Gemüsesorten separat klein schneiden. Die Zwiebel mit einer Prise Salz 1 Minute in etwas Olivenöl anschwitzen, den Knoblauch und eine weitere Prise Salz hinzufügen und mit dem Lauch, dem Sellerie, dem Bleichsellerie und der Petersilie ebenso verfahren. Am Schluss die Erbsenschoten dazugeben und mit Wasser aufgießen. Zum Kochen bringen, 1 Minute kochen lassen, vom Herd nehmen und zudecken.

Sepia

Die Fangarme der Sepia im Backofen braten und mit dem Brandy flambieren. Die Zwiebel und den Knoblauch anschwitzen, die Tomate beifügen und anbraten. Die Sepiafangarme und die Petersilie dazugeben und Wasser aufgießen. 30 Minuten leise köchelnd reduzieren. Einen Teil des Sepiakörpers klein schneiden und den anderen Teil ganz aufbewahren.

Petersilienwasser

Den Knoblauch im Backofen braten und schälen. Die Petersilie blanchieren, abkühlen und mit dem Kochwasser und dem Knoblauch pürieren. Durch ein Sieb gießen und beiseite stellen.

DAS GERICHT FERTIG STELLEN

Eine frische Zwiebel und die Knoblauchtriebe in einem Topf anbraten, eine Prise Zucker hineinstreuen und die Erbsen, die Minze und etwas Salz beifügen. Mit dem Erbsensaft aufgießen und 3–5 Minuten köcheln lassen. Am Schluss das Petersilienwasser und eine Messerspitze Butter hinzufügen. Das ganze Sepiastück hineingeben (die Sepia muss weitgehend roh bleiben).
Die andere Zwiebel kurz sautieren. Den Apfel in Scheibchen schneiden.
In einer runden Backform Apfel, Zwiebeln und Sepia aufschichten. Die Erbsen als Grundlage auf den Teller geben, darauf den Inhalt der runden Backform platzieren und seitlich die klein geschnittene Sepia anrichten. Abschließend den Kerbel und die frischen Erbsensprossen darüberstreuen.

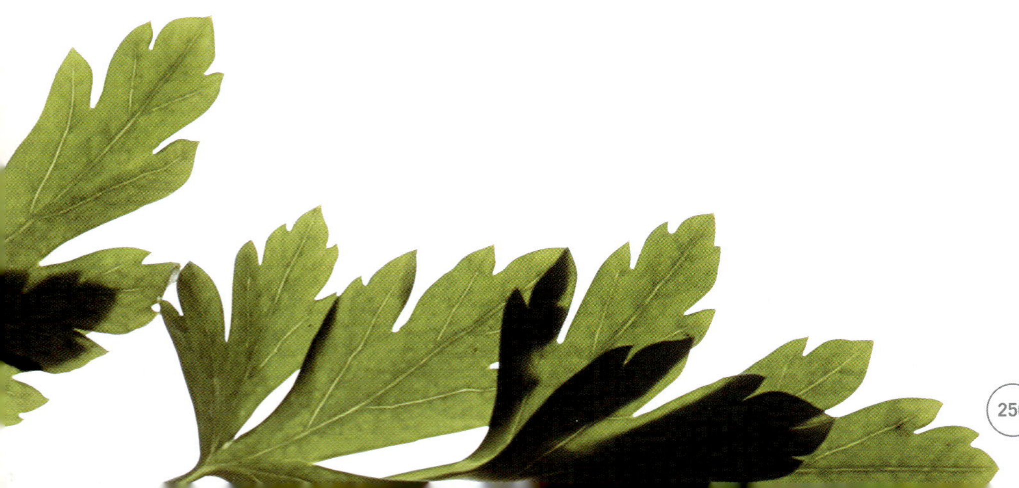

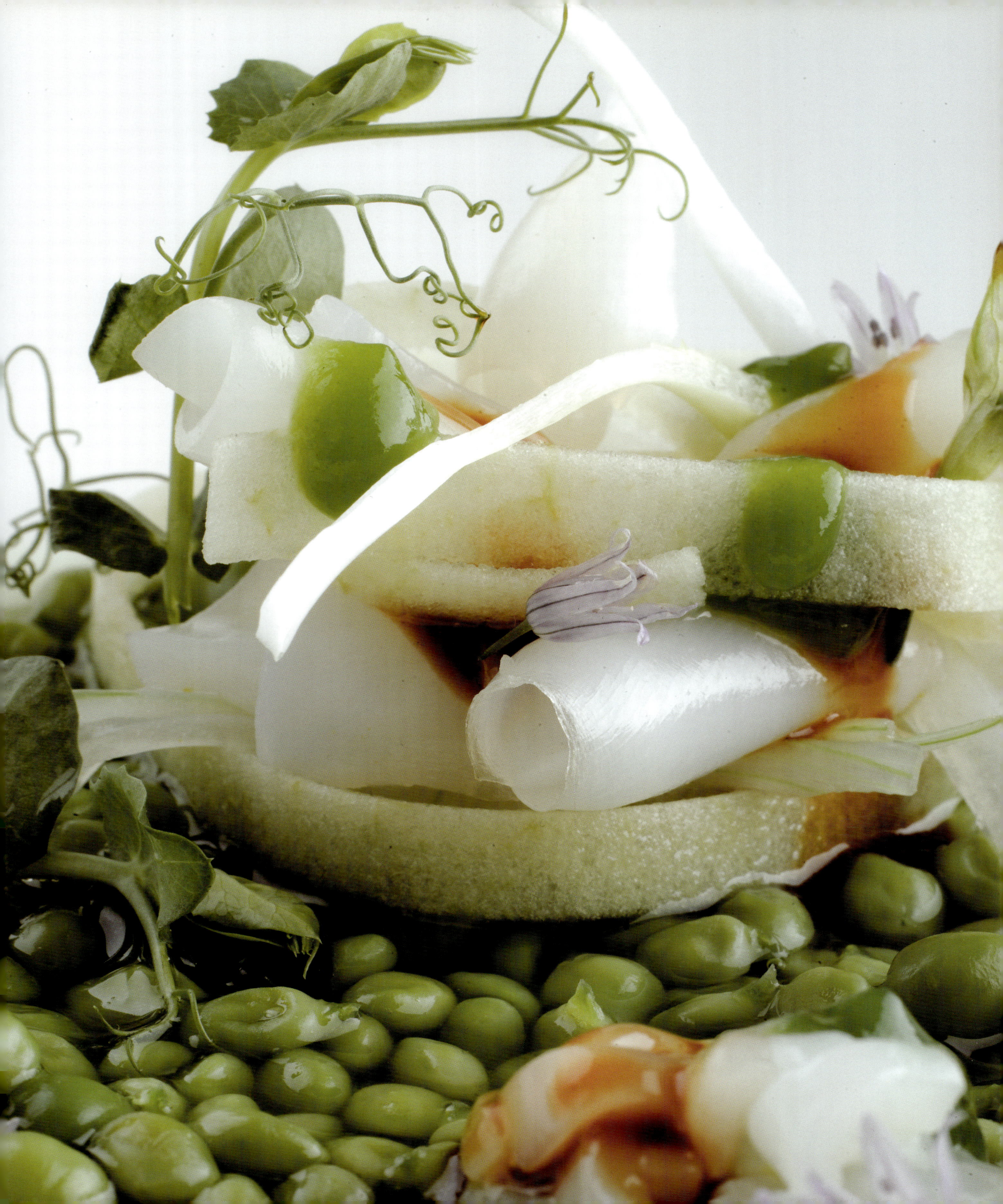

Ein neuer Diamant in der Krone Navarras

David Yarnoz ist einer jener jungen Köche, die von der Pieke auf im Familienbetrieb gelernt haben, weshalb er trotz seiner Jugend viel Reife und Fachwissen besitzt. Beides äußert sich in vorsichtiger Wortwahl, in nüchterner Beschreibung seiner Erwartungen und in wirklich großem handwerklichem Können.

Sein Berufsweg verlief parallel zur Entwicklung des Restaurants El Molino in Urdaniz, einem hübschen kleinen Ort an der Landstraße von Pamplona nach Roncesvalles. Vor fast 15 Jahren erwarb die Familie Yarnoz Martín das klobig wirkende, große alte Haus, das bisher eine einfache Gaststätte beherbergt hatte, und beschloss, daraus eine erstrangige gastronomische Einrichtung zu machen. Zuerst einmal waren Bauarbeiten nötig, um Speisesaal und Küche zu renovieren, und dann ergriff Davids Mutter, eine begabte, erfahrene Köchin, die Zügel in der Küche, um mit traditionellen, tief in der Region Navarra verwurzelten Speisen aufzuwarten. David Yarnoz arbeitete damals im Speisesaal und machte eine Ausbildung zum Sommelier – noch hatte ihn das Kochfieber nicht gepackt. Das kam dann über die Lektüre von Fachmagazinen und die Teilnahme an Foren, bei denen er merkte, dass eine andere, neue Küche möglich ist. Der Gedanke, dass das, woran er tagtäglich im Familienbetrieb mitwirkte, weiterentwickelt werden kann, setzte sich in seinem Kopf fest. Und eines Tages, als er schon 26 war, beschloss er, sich in San Sebastián in der Schule von Luís Irízar ausbilden zu lassen.

Damit begann eine der intensivsten Etappen seines Lebens. Jeden Morgen fuhr er nach San Sebastián, um vormittags am Unterricht teilzunehmen, und nachmittags machte er Praktika in Restaurants wie dem Akelarre, wo er unter Pedro Subijana arbeitete, und dem Bodegón Alejandro von Martín Berasategui. Später, in Pamplona, führte ihn sein Lerneifer in die Küche des Rodero. In jenen Jahren schaffte er es, Unterricht, Praktika und die Arbeit im Familienrestaurant am Wochenende unter einen Hut zu bringen. Natürlich brachte er große Opfer, doch er war dazu bereit, weil er fest an seine Fähigkeiten glaubte. Und genau das bereitete ihn darauf vor, am Ende dieser Zeit die Leitung der Küche von El Molino zu übernehmen, indem er mit seiner Mutter die Rollen tauschte: Sie kümmerte sich um den Speiseraum und trat ihm die Hauptrolle am Herd ab.

Von da an machte El Molino in Urdaniz immer mehr von sich reden. Es waren gerade ein paar Monate seit seinem Antritt in der Küche vergangen, als er in die Endausscheidung der Pil-Pil-Preise kam und bei Madrid Fusión im Wettbewerb neuer Spitzenrestaurants zum Finalisten gewählt wurde. Jeder andere hätte euphorisch reagiert, er aber empfand diese ersten Erfolge als Krönung einer enormen Anstrengung, die ihn dazu antrieb, weiterhin an seiner Idee einer erneuerten navarrischen Küche zu arbeiten. Die Grundlagen dieser Arbeit sind für ihn reichlich klar: das spektakuläre Rohmaterial, das dieses Gebiet liefert – Navarra ist eine unermesslich reiche Quelle von Produkten bester Qualität –, und davon ausgehend guter Geschmack, Harmonie bei den Kompositionen und eine Gesamtvorstellung von jedem Gericht, die sich auf das Wesentliche konzentrieren, nämlich: Geschmacksnuancen, Texturen, die das Gericht selbst verlangt, die notwendige Technik, damit das Rohmaterial seine eigene Ausdruckskraft behält, und Ausgewogenheit. Aus all dem entsteht eine absolut vernünftige, doch deswegen nicht weniger fortschrittliche Küche. Ein kulinarisches Angebot, das sich eindeutig der Modernität verschrieben hat, jedoch nicht mit unnötigen Kunstgriffen protzt, sondern den Trend zur Reinheit des verarbeiteten Produkts verkörpert. Rein und unmittelbar, gelenkt vom exquisiten Geschmack dieses Kochs und dem Vertrauen in eine reiche Palette stets vorzüglicher Lebensmittel. So ist die Küche des David Yarnoz im El Molino von Urdaniz.

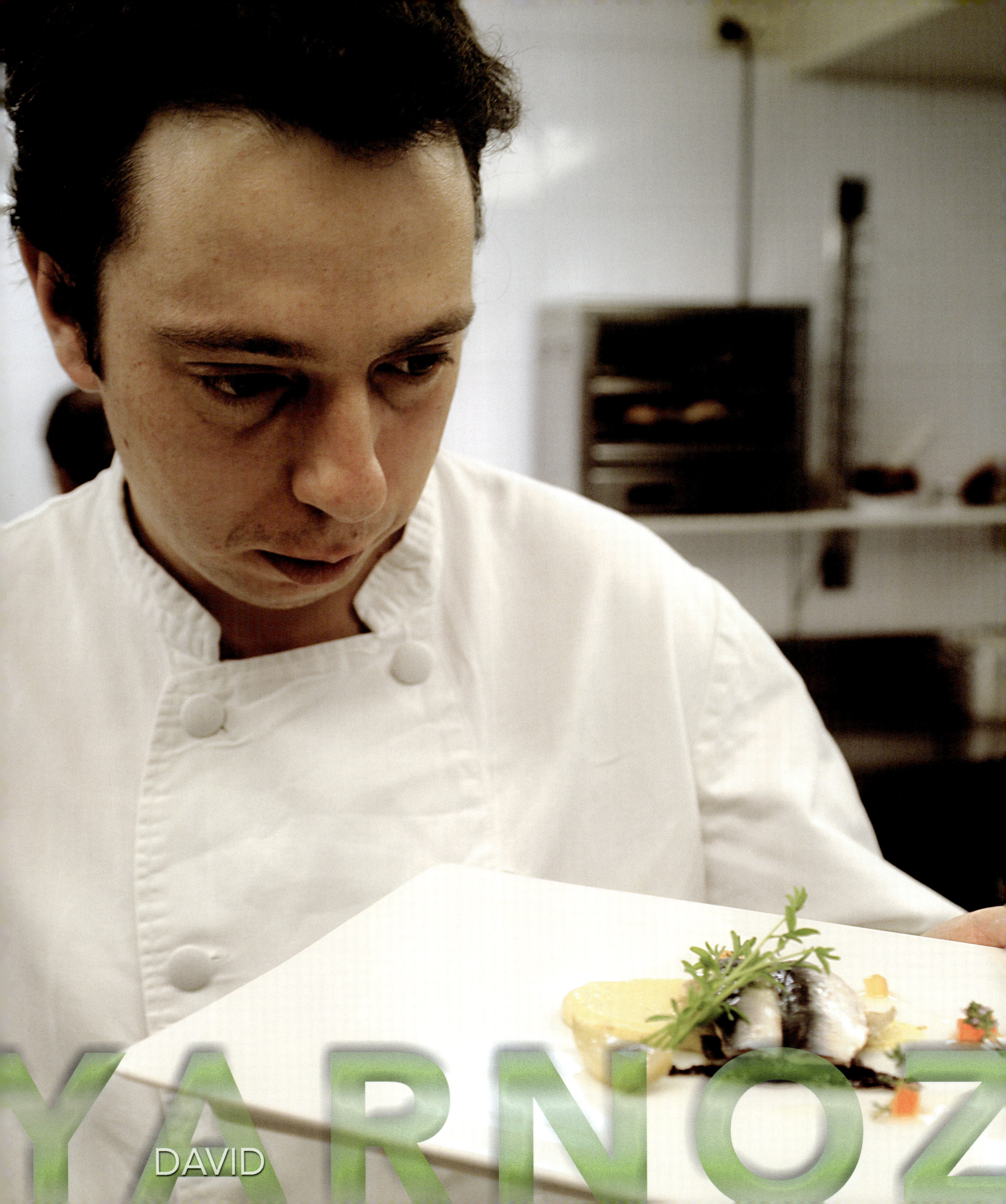
DAVID
YARNOZ

RABO DE CERDO IBÉRICO cubierto de confeti

SCHWANZ vom IBERISCHEN SCHWEIN
mit Konfetti

ZUTATEN

(4 Personen)

Schweineschwänze: 8 Schwänze vom Iberischen Schwein, 1 Zwiebel, 1 Stange Lauch, 1 Möhre, 4 g schwarze Pfefferkörner, 1 Bund gemischte Kräuter **Hülsenfrüchte- und Gemüsepüree:** 1,5 l Wasser, 1 Zwiebel, 2 Stangen Lauch, 2 Möhren, 1 Knoblauchzehe, 1 Stück Serrano-Schinken, 100 g Kichererbsen, am Vortag eingeweicht, 150 g mageres Schweinefleisch **Sauce vom Schwein:** 3 Schalotten, 1 EL Butter, 3 EL Sherry-Essig, 1,5 l Demiglace, 3 EL Honig, Salz und Pfeffer **Konfetti:** grüne Paprika, rote Paprika, 70 ml Bier, 70 ml Kochwasser von blauen Kartoffeln, 7 g Trockeneiweiß (dehydratisiertes Hühnereiweiß)

ZUBEREITUNG

Schwänze vom Iberischen Schwein

Die Schwänze brühen und mit einer scharfen Klinge entborsten. Mit den übrigen Zutaten 90 Minuten kochen, im Kochwasser abkühlen lassen, dann die Knochen aus den Schwänzen lösen und die Haut entfernen. Auf ein mit Folie abgedecktes Blech legen und mit einem Gewicht beschweren. Einige Stunden kühl stellen.

Hülsenfrüchte- und Gemüsepüree

Das gewaschene und geputzte Gemüse zerkleinern und mit den restlichen Zutaten 3 Stunden bei kleiner Hitze garen. Pürieren.

Sauce vom Schwein

Die Schalotten in der Butter anschwitzen, den Sherry-Essig hinzufügen und einkochen lassen. Mit der auf ½ l reduzierten Demiglace aufgießen und zuletzt den Honig hinzugeben. Abschmecken.

Konfetti

Die Paprikaschoten getrennt verflüssigen, um je 70 ml Flüssigkeit zu erhalten. Den roten und den grünen Paprikasaft, das Bier und das Kochwasser von blauen Kartoffeln vermischen und mit dem Trockeneiweiß verschlagen (mit frischem Eiweiß würde die Mischung nicht fest). Etwas ruhen lassen und dann zu steifem Schnee schlagen. Auf Pergamentpapier verteilen und 10 Minuten bei 70 °C im Backofen trocknen.

DAS GERICHT FERTIG STELLEN

Die Schweineschwanzportionen in einer heißen Pfanne von beiden Seiten kurz anbraten und bei 40 °C warm halten. Das Gemüsepüree in einen tiefen Teller geben und den Schweineschwanz darauf anrichten. Mit etwas Sauce begießen und das Gericht mit den Konfetti garnieren.

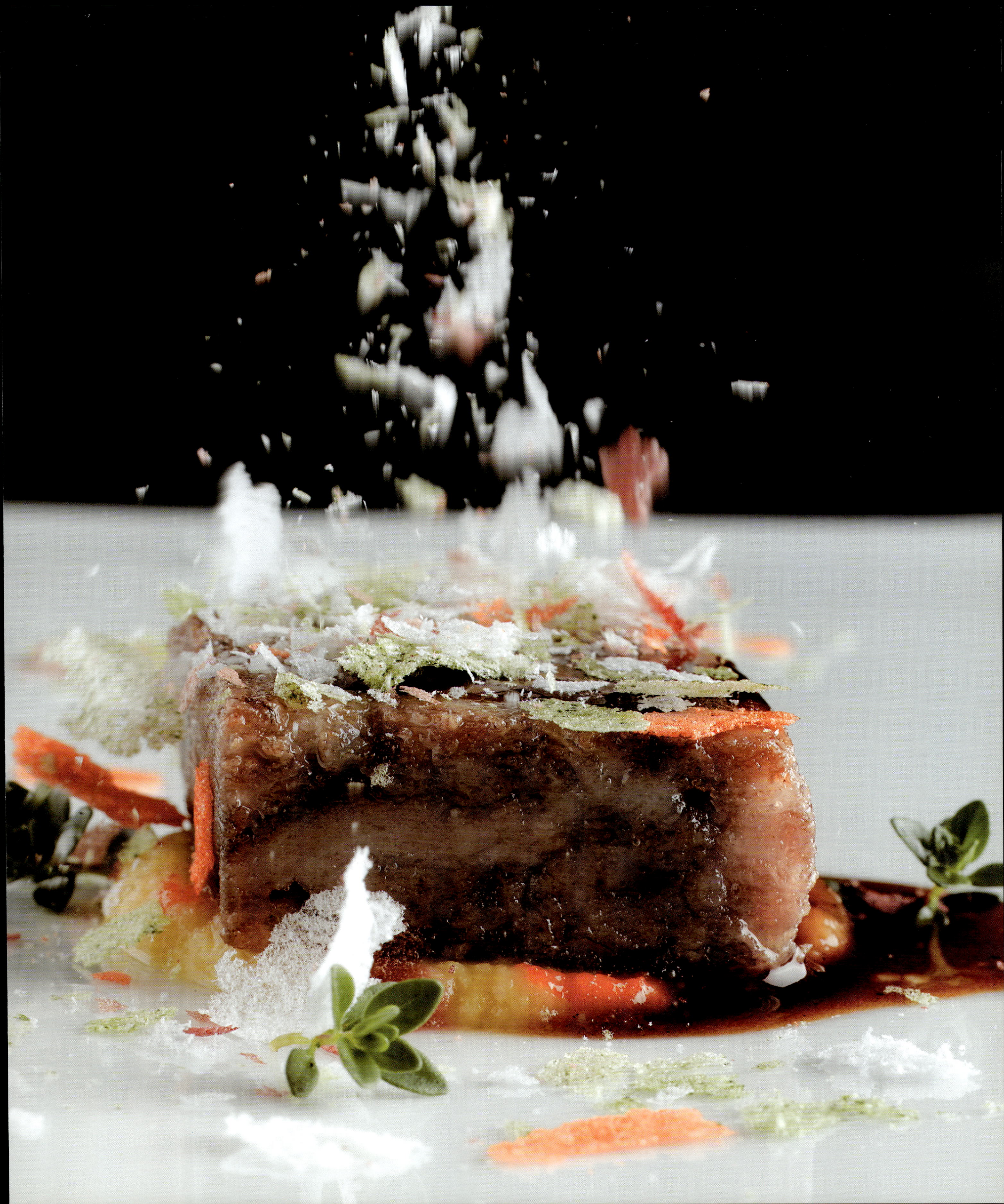

CAFÉ
con diferentes aromas de naranja

KAFFEE
mit verschiedenen Orangenaromen

ZUTATEN

(4 Personen)

Kaffeekrokant: 400 g Puderzucker, 500 g Walnussmehl, 300 g Mehl, 100 g löslicher Kaffee, 400 g Butter, 18 g Tafelsalz **Orangenblütengelatine:** 400 ml Wasser, 200 g Zucker, 40 ml Orangenblütenwasser, 4 g Gelatine, 2 g Agar-Agar **Mokkaeis:** 500 ml Vollmilch, 195 ml Sahne (35 % Fett), 61 g Magermilchpulver, 100 g Traubenzucker, 45 g Invertzucker, 100 g Saccharose, 4 g neutraler Stabilisator für Eiscreme, 100 g Eigelb, 300 g Espresso **Grand-Marnier-Creme:** 6 g Gelatine, 453 ml Milch, 183 ml Sahne (35 % Fett), 31 g Magermilchpulver, 200 g Zucker, 0,5 g Agar-Agar, 65 ml Grand Marnier **Kandierte Orangenstreifen:** 1 Orange, 50 g Zucker, 50 ml Wasser **Weitere Zutaten:** 8 Zweige Zitronenthymian, Orangenblüten

ZUBEREITUNG

Kaffeekrokant

Den Zucker, das Kaffeepulver, das Nussmehl und das Weizenmehl sieben. Mit dem Salz und der weichen Butter zu einem geschmeidigen Teig verarbeiten. In Klarsichtfolie eingewickelt ruhen lassen, bis er eine feste Konsistenz besitzt. 1 cm dick ausrollen und zwischen zwei Silpat-Matten 20 Minuten bei 140 °C backen. Abkühlen lassen und gut verschlossen aufbewahren.

Orangenblütengelatine

Aus Wasser und Zucker eine Zuckerlösung herstellen. Das Orangenblütenwasser, die Gelatine und das Agar-Agar hinzugeben. 1 Minute kochen und durch ein Sieb 1 cm dick in eine flache Form gießen.

Mokkaeis

Die Flüssigkeiten in eine Schüssel mit mindestens dem doppelten Fassungsvermögen geben. Das Magermilchpulver, den Traubenzucker und den Invertzucker unter ständigem Rühren hinzufügen. Auf 40 °C erhitzen. Die Saccharose, den Stabilisator und die Eigelbmenge hinzufügen und erneut erhitzen. Bei 68 °C pasteurisieren, durchseihen und gefrieren. Ruhen lassen und cremig rühren.

Grand-Marnier-Creme

Die Gelatine einweichen. Alle Zutaten bis auf das Agar-Agar und den Likör miteinander vermischen und auf 40 °C erhitzen. Das Agar-Agar und die gut ausgedrückte Gelatine hinzufügen und 1 Minuten kochen. Den Likör zugeben, auf die Teller gießen und abkühlen lassen.

Kandierte Orangenstreifen

Die Orange von oben nach unten gleichmäßig schälen und die innere weiße Schicht der Schale entfernen. Die Schale der Länge nach in feine Streifen schneiden und drei Mal blanchieren. Aus dem Wasser und dem Zucker eine Lösung herstellen und die Orangenstreifen darin einlegen.

DAS GERICHT FERTIG STELLEN

Die Grand-Marnier-Creme auf Tellern anrichten und darauf einen Löffel Mokkaeis platzieren. Mit in der Küchenmaschine zerkleinertem Kaffeekrokant bestreuen und mit Würfeln von Orangenblütengelatine, kandierten Orangenstreifen, Zitronenthymian und Orangenblüten garnieren.

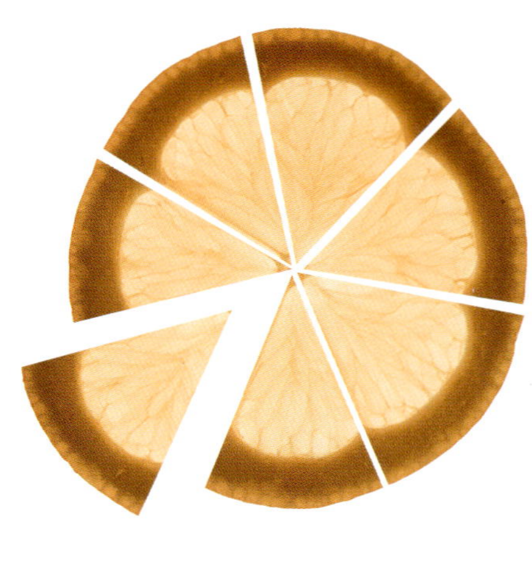

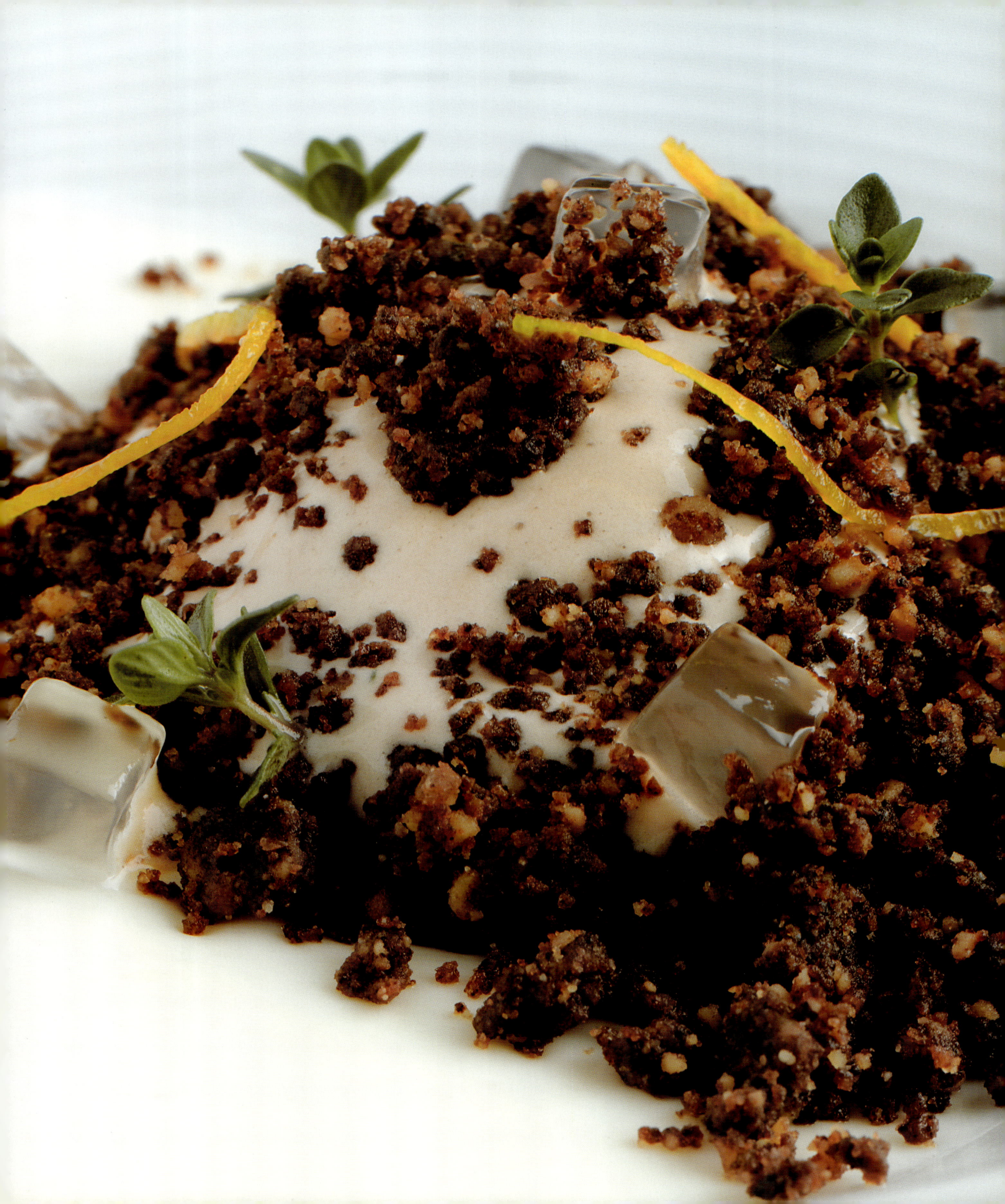

Als Albert Adrià gerade erst 15 war, wurde ihm bewusst, dass er lieber mit seinem Bruder Ferran arbeiten und lernen wollte, als weiter zur Schule zu gehen. 1985 fing er in der Küche vom elBulli an, und seitdem verlief seine persönliche und berufliche Entwicklung parallel zu der des Restaurants. Heute ist er ein Koch, der sich seiner kreativen Arbeit mit Leib und Seele verschrieben hat, und wenn man ihn fragt, wo die Arbeit aufhört und das Privatleben beginnt, antwortet er, dass ein Koch einfach nie aus seiner Haut herauskann.

Nach einer zweijährigen Lehre, die ihn in die verschiedenen Bereiche der Küche einführte, konzentrierte sich sein Interesse immer mehr auf die Konditorei. Damals begann für ihn eine Etappe, in der er jeden Winter, wenn das Restaurant elBulli geschlossen war, seinen Horizont erweiterte und seine Ausbildung vervollständigte. Seine Spezialisierung erfolgte in Konditoreien wie Turull in der Stadt Terrassa, Escribà in Barcelona und Totel, dem Geschäft des großen Meisters Francisco Torreblanca im Ort Elda. Außerdem absolvierte er ein anderthalbmonatiges Praktikum in der Küche von Guy Savoy in Paris und gab seinem kulinarischen Grundwissen mit kurzen Aufenthalten bei Martín Berasategui und Jean Luc Figueras den letzten Schliff.

Dessertmeister und genialer Wissenschaftler

Im Anschluss an diese Lehrjahre kehrte er zum elBulli zurück, wo er für die Desserts verantwortlich zeichnete, und nach zehn Jahren der Spezialisierung und tagtäglichen Arbeit, mit der er sich einen festen Platz unter den Meistern der süßen Küche Spaniens verdiente, verließ er elBulli 1997, um sich ganz seinem ersten Buch zu widmen, »Los postres de El Bulli« (Die Desserts des El Bulli), das im Oktober 1998 veröffentlicht wurde und auf dem Salon International du Livre Gourmand von Périgueux den Preis für das beste Patisseriebuch bekam.

Seitdem ist fast ein weiteres Jahrzehnt vergangen. Jedes Dessert, das heute zum Abschluss einer Mahlzeit im elBulli serviert wird, repräsentiert als süße Variante die Philosophie, die dem Restaurant eine so steile Karriere beschieden hat – da wird die Speisekarte zum Laufsteg, auf dem das elBulli-Team Jahr für Jahr seine neuen Kreationen vorführt und Trends schafft. Ausgangspunkt der süßen Küche des Albert Adrià sind generelle technische Konzepte, aus denen er verschiedene Anwendungsmöglichkeiten ableitet. Erst wenn der Augenblick kommt, ein Gericht zu entwerfen, das heißt, eine Technik an ein bestimmtes Produkt in einem konkreten Rezept anzupassen, nimmt diese Technik endgültig Form an. Und dann findet sie auch ihren Platz in der gesamten Menüfolge. Deshalb kommen Adrià-Erfindungen wie Wattewolken, »Lüfte« und Kügelchen sowohl in salzigen wie auch in süßen Gerichten des Menüs vor. Dem Tischgast wird damit vermittelt, dass es sich einfach um verschiedene Anwendungen der diversen Techniken auf die dafür jeweils geeigneten Produkte handelt.

Albert ist zweifelsohne ein großer Meister in der Zubereitung von Desserts, hat aber auch der Welt der Schokolade einige der brillantesten Kreationen der Gegenwartsküche vermacht. Dieser Koch, der sich jeden Tag mit dem allen Techniken vorausgehenden Forschungsprozess beschäftigt, ist geradezu prädestiniert, ein so vielseitiges Produkt wie Schokolade in neuen Gestalten erstehen zu lassen.

Albert Adrià ist nämlich der Chef von »El Taller de elBulli« (Die Werkstatt des elBulli), etwa das, was die Amerikaner einen »think tank« nennen würden. Dort werden jeden Winter aufs Neue Ideen ausgetüftelt, die in der folgenden Saison die Gäste überraschen sollen, die das von seinem Bruder Ferran geleitete Restaurant besuchen. In diesem Ideenlabor werden all jene fulminanten Geistesblitze gezündet, die in Ferrans Küche Gestalt annehmen. Hier besteht die heutige Arbeit Alberts – neben der Kreation von Desserts für elBulli – darin, kulinarische Möglichkeiten auszuloten, theoretisch vorzubereiten und sie im Experiment mit der Realität der Rohmaterialien zu konfrontieren. Albert Adrià ist ein hervorragender Koch der süßen Küche, aber eben nicht nur. Er ist auch der verrückte Forscher, der die Vorarbeit für alle süßen und salzigen Neuheiten leistet, die so genial und gewagt sind, dass sie elBulli zum besten Restaurant der Welt gemacht haben.

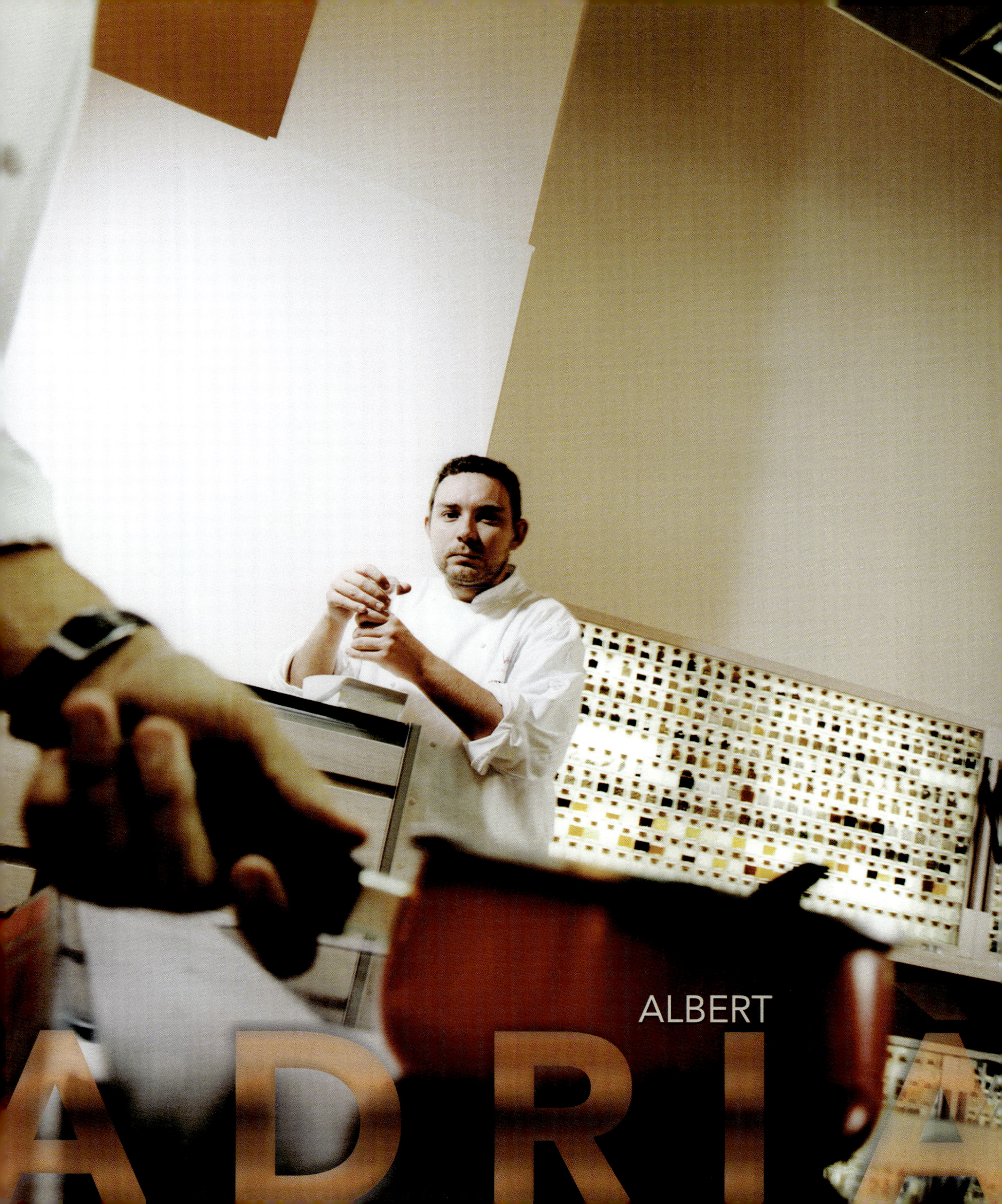

ALBERT ADRIA

MERENGUE LIGERO DE MIEL con manzana-cru y helado de romero y canela

LEICHTE HONIGMERINGE mit Apfel-CRU* und Rosmarin-Zimt-Eis

ZUTATEN

(4 Personen)

Rosmarin-Zimt-Eis: 270 ml Milch, 30 ml Sahne (35 % Fett), 30 g Glukose, 3 g frischer Rosmarin, 3 g Stangenzimt, 60 g Eigelb, 45 g Zucker, 1,3 g Stabilisator für Eiscreme **Zuckerlösung 30 %:** 150 ml Wasser, 45 g Zucker **Zuckerlösung 30 % mit Ascorbinsäure:** 150 ml Zuckerlösung 30 %, 1,6 g Ascorbinsäure **CRU-Apfelschnitze:** 1 Apfel Grann Smith (150 g), 150 ml Zuckerlösung 30 % mit Ascorbinsäure **Rosmarinhonig-Wasser:** 50 g Rosmarinhonig, Wasser **Leichte Rosmarinhonig-Baisers:** 125 ml Rosmarinhonig-Wasser, 125 g pasteurisiertes Eiweiß **Weitere Zutaten:** 100 g frischer Mató (Ziegenmilch-Frischkäse), 1 Zitrone, 12 frische Rosmarinblüten

ZUBEREITUNG

Rosmarin-Zimt-Eis

Milch, Sahne, Glukose, Rosmarin und Zimt mischen und aufkochen. Vom Herd nehmen und zugedeckt 7 Minuten ziehen lassen. Durchseihen und die Zimtstange herausnehmen und beiseite legen. Die Eigelbmenge mit dem Zucker und dem Stabilisator verschlagen und mit der durchgeseihten Würzmilch mischen. Die Mischung unter ständigem Rühren auf 85 °C erhitzen. Durchseihen und die vorher entfernte Zimtstange wieder hinzufügen. 12 Stunden im Kühlschrank ruhen lassen und durchseihen.

Zuckerlösung 30 %

Beide Zutaten mischen und aufkochen. Im Kühlschrank aufbewahren.

Zuckerlösung 30 % mit Ascorbinsäure

Die Zuckerlösung in ein Schälchen gießen, die Ascorbinsäure hinzufügen und bis zur Auflösung schlagen. In einem hermetisch schließenden Gefäß im Kühlschrank aufbewahren.

CRU-Apfelschnitze

Den geschälten Apfel in acht Schnitze schneiden (6 cm lang / 1,5 cm an der dicksten Stelle). In die Zuckerlösung einlegen und vakuumverpacken. 24 Stunden im Kühlschrank aufbewahren.

Rosmarinhonig-Wasser

Den Rosmarinhonig aufkochen und so viel Wasser hinzufügen, dass 125 ml Flüssigkeit entstehen. Im Kühlschrank aufbewahren.

Leichte Rosmarinhonig-Baisers

Beide Zutaten kalt mischen und 10 Minuten aufschlagen. Mit zwei Löffeln 12 kleine Honigbaiserhäufchen auf ein Blech mit Silpat setzen (zwei von 8 cm Länge und vier von 6 cm Länge). Im Ofen 40 Minuten bei 100 °C backen, die Temperatur auf 120 °C erhöhen und weitere 40 Minuten backen (die Baisers müssen leicht gebräunt und der Honig am Fuß karamellisiert sein). In einem luftdicht schließenden Gefäß kühl und trocken aufbewahren.

DAS GERICHT FERTIG STELLEN

Das Rosmarin-Zimt-Eis in der Eismaschine fertig stellen. Auf einem Teller fünf Stücke frischen Mató zu je 5 g anrichten. Die Apfelschnitze aus dem Vakuumbeutel nehmen und abtropfen lassen. Zwei Apfelschnitze zwischen dem Käse platzieren, die Spitzen mit je einer Rosmarinblüte dekorieren und mit einer Microplane-Reibe etwas Zitronenschale über den Käse reiben. In der Mitte des Tellers zwei lange und ein kurzes Honigbaiser anrichten, ohne die Apfelschnitze zu bedecken. Einen Löffel Eis so ins Zentrum der Baisers setzen, dass diese das Eis fixieren. Das breite Ende des Löffels Eis mit einer Rosmarinblüte dekorieren.

---

* vom Koch so benannt

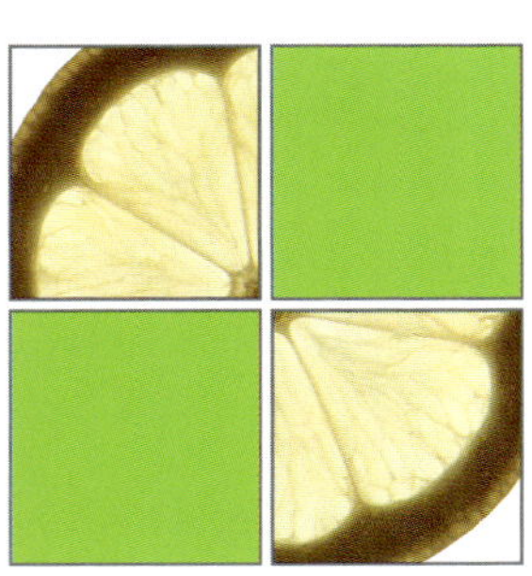

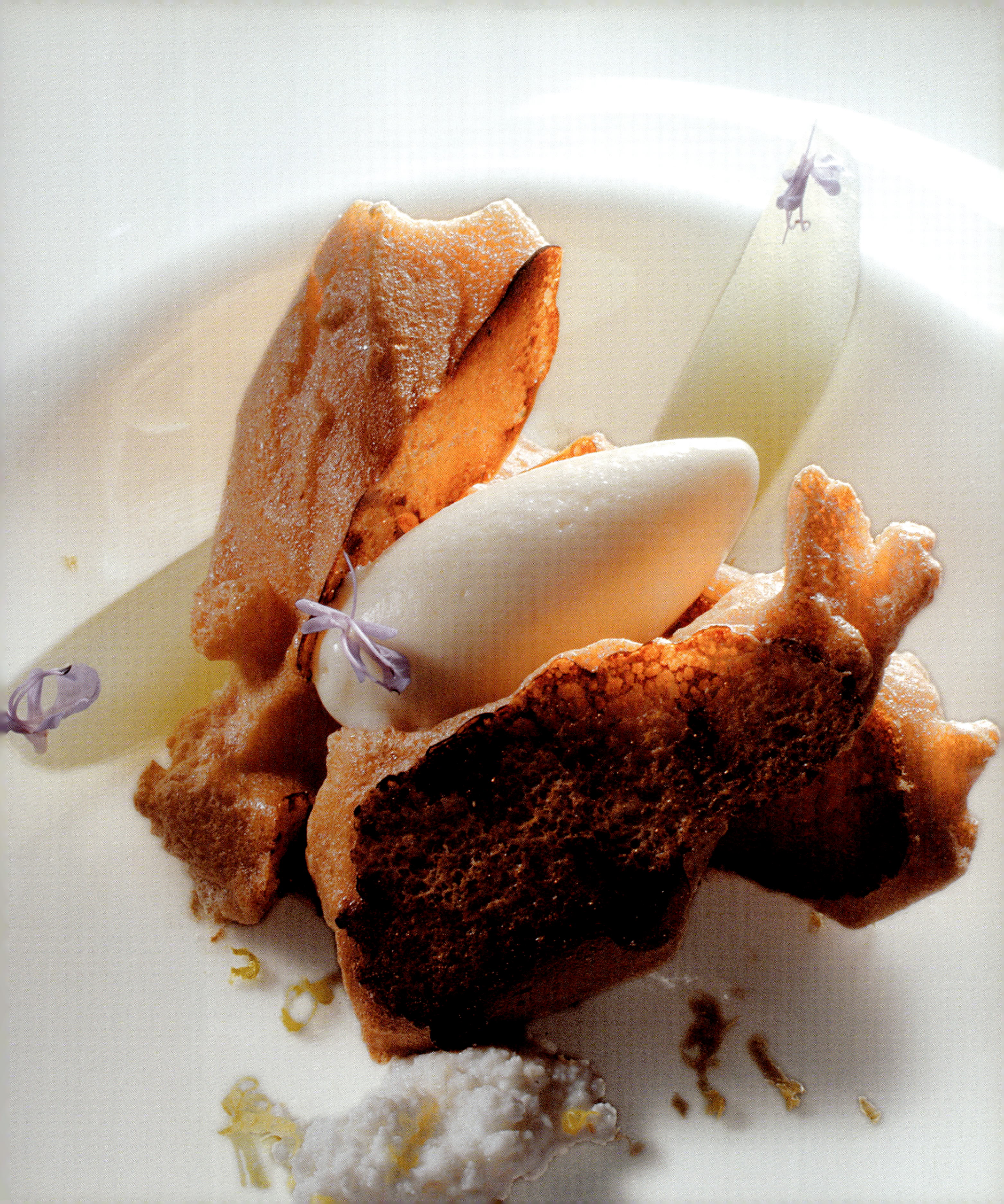

¿FRESAS O ROSAS?

ERDBEEREN oder ROSEN?

ZUTATEN

(4 Personen)

Leichte Erdbeerbaisers: 200 ml Wasser, 6 g Eiweißpulver, 2 Blatt Gelatine (je 2 g), 150 g Erdbeerkonzentrat **Eis aus Frischkäse und griechischem Joghurt:** 105 ml Wasser, 2,3 g Stabilisator für Speiseeis, 90 g Rosmarinhonig, 120 g Frischkäse (Philadelphia), 125 g griechisches Joghurt, 1 Tropfen rote Lebensmittelfarbe **Im Dampf gegarte Biskuits:** 4 ganze Eier (je 65 g), 125 g Zucker, 125 g Weizenmehl mit geringem Kleberanteil, 3 g Backtriebmittel, 3 Tropfen rote Lebensmittelfarbe **Zuckerlösung 1:1:** 100 ml Wasser, 100 g Zucker **Rosenblätter in Zuckerlösung:** 1 frische Rose, 150 ml Zuckerlösung 1:1, 1 Tropfen Rosenöl **Karamellisierte Rosenblätter:** Rosenblätter in Zuckerlösung 1:1 **Quarkcreme mit Rosenwasser:** 100 g Sahnequark, 2 ml Rosenwasser, 1 Tropfen rote Lebensmittelfarbe **Erdbeerwasser:** 500 g TK-Erdbeeren, 200 g Zucker, 200 ml Wasser **Mischung aus Erdbeerwasserluft:** 500 ml Erdbeerwasser, 2,5 g Sojalezithin **Zuckerlösung 20 %:** 250 ml Wasser, 50 g Zucker **Litschis in Zuckerlösung:** 4 frische Litschis, 200 ml Zuckerlösung 20 % **Parmesanserum und Parmesanspäne:** 125 g geriebener Parmesan, 110 ml Wasser **Erdbeeren:** 4 Erdbeeren (je 5 g) **Weitere Zutaten:** 4 Scheiben gefriergetrocknete Erdbeeren, 50 ml Amaretto

ZUBEREITUNG

Leichte Erdbeerbaisers: Das Eiweißpulver 5 Minuten in dem Wasser einweichen. Die in Wasser eingeweichte Gelatine in ⅓ des heißen Erdbeerkonzentrats auflösen, das restliche Konzentrat hinzufügen und vermischen. Das Wasser mit dem Eiweißpulver zu Schaum schlagen, die Konzentratmischung hinzufügen und weitere 3 Minuten schlagen. In eine Spritztüte geben und auf einen mit Pergamentpapier belegten Nahrungsmittel-Dehydrator-Einsatz 8 Gitter von je 6 cm Durchmesser spritzen. 12 Stunden bei 30 °C und weitere 8 Stunden bei 55 °C dehydratisieren. Beiseite stellen. **Eis aus Frischkäse und griechischem Joghurt:** Das Wasser mit dem Stabilisator unter Rühren bei mittlerer Hitze auf 85 °C erhitzen. Von der Hitze nehmen und den Honig hinzufügen. 12 Stunden im Kühlschrank ruhen lassen. Den Frischkäse und das Joghurt untermischen. Die Lebensmittelfarbe einrühren und im Kühlschrank aufbewahren. **Im Dampf gegarte Biskuits:** 2 Eier mit dem Zucker schaumig schlagen und ein weiteres Ei einrühren. Nach weiteren 5 Minuten das letzte Ei hinzufügen und sehr schaumig schlagen. Das gesiebte Mehl und das Backtriebmittel wie bei einer Mousse vorsichtig unterziehen. 3 Tropfen rote Lebensmittelfarbe hinzufügen und die Mischung 0,5 cm dick auf Pergamentpapier auftragen. Im Dampfbackofen 5,5 Minuten bei 90 °C garen. 2 Scheiben von 6 cm Durchmesser ausschneiden und diese halbieren. Beiseite stellen. **Zuckerlösung 1:1:** Beide Zutaten mischen und zum Kochen bringen. Beiseite stellen. **Karamellisierte Rosenblätter in Zuckerlösung:** 8 kleine Blütenblätter aus dem Inneren der Blüte lösen. Mit der Zuckerlösung und dem Öl mischen. 25 Minuten im Kühlschrank aufbewahren. Abtropfen lassen und flach auf dem mit einer Silpat-Matte ausgelegten Blech platzieren. 12 Minuten bei 120 °C backen. Beiseite stellen. **Quarkcreme mit Rosenwasser:** Das Rosenwasser mit dem Quark vermischen und die Lebensmittelfarbe hinzufügen. In einer Spritztüte im Kühlschrank aufbewahren. **Mischung aus Erdbeerwasserluft:** Die drei Zutaten für das Erdbeerwasser mischen und bei geringer Hitze leicht zum Köcheln bringen. Vom Herd nehmen und 30 Minuten zugedeckt stehen lassen. Durchseihen (nicht drücken) und im Kühlschrank aufbewahren. Sobald die Mischung abgekühlt ist, das Lezithin unterrühren und alles pürieren. **Litschis in Zuckerlösung 1:5:** Zur Zubereitung der Zuckerlösung beide Zutaten mischen und zum Kochen bringen. Im Kühlschrank aufbewahren. Die Zuckerlösung aufkochen und die geschälten Litschis hineingeben. Im Kühlschrank abkühlen lassen. Die Litschis von oben nach unten halbieren, entkernen und jede Hälfte von der inneren Haut befreien. In Zuckerlösung aufbewahren. **Späne aus Parmesanserum:** Für das Parmesanserum das Wasser aufkochen, den Käse hinzugeben und unter Rühren auflösen. Vom Herd nehmen und 1 Stunden ziehen lassen. Die Paste durch einen Superbag oder ein Etamintuch pressen. Die Flüssigkeit (serum) aufheben. Die Parmesanpaste 12 Stunden kühl stellen. Danach 3 Stunden auf Raumtemperatur bringen und mit einem Sparschäler Späne abhobeln. Diese vor dem Anrichten 5 Minuten in dem Serum einweichen.

DAS GERICHT FERTIG STELLEN

Das Frischkäseeis in ein Sorbetgerät geben. Zwei im Dampf gegarte Biskuits mit dem Amaretto tränken und halbieren. Den oberen Teil der Erdbeerwasserluft emulgieren, bis die Luft entstanden ist.

Auf den Boden des Tellers zwei Quarkcremelinien zeichnen. Darauf ein leichtes Erdbeerbaiser platzieren. Ein halbes Dampfbiskuit obenauf legen. Darauf zwei Litschihälften, eine halbe Erdbeere und eine Scheibe gefriergetrocknete Erdbeere anordnen. Auf dem Baiser einen Löffel Frischkäseeis und darauf einige Parmesanspäne platzieren. Mit einem weiteren Baiser bedecken, ein Rosenblatt in das Eis stecken und im hinteren Teil mit einem Löffel Erdbeerwasserluft garnieren.

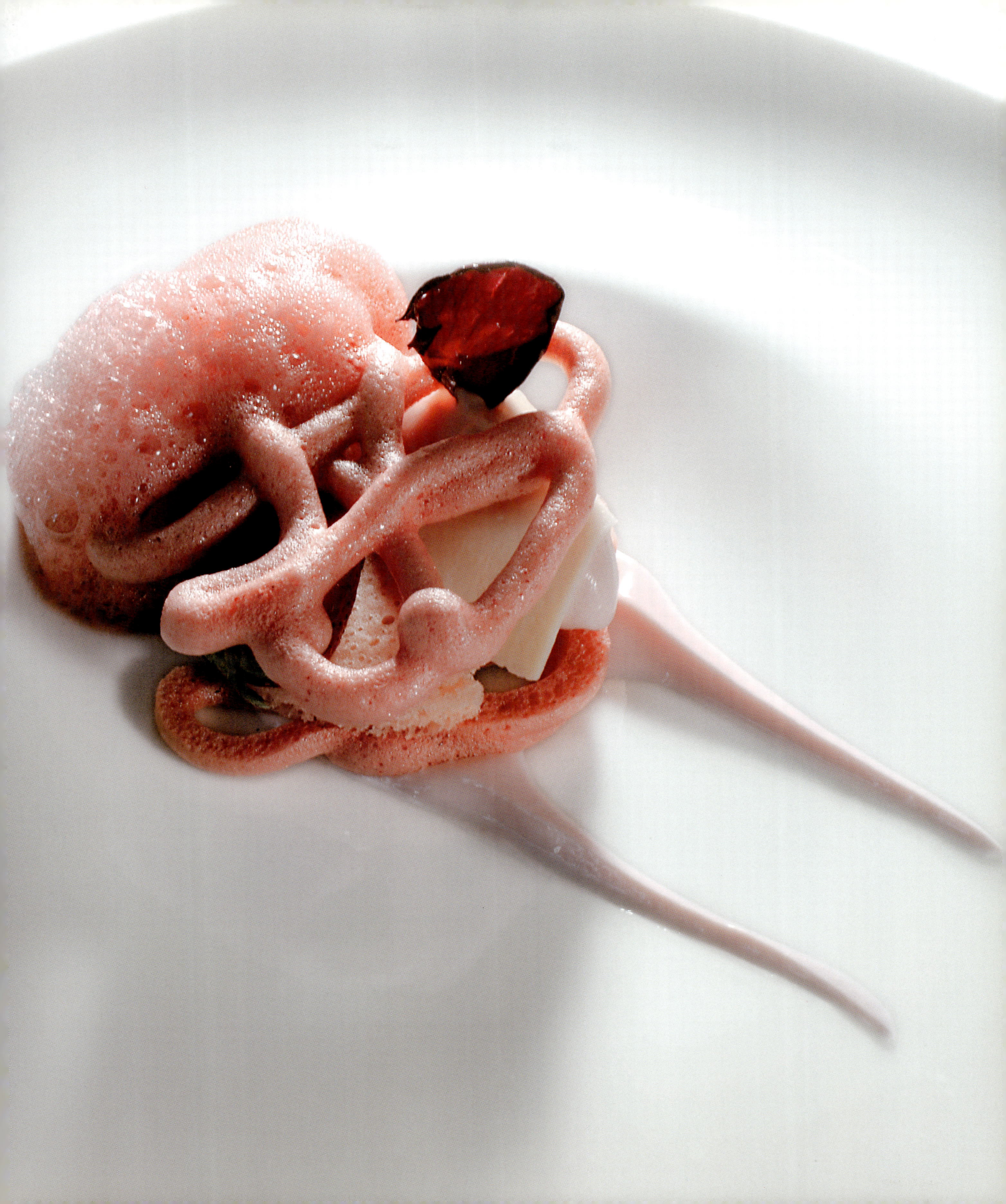

Was Patisserie und Süßspeisen betrifft, ist Oriol Balaguer einer der größten Avantgardisten Kataloniens und Spaniens, wahrscheinlich sogar der ganzen Welt. Bereits 1993, im Alter von gerade einmal 21 Jahren, wurde er zum besten Patissier Spaniens gekürt. Seit damals haben sich Balaguer und seine Arbeit kontinuierlich weiterentwickelt, immer geleitet von seinem Perfektionismus und dem Wunsch, die süße Kunst weiter zu erforschen und ihr neue Wege zu eröffnen.

Balaguer, der aus dem katalanischen Calafell stammt, entschied sich schon früh, die Familientradition des süßen Handwerks fortzusetzen, und absolvierte eine Ausbildung an der von der Konditoren-Innung der Provinz Barcelona betriebenen Fachschule für Patisserie. Nach Abschluss der Ausbildung schloss er sich der Gruppe »La Confitería Española« an, um nur ein knappes Jahr später die bereits erwähnte Auszeichnung als bester spanischer Patissier entgegenzunehmen. Es folgten zahlreiche weitere Preise, was Balaguer jedoch nicht daran hinderte, die Füße fest auf dem Boden zu behalten und seine Fachkenntnisse in so renommierten Betrieben wie Foix de Sarriá, Pastelería Baixas oder Pastelería Totel (bei Paco Torreblanca) weiter zu vertiefen. So bildete sich schließlich der ganz persönliche Stil dieses Meisters der süßen Zunft heraus, der sich, wenn es um Kuchen, Pralinen und Desserts geht, durch sein unermüdliches Streben nach Perfektion auszeichnet.

Wissenschaft kann verführerisch sein

Als Vorkämpfer einer modernen, bis ins kleinste Detail perfektionistischen und technisch hochgradig ausgefeilten Patisserie erforscht Balaguer von Barcelona aus die Möglichkeiten und Techniken der süßen Kunst. Letztere entwickelt der Meister entweder selbst oder aber sie sind Resultat der häufigen Kontakte mit einigen der avantgardistischen Vertretern der kreativen Küche. Anlass zu solchen Kontakten unter Kollegen bieten beispielsweise die Experimente, die in der »Werkstatt« des elBulli stattfinden.

Seine Pralinen und Patisseriearbeiten präsentiert er in Kollektionen, die sein ständiges Bemühen um ein Höchstmaß an Ästhetik zeigen. Gleichzeitig geben sie einen Rahmen von raffinierter Eleganz ab, der absolut auf der Höhe der Zeit ist. Balaguer versteht es meisterlich, mit den Kontrasten von Aromen und Texturen zu spielen. Grundlage für dieses Spiel sind seine futuristisch anmutenden Experimente, mit denen er die kulinarischen Eigenschaften der verschiedenen Rohprodukte erforscht und versucht, diese auf dem Teller des Feinschmeckers so zu materialisieren, dass sie alle beteiligten Sinne überraschen.

Daneben kreiert Balaguer, wie gesagt, auch Desserts für Restaurants. Gemeinsam mit ein paar anderen Vertretern der süßen Zunft ist er für die derzeitige Entwicklung verantwortlich, in deren Zuge die Grenzen zwischen Patisserie und süßer Küche immer mehr verschwimmen. Parallel dazu fallen auch die Mauern, durch die die süße Küche bisher streng von der salzigen abgetrennt war. Die so entstehenden Köstlichkeiten präsentiert Balaguer in seinem beim spanischen Verlag Montagud Editores erschienenen Buch »La Cocina de los Postres« (Die Dessertküche), das 2000 als bestes Dessertbuch der Welt ausgezeichnet wurde. Ein Blick auf die Namen seiner Naschwerke vermittelt eine ungefähre Vorstellung davon, in welche Richtung die kulinarische Kreativität dieses Zuckerbäckers des 21. Jahrhunderts geht.

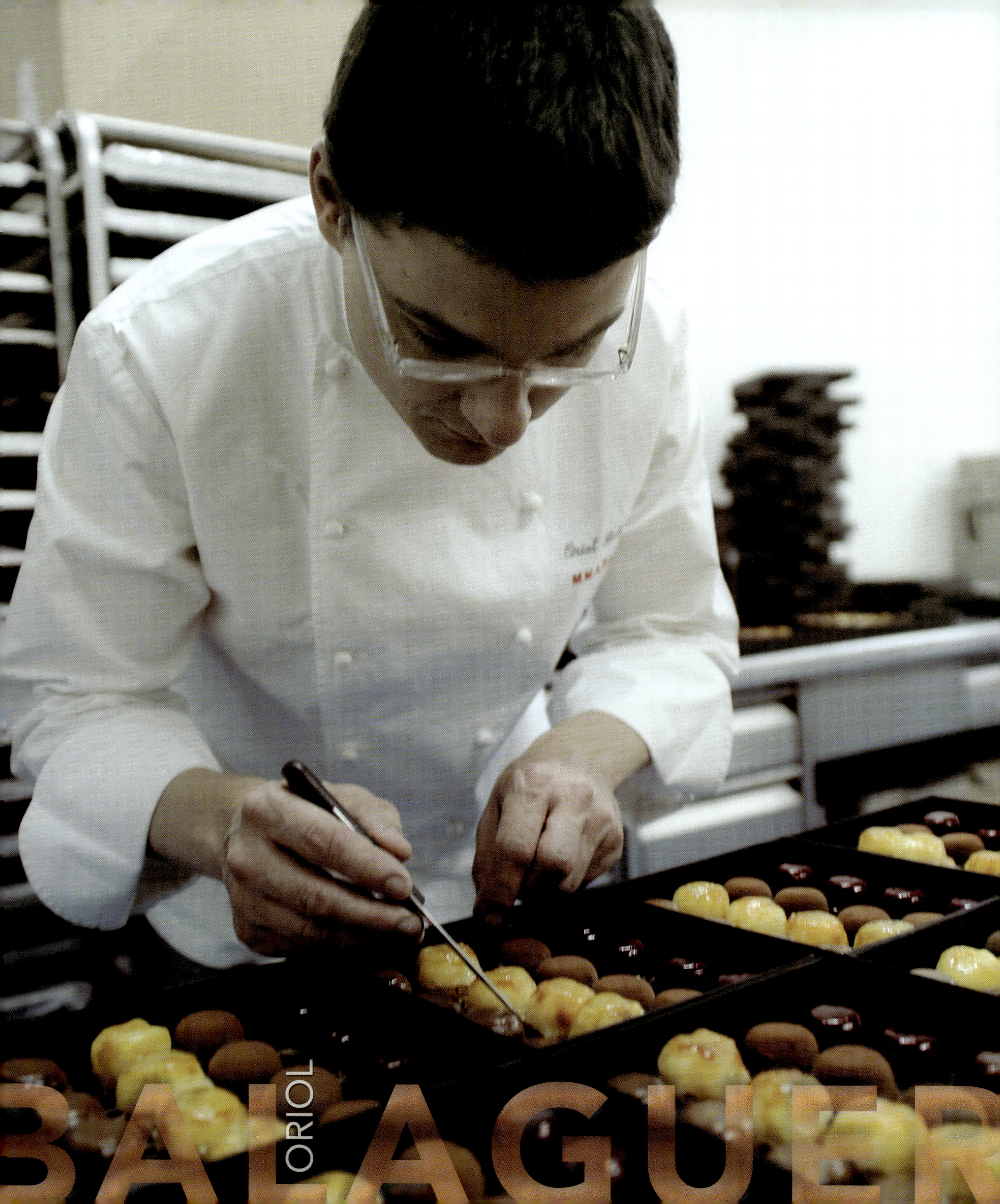
ORIOL
BALAGUER

SYDNEY

ZUTATEN

(für 6 Tartes à 18 cm)

Vanilleschaum: 400 ml süße Sahne, 1 g Tahiti-Vanille, 200 g Zucker, 16 g Blattgelatine, 1500 g schaumig geschlagene süße Sahne **Lockerer Mürbeteig:** 700 g Butter, 300 g Zucker, 400 g brauner Zucker, 12 g Salz, 350 g Eigelbe, 60 g Backpulver, 700 g Weizenmehl (Type 405) **Joghurtcreme:** 375 g Joghurt natur, 550 g weiße Schokolade **»Weiße Farbe«:** 250 g Kakaobutter, 250 g weiße Schokolade **Weitere Zutaten:** frische Himbeeren, Mangoschnitze

ZUBEREITUNG

Vanilleschaum

Am Vortag die Vanille und den Zucker in die Sahne geben und ziehen lassen. Die Mischung leicht erwärmen und die Blattgelatine hinzufügen. Wenn eine Temperatur von 30 °C erreicht ist, die schaumig geschlagene Sahne beifügen.

Lockerer Mürbeteig

Die Butter mit den beiden Zuckersorten, dem Salz und der Eigelbmenge schaumig schlagen. Das gesiebte und mit dem Backpulver gemischte Mehl hinzufügen und den Teig 4 Stunden in der Kühlkammer aufbewahren. 6 Formen mit Backpapier ausschlagen, den Teig hineingeben und mindestens 2 Stunden ruhen lassen. Dann im Backofen bei 150 °C 30 Minuten backen.

Joghurtcreme

Das Joghurt und separat auch die weiße Schokolade auf 40 °C erwärmen. Beides vermischen und emulgieren. In einem 4 cm hohen Gefäß bei 4 °C 12 Stunden aufbewahren.

»Weiße Farbe«

Beide Zutaten zusammen schmelzen und durch ein Sieb gießen.

DAS GERICHT FERTIG STELLEN

Den Mürbeteigboden mit der Pistole mit »weißer Farbe« besprühen und ihn dann mit frischen Himbeeren füllen. Darauf den Vanilleschaum setzen und obenauf die Joghurtcreme anrichten. »Weiße Farbe« auf den oberen Teil sprühen, damit die Oberfläche samtig wird, und die Backform entfernen. Mit Himbeeren und Mangoschnitzen dekorieren.

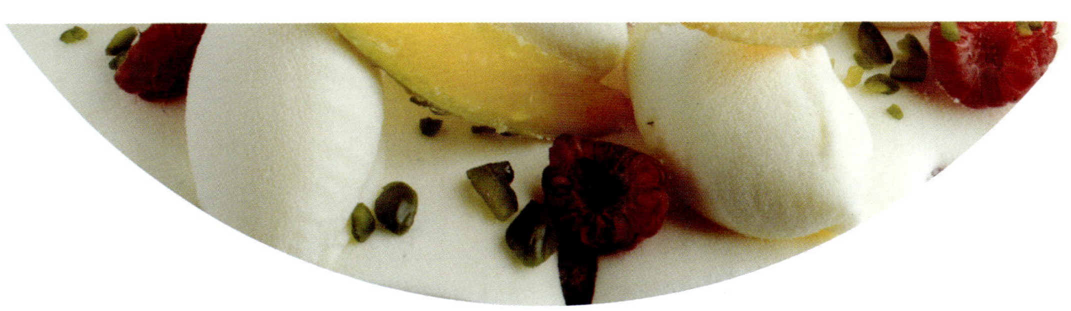

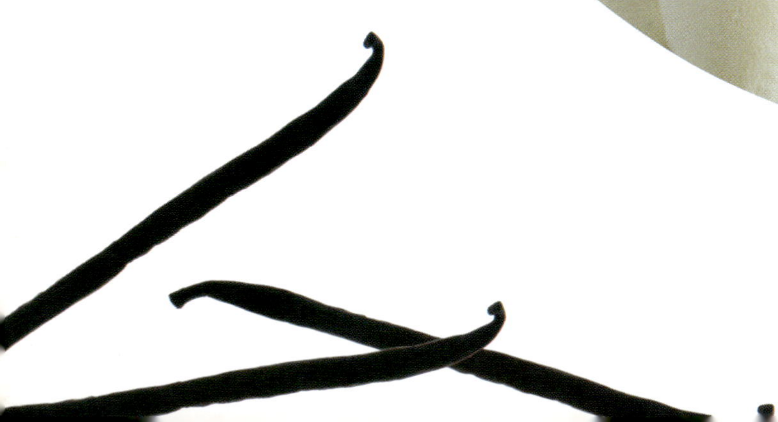

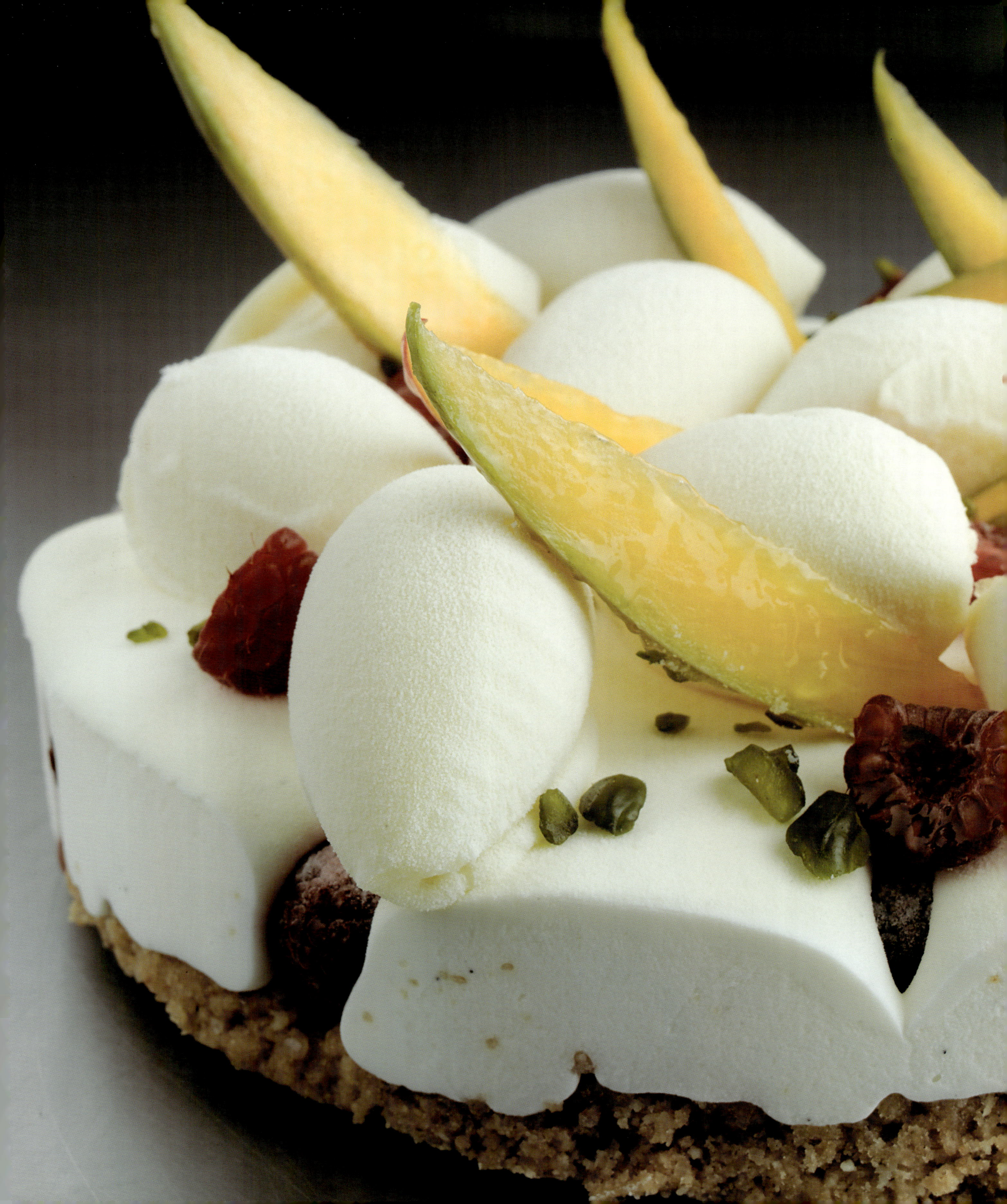

NARANJA, ACEITE Y PEDRO XIMÉNEZ

ORANGE, ÖL und PEDRO XIMÉNEZ*

ZUTATEN

(Dessert für 20 Personen)

Pedro-Ximénez-Gelatine: 2,5 g Blattgelatine, 200 ml Pedro Ximénez 1927 **Orangensorbet:** 1150 ml Orangensaft, 100 g Glukosepulver, 30 g Dextrose, 200 g Zucker, 4,5 g Stabilisator für Eis, 15 ml Zitronensaft **Honiggelatine:** 4 g Blattgelatine, 250 ml Wasser, 200 g Honig **Kandierte Zitrone:** Schalen von 3 Zitronen, 250 g Zucker, 500 ml Wasser, 50 g Glukose **Essigreduktion:** 50 ml sortenreiner Chardonnay-Essig, 50 g Zucker, 50 g Glukose **Weitere Zutaten:** Maldonsalz, natives Olivenöl (0,1° Säure)

ZUBEREITUNG

Pedro-Ximénez-Gelatine

Die Gelatineblätter in Wasser einweichen und ausdrücken. Einen kleinen Teil des Pedro Ximénez erwärmen und darin die Gelatine auflösen. Dann den übrigen Pedro Ximénez dazugießen, die Mischung durch ein Sieb gießen und abkühlen.

Orangensorbet

400 ml Orangensaft leicht erwärmen, das Glukosepulver und die Dextrose dazugeben und mischen. Den Zucker mit dem Stabilisator unterrühren und die Mischung ein Mal aufkochen lassen. Abkühlen und 4 Stunden stehen lassen. Den restlichen Orangensaft und den Zitronensaft untermischen und aufschlagen.

Honiggelatine

Die Gelatineblätter in Wasser einweichen und ausdrücken. Den Honig karamellisieren und mit dem heißen Wasser ablöschen. Die Gelatine darin auflösen, die Mischung durch ein Sieb gießen und abkühlen.

Kandierte Zitrone

Die Zitronenschalen sehr klein schneiden und bei kleiner Hitze mit dem Zucker, dem Wasser und der Glukose einkochen. In Würfel schneiden. ANMERKUNG: *Die Konsistenz muss am Schluss »al dente« sein (man muss die Schalentextur noch spüren).*

Essigreduktion

Den Essig, den Zucker und die Glukose mischen und bei kleiner Hitze auf die gewünschte Konsistenz einkochen.

DAS DESSERT FERTIG STELLEN

Auf dem Tellerboden einen Kreis mit der Essigreduktion ziehen, in die Mitte die kandierten Zitronenwürfel legen und zu beiden Seiten zwei Stücke von jedem Gelatinetyp anrichten. Das native Olivenöl darüberträufeln, das Orangensorbet obenauf setzen und etwas Maldonsalz darüberstreuen.

---

*ein edler, sehr süßer Dessertwein, Abkürzung P. X.

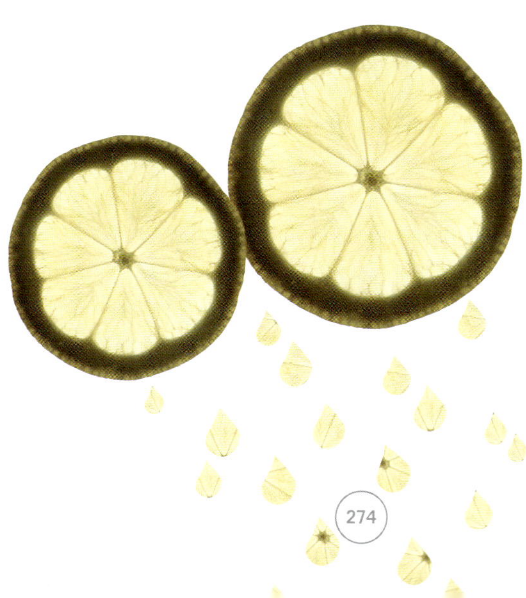

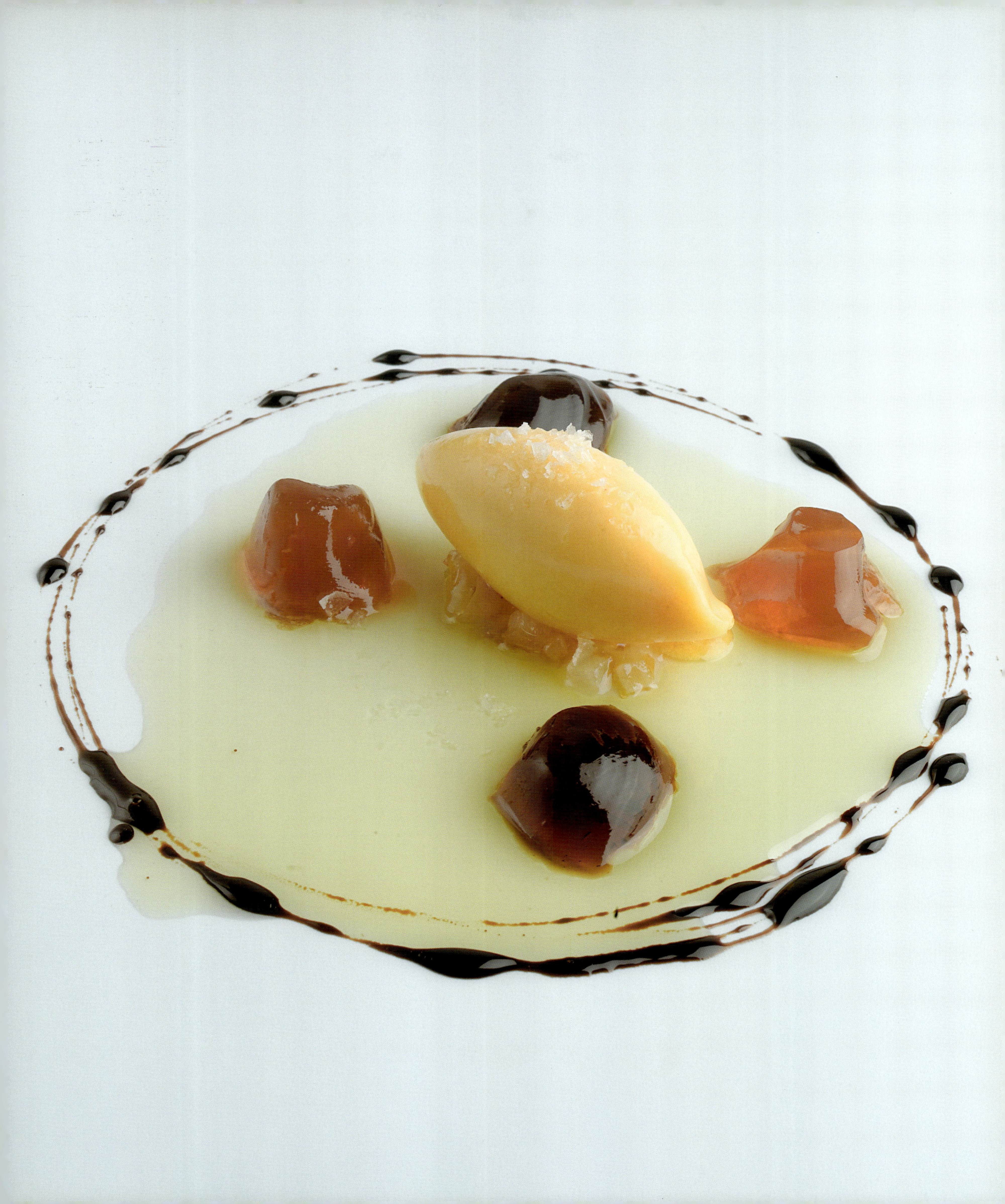

Der junge Zuckerbäcker und Chocolatier

In Asturien erlebt das Konditorhandwerk derzeit einen ungeahnten Aufschwung. Dort ziehen vor allem Julio César Blanco und seine Frau Alejandra Rodríguez die Aufmerksamkeit von Fachkritikern und Liebhabern süßer Leckereien auf sich. Ihr Geschäft Pomme Sucré in Gijón hat sich auf süße und salzige Backwaren spezialisiert und bietet darüber hinaus auch einen Catering-Service an.

Die ersten, die die Arbeit dieses jungen Künstlers der Patisserie würdigten, waren die asturischen Fachleute selbst. So kürte ihn der Berufsverband der Gastronomiekritiker im letzten Jahr zum besten Süßwarenhersteller der Autonomen Region. Bei der Preisverleihung wurde besonders seine Jugend zusammen mit der Kreativität seiner Arbeit hervorgehoben, die ganz auf der Linie der neuesten europäischen Trends liegt.

Seine Nähe zur süßen Avantgarde von heute hat er anlässlich des Internationalen Gastronomiegipfels Madrid Fusión 2006 mit einer außerordentlichen Kreation aus Schokolade vor dem anwesenden Publikum unter Beweis gestellt. Gleichzeitig ist er im Rahmen dieses modernen Ansatzes aber auch darum bemüht, traditionelle Zubereitungsformen zu neuem Leben zu erwecken oder Konzepte aus den Küchen anderer Länder in sein Repertoire zu integrieren. Beispiele hierfür sind seine Schöpfungen aus Blätterteig oder auch sein Panettone, der im Pomme Sucré derart begehrt ist, dass man sich in eine Warteliste eintragen muss, um die Köstlichkeit nach Hause tragen zu dürfen.

Die berufliche Laufbahn dieses 1977 in Gijón geborenen Konditors begann 1993 in seiner Geburtsstadt als Geselle in der traditionellen Zuckerbäckerei Sebastián. Nach einiger Zeit wechselte Julio Blanco dann zur Konditorei La Amistad in Oviedo, wo er seine Ausbildung fortsetzte. Kurz darauf ging er an die Europäische Konditorschule von Paco Torreblanca, den er seither als seinen Meister betrachtet. Bei ihm vertiefte er seine Kenntnisse über Halbgefrorenes, Pralinen, Feinbäckerei und Blätterteigwaren. 2001 beschloss er, seinen Horizont zu erweitern und ging nach Frankreich, wo er beim Meister Philippe Urraca weitere Erfahrungen sammelte. Dies war die letzte Etappe seiner Lehrzeit, denn schon ein Jahr darauf eröffnete er das Pomme Sucré.

Der asturische Kritiker Francisco Fernández Vega hat den Meister der Patisserie und Eigentümer des Pomme Sucré als einen »fleißigen, ruhigen, feinen, eleganten und intuitiven« Fachmann bezeichnet. Diese Eigenschaften spiegeln sich besonders in seiner Arbeit mit Schokolade wider, denn dieses Produkt verführt ihn regelrecht zu allen nur erdenklichen Wagnissen und Abenteuern. Er erfindet nicht nur ungewöhnliche Herstellungsmethoden für Schokolade, er erschafft sein eigenes Schokoladenuniversum, angefüllt mit subtilen Formen, Kontrasten, kühnen Kombinationen und gänzlich unerwarteten Sorten.

So virtuos wie er als Chocolatier arbeitet, so aufgeschlossen ist er für neue Ideen, die auch in seinen anderen Kreationen Gestalt annehmen. Zum Beispiel hat er Desserts erfunden, in denen er salzige und süße Geschmacksnoten kombiniert. Grundsätzlich glaubt er an die Erforschung des Ursprünglichen, Authentischen als Methode, die zur Innovation führt. Dabei ist er stets auch auf der Suche nach exotischen Produkten wie Manjari-Schokolade, Vanille aus Tahiti oder Guanaja-Schokoladeperlen, die er für seine leckeren Panettoni verwendet. Darüber hinaus verarbeitet er auch Orangen, Marzipan oder Marron glacé. Aus dem traditionellen süßen Rezeptschatz Spaniens stammt das Trockenobst, für das er sich modernere Verwendungsarten einfallen lässt, die in sein ganz persönliches Universum der Patisserie passen.

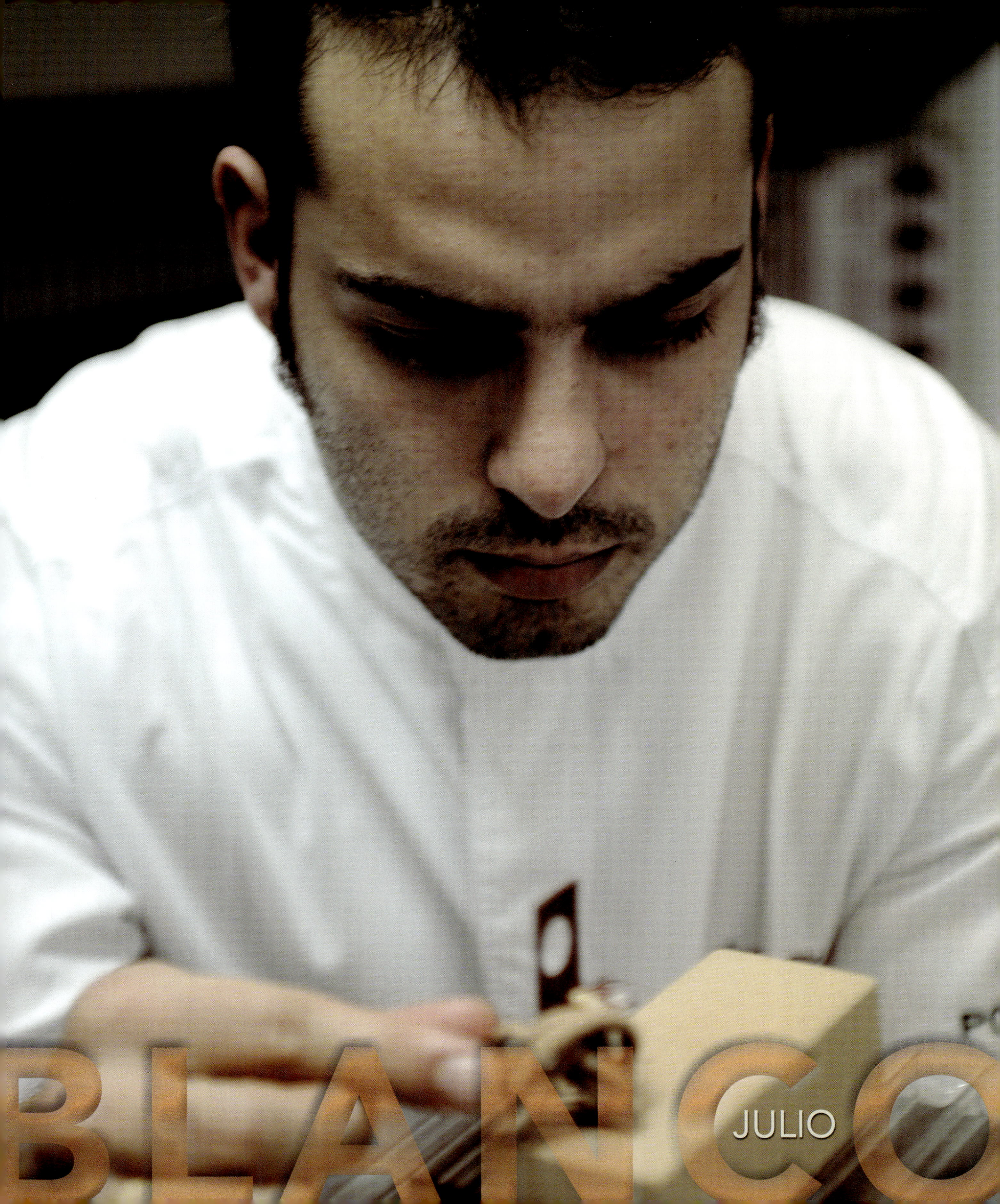
BLANCO
JULIO

MOUSSE DE CHOCOLATE con cremoso de comino y piñones al azafrán

SCHOKOLADENMOUSSE
mit Kreuzkümmelcreme und Safran-Pinienkernen

ZUTATEN

(1 Torte / 6 Personen)

Milchschokolade-Mousse: 50 ml Milch, 20 g Eigelb, 10 g Zucker, 2 g Blattgelatine, 70 g Schokolade (40 % Kakaogehalt), 100 ml Sahne **Kreuzkümmelcreme:** Kreuzkümmel, 900 ml Crème double, 25 g Eigelb, 25 g Zucker **Safran-Pinienkerne:** 50 g Pinienkerne, 10 g Zucker, 2 Safranfäden, 2 g Butter **Pinienkernbiskuit:** 35 g Eiweiß, 12 g Zucker, 25 g Puderzucker, 6 g Mehl mit geringem Klebergehalt, 25 g gemahlene Mandeln, 20 g Paste aus gerösteten Pinienkernen **Weitere Zutaten:** Kuvertüre, Schokoladendekoration

ZUBEREITUNG

Milchschokolade-Mousse

Die Milch, das Eigelb und den Zucker auf 85 °C erhitzen. Die Gelatine einweichen und zu der Eimilch hinzufügen. Die Schokolade untermischen und die Mischung emulgieren. Sobald die Mischung auf 40 °C abgekühlt ist, die halbsteif geschlagene Sahne unterziehen.

Kreuzkümmelcreme

Den Kreuzkümmel mit der Sahne vermischen und 24 Stunden im Kühlschrank aufbewahren. Die Sahne dann reduzieren und mit dem Eigelb und dem Zucker bei 85°C kochen.

Safran-Pinienkerne

Den Zucker verflüssigen, bei 116°C die Pinienkerne hinzugeben und langsam karamellisieren. Gegen Ende die Safranfäden hinzugeben. Die Butter untermischen, damit sich die Pinienkerne voneinander trennen.

Pinienkernbiskuit

Das Eiweiß mit dem Zucker und einer Prise Salz steif schlagen. Den Puderzucker mit dem Mehl zusammen durchsieben und die gemahlenen Mandeln hinzugeben. Das Ganze vorsichtig mit dem Eischnee vermischen, um ein Zusammenfallen zu vermeiden. Zuletzt die Pinienkernpaste unterziehen. Den Teig auf einem 60 × 40 cm großen Blech 12 Minuten bei 230 °C backen.

DAS GERICHT FERTIG STELLEN

Die Kreuzkümmelcreme mit den Safran-Pinienkernen in einen Rahmen von 12 × 12 × 1 cm gießen und tiefgefrieren. Die Schokoladenmousse vorbereiten und die Hälfte davon in eine Form von 14 × 14 × 3 cm geben. Darauf die Kreuzkümmelcreme anrichten, mit einer weiteren Schicht Mousse bedecken und mit dem Pinienkernbiskuit abschließen. Tiefgefrieren.
Im tiefgekühlten Zustand aus der Form nehmen, mit Kuvertüre (Kakaobutter und Schokolade) samtig überglänzen und mit Schokoladendekoration abschließen.

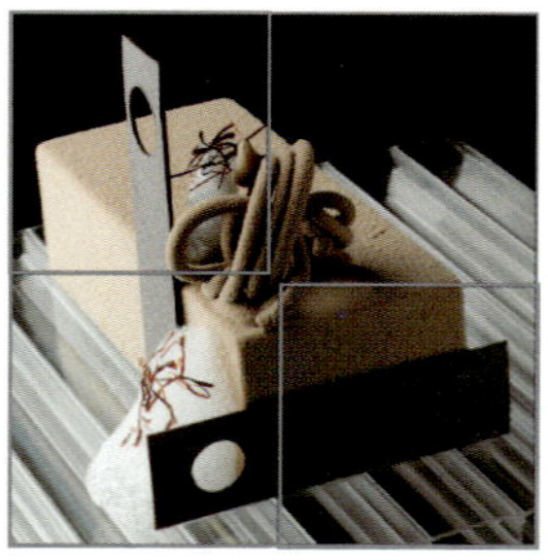

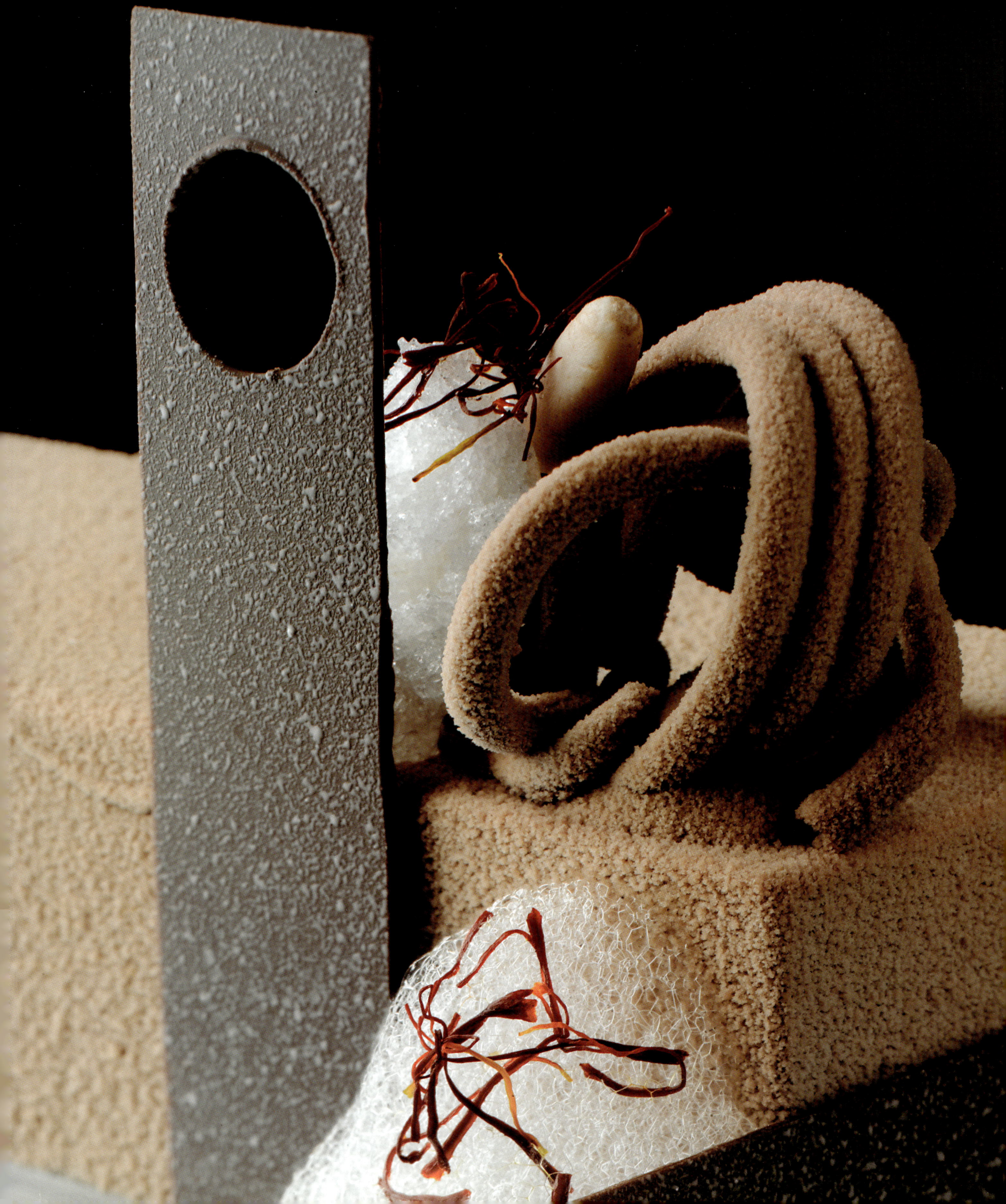

BOMBÓN
de sidra y manzana

CIDRE-APFEL-PRALINE

ZUTATEN

(400 Minipralinen)

300 ml Sahne, 100 ml Cidre, 50 ml Apfelbrand, 75 g Invertzucker,
750 g Schokolade (40 % Kakaogehalt) für die Pralinenmasse, 210 g Butter,
200 g dehydratisierte Äpfel (Apfelchips), 450 g dunkle Kuvertüre (64 % Kakaogehalt)

ZUBEREITUNG

Die Sahne, den Cidre, den Apfelbrand und den Zucker auf 80 °C erhitzen. Die Schokolade hinzufügen und die Mischung emulgieren. Zuletzt die Butter und die Äpfel hinzugeben und sorgfältig vermischen. In einen Rahmen von 30 × 30 cm Kantenlänge und 1,5 cm Höhe gießen und 48 Stunden bei 12 °C erstarren lassen.

DAS DESSERT FERTIG STELLEN

Mit einem Lineal oder einer Schneideharfe in 1,5 × 1,5 cm große Portionen schneiden, die Stücke vereinzeln und 1 Stunde trocknen lassen. Anschließend in die dunkle Kuvertüre tauchen und das Ganze schön dekorieren.

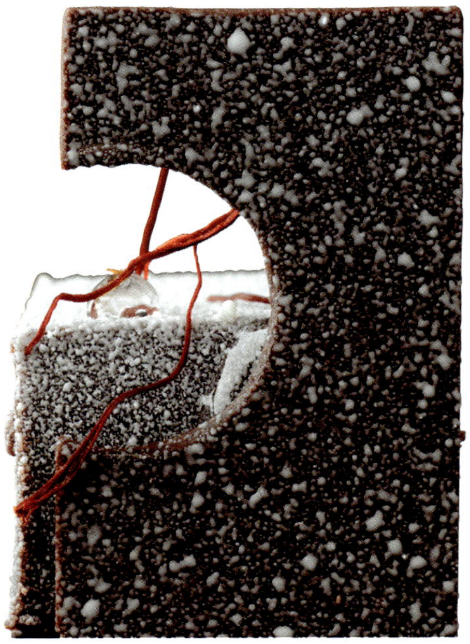

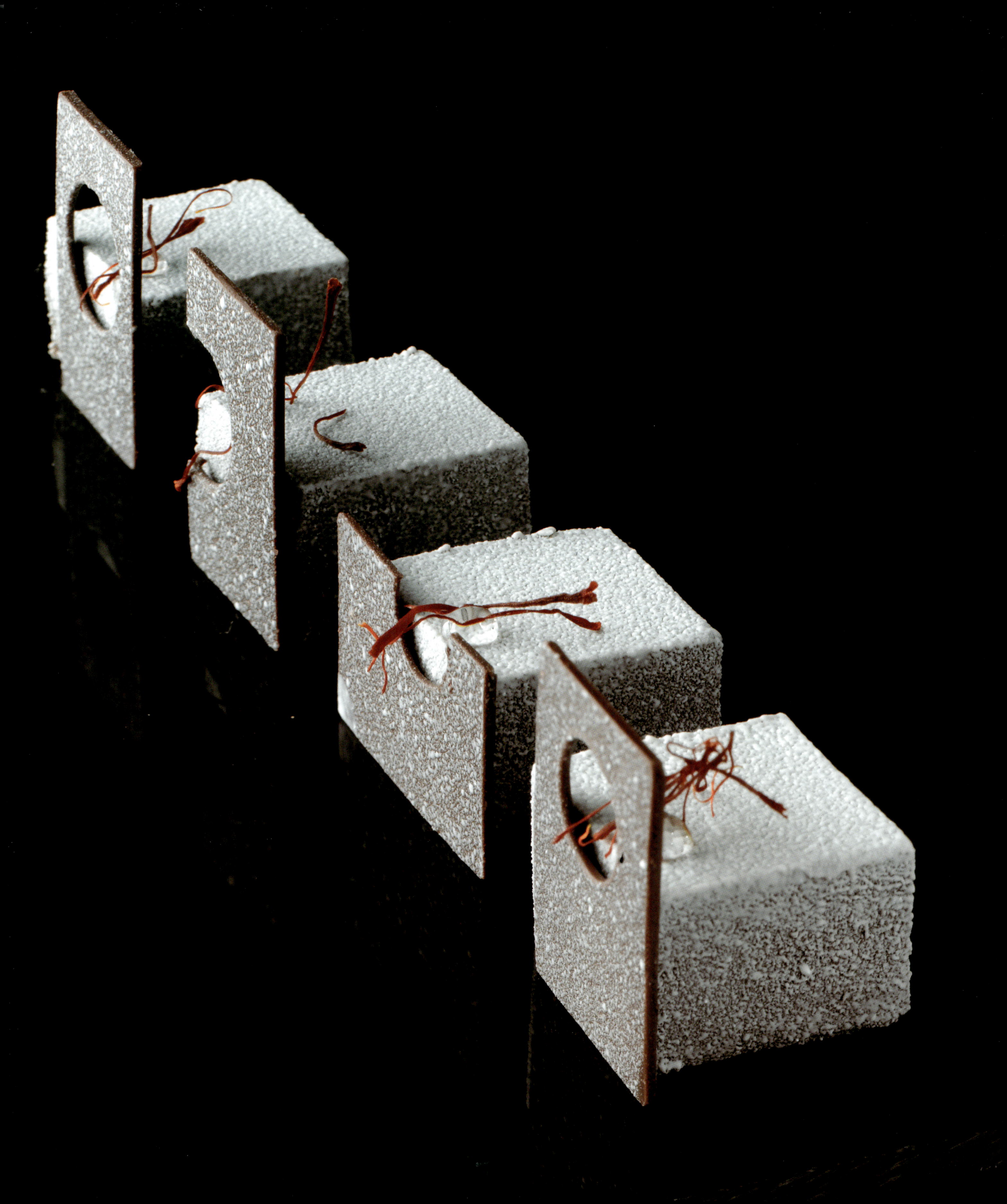

Mit Vernunft und Gefühl zur Ausgewogenheit

Die süße Küche ist bis vor nicht allzu langer Zeit recht stiefmütterlich als reine Ergänzung eines Menüs behandelt worden oder auch, wenn man so will, als dessen Krönung, was ihr aber jedenfalls nur den engen Raum zugesteht, den ihr die salzige Küche lässt. Erst als eine neue Generation von Konditoren auf dem Plan erschien, wurden wir daran erinnert, dass unabhängig von unseren kulturellen Prägungen die süße Kochkunst ein eigenes paralleles Universum bildet, dabei aus den gleichen Ressourcen schöpft und mit ähnlichen Möglichkeiten spielt wie die salzige Küche.

Technik, Harmonie, Ästhetik und Geschmack haben Einzug in die süßen Speisen gehalten und ihnen zu einem eigenen Raum verholfen, in dem die ausgefallensten Wege beschritten werden. Hier übt Jordi Butrón eine so niveauvolle Kochkunst aus, dass sie es mit jeder salzigen Küche aufnehmen kann. Wie in der salzigen Küche auch, geht es ihm vor allem darum, Wesen und Geschmack eines Produkts zu ergründen und mit subtilen Zubereitungsmethoden und technischer Perfektion im Gericht umzusetzen.

Das Espai Sucre, Dessert-Restaurant und Kochschule, wo Jordi Butrón Chefkoch und Lehrer ist, gehört zu den gewagtesten und erfrischendsten Neuheiten, mit denen die vor Ideen nur so sprudelnde katalanische Küche der letzten Jahre aufgewartet hat. Das Konzept ist ebenso einfach als Aussage wie revolutionär als Formel: ein Restaurant, das sich vorgenommen hat, dem Gast ein nur aus süßen Gerichten bestehendes Menü zu servieren (allerdings ergänzt durch ein zweites Menü mit salzigen Speisen als Alternative für weniger Naschhafte), und sich dabei auf die theoretische und praktische Arbeit Butróns stützt, der sich als wahrer Meister im Umgang mit gegensätzlichen Sinneseindrücken erwiesen hat und mit großer Sensbilität die Restaurantdesserts konzipiert.

Butrón verschaffte sich beachtliches Prestige als Verantwortlicher für die süße Küche im Jean Luc Figueras, bevor er sich mit weiteren Partnern in ein, wie es anfangs schien, riskantes Abenteuer stürzte, das sich mit den Jahren als Trendsetter konsolidiert hat. Von Anfang an wollte Butrón zweigleisig fahren, nämlich zum einen den Gast die vielfältigen Möglichkeiten entdecken lassen, die die süße Geschmackswelt für die Gestaltung origineller Gerichte bietet, und zum anderen eine Schule betreiben, an der sich andere Köche und Konditoren auf dem Gebiet der süßen Speisen weiterbilden können.

Butrón hat als freier Mitarbeiter von Printmedien nie ein Hehl daraus gemacht, welche Grundlagen seine Arbeit hat. Zum Beispiel hat er versucht, die Mechanismen zu erklären, die seine Kreativität bei der Konzeption eines Desserts lenken, und darüber geschrieben, dass er stets Kohärenz und Ausgewogenheit im Gericht anstrebe, wozu Überlegung, Arbeit und Analyse notwendig seien. Das bedeute jedoch nicht, dass er dieses intellektuelle Schaffen als die einzige treibende Kraft hinter seinen Kreationen ansehe. Unverzichtbar sei bei allen Gerichten die Verbindung zu den Gefühlen, die die Kochkunst anspricht, und daher bleibe immer Raum für kreative Improvisation. Mit seinen Backwaren und Süßspeisen wolle er, wie er erläutert, neue, andersartige Geschmacksempfindungen hervorrufen, die hauptsächlich durch die ungewöhnliche, jedoch immer maßvoll eingesetzte Kombination mit gegensätzlichen Geschmacksnoten (bitter, sauer, scharf) erzeugt würden.

Seinen Kreationen geht immer eine Idee voraus, die stets gut ausgereift sein muss, bevor sie als Fundament für ein neues Gericht dienen kann. Mithilfe der Zutaten entfaltet sich sodann der schöpferische Prozess nach den Erwartungen, die der Koch auf sein Werk projiziert. Die Rohstoffe spielen eine entscheidende Rolle in diesem kreativen Prozess, obgleich sie, wie Butrón betont, immer der Gesamtvorstellung untergeordnet sein müssen, dem Ausdruck jenes Gefühls, das dem Ganzen – dem süßen Gericht, das dem Gast serviert wird – Sinn verleiht.

JORDI BUTRON

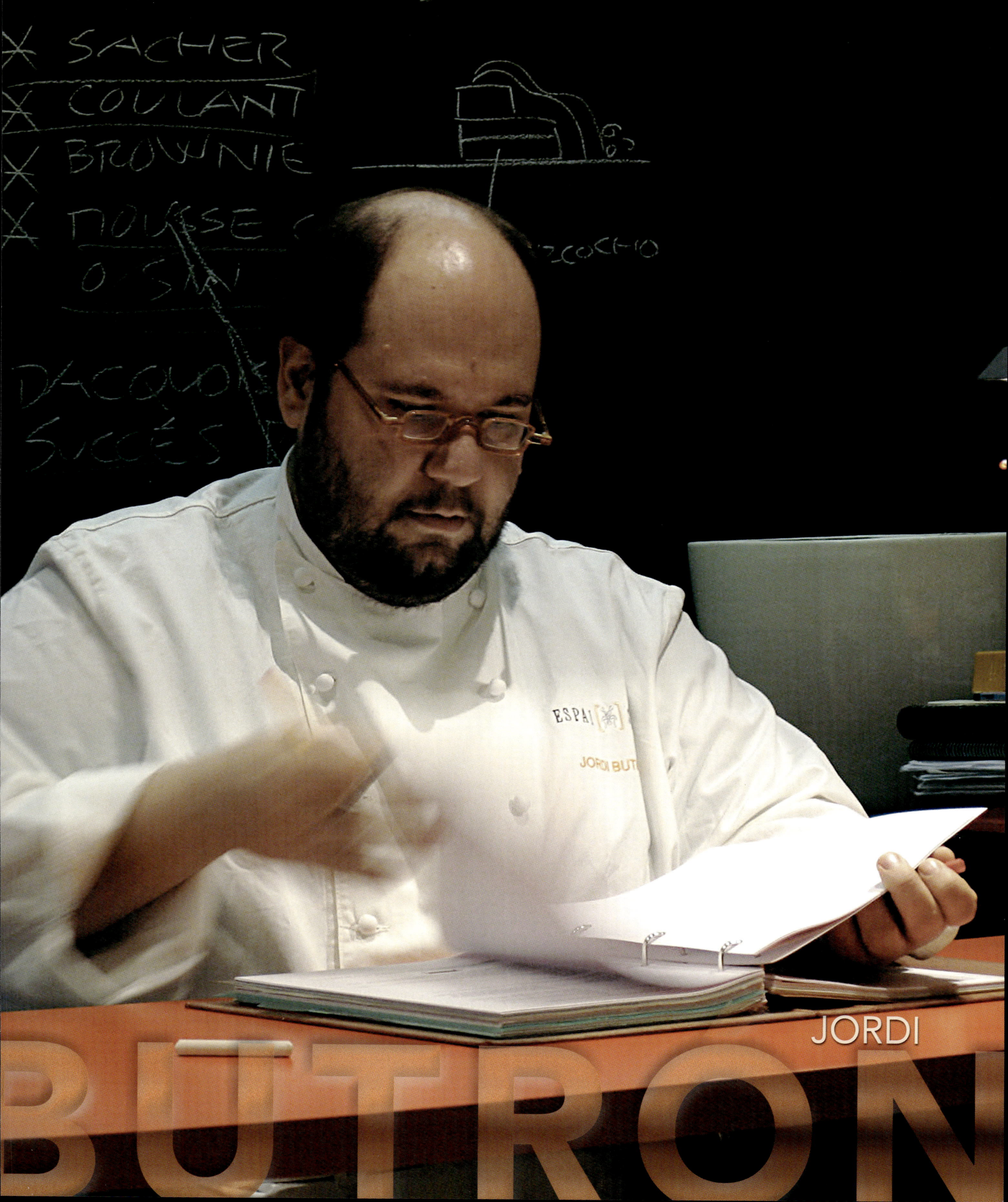

HELADO DE CHOCOLATE, yogur y té ahumado

SCHOKOLADENEIS, Joghurt und Räuchertee

ZUTATEN

(12 Personen)

Räucherteecreme: 50 g Rosinen, 50 ml Rum, 30 ml Wasser, 350 ml Sahne, 150 ml Milch, 50 g Zucker, 25 g schwarzer Ceylontee, 10 g Räuchertee, 3 g Blattgelatine **Schokoladenkuchen ohne Mehl:** 125 g Manjari-Schokolade (64 % Kakaogehalt), 30 g Butter, 125 g Eiweiß, 25 g Eigelb, 45 g Zucker **Krokant aus schwarzem Sesam:** 125 g Glukose, 125 g Fondant, 90 g gerösteter schwarzer Sesam **Schokoladen-Kaffee-Eis:** 500 ml Milch, 60 ml Sahne, 15 g Butter, 25 g Kakaopulver, 50 g Eigelb, 83 g Zucker, 10 g Invertzucker, 125 g Guanaja-Schokolade (70 % Kakaogehalt), 1 g Cremodan (Stabilisator), 10 g löslicher Kaffee **Weitere Zutaten:** Naturjoghurt, Espressokaffee

ZUBEREITUNG

Räucherteecreme

Die Rosinen, den Rum und das Wasser bei geringer Hitze kochen, bis die gesamte Flüssigkeit verdunstet ist. Beiseite stellen. Die restlichen Zutaten außer der Blattgelatine vermischen, aufkochen und abseihen. Die Blattgelatine in der Flüssigkeit auflösen, dann die Rosinen hinzufügen.

Schokoladenkuchen ohne Mehl

Die Schokolade und die Butter getrennt schmelzen und vermischen. Das Eiweiß mit dem Zucker steif schlagen und das Eigelb in zwei Stufen unter den Schnee mischen. Die Schokolade-Butter-Mischung ebenfalls in zwei Stufen unterheben. In einen Spritzbeutel mit glatter Tülle füllen und auf zwei Bleche spritzen. Im Ofen bei 220 °C 4–5 Minuten backen.

Krokant aus schwarzem Sesam

Die Glukose und den Fondant zum Kochen bringen und den schwarzen Sesam, der 6 Minuten bei 180 °C geröstet wurde, hinzufügen. Die erkaltete Masse portionieren und zwischen zwei Teflonblechen 5 Minuten bei 200 °C backen.

Schokoladen-Kaffee-Eis

Die Milch, die Sahne, die Butter und den Kakao zusammen aufkochen. Mit der bereits cremig gerührten Eigelb-Zucker-Mischung zu einer englischen Creme abziehen. Diese zu der zerlassenen Schokolade hinzugeben und zuletzt den Stabilisator und den löslichen Kaffee untermischen. Im Kühlschrank 8 Stunden ruhen lassen, dann in die Eismaschine geben.

DAS GERICHT FERTIG STELLEN

In einem tiefen Teller einen Turm aus vier in Espresso getränkten Schokoladenkuchen aufschichten und diesen mit einem Teelöffel Räucherteecreme umgeben. So viel Naturjoghurt hinzufügen, bis die dritte Schicht bedeckt ist, und darauf zwei große Tropfen Räucherteecreme platzieren. Den Turm mit einem Stück Krokant aus schwarzem Sesam bekrönen, auf das wiederum ein Löffel Schokoladen-Kaffee-Eis kommt.

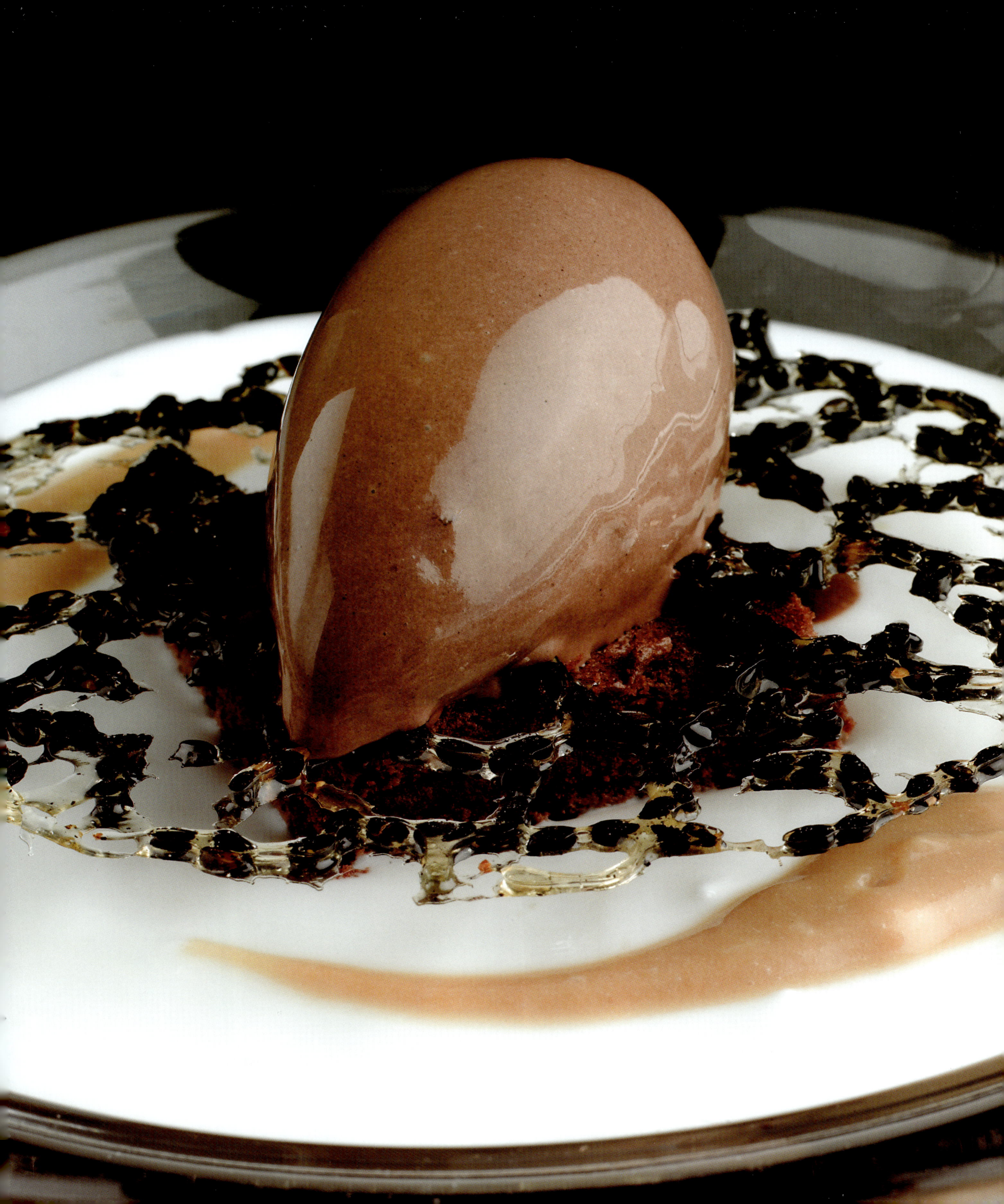

PASTEL DE QUESO MANCHEGO, piña y tomillo

KUCHEN aus MANCHEGOKÄSE, Ananas und Thymian

ZUTATEN

(12 Personen)

Anananssorbet: 85 ml Glukosesirup, 40 g Invertzucker, 400 ml Ananassaft, 3,5 g Stabilisator für Sorbet, 1 kg TK-Ananaspulp (püriertes Ananasfruchtfleisch, gefroren), 25 ml weißer Rum **Ananaswürfel in Sirup:** 300 ml Sirup, 100 ml Wasser, 25 ml Pernod, ½ gewürfelte Ananas **Thymianparfait:** 200 g halbsteif geschlagene Sahne, 56 g Zucker, Zitronensaft, Wasser, 75 g Eigelb, 50 ml Sahne, 7,5 g getrockneter Thymian, 3 g eingeweichte und ausgedrückte Blattgelatine **Manchegokäsekuchen:** 100 g Ananaswürfel, 10 g Butter, 20 g Zucker, 62,5 g Zucker, 100 g Eier, 8 g Mehl, 16 g Maismehl, 125 g geriebener Manchego, 32,5 ml Milch, 156 g Joghurt **Thymiansandgebäck:** 250 g gesiebtes Mehl, 5 g Salz, 3,8 g Thymian, 125 g Zucker, 175 g weiche Butter, 45 g Eigelb **Weitere Zutaten:** Thymianpulver

ZUBEREITUNG

Anananssorbet

Glucose und Invertzucker mit dem Ananassaft auf 80 °C erhitzen. Den mit etwas Streuzucker vermischten Stabilisator hinzufügen und untermischen. Abkühlen lassen und Ananaspulp und Rum hinzufügen. Im Sorbetbereiter zubereiten und in eine Spritztüte füllen.

Ananaswürfel in Sirup

Zur Verstärkung des Geschmacks die Ananaswürfel am Abend vorher in Sirup und Pernod einlegen.

Thymianparfait

Zwei Schalen auskleiden und in das Tiefkühlgerät stellen. Die Sahne (200 g) halbsteif schlagen und beiseite stellen. Eine *Pâte à bombe* herstellen: Zucker, Wasser und Zitronensaft auf 117 °C erhitzen, diese sirupartige Flüssigkeit auf das Eigelb gießen und die Masse schlagen, bis sie erkaltet ist. Die restliche Sahne mit dem Thymian aufkochen und 10 Minuten ziehen lassen. Durchseihen und darin die Blattgelatine auflösen. Beide Mischungen mit einem Spatel vermischen und dabei auf die Temperierung achten. Die beiden Schalen damit füllen.

Manchegokäsekuchen

Die Ananaswürfel in 10 g Butter und 20 g Zucker schwenken, bis sie gut karamellisiert sind. Die restlichen Zutaten in der Küchenmaschine vermischen. Zwei Backformen mit Alufolie auskleiden und mit der Mischung füllen. Die karamellisierten Ananaswürfel auf beide Kuchen verteilen und im Ofen bei 175 °C 17–18 Minuten backen.

Thymiansandgebäck

In einer Schüssel Zucker, Mehl, Salz und Thymian und in einer anderen die weiche Butter und das Eigelb vermischen. Beide Mischungen zu einem Teig verarbeiten, Plätzchen formen, vor dem Backen mit Thymian bestreuen und im Ofen bei 180 °C 8 Minuten backen.

DAS GERICHT FERTIG STELLEN

Ein Stück Kuchen (4,5 × 4,5 cm) in der Mitte des Tellers anrichten. Mit einem Plätzchen bedecken und auf die eine Hälfte ein Stück Parfait setzen. Die Komposition mit drei Streifen Ananassorbet und einigen Ananaswürfeln an einer Seite des Kuchens vollenden und mit etwas Thymianpulver bestreuen.

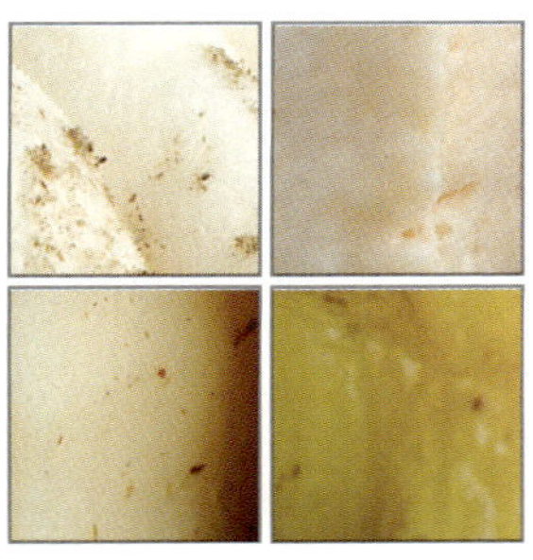

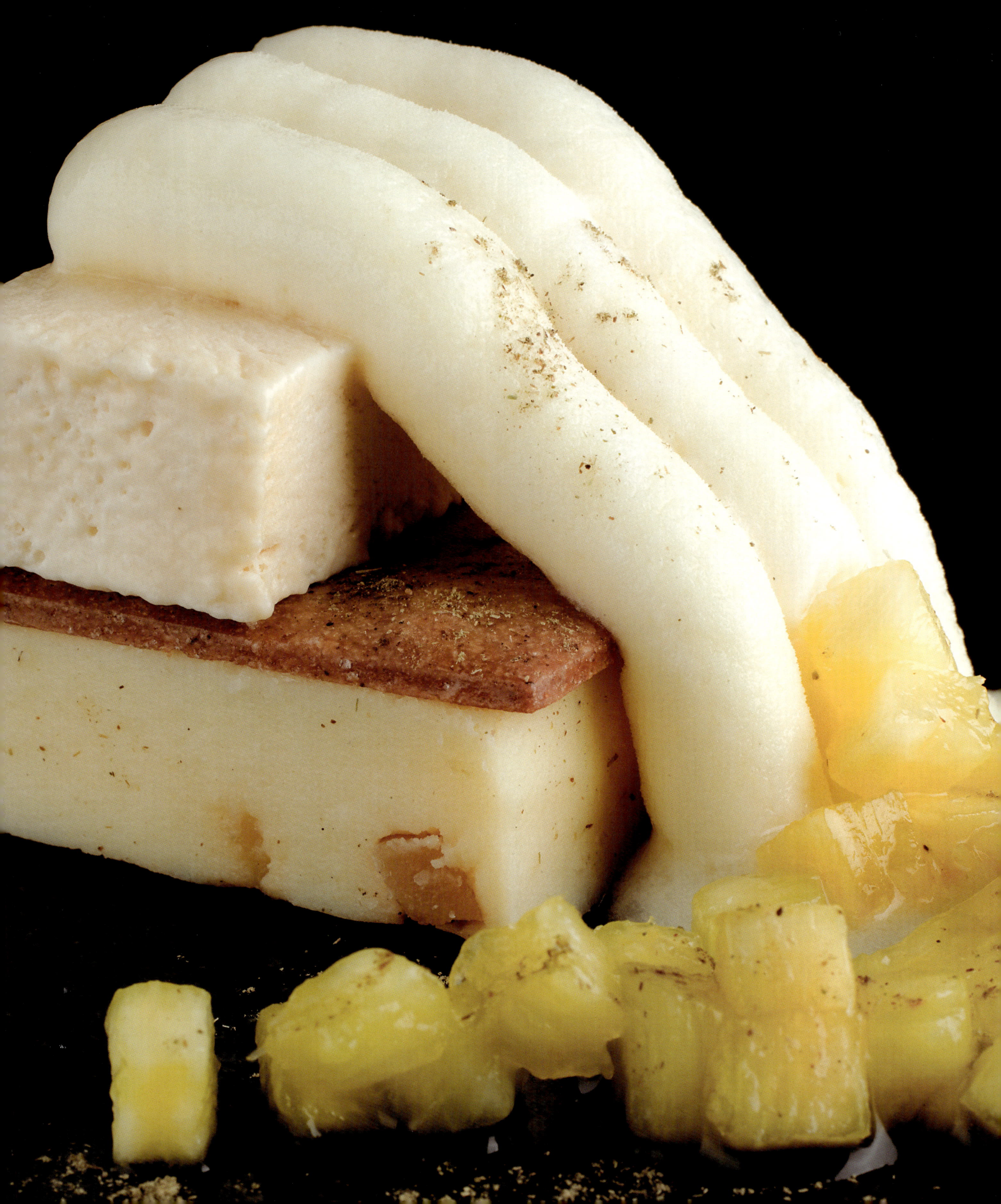

Patisserie im Stil der neuen Zeit

Miguel Sierra lebt in Asturien, wo er in Tapia de Casariego die Patisserie Palermo Delicatessen leitet. Der Zweiunddreißigjährige hat im Verlauf seiner Karriere schon mit vielen der ganz großen europäischen Meister des süßen Handwerks zusammengearbeitet. Inzwischen hat er jedoch selbst schon zahlreiche Auszeichnungen erhalten. Dazu gehört unter anderem die Ernennung zum besten spanischen Patissier im Jahr 2001, der Innovationspreis bei der Patisserie-Weltmeisterschaft in Lyon 2003 und auch die zwar symbolische, deshalb aber nicht weniger bedeutsame Tatsache, dass er dem Team von Dessertspezialisten angehörte, das unter Leitung von Paco Torreblanca 2004 das königliche Dessert für die Hochzeit des spanischen Thronfolgers mit Doña Letizia zubereitete.

In seiner bisherigen Laufbahn hat Sierra in so renommierten Restaurants wie dem Real Balneario in Salinas, Casa Nicolasa, Martín Berasategui, La Ontina und elBulli gearbeitet, außerdem bei Francisco Torreblanca in der Patisserie Totel in Elda und bei Enric Rovira in Barcelona. Diesen illustren Referenzen macht Sierra mit seiner süßen Küche, für die Experimentieren eine der wesentlichen Grundlagen ist, alle Ehre.

Das Geheimnis für den Genuss, den ein Dessert dem Feinschmecker zu verschaffen vermag, liegt für Miguel Sierra unter anderem in der Kombination unterschiedlicher Aromen und dem Kontrast zwischen verschiedenen Sinneseindrücken. Beide können sich dem Gaumen, auf den sie treffen, auf sehr unterschiedliche Weise offenbaren: Zunächst einmal sind da natürlich die Geschmacksrichtungen der verschiedenen Zutaten, die in dem jeweiligen Werk zusammentreffen und so kombiniert werden, dass sie sich gegenseitig verstärken und ein harmonisches Ganzes schaffen. Ob süß, salzig, sauer oder bitter – dank modernster Technik werden sie alle in ein ausgewogenes Verhältnis gesetzt und entfalten so ihr ganzes Potenzial. Das Ergebnis sind Naschwerke, die durch Originalität und eine Fülle von Aromen überzeugen. Ein gutes Beispiel dafür ist Sierras *rapón*, eine Art Maisfladen – eine lokale Spezialität –, den er mit Kakao und Olivenöl gart und in Würfel schneidet, die von Seeigelrogen und Raspeln von saurem Apfel gekrönt werden. Auch das Spiel mit den Konsistenzen, das Sierra so meisterlich beherrscht, führt dazu, dass seine Kreationen immer wieder mit neuen Überraschungen aufwarten.

Sierra entspricht als Patissier ganz den Ansprüchen der zeitgenössischen Gastronomie. Er kombiniert technische Virtuosität mit einer bewusst leichten Küche, die mit möglichst wenig Fett und Zucker auskommt, weshalb das Dessert jedoch nicht weniger lecker ist. Dieser gesundheitsbewusste Ansatz ist es auch, der Sierra in den letzten Jahren dazu gebracht hat, mit Probiotika zu experimentieren und diese bei seinen Zubereitungen zu verwenden. Versteckt in seinen Desserts lassen probiotische Bakterien und Bazillen, wie sie seit Kurzem verstärkt in der süßen Gastronomie zum Einsatz kommen, die überlieferte Vorstellung vom Naschwerk als Feind der guten Verdauung in einem anderen Licht erscheinen. Indem er dafür sorgt, dass seine Kuchen und Desserts vom Körper leicht verarbeitet werden können, lässt Sierra diese Vorurteile hinter sich und schließt sich dem kulinarischen Trend an, der Leichtverdaulichkeit – im vernünftigen Maße, versteht sich – auf seine Fahnen geschrieben hat. Andererseits ist Sierra auch Experte im Kreieren von Petit Fours – kleinen Köstlichkeiten, bei deren Herstellung er einige der besten Restaurants Asturiens berät – und er liebt es, Überraschungen einzusetzen, um Genusserlebnisse zu vermitteln. Sierras Vision von dem, was einen Patissier ausmacht, ist somit absolut auf der Höhe der Zeit: kreativ, ruhelos, ganz im Stil des zeitgemäßen Geschmacks, seine Kreationen sind deshalb aber keineswegs weniger köstlich und verführerisch.

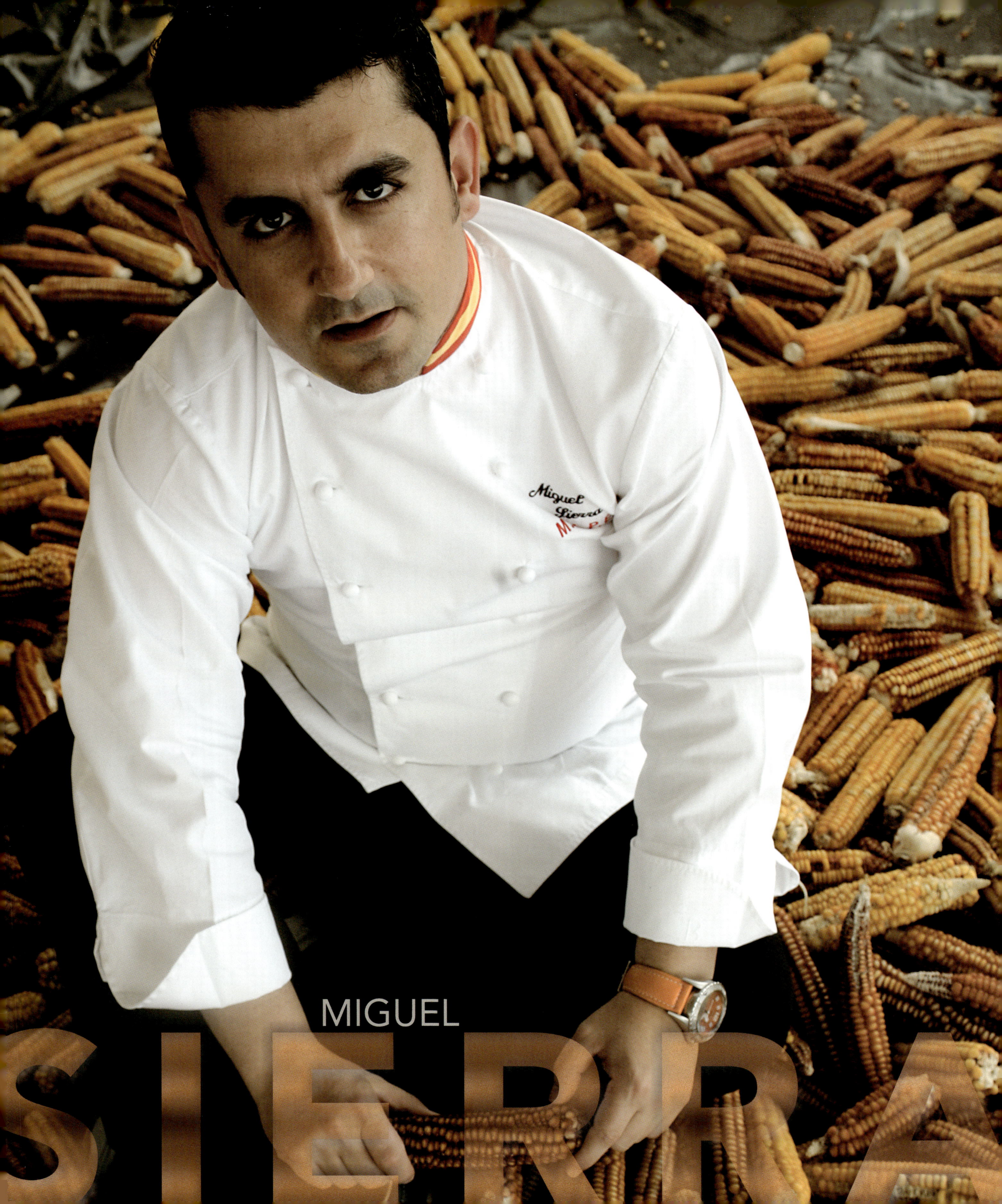
MIGUEL
SIERRA

MIRA DENTRO

SCHAU HINEIN

ZUTATEN[*]

(4 Personen)

Albumin[**]-, Mandel- und Heidekrautkuchen: 42 g geröstete Mandeln, gemahlen, 33 g Maismehl, 63 g Dekorierzucker, 183 g Eiweiß, 90 g Kristallzucker, 0,6 g Maldonsalz, Heidekrautblüten **Leichte Creme aus schwarzer Kuvertüre:** 100 ml süße Sahne (35 % Fettgehalt), 112 g schwarze Schokoladenkuvertüre (60 % Kakao), 150 g süße Sahne, halbsteif geschlagen (35 % Fettgehalt) **Mais-Orangen-Krokant:** 100 g Milchschokoladenkuvertüre (40 % Kakao), 100 g Mandelpaste, 10 ml natives Olivenöl, 0,3 g abgeriebene Orangenschale, 30 g gerösteter Mais, fein gehackt **Haselnuss-Marcacao[***]:** Haselnüsse, leicht geröstet, schwarze Schokoladenkuvertüre (70 % Kakao) **Pulver aus weißer Schokolade:** 50 g Kakaobutter, 33 g weiße Schokolade (40 % Kakao)

ZUBEREITUNG

Albumin-, Mandel- und Heidekrautkuchen

Die Mandeln mit dem Maismehl und dem Dekorierzucker mischen. Sieben und beiseite stellen. Das Eiweiß mit Zucker und Salz schaumig schlagen und die Mais-Mandel-Mischung vorsichtig unterheben. Mit dem Spritzbeutel runde Küchlein mit 2,5 cm Durchmesser auf ein Blech setzen. Mit Heidekrautblüten bestreuen und im Backofen mit geschlossenem Abzug bei 180 °C 20 Minuten backen.

Leichte Creme aus schwarzer Kuvertüre

Die 100 ml Sahne auf 70 °C erhitzen, über die Schokoladekuvertüre gießen und gut verrühren, bis die Creme fein, glänzend und klümpchenfrei ist. Aufschlagen, bis die Temperatur 28 °C erreicht, und die halbsteife Sahne bei 10 °C beifügen.

Mais-Orangen-Krokant

Die Milchschokoladenkuvertüre bei 40 °C schmelzen und mit der Mandelpaste und dem Olivenöl mischen. Emulgieren und das Salz, die abgeriebene Orangenschale und den fein gehackten gerösteten Mais unterrühren. Scheiben von 2 cm Durchmesser auswellen und tiefgefrieren.

Haselnuss-Marcacao

Die Haselnüsse leicht rösten und mit einer 3 mm dicken Schicht Kuvertüre aus schwarzer Schokolade überziehen.

Pulver aus weißer Schokolade

Die Kakaobutter in der Mikrowelle bei 45 °C schmelzen, die weiße Schokolade hineingeben und gut darin auflösen. Damit man das Pulver aus der Pistole spritzen kann, muss es eine Temperatur von 40 °C haben und vorher gesiebt worden sein.

DAS GERICHT FERTIG STELLEN

Ein glattes Aluminiumblech mit Backpapier auslegen, darauf durchsichtige Kunststoff-Backformen (4 cm hoch und 3 cm Durchmesser) stellen und sie bis zur Hälfte mit der leichten Creme füllen. Darauf Krokant legen, eine weitere Schicht Creme daraufgeben und erneut mit Krokant zudecken. Mit einer kleinen Menge Creme und dem Albumin-, Mandel- und Heidekrautkuchen abschließen. Tiefgefrieren. Die Form entfernen und auf den oberen Teil der Tortenmitte den Haselnuss-Marcacao setzen. Mit einem 8 cm hohen Streifen Milchschokoladekuvertüre umwickeln. Seitlich ein Loch machen und mit der Pistole das weiße Schokoladenpulver aufsprühen.

---

[*] Anmerkung des Kochs: Kuchen nach den Vorgaben der »Orthogastronomie«. Für Zöliakie-Betroffene geeignet.

[**] Protein, das u.a. in der Milch und in Eiern vorkommt.

[***] Name, den der Koch seiner Erfindung gegeben hat.

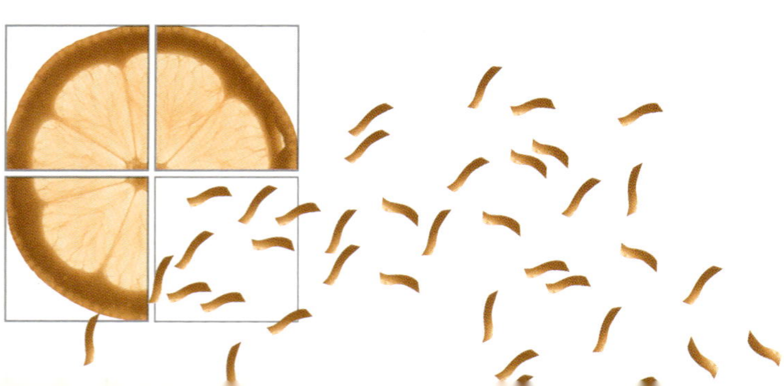

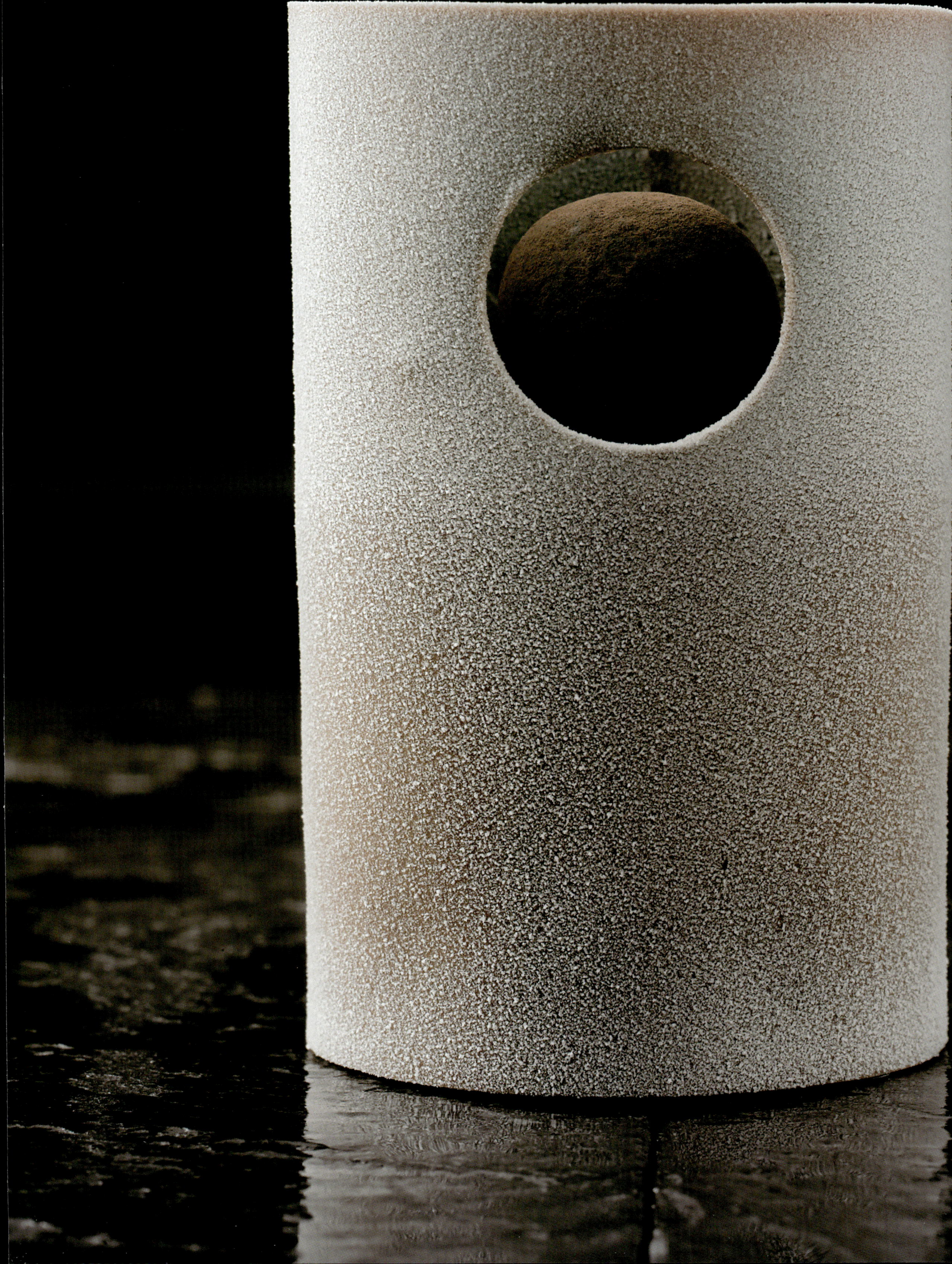

A TRAVÉS DE...

DURCH ...

ZUTATEN*

(4 Personen)

Rostschokoladenpulver: 33 g weiße Schokolade (40 % Kakao), 50 g Kakaobutter, 0,6 g Kakaoasche **Klassischer Maiskuchen:** 90 g Eigelb, 108 g Eiweiß, 33 g Zucker, 42 g Zucker, 45 g Maismehl, 45 g Maisstärke **Möhren-Corail:** frische Möhre **Backapfelkern:** 300 g Renette-Äpfel, 10 g Zucker, 1 g Apfelpektin, 3 g Zitronensäure **Safranglasur:** 5 g Pektin NH, 48 g Zucker, 180 ml Mineralwasser, 5 g Zitronensäure, 0,1 g Safranfäden **Schokoladenmousse mit probiotischer Milch:** 300 m süße Sahne (35 % Fettgehalt), 1 g Bifidobakterien mit Laktobazillus, 1 g Blattgelatine, 183 g Schokoladenkuvertüre mit Milch (40 % Kakao), 150 g Sahne, halbsteif geschlagen (35 % Fettgehalt)

ZUBEREITUNG

Rostschokoladenpulver

Die Kakaobutter bei 45 °C schmelzen, die Schokolade und die Asche dazugeben und gut in der Kakaobutter auflösen. Tiefgefrieren.

Maiskuchen

Die Eigelbmenge mit 33 g Zucker bei mittlerer Geschwindigkeit 10 Minuten schlagen. Nach den ersten 5 Minuten gleichzeitig die Eiweißmenge mit den 42 g Zucker schlagen. Mehl und Stärke sieben. Das aufgeschlagene Eigelb mit dem Eiweiß in eine Schüssel geben und das Mehl und die Stärke vorsichtig unterheben. Auf ein Blech streichen (0,5 cm dick) und im Backofen bei 250 °C 4 Minuten backen. In den Schockfroster geben und dann tiefgefrieren.

Möhren-Corail

Die Möhre in Scheibchen schneiden und bei 30 °C trocknen, damit sie ihre Farbe nicht verliert. Beiseite stellen.

Backapfelkern

Die Äpfel im Backofen bei 180 °C backen, bis sie weich sind. Abkühlen und das Apfelfleisch herausschaben (etwa 250 g). Das Apfelfleisch pürieren, den mit Pektin gemischten Zucker dazugeben und bei 90 °C garen. Die Zitronensäure hinzufügen und gut mischen. Halbkugelförmige Flexipan-Backformen (3 cm Durchmesser) mit dem Apfel füllen. Tiefgefrieren.

Safranglasur

Den mit Pektin vermischten Zucker in das Wasser geben und auf 90 °C erhitzen. Die Zitronensäure und die Safranfäden dazugeben und gut mischen. Die gefrorenen Backapfelhälften in die Glasur tauchen und wieder tiefgefrieren.

Schokoladenmousse

Die gesamte Sahne (4 °C) mit Bifidobakterien und Laktobazillus schlagen. Die 300 ml Sahne auf 70 °C erhitzen, die eingeweichte, ausgedrückte, trockene Gelatine einrühren, gut mischen und über die Milchschokoladenkuvertüre gießen. Zu einer feinen, glänzenden Creme verrühren. Bei Erreichen von 28 °C die halbsteife Sahne (10 °C) dazugeben.

DAS GERICHT FERTIG STELLEN

Auf einem glatten Aluminiumblech Plastikfolie ausbreiten. Durchsichtige Kunststoff-Backformen (4 cm hoch und 5 cm Durchmesser) mit zwei Löchern, in die ein Plastikrohr desselben Durchmessers gesteckt wird, daraufstellen. Die Hälfte jeder Backform mit Schokoladenmousse füllen, den Backapfelkern mit Safranglasur hinzufügen und mit einer kleinen Menge Mousse und der Maiskuchenscheibe (4 cm Durchmesser) abschließen. Tiefgefrieren. Das Rohr aus der Backform ziehen und die Form entfernen. Mit dem gesiebten Rostschokoladenpulver bei 40 °C bestreichen und mit einem trockenen Streifen Möhren-Corail verzieren.

---

*Kuchen nach den Vorgaben der »Orthogastronomie«. Die verwendete Schokolade ist für Diabetiker geeignet.

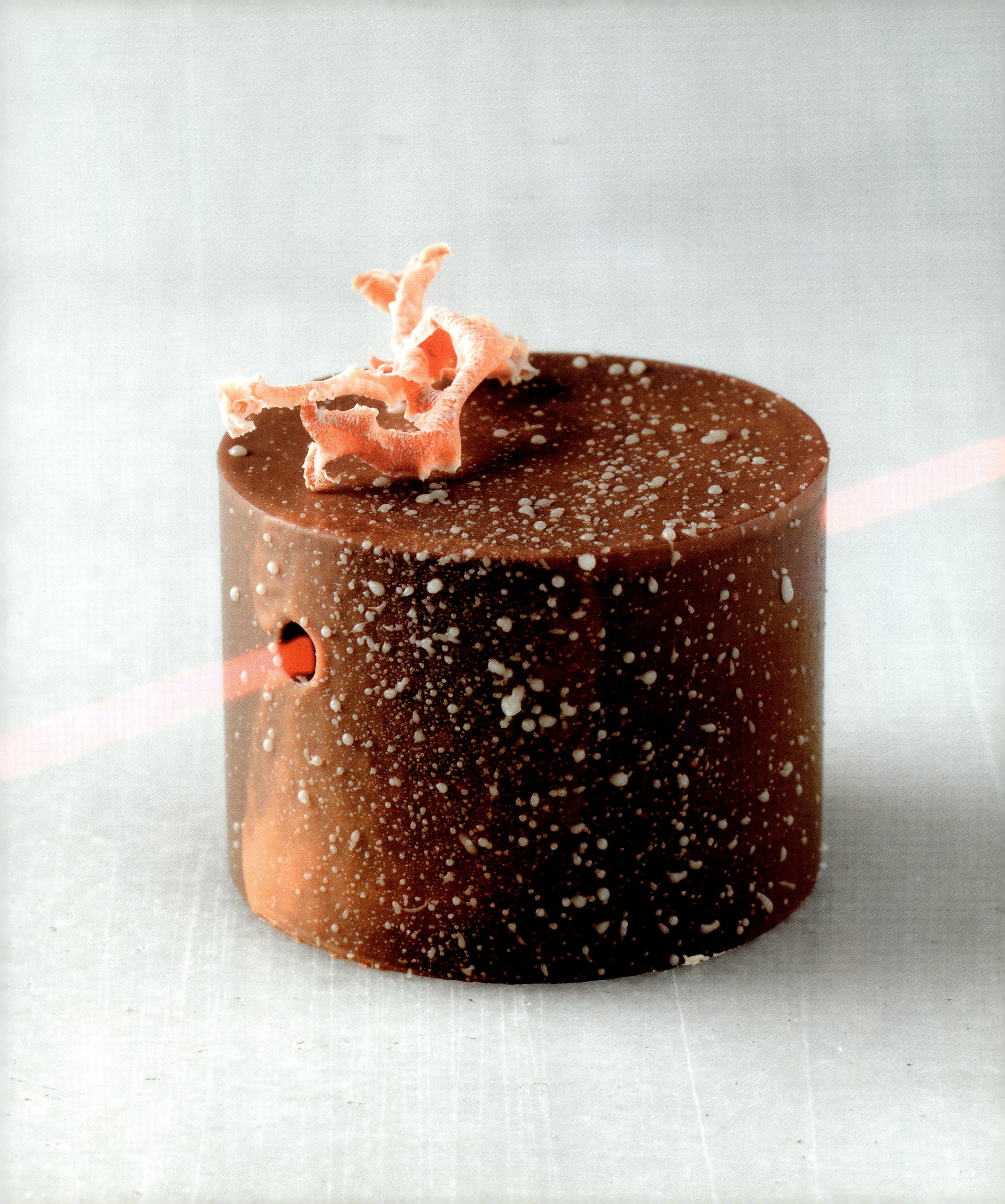

Torreblanca ist revolutionär, genial und sehr ehrgeizig im besten Sinne des Wortes: ein Mensch, der sich ständig selbst übertreffen will und sich weigert, beruflich auf der Stelle zu treten, weil dies letztendlich zur völligen Lähmung führt. So ist er, der Besitzer der modernsten Konditorei und Patisserieschule Spaniens und wahrscheinlich auch Europas. Er berät viele der besten Restaurants in Spanien und leitet die Konditoreikette Totel, die selbst in einem so fernen Land wie Japan Fuß gefasst hat. Torreblancas Pralinenkollektion (rund 30 unvergleichliche Delikatessen), seine Desserts, die kleine, vergängliche Kunstwerke sind, seine konstante theoretische Arbeit über die Anpassung der Patisserie an den jeweiligen Zeitgeschmack und die daraus resultierenden Zwänge – all das hat ihn zur Nummer eins der süßen Küche in der aktuellen spanischen Gastronomie gemacht.

Die Nummer eins – der Meister des Süßen

Nur wenige Spezialisten der süßen Küche können sich mit diesem Patissier aus Leidenschaft messen, was den beruflichen Werdegang und das erworbene Prestige angeht. Als er noch ein Teenager war, trieb ihn die damalige prekäre Wirtschaftslage Spaniens nach Frankreich, wo er bei Jean Millet in Paris die Weichen für seinen künftigen Berufs- und Lebensweg stellte. In der Backstube des Mannes, der Jahre später den Titel »Meilleur Ouvrier de France« verliehen bekam, lernte er, die französische Küche zu schätzen, für die er heute noch große Bewunderung hegt. Das hindert ihn jedoch nicht daran, auf die gewaltige Entwicklung stolz zu sein, die sich in der Küche seines eigenen Landes in den letzten Jahrzehnten abgespielt hat.

Nach seiner Rückkehr nach Spanien übte er seinen Beruf hauptsächlich in seiner Konditorei in Elda, Provinz Alicante, aus. Dorthin pilgern Jahr für Jahr Gastronomieprofis aus dem In- und Ausland, um sich von Meister Torreblanca in die neuesten Techniken der Patisserie und Dessertküche einführen zu lassen. Sie wissen, warum: Die Auszeichnungen, die Paco Torreblanca für seinen kreativen Ansatz bei der Dessertherstellung und insbesondere auch für seine Arbeit mit Schokolade bekommen hat, füllen eine lange Liste, auf der man die wichtigsten Preise öffentlicher und privater Einrichtungen in Spanien findet, aber auch viele der höchsten Anerkennungen, die ein Patissier in Europa bekommen kann. Beispielsweise wurde er 1988 zum besten Konditormeister Spaniens, 1990 zum besten Konditormeister Europas und 2004 zum besten Konditor für Restaurantdesserts Spaniens ernannt.

Die süße Küche von Paco Torreblanca ist ein Spiegelbild der neuesten kreativen Trends, die gegenwärtig in der salzigen Küche Spaniens zu beobachten sind. Ausgangspunkt seiner Arbeit ist das ausführliche Studium der Natur jedes Produkts, um gleich von Anfang an seine kulinarischen Möglichkeiten abschätzen zu können. Diese Produkte, die sich nicht auf einen konkreten geografischen Bereich beschränken, haben alle ein gemeinsames, unverzichtbares Merkmal: Egal, woher sie kommen, müssen sie von einwandfreier Qualität sein, auch wenn dies bedeutet, dass sie teurer als ähnliche, jedoch wenige gute Erzeugnisse sind. Torreblanca will das Beste aus diesem Rohmaterial herausholen, wenn er in seinem Labor damit umgeht. Dort steht ihm alles an Spitzentechnologie zur Verfügung, was die Wissenschaft der Küche zu bieten hat, und damit verrichtet er seine genau überlegte, fast schon wissenschaftliche Arbeit, die dennoch in erster Linie auf den Genuss ausgerichtet und durch und durch künstlerisch ist. Paco Torreblanca passt sich den Zeiten an und bereitet seine Naschereien möglichst kalorienarm zu, indem er weniger Butter und weniger Sahne verwendet und diese Zutaten in den meisten Fällen durch Obst ersetzt. Seine minimalistischen, ausgesprochen ästhetischen Kreationen fasst er eher als kleine Kostproben auf, die mit Geschmacksnoten spielen, und weniger als sättigende Süßigkeit. Zart, ausgewogen und elegant – so sind alle Desserts des Hauses, denen Paco Torreblanca seinen Stempel aufgedrückt hat.

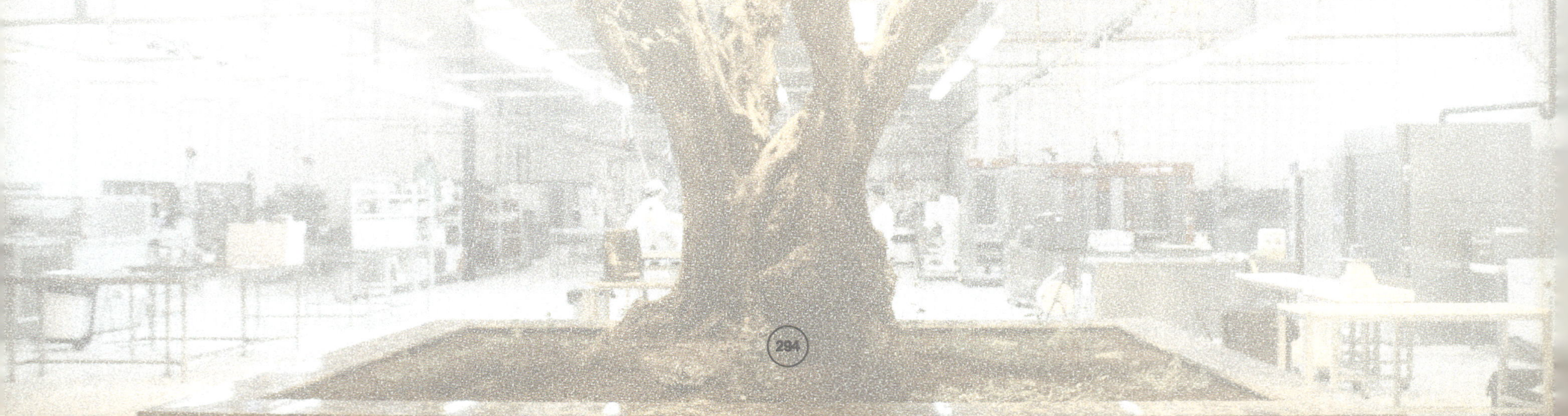

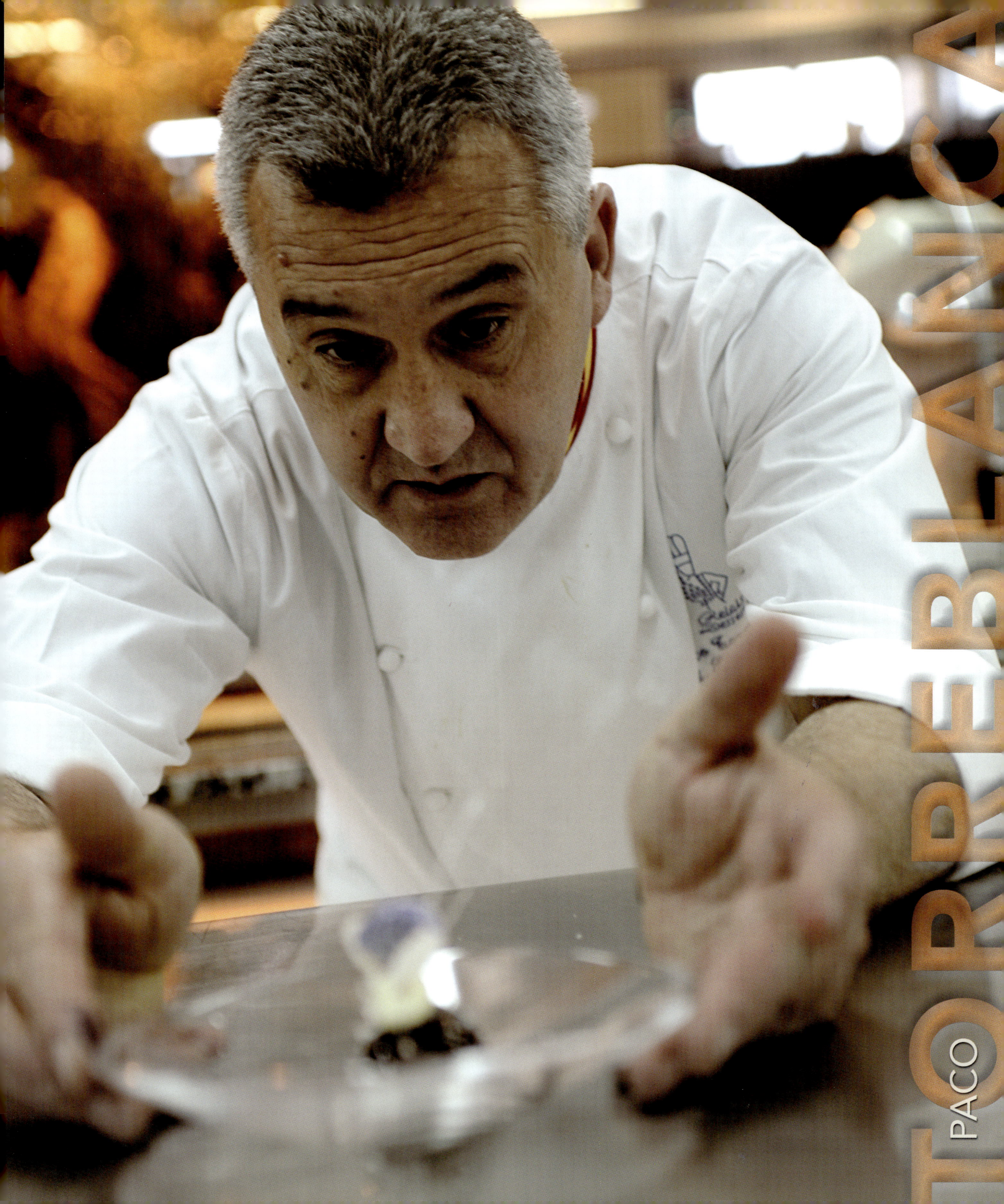
PACO
TORREBLANCA

CANDY-CHOCOLATE-ESPECIAS

CANDY-SCHOKOLADE-GEWÜRZE

ZUTATEN

(80 Desserts)*

Safraneis: 10 Safranfäden, 1 l Milch, 200 g Honig, 50 g Zucker, 3 g Stabilisator, 180 g Eigelb, 40 g Butter, 5 g Lebkuchen **Englische Creme:** 190 ml süße Sahne, 126 ml Milch, 63 g Eigelb, 70 g Invertzucker **Tansania-Schokomousse:** 360 g Schokolade aus Tansania, 450 g englische Creme, 600 ml süße Sahne, geschlagen **Candy (Sirup):** 200 g Zucker, 66 ml Wasser, 40 ml Grand Marnier, Maisstärke (als Form verwendet) **Schokolade-kuchen:** 50 g Mehl, 250 g Mandelmehl, 200 g Zucker, 15 g Eigelbe, 300 g Eier, 25 g Kakao **Baiser für den Kuchen:** 200 g Eiweiß, 50 g Zucker **Weitere Zutaten:** überzuckerte Blüten, schwarze Schokoladenkuvertüre zum Glasieren

ZUBEREITUNG

Safraneis

Den Safran rösten, die Milch und den Honig hinzufügen und bei Erreichen von 45 °C den Zucker mit dem Stabilisator einrühren. Die Eigelbmenge dazugeben und auf 80 °C erhitzen. Schließlich die Butter hineingeben, alles kräftig verrühren und den Lebkuchen hinzufügen. Gefrieren.

Englische Creme

Alle Zutaten bei 80 °C zu einer Creme verarbeiten.

Tansania-Schokomousse

Die englische Creme auf 70 °C erhitzen und heiß auf die Schokolade gießen. Mischen und die geschlagene Sahne unterheben.

Candy (Sirup)

Das Wasser und den Zucker auf 36 °C erhitzen. Zum Grand Marnier gießen und 15 Minuten ruhen lassen. Fünf Mal dekantieren. Eine Arbeitsplatte mit einer dicken Schicht Stärke bedecken und regelmäßige Vertiefungen beliebiger Form in die Stärke drücken. Die Vertiefungen mit dem Likörsirup füllen, mit Stärke zudecken und 8 Stunden ruhen lassen.

Schokoladekuchen

Das Mehl und das Mandelmehl sieben. Zucker, Eigelbmenge und Eier schaumig schlagen und die beiden Mehlsorten unterarbeiten. Für das Baiser die Eiweißmenge und den restlichen Zucker steif schlagen. Vorsichtig unter den Kuchenteig heben, den gesiebten Kakao hinzufügen und auf dem Blech bei 240 °C im Ofen backen.

DAS GERICHT FERTIG STELLEN

In eine Flexipan-Form die Schokomousse füllen und den Candy innen hineingeben. Mit dem Schokoladekuchen als letzte Schicht zudecken. Einfrieren. Aus der Form nehmen und mit der schwarzen Schokoladenkuvertüre glasieren.
Mit überzuckerten Blüten dekorieren.
Als Beilage das Safraneis servieren.

---

*Rezept für 80 Desserts wegen der geringen Portionsmengen; die restlichen Desserts können bis zur Verwendung eingefroren werden.

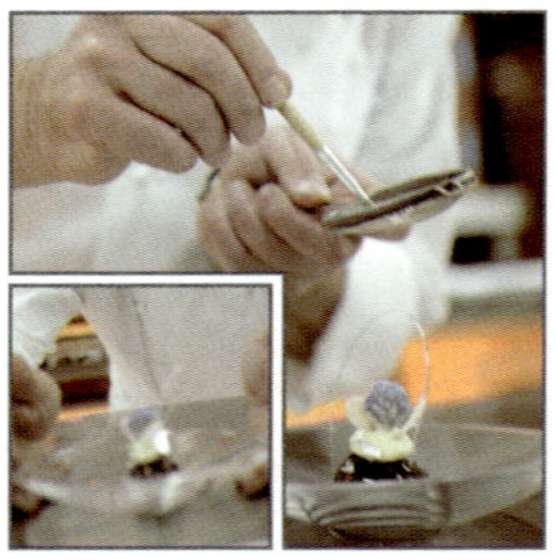

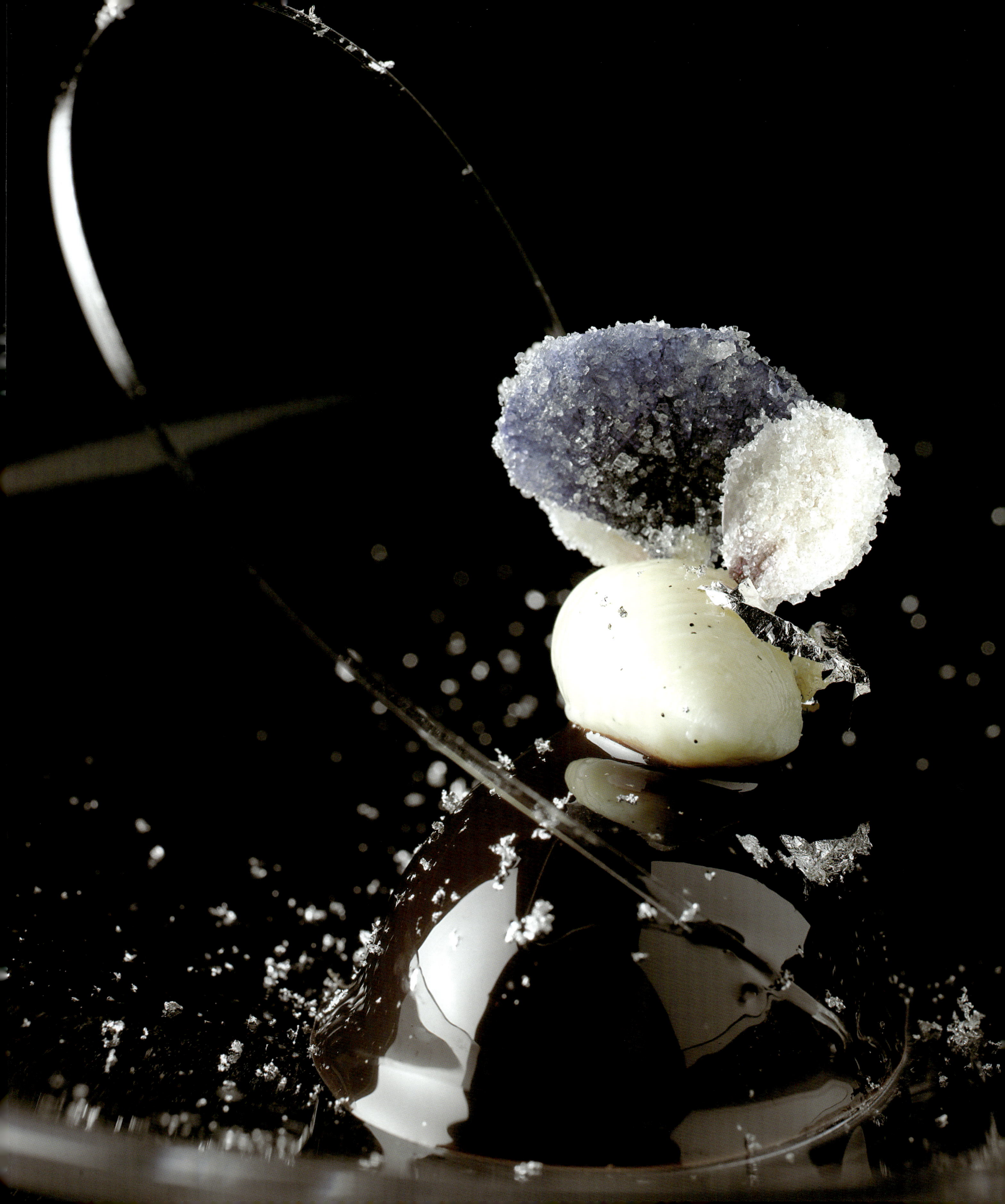

BORROCHO AL CURRY

CURRY-SAVARIN

ZUTATEN

(265 Mini-Savarins – 4 g pro Stück)*

Savarin: 500 g Weizenmehl mittlerer Backstärke (Type 550), 10 g Salz, 30 g Zucker, 100 g Wasser, 20 g frische Hefe, 200 g Eier, 200 g Butter, Currypulver **Isomalt-Karamell:** 1 kg Isomaltzucker, 8 g Wasser **Gezuckerte Sahne:** 100 g süße Sahne (32 % Fettgehalt), 10 g Vanillezucker **Sirup mit Gewürzen:** 1 l Mineralwasser, 400 g Zucker, 1 Sternchen Sternanis, 1 Orange, 50 g Passionsfruchtfleisch, Piment, Curry **Weitere Zutaten:** Sekt, frisches Obst, Orange

ZUBEREITUNG

Savarin

In eine Knetmaschine das gesiebte Mehl mit Salz und Zucker geben, die in Wasser aufgelöste Hefe hinzufügen und die Hälfte der Eier. Verkneten und langsam die übrigen Eier unterarbeiten, bis der Teig glatt und elastisch ist. Den Teig mit Klarsichtfolie zudecken und 1 Stunde bei 30 °C aufgehen lassen. Den Teig erneut in die Maschine geben, den Curry beifügen und kräftig schlagen. Die geschmolzene, zimmerwarme Butter unterarbeiten und erneut zu einem glatten, geschmeidigen Teig verkneten. Die Savarin-Förmchen halb damit füllen und bei 30 °C und 70 % Feuchtigkeit gehen lassen. Wenn der Teig bis zum Rand aufgegangen ist, im Backofen bei 210–220 °C goldbraun backen. Schnell aus der Form stürzen.

Isomalt-Karamell

Den Zucker erhitzen, bis er völlig schmilzt, und zum Kochen bringen. Nach und nach das Wasser hinzufügen. Gut mischen, dann auf einer Silikonmatte ausbreiten und zur Glocke formen, bevor der Karamell völlig ausgekühlt ist.

Isomalt-Glocke

Auf eine Silikonmatte einen Metallring legen und so viel Isomalt-Karamell hineingießen, dass der Ring bis zum Rand gefüllt ist. Den Ring dann langsam hochziehen, bis der Karamell die gewünschte Form und Höhe hat. Völlig kristallisieren lassen und gegebenenfalls mit einem heißen Messer überstehende Teile abschneiden.

Gezuckerte Sahne

Die Sahne mit dem Zucker halbsteif schlagen und beiseite stellen.

Sirup mit Gewürzen

Das Wasser mit dem Zucker erhitzen und die Gewürze, die abgeriebene Schale der Orange und das Passionsfruchtfleisch hineingeben. Zum Kochen bringen, bis ein dünnflüssiger Sirup entsteht. Vom Herd nehmen und auf 50 °C abkühlen. Die Savarins in diesen Sirup tunken, damit sie sich vollsaugen, herausnehmen und auf einem Gitter abtropfen lassen. Bis zur Verwendung beiseite stellen.

DAS GERICHT FERTIG STELLEN

Den Savarin in die Mitte eines tiefen Tellers legen. Mit etwas Sekt besprühen, mit einer Prise Curry bestreuen und in die Mitte frisches Obst (Walderdbeeren, Mango, Erdbeeren usw.) und Orangenwürfel füllen. Mit der Isomalt-Zuckerglocke abdecken und kurz vor dem Servieren einen Esslöffel gezuckerte Sahne auf 45 °C aufwärmen und in die Zuckerglocke gießen.

---

* Da das Gewicht jedes Savarins sehr gering ist, müssen für das Rezept größere Mengen berücksichtigt werden. Die überzähligen Küchlein können eingefroren werden.

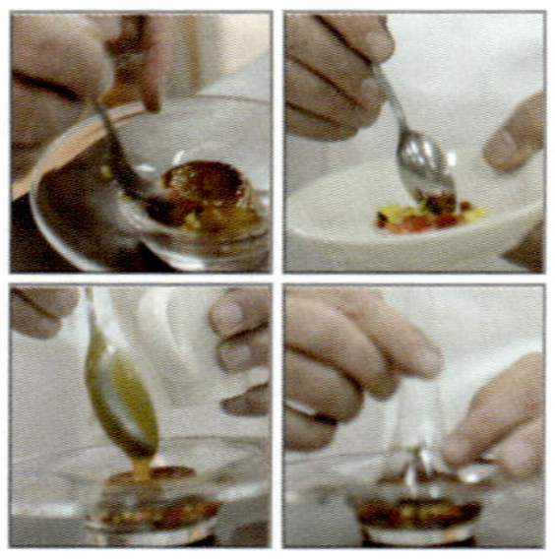

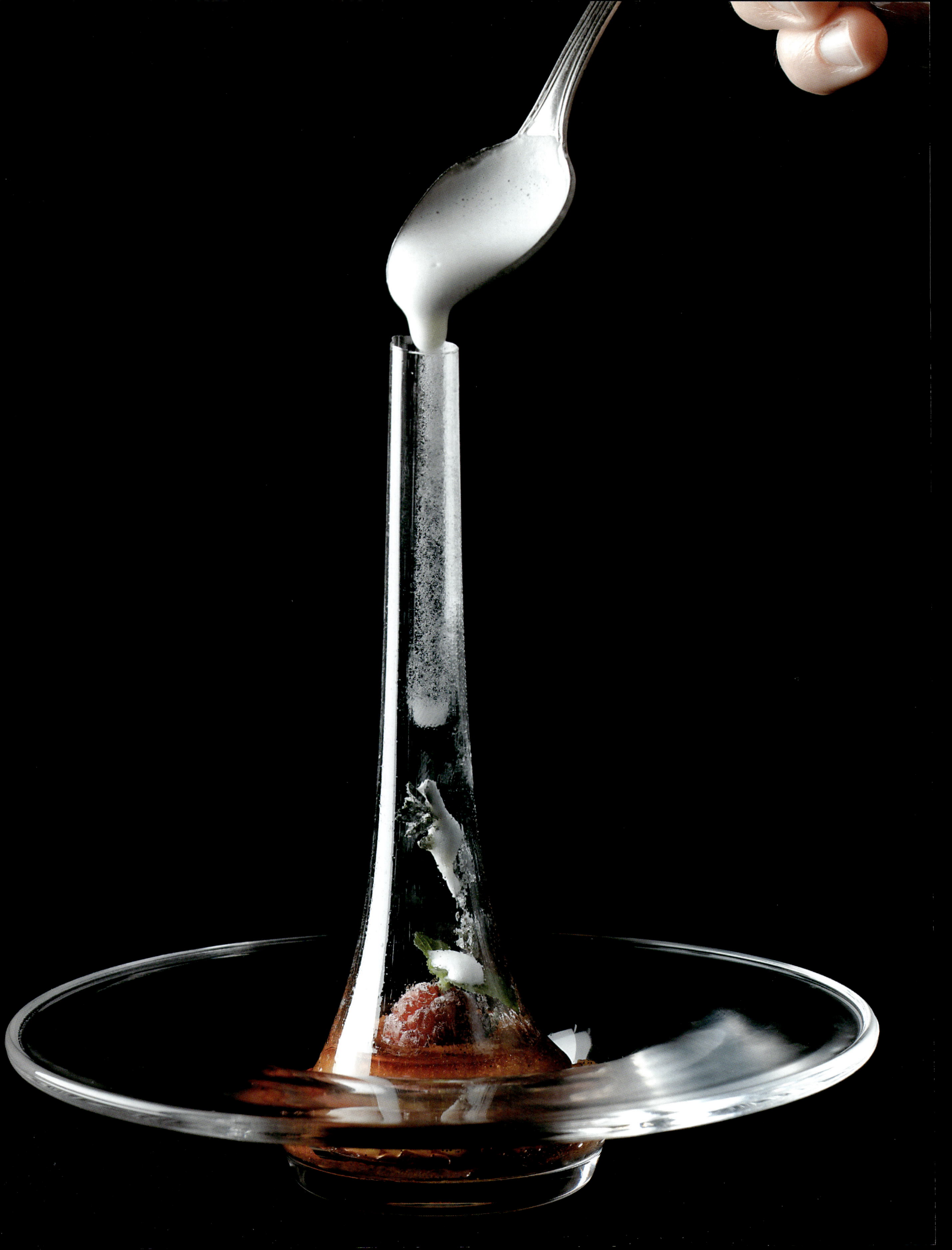

DieRezepte

KÖCHE DER ZWEITEN GENERATION

KÖCHE DER DRITTEN GENERATION

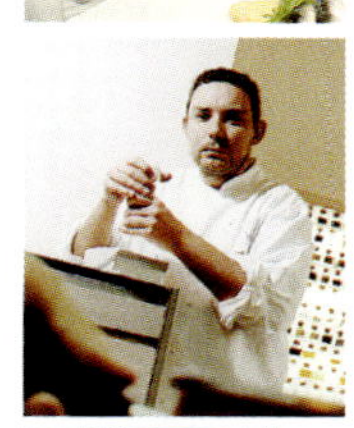

DIE MEISTER DER SÜSSEN KÜCHE

Die Originalausgabe des Buches *Die Avantgarde-Küche Spaniens* ist in Zusammenarbeit mit der Fundación Arte y Gastronomía de Madrid entstanden.

Aus dem Spanischen von Susanne Kramer
Redaktion: Silvia Rehder
Korrektur: Petra Tröger
Umschlaggestaltung: Caroline Daphne Georgiadis, daphnedesign, Athen und München
Satz: Martin Feuerstein, Wigel, München

www.christian-verlag.de

Die Originalausgabe mit dem Titel *El desafío de la cocina española de vanguardia*
erscheint gleichzeitig 2006 im Verlag Lunwerg Editores, Madrid.

Konzept, Layout und Produktion: Lunwerg Editores
Design: Susana Pozo
Printed in Spain

ISBN-13: 978-3-88472-726-3
ISBN-10: 3-88472-726-5

Hinweis
Alle Informationen und Hinweise, die in diesem Buch enthalten sind, wurden von den Autoren nach bestem Wissen erarbeitet und von ihnen und dem Verlag mit größtmöglicher Sorgfalt überprüft. Unter Berücksichtigung des Produkthaftungsrechts müssen wir allerdings darauf hinweisen, dass inhaltliche Fehler und Auslassungen nicht völlig auszuschließen sind. Für etwaige fehlerhafte Angaben können Autoren, Verlag und Verlagsmitarbeiter keinerlei Verpflichtung und Haftung übernehmen. Korrekturhinweise sind jederzeit willkommen und werden gerne berücksichtigt.